Die Justizreform in der Frühzeit der Bundesrepublik

Rechtshistorische Reihe

Band 317

Peter Lang
Frankfurt am Main · Berlin · Bern · Bruxelles · New York · Oxford · Wien

André Book

Die Justizreform in der Frühzeit der Bundesrepublik

Die Beratungen der Kommission zur Vorbereitung einer Reform der Zivilgerichtsbarkeit in den Jahren 1955 bis 1961

Peter Lang
Europäischer Verlag der Wissenschaften

Bibliografische Information Der Deutschen Bibliothek
Die Deutsche Bibliothek verzeichnet diese Publikation in der Deutschen Nationalbibliografie; detaillierte bibliografische Daten sind im Internet über <http://dnb.ddb.de> abrufbar.

Zugl.: Kiel, Univ., Diss., 2005

Die vorliegende Arbeit wurde von
Prof. Dr. Werner Schubert
zur Aufnahme in die Reihe empfohlen.

D 8
ISSN 0344-290X
ISBN 3-631-54151-1

www.peterlang.de

Meinen Eltern,

meiner Frau

und meinen beiden Söhnen

Vorwort

Die vorliegende Arbeit wurde im Frühjahr 2005 von der Rechtswissenschaftlichen Fakultät der Christian-Albrechts-Universität zu Kiel als Dissertation angenommen.

Besonderer Dank gebührt meinem Doktorvater, Herrn Prof. Dr. Werner Schubert, für die Überlassung des Themas sowie für die stets hilfreiche Unterstützung und Betreuung der Arbeit. An dieser Stelle möchte ich besonders hervorheben, dass diese Arbeit überhaupt erst durch seine Bereitschaft ermöglicht wurde, mich trotz meiner bereits aufgenommenen Beruftstätigkeit über einen langen Zeitraum zu betreuen. Während dieses Zeitraumes war er zu jeder Zeit ansprechbar und hat mich durch seine fachliche Betreuung und die jeweils sehr kurzfristige Korrektur von Teilabschnitten der Arbeit unterstützt.

Herrn Prof. Dr. Hans Hattenhauer danke ich für die zügige Erstattung des Zweitgutachtens.

Besonders zu danken habe ich auch meiner Familie, die die zeitliche Belastung während der Erstellung der Arbeit mit mir gemeinsam getragen hat.

Kiel, im Mai 2005

André Book

Inhaltsübersicht

Inhaltsverzeichnis

Abkürzungsverzeichnis

Abs.	Absatz
ADR	Akademie für Deutsches Recht
a.F.	alte Fassung
Alt.	Alternative
a.M.	andere Meinung
Art.	Artikel
AT	Allgemeiner Teil
Aufl.	Auflage
BA	Bundesarchiv
Bd.	Band
BGB	Bürgerliches Gesetzbuch
BGBl.	Bundesgesetzblatt
BGH	Bundesgerichtshof
BGHZ	Entscheidungen des Bundesgerichtshofs in Zivilsachen
BJM	Bundesjustizministerium
BMJ	Bundesminister der Justiz
BrZ	Britische Zone
BT	Besonderer Teil
BT-Drucksache	Bundestags-Drucksache
BVerfG	Bundesverfassungsgericht
BVerfGE	Entscheidungen des Bundesgerichtshofs in Zivilsachen
BZ	Blattzahl
bzw.	beziehungsweise
CPO	Civilprozeßordnung
d. E.	des Entwurfes
DJ	Deutsche Justiz
DJZ	Deutsche Juristenzeitung
DNotZ	Deutsche Notarzeitung
DR	Deutsches Recht
DRiZ	Deutsche Richterzeitung
FAZ	Frankfurter Allgemeine Zeitung
Fn.	Fußnote
FRO	Friedensrichterordnung
FS	Festschrift
GA	Goldammer´s Archiv für Strafrecht
geb.	geboren
GG	Grundgesetz
gest.	gestorben
GS	Gesetzes-Sammlung für die Königlichen Preußischen Staaten (seit 1907: Preußische Gesetzessammlung)

Hrsg.	Herausgeber
i. d. F.	in der Fassung
i.S.	im Sinne
i.V.m.	in Verbindung mit
JuRdSchau	Juristische Rundschau
JuS	Juristische Schulung
JW	Juristische Wochenschrift
JZ	Juristenzeitung
LG	Landgericht
M	Mark
MDR	Monatszeitschrift für Deutsches Recht
NJW	Neue Juristische Wochenschrift
OLG	Oberlandesgericht
PrJMBl	Justiz-Ministerial-Blatt für die preußische Gesetzgebung und Rechtspflege
RG	Reichsgericht
RGBl.	Reichgesetzblatt
Rpfleger	Der Deutsche Rechtspfleger
RGZ	Entscheidungen des Reichsgerichts in Zivilsachen
RM	Reichsmark
Rn.	Randnummer
S.	Seite
s.	siehe
Seuff. Archiv	Seufferts Archiv für Entscheidungen der obersten Gerichte
WRV	Weimarer Reichsverfassung
u.U.	unter Umständen
VOBl.	Verordnungsblatt
ZAkDR	Zeitschrift Akademie für Deutsches Recht
ZfA	Zeitschrift für Arbeitsrecht
ZPO	Zivilprozeßordnung
ZStaatsW	Zeitschrift für die gesamte Staatswissenschaft
ZZP	Zeitschrift für Deutschen Zivilprozeß

Einleitung

Im September 1955 gab der damalige Bundesjustizminister Dr. *Neumayer* auf dem 41. Deutschen Juristentag bekannt, daß er eine Kommission zur Vorbereitung einer Reform der Zivilgerichtsbarkeit berufen habe. Über die Arbeit der Kommission berichten nicht veröffentlichte Protokolle, eine Denkschrift und die erarbeiteten Vorschläge; die veröffentlichten Dokumente geben jedoch bisweilen nicht die Stimmenverhältnisse und die Gründe der einzelnen Abstimmenden wieder.[1]

Der 536 Seiten umfassende Bericht über die Arbeiten der Kommission wurde im Juli 1961 vom Bundesministerium für Justiz der Öffentlichkeit vorgelegt. Die ausführlichen Sitzungsprotokolle dagegen waren der Öffentlichkeit bis zum Ablauf der Archivschutzpflicht nicht zugänglich. Bereits während der noch laufenden Arbeiten der Kommission beschlossen deren Mitglieder, eine Entscheidung über die Veröffentlichung der Protokolle trotz vielfacher Nachfrage von Institutionen und Verbänden erst nach der ersten Lesung zu treffen.[2] Nunmehr besteht die Möglichkeit, die 35 Sitzungsprotokolle in ihrer Gesamtheit zu betrachten und erstmals die jeweiligen Referate und Korreferate zu den einzelnen Reformgegenständen auszuwerten. Auch die einzelnen Referate der Kommissionsmitglieder oder anderer Gutachter waren auf ausdrücklichen Beschluß der Kommissionsmitglieder nicht veröffentlicht worden. Ebenso wurde darauf verzichtet, ein Verzeichnis der während der Arbeit der Kommission erstatteten Referate oder Gutachten in den Bericht aufzunehmen.[3] Der inhaltliche Vergleich von Bericht und Protokollen zeigt, daß der Bericht den Beratungsverlauf bzw. die in der Kommission besonders zu Anfang bestehenden starken Meinungsunterschiede ausgeklammert hat und sich im wesentlichen auf die Reformgedanken der Kommission in ihrer Zusammensetzung von 1961 stützt.

Für die Darstellung ist es unerläßlich, auf die historische Entwicklung der Zivilgerichtsbarkeit einzugehen. Der erste Teil der Arbeit bringt daher einen Überblick über die wesentlichen Reformbestrebungen und Entwicklungen der Zivilgerichtsbarkeit in der Zeit von 1906 bis 1955. Mit diesem Hintergrund wird dem Leser der historische Rahmen, in dem die Erörterungen der Kommission stattfanden, vermittelt. Dabei werden auch die Reformbestrebungen der dreißiger Jahre in diese Arbeit einbezogen, die einen wesentlichen Einfluß auf die Diskussionen zwanzig Jahre später hatten. In diesem Zuge werden auch die Forderungen nach der sogenannten „Kleinen Justizreform“ und der Großen Justizreform betrachtet und, soweit wie möglich, gegenüberstellt.

---

[1] *Wieczorek*, MDR 1962, S.1, „Zu der Denkschrift der Kommission zur Vorbereitung einer Reform der Zivilgerichtsbarkeit“

[2] Protokoll Nr. 6, S. 5

[3] Protokoll Nr. 33, S.9

Angaben zu der Einsetzung der Kommission und deren Zusammensetzung finden sich im zweiten Teil. Die Beratungen der Kommission in der Zeit von 1955 bis 1961 bleiben dem dritten Teil der Arbeit vorbehalten. Hier stehen die ausführlichen Erörterungen der Kommissionsmitglieder zu den einzelnen Reformgegenständen im Mittelpunkt, die den Schwerpunkt der Arbeit darstellen. So gliedern sich die einzelnen Abschnitte dieser Arbeit nach den jeweiligen Referatsthemen, entsprechend ihrer in dem Arbeitsplan der Kommission festgelegten Reihenfolge. Um ein umfassendes und übersichtliches Bild der einzelnen Reformgegenstände im Kontext mit den vorangegangenen Reformdiskussionen der ersten Hälfte des zwanzigsten Jahrhunderts zu schaffen, wird zu Beginn jedes Abschnitts jeweils kurz auf deren historische Entwicklung eingegangen.[4] Nach einem kurzen Rückblick auf die Diskussionen der Vergangenheit, werden die jeweils dazugehörigen Referate und Korreferate dargestellt und nachfolgend die Meinungsbildung der Kommission in ihren wesentlichen Zügen zusammengefaßt. Die von der Kommission unmittelbar nach den Erörterungen zu den Referaten mehrheitlich beschlossenen Leitsätze werden aufgrund ihrer Ausführlichkeit in diesem Teil der Arbeit nur inhaltlich verkürzt wiedergegeben. Die Abschnitte zu den einzelnen Reformgegenständen schließen mit den Empfehlungen der Kommission, die in ihrer endgültigen Fassung erst im Jahre 1961 festgelegt[5] und mit dem nachfolgenden Bericht der Kommission veröffentlicht wurden.

In Teil 4 dieser Bearbeitung werden die Arbeiten der Kommission zusammengefaßt, mögliche Ursachen für das Scheitern der Großen Justizreform aufgezeigt und mögliche Auswirkungen einer umfassenden Justizreform auf die Entwicklung der Zivilgerichtsbarkeit erörtert.

In Anhang 1 zu dieser Arbeit findet sich der vollständige Arbeitsplan der Kommission. Im Anhang 2 folgen die Kurzbiographien der Vorsitzenden und der Mitglieder der Kommission sowie der Justizminister in den Jahren von 1955 bis 1961. Die vollständigen, den Protokollen entnommenen und nicht veröffentlichten Leitsätze der Kommission werden in Anhang 3 wiedergegeben. Nach dem Willen der Kommission sollten die Leitsätze, wenn sie zu einem Punkte des Arbeitsplanes beschlossen wurden, eine Zusammenstellung dessen darstellen, was besprochen wurde.[6] Im Rahmen der abschließenden Arbeiten der Kommission im Jahre 1961 wurde beschlossen, die endgültigen Leitsätze im Bericht der Kommission mit der Sammelüberschrift „Empfehlungen der Kommission“ zu versehen.[7] Anhang 4 enthält eine Zusammenstellung der bearbeiteten Referate.

---

[4] Dies gilt nicht für die Abschnitte die verfahrensrechtliche Fragestellungen zum Gegenstand haben.

[5] Protokoll Nr. 33, Anlage 3

[6] Protokoll Nr. 3, S. 71

[7] Protokoll Nr. 33, S. 8

Die nachfolgende Entwicklung der Zivilgerichtsbarkeit, die auch im Rahmen der Zivilprozeßrechtsreform von 2002 und der heutigen Reformdiskussionen, 44 Jahre nach Abschluß der Arbeiten der Kommission, Gegenstand von Reformbestrebungen war, ist nicht mehr Gegenstand dieser Arbeit. Bereits die Darstellung der Diskussionen der im Jahre 1964 einberufenen Kommission zur Reform des Zivilprozeßrechts, die ihre Beratungen im Jahre 1975 abschloß, hätte den Rahmen dieser Arbeit gesprengt.

Wie bei allen Bearbeitungen, bei denen eine größere Zeitspanne und ein umfangreiches Thema behandelt werden, war es auch hier erforderlich, eine Auswahl an Schwerpunkten zu treffen. Nicht alle Reformgegenstände der Kommission konnten bearbeitet werden. So werden unter anderem die Reformdiskussionen aus dem Bereich der Freiwilligen Gerichtsbarkeit[8] und des Strafrechts[9] nicht berücksichtigt. Die wichtigsten Themenbereiche der Arbeiten der Kommission, insbesondere aus dem Gebiet der streitigen Zivilgerichtsbarkeit, werden jedoch ausführlich behandelt, so daß für den Leser die Möglichkeit besteht, sich über den damaligen Diskussionsstand umfassend zu informieren.

Teil 1: Die Entwicklung der Zivilgerichtsbarkeit bis 1955

Bevor auf die Erörterungen der Kommission zur Reform der Zivilgerichtsbarkeit eingegangen wird, soll ein historischer Überblick über die bereits vor 1955 durchgeführten Justizreformen und Reformbestrebungen, unter besonderer Berücksichtigung der Reformen der Zivilgerichtsbarkeit, gegeben werden. Dabei werden unter anderem die grundlegenden Reformgedanken von *Adickes*, *Stein*, *Mügel*, *Reichert* und *Schiffer* dargestellt, die ihren grundlegenden Anstoß im Jahre 1906 durch die Rede des Frankfurter Oberbürgermeisters *Franz Adickes* anläßlich der Beratung des preußischen Justizetats im Preußischen Herrenhaus erhielten und dessen Ausführungen erheblichen Einfluß auf die Arbeiten der Kommission hatten.

[8] Erörterungen über Bereiche der Freiwilligen Gerichtsbarkeit finden sich in den Protokollen Nr. 13 -17

[9] Die Erörterungen über Bereiche der Strafgerichtsbarkeit finden sich in Protokoll Nr. 18

I. Die Reformen und Reformbestrebungen in der Zeit von 1877 bis zum Ende der Weimarer Republik

a) Reformen

Der Aufbau der Zivilgerichtsbarkeit war seit dem Inkrafttreten der Reichsjustizgesetze[10] in der Einzelausgestaltung verschiedenen Änderungen unterworfen. In den Grundlagen blieb er aber seit 1879 erhalten.[11] Die Grundlagen der Zivilgerichtsbarkeit bilden das Gerichtsverfassungsgesetz (GVG), die Zivilprozeßordnung (ZPO) und das Gesetz über die Angelegenheiten der freiwilligen Gerichtsbarkeit (FGG).

Die Gerichtsverfassung nahm in der rechtspolitischen Diskussion und in der Gesetzgebung des 19. Jahrhunderts einen hervorragenden Platz ein.[12] In der Diskussion ging es vor allem darum, ob sich die liberalen Prinzipien auch in der Gerichtsverfassung durchsetzen sollten.[13] Die Idee selbständiger Gesetze über die „Gerichtsverfassung" hängt eng zusammen mit dem Postulat der Unabhängigkeit der Rechtsprechung und der Gerichte. Dem absoluten Fürsten hatte das Recht zugestanden, die Gerichtsorganisation nach seinem Ermessen zu regeln. Das änderte sich mit der Unterwerfung der Gerichtsorganisation unter den modernen Gesetzesbegriff.[14] Ziel des Liberalismus war es, der Exekutive nach französischem Vorbild die Gerichtsorganisation zu entziehen, zumindest ihr bindende Regeln vorzuschreiben. Zusammen mit den verfassungsrechtlichen Bestimmungen der Einzelstaaten über die Rechtspflege sollten die Gerichtsverfassungsgesetze die Unabhängigkeit der Gerichte und damit den Freiheitsraum des Bürgers garantieren. Hierin ist die Hauptbedeutung des Gerichtsverfassungsrechts im 19. Jahrhundert zu sehen.[15]

Die Gerichtsverfassungsgesetze sollten darüber hinaus die Einheit der Gerichtsorganisation schaffen und damit alle Relikte nichtstaatlicher Gerichtsbarkeit sowie jegliche Sondergerichtsbarkeit beseitigen und die einheitliche Durchführung des neuen, auf den Grundsätzen der Öffentlichkeit und Mündlichkeit aufgebauten Zivil- und Strafprozesses gewährleisten.

---

[10] Reichsjustizgesetze werden die am 01.10.1879 gleichzeitig in Kraft getretenen grundlegenden Gesetzgebungswerke genannt, die Verfassung und Verfahren der Gerichte regelten und die (mit erheblichen zwischenzeitlichen Änderungen) noch heute Gültigkeit haben. Dazu zählen das Gerichtsverfassungsgesetz vom 27.01.1877, die Zivilprozeßordnung vom 30.01.1877 und die Strafprozeßordnung vom 01.02.1877, vgl. *Creifelds*, S. 931

[11] *Marquordt*, Protokoll Nr. 33, Anlage 1 d

[12] *Kern*, Zur Geschichte der Gerichtsverfassung im 19. Jahrhundert, S. 48

[13] *Schubert*, Die deutsche Gerichtsverfassung, S. 22 ff.

[14] Siehe *Schubert*, Die deutsche Gerichtsverfassung, S. 22 mit Verweis auf *Tigges*, Die Stellung des Richters im modernen Staat, 1935, S. 68

[15] *Schubert*, Die deutsche Gerichtsverfassung, S. 23

Im Gerichtsverfassungsgesetz fanden die Bestimmungen der einzelstaatlichen Konstitutionen über die Gerichtsverfassung ihren Niederschlag, und es wurde somit nach der Reichsverfassung das „wichtigste Gesetz" für den Gesamtstaat.[16] Das Gerichtsverfassungsgesetz diente insoweit als Verfassungsersatz, indem es die justizpolitischen Errungenschaften des Liberalismus garantierte. Der programmatische Charakter dieses Gesetzes wurde verdeckt von zahlreichen Bestimmungen, welche die Durchführung der CPO (Civilprozeßordnung) und der StPO gewährleisten sollten.[17]

Darüber hinaus stand das Gerichtsverfassungsgesetz unter dem Eindruck verschiedenartiger Strömungen, die man in dem Gesetz erkennen kann. So konkurrierten Bestrebungen der Liberalisierung, der Zentralisierung und der Wahrung der Justizhoheit der jeweiligen Bundesstaaten bei der wechselvollen Entstehungsgeschichte des Gerichtsverfassungsgesetzes miteinander. Daraus resultierte, daß dem GVG eine einheitliche Konzeption fehlt, wie sie etwa noch der Entwurf von 1872 besaß.[18]

1) Das Gerichtsverfassungsgesetz von 1877

Anders als der Entwurf von *Franz Foerster* aus dem Jahre 1872[19] enthielt die dem Gerichtsverfassungsgesetz von 1877 zu Grunde liegende Reichstagsvorlage von 1874 keine Bestimmungen mehr über die Ausbildung und die beamtenrechtliche Stellung der Richter der Bundesstaaten. In der allgemeinen Begründung der Reichstagsvorlage hieß es dazu: *„Bei dem fragmentarischen Charakter des Gerichtsverfassungsgesetzes mußte der Entwurf auch davon Abstand nehmen, allgemeine Vorschriften über die Besetzung der Gerichte mit juristisch gebildeten Richtern, über die Eigenschaften solcher Richter, über die rechtliche Stellung derselben und über die Stellvertretung zu treffen".*[20]

Auch enthielt es keine Bestimmungen über die Errichtung und Aufhebung von Gerichten, obwohl die Grundsätze hierfür zu den Elementen der Gerichtsverfassung gehören müßten. Gleiches galt für den Verfassungsgrundsatz des rechtlichen Gehörs und für die freiwillige Gerichtsbarkeit.

Basierend auf einem dreistufigen Gerichtsaufbau legten das damalige Gerichtsverfassungsgesetz und die Civilprozeßordnung vom 30. Januar 1877[21] ihren Regelungen vier Gruppen von Gerichten zugrunde, nämlich die Amtsge-

---

[16] *Kern*, Zur Geschichte der Gerichtsverfassung im 19. Jahrhundert, S. 124
[17] *Schubert*, Die deutsche Gerichtsverfassung, S. 111
[18] *Schubert*, Die deutsche Gerichtsverfassung, S. 111
[19] *Foerster* erstellte bis zum 10.07.1872 einen GVG-Entwurf mit 299 Bestimmungen, den er dem damaligen preußischen Justizminister *Leonhardt* am 11.09.1872 übergab. Siehe hierzu die Darstellungen *Schuberts*, Die deutsche Gerichtsverfassung, S. 62
[20] *Hahn*, GVG – Materialien, Bd. 1, S. 26
[21] RGBl. 1877, S. 83 - 243

richte, die Landgerichte, die Oberlandesgerichte und das Reichsgericht. Die Spruchkörper des Amtsgerichtes waren mit einem, die des Landgerichtes mit drei, die des Oberlandesgerichtes mit fünf und die des Reichsgerichtes mit sieben Richtern besetzt. Gegen Urteile des Amtsgerichts gab es die Berufung an das Landgericht, das endgültig entschied. Erstinstanzliche Urteile des Landgerichtes waren mit der Berufung beim Oberlandesgericht anfechtbar. Gegen Urteile des Oberlandesgerichts konnte Revision beim Reichsgericht eingelegt werden. Das Reichsgericht war auch Beschwerdegericht. Eine Berufungssumme war nicht festgesetzt, die Revisionssumme betrug 1.500 M.

Im Gerichtsverfassungsgesetz von 1877 war die erstinstanzliche Zuständigkeit zwischen den Amts- und Landgerichten wie folgt aufgeteilt:

Die Zuständigkeit der Amtsgerichte umfaßte Streitigkeiten über vermögensrechtliche Ansprüche mit einem Streitwert bis zu 300 M einschließlich und ohne Rücksicht auf den Wert des Streitgegenstandes für Streitigkeiten zwischen Dienstherrschaft und Gesinde sowie zwischen Arbeitgebern und Arbeitern hinsichtlich des Dienst- und Arbeitsverhältnisses.[22] Hinzu kam noch eine Reihe von Streitigkeiten, deren schnelle Erledigung durch einen ortskundigen Einzelrichter für notwendig angesehen wurde. Vor das Landgericht gehörten alle Rechtsstreitigkeiten, die nicht besonderen Gerichten bzw. Amts- oder Handelsgerichten überwiesen waren. Bestimmte Ansprüche aus dem Grenzbereich[23] zwischen dem öffentlichen und dem privaten Recht, für die bereits die Zuständigkeit des Reichsoberhandelsgerichts begründet war, wurden erstmals in der Bundesratsvorlage (§ 33 Abs.2) dem Landgericht ohne Rücksicht auf den Wert des Streitgegenstandes überwiesen.[24] Weiterhin war es der Landesgesetzgebung überlassen, weitere Ansprüche aus dem genannten Grenzbereich den Landgerichten ausschließlich zu übertragen. Der Katalog dieser letzteren wurde auf Antrag von Sachsen und Hamburg vor allem noch um die Amtshaftungsansprüche erweitert, weil diese nicht der „Cognition der Oberlandesgerichte" entzogen werden sollten.[25]

2) Die Civilprozeßordnung von 1877

Die Civilprozeßordnung von 1877, bei der ersten Beratung des CPO-Entwurfes im Reichstag am 27. November 1874 als ein Meisterwerk bezeichnet, ließ der

---

[22] Vgl.: § 23 GVG von 1877

[23] Zu diesem Grenzbereich zählten z.B. Regreßansprüche gegen richterliche Beamte, die den Landgerichten zugewiesen wurden. Es erfolgte die Zuweisung an die Landgerichte, da in diesen Angelegenheiten Mißtrauen gegen die einzelrichterliche Rechtsprechung herrschte, aufgrund der Tatsache, daß der in Anspruch genommene Beamte ein Vorgesetzter des Einzelrichters sein konnte. Siehe *Schubert,* Die deutsche Gerichtsverfassung, S, 203, Fn. 12

[24] *Schubert,* Die deutsche Gerichtsverfassung, S. 203

[25] *Schubert,* Die deutsche Gerichtsverfassung, S. 203

Selbstverantwortung der Parteien, Rechtsanwälte und Richter entsprechend seinem liberalen Leitbild einen großen Spielraum, ohne daß gleichzeitig für eine einheitliche Handhabung der Verfahrensgrundsätze innerhalb des Deutschen Reichs gesorgt wurde.[26] Die CPO war von der Idee des liberalen Rechtsstaates geprägt. Ihrer Grundauffassung nach bildete sie die „Kampfregel" für den sich im freien Spiel der Kräfte vollziehenden Streit der Parteien vor dem passiv bleibenden Gericht.[27] Seit 1879 entwickelte sich der Zivilprozeß jedoch zunehmend von einem reinen Parteienstreit zu einem Verfahren, in dem das Allgemeininteresse an einer objektiven und schnellen Lösung des Streitfalles, so z.B. durch die Einführung der Wahrheitspflicht durch gesetzliche Verordnung von 1933[28], und die Stärkung der Stellung des Gerichts im Vordergrund stand.[29]

3) Die BGB – Novelle von 1898

Mit der Annahme des Bürgerlichen Gesetzbuches durch den 9. Reichstag am 01. Juli 1896 wurde eine Novellierung der Civilprozeßordnung notwendig, da das rund zwanzig Jahre ältere Gesetz an das neue BGB angepaßt werden mußte. Artikel I des EGBGB sah deshalb die gleichzeitig mit dem BGB in Kraft tretende Änderung auch der Civilprozeßordnung vor. Ursprünglich sollte diese Anpassung im Einführungsgesetz zum BGB selbst erfolgen und umfaßte „nur" sechzig geänderte oder neu eingefügte Paragraphen.[30] Bereits kurz nach Erscheinen des Entwurfes wurde die Trennung nach materiellen und prozessualem Recht in verschiedene Gesetze gefordert, verbunden mit einer Gesamtrevision der CPO.[31] Ein Großteil der zu ändernden Vorschriften wurde von der BGB-Kommission in der Denkschrift zum BGB-Entwurf festgehalten.[32]

Die vom Reichsjustizamt ausgearbeitete CPO-Novelle beruhte dann auf diesen Kommissionsbeschlüssen.[33] Nachdem die vierte Sitzungsperiode des Reichstages im Juni 1897 zu Ende gegangen war, ohne daß die CPO-Novelle dem Reichstag zugeleitet worden war, und da die 9. Legislaturperiode im Jahre 1898 ablief, mußte die Novelle unbedingt noch in der 5. Session dieser Legislaturperiode beraten werden, wollte man sie noch einige Zeit vor Inkrafttreten des

---

[26] Siehe *Schubert*, Akademie für Deutsches Recht 1933 – 1945, Bd. VI, S.8

[27] *Stein-Jonas*, Kommentar zur Zivilprozeßordnung, 19. Auflage, Einl. I, III, S. 40 (Tübingen,1972)

[28] siehe, „Gesetz zur Änderung des Verfahrens in bürgerlichen Rechtsstreitigkeiten" vom 27.10.1933, Teil 1, II a) 1) dieser Arbeit, (S. 54 ff.)

[29] *Neumayer*, Protokoll Nr. 1, S.10

[30] Siehe Entwurf EGBGB Art. 11

[31] *Dannreuther*, Der Zivilprozeß als Gegenstand der Rechtspolitik im Deutschen Reich 1871 – 1945, S. 164

[32] Vgl. Denkschrift, Anlage II, S. 314

[33] *Seuffert*, DJZ 1899, S. 2

BGB am 01. Januar 1900 verabschieden.[34] Für eine gründliche Beratung einer umfassenden Reform des Zivilverfahrensrechts stand die dazu erforderliche Zeit nicht mehr zur Verfügung, so daß der im Dezember 1897 dem Reichstag zugeleitete Entwurf auf jede tiefgreifende Änderung verzichtete. Vorgenommen wurden ausschließlich Anpassungen an das BGB und Änderungen, insoweit sie für dringend erachtet wurden und ohne Eingriffe in Verfahrensgrundsätze durchgeführt werden konnten. Zu den geringfügigen Änderungen der CPO durch die erste Novelle von 1898[35] zählten die Vereinfachung des Zustellungsverfahrens, eine stärkere Berücksichtigung sozialpolitischer Gesichtspunkte in der Zwangsvollstreckung und eine Neugestaltung des Rechtskonsulentenwesens[36]. Nach § 143 Abs. 2 CPO a.F. konnte das Gericht Parteivertreter, die die Vertretung vor Gericht geschäftsmäßig betrieben, ohne weiteres zurückweisen.
In der Neufassung wurde eine Ausnahme für die Personen vorgesehen, denen die Justizverwaltung diese Tätigkeit gestattet hatte (§ 143 Abs. 4 d.E.), so daß solche „Prozeßagenten", wie auch die Rechtsanwälte nicht mehr ohne weiteres zurückgewiesen werden konnten.

4) Die Novellengesetzgebung von 1905 bis 1910

(a) Die Novelle von 1905

Um eine Entlastung des Reichsgerichts von einer Vielzahl der Revisionen herbeizuführen, wurde mit der Novelle vom 5. Juni 1905[37] die Revisionssumme von 1.500 M auf 2.500 M erhöht und der Begründungszwang für Revisionen eingeführt. Gleichzeitig wurde die Beschwerde, die schon durch Gesetz vom 17. Mai 1898[38] eingeschränkt worden war, noch mehr beschränkt. Nunmehr war die Beschwerde gegen Kostenentscheidungen der Oberlandesgerichte (§ 567 Abs. 2 ZPO a.F.) ausgeschlossen.

(b) Die Amtsgerichtsnovelle 1909

Bereits im Herbst 1904 hatte das Reichsjustizamt begonnen, eine ZPO–Reform vorzubereiten, die im Ergebnis zu der sogenannten „Amtsgerichtsnovelle 1909"[39] führte.

[34] *Dannreuther*, Der Zivilprozeß als Gegenstand der Rechtspolitik im Deutschen Reich 1871 – 1945, S. 164
[35] RGBl. 1898,S. 256ff. Quellen hierzu bei *W. Schubert*, Beratung des BGB. Einführungsgesetz zum BGB und Nebengesetze, 2. Halbband, S. 994ff (S. 1066ff.)
[36] Rechtskonsulentenwesen: Bis zur Gesetzesänderung am 13.12.1935 war es neben Rechtsanwälten auch „Nicht- und Halbjuristen" sowie Volljuristen, die einer standesrechtlichen Aufsicht nicht unterstanden möglich, rechtsberatend tätig zu werden. Siehe auch *Jonas*, in DJ, 1935, S. 1817.
[37] RGBl. 1905, S. 536
[38] RGBl. 1898, S. 256
[39] RGBl. 1909, S. 475

Gegenstand dieser Reform sollte nach den Vorstellungen des Reichsjustizamtes unter anderem die Erhöhung der amtsgerichtlichen Zuständigkeit sein. Im Vorfeld der Novelle war im Reichstag eine erhebliche Erhöhung der Zuständigkeitsgrenze gefordert worden. Die Abgeordneten hatten Beträge bis zu 2000 M vorgeschlagen.[40]

Gleichzeitig mit der Änderung der Zuständigkeit wurde der Bereich der Streitigkeiten ohne Anwaltszwang vergrößert, so daß sich seitens der Anwaltschaft erheblicher Widerstand gegen eine derartige Reform regte.[41] Bis zur Vorlage der Novelle im Reichstag Ende Februar 1908 versuchten die Anwälte bzw. Anwaltsorganisationen ihren Einfluß geltend zu machen und lehnten in Resolutionen und Stellungnahmen eine Erweiterung der Amtsgerichtszuständigkeit ab.[42]

In Abweichung zu der im Vorfeld geforderten erheblichen Anhebung des Zuständigkeitsgrenze auf bis zu 2000 M sah die Vorlage des Reichstages, wohl auch aufgrund der massiven Kritik der Anwaltschaft, nur noch eine Erhöhung des Grenzwertes auf 800 M (§ 23 Nr. 1 GVG d. E.) vor. Im Ergebnis wurde die Zuständigkeitsgrenze im nachhinein durch die ZPO-Reichstagskommission auf 600 M festgelegt[43] und durch das Gesetz vom 01. Juni 1909[44] in dieser Höhe fixiert. Zur gleichen Zeit vereinfachte und beschleunigte man das amtsgerichtliche Verfahren. So wurden die Parteien nunmehr von Amts wegen geladen und entsprechend erfolgten auch die Zustellungen. Die Kostenfestsetzung, ein bisher richterliches Geschäft, wurde auf den Urkundsbeamten übertragen und die Befugnisse des Richters zur Prozeßleitung erheblich verstärkt. Der Richter hatte nun nicht mehr die Anträge der Parteien abzuwarten, sondern den Prozeßstoff mit ihnen durchzusprechen und dahin zu wirken, daß sie sachdienliche Anträge stellten. Hier war der Einfluß der österreichischen Zivilprozeßordnung vom 01. August 1895 spürbar, die von dem Gedanken bestimmt war, daß der Prozeß ein soziales Übel sei, das so schnell wie möglich wieder beseitigt werden müsse, und die im Amtsbetrieb mit den starken Befugnissen des Richters zur Prozeßleitung große Erfolge erzielt hatte.[45]

---

[40] siehe *Dannreuther*, Der Zivilprozeß als Gegenstand der Rechtspolitik im Deutschen Reich 1871 - 1945, S. 243

[41] JW 1907, S. 768 ff, Verhandlungen des XIX. außerordentlichen Deutschen Anwaltstages am 23.11.1907 in Leipzig, Stenographischer Bericht

[42] Vgl. z.B. JW 1908, S. 256 (Anwaltverein Hamburg); JW 1908, S. 89 (Badische Anwaltskammer)

[43] Verhandlungen des Reichstags, „Bericht der 30. Kommission über den Entwurf eines Gesetzes betreffend Änderungen des GVG, der ZPO, der GKG und der GebührenO der Rechtsanwälte., Bd. 254, Nr. 1322

[44] RGBl. 1909, S.475

[45] *Cramer*, Protokoll Nr. 33, Anlage 1 a, 1. Teil

(c) Die Novelle von 1910

Die Erhöhung der Revisionssumme von 1.500 M auf 2.500 M im Rahmen der Novelle von 1905 hatte nicht ausgereicht, um die Überlastung des Reichsgerichtes zu beseitigen. Im Frühjahr 1910 wurde ein Novellenentwurf im Reichstag eingebracht, um die geforderte Entlastung herbeizuführen. Der vorliegende Entwurf sollte eine solche auf zwei Wegen erreichen:

Zum einen sollte die Revision nicht mehr mit einer Verletzung des Fragerechts (§ 139 ZPO), der Beweiswürdigung (§ 286 ZPO) oder der Vorschriften über die Eidesauferlegung (§§ 475, 476 ZPO) begründet werden können (§ 549 Abs. 2 d. E). Darüber hinaus sollte in vermögensrechtlichen Streitigkeiten bei konformen vorinstanzlichen Sachentscheidungen die Revision nur darauf gestützt werden können, daß diese Entscheidungen höchstrichterlichen Entscheidungen widersprachen. Grundsätzlich sollte die Revision also nur für den Fall gestattet sein, daß das Landgericht und das Oberlandesgericht einander widersprechende Entscheidungen erlassen hatten. Ein Ausschluß der mündlichen Verhandlung war vorgesehen, wenn das Gericht die Revision einstimmig für unbegründet erachtete (§ 554 c d. E.).

Der Reichstag sprach sich in der Diskussion des Novellenentwurfes mehrheitlich gegen die Difformität[46] und gegen die Möglichkeit einer Entscheidung ohne mündliche Verhandlung aus, so daß diese vom Regierungsentwurf in Aussicht genommenen Reformvorschläge zurückgewiesen wurden.[47] Zu Gunsten einer Entlastung des Reichsgerichts wurde dagegen mit der Gesetzesnovelle vom 22. Mai 1910[48] die Revisionssumme von 2.500 M auf 4.000 M erhöht und zusätzlich der Reichskanzler zur Errichtung von Hilfssenaten ermächtigt (Art. XIII d.E.). In einem weiteren Resolutionsvorschlag wurde der Reichskanzler ersucht, gegebenenfalls einen weiteren Senat am Reichsgericht einzurichten.[49] Darüber hinaus wurden mit der Novelle von 1910 sämtliche Beschwerden gegen Entscheidungen der Oberlandesgerichte ausgeschlossen.

---

[46] Difformitätsprinzip: Die Revision wäre nach dem Difformitätsprinzip nur für den Fall zulässig, daß die Entscheidungen des Landgerichts und des Oberlandesgerichts sich einander widersprechen.

[47] Siehe, *Dannreuther*, Der Zivilprozeß als Gegenstand der Rechtspolitik im Deutschen Reich 1871 – 1945, S. 230

[48] RGBl. 1910, S. 767

[49] Vgl. *Dannreuther*, Der Zivilprozeß als Gegenstand der Rechtspolitik im Deutschen Reich 1871 – 1945, S. 233

5) Die Gesetzgebung während des ersten Weltkrieges

(a) Die Entlastungs – Verordnung vom 09. September 1915

Die im ersten Weltkrieg erlassene Verordnung zur Entlastung der Gerichte vom 09.09.1915[50] brachte einige, zum Teil jedoch nur vorübergehende Abänderungen des Zivilprozeßrechts[51]. Durch diese Verordnung sollte das Streitverfahren vereinfacht und erleichtert und somit die Gerichte entlastet werden[52], deren Personalbestand durch die Einberufungen erheblich vermindert worden war.

(1) Einführung eines obligatorischen Mahnverfahrens

Vor den Amts- und Landgerichten wurde ein obligatorisches Mahnverfahren eingeführt. Zahlungsansprüche, für die eine Klage eingereicht wurde, obwohl diese auf dem Wege eines Mahnverfahrens hätten geltend gemacht werden können, wurden von Amts wegen zuerst mit einem Zahlungsbefehl an den Beklagten weiterverfolgt.

Vom Erlaß des Zahlungsbefehls sollte nur abgesehen werden, wenn der Kläger glaubhaft machte, daß der Beklagte den Anspruch bestreite und sich auf die Klage einlassen werde (§§ 1 Abs. 1, 14 Abs. 1 der VO). Aufgrund erheblicher Kritik des Parlamentes an dieser Regelung wurde das obligatorische Mahnverfahren für die landgerichtlichen Sachen bereits durch eine Verordnung vom 18.05.1916 und allgemein durch eine VO vom 19.06.1925 wieder aufgehoben.

(2) Einschränkung der Mündlichkeit

Eine Entscheidung konnte nun auch ohne mündliche Verhandlung ergehen, vorausgesetzt die Parteien waren anwaltlich vertreten, ihr Einverständnis hierzu lag vor und der Sach- und Streitstand nach einer vorangegangenen mündlichen Verhandlung und einer etwaigen Beweisaufnahme konnte als geklärt angesehen werden (§ 23 d. VO). Erweitert wurde diese Neuerung durch eine VO vom 22.12.1923, RGBl. I, S. 1239).

(3) Einführung eines Sühneverfahrens vor den Amtsgerichten

Vor dem Eintritt in die mündliche Verhandlung sollte das Gericht zwischen den erschienenen Parteien erst einen Sühneversuch unternehmen (§ 18 d. VO). Die Idee eines solchen Verfahrens war bereits vor der Verkündung der Entlastungs – Verordnung in zunehmenden Maße gefordert worden. Es hatte sich sogar eine „Vereinigung von Freunden des Sühneverfahrens" gegründet, nach deren Vorstellung dieses Verfahren jedoch nicht bei den Gerichten durchgeführt werden sollte, sondern bei „besonderen Friedensämtern".

---

[50] RGBl. 1915, S. 562
[51] Vgl. W. *Schubert*, Akademie für Deutsches Recht 1933 – 1945, Bd. VI, S.8
[52] *Trendelenburg*, JW 1915, S. 1064

(4) Einführung einer Beschwerdesumme für die Berufung und die Beschwerde in Kostensachen

Die Berufung bei vermögensrechtlichen Streitigkeiten und die Beschwerde in Kostensachen sollte nunmehr erst ab einem Beschwerdegegenstand von 50 M statthaft sein (§§ 20 Abs. 1, 22 der VO). Auch diese Regelungen waren erheblicher Kritik des Parlamentes unterworfen, so daß bereits aufgrund einer Verordnung von 1916 bei der Berufungssumme der Beschwerdewert nur noch für Geldansprüche gelten sollte und die Beschwerdesumme auf die sofortige Beschwerde bei einer selbständigen Kostenentscheidung begrenzt wurde.

(5) Vereinfachung des Urteilstatbestandes

Die Urteilsabfassung wurde durch die Verordnung (§ 24 der VO) erleichtert, da jetzt der Tatbestand durch eine Bezugnahme auf die vorbereiteten Schriftsätze und das Sitzungsprotokoll ersetzt werden konnte.

(b) Der Gesetzesentwurf von 1917 zur Vereinfachung der Rechtspflege

Am 10. März 1917 wurde dem Reichstag ein Gesetzesentwurf zur Vereinfachung der Rechtspflege zugeleitet.[53] Begründet wurde dieser Gesetzesentwurf damit, daß „der Kampf des deutschen Volkes um seine Existenz zur äußersten Anspannung aller Kräfte zwinge“ und es die Pflicht der Heimat sei, durch die angestrebte Verfahrensvereinfachung „jeden waffenfähigen Mann dem Heere zuzuführen und im übrigen jede Arbeitskraft in zweckmäßiger Weise im Dienst des Vaterlandes zu verwenden“[54]. Hinsichtlich der Zivilgerichtsbarkeit war in Art. I Nr. 11 des Entwurfes vorgesehen, die Senate der Oberlandesgerichte nur noch mit drei Richtern zu besetzen. Gemäß Art. X d. E. sollten Streitsachen beim Landgericht nur noch durch den Einzelrichter entschieden und laut Art. XIII d. E. konnte vor Beginn der Verhandlungen ein Sühneversuch unternommen werden. Aufgrund erheblicher Kritik an diesem Entwurf seitens der Anwaltschaft und der Abgeordneten des Reichstages änderte die beratende Reichstagskommission die Vorlage während ihrer Beratungen erheblich ab. Die oben genannten Gesetzesänderungen gemäß der Artikel I Nr. 11, X und XIII des Entwurfes wurden gestrichen.[55] Nach den Streichungen der Reichstagskommission hatte das übrig gebliebene „Rumpfgesetz“ nur noch strafprozessuale Bedeutung.[56]

---

[53] Verhandlungen des Reichstags, Bd. 320, Nr. 658 ; Siehe auch JW 1917, S. 349

[54] Verhandlungen des Reichstags, Bd. 320, Nr. 658 (Begründung S. 9)

[55] Verhandlungen des Reichstags, Bd. 322, Nr. 1110, „Mündlicher Bericht des Ausschusses“

[56] Siehe *Dannreuther*, Der Zivilprozeß als Gegenstand der Rechtspolitik im Deutschen Reich 1871 – 1945, S. 288 und S. 295

6) Die Entwicklungen in der Weimarer Republik

Nach der Beendigung des Ersten Weltkrieges wurde bereits 1919 ausdrücklich in der Literatur festgestellt, daß die Reform der Zivilprozeßordnung durch den Krieg zwar unterbrochen worden sei, diese Unterbrechung die angestrebte Reform jedoch nur aufgeschoben habe.[57] Tatsächlich fanden gesetzgeberische Maßnahmen auf dem zivilprozessualen Gebiet in dieser Zeit zumeist nur in dem Bereich des Vollstreckungsschutzes statt.[58]

In seiner Ansprache an „den Beamtenkörper des Reichsjustizministeriums" führte Reichjustizminister *Radbruch* bei seiner Amtsübernahme am 31.10.1921 aus: *„Im weiteren Hintergrunde liegen fern lockend und schwer erklimmbar die Gipfel der Strafrechtsreform, Strafprozeßreform und der Zivilprozeßreform."*[59] Fern würden diese Reformen seiner Ansicht nach liegen, da für deren Umsetzung eine langwierige Verfahrensweise zu erwarten wäre. Zur Umsetzung dieser Reformbestrebungen hatte bereits *Radbruchs* Amtsvorgänger, der damalige Reichsjustizminister *Heinze* während der 56. Sitzung des Reichstags vorgeschlagen, daß, sobald die Vorbesprechungen für die ZPO beendet seien, innerhalb des Reichsjustizministeriums ein Vorentwurf, ein amtlicher Entwurf, aufgestellt werden sollte. Dieser amtliche Entwurf sollte dann von einer kleinen Kommission von Sachverständigen abschließend begutachtet werden.[60] Eine Kommission zur Aufstellung des Entwurfes einer neuen Zivilprozeßordnung trat am 26. Oktober 1922 im Reichsjustizministerium zusammen.[61] Darüber hinaus wurde bereits im Juli 1923 von der Einsetzung einer weiteren Kommission berichtet[62], die seitens des Reichsjustizministeriums beauftragt worden war, ein Notgesetz zur ZPO zu entwerfen.

Die nach Kriegsende in der Weimarer Republik immer schneller voranschreitende Inflationsrate führte aufgrund des starken Währungsverfalls zu einer negativen Beeinflussung des Zivilprozesses. Zum einen resultierten das inflationsbedingte Ansteigen des Nominalwertes der streitigen Verbindlichkeiten aufgrund des am Geldwert festgemachten Streitwertes und die Zuständigkeitsgrenzen zu einer vermehrten Inanspruchnahme der höheren Gerichte. Zum anderen machte der Währungsverfall ein obsiegendes Urteil angesichts der Prozeßdauer einschließlich der Zwangsvollstreckung für den Kläger völlig wertlos, da der eingeklagte und eingetriebene Betrag durch die Inflation seinen Geldwert bereits

---

[57] *Heilberg*, JW 1919, S. 4

[58] Vgl. *Dannreuther*, Der Zivilprozeß als Gegenstand der Rechtspolitik im Deutschen Reich 1871 - 1945, S. 313

[59] JW 1921, S. 1389

[60] Verhandlungen des Reichstags, Bd. 347, S. 2102, Reichsjustizminister *Heinze*

[61] DJZ 1922, Sp. 724

[62] *Hachenburg*, in „JurRdSchau", DJZ 1923, Sp. 344

verloren hatte.[63] Dies gilt insbesondere im Zusammenhang mit dem vom Reichsgericht allzu lange vertretenen Grundsatz „Mark ist gleich Mark“, von dem das Reichsgericht erst im November 1923 abrückte.[64]

Aufgrund der schwierigen Lage, in der sich die Weimarer Republik im Jahre 1923 angesichts der Währungssituation sowie innerer und äußerer Krisen, verursacht durch die Ruhrbesetzung und Aufstandsversuche radikaler linker und rechter Gruppierungen, befand, wurde die Regierung zur Bewältigung dieser Schwierigkeiten durch das Gesetz vom 13. Oktober 1923[65] (erstes Ermächtigungsgesetz) ermächtigt, alle Maßnahmen zu treffen, die sie auf finanziellem, wirtschaftlichem und sozialem Gebiet für erforderlich und dringlich hielt (§ 1 Abs. 1 d.G.) Die Geltungsdauer dieses Gesetzes war unter anderem abhängig von der Amtszeit der Regierung, so daß mit dem Kabinettswechsel im November 1923 auch das erste Ermächtigungsgesetz erlosch.[66] Das damit für die neue Regierung *Marx* notwendig gewordene zweite Ermächtigungsgesetz vom 08.12.1923[67] ging hinsichtlich seines Anwendungsbereiches über das erste Ermächtigungsgesetz hinaus. Es ermächtigte die Regierung zu Maßnahmen, die sie „im Hinblick auf die Not von Volk und Reich für dringend erforderlich“ erachtete (§ 1 Abs. 1 d.G.), ohne die Gebiete für etwaige Notmaßnahmen festzulegen. Basierend auf diesem Gesetz bestand für die Regierung nunmehr die Möglichkeit, einschneidende Regelungen in den Bereichen der Gerichtsverfassung, der Zivil- und Strafprozeßordnung zu erlassen. Auf diesen Umstand wurde seitens der Literatur warnend hingewiesen.[68]

(a) Die Notverordnung vom 22. Dezember 1923

Die sich verschlechternde wirtschaftliche Lage, in der sich die Weimarer Republik befand, machte den Erlaß eines „Notgesetzes“ unausweichlich.[69] Anlaß für die „Verordnung zur Beschleunigung des Verfahrens in bürgerlichen Rechtsstreitigkeiten“ vom 22.12.1923[70] waren die „unerträglichen Folgen, die aus der Schwerfälligkeit des Prozeßganges in der Zeit des rapiden Währungsverfalls dem Wirtschaftsleben erwuchsen“[71].

---

[63] Vgl. *Lent*, „Die Entwicklung des Zivilprozeßrechts seit der Reform von 1924, NJW 1958, S. 649 ff.

[64] RGZ 107, S. 78

[65] RGBl. I, S. 943

[66] Vgl. *Triepel*, DJZ 1924, Sp. 2

[67] RGBl. I, S. 1179

[68] *Düringer*, DJZ 1924, Sp. 9

[69] Vgl. *Dannreuther*, Der Zivilprozeß als Gegenstand der Rechtspolitik im Deutschen Reich 1871 – 1945, S. 342 ff.

[70] RGBl. I, 1923, S. 1239

[71] *Volkmar*, JW 1924, S. 17

Inhaltlich entsprach die auf das Ermächtigungsgesetz gestützte Notverordnung vom 22. Dezember 1923 dem im Sommer 1923 fertiggestellten Entwurf[72] eines Notgesetzes zur ZPO.[73] Ziel der Gesetzesänderungen war vorrangig, entsprechend der wirtschaftlichen Lage, die Einführung des sogenannten „wertbeständigen Schuldtitels".

Zur Vermeidung der zwischen der Urteilsverkündung und dem Vollstreckungsbeginn auftretenden Wertdifferenzen sollte nunmehr die beizutreibende Summe erst durch das Vollstreckungsorgan berechnet werden.[74] Darüber hinaus hatte die Geldentwertung dazu geführt, daß immer mehr Streitigkeiten nicht vor den ordentlichen Gerichten mit ihrer langen Verfahrensdauer geführt wurden, sondern vor Schiedsgerichten. Diese Tendenz hatte zur Folge, daß durch das neue Gesetz die Möglichkeit eines schiedsrichterlichen Verfahrens im Zivilprozeß eingeführt wurde. Auf Antrag beider Parteien konnten bei der Tatsacheninstanz Schiedsgerichte gebildet werden, die mit einem Berufsrichter und zwei nichtrichterlichen Beisitzern besetzt waren (§ 27 a und b der VO). In Sachen mit einem Streitwert unterhalb der Berufungssumme von 50 RM[75] konnte das Amtsgericht sogar ohne entsprechenden Antrag von Amts wegen als Schiedsgericht entscheiden (§ 27 c d. VO). Weiterhin wurde durch die Verordnung bestimmt, daß das Gericht mit Einverständnis der Parteien ohne mündliche Verhandlung (§ 23a) entscheiden konnte. Geändert wurde auch § 281 ZPO a.F., wonach die Rechtshängigkeit eines Anspruches erst bei seiner Geltendmachung in der mündlichen Verhandlung eintrat, dahingehend, daß diese schon durch die Zustellung einer ordnungsgemäßen Klage eintrat (Art. II Nr.1 d. VO).

Im Ergebnis brachte diese Verordnung jedoch keine gravierenden Veränderungen des bestehenden Prozeßbetriebes[76], wenn auch die Erwartung geäußert wurde, „bei einem verständnisvollen Zusammenwirken von Anwälten und Richtern" werde sie „wesentlich zur Anpassung des Rechtsganges an die Bedürfnisse der Gegenwart beitragen können"[77].

(b) Die „Verordnung über Gerichtsverfassung und Strafrechtspflege" vom 04. Januar 1924

Auch die Verordnung über Gerichtsverfassung und Strafrechtspflege vom 04. Januar 1924[78] brachte keine großen Änderungen bezüglich des Zivilverfahrens. Die Besetzung der Obergerichte wurde durch die Verordnung jeweils um zwei

---

[72] siehe Teil 1, a) 6) dieser Arbeit, (S.38)
[73] *Ebermayer*, JW 1924, S. 250
[74] Vgl. *Volkmar*, JW 1924, S. 19
[75] Siehe auch „Einführung eines obligatorischen Güteverfahrens beim Amtsgericht", Teil 1, I a) 6) (d) (5) dieser Arbeit, (S. 43)
[76] *Volkmar*, JW 1924, S. 17
[77] *Volkmar*, JW 1924, S. 20
[78] RGBl. I 1924, S. 15

Richter vermindert. Gemäß dem Gerichtsverfassungsgesetz von 1877 waren die Oberlandesgerichte mit fünf Richtern und das Reichsgericht mit sieben Richtern zu besetzen. Fortan sollten die Senate der Oberlandesgerichte nur noch mit drei und die des Reichsgerichts mit fünf Richtern besetzt werden (§§ 1, 2 d. VO).

(c) Die „Verordnung zur Entlastung des Reichsgerichts" vom 15. Januar 1924
Die Geltungsdauer der Verordnung zur Entlastung des Reichsgerichts vom 15. Januar 1924 war begrenzt bis zum 31. Dezember 1925 (Art. 1 d. VO). Der sich aus der Überschrift ergebene Zweck des Gesetzes sollte durch eine nur vorübergehende Beschränkung der Revisionsmöglichkeit erreicht werden. Die Revision konnte jetzt nicht mehr auf die Verletzung der §§ 139, 286 und 287 ZPO gestützt werden (§ 1 d. VO) und OLG-Urteile in bestimmten Ehesachen (z.B. im Falle einer Scheidung) bedurften zur Revision der vorherigen Zulassung (§ 2 d. VO)

(d) Die Emminger Novelle
Bereits bei der Besprechung der Notverordnung vom 22. Dezember 1923[79] war darauf hingewiesen worden, daß die „bisher noch vermiedenen Eingriffe in die Einzelheiten der geltenden Verfahrensvorschriften mit dem Ziel einer weitgehenden Vereinfachung und Beschleunigung nicht länger hinausgeschoben werden können"[80]. Die Notwendigkeit der sogenannte Emminger-Novelle, deren Bezeichnung auf den damaligen Justizminister *Emminger* zurückgeht, wurde im wesentlichen mit der Unerträglichkeit des schleppenden Prozeßverlaufes für die Rechtssuchenden bei den herrschenden wirtschaftlichen Verhältnissen begründet.[81] Weiterhin wurden als Gründe für die Novelle das nicht hinnehmbare Abwandern der Rechtsuchenden an spezielle Gerichte bzw. Schiedsgerichte sowie die Unwirtschaftlichkeit der Rechtspflege wegen des durch Vertagungen u.ä. hervorgerufenen Leerlaufes genannt.[82]

Die Emminger-Novelle führte mit der Verordnung über das Verfahren in bürgerlichen Rechtsstreitigkeiten vom 13.02.1924[83] zu wesentlichen Änderungen in der Zivilgerichtsbarkeit.[84] Durch eine generelle Beschleunigung und Straffung des Verfahrens sollten die oben genannten Mißstände behoben werden. Der Entwurf zur Emminger-Novelle war im Reichsjustizministerium am 27.11.1923 abgeschlossen. Am 09.01.1924 gelangte die mit Preußen abgestimmte Vorlage an die Länder und am 16.01.1924 an den für Justizsachen zuständigen Reichsratsausschuß. Nach erneuten Veränderungen des Entwurfs

---

[79] Siehe Teil 1, I, a) 6) (a) dieser Arbeit, (S. 38)
[80] *Volkmar*, JW 1924, S. 20
[81] *Volkmar*, JW 1924, S. 345
[82] *Volkmar*, JW 1924, S. 346
[83] RGBl. I, 1924, S. 135
[84] *Cramer*, Protokoll Nr. 33, S. 7

wurde dieser im Februar 1924 außerordentlich kontrovers im Rechtspflegeausschuß des Reichstags behandelt, der ebenfalls eine Reihe von Änderungen beschloß.[85]

Die Emminger-Novelle wurde trotz heftiger Kritik seitens des Parlamentes und der Öffentlichkeit auf der Rechtsgrundlage des zweiten Ermächtigungsgesetzes vom 08.12.1923 erlassen.[86] Die Regierung begründete ihre Vorgehensweise damit, daß ein Neuaufbau der gesamten Verfahrensvorschriften im Rahmen einer großen Reform mehr als ein Jahr in Anspruch nehmen würde und sie angesichts der bestehenden Lage „die Verantwortung für eine derartige Verzögerung der Reform" nicht übernehmen könne[87].

Inhaltlich beruhte diese Novelle jedoch weitgehend auf den Arbeiten der Kommission des Reichsjustizministeriums zur Neugestaltung des Zivilprozesses, die ihre Arbeit im Jahre 1920 aufgenommen hatte. Mitglieder dieser Kommission waren: *Friedrich Stein*, nach dessen Tod *Mendelssohn-Bartholdy*, Reichsgerichtsrat *Busch*, Rechtsanwalt Justizrat *Magnus*, der braunschweigische OLG – Präsident *Levin*, als korrespondierendes Mitglied *Ernst Fuchs*; für das Reichsjustizamt nahmen an den Sitzungen unter anderem *Oegg*, *Volkmar* und *Jonas*, für Preußen *Lucas*, später Ministerialrat *Goldschmidt* und für Bayern *Sauerländer* und *Heinrich Schulz*.[88]

Die „Verordnung über das Verfahren in bürgerlichen Rechtsstreitigkeiten" vom 13.02.1924 trug der immer weiter verbreiteten Auffassung, daß der Prozeß zu einer „Arbeitsgemeinschaft" zwischen Richter, Parteien und Anwälten umgestaltet werden müsse, weitgehend Rechnung:[89]

Um die Konzentration des Verfahrens zu fördern, wurde die Prozeßleitung durch den Richter verstärkt und an das schuldhaft verspätete Nachschieben von Angriffs- und Verteidigungsmitteln der Partei prozessuale Nachteile geknüpft:

(1) Stärkung der Stellung des Richters

Der bisherige § 501 ZPO a. F. mit den weitreichenden Aufklärungsbefugnissen des Amtsrichters wurde unter Neufassung als § 272 b ZPO in das landgerichtliche Verfahren übernommen. Nach dem Inhalt des § 272 b ZPO n.F. hatte der Vorsitzende oder ein von ihm bestimmtes Mitglied des Prozeßgerichts schon vor der mündlichen Verhandlung alle Anordnungen zu treffen, die angebracht erschienen, um den Rechtsstreit tunlichst in einer mündlichen Verhandlung zu erledigen.

---

[85] Vgl. W. *Schubert*, Akademie für Deutsches Recht 1933 – 1945, Bd. VI, S.10

[86] Vgl. *Dannreuther*, Der Zivilprozeß als Gegenstand der Rechtspolitik im Deutschen Reich 1871 – 1945, S. 349 ff.

[87] Siehe *Volkmar*, JW 1924, S. 346

[88] Vgl. W. *Schubert*, Akademie für Deutsches Recht 1933 – 1945, Bd. VI, S.10

[89] *Cramer*, Protokoll Nr. 33, Anlage 1a, S. 8

Die Erweiterung des richterlichen Fragerechts durch Abänderung des § 139 ZPO a. F. ermöglichte dem Richter nun die Prozeßförderung durch Erörterung des Sach- und Streitstandes, die bisher nur durch Fragestellungen des Richters möglich gewesen war.

(2) Prozeßförderungspflichten des neu eingeführten Einzelrichters am Landgericht

Grundsätzlich oblag nun dem Einzelrichter, als Mitglied des Kollegiums gem. §§ 348 ZPO n.F., die Verpflichtung zur Vorbereitung einer Entscheidung des Prozeßgerichts.

Dies schloß für ihn auch die Möglichkeit der Durchführung einer Beweisaufnahme ein. Der Einzelrichter erhielt bei Vorliegen des Einverständnisses beider Parteien das alleinige Entscheidungsrecht.

(3) Erhöhung der Prozeßförderungspflichten der Parteien

Zu Gunsten der Verfahrensbeschleunigung wurden die Prozeßförderungspflichten der Parteien erhöht. Es wurden Zwangsmittel zur rechtzeitigen Bereitstellung des Streitstoffes eingeführt. Die Eventualmaxime des § 279 ZPO a. F., die bisher nur gegen den Beklagten wirkte und von einem entsprechenden Kläger-Antrag abhing, wurde nun in der Neufassung dieser Norm auf beide Parteien ausgedehnt und war sogar von Amts wegen zu berücksichtigen.

Gemäß dem neu eingeführten § 279 a ZPO konnte das Gericht den Parteien Erklärungsfristen bei streitigen Punkten setzen. Bei Nichteinhaltung der Frist bestand nunmehr die Möglichkeit, daß die Erklärung, wenn sie später nachgeholt wurde, für die Instanz unberücksichtigt blieb, wenn die Partei die Verspätung nicht genügend entschuldigt hatte.

(4) Einschränkung der Parteiherrschaft über Fristen und Termine

Die Parteiherrschaft über Fristen und Termine wurde den Parteien weitgehend entzogen oder eingeschränkt.[90] Die Parteien hatten jetzt nicht mehr die Möglichkeit, Fristen zu verlängern (§ 244 Abs. 1 ZPO n.F.), eine Terminaufhebung zu vereinbaren (§ 227 ZPO n.F.) oder das Ruhen des Verfahrens zu bewirken (§ 251 ZPO n.F.). Zur Absicherung dieser Maßnahmen hatte das Gericht mit der Einführung der §§ 251, 251 a ZPO n.F. (- bei Ausbleiben beider Parteien -) die Möglichkeit einer Entscheidung nach Lage der Akten, statt Erlaß eines Versäumnisurteils. Gemäß § 141 Abs. 1 ZPO bestand Erscheinungszwang für die Parteien.

---

[90] *Heilberg*, JW 1924, S. 362

(5) Einführung eines obligatorischen Güteverfahrens beim Amtsgericht
Beim Amtsgericht wurde die vorherige Durchführung eines nunmehr obligatorischen Güteverfahrens zur Voraussetzung eines Klageverfahrens gemacht. (§§ 495 a, 499 a ZPO ff). Dieses Güteverfahren sollte die Funktion eines Siebes, zu Gunsten einer unter prozeßökonomischen Aspekten notwendigen Absonderung der unstreitigen Sachen, übernehmen.[91] Auf diesem Wege sollte der Bevölkerung ein Weg eröffnet werden, Streitigkeiten möglichst schnell und billig auszutragen.[92]

(6) Änderung des Berufungsverfahrens und Einführung der Sprungrevision
Entsprechend der Regelung des § 279 ZPO n.F. wurde neues Vorbringen in der Berufungsinstanz eingeschränkt (§ 529 ZPO n.F.) und durch die Neufassung des § 519 ZPO die Berufungsbegründungspflicht eingeführt. Die bisher außerhalb der ZPO in der Entlastungsverordnung geregelte Berufungssumme wurde in den Gesetzestext der ZPO übernommen (§ 511a ZPO n.F.) und mit dem auch heute noch fast unveränderten § 566 a ZPO die Sprungrevision eingeführt.

(e) Reformvorschläge der preußischen Staatsregierung und des Reichsjustizministeriums im Jahre 1930
Aufgrund ihrer wirtschaftlichen Situation und der angespannten Finanzlage schlug die preußische Regierung der Reichsregierung zu Beginn des Jahres 1930 eine Reihe von Gesetzesänderungen vor. Da die preußische Justizverwaltung nicht kostendeckend arbeiten konnte, der jährliche Zuschußbedarf sogar kontinuierlich anstieg[93], sollte die Justizreform diese Kostenlast reduzieren. Von der preussischen Staatsregierung wurde anläßlich der Haushaltsaufstellung für das Jahr 1930 vorgeschlagen, die Zuständigkeit der Amtsgerichte auf 1.000 RM, die Berufungssumme auf 300 RM und die Beschwerdesumme auf 100 RM zu erhöhen. Bei den Kollegialgerichten der Landgerichte sollte in Sachen bis zu einem Streitwert von 6.000 RM der Einzelrichter an die Stelle der Kammer treten. [94] Darüber hinaus wurde eine Kürzung der Anwaltsgebühren gefordert.[95] Entsprechend war die Reaktion der Anwaltschaft, die sich in einer Stellungnahme des Vorstandes des Deutschen Anwaltsvereins vom 16. Februar 1930 äußerte, mit der die Änderung der Gerichtsverfassung und des Verfahrens durch Teilreformen abgelehnt wurde.[96]

Fast zeitgleich mit den Vorschlägen der preußischen Regierung brachte das Reichsjustizministerium einen ähnlichen „Gesetzesentwurf zur Änderung der

---

[91] *Curtius*, JW 1924, S. 359
[92] *Volkmar*, JW 1924, S. 351
[93] Vgl. *Krücke*, JW 1930, S. 25
[94] Vgl. *Krücke*, JW 1930, S. 26
[95] Vgl. *Krücke*, JW 1930, S. 27
[96] JW 1930„„Zu den Justizreformvorschlägen der preußischen Regierung“, S. 616 - 617

Gerichtsverfassung und einiger Vorschriften über das Verfahren in bürgerlichen Rechtsstreitigkeiten“ im Reichstag ein. Ziel des Gesetzesentwurfes war ebenfalls eine Kostensenkung bei der Justizverwaltung.[97] Nach dem Inhalt dieser Gesetzesvorlage sollte die Amtsgerichtszuständigkeit auf 1.000 RM (Art. I Nr. 4 d.E.) und die Berufungssumme auf 200 RM (Art. II Nr.2 d.E.) erhöht werden. Darüber hinaus beinhaltete der Entwurf eine Regelung, wonach daß mit der Notverordnung vom 22. Dezember 1923 schiedsrichterliche Verfahren[98] nunmehr von Amts wegen bis zu einem Streitwert von 200 RM möglich sein sollte (Art. III d.E.) .

Sowohl die Vorschläge der preußischen Regierung als auch die Gesetzesvorlage des Reichsjustizministeriums wurden im Reichstag abgelehnt. Parteiübergreifend wurde dem Entwurf vorgeworfen, er führe zu einer Verschlechterung der Rechtspflege[99], so daß dieser noch im Plenum verworfen wurde.[100]

(f) Die Notverordnung vom Dezember 1930

Trotz der Ablehnung der preußischen Vorschläge und der Gesetzesvorlage des Reichsjustizministeriums durch den Reichstag wurden die Bestrebungen nach einer Kostensenkung in der Rechtspflege von der Regierung weiter verfolgt. So enthielt das Sanierungsprogramm der Regierung *Brüning* die Aussage, daß „ein Gesetzesentwurf über Ersparnismaßnahmen auf dem Gebiet der Rechtspflege vorbereitet werde“[101]. Damit lag der Schluß nahe, daß die Regierung den im Reichstag gescheiterten Entwurf auf dem Wege der Notgesetzgebung durchsetzen würde.[102]

Entsprechend wurden die „Vereinfachungen und Ersparnisse auf dem Gebiet der Rechtspflege“ dann im 9. Teil der „Verordnung zur Sicherung von Wirtschaft und Finanzen“ vom 01. Dezember 1930[103] von der Regierung angeordnet. Diese Notverordnung des Reichspräsidenten blieb in einigen Punkten hinter den Regelungen des vorangegangenen Gesetzesentwurfes zurück. Neben einigen organisatorischen Änderungen und geänderten Gebührenregelungen wurde unter

---

[97] Drucksachen des Reichstags, Bd. 411, Nr. 1988

[98] Siehe Teil 1, a) 6) (a) dieser Arbeit, (S. 38)

[99] Siehe Verhandlungen des Reichstags, Bd. 427, S. 5084, Abg. *Marum* „Gesetzesentwurf ist äußerst dürftig“(SPD); S. 5092, Abg. *Alexander* „Gesezesentwurf bringt eine Verschlechterung der Rechtsverfolgung“ und „der angestrebte Ausgleich zwischen Reich und Ländern geschieht auf Kosten der Massen“ (KPD); S. 5094, Abg. *Dingeldey* „Gesetz würde eine ausgesprochene Verschlechterung der Rechtspflege auf dem Rücken des deutschen Mittelstandes darstellen“ (DVP); S. 5097, Abg. *Pfleger* „Gesetzesentwurf würde eine wesentliche Verschlechterung der Rechtspflege gerade auf dem platten Lande zur unausbleiblichen Folge haben (BVP)

[100] Verhandlungen des Reichstags, Bd. 427, S. 5097

[101] Vgl. *Abraham*, DJZ 1930, Sp. 1302

[102] Vgl. *Abraham*, DJZ 1930, Sp. 1302

[103] RGBl.I 1930, S. 517

anderem die Zuständigkeit der Amtsgerichte auf 800 RM erhöht. Darüber hinaus waren nach der Notverordnung nunmehr Beschlüsse des Berufungsgerichts, die das Armenrecht entzogen oder verweigerten, unanfechtbar.

(g) Der Entwurf einer Zivilprozeßordnung aus dem Jahre 1931

Im Jahre 1931 veröffentlichte das Reichsjustizministerium einen voll ausgearbeiteten Entwurf der ZPO, der auf der bisherigen Viergliederung der Gerichte fußte und wonach auch der bisherige Rechtszug beibehalten werden sollte. Dieser Entwurf beruhte, wie auch die Emminger-Novelle, auf den Arbeiten der bereits erwähnten Kommission, die im Jahre 1920 im Reichsjustizministerium aus Vertretern der Wissenschaft, des Richter- und des Anwaltstandes gebildet worden war.[104] Die Motive dieser Kommission erteilten einer Umgestaltung der bestehenden Gerichtsverfassung (einheitliches Eingangsgericht für alle Zivilsachen oder Überweisung der landgerichtlichen Streitsachen bis zu einer bestimmten Wertstufe an den Einzelrichter; Bagatellsachen vor nichtrichterliche Beamte) eine Absage. Ziele des Entwurfs waren: Beschleunigung des Verfahrens, Vereinfachung und Rationalisierung der Prozeßeinrichtungen, Prüfung sämtlicher bestehender Bestimmungen zwecks Beseitigung von Unstimmigkeiten und Zweifelsfragen (vor allem zwecks sachlicher Umgestaltung von Vorschriften, die den Anschauungen und Bedürfnissen der Gegenwart nicht entsprachen).[105] Von wenigen Ausnahmen abgesehen, zog man diesen ZPO – Entwurf jedoch nicht als Grundlage für die verfahrensrechtlichen Notverordnungen des Jahres 1931 heran. Da der Entwurf in einer Zeit der innenpolitischen Spannungen veröffentlicht wurde, blieb er parlamentarisch unbeachtet.[106] Erst in den Friedensjahren des Dritten Reiches wurden die Reformvorschläge des ZPO – Entwurfes 1931 weitgehend im Rahmen der Novelle von 1933[107] gesetzlich festgeschrieben.[108]

Die wichtigsten Neuerungen des Entwurfes 1931 zu Gunsten der Konzentration und Beschleunigung des Verfahrens waren:

- Möglichkeit des Vorsitzenden im landgerichtlichen Verfahren den Beklagten eine bestimme Frist zur Klageerwiderung zu setzen mit der in § 279 a ZPO vorgesehenen Wirkung (§ 462 Abs.1 Satz 2)
- Möglichkeit neues Vorbringen in einer mündlichen landgerichtlichen Verhandlung als verspätet zurückzuweisen, wenn dieses Vorbringen nicht rechtzeitig in einem vorbereitenden Schriftsatz mitgeteilt wurde, sofern die Unterlassung nach der freien Überzeugung des Gerichts aus der Absicht der

---

[104] Bericht der Kommission, S. 36; siehe auch Teil 1, I a) 6) (d) dieser Arbeit, (S. 40)

[105] Siehe W. *Schubert*, Akademie für Deutsches Recht 1933 – 1945, Bd. VI, S.11

[106] Vgl. *Dannreuther*, Der Zivilprozeß als Gegenstand der Rechtspolitik im Deutschen Reich 1871 – 1945, S. 443

[107] RGBL. I 1933, S. 780

[108] Siehe Teil 1, II a) 1) dieser Arbeit, (S. 54)

Prozeßverschleppung oder auf grober Nachlässigkeit beruhte und die Berücksichtigung des neuen Vorbringens eine Verzögerung des Verfahrens zur Folge haben würde, die bei rechtzeitiger schriftlicher Vorbereitung vermieden worden wäre (§ 462 Abs. 2).

- Die Berufungsbegründung mußte die Gründe, aus denen die erstinstanzliche Entscheidung angefochten wurde „im einzelnen" bestimmt bezeichnen (§ 482 Abs.3).
- Die Zurückweisungsbefugnis in § 529 ZPO Abs. 1 und 2 wurde in eine Mußvorschrift umgewandelt (§ 494 Abs. 2).
- Erhöhung der Berufungssumme gemäß § 511a Abs. 1 ZPO und der Grenze für das Schiedsurteilsverfahren auf 100 RM.
- Die Streitwertgrenze für das Amtsgericht wurde auf 1.000 RM und die in § 567 Abs. 2 ZPO vorgesehene Beschwerdesumme auf 50 RM festgesetzt.
- Einführung der Wahrheitspflicht (§ 228 Abs.2)
- Parteivernehmung statt bisher Parteieid (§§ 434 ff.)
- Möglichkeit der Zurückweisung einer Revision ohne mündliche Verhandlung (§ 518 Abs.1 S.2)
- Mahnverfahren nicht mehr als Klageeinleitungsverfahren, sondern grundsätzlich als Einleitung der Zwangsvollstreckung

(h) Die Notverordnung von 1931

Maßnahmen zu Gunsten von Einsparungen in der Rechtspflege wurden durch die 3. Verordnung „zur Sicherung von Wirtschaft und Finanzen" vom 06. Oktober 1931[109] getroffen. Im 6. Teil der Verordnung (Rechtspflege) wurde

- die Zuständigkeit der Amtsgerichte um weitere 200 RM auf 1.000 RM erhöht (§ 9 d. VO) und die Berufungssumme auf 100 RM festgesetzt (§ 10 d. VO),
- die Grenze für das amtswegige Schiedsgerichtsverfahren auf 100 RM heraufgesetzt,
- die Inanspruchnahmen des Armenrechts bei Mutwilligkeit der Rechtsverfolgung zwingend versagt und das Rechtsbehelfsverfahren im Falle der Versagung der Bewilligung eingeschränkt (§ 11 Abs. 5 d. VO).

b) Reformbestrebungen

Seit der Rede *Adickes* vom 30. März 1906, die er anläßlich der Beratung des preußischen Justizetats im Preußischen Herrenhaus gehalten hatte, wurde die Frage nach der Notwendigkeit einer Großen Justizreform immer wieder gestellt und zum Gegenstand von Reformvorschlägen gemacht. *Adickes* veröffentlichte die von ihm entwickelten Vorschläge in seinem Werk „Die Grundlinien einer

---

[109] RGBl.I 1931, S. 537, (563)

durchgreifenden Justizreform"[110] wenige Wochen nach seiner Rede. Die von ihm vertretenen Ansichten bildeten die Grundlage für vielfältige und heftige Diskussionen zur Frage der Reform, geführt von Praktikern und Wissenschaftlern.[111]

Obwohl in der Folgezeit die Idee einer Großen Justizreform immer wieder von Rechtswissenschaftlern und Praktikern aufgegriffen und verschiedene Reformvorschläge vorgestellt und diskutiert wurden, ist es zu keinem Zeitpunkt zu einer wirklich durchgreifenden „Großen Reform" gekommen. Über die generelle Notwendigkeit einer derartigen Justizreform und ihre möglichen Inhalte bestanden zu dieser Zeit unterschiedliche Auffassungen:

1) *Franz Adickes*: „Grundlinien durchgreifender Justizreform", 1906
„Zur Verständigung über die Justizreform", 1907

Die Bestrebungen *Adickes* fielen in die Zeit der durch starke Bevölkerungsvermehrung, die rasch fortschreitende Industrialisierung und das Anwachsen des allgemeinen Wohlstandes bedingten ständigen Vergrößerung der „Justizorganisation".[112] Als Folge dieser Veränderungen hielt es *Adickes* für notwendig, von „großen nationalen Gesichtspunkten" ausgehend, neue, dem hochgesteigerten Erwerbsleben angepaßte Organisationen zu schaffen.[113] Er begründete seine Forderung nach einer grundlegenden Reform der deutschen Justiz damit, daß die Bevölkerung ihr Vertrauen in die Justiz verloren habe, sowie mit der mangelnden Autorität des Richters „in einem sozial, politisch und religiös zerrissenen Volk".[114] So schien seiner Ansicht nach in der damaligen Zeit das Ansehen des Richterstandes im Absinken begriffen zu sein, während sich die Verwaltung und das Militär sozial im Aufstieg befänden.[115] Von dieser Feststellung aus stellte sich für *Adickes* die folgende Grundfrage: "*Unter diesen Umständen drängt sich dem ernsten Betrachter immer wieder die bange Frage auf, ob denn in der Tat alles geschehen ist, was geschehen konnte, um unseren Richtern Autorität, Kraft und Würde zu verleihen und ob nicht vielleicht in unserem System selbst, in dem System eines in sich abgeschlossenen richterlichen Beamtentums, die tiefsten Ursachen seiner Unzulänglichkeit gegenüber den Anforderungen des heutigen Lebens liegen"*.[116]

---

[110] *Adickes*, Grundlinien durchgreifender Justizreform, Berlin 1906
[111] Vgl. *Jacobsen*, JW 1907, S. 321 Fn.2
[112] *Jonas*, DR 1941, S. 1329
[113] *Weidlich*, „Franz *Adickes*. Sein Leben und Werk", S. 377
[114] *Adickes*, Deutsche Juristen-Zeitung, 01.05.1906, „Grundlinien durchgreifenden Justizreform", Spalte 501 ff (504).
[115] *Coing*, Protokoll Nr. 3, S.8
[116] *Adickes*, Grundlinien durchgreifender Justizreform, S. 6, Berlin 1906

Bisher war nach *Adickes* Auffassung nichts geschehen, um die Stellung der Richter zu verbessern, im Gegenteil, die Justizorganisation, wie sie durch die Prozeßgesetze von 1879 geschaffen worden sei, verschlimmere das Übel. Anhand der aktuellen Richterzahlen aus dem Jahre 1905 stellte *Adickes* im Vergleich zu den Zahlen aus dem Jahre 1882 dar, daß die Anzahl der Richter stark angewachsen war. Er konstatierte die Existenz eines wahrhaften Beamtenheeres, welches nach allen Regeln der Beamtenhierarchie gegliedert und eingeteilt sei und in dem vom Amtsrichter bis zum Reichsgerichtspräsidenten hinauf Stellen aller Art und jeden Ranges zu besetzen seien. Daß die „geistige Mittelmäßigkeit" bei weitem überwiegen müsse, ergebe sich ohne weiteres aus allgemeinen Erwägungen, so daß nicht darauf verwiesen zu werden brauche, wie gering die Zahl derjenigen sein würde, welche sich in den vorgeschriebenen Prüfungen hervortäten.[117] Den größten Mangel der damaligen Einrichtungen sah *Adickes* jedoch an anderer Stelle: *„Indem das richterliche Amt zum Gegenstand einer Beamtenlaufbahn geworden sei und der junge Assessor nach Abschluß seiner Lehrzeit unmittelbar in ein richterliches Amt hineingesetzt werde, dessen wirkliche Ausfüllung nicht nur die Kenntnis von Rechtssätzen, sondern die weit schwierigere, nur in langer Übung erlernbare richtige Anwendung derselben und die nicht minder schwierige Beherrschung der wirtschaftlichen und sozialen Verhältnisse des gestaltenreichen Lebens voraussetzt, entsteht alsbald eine außerordentlich problematische Sachlage: auf einem Teil der Richterstühle sitzt im glücklichen Fall ein Anfänger, dessen wirkliche Lehrzeit zwar eigentlich erst jetzt, mit der Übernahme eigener Verantwortlichkeit, beginnt, der aber doch der Anlage nach zum Richter berufen scheint – im unglücklichen Falle aber ein Unberufener, der nie die schwere Kunst des richterlichen Amtes erlernen wird".*[118] *Adickes* stellte fest, daß die große, für die gesamte Organisation der Zivil- und Strafrechtspflege entscheidende Frage sich infolgedessen darauf richte, welche Änderungen der Gerichtsverfassung und der Prozeßordnungen angängig und erforderlich seien, um die Zahl der Richter so zu verringern, daß eine Besetzung aller Richterstellen mit erfahrenen Männern von anerkannter Bedeutung sichergestellt erscheine.[119] Im Ergebnis führten seine Überlegungen zu der Zentralthese, daß es zu viele Richter gebe und so viele überragende Persönlichkeiten nicht zur Verfügung ständen. Er hielt es für erforderlich, daß man weniger Richter haben müsse, mit größerer Lebenserfahrung und damit auch mit größerer sozialer Autorität und innerer Freiheit.[120]

Um dieses Ziel zu erreichen, unterbreitete *Adickes* Reformvorschläge, die sich für ihn aus einem Vergleich zwischen der deutschen und der englisch - schottischen Justiz ergaben. Ausschlaggebend für die Argumentation *Adickes,*

---

[117] *Adickes*, Grundlinien durchgreifender Justizreform, S. 37, Berlin 1906
[118] *Adickes*, Grundlinien durchgreifender Justizreform, S. 40, Berlin 1906
[119] *Adickes*, Grundlinien durchgreifender Justizreform, S. 42, Berlin 1906
[120] *Coing*, Protokoll Nr. 3, S.9

die deutsche Justiz solle eine Reihe von Rechtsgedanken der englisch – schottischen Justiz übernehmen, war seine Feststellung, daß für die damalige Zeit den etwa 500 Richtern in England und 76 Richtern in Schottland ca. 8700 Richter in Deutschland gegenüber ständen.

Basierend auf der These, daß vorstehende Erwägungen einen gewissermaßen universalen Charakter hätten und deshalb auch auf anderem Boden verwendbar seien, faßte er die leitenden Reformgedanken in Bezug auf die Zivilgerichtsbarkeit wie folgt zusammen[121]:

„1. Obenan steht der Grundgedanke, daß eine kleine, aber auserlesene Zahl bewährter und erfahrener Kräfte in hervorragender sozialer Stellung die besten Garantien für eine gute und starke Rechtspflege gibt.

2. Eine wirklich hervorragende richterliche Arbeitskraft ist ein kostbares und seltenes Gut und wird daher nur mit äußerster Sparsamkeit verwendet, indem

a) in erster Instanz nur Einzelrichter, in den oberen Instanzen kleine Kollegien – zum Teil nur zwei, meist nur 3 Richter – urteilen und

b) die Befreiung des Richters von allem Schreibwerk und aller für die eigentliche richterliche , d.h. rechtsprechende Tätigkeit nicht durchaus erforderliche Arbeit – dies geschehe in England durch weitgehende Verwendung rechtsgelehrter Gehilfen für Prozeßleitung, Versäumnisurteile und dgl. – auf das strengste durchgeführt wird.

3. Die Rechtsmittel sind eingeschränkt und werden auch, so weit sie zulässig sind, in Zivilsachen nur in geringem Umfange angewandt. Die höheren Gerichte können von den unteren zur Entscheidung schwieriger Rechtsfragen ohne vorherige Entscheidung angerufen werden.

4. Das Verfahren in Zivilsachen ist so eingerichtet, daß die Streitsachen in großem Umfange vor dem Urteil im Wege des Vergleichs erledigt werden.“

Adickes ging es vor allem um eine Umgestaltung des Richtertums, verbunden mit einer Abschaffung der Hierarchie.[122] Er dachte dabei an eine Zweiteilung des gesamten Richterkorps, und zwar in die Amtsrichter mit einer einzigen Aufstiegsstelle, nämlich den Amtsgerichtspräsidenten oder den Spruchrichter beim Amtsgericht einerseits und die Gruppe der „Oberrichter“, die alle Richter vom Landgericht bis zum Reichsgericht umfassen sollte andererseits. Mit Ausnahme der Richter am Reichsgericht und des Oberlandesgerichtspräsidenten sollte hier grundsätzlich eine einheitliche Besoldung erfolgen. Dem Amtsrichter sollte an sich nicht die Möglichkeit abgeschnitten werden, in diese andere Laufbahn überzugehen, aber grundsätzlich stand für *Adickes* eine gewisse Zweiteilung des Richterstandes im Vordergrund. *Adickes* verband damit die Forderung, daß in die zweite, gehobene Richterlaufbahn keine jungen Leute aufgenommen werden

[121] *Adickes*, Grundlinien durchgreifender Justizreform, S. 125, Berlin 1906
[122] *Coing*, Protokoll Nr. 3, S.13

sollten. In dieses Korps sollte man nicht im Laufe einer mit dem Gerichtsassessor beginnenden Laufbahn einfach aufsteigen können, sondern erst nach dem Erlangen einer gewissen Berufs- und Lebenserfahrung.

2) *Friedrich Stein:* : „Zur Justizreform“, 1907

Stein, Professor in Halle, später an der Universität zu Leipzig, setzte sich 1907 in seiner Schrift „Zur Justizreform“ mit den Ideen von *Adickes* auseinander.[123] Zunächst betrachtete *Stein* den von *Adickes* vorgenommenen Vergleich zwischen der englisch - schottischen und der deutschen Justiz und stellte dabei fest, daß insbesondere die gegenübergestellten Richterzahlen ein verfälschtes Bild vermitteln würden, da in England immer mehr Geschäfte den Richtern abgenommen und auf Hilfsorgane übertragen würden.[124] Es ergebe sich sonach, daß in England nicht so sehr an Richtern gespart werde, als vielmehr an solchen Leuten, die den Namen, Rang und Titel des Richters hätten. Als ganz abwegig empfand *Stein* den Gedanken von *Adickes*, die Amtsrichter zu Richtern zweiter Klasse zu degradieren. Seiner Ansicht nach sollte man froh sein, daß die deutsche Justiz auch für die Geschäfte des kleinen Alltags vollkommen wissenschaftlich ausgebildete Männer habe, und sich hüten, dieses „kostbare Material“, aus dem doch in allmählicher Auslese diejenigen hervorgingen, die nach oben an die Spitze kämen, dadurch zu verderben, daß man den Amtsrichtern die Möglichkeit zur Erlangung höherer Stellen nehme.[125]

Darüber hinaus rechtfertigte *Stein* die hohe Zahl der Richter damit, daß die Fürsorge für die Bedürfnisse des ganzen Volkes eine Pflicht des Staates sei, und daß infolgedessen der Staat so viele Gerichte haben und dort auch so viele Beamte anstellen müsse, daß diesem Rechtspflegebedürfnis überall Genüge getan werde. Die “Masse“ sei daher nicht, wie von *Adickes* dargestellt, eine Folge der „Kleinstaaterei“, sondern eine Folge der Auffassungen über die Rechtspflege, die der Großstaat habe. Die Ausstattung der Gerichte mit zahlreichen Richtern und die ständige Zunahme ihrer Zahl sei sonach das Ergebnis natürlicher und berechtigter Faktoren, zumal in England niemals die Auffassung geherrscht habe, daß es Staatsaufgabe sei, für das Rechtsschutzbedürfnis der „großen Masse“ zu sorgen.[126]

Im Gegensatz zu *Adickes* führte *Stein* die Vertrauenskrise der Justiz nicht auf deren Versagen zurück, sondern auf die seinerzeit allgemeinen politischen und sozialen Verhältnisse in Deutschland.[127] Er war der Ansicht, daß nicht etwa das ganze Volk kein Vertrauen zur Justiz habe, sondern vorrangig die „unteren

[123] *Stein*, Kleine Zivilprozeßrechtliche Schriften, „Zur Justizreform“
[124] *Stein*, Kleine Zivilprozeßrechtliche Schriften, „Zur Justizreform“, S. 40,
[125] Ebenda, S. 73
[126] Ebenda, S. 65
[127] *Coing*, Protokoll Nr. 3, S. 22

Klassen", die Arbeiter, die das Empfinden hätten, daß die Justiz, wie sie geübt werde, gegen sie gerichtet sei.[128] Da es sich somit um ein gesellschaftliches Problem handle, hielt *Stein* die von *Adickes* geforderte umfangreiche Justizreform auch nicht für notwendig. Den radikalen Bruch mit der bisherigen Entwicklung, den *Adickes* empfahl, glaubte *Stein* - als mit den damaligen Einrichtungen und Bedürfnissen unverträglich - im wesentlichen ablehnen zu müssen. Seiner Meinung nach würde eine Justizreform zwar kommen, diese würde jedoch nicht das Alte niederreißen, sondern auf dem Vorhandenen aufbauen.[129]

3) *Oskar Mügel:* „Zur Reform unserer Gerichtsorganisation", 1906
„Grundzüge einer landesrechtlichen Justizreform", 1919
„Werdendes Recht, „Justizreform", 1930

Mügel, Staatssekretär im Preußischen Justizministerium, stimmte dagegen schon 1906 in wesentlichen Punkten den Reformgedanken von *Adickes* zu. Auch er forderte eine umfassende Reform unter Zugrundelegung einer neuen Gerichtsverfassung, betonte die Bedeutung der Persönlichkeit des Richters, die Verschiedenheit in der Tätigkeit der Amtsrichter und der Richter am Landgericht und das Bedenkliche der Zusammenfassung beider in einer Laufbahn.[130] Im Jahre 1917 wurde *Mügel* von Kaiser *Wilhelm II.* beauftragt, Vorschläge für eine preußische Justizreform zu unterbreiten. Im Jahre 1918 wurde seine Denkschrift[131] veröffentlicht, in der er sich besonders dafür einsetzte, die Zuständigkeit der Urkundsbeamten zu erweitern. Darüber hinaus schlug er ein besonderes Bagatellverfahren für Streitigkeiten bis 120 M vor, das aber in der Hand des Richters bleiben sollte.

Mit seiner Broschüre über die „Justizreform" vertiefte *Mügel* 1930 aus Anlaß von Reformvorschlägen der preußischen Regierung seine Ideen zu einer Großen Justizreform.[132] *Mügel* begründete die Notwendigkeit einer umfassenden Justizreform sowohl mit den bestehenden Bedürfnissen der Rechtspflege als auch mit den Lasten, die Deutschland durch den Versailler Vertrag auferlegt worden waren. Einschneidende Maßnahmen zur Verbesserung der Finanzen des Reichs, der Länder und Ersparnisse in der Staatsverwaltung waren daher nach *Mügels* Meinung trotz aller Widerstände unvermeidlich.[133]

---

[128] *Stein*, Kleine Zivilprozeßrechtliche Schriften, „Zur Justizreform", S. 106
[129] *Stein*, Kleine Zivilprozeßrechtliche Schriften, „Zur Justizreform", S. 108
[130] *Mügel*, (Geheimer Oberjustizrat, vortragender Rat im preuß. Justizministerium), Deutsche Juristen-Zeitung, „Zur Reform unserer Gerichtsorganisation, 15.10.1906, Spalte 1110 ff (1112)
[131] *Mügel*, „Grundzüge einer landesrechtlichen Justizreform"
[132] *Mügel*, Werdendes Recht, Beihefte der Deutschen Juristenzeitung, „Justizreform"
[133] *Mügel*, Werdendes Recht, S. 15

In seiner Broschüre setzte sich *Mügel* vornehmlich mit den einzelnen Reformvorschlägen der preußischen Regierung auseinander.[134] *Mügel* trat, namentlich unter Verwertung der österreichischen Erfahrungen[135], für die Ersetzung der Zivilkammern der Landgerichte durch den Einzelrichter ein. Weiterhin stimmte er der Erhöhung der Zuständigkeit der Amtsgerichte von 500 auf 1.000 RM zu und befürwortete die Bestimmung, daß Richter gleichzeitig bei mehreren Amtsgerichten angestellt und bürgerliche Rechtsstreitigkeiten ganz oder teilweise für mehrere Amtsgerichtsbezirke einem Amtsgericht überwiesen werden könnten.[136]

4) *Max Reichert:* „Die deutschen Gerichte der Zukunft", 1912

Im Jahre 1912 veröffentlichte der Landgerichtsdirektor *Reichert*, späterer Senatspräsident beim Reichsgericht und Vorsitzender des Deutschen Richterbundes, seinen Aufsatz „Die deutschen Gerichte der Zukunft". In diesem Aufsatz griff er unter anderem die zentrale Forderung der Großen Justizreform auf und forderte, wie *Adickes,* weniger und dafür bessere und erfahrenere Richter mit einem Mindestalter von 40 Jahren.[137] Er vertrat die Auffassung, daß das Ziel einer Justizreform nur in einer umfassenden Neuregelung des Rechtswesens bestehen könne.[138] Im Gegensatz zu *Adickes* war *Reichert* der Auffassung, daß die Zuständigkeit der Amtsgerichte verringert werden sollte. Zur Umsetzung dieses Gedankens schlug er vor, die Amtsgerichte in Rechtsämter umzuwandeln und diese mit Rechtsräten und Rechtsassessoren zu besetzen.[139] Nach seiner Auffassung sollte die Zuständigkeit des Rechtsamtes zunächst die freiwillige Gerichtsbarkeit, das Zwangsvollstreckungsrecht, das Konkursverfahren und die Rechtshilfe umfassen. Die Gerichte sollten nach seiner Vorstellung dreigliedrig aufgebaut werden, die Spruchkörper mit einem, zwei und fünf Richtern besetzt werden.[140]

5) *Eugen Schiffer:* „Die Deutsche Justiz, Grundzüge einer durchgreifenden Reform", 1928 (2. Aufl. 1949)

Mit seinen Anträgen vom 14. November 1923 zur Änderung der bestehenden Gerichtsverfassung leitete der damalige Abgeordnete *Schiffer* (Reichsjustizminister vom 3.10.1919 bis 26.3.1920 und vom 10.5. bis 22.10.1921) die Verord-

---

[134] *Mügel*, Werdendes Recht, S. 17
[135] *Mügel*, Werdendes Recht, S. 28 ff.
[136] *Mügel*, Werdendes Recht , S. 50
[137] *Reichert*, „Die deutschen Gerichte der Zukunft", Deutsche Richterzeitung 1912, Spalte 613 ff.
[138] Ebenda, Spalte 627
[139] Ebenda, Spalte 648
[140] Ebenda, Spalte 651

nungen von 1924 (sog. Emmingersche Justizreform) ein. Anfang des Jahres 1928 veröffentlichte *Schiffer* sein Werk „Die Deutsche Justiz“, mit dem er wie *Adickes* wesentlichen Einfluß auf die Diskussionen um eine Große Justizreform nahm.[141] Mit Nachdruck vertrat auch er die Forderung nach einer Verringerung der Richterzahl; 12.000 – 13.000 Richtern seien schließlich (1928) für ein Volk von 67 Millionen viel zu viel. Weiterhin begründete *Schiffer* seine Reformgedanken mit der nach seiner Auffassung bestehenden Entfremdung zwischen Volk und Recht. Das Volk kenne sein Recht nicht und zeige auch gar keine Lust, es kennen zu lernen. Diese Entfremdung stelle die dauernde deutsche Justizkrise dar.[142] In seinem Vorwort stellte *Schiffer* fest, daß der Nährboden für die Entfremdung in der Übertechnisierung, vor allen Dingen aber in der Überfülle des Rechts, dem Übermaß der Rechtspflege und der Überzahl der Organe des Rechts, der Richter, zu finden sei.[143] Er beschäftigte sich daher eingehend mit der Frage, wie das seiner Meinung nach mangelnde Vertrauen des deutschen Volkes zu seinem Rechte und zu seiner Justiz beseitigt werden könne. Seiner Auffassung nach war hierfür im Ergebnis eine Justizreform in Form eines Justizabbaus erforderlich.[144]

Unter Justizabbau verstand *Schiffer* eine Vereinfachung des Aufbaus der Gerichte durch den Wegfall der Landgerichte, eine Verringerung der Zahl der Richter unter Hebung der Stellung des Richters und eine Verminderung der gerichtlichen Geschäfte.

Schiffer schlug daher vor, zunächst den Umfang der richterlichen Arbeit insbesondere durch die Erweiterung der Zuständigkeit des Rechtspflegers zu vermindern.[145] Ansprüche von sehr geringem Wert sollten im Zivilprozeß nicht verfolgt werden können[146], das Rechtsmittelsystem sollte durch Einführung der Zulassungsberufung und –revision beschränkt werden[147]. Weiterhin befürwortete er den dreigliedrigen Gerichtsaufbau, wobei die Landgerichte wegfallen und darüber hinaus die kleinen Amtsgerichte aufgehoben werden sollten.[148] Dabei bezog er sich auch auf den Gesetzesentwurf vom November 1923[149], der diese Dreistufigkeit in Bezirksgericht, Obergericht und Reichsgericht ebenfalls vorgesehen hatte.

---

[141] *Schiffer*, Die Deutsche Justiz, „Grundzüge einer durchgreifenden Reform“
[142] *Schiffer*, Die Deutsche Justiz, „Grundzüge einer durchgreifenden Reform“, S. 61
[143] Ebenda, „Vorwort“,
[144] Ebenda, „Vorwort“,
[145] Ebenda, S. 296
[146] Ebenda, S. 205
[147] Ebenda, S. 231, 237
[148] *Schiffer*, Die Deutsche Justiz, „Grundzüge einer durchgreifenden Reform“, S. 342
[149] Ebenda, S. 236 und S. 347

Schließlich sprach sich *Schiffer* für die Verschmelzung von ordentlicher Justiz und der Verwaltungsgerichtsbarkeit aus.[150] Dabei schlug er vor, manche verwaltungsprozessuale Bestimmungen wegen ihrer unbestrittenen Vorteile in den Zivilprozeß zu übernehmen.[151]

II. Reformen und Reformbestrebungen in der NS - Zeit

a) Reformen

1) Das Gesetz zur Änderung des Verfahrens in bürgerlichen Rechtsstreitigkeiten vom 27. Oktober 1933[152]

Die Machtübernahme der Nationalsozialisten Mitte 1933 hatte auch erheblichen Einfluß auf die weitere Entwicklung der Zivilgerichtsbarkeit. Ziel der Zivilprozeßnovelle von 1933 sollte es sein, ein Verfahren festzuschreiben, „das dem Volke verständlich ist und einen ebenso sicher wie schleunig wirkenden Rechtsschutz verbürgt“[153] Wie bereits bei der großen Prozeßnovelle vom 13.02.1924, war beabsichtigt, *grundsätzlich* zu reformieren und den bereits im Jahre 1924 unternommenen Versuch, das Verfahren wesentlich schleuniger, lebensnäher und volkstümlicher zu gestalten, entschlossen zu Ende zu führen.[154] Gleichzeitig wurde durch die Novelle ein neuer Prozeßzweck definiert, der sich aus der Regierungserklärung *Hitlers* vom 23. März 1933 ergab und wonach nicht mehr das Individuum der Mittelpunkt der gesetzlichen Sorge sein sollte, sondern das Volk. So hieß es in der Präambel des Gesetzes: „Die Parteien und ihre Vertreter müssen sich bewußt sein, daß die Rechtspflege nicht nur ihnen, sondern zugleich und vornehmlich der Rechtssicherheit des Volksganzen dient.“[155]

Die Novelle von 1933 beruhte in wesentlichen Zügen auf dem Entwurf der Zivilprozeßordnung aus dem Jahre 1931.[156] Unter anderem wurde die Wahrheitspflicht gem. § 138 ZPO eingeführt sowie weitere Vorschriften, die der Zusammenfassung des Streitstoffes dienen sollten (§§ 279 Abs. 2 und 272 ZPO). Die Revisionssumme wurde als Zulässigkeitsvoraussetzung auf 6.000 RM festgelegt. Durch das Gesetz vom 13. Dezember 1935 wurde die Streitwertgrenze des Amtsgerichts von 1.000 RM auf 500 RM herabgesetzt. Der Zweck dieser

---

[150] *Schiffer*, Die Deutsche Justiz, „Grundzüge einer durchgreifenden Reform, S. 284
[151] Ebenda, S. 281
[152] Gesetz zur Änderung des Verfahrens in bürgerlichen Rechsstreitigkeiten, 27.10.1933, RGBl. I S. 780
[153] Vgl. RGBl. I 1933, S. 780
[154] Siehe *Schubert*, Akademie für Deutsches Recht 1933 – 1945, Bd. VI, S.16 mit Verweis auf *Volkmar*, JW 1933, S. 2427 ff.
[155] Vgl. RGBl. I 1933, S. 780
[156] Siehe Teil 1, I a) 6) (g), S. 45

Maßnahme und des gleichzeitig in Kraft getretenen „Gesetzes zur Verhütung von Mißbräuchen auf dem Gebiet der Rechtsberatung“ (Rechtsberatungsmißbrauchsgesetz)[157] bestand darin, den Anwaltsstand zu erhalten.[158]

2) Weitere Maßnahmen zur Verfahrensbeschleunigung

Ebenso wie der Verfasser der österreichischen ZPO versuchte die Justizverwaltung in diesen Jahren auch, durch allgemeine Verfügungen und Verwaltungsmaßnahmen eine Beschleunigung der Zivilprozesse zu erreichen.[159] Von besonderer Bedeutung war dabei die allgemeine Verfügung des Reichsjustizministers über die Beschleunigung und Unmittelbarkeit des Rechtsganges vom 11.11.1935.[160] Flankierend zu diesen Anordnungen hatten die Gerichte Statistiken zu führen, die über den Arbeitsanfall Auskunft geben sollten. Im Ergebnis wurde in diesen Statistiken tatsächlich eine eingetretene Verfahrensbeschleunigung dokumentiert.[161]

Als einzige gesetzgeberische Maßnahme zu Gunsten einer Verfahrensbeschleunigung schaffte der nationalsozialistische Gesetzgeber im Jahre 1935 die Gerichtsferien ab. Entsprechende Forderungen waren bereits 1933 in der Literatur erhoben worden.[162]

3) Die Reformen während des Zweiten Weltkrieges

Der Beginn des Zweiten Weltkrieges unterbrach die Bestrebungen nach einer Reform des Zivilprozeßrechtes zunächst nicht. Dies ergibt sich auch aus dem „Befehl“, den die Akademie für Deutsches Recht[163] erhielt, neben den kriegsbedingten Rechtsaufgaben die bisherige Arbeit an den Reformarbeiten fortzusetzen.[164]

Durch die Verordnungen, die während der Kriegszeit erlassen wurden, konnte das Zivilverfahren insgesamt gesehen erheblich gestrafft und „vereinfacht“ werden. Gleichzeitig wurde jedoch durch die zeitgenössische Literatur darauf hingewiesen, daß derartige Vorschriften kaum weltanschaulich ausgerichtet, sondern allein der Realität des Krieges angepasst seien.[165]

---

157 siehe, *Jonas*, DJ 1935, S. 1807

158 *Cramer*, Protokoll Nr. 24, S. 29

159 Vgl. *Stein-Jonas*, Kommentar zur ZPO, 19. Auflage., Einl. I, III, S. 43

160 DJ 1935, S. 1654

161 Vgl. *Staud*, DJ 1935, S. 371

162 RGBl. I 1935, S. 352

163 Zur Akademie für Deutsches Recht siehe unten, S. 41

164 *Emge*, ZAkDR 1939, S. 661

165 *Schlegelberger*, DJ 1939, S. 1881

Während des Zweiten Weltkrieges wurden dann insbesondere die Streitwertgrenze für das Amtsgericht, der Rechtszug, die Zulässigkeitsvoraussetzungen der Berufung und der Revision und die Vorschriften über die Besetzung der Gerichte geändert.

(a) Die Verordnung über Maßnahmen auf dem Gebiet der Gerichtsverfassung und der Rechtspflege vom 01.09.1939[166] (1. Vereinfachungsverordnung)

Die 1. Vereinfachungsverordnung vom 01.09.1939 wurde als die grundsätzliche Regelung des Kriegsverfahrensrechtes angesehen.[167] Mit ihr sollten unter dem Eindruck des Kriegsbeginns im wesentlichen drei Ziele verfolgt werden:[168] Es sollte die Justizverwaltung beweglicher gemacht, der Ausfall von Arbeitskräften aufgefangen und der einzelne Rechtssuchende vor Nachteilen bewahrt werden, weil er kriegsbedingt seine Rechte und Pflichten nicht ordnungsgemäß wahrnehmen konnte.[169] In Rechtsstreitigkeiten des bürgerlichen Rechts erhielten die Richter der Amtsgerichte im Rahmen einer Ermessensentscheidung das Recht, ihr Verfahren zu bestimmen. Zwar sollte die ZPO im Regelfall anwendbar bleiben, im Einzelfall konnte jedoch von dieser abgewichen werden, wenn dadurch eine schnellere und bessere Prozeßerledigung zu erwarten war.[170]

In der Gerichtsverfassung wurden die folgenden Gesetzesänderungen vorgenommen:

Entscheidungen der Zivilkammern der Landgerichte und der Kammern für Handelssachen wurden in der Besetzung von einem Richter und nicht mehr durch die Kammer gefällt (§ 5 der VO), der Vorsitz konnte auch einem Hilfsrichter übertragen werden (§ 4 der VO).

- In vermögensrechtlichen Angelegenheiten wurde die Streitwertgrenze für das Amtsgericht von 500 RM auf 1.500 RM (§ 6 der VO), für die Berufung von 100 RM auf 500 RM und für die Revision von 6.000 RM auf 10.000 RM heraufgesetzt (§ 7 der VO).
- Die Landgerichte waren nicht mehr Berufungsinstanz gegen Entscheidungen der Amtsgerichte, sondern einheitlich die Oberlandesgerichte.

(b) Die Verordnung zur Änderung der Vereinfachungsverordnung vom 18.09.1940[171] (2. Vereinfachungsverordnung)

Mit der 2. Vereinfachungsverordnung wurden Regelungen der Verordnung über Maßnahmen auf dem Gebiet der Gerichtsverfassung und der Rechtspflege vom

[166] RGBl. I 1939, S. 1658
[167] *Fechner*, DR 1939, S. 1732
[168] Vgl. *Fechner*, DR 1939, S. 1732
[169] Vgl. *Merten*, DJ 1939, S. 1485
[170] Vgl. *Dannreuther*, Der Zivilprozeß als Gegenstand der Rechtspolitik im Deutschen Reich 1871 – 1945, S. 529
[171] RGBl. I, 1940, S. 1253

01.09.1939 ein Jahr nach Kriegsbeginn teilweise wieder aufgehoben. Zur Begründung der Wiedereinführung der vorherigen Regelungen wurde unter anderem angeführt, daß die ausschließliche Berufungszuständigkeit der Oberlandesgerichte zu einem erhöhten zeitlichen und finanziellen Aufwand bei den Rechtssuchenden geführt habe. Auch sei bei den Landgerichten inzwischen eine nachhaltige Entlastung eingetreten, die es ermögliche, diesen die amtsgerichtlichen Berufungen wieder zu übertragen. Weiterhin könne damit wieder die Zuständigkeit für Beschwerde- und Rekurssachen mit der für Berufungssachen bei demselben Gericht vereinigt werden.[172]

- Die landgerichtliche Zuständigkeit für Berufungen gegen Entscheidungen der Amtsgerichte wurde wiederhergestellt (§ 1 der VO).
- Die Zuständigkeit der landgerichtlichen Zivilkammern in der Besetzung mit drei Richtern in Berufungs- und Beschwerdesachen wurde wiederhergestellt (§ 2 der VO). Bei erstinstanzlichen Verfahren des Landgerichts blieb es bei der Besetzung mit nur einem Richter.
- Der Reichsminister der Justiz wurde ermächtigt, durch Verordnung die Wertgrenzen zu ändern, von deren Höhe nach den Vorschriften der Vereinfachungsverordnung die Zulässigkeit eines Rechtsmittels abhing (§ 4 der VO).
- Gestützt auf die 2. Vereinfachungsverordnung wurden mit der „Verordnung über die Wertgrenzen für die Zulässigkeit der Berufung und der Revision" vom 16.07.1941[173] einige Monate später die Berufungssumme (von 500 RM auf 300 RM) und die Revisionssumme (Von 10.000 RM auf 6.000 RM) wieder gesenkt.

(c) Die Verordnung zur weiteren Vereinfachung der Gerichtsverfassung, der bürgerlichen Rechtspflege und des Kostenrechts vom 16.05.1942[174] (3. Vereinfachungsverordnung)

Die 3. Vereinfachungsverordnung war kurz nach dem „Führererlaß über die Vereinfachung der Rechtspflege" vom 21. März 1942[175] erlassen worden, in dem es einleitend hieß: „Die Verteidigung von Volk und Reich fordert reibungslose und schnelle Arbeit der Rechtspflege". Für das Zivilverfahren wurde daher laut Führererlaß gefordert, es „unter Fortfall aller entbehrlichen Maßnahmen und unter Einsatz aller verfügbaren Kräfte soweit zu vereinfachen und zu beschleunigen, wie dies mit dem Zweck des Verfahrens noch vereinbar war". Entsprechend waren gerichtliche Entscheidungen in „bündiger Kürze unter Beschränkung auf das unbedingt Notwendige abzufassen".

---

[172] *Staud,* DJ 1940, S. 1069
[173] DR 1941, S. 1716
[174] RGBl. I, 1942, S. 333
[175] RGBl. I, 1942, S. 139

Eingeführt wurden die folgenden Neuerungen:

- Bereits nach der ersten juristischen Staatsprüfung konnten sog. „Rechtskundige“ nach einem Vorbereitungsdienst von 1 Jahr und 3 Monaten mit der selbständigen Wahrnehmung von Geschäften des Richters, des Staatsanwaltes und des Rechtsanwaltes betraut werden (§ 1 der VO).
- Die Berufungssumme wurde wieder erhöht und wie zu Kriegsbeginn auf 500 RM (§ 5 der VO) festgelegt.
- Offensichtlich unbegründete Berufungen und Revisionen konnten ohne mündliche Verhandlung durch Beschluß verworfen werden (§ 6 der VO). Die Beschwerdemöglichkeit wurde in einer Reihe von Fällen ausgeschlossen.
- Mit dem Ziel, eine erschöpfende Aufklärung des Sachverhalts bereits im ersten Rechtszuge sicherzustellen, wurde durch Aufhebung des § 616 ZPO und die Änderung der §§ 529, 531 und 532 ZPO neues Vorbringen in der Berufungsinstanz grundsätzlich ausgeschlossen. Neue Angriffs- und Verteidigungsmittel, Beweismittel und Beweiseinreden waren nur zu berücksichtigen, wenn ihre Geltendmachung im ersten Rechtszug der Partei auch bei Berücksichtigung ihrer Pflicht zu einer sachgemäßen und sorgfältigen Prozeßführung nicht zuzumuten war (§ 7 der VO). Unter dem Aspekt der Verfahrensbeschleunigung sollten diese Regelungen zur Unzulässigkeit von Widerklagen sowie der Erhebung von neuen Ansprüchen in der Berufungsinstanz führen.[176]

(d) Die 4. Vereinfachungsverordnung vom 12.01.1943[177]

Schwerpunkt der 4. Vereinfachungsverordnung war erneut die Beschränkung der Rechtsbehelfe, mit dem Ziel, die Rechtspflege zu vereinfachen und den Prozeß zu beschleunigen:

- Es wurde die Ausschließung und Ablehnung von Gerichtspersonen und Sachverständigen vereinfacht (§ 1 der VO).
- Zustellungen und Ladungen erfolgten auch im Verfahren vor dem Landgericht nunmehr von Amts wegen (§ 2 der VO).
- Das Verfahren des einstweiligen Rechtsschutzes und der Klagerücknahme (§ 3 der VO) wurde vereinfacht.
- Die Verfahren der Berufung und der Revision (§ 4 der VO) wurden vereinfacht. Das Berufungsverfahren wurde durch den Wegfall der Frist zur Zahlung der Prozeßgebühr und der Frist zur Berufungsbegründung gestrafft. Die Berufungsschrift mußte jetzt bereits die Berufungsbegründung enthalten. Beseitigt wurden die Anschlußberufung und die unselbständige Anschlußrevisi-

---

[176] Vgl. *Dannreuther*, Der Zivilprozeß als Gegenstand der Rechtspolitik im Deutschen Reich 1871 – 1945, S. 532

[177] RGBl. I, 1943, S. 7

on. Abgesehen von wenigen Ausnahmen[178] war auch jede Klageänderung oder eine Erweiterung des Klageantrags sowie die Erhebung einer Widerklage unzulässig. Sofern sachdienlich, brauchten die Rechtsmittelgerichte nicht mehr zurückverweisen, sondern konnten selbst entscheiden.

- Eine weitere Beschwerde war nur noch in Zwangsvollstreckungssachen durch das Landgericht möglich (§ 5 der VO) und die Präklusion verspäteten Vorbringens galt jetzt auch im Beschwerdeverfahren.

(e) Die Verordnung über Kriegsmaßnahmen auf dem Gebiete der bürgerlichen Rechtspflege vom 12. Mai 1943[179] (1. Kriegsmaßnahmenverordnung)

Mit der 1. Kriegsmaßnahmenverordnung wurde die Zurückstellung aller nicht dringlichen bürgerlichen Rechtssachen angeordnet. Vorausgegangen war dieser Verordnung am 27.02.1943 ein Aufruf zur freiwilligen Vermeidung von nicht unbedingt erforderlichen Rechtsstreitigkeiten.[180] In diesem Aufruf hieß es: *„Nicht jeder Streit muß im vierten Kriegsjahr ausgetragen werden, nicht jeder Streit braucht alle Möglichkeiten des Verfahrens zu erschöpfen. Die kriegswichtigen Aufgaben der Rechtspflege und der Verwaltung gehen allen anderen vor."* Im Ergebnis führte diese Aufforderung dazu, daß die Erledigung der weniger wichtigen Streitsachen zu Gunsten der Aufrechterhaltung der Rechtspflege gegenüber den dringlichen Sachen zurücktreten mußte. Als dringlich galten solche Sachen, „die von unmittelbarer Bedeutung für den Kriegseinsatz, insbesondere für die Rüstungs- und Ernährungswirtschaft sind, oder die für die Beteiligten von existentieller Bedeutung sind oder deren Durchführung geboten ist, um die Beteiligten vor schweren, auch unter Kriegsverhältnissen unzumutbaren Nachteilen zu bewahren".[181] Die Zurückstellung dieser nicht kriegsdienlichen Rechtssachen hatte verfahrenstechnisch die Wirkung einer Aussetzung.[182]

Die 1. Kriegsmaßnahmenverordnung beinhaltete die folgenden Gesetzesänderungen:

- Die Gerichte hatten die Bearbeitung bürgerlicher Rechtssachen zurückzustellen, soweit deren Erledigung während des Krieges nicht dringlich war. Die Entscheidung über die Zurückstellung war unanfechtbar (§ 1 der VO).
- Über Rechtsmittel gegen Entscheidungen der Amtsgerichte sollten wieder die Oberlandesgerichte (wie bereits durch die 1. Vereinfachungsverordnung vom

---

[178] Zulässig war eine Änderung des Klageantrags nach Maßgabe des § 268 Nr.3 ZPO sowie der Übergang von der Feststellungs– zur Leistungsklage, siehe RGBl. I, 1943, zu § 532 ZPO

[179] RGBl. I, 1943, S. 290

[180] DR 1943, „Vermeidet Rechtsstreit! Haltet Rechtsfrieden!", S. 257

[181] *Staud*, DJ 1943, S. 273

[182] RGBl. I 1943, S. 292 (§ 1 d. VO. Vom 12.05.1943)

01.09.1939 angeordnet und dann durch die 2. Vereinfachungsverordnung vom 18.09.1940 wieder rückgängig gemacht[183]) entscheiden (§ 2 der VO).

- Beschlüsse des Reichsgerichts und der Oberlandesgerichte konnten in der Besetzung mit zwei Richtern einschließlich des Vorsitzenden erlassen werden, wenn der Vorsitzende die Zuziehung weiterer Beisitzer nicht für erforderlich hielt (§ 3 der VO).
- Das Zustellungsverfahren wurde weiter vereinfacht (§ 5 der VO).

(f) Die Verordnung über außerordentliche Maßnahmen auf dem Gebiet des bürgerlichen Rechts, der bürgerlichen Rechtspflege und des Kostenrechts aus Anlaß des totalen Krieges vom 27. September 1944[184]
(2. Kriegsmaßnahmenverordnung)

Durch die 2. Kriegsmaßnahmenverordnung wurden erhebliche Einschränkungen in der Rechtspflege vorgenommen, die im wesentlichen auf die Kriegsbedingungen zurückzuführen waren:

- Unter der Beschränkung auf das Rechtsmittel der Revision, wurden die Rechtsmittel der Berufung und der Beschwerde gegen Entscheidungen der Amtsgerichte und der Landgerichte in bürgerlichen Rechtsstreitigkeiten abgeschafft (§ 1 der VO). Durch die Beseitigung der Mittelinstanz in der Zivilrechtspflege sollten weitere Arbeitskräfte eingespart und somit als Personal für andere Aufgaben zur Verfügung stehen.[185]
- Gegen Urteile der Amtsgerichte und der Landgerichte war die Revision nur zulässig, wenn sie im Urteil zugelassen wurde und der Wert des Beschwerdegegenstandes 1.000 RM überstieg (§ 2 der VO). Die Zulassung durfte nur unter der Voraussetzung erteilt werden, daß diese „wegen der grundsätzlichen Bedeutung der Rechtssache auch unter Berücksichtigung der Kriegsverhältnisse geboten" war. Ausgeschlossen war die Revision in Miet- und Pachtstreitigkeiten (§ 3 der VO) sowie in den eingegliederten Ostgebieten (§ 22 der VO), für die bisher das Oberlandesgericht das höchste Rechtsmittelgericht war.
- Die Dauer des Vorbereitungsdienstes wurde für Kriegsteilnehmer auf 9 Monate reduziert (§ 14 der VO).
- Soweit nichts anderes bestimmt war, ging die Zuständigkeit der Oberlandesgerichte und Landesarbeitsgerichte in bürgerlichen Rechtssachen auf das für den Sitz des Oberlandesgerichtes oder des Landesarbeitsgerichtes zuständige Landgericht über. Das Landgericht entschied in der Besetzung mit einem Richter (§ 15 der VO); die Senate des Reichsgerichtes waren jetzt noch mit drei Richtern besetzt.

---

[183] Siehe Teil 1, II a) 3) (b), (S. 56)
[184] RGBl. I, 1944, S. 229
[185] *Altstötter*, DJ 1944, S. 254

- Das förmliche amtsgerichtliche Güteverfahren wurde abgeschafft (§ 5 der VO). Dieses Verfahren wurde für entbehrlich gehalten, da der darin enthaltene Gedanke bereits „Gemeingut der Rechtspflege" geworden sei.[186] Laut § 5 der VO hatte der Richter nun in jeder Lage des Verfahrens auf die gütliche Beilegung des Rechtsstreits hinzuwirken.

b) Reformbestrebungen

Bezüglich der Rechtspolitik verfolgte der Nationalsozialismus weitgehende Ziele. So sollte „der nationalsozialistische Staat ein nationalsozialistisches Recht erhalten und dazu das deutsche Recht neu gestaltet werden".[187] Durch das Ermächtigungsgesetz vom 24.03.1933[188] hatte der Reichstag seine bisherige Stellung als Gesetzgebungsorgan verloren und „verkam" zu einem reinen „Forum" für gelegentliche Akklamationen des Führerwillens.[189] Basierend auf dem von der NSDAP propagierten „Führerprinzip" bestimmte ausschließlich der Führer „Zeitabschnitte und Ziele der geplanten Rechtserneuerung"[190]. Das Gesetz war „Wille und Plan" des Führers , es war „Ausdruck des Führerwillens".

Am 26.06.1933 gründete der damalige bayerische Justizminister *Hans Frank*[191] die Akademie für Deutsches Recht, die nach seinem Willen das Organ der eigentlichen Rechtsforschung und wissenschaftlichen Vertiefung der Gesetzesvorbereitung des Reiches sein sollte.[192] Gedacht war diese Akademie als wissenschaftliche Zentralstelle „für die Mitarbeit an der Neugestaltung und Fortbildung des deutschen Rechts im Sinne der Weltanschauung des neuen Reiches"[193] mit Sitz in München. Die Mitarbeit in den Ausschüssen sollte durch Fachleute in Form der Beratung von Gesetzesentwürfen erfolgen.[194] Bereits kurz nach der

---

[186] *Altstötter*, DJ 1944, S. 256

[187] Siehe DJZ 1933, Sp. 761 – 763; „Kundgebung einer großen Anzahl von Juristen für das deutsche Recht und die deutsche Rechtspflege" anläßlich einer Einladung des preußischen Justizministers und des Reichskommissars für die Gleichschaltung der Justiz in den Preußischen Landtag am 12.Mai 1933.

[188] RGBl. I, 1933, S. 141

[189] *Erdmann*, „Deutschland unter der Herrschaft des Nationalsozialismus 1933 – 1939", S. 103

[190] *Lange*, ZAkDR 1936, S. 922

[191] *Hans Frank*, seit 1930 Leiter der Rechtsabteilung der NSDAP-Reichsleitung (ab 1935 Reichsrechtsamt der NSDAP), 22.04. – 19.12.1934 Reichskommissar für die Gleichschaltung der Justiz in den Ländern und für die Erneuerung der Rechtsordnung, 19.01.1934 – 1945 Reichsminister ohne Geschäftsbereich, 12.10.1939 – Januar 1945 Generalgouverneur der besetzten – nicht in das Deutsche Reich – eingegliederten polnischen Gebiete, seit 02.10.1942 Präsident der Akademie für Deutsches recht, 16.10.1946 als Kriegsverbrecher in Nürnberg hingerichtet

[192] *Frank*, „Im Angesicht des Galgens", S. 174

[193] *Kisch*, Preuß. Justiz 1933, S. 476

[194] *Frank*, „Im Angesicht des Galgens", S. 175

Gründung der Akademie wurden die ersten Ausschüsse eingesetzt und nahmen ihre Tätigkeit zur „Verwirklichung nationalsozialistischer Grundsätze in die Staatswirklichkeit“[195] auf.

1) Ausschuß für Bürgerliche Rechtspflege

Am 20.01.1934 wurde der “Ausschuß für Bürgerliche Rechtspflege“ konstituiert, der bis 1942 fast ohne Unterbrechung jährlich mehrere Sitzungen abgehalten hat.[196]

Die Beratungsgegenstände dieses Ausschusses waren in vielen Punkten deckungsgleich mit denen der Kommission zur Vorbereitung einer Reform der Zivilgerichtsbarkeit aus dem Jahre 1955. Es wurden u.a. folgende Einzelfragen behandelt: Arrest und einstweilige Verfügung, Vorbereitung der mündlichen Verhandlung, Gütetermin, Probleme des Einzelrichters, Mahnverfahren, Partei kraft Amtes, Streitgegenstand, Zustellungsverfahren, Beschränkung des Sachvortrages in der Berufungsinstanz, Beweis durch Parteivernehmung, Umfang der Rechtskraft, Erweiterung der Wiederaufnahmegründe, Behandlung neuer Tatsachen und Beweise im Berufungsverfahren, Urkundenprozeß und Behandlung verspäteten Vorbringens im ersten Rechtszug.

Die Arbeiten des Ausschusses für Bürgerliche Rechtspflege stehen in engem Zusammenhang mit der umfangreichen, heute kaum mehr präsenten zivilprozessualen Reformdiskussion zwischen 1905 und 1933 und dem ZPO-Entwurf von 1931, dessen Bedeutung für die Novellengesetzgebung und Reformdiskussion der dreißiger Jahre heute wenig bekannt ist.[197]

Den Vorsitz des Ausschusses für Bürgerliche Rechtspflege führte bis einschließlich Juni 1934 Wilhelm *Kisch,* während der Sitzungen vom 27.07.1934 bis zum 26.01.1935 Friedrich *Lent*. Im Herbst 1935 übernahm dann *Volkmar* den Vorsitz und vom Beginn des Krieges an leitete erneut *Lent* einen Teil der Sitzungen.

In den Sitzungen vom 20.01.1934 bis 28.04.1934 befaßte sich der Ausschuß unter der Leitung von *Kisch* mit Fragen der Gerichtsverfassung und einigen Grundproblemen des Prozesses.[198] Im Ergebnis entschied sich die Mehrheit der Mitglieder zumeist für die Beibehaltung der bestehenden Justizorganisation. Die Schaffung neuer Sondergerichtsbarkeiten wurde ebenso zurückgewiesen, wie der Vorschlag, alle erstinstanzlichen Sachen durch den Einzelrichter entscheiden zu lassen. Die Zuständigkeitsgrenze für die Landgerichtssachen sollte im Hinblick auf die Geldwerterhöhung auf 800 bis 600 RM herabgesetzt werden. Geteilte Aufnahme fand der Vorschlag von *Kisch*, die Landgerichtsprozesse in Kollegial- und Einzelgerichtssachen nach festen Streitwerten aufzuteilen. Auf

---

[195] Vgl. *Kisch,* Preuß. Justiz 1933, S. 583
[196] *Schubert*, Akademie für Deutsches Recht, Band VI, S. 1
[197] *Schubert*, ADR, Bd. VI, S. 2
[198] *Kisch*, ZADR 1935, S. 17ff., 59 ff

Vorschlag *Fischers* wurde diskutiert, ein sogenanntes Rechtspflegeamt / Bezirksgericht zu schaffen. Der dort tätige Richter sollte zunächst in allen Zivilsachen einen Sühneversuch unternehmen. In Sachen bis zu 200 RM sollte er selbst entscheiden und im übrigen die streitigen Sachen nach entsprechender Vorbereitung an das zuständige Gericht überweisen. Sowohl dieser Reformgedanke als auch der Vorschlag des Rechtspflegers *Meyer*, jede amtsgerichtliche Sache zunächst dem Rechtspfleger zuzuleiten, der die Möglichkeit haben sollte, Versäumnis- und Anerkenntnisurteile zu erlassen bzw. einen Vergleich zu protokollieren, wurde von der Mehrheit des Ausschusses abgelehnt.[199]

Weiterhin befaßte sich der Ausschuß mit den Möglichkeiten, den Zivilprozeß zu beschleunigen. Abgelehnt wurden die österreichische Einrichtung des Vortermins, das englische System der Trennung in ein Vor- und ein Hauptverfahren, sowie die Wiedereinführung der Eventualmaxime (statt dessen wie bisher Zurückweisungsrecht des Richters). Das Schwergewicht sollte nach Ansicht des Ausschusses wieder in der Verhandlung vor dem Richterkollegium liegen. Der Einzelrichter sollte nicht, wie nach den §§ 348, 349 ZPO in der Fassung der Novelle von 1933 die Regel, sondern die Ausnahme bilden, sowohl was die Zuziehung überhaupt betraf als auch hinsichtlich der Einengung seiner Befugnisse. Ab Mai 1934 befaßte sich der Ausschuß mit Fragen der Neuordnung des Zwangsvollstreckungsrechts, für die im Reichsjustizministerium eine Novelle vorbereitet wurde.[200] In der Folgezeit war bis zum Oktober 1937 fast ausschließlich das Zwangsvollstreckungsrecht Gegenstand der Erörterungen des Ausschusses. Erst in der Sitzung vom 27.10.1937 stellte *Volkmar* fest, daß mit den Erörterungen des Hauptausschusses die Beratungen über das Zwangsvollstreckungsrecht, vorbehaltlich der weiteren Erörterungen gewisser technischer Einzelfragen im Rahmen des Unterausschusses, nunmehr im wesentlichen als abgeschlossen zu betrachten seien. Es könne deshalb mit der Aufstellung eines Gesamtergebnisses, eines neuen Zwangsvollstreckungsrechtes begonnen werden und während der Ausführung dieser Arbeiten könne der Ausschuß seine früher unterbrochenen Beratungen über das Erkenntnisverfahren fortsetzen und beendigen.[201]

In der folgenden Generaldebatte während der Sitzungen vom 27. und 28.10.1937 führte *Volkmar* einleitend aus, daß zunächst der *Aufbau* der zukünftigen Zivilprozeßordnung zur Diskussion stände. Dazu trug *Volkmar* vor, daß sich der Entwurf von 1931 schon wesentlich von dem Aufbau der jetzigen Zivilprozeßordnung unterschieden habe, man hätte aber doch darauf verzichtet, an der Nüchternheit des ganzen Aufbaus etwas zu ändern. Damit man nun künftig

---

[199] Siehe *Schubert*, ADR, Bd. VI, S. 6

[200] Ergebnisse der Sitzungen, abgedruckt bei *Schubert*, ADR, Bd. VI, S. 257

[201] *Volkmar*, "Die rechtliche Gestaltung der Pfändungswirkungen, der Forderungspfändung, des Arrestverfahrens und der Rechtsmittel im zukünftigen Vollstreckungsrecht", abgedruckt bei *Schubert*, ADR, Bd. VI, S. 294 ff.

den Ernst und die tiefere Bedeutung des Gesetzes gleich anfangs erfasse, erscheine es notwendig, ähnlich wie bei der Prozeßnovelle von 1934, die durch eine Präambel eingeleitet werde, zunächst die großen Grundsätze des Prozeßrechts zu bringen:

Einleitend solle deshalb dargelegt werden, daß der Prozeß der Volksgemeinschaft, insbesondere der Rechtssicherheit und dem Rechtsschutz dienen solle; diesem Ziele müsse alles andere untergeordnet werden; dem Recht auf Schutz seitens des Staates, das dem Einzelnen eingeräumt werde, entspräche die Verpflichtung, den Prozeß ehrlich zu führen und mit Eifer und gutem Willen dem Richter seine Arbeit zu erleichtern. Der Richter seinerseits habe die Pflicht, die Parteien durch eine straffe und gerechte Prozeßleitung zu unterstützen. Das Verfahren solle sich in voller Mündlichkeit und Unmittelbarkeit schnell und konzentriert abspielen, damit es dem Volk verständlich sei und seiner Aufgabe gerecht werde, wirksamen Rechtsschutz zu gewähren.[202]

In den anschließenden Erörterungen sprach sich der Ausschuß für die fast unveränderte Beibehaltung der Verhandlungsmaxime aus.[203] *Lent* stellte in der Sitzung vom 27.10.1937 fest, daß sich aus dem Grundsatz der Verhandlungsmaxime folgendes ergebe[204]:

- der Richter dürfe keine Tatsachen verwerten, die nicht von einer der Parteien in den Prozeß eingeführt seien,
- der Richter dürfe – allerdings mit bedeutsamen Ausnahmen – keine Beweismittel verwerten, die nicht von einer Partei im Wege des Beweisantrittes herangezogen worden seien,
- es dürfe keine Beweisaufnahme über Tatsachen stattfinden, die unter den Parteien unstreitig seien.

Nach *Lents* Auffassung würden die Parteien damit dem Gericht die tatsächlichen Grundlagen des Urteils vorschreiben. In der Theorie ergebe sich daraus ein wichtiger Unterschied zu der Offizialmaxime, die den Richter von diesen Beschränkungen freistelle.

In der Zeit von 1940 bis 1942 befaßte sich der „Ausschuß für Bürgerliche Rechtspflege“ intensiv mit der Rechtsmittellehre und erneut mit der Verhandlungsmaxime.

Mit Erscheinen des Aufsatzes “Gedanken über die Neugestaltung der Gerichtsorganisation“[205] von *Jonas* aus dem Jahre 1941 hatte sich die zivilprozessuale rechtspolitische Diskussion hinsichtlich der Verhandlungsmaxime grundlegend gewandelt.[206]

---

[202] *Volkmar*, Protokoll vom 27.10.1937, abgedruckt bei *Schubert*, ADR, Bd. VI, S. 301 ff.
[203] *Volkmar*, Protokoll vom 27.10.1937, abgedruckt bei *Schubert*, ADR, Bd. VI, S. 312
[204] *Lent*, Protokoll vom 27.10.1937, abgedruckt bei *Schubert*, ADR, Bd. VI, S. 304
[205] *Jonas*, Deutsches Recht, 1941, S. 1329
[206] *Schubert*, ADR, Bd. VI, S. 79

Jonas betrachtete die personelle Situation der Justiz, den Gerichtsaufbau sowie die Rechtsmittel und Rechtszüge mit dem Anspruch, ein neues „Volksgesetzbuch“[207] zu schaffen, das Verfahren dem neuen materiellen Recht und den Bedürfnissen der neuen Wirtschaftsordnung anzupassen.

Die Forderung *Franz Schlegelbergers* in seiner Funktion als Staatssekretär im Reichsjustizministerium, sich von dem Bürgerlichen Gesetzbuch zu „verabschieden“[208], führte dazu, daß die Akademie für deutsches Recht mit den Vorarbeiten für das neue „Volksgesetzbuch“ (VGB) begann.[209] Dieses sollte im „Dritten Reich“ an die Stelle des Bürgerlichen Gesetzbuches treten, dessen „individualistisch - liberalistischer“, „materialistischer“ und wenig „volkstümlicher“ Charakter immer wieder angeprangert worden war[210]. Im Gegensatz zum „alten Recht“ sollte das künftige deutsche „Volksrecht“ nicht mehr auf dem „staatlich gezügelten Eigennutz des einzelnen, dem Interessengegensatz und der Leistungspflicht“ beruhen[211], sondern auf dem „Gedanken der vertieften Pflicht gegenüber anderen und der Gemeinschaft, ... auf Selbsteinsatz und richterlicher Gestaltung“.[212] Es sollte das universale Gesetzgebungswerk für das „volksgenössische Gemeinschaftsleben“ überhaupt werden. Im Mittelpunkt dieses Volksgesetzbuches solle der „Volksgenosse“ und sein Recht bzw. seine „volksgenössischen Rechtspflichten“ stehen.[213] 1942 wurde der Öffentlichkeit der erste Teil des Entwurfes (Grundregeln und Buch I), in vorläufiger Fassung, vorgelegt.[214] Kriegsbedingt wurden die Arbeiten an dem Volksgesetzbuch schließlich eingestellt, so daß auf diese Art und Weise das BGB während der gesamten Zeit des Nationalsozialismus in Geltung blieb.[215] In der Gegenwart wurde der Entwurf des ersten Buches für ein Volksgesetzbuch als gedrucktes Denkmal eines „verkommenen Privatrechtsdenkens“ und als „Lehrstück nationalsozialistischer Rechtstheorie“ beschrieben.[216]

---

[207] An dem Entwurf eines „Volksgesetzbuches“ arbeitete die „Akademie für Deutsches Recht“ – „in ständiger Fühlung mit dem Reichsjustizministerium“ – seit 1939 (vgl. *Hedemann*, DR 1941, S. 1913 ff.)

[208] *Schlegelberger*, Abschied vom BGB, Vortrag, gehalten in der Universität zu Heidelberg am 25. Januar 1937

[209] *Eisenhardt*, Deutsche Rechtsgeschichte, S.455

[210] „Ersatz für das der materialistischen Weltordnung dienende römische Recht durch ein deutsches Gemeinderecht“ hatte bereits Punkt 19 des Parteiprogramms der NSDAP aus dem Jahre 1920 gefordert. (Vgl. dazu z.B. *Alfred Rosenberg*, Schriften und Reden, S. 169 ff.. Zum „Volksgesetzbuch“ vgl. z.B. *Schubert*, Akademie für Deutsches Recht, Bd. III, 1; *Waldow*, „Der strafrechtliche Ehrenschutz in der NS-Zeit“, S. 462

[211] *Lange*, ZstaatsW 103 (1943), S. 230 ff.

[212] *Lange*, ZstaatsW 103 (1943), S. 232, siehe auch Kern-FS, S. 167 ff

[213] *Frank*, „Das Volksgesetzbuch“, DR, 1940, S. 2131

[214] Volksgesetzbuch, Grundregeln und Buch I, S. 4

[215] *Eisenhardt, Ulrich*, Deutsche Rechtsgeschichte, München 1984, S.

[216] *Hattenhauer*, Festschrift Gmür, S. 255 ff, Rn. 658

Als Kernstück der seiner Ansicht nach bevorstehenden Neuordnung der Zivilgerichtsbarkeit betrachtete *Jonas* die Aufrechterhaltung nur einer Tatsacheninstanz.[217]

Bezug nehmend auf die Frage nach der Verhandlungsmaxime eröffnete *Volkmar* die Sitzung vom 06.12.1941 mit den folgenden einleitenden Sätzen: *"Es wird die Beseitigung der Verhandlungsmaxime*[218] *gefordert. Wie ist das gedacht und wie verhält sich die Beseitigung der Verhandlungsmaxime zu der materiellen Dispositionsbefugnis*[219]*, die heute noch in weitem Umfange besteht?"* Bereits seit Anfang 1942 befaßte sich ein Unterausschuß des Ausschusses für Bürgerliche Rechtspflege unter dem Vorsitz teils von *Volkmar*, teils von *Lent*, erneut mit der Verhandlungsmaxime unter Beteiligung von *Jonas, Pagenstecher, Singer, Staud und Stagel*. Aufgrund der Wahrheitspflicht der Parteien wurde jedoch zuletzt nur eine Einschränkung der Verhandlungsmaxime gefordert. Der Unterausschuß kam nach dreimaliger Beratung zu dem Ergebnis, daß dem Gericht, entsprechend der für Ehesachen gegebenen Regelung, nur insoweit eine selbständige Ermittlungsbefugnis einzuräumen sei, als es sich um Umstände handle, deren Nichtberücksichtigung dem öffentlichen Interesse entgegenstehen würden. Die gleiche Befugnis sollte dem Gericht bei Zweifeln über das Vorliegen der von Amts wegen zu prüfenden Prozeßvoraussetzungen zustehen. Weiterhin empfahl der Unterausschuß, die bisher in § 138 Abs.1 ZPO enthaltene „kurze Vorschrift über die Wahrheitspflicht der Parteien näher auszugestalten und auch die Wirkungen dieser Vorschrift näher festzusetzen, z.B. klarzustellen, daß das Gericht an ein der Wahrheitspflicht widersprechendes Geständnis nicht gebunden sei". Es erschien dem Unterausschuß ferner empfehlenswert, beim Anerkenntnisurteil klarzustellen, daß der Richter ein solches Urteil versagen könne, wenn nach seiner Überzeugung das Anerkenntnis mißbräuchlich abgegeben worden sei, um einen Anspruch durchzusetzen, dessen gerichtliche Anerkennung dem Interesse des Volksgemeinschaft widersprechen würde. Die Entscheidung, die Verhandlungsmaxime in ihren wesentlichen Zügen beizubehalten, begründete der Ausschuß, in Abwesenheit von *Jonas* und *Stagel*, damit, „daß es nicht Aufgabe einer nationalsozialistischen Prozeßreform sein könne, die Initiative der Parteien im Zivilprozeß zu verkümmern und derart auf das Ge-

---

[217] *Jonas*, Deutsches Recht, 1941, S. 1331

[218] Verhandlungsmaxime: Die Parteien bestimmen, welche Tatsachen sie dem Gericht im Rechtsstreit zur Entscheidung unterbreiten und welche Tatsachen beweisbedürftig sind. Siehe *Creifelds*, S. 1217

[219] Dispositionsmaxime: Bedeutet, daß die Parteien (Beteiligten) über den Streitgegenstand und insoweit über Gang und Inhalt des Verfahrens grundsätzlich frei verfügen können, so z.B. im Zivilprozeß durch Einschränkung oder Rücknahme der Klage oder Anerkennung des Klageanspruchs. Siehe *Creifelds*, S. 1213.

richt zu übertragen, daß dieses von sich aus, unter Umständen über den Kopf der Parteien hinweg, den Sachverhalt zu ermitteln habe“. [220]

2) Die Arbeiten der Akademieausschüsse und der „Ämter“ des Reichsjustizministeriums zur Reform der Zivilprozeßordnung und der Gerichtsverfassung in der Zeit von 1942 bis 1944.

Am 20. August 1942 erging ein „Erlaß des Führers“[221] mit der folgenden Maßgabe:

„Zur Erfüllung der Aufgaben des Großdeutschen Reiches ist eine starke Rechtspflege erforderlich. Ich beauftrage und ermächtige daher den Reichsminister der Justiz, nach meinen Richtlinien und Weisungen im Einvernehmen mit dem Reichsminister und Chef der Reichskanzlei und dem Leiter der Partei-Kanzlei eine nationalsozialistische Rechtspflege aufzubauen und alle dafür erforderlichen Maßnahmen zu treffen. Er kann hierbei vom bestehenden Recht abweichen.“

Diesen Erlaß verstanden der am 22. August 1942 vereidigte Justizminister *Thierack* und dessen Staatssekretär *Rothenberger*[222] als Richtschnur[223] für ihre Tätigkeiten, die im Ergebnis zu dem Aufbau einer starken nationalsozialistischen Rechtspflege führen sollten[224]. Zur Erfüllung dieses Auftrages von höchster Stelle wurden zum 01.01.1943 zunächst drei „Ämter“ im Reichsjustizministerium gebildet[225]:

Das Amt „Rechtsprechung durch das Volk“ (Vorsitzender: *Segelken*), das Amt „Richter und Rechtspfleger“ (Vorsitzender: *Letz)* sowie das Amt „Neuordnung der Gerichtsverfassung“ (Vorsitzender: *Altstötter*).

Parallel dazu wurden zu einer Zeit, als die meisten Ausschüsse ihre Verhandlungen bereits eingestellt hatten, bei der Akademie für deutsches Recht die namensgleichen Ausschüsse für „Rechtsprechung durch das Volk“ (Vorsitzender: *Klemm)* und für „Richter und Rechtspfleger“ (Vorsitzender: *Letz*) gegründet und darüber hinaus der Sonderausschuß “Wahrheitsforschung im Streitverfahren“ (Vorsitzender: *Altstötter*).[226]

---

[220] Kurzprotokoll über die Sitzungen v. 19.-21.11.1942, abgedruckt bei *Schubert*, ADR, Bd. VI, S. 370

[221] RGBl. I, 1942, S. 535

[222] *Rothenberger* wurde am 20.08.1942 zum (alleinigen) Staatssekretär im Reichsjustizministerium ernannt. (Die Stelle des zweiten Staatssekretärs blieb unbesetzt und fiel kurze Zeit später ganz weg), siehe *Schott, „Curt Rothenberger* – eine politische Biographie“, S. 119 mit Hinweis auf die Ernennungsurkunde vom 20.08.1942, BA, R 22 / PA *Rothenberger*, Bd.I

[223] Vgl. *Weinkauff*, Die deutsche Justiz und der Nationalsozialismus, S. 151

[224] *Thierack*, ZAkDR 1943, S. 1 und S. 122; *Rothenberger*, DJ 1943, S. 66

[225] *Rothenberger*, DJ 1943, S. 66 ff, S. 105 (Richter u. Rechtspfleger), S. 257 ff (Richter im NS - Staat)

[226] *Schubert*, ADR, Bd. VI, S. 81

Ergänzend zu den bereits bestehenden Ämtern bildete das Reichsjustizministerium zum 01.01.1944 das „Amt für Nachwuchsfragen“ (Vorsitzender: *Letz*). Bereits im August 1944 wurde dann jedoch für alle Ämter die Einstellung ihrer Tätigkeiten verfügt.[227]

Mit Schreiben vom 12.08.1944 an den Chef der Staatskanzlei beendete *Thierack* die Akademiearbeit[228]: „Die Verschärfung des totalen Krieges hat mich veranlaßt, die Arbeiten der Akademie für Deutsches Recht vorläufig stillzulegen.“

(a) Der Sonderausschuß „Wahrheitsforschung im Streitverfahren“ (Frühjahr 1943 bis Herbst 1943)

Der von Reichsjustizminister *Thierack* - nach der Entlassung *Franks* 1942 auch Präsident der Akademie für deutsches Recht[229] - Anfang 1943 gebildete Sonderausschuß „Wahrheitsforschung im Streitverfahren“ befürwortete eine weitgehende Umformung des Zivilprozesses, wobei vom Reichsjustizministerium inhaltlich folgende Richtung vorgegeben war: „Richtlinien dafür zu finden, ob und wie in der Zivilprozeßordnung die Stellung des Richters erheblich verstärkt und der angenähert werden könne, die der Richter schon heute in der freiwilligen Gerichtsbarkeit einnehme, vor allem aber, wie ihm die weitestgehende Befugnis geschaffen werden könne, die Tatsachen dem wahren Sachverhalt entsprechend aufzuklären und seine Entscheidung in Übereinstimmung mit dem wahren Recht zu bringen, um so dem autoritären Richter der Zukunft den seiner Stellung entsprechenden Einfluß auf das Verfahren und die Rechtsfindung zu sichern und die Gewähr einer richtigen und gerechten Entscheidung des Streites zu verstärken.“[230]

An den Sitzungen des Ausschusses nahmen unter anderem teil: *Fischer, Jonas, Löwisch, Pagenstecher, Schönke, Stagel* (als Kenner des österreichischen Rechts), *Staud, Willers, Fischer und Enke* (Parteikanzlei). Die Ergebnisse der Erörterungen finden sich sowohl in der Denkschrift des Sonderausschusses (Entwurf vom Oktober 1943) als auch in den Referentenentwürfen des Reichsjustizministeriums[231], die bereits im Juli 1943 von den Referenten des Reichsjustizministeriums *(Fechner und Deynet)* ausgearbeitet wurden und die im wesentlichen das Beratungsergebnis wiedergeben sollten.

---

[227] Amtl. Verordnung vom 11.08.1944, siehe DJ 1944, S. 228

[228] *Hattenhauer,* JuS 1986, S. 684 mit Verweis auf das Bundesarchiv R 43 II/ 1510a, Bl. 151

[229] *Hitler*, der sich am 26.04.1942 vom Großdeutschen Reichstag den Rang eines gesetzesungebundenen obersten Richters hatte verleihen lassen (RGBl. 1942, S. 247) unterzeichnete am 17.08.1942 die Entlassungsurkunde für den ersten Präsidenten der Akademie für Deutsches Recht; siehe hierzu die ausführliche Darstellung von *Hattenhauer*, JuS 1986, S. 680 (684)

[230] *Schubert*, ADR, Bd. VI, S. 8 mit Verweis auf den Ausschußbericht, abgedruckt S. 487

[231] Denkschrift und Referentenentwurf, abgedruckt bei *Schubert*, ADR, Bd. VI, S. 481 ff.

Die in der Denkschrift wiedergegebenen Leitsätze des Ausschusses wurden in drei Hauptabschnitte gegliedert:

- „Freiere Stellung des Richters in der Beschaffung des Tatsachenstoffes und in der Führung der Verhandlung",
- „Freiere Stellung des Richters in der Rechtsanwendung" und
- „Neuregelung besonderer Verfahren".

Besonders hervorzuheben ist die Empfehlung des Ausschusses, in die ZPO die folgende Generalklausel aufzunehmen: *„Der Richter kann die Behandlung von Anträgen, die nach gesundem Volksempfinden offensichtlich einen Mißbrauch der Rechtspflege darstellten, durch Beschluß ablehnen. Der Beschluß kann ohne mündliche Verhandlung in jeder Lage des Verfahrens ergehen. Er unterliegt der sofortigen Beschwerde."*[232] Gegen diesen Reformvorschlag äußerten sowohl *Pagenstecher* als auch *Fischer* in einer schriftlichen Stellungnahme[233] erhebliche Bedenken. Im Ergebnis sprachen sich die Mitglieder des Sonderausschusses für eine weitgehende Lockerung der Verhandlungsmaxime aus, die zum Teil beträchtlich über das hinausging, was der frühere Ausschuß noch Ende 1942 unter *Volkmar* für gerade noch tragbar angesehen hatte. Nach dem *Rothenberger* am 21.12.1943 seines Amtes als Staatssekretär im Reichsjustizministerium enthoben wurde, blieben die Referentenentwürfe liegen.[234]

(b) Der Akademieausschuß und das Amt „Rechtsprechung durch das Volk" (Ausschuß: Frühjahr 1943 – Verlauf unbekannt; Amt: 1.1.1943 bis Dezember 1943)

Die Arbeitsergebnisse des Akademieausschusses „Rechtsprechung durch das Volk" finden sich in dem von *Klemm*[235] am 26.08.1943 unterzeichneten Abschlußbericht.[236]

Gegenstand der Erörterungen des Ausschusses und auch des Amtes „Rechtsprechung durch das Volk" sollte die beabsichtigte Beteiligung des Volkes an der Rechtsprechung sein. Die Ergebnisse, zu denen das Amt bzw. der Akade-

---

[232] Denkschrift des Sonderausschusses "Wahrheitsforschung im Streitverfahren", Leitsätze, abgedruckt bei *Schubert*, ADR, Bd. VI, S. 481

[233] *Pagenstecher*, Stellungnahme, abgedruckt bei *Schubert*, ADR, Bd. VI, S. 441 ff.

[234] *Schubert*, ADR, Bd. VI, S. 82

[235] *Klemm, Herbert*, geb. 1903, 1933 Staatsanwalt, Personalreferent des damaligen sächsischen Justizministers *Thierack*, 1935 Übernahme ins Reichsjustizministerium, 1937 Oberstaatsanwalt, 1939 Ministerialrat, 1940/41 Tätigkeit beim Reichskommissar für die besetzten Niederlande, 1941 Übernahme in die Parteikanzlei, 1942 Ministerialdirektor, seit 1944 als Nachfolger *Rothenbergers* Staatssekretär im Reichsjustizministerium, siehe *Schott*, Dissertation, S. 156 mit Verweis auf die Personalakte, BA, R 22 RA *Klemm*

[236] *Klemm*, Abschlußbericht, Ausschuß „Rechtsprechung durch das Volk", abgedruckt bei *Schubert*, ADR, Bd. VI, S. 535 ff.

mieausschuß gekommen sind, unterscheiden sich nur geringfügig.[237] Der Ausschuß gelangte zu der Auffassung, daß die Beteiligung des Volkes an der Rechtsprechung ein Gebot sowohl der Gegenwart als auch der „Rechtsgeschichte" sei.[238] So habe der gegenwärtige Krieg große Lücken in die Reihen der Rechtswahrer und besonders ihres Nachwuchses geschlagen und der Umfang der Aufgaben werde nach dem „Endsieg" in einem vergrößerten Reich nach dem Kriege noch wachsen. Die Einschaltung nicht fachlich geschulter Richterkräfte (Schöffenrichter) werde das Ansehen und das Gewicht des Dorfes gegenüber der Stadt wieder verbessern und auf diese Weise zur Bekämpfung der Landflucht wirksam beitragen. Darüber hinaus sei eine Beteiligung des Volkes in der Rechtspflege auch in den Blütezeiten der völkischen deutschen Rechtsgeschichte, immer gewährleistet gewesen. Gesetzgeberisch empfahl der Ausschuß ein Rahmengesetz mit Präambel und einigen Grundgedanken, daneben eine Ausführungsverordnung (Schöffenrichterordnung), die die Einzelheiten bringe. Ergebnis der nachfolgenden Arbeiten war der „Entwurf eines Führererlasses und einer Schöffengerichtsordnung" (SchöffRO) vom 12.07.1943 (Entwurf II)[239]. Im Dezember entstand eine überarbeitete Neufassung des Entwurfes (Vorentwurf III), die sich allerdings nur geringfügig von ihrem Vorgänger unterschied.[240]

(c) Der Akademieausschuß „Richter und Rechtspfleger"
(23.3.1943 – Verlauf unbekannt)

Der Akademieausschuß „Richter und Rechtspfleger" hielt seine erste Sitzung am 23.03.1943 ab. Gegenstand seiner Erörterungen war die Frage, ob ein wichtiger und bedeutender Teil der Rechtspflege, der bisher vom Richter betreut wurde, in Zukunft vom Rechtspfleger übernommen werden sollte[241]. Der damalige Staatssekretär *Rothenberger* leitete die Reformdiskussion mit den Worten ein, daß es sich hierbei nicht um ein wissenschaftliches Thema handle, das einer großen Reife oder Ausreifung bedürfe, sondern um ein „sehr nüchternes, praktisches Thema der Zweckmäßigkeit".[242] Im Ergebnis traten die Ausschußmitglieder, bis auf *Schöll* und *Viereck*, für die Schaffung des selbständig und weisungsfrei entscheidenden unabhängigen Rechtspflegers ein. Dagegen lehnte die überwiegende Majorität einen sogenannten Rechtspflegerichter[243] ab, dessen Stel-

[237] Siehe *Schubert*, ADR, Bd. VI, S. 85

[238] *Klemm*, Abschlußbericht, Einleitung abgedruckt bei *Schubert*, ADR, Bd. VI, S. 535 ff.

[239] Abgedruckt bei *Schubert*, ADR, Bd. VI, S. 648 ff.

[240] Abgedruckt bei *Schubert*, ADR, Bd. VI, S. 658 ff.

[241] *Letz*, Protokoll der Sitzung vom 23.03.1943, abgedruckt bei *Schubert*, ADR, Bd. VI, S. 676 ff. (677)

[242] *Rothenberger*, Protokoll der Sitzung vom 23.03.1943, abgedruckt bei *Schubert*, ADR, Bd. VI, S. 677

[243] Unter einem „Rechtspflegerichter" verstand man einen Volljuristen, der vor seiner ggf. späteren Tätigkeit als Richter, Rechtsanwalt oder Notar im Rahmen einer Art „Durchgangsstation" als sog. Rechtspflegerichter die Aufgaben übernimmt, die von der Ausbildung her

lung zum Spruchrichter als sehr zweifelhaft bezeichnet wurde. Einvernehmen bestand darüber, daß der Tätigkeitsbereich des Richters und des Rechtspflegers nicht allgemein abgegrenzt werden könne, sondern nur durch einen speziellen Aufgabenkatalog.[244]

(d) Das Amt „Richter und Rechtspfleger“
(1.1.1943 vermutlich bis Mitte 1944)

Inwieweit Tagungen des Amtes „Richter und Rechtspfleger“ stattgefunden haben, läßt sich anhand der wohl nicht ganz vollständig überlieferten Akten nicht mehr feststellen.[245] In einer Aktennotiz[246] über eine Besprechung von Mitgliedern des Amtes mit *Segelken*, dem Vorsitzenden des Amtes *„Rechtsprechung durch das Volk“* vom 14.05.1943 wurde festgestellt, daß das Amt des Rechtspflegers alsbald nach Vereinheitlichung der Entlastungsbestimmungen, welche durch die „Verfügung vom 03.07.1943 zur Entlastung der Richter durch Beamte des gehobenen Justizdienstes“[247] erfolgte, geschaffen werden solle. Grundlage der Vereinheitlichung der Rechtspflegerzuständigkeit war der Katalog der preußischen Entlastungsverfügung. Spätestens im Herbst 1943 lagen der Entwurf eines „Gesetzes über das Amt des Rechtspflegers“[248] sowie der Entwurf zu einer „Rechtspflegeordnung“[249] vor. Es sollten dem Rechtspfleger durch das Gesetz Aufgaben der Gerichte zugewiesen werden, die er selbständig zu bearbeiten hatte.

(e) Das Amt „Neuordnung der Deutschen Gerichtsverfassung“
(1.1.1943 bis 16.6.1944)

Die parteipolitisch-weltanschaulich wichtigen Fragen (einschließlich der Stellung des Richters) hatte das Amt „Neuordnung der Deutschen Gerichtsverfassung“ zu behandeln.[250] Die Arbeitstagungen des Amtes fanden in der Zeit vom 16.03.1943 bis 16.06.1944 statt, ein parallel tagender Ausschuß der Akademie für Deutsches Recht wurde nicht eingesetzt. Im Ergebnis entschied sich das Amt für eine dreistufige Gerichtsbarkeit, d.h. für die Schaffung eines einheitlichen Eingangsgerichts anstelle der bisherigen Amts- und Landgerichte. Keine vollständige Einigung konnte über die Frage erzielt werden, ob im Zivilverfahren

---

von dem Rechtspfleger nicht übernommen werden könnten. Gedacht wurde dabei u.a. an Gebiete der Freiwilligen Gerichtsbarkeit, des Vormundschaftsrechtes und des Grundbuchrechtes. Vgl. Protokoll der Sitzung vom 23.03.1943, abgedruckt bei *Schubert*, ADR, Bd. VI, S. 680

[244] *Schubert*, ADR, Bd. VI, S. 89

[245] *Schubert*, ADR, Bd. VI, S. 89

[246] abgedruckt bei *Schubert*, ADR, Bd. VI, S. 725

[247] DJ 1943, S. 339 ff. „Amtl. Erlasse und Verordnungen: Nr. 233, „Entlastung der Richter durch Beamte des gehobenen Justizdienstes (Reichsentlastungsverfügung)

[248] abgedruckt bei *Schubert*, ADR, BD. VI, S. 727

[249] abgedruckt bei *Schubert*, ADR, BD. VI, S. 728

[250] *Schubert*, ADR, Bd. VI, S. 86

der Einzelrichter immer allein oder ob in Einzelfällen auch das Richterkollegium zuständig sein sollte.

(f) Das „Amt für Nachwuchsfragen"
(1.1.1944 – Verlauf unbekannt)

Ob und inwieweit das „Amt für Nachwuchsfragen", welches zum 01.01.1944 unter der Leitung von *Segelken* errichtet worden war, tätig geworden ist, ist zweifelhaft.[251] Erhalten sind die Referate der Mitarbeiter und einige gedruckte Stellungnahmen hoher Richter, wie *Sattelmacher* und *Palandt*.[252]

III. Die Reformen vom Kriegsende bis 1955

a) Die Justiz in den Besatzungszonen

Der Zusammenbruch des Dritten Reichs brachte den bisher nur theoretisch bekannten allgemeinen „Stillstand der Rechtspflege"[253], eine Ausnahmesituation, die in Deutschland seit den Kriegen des 17. Jahrhunderts nicht mehr vorgekommen war.

Bereits in der letzten Reichsregierung *Dönitz* war als Konsequenz dieses Stillstandes das Ressort „Justiz" nicht mehr eigens ausgewiesen und besetzt.[254] Nach dem Ende der Kampfhandlungen Anfang Mai wurde eine Aussetzung der sofortigen Wiederaufnahme der Justiztätigkeit für erforderlich gehalten, um zuvor die Justiz von Amtsträgern zu säubern, deren Verhalten während des Dritten Reichs ihre Weiterverwendung in einer im rechtsstaatlichen Geist erneuerten Justiz untragbar erscheinen ließ.[255]

Art III, Ziff. 5 des Gesetzes Nr. 2 der Militärregierung i.V.m. Art IV des Kontrollratsgesetzes Nr. 4 vom 30. Oktober 1945[256] ordnete für alle vier Besatzungszonen die Wiederaufnahme der Justiztätigkeit an. Die Eröffnung der Gerichte in den Provinzen fand durch die nachfolgend ergangenen örtlichen Einzelverfügungen der militärischen Dienststellen erst relativ langsam statt.[257] Voraussetzung war, daß nicht nur der Spruch-, sondern auch der Verwaltungsbe-

[251] *Schubert*, ADR, Bd. VI, S. 89
[252] Abgedruckt bei *Schubert*, ADR, Bd. VI, S. 834 ff.
[253] Vgl. *Hattenhauer*, Festschrift zum 100jährigen Gründungstag des Reichsjustizamts am 01.01.1877, S. 100
[254] Vgl. *Dannreuther*, S. 544
[255] *Holthöfer*, Ein deutscher Weg zu moderner und rechtsstaatlicher Gerichtsverfassung, S. 68, Stuttgart, 1997
[256] Amtsblatt des Kontrollrats in Deutschland, Gesetz Nr. 4, S. 26
[257] *Heilbronn*, Der Aufbau der nordrhein-westfälischen Justiz in der Zeit von 1945 bis 1948/49, S.8, Juristische Zeitgeschichte Bd. 5, Hrsg. V. Justizministerium des Landes NRW, 1996

reich der Gerichte mit Beamten besetzt wurde, die nicht Mitglieder der NSDAP gewesen waren und die sich auch nicht für deren Ziele eingesetzt hatten. Das Recht zur Genehmigung von Beamtenernennungen lag gemäß Art. V des Kontrollratsgesetzes Nr. 4 im Ermessen des Militärbefehlshabers. Die „Allgemeine Anweisung an die Oberlandesgerichtspräsidenten Nr. 1" vom 10. September 1945 legte zunächst fest, daß die Befugnisse des früheren Reichsjustizministers auf die Militärregierung übergegangen waren.[258] Es wurde ferner angekündigt, daß ein Teil der Befugnisse zukünftig auf die Chefpräsidenten der Oberlandesgerichte übertragen werden sollte, wozu auch die Verantwortung für das gesamte Personal des betreffenden Oberlandesgerichtsbezirks und damit die Dienstaufsicht gehörte. [259] Das Reichsgericht wurde nicht wieder errichtet und ein neues gemeinsames Höchstgericht in den Jahren bis zur Gründung der Bundesrepublik im Jahre 1949 nicht geschaffen.[260] So führte der durch das Gerichtsverfassungsgesetz und die Prozeßordnungen vorgesehene Revisionsrechtszug an das Reichsgericht nunmehr ins Leere, und dort, wo die Revision überhaupt das einzige Rechtsmittel war, wie seit der Verordnung vom 27. September 1944 (s.o.) gegen Zivilurteile der Landgerichte, gab es gar keinen Rechtsmittelschutz mehr. Da man auch hier soweit wie möglich den Rechtsmittelstandard der Vorkriegszeit zurückgewinnen wollte, mußte man entweder den durch die Verordnung vom 27. September 1944 abgeschafften Berufungsrechtszug wiederherstellen und bei den in erster Instanz vor das Landgericht gehörenden Sachen dann auf den Revisionsrechtszug verzichten oder aber statt der Berufung sogleich die Revision - und zwar nun an das Oberlandesgericht - gewähren und damit im Ergebnis doch wieder bei der durch die Verordnung vom 27. September 1944 getroffenen Regelung stehen bleiben, mit der Erleichterung, daß die Revision einer Zulassung jetzt nicht mehr bedurfte.[261] Zur Lösung dieses Problems wurden in den verschiedenen Besatzungszonen unterschiedliche Wege beschritten und erst mit der Gründung der Bundesrepublik Deutschland und der Einrichtung eines Höchstgerichts für die ordentliche Gerichtsbarkeit, beschlossen durch das Gesetz zur Wiederherstellung der Rechtseinheit vom 12. September 1950[262], wurde wieder ein den Erfordernissen der Gerichtsverfassung genügender Zustand erreicht.

---

[258] *Lutzeyer*, Neuaufbau in Deutschland. Wirtschaft und Verwaltung in den einzelnen Besatzungszonen, 3 II 3, 1947

[259] *Heilbronn*, Der Aufbau der nordrhein-westfälischen Justiz in der Zeit von 1945 bis 1948/49, S.9

[260] *Holthöfer*, Ein deutscher Weg zu moderner und rechtsstaatlicher Gerichtsverfassung, S. 71 (Nur in der britischen Zone wurde durch VO der Militärregierung vom 17.11.1947, VOBL S. 149, ein oberster Gerichtshof in Köln errichtet).

[261] *Holthöfer*, Ein deutscher Weg zu moderner und rechtsstaatlicher Gerichtsverfassung, S. 72

[262] BGBl. I, 1950, S.454

b) Das Gesetz zur Wiederherstellung der Rechtseinheit vom 12. September 1950

Nach der Beendigung des Zweiten Weltkrieges führte das Gesetz zur Wiederherstellung der Rechtseinheit vom 12. September 1950 auf den Gebieten der Gerichtsverfassung, der bürgerlichen Rechtspflege, des Strafverfahrens und des Kostenrechts zu einer Vereinheitlichung wesentlicher Rechtsgebiete, die sich zunächst aufgrund der Besatzungszonen unterschiedlich entwickelt hatten.[263] Das sogenannte Rechtseinheitsgesetz basierte im Wesentlichen auf der im Jahre 1933 bestehenden Rechtslage. Nach der Begründung zum Regierungsentwurf hatte dieses Gesetz nur einen Übergangscharakter; es sollte nur das Fundament bilden, auf dem dann in einem zweiten Abschnitt der Gesetzgebung die notwendigen Reformarbeiten durchgeführt werden sollten.[264] Zunächst wurden, soweit dies nicht schon durch die Gesetzgebung der Länder geschehen war, die in der Spätzeit der Weimarer Republik und dann während des Krieges eingeführten Rechtsmittelbeschränkungen sowie die sonstigen während des Dritten Reiches vorgenommenen Eingriffe in die Gerichtsverfassung rückgängig gemacht.[265] Für die Zivilgerichtsbarkeit brachte es die Regelung, die im Wesentlichen heute noch gilt.

Teil 2: Die Kommission des Bundesministeriums der Justiz zur Vorbereitung einer Reform der Zivilgerichtsbarkeit

Die Einsetzung der Kommission und deren Zusammensetzung

Es bedurfte eines Zeitraumes von 10 Jahren, gerechnet ab der Beendigung des Zweiten Weltkrieges bzw. von 5 Jahren, seit dem Erlaß des Vereinheitlichungsgesetzes, bis das Bundesministerium der Justiz eine Kommission zur Reform der Zivilgerichtsbarkeit einsetzte.

Nach der Bekanntgabe durch den Bundesjustizminister im September 1955 nahm die Kommission zur Vorbereitung einer Reform der Zivilgerichtsbarkeit ihre Arbeit bereits am 18. November 1955 auf und trat zu ihrer konstituierenden Sitzung zusammen. Sie hatte den Auftrag, zu prüfen, ob ein grundlegender Umbau, ein "Neubau unserer Zivilgerichtsbarkeit" notwendig sei, und - je nach der Antwort auf diese Frage - welche Maßnahmen im einzelnen zur Verbesserung der Zivilrechtspflege geboten wären. Die entscheidende Frage für die Kommission war also die nach der Notwendigkeit der Großen Justizreform. Dies ergibt

---

263 Rechtseinheitsgesetz vom 12.09.1950, BGBl. S. 455

264 Verhandlungen des Deutschen Bundestages, 1. Wahlperiode 1949, Drucksache Nr. 530, Vorbemerkung zu der Begründung zu dem Entwurf des Rechtseinheitsgesetzes.

265 *Holthöfer*, Ein deutscher Weg zu moderner und rechtsstaatlicher Gerichtsverfassung, S. 73

sich auch aus dem Tenor der Rede, die Minister *Neumayer* anläßlich der konstituierenden Sitzung der Kommission im Bundesjustizministerium hielt. Aufgrund ihres Umfanges wird die Ansprache *Neumayers* im Folgenden nur auszugsweise wiedergegeben:[266]

... *„Kommission zur Vorbereitung einer Reform der Zivilgerichtsbarkeit – das bedeutet die Wiederaufnahme aller Erörterungen, Vorschläge und auch Gesetzesentwürfe, die seit rund 50 Jahren zur Gerichtsverfassung der ordentlichen Gerichte, zur Zivilprozeßordnung, zum Gesetz über die Angelegenheiten der freiwilligen Gerichtsbarkeit und deren Nebengesetze gemacht worden sind. Es bedeutet den erneuten Beginn der Arbeiten an der Großen Justizreform, der schon um die Jahrhundertwende von vorausschauenden Männern als notwendig erkannten Reformen der ordentlichen Gerichtsbarkeit, wie vielleicht sogar des ganzen deutschen Gerichtswesens an Haupt und Gliedern. Mein Vorgänger und Freund, der Justizminister der ersten Bundesregierung Herr Dr. Dehler, hat bereits mehrfach davon gesprochen, daß dieses Reformwerk nach der Wiedergewinnung der Rechtseinheit fortgeführt werden müsse. Ehe ich Sie um Ihre Mitarbeit und Hilfe bat, habe ich dennoch mit Herrn Staatssekretär Dr. Strauß zusammen lange erwogen, ob die Zeit wirklich reif und wir alle berufen seien, von neuem an eine Aufgabe heranzugehen, die schon zwei Generationen vor uns nicht haben lösen können.“...*[267]

Nach einer kurzen Darstellung der rund fünfzigjährigen Geschichte der „Großen Justizreform“ – ausgehend von der Rede von Adickes vor dem preußischen Herrenhaus am 30.3.1906 – widersprach *Neumayer* der allgemeinen Aussage, die Justiz sei konservativ und dies schließe aus, daß in ihrem Bereich große Reformen zum Ziele führen könnten.[268] Seit langem sei es Allgemeingut der Justizverwaltung und der Richter, daß die bestehende Gerichtsorganisation in mehr oder minder großem Maße überholt sei und vereinfacht werden müßte. Bezug nehmend auf seine Erfahrungen als ehemaliges Mitglied des Landtages von Rheinland-Pfalz, scheitere z.B. die Aufhebung eines kleinen Amtsgereichts seiner Meinung nach zumeist nicht daran, daß sich die Justiz sperren würde, sondern weil die Bevölkerung und die Parlamente am Althergebrachten festhalten würden. Die Justiz sei auch nicht konservativ um ihrer selbst willen. Das Recht, das die Justiz zu hüten und zu verteidigen habe, gestatte ihr in den meisten Fällen nur eine evolutionäre Entwicklung. Folglich führte *Neumayer* in seiner Rede weiter aus:

... *„So ist die entscheidende Frage, von der der Wiederbeginn der Arbeiten an der Großen Justizreform abhängt, die, ob wir mit dem erneuten Anfang dem Recht und seiner Fortentwicklung dienen. Wir haben die Frage bejaht, auch*

---

[266] *Neumayer*, Auszug aus der Ansprache zur konstituierenden Sitzung, Protokoll 1, S. 2 bis 14

[267] *Neumayer*, Protokoll Nr. 1, S. 3

[268] *Neumayer*, Protokoll Nr. 1, S. 5

wenn wir im vergangenen Jahre erst die Wiederkehr des Tages, an dem vor 75 Jahren die Reichsjustizgesetze in Kraft traten, festlich begangen haben. Die Reichsjustizgesetze brachten die Einheit des deutschen Gerichtsverfassungs- und Verfahrensrechts. Sie sind und bleiben ein bewundernswürdiges Werk. Nach 1949 mußte es die erste Aufgabe der Bundesrepublik sein, diese Rechtseinheit wiederherzustellen. Das Vereinheitlichungsgesetz vom 12. September 1950 konnte deshalb keine Reformen enthalten. Seine Aufgabe war es, die Grundsätze des Rechtsstaates wieder endgültig zu verankern, Grundsätze, denen wir unbedingt verpflichtet sind. Auch die Große Justizreform tastete diese Grundsätze in keiner Weise an. Ihre Ziele waren die größtmögliche Ökonomie der Rechtspflege, ein übersichtlicher Aufbau der ordentlichen Gerichtsbarkeit, einfache Rechtszüge, Beschleunigung und damit größere Wirksamkeit der Rechtsprechung und Hebung des Richterstandes. Die Anliegen der Großen Justizreform waren Verbesserung, Vereinfachung und Verbilligung der Rechtspflege. Eine Verwirklichung dieser Ziele wird auch heute unserem Recht und unserem Rechtsleben dienen. Die Wiederaufnahme der Großen Justizreform rechtfertigt sich aber auch aus den folgenden Gründen: Das Grundgesetz hat den Rechtsstaat verfassungsrechtlich vollendet. Die Rechtsprechung steht als umfassende, völlig gleichberechtigte dritte Gewalt neben der Legislative und der Exekutive. Es ist notwendig, ihr auch den Aufbau und das Verfahrensrecht zu geben, die sie zur Erfüllung ihrer Aufgaben benötigt."[269] ... .

Die Kommission setzte sich zusammen aus Vertretern der Professoren- und Richterschaft, der Ministerialbeamten sowie der Rechtsanwälte und Notare. Sie stand zunächst bis zum Juni 1956 unter dem Vorsitz des im Jahre 1957 verstorbenen früheren Präsidenten des Obersten Gerichtshofs der Britischen Zone, Prof. *Dr. Ernst Wolff* und danach unter dem Vorsitz des Präsidenten des Hanseatischen Oberlandesgerichts *Dr. Herbert Ruscheweyh.*

Die Kommission nahm im Jahre 1955 ihre Tätigkeit mit den folgenden Mitgliedern auf: Prof. *Dr. Fritz Baur,* Staatssekretär *Otto Bleibtreu* (bis zu seinem Tode im Jahre 1959), Prof. *Dr. Eduard Bötticher* (bis zum Mai 1956), Prof. *Dr. Helmut Coing* (bis zu seinem Rücktritt im Oktober 1960), Notar *Dr. Georg Feyock* (bis zum Mai 1956), Ministerialdirigent Prof. *Dr. Erich Gerner*[270], Präsident des Bundesgerichtshofs *Dr. Bruno Heusinger*, Ministerialdirigent *Erich Hornig*, Oberlandesgerichtsrat *Dr. Theodor Keidel*, Rechtsanwalt *Dr. Hans Merkel*, Amtsgerichtspräsident *Dr. Heinz Mohnen*, Ministerialdirektor *Dr. Georg Petersen*, Notar *Dr. Oskar Weber (*als Nachfolger von Notar *Dr. Feyock ab Mai 1956),* der frühere Präsident des Bundesgerichtshofs *Dr. Hermann Weinkauff*

---

[269] *Neumayer*, Auszug aus der Ansprache zur konstituierenden Sitzung, Protokoll 1, S. 5, 6

[270] *Gerner* hatte darüberhinaus den Vorsitz über die „Kommission für Fragen der Großen Justizreform" inne, die 1956 vom Deutschen Richterbund ins Leben gerufen wurde. Siehe die Veröffentlichung der Leitsätze in DRiZ 1959, S. 341 und DRiZ 1960, S. 33

(bis zu seinem Rücktritt im Oktober 1959) und Rechtsanwalt *Dr. Bernhard Wieczorek.*

In dem Zeitraum von 1955 bis zu ihrer letzten Sitzung im Jahre 1961 hat die Kommission 32 mehrtägige Plenartagungen und mehrere Unterausschußsitzungen abgehalten. Zum Abschluß ihrer Tätigkeiten lagen insgesamt 35 Protokolle über die Plenar- und Ausschußsitzungen vor, deren Umfang zwischen 80 bis 200 Seiten beträgt. Die Arbeit der Kommission stand während dieser 6 Jahre unter drei verschiedenen Bundesministern der Justiz (*Fritz Neumayer* bis zum 16.10.1956, *von Hans-Joachim Merkatz* vom 16.10.1956 bis zum 29.10.1957 und *Fritz Schäffer* seit dem 29.10.1957)[271].

Die Sitzungen der Kommission fanden in den sechs Jahren ihrer Tätigkeit an stetig wechselnden Orten statt. So unter anderem in der Rosenburg, dem damaligen Sitz des Bundesjustizministeriums, im Hanseatischen Oberlandesgericht in Hamburg, im Bundesgerichtshof in Karlsruhe, im Haus der Notarkasse in München, im Justizministerium in Stuttgart und in der Bundesanstalt für Arbeitsvermittlung und Arbeitslosenversicherung in Nürnberg. Den Kommissionsteilnehmern war es über den gesamten Zeitraum ihrer Plenartagungen nicht möglich, sich bei der Erörterung der wesentlichen Diskussionspunkte auf eine einheitliche Meinungsbildung zu einigen. Bereits bei der Frage, in welchem Umfang eine Reform der Zivilgerichtsbarkeit generell notwendig sei, wie deren Ziele zu definieren seien und auf welchem Wege diese erreicht werden könnten, gab es unterschiedliche Auffassungen.

Innerhalb der sehr ausführlich gehaltenen Referate und der nachfolgenden Diskussionen zu verschiedenen Themenbereichen findet sich hinsichtlich der Zusammensetzung der einzelnen Meinungsgruppen keine einheitliche Linie. So haben manche Kommissionsmitglieder zwar die Notwendigkeit einer grundsätzlichen Reform bejaht, sind aber dann in der Beurteilung der erforderlichen und gangbaren Wege zu deren Umsetzung zu keiner einheitlichen Vorgehensweise gelangt. Die kontroversen Diskussionen zogen sich durch sämtliche Themenbereiche, wobei es keine feste und eindeutige Option für den einen oder anderen Reformansatz gab. Erst nach der Beendigung der Arbeiten der Kommission im Jahre 1961 wurden die abschließenden Stellungnahmen zu den einzelnen Themenbereichen von den Kommissionsmitgliedern beschlossen[272] und im Rahmen des veröffentlichten Berichtes mit entsprechenden Empfehlungen versehen. Entgegen *Wolffs* Erwartung, die er anläßlich der konstituierenden Sitzung im Jahre 1955 geäußert hatte[273], sollte die Arbeit der Kommission nicht in der Mindestzeit von einem, maximal in zwei Jahren beendet sein, sondern tatsächlich sechs Jahre andauern. So teilte *Ruscheweyh* dem damaligen Bundesminister der Justiz, *Schäffer,* während der Schlußsitzung am 28. April 1961 mit, daß die

---

[271] Siehe hierzu die Kurzbiographien der Justizminister in Anhang 2, zu dieser Arbeit (S. 309)
[272] Protokoll Nr. 33, Anlage 3
[273] *Wolff*, Protokoll Nr. 1, S. 15

Kommission ihre Arbeiten beendigt habe und überreichte ihm die begründeten Empfehlungen der Kommission.[274] Die Empfehlungen sind am Ende des Berichts in Form von 140 Thesen zusammengestellt. Einen ausformulierten Gesetzesentwurf hat die Kommission nicht beschlossen.

Bei der Darstellung der Meinungsbildung der Kommissionsmitglieder und der im Namen der Kommission ausgesprochenen Empfehlungen ist es, aufgrund der Ausführlichkeit der Erörterungen und der damit verbundenen vielfältigen Auffassungen, zu Gunsten einer übersichtlicheren und klareren Darstellung notwendig, von der jeweiligen „Mehrheit" und „Minderheit" der Kommission zu sprechen, auch wenn dies zu einer vereinfachten Wiedergabe der Erörterungen führt und einzelne, abweichende Meinungsbilder dabei unberücksichtigt bleiben. Im Rahmen der Bearbeitung der einzelnen Themenbereiche hat sich herausgestellt, daß die Meinung der sogenannten Minderheit fast durchgängig von den „entschlossenen Anhängern der Großen Justizreform", zu denen *Weinkauff*, *Bleibtreu*, *Coing* und *Hornig* zählten, vertreten wurde.[275] Aufgrund der Tatsache, daß die Kommissionsmitglieder *Bleibtreu* (aus gesundheitlichen Gründen im Oktober 1957), *Weinkauff* (auf eigenen Wunsch im Oktober 1959) und *Coing* (auf eigenen Wunsch im Oktober 1960) noch vor dem Abschluß der Erörterungen aus der Kommission ausschieden, entbehren die Arbeitsabschnitte aus den „späteren Jahren" der Kommissionsarbeit einer klaren Differenzierung zwischen „Mehrheit" und „Minderheit". Darüber hinaus verzichtete man ab Mitte 1957 auf die jeweilige Erstellung eine Korreferates. Auch hinsichtlich der Formulierung von mehrheitlich getragenen Leitsätzen zu den einzelnen Themenbereichen tat sich die Kommission von Jahr zu Jahr schwerer. In den ersten zwei Jahren der Kommissionsarbeit wurden die Leitsatzvorschläge zumeist von den jeweiligen Referenten und Korreferenten zur Abstimmung gestellt, wobei sich die Kommission zumeist auf eine von der Mehrheit getragene Fassung einigen konnte. Danach änderte sich diese Vorgehensweise dahingehend, daß neben dem Referenten auch die anderen Kommissionsmitglieder regelmäßig eine Vielzahl von Leitsatzvorschlägen unterbreiteten. Dies führte dazu, daß man sich kaum noch auf einige wenige gemeinschaftlich aufgestellte Leitsätze einigte, sondern über jeden einzelnen Leitsatz abstimmte und dann das Abstimmungsergebnis detailliert in die Protokolle aufnahm.[276]

Zu Beginn der Erörterungen setzte die Kommission einen Unterausschuß zur Vorbereitung ihres zukünftigen Arbeitsplanes ein, dem *Weinkauff*, *Coing*, *Heu-*

---

[274] Protokoll Nr. 35, S. 3

[275] Vgl. Schreiben *Marquordts* an *Heusinger* vom 20. Juli 1956, Bundesarchiv Koblenz, B 141,
Nr. 24898, Vgl. auch Schreiben *Weinkauff*s an *Ruscheweyh* vom 01.10.59, Bundesarchiv Koblenz, B 141, Nr. 24930

[276] Siehe dazu die detailierte Wiedergabe der Leitsätze und der dazugehörigen Abstimmungsergebnisse in Anhang 3 zu dieser Arbeit (S. 325 ff.).

singer, Hornig und *Merkel* angehörten. Die Kommission stimmte dem Entwurf des Arbeitsplanes[277] im Grundsatz zu, wobei davon ausgegangen wurde, daß der Arbeitsplan keine erschöpfende oder abschließende Regelung sein sollte.[278]

Im Laufe der Erörterungen wurden die Hauptabschnitte dann in weitere Unterpunkte untergliedert. Zu den einzelnen definierten Themenbereichen wurden in den ersten zwei Jahren für die Abschnitte I und II („Überblick über die Große Justizreform" und „Erörterungen der Reform der Zivilgerichtsbarkeit") jeweils von einem Kommissionsmitglied ein Referat und von einem anderen Mitglied ein Korreferat gehalten. Für die nachfolgenden Themenbereiche der Abschnitte III bis IV wurde jeweils nur einem Teilnehmer der Kommission die Ausarbeitung des entsprechenden Referates übertragen.[279] Anschließend wurden die einzelnen Themenbereiche mit den von den Referenten vertretenen Thesen innerhalb der Kommission erörtert und entsprechend der mehrheitlich in der Kommission vertretenden Auffassung eine Empfehlung für zukünftige Reformen ausgesprochen. Nach der „Durchberatung" des gesamten Arbeitsplanes sollten sämtliche Einzelfragen der Abschnitte im Rahmen einer „zweiten Lesung" erneut diskutiert und endgültige Beschlüsse zu den Reformgegenständen gefaßt werden.[280]

Inhaltlich beschränkt sich das vorliegende Werk auf die Arbeitsabschnitte zu I. „Überblick über die Große Justizreform", zu II. „Erörterungen der Reform der Zivilgerichtsbarkeit" und zu III. „Verfahrensrechtliche Fragestellungen" unter Außerachtlassung der Bereiche des Armenrechtsverfahrens, der Zwangsvollstreckung, der Kostenfragen, des FGG Verfahrens und der Beteiligung der Staatsanwaltschaft an dem Verfahren. (Der Vertreter der Bundesjustizministeriums stellte anläßlich seiner Rede vor der Kommission vom 15.01.60 fest, daß es ab dem 01.01.61 keine Mittel mehr für die Arbeit der Kommission geben werde und Fragen zur Strafgerichtsbarkeit überhaupt nicht erörtert werden sollten).[281]

Teil 3: Die Beratungen der Kommission (1955 bis 1961)

A Die Grundsatzdiskussion der Kommission zu dem Thema: „Heutige Aufgaben einer großen Justizreform"

Das zentrale Thema bei der Ausarbeitung des Arbeitsplanes stellte die Frage dar, ob die Große Justizreform von der Kommission in die Überlegungen über eine Reform der Zivilgerichtsbarkeit mit einzubeziehen sei. Bereits zum Zeitpunkt

---

[277] Siehe den Arbeitsplan der Kommission in Anhang 1 zu dieser Arbeit (S. 307 ff.).
[278] Protokoll Nr. 1, S. 3ff
[279] Protokoll Nr. 9, S. 2 ff.
[280] Protokoll Nr. 9, S. 1 ff.
[281] *Strauss*, Dr., Staatssekretär im Bundesjustizministerium, Protokoll Nr. 24, S. 55

der konstituierenden Sitzung wies *Bötticher* auf Bedenken hin, die aus der Zusammensetzung der Kommission *gegen* eine Beratung einer umfassenden Reform der gesamten Gerichtsbarkeit in ihrem Kreis hergeleitet werden könnten. Es sei daher zu überlegen, ob nicht die Gespräche sich zunächst nur auf die Zivilgerichtsbarkeit beschränken und erst zu einem späteren Zeitpunkt auch die umfassende Justizreform einbeziehen sollten.[282] Auch der spätere Vorsitzende der Kommission *Ruscheweyh* äußerte zu diesem Zeitpunkt Bedenken, ob die Kommission nicht mit einer Beratung über eine umfassendere Reform die ihr gestellte Aufgabe überschreiten würde. Es bestünde die Gefahr, daß die gesamten Erörterungen „kopflastig" würden. Die umfassende Gerichtsreform würde dann den Mittelpunkt eines Gutachtens bilden, die Einzelreformen, die im ersten Schreiben des Bundesjustizministeriums hinsichtlich der Berufung der Kommission angesprochen worden seien, wären dann nur noch ein „schwacher Anhang".[283] Trotz der seitens *Ruscheweyhs* und *Böttichers* geäußerten Bedenken beschloß die Kommission, insbesondere aufgrund der Ausführungen *Weinkauffs*, *Hornigs* und *Bleibtreus*, die Große Justizreform zum Gegenstand ihrer Erörterungen zu machen. Gewollt sei die Behandlung der Großen Justizreform *am Beispiel der Zivilgerichtsbarkeit.*[284] Dieser Auftrag der Kommission ergebe sich auch aus der Rede des Bundesjustizministers anläßlich der konstituierenden Sitzung.[285] Ein zusammenfassender Überblick über die Ziele der Großen Justizreform sollte daher die Grundlage für die Erörterungen der Kommission darstellen, da die Reform der Zivilgerichtsbarkeit nur mit Erfolg in Angriff genommen werden könne, wenn zuvor die Fragen einer umfassenden Reform der *gesamten* Gerichtsbarkeit geklärt seien.[286] So heißt es dann auch in der „Einführung" des Berichtes der Kommission:

„Erst nach Abschluß der Erörterungen über die Notwendigkeit und Möglichkeit einer umfassenden, „Großen Justizreform" konnte die Kommission in eine Beratung des Verfahrensrechts der streitigen und freiwilligen Gerichtsbarkeit eintreten".[287]

Die Kommission stellte daher den Themenbereich der Großen Justizreform an den Anfang ihrer Erörterungen, den sie nach den ersten drei Arbeitssitzungen im Juni 1956 zunächst mit der Aufstellung von Leitsätzen abschloß. Zu diesem Zeitpunkt wurde zwar Einigkeit bezüglich der Ziele einer Justizreform erzielt, hinsichtlich der entscheidenden Frage, ob zur Erreichung dieser Ziele tatsächlich eine Große Justizreform notwendig sei, wurden jedoch noch keine endgültigen Entscheidungen getroffen.

---

[282] *Bötticher*, Protokoll Nr. 1, S. 17
[283] *Ruscheweyh*, Protokoll Nr. 1, S. 17
[284] *Weinkauff*, Protokoll 3, S. 2, Verhandlung vom 21.2.56.
[285] siehe oben, Auszüge der Rede zur konstituierenden Sitzung, S. 56 dieser Arbeit
[286] *Weinkauff* Protokoll Nr.1, S. 16.
[287] Bericht der Kommission, Einführung, S. 19

Die nachfolgend anhand der Protokolle dargestellte Meinungsbildung der Kommission fand während der Erörterungen im Jahre 1956 statt und vermittelt, anhand der aufgeführten Beiträge zu der Frage der Großen Justizreform, den Eindruck, daß diese von der Mehrheit der Kommissionsmitglieder befürwortet wurde. Dieses Bild wird jedoch revidiert durch die Abstimmungsergebnisse aus dem Jahre 1961 und die im Bericht der Kommission veröffentlichten Empfehlungen, so daß die vorgenommene Gegenüberstellung der Auffassungen der jeweiligen „Minderheit“ und „Mehrheit“ aus dem Blickwinkel der endgültigen Abstimmungsergebnisse und Empfehlungen aus dem Jahre 1961 zu sehen ist.

I. Auffassung der Minderheit (Befürworter der Großen Justizreform)

Am 21. Februar 1956 hielt *Coing* sein Referat zu dem Thema „Beweggründe und Ziele der Großen Justizreform - Geschichtliche Entwicklung“.[288] Bezug nehmend auf die aktuelle Diskussion innerhalb der Kommission vertrat *Coing* die Auffassung, daß man die folgenden drei Fragen beantworten müsse, wenn man in eine Diskussion über die Justizreform eintreten wolle:[289]

- *„Welche Justiz fordert eigentlich die moderne Gesellschaft, die ja charakterisiert sei durch die Tatsache, daß zahlenmäßig große Massen rechtlich unabhängiger Individuen da seien, die ihre persönlichen Rechtsansprüche in der Gesellschaft und im Staat geltend machten, die aber in der modernen Industriegesellschaft in ganz bestimmten komplizierten Verflechtungen und Abhängigkeiten tatsächlicher Art ständen. Kann man dem Rechtsschutzbedürfnis dieser Masse, wie wir sie heute haben, genügen mit einer persönlichen, aus der Richterpersönlichkeit fließenden Justiz oder müssen wir nicht vielmehr eine technisierte Justiz haben, die sich den Lebensbedingungen unserer sozialen Welt anpaßt?*
- *Kann die Justiz eine Reform planen, die dieser modernen Entwicklung genau entgegenläuft, eine Reform, die geradezu sagt, wir wollen nicht Spezialisierung, wir wollen nicht Bürokratisierung mit technisch gut ausgebildeten Intelligenzen, sondern wir wollen einzelne umfassend gebildete Persönlichkeiten zum Eckpfeiler der Justiz machen?*
- *Stehen nach dem, was über Deutschland hinweggegangen ist, nach der völligen Erschütterung unseres sozialen Gebäudes, überhaupt noch genügende Persönlichkeiten zur Verfügung, um das Ideal von Adickes zu verwirklichen?“*

Die Beantwortung dieser Fragen müsse nach *Coings* Ansicht anhand der verfassungsmäßigen Bindung an das Grundgesetz hergeleitet werden. Das Grundgesetz beruhe auf dem Gedanken einer selbständigen, richterlichen Gewalt, die

---

[288] *Coing*, Protokoll Nr. 3, S.3
[289] *Coing*, Protokoll Nr. 3, S. 25 - 28

sich als dritte Gewalt im Staate bewähren sollte. Nach seiner Meinung war damit eine gewisse Vorentscheidung über die Gestaltung der Justiz oder des Richterkorps, welches diese Judikative Gewalt bilden sollte, gefallen. Dies zeige sich an einer ganzen Reihe von Einzelproblemen:[290]

„Wenn die Justiz eine dritte Gewalt sein soll, die also neben der immer übermächtiger werdenden Exekutive, neben den von den Parteien bestimmten Parlamenten sich behaupten soll, dann muß diese Justiz tief im Vertrauen des Volkes verwurzelt sein. Denn selbstverständlich schafft man nicht durch eine Verfassungsbestimmung eine dritte Gewalt, sondern das ist eine Frage der Bildung einer politischen Tradition und der Bildung eines bestimmten Verhältnisses des gesamten Volkes zur Justiz. Damit wird also das Ausgangsproblem von *Adickes*, die Frage des Vertrauensverhältnisses zwischen Volk und Justiz, einfach zum Kernproblem des Justizaufbaues; es wird uns von der Verfassung ja selber aufgezwungen."

An dieser Stelle zog *Coing* einen Vergleich zu den Verhältnissen während des Kaiserreichs. So sei die Verfassung des Kaiserreichs entscheidend dadurch bestimmt gewesen, daß das Volk auf den "Ruhm seiner Fahnen" gesehen habe. Ohne das Schwergewicht, das die Armeetradition im Volke gehabt habe, hätte dieser Staat, hätte diese Monarchie sich nicht so entwickelt. Somit kommt *Coing* zu dem Ergebnis, daß, wenn nach der Verfassung die Justiz die dritte Gewalt darstellen solle, das Volk zu dieser Justiz ähnlich stehen müsse, wie seinerzeit zum Fahnenruhm der preußischen Armee. Folglich müsse Grundlage jeder Erörterung über den Justizaufbau sein, wie erreicht werden könne, daß das Volk die Justiz in ihrer besonderen Bedeutung erkennt, und wie eine Justiz beschaffen sein muß, die auch die Phantasie des Volkes anspricht. Nach *Coings* Überzeugung könnte eine Bürokratie, eine unpersönliche große Verwaltung die Phantasie des Volkes niemals ansprechen. Dieses könne nur erreicht werden durch Organisationen, die sich in Persönlichkeiten ausprägten, die irgendwie persönlich greifbar seien, wie zum Beispiel die Persönlichkeit der Offiziere während des Kaiserreichs. Eine spezialisierte Behördenorganisation habe daher wenig Chancen, in die politische Phantasie des Volkes einzugehen.

Ein weiteres Einzelproblem bestände darin, daß das Bonner Grundgesetz der dritten Gewalt die Aufgabe zuweise, die Gesamtexekutive zu kontrollieren. Diese Kontrolle könne nur in der Weise erfolgen, daß auf der einen Seite der Verwaltung und der Politik freier Raum zur Entfaltung gelassen werde, und auf der anderen Seite da, wo es notwendig sei, die Grundrechte des einzelnen wirksam geschützt würden. Diese schwere Aufgabe könne nur durch überlegene Persönlichkeiten bewältigt werden, die in der Auseinandersetzung mit Politik und Verwaltung die richtigen Entscheidungen fällen könnten. Über die derzeitige

---

[290] *Coing*, Protokoll Nr. 3, S. 31

Politik oder die vorhandene Exekutive könnte daher keine anonyme Bürokratie von ängstlichen Spezialisten gesetzt werden.[291]

In seiner Schlußbetrachtung kam *Coing* zu dem Ergebnis, daß wenn man das Bonner Grundgesetz, die geltende Verfassung ernst nehmen wolle, gar nichts anderes übrig bliebe, als jenes Wagnis, das die Große Justizreform zweifellos bedeute, zu unternehmen. Das Wesen der Rechtsprechung, das menschliche Bedürfnis, das die Rechtsprechung befriedigen solle, und die politischen Aufgaben, die die Verfassung der Justiz zuweise, seien es, die auch heute die Große Justizreform rechtfertigen würden.[292]

Im Anschluß an *Coing* hielt *Weinkauff* sein Referat zu dem Thema: „Beweggründe und Ziele der Großen Justizreform – Heutige Aufgaben einer Großen Reform".[293] *Weinkauff* leitete seine Ausführungen mit einem nach seinen eigenen Worten persönlichen Bekenntnis, das auf seinen richterlichen Erfahrungen beruhe, ein: *„Es war mir immer interessant, daß ich einfach durch die Betrachtung der Dinge im Gange meiner richterlichen Laufbahn aus mir selbst zu ganz ähnlichen Vorstellungen gekommen bin, wie sie mir später durch die Lektüre von Adickes bestätigt worden sind."*

Weinkauffs Hauptgesichtspunkt war dessen Gefühl, daß im deutschen Volk nicht nur ein sicheres und frageloses Vertrauen zu der Justiz nicht vorhanden sei - wobei man dies vielleicht noch nicht einmal in dieser Schärfe sagen könne -, sondern daß das Verhältnis des deutschen Volkes zum Recht in der Tiefe" nicht so sei, wie es sein sollte.[294] Recht und Gerichte hätten im Volke keine wirkliche Resonanz. Das deutsche Volk kenne sein Recht nicht, auch nicht in seinen tragenden Grundgedanken. Es habe vor allem keine innere Bindung an sein Recht und an seine Richter. Das Gericht sei ihm nicht das Bollwerk der Rechtssicherheit und der bürgerlichen Freiheit, dem man fraglos und selbstverständlich Achtung und Vertrauen entgegen bringe.

Die Ursache für diese Entfremdung sei zum Teil in der Art und Weise, wie das Recht in Deutschland gehandhabt werde, zu suchen. Kritische Selbstprüfung müsse z.B. zugeben, daß im Denken der deutschen Juristen nach wie vor formallogische Gesichtspunkte eine sehr große Rolle spielten; hier wirke noch der Einfluß des Positivismus und der Begriffsjurisprudenz nach. Nach *Weinkauffs* Meinung ließe sich die elementare Rechtsfremdheit des Volkes und die vielfach technische Haltung der Juristen und der Richter zum Recht in wesentlichen Bereichen auf die geschichtliche Entwicklung zurückführen[295]: Schon die ganz frühe, radikale Zersplitterung des Rechts im gesamtdeutschen Raum, dann das römische Recht; die erneute partikulare Rechtszersplitterung; der sehr lange ohne

---

[291] *Coing*, Protokoll Nr. 3, S. 34
[292] Ebenda, S. 34
[293] *Weinkauff*, Protokoll Nr. 3, S. 36
[294] *Weinkauff*, Protokoll Nr. 3, I, S. 36 ff,
[295] *Weinkauff*, ebenda S. 38

jede revolutionäre Bewegung hingenommene absolutistische Staat; das Fehlen irgendeiner ernsthaften Volksbewegung zur Durchsetzung der Menschen–, und Bürgerrechte, des gefühlsbetonten Kernes der Rechtsordnung; weiter die übermäßige Technisierung und Verwissenschaftlichung des Rechtes, die mit dem 19. Jahrhundert eingesetzt habe; in hohem Maße auch die Vorstellung, daß das Recht eine bloße Machtordnung sei, und schließlich die totalitäre Entartung des Rechtes unter dem Nationalsozialismus, die sich nicht so leicht hätte vollziehen können, wenn das deutsche Volk zum Recht ein wirklich elementares Verhältnis gehabt hätte.

Demgegenüber würden die großen, jedem Bürger verständlichen Ordnungsgesichtspunkte der Rechtsordnung in den Entscheidungen der Gerichte häufig nicht genügend hervortreten. Bedenklich sei auch die Lebensferne mancher Entscheidungen; manchmal habe man den Eindruck, daß der Richter den wahren Interessen- oder Machtkonflikt nicht gesehen habe. Die Vertiefung in rechtstechnischen Fragen von mehr oder weniger untergeordneter Bedeutung stehe gelegentlich in einem Mißverhältnis zu der Mühe, die auf die Klarlegung der tatsächlichen Verhältnisse verwandt worden sei. Schließlich – und das wiege vielleicht am schwersten – neige der deutsche Jurist im ganzen dazu, die charakterlichen Anforderungen, die an seine Haltung und sein Auftreten gestellt würden, im Verhältnis zum technisch-juristischen Wissen, das selbstverständlich unentbehrlich sei, zu unterschätzen. Obwohl an der Integrität der deutschen Richter und Staatsanwälte kein Zweifel bestände, gelänge es daher der Justiz in Deutschland bedauerlicher Weise nicht immer, nicht nur tatsächlich unparteiisch Recht zu sprechen, sondern auch den klaren Eindruck im Volke hervorzurufen, daß dies geschehe.[296]

Weinkauff als eindeutiger Befürworter der Großen Justizreform vertrat die Auffassung, daß nur derjenige das Wagnis der Großen Justizreform auf sich nehmen würde, *„der den gegenwärtigen Zustand ernst beurteile und glaube, daß in Deutschland das Recht erst zu einer wirklichen Lebensmacht innerhalb der Nation werden könne, wenn die deutschen Gerichte ganz anders organisiert und besetzt würden als bisher.“*[297] Die Reform müsse sich zum Ziel setzen, das rechte Verhältnis der Nation zur Rechtsordnung herzustellen. Eine entscheidende Rolle würde hierbei die Persönlichkeit, die das Richteramt ausübe, spielen, so daß vor allem die Voraussetzungen geschaffen werden müßten, daß hervorragende Männer und Frauen in dieses Amt berufen werden könnten. Weiterhin müßte das einheitliche Gericht, die einheitliche Gerichtsbarkeit geschaffen und das rechtliche Verfahren klarer, knapper und eindrucksvoller gestaltet werden.

In der folgenden Diskussion vertrat *Hornig*[298] die Auffassung, daß bei der Beantwortung der Frage, ob eine Justizreform heute geboten sei, man die Ver-

---

[296] *Coing*, Protokoll Nr. 33, Anlage 7
[297] Stellungnahme von *Weinkauff*, Anlage I zur Niederschrift über die Sitzung am 29.06.1956
[298] *Hornig*, Protokoll Nr. 3, S. 46

änderung des soziologisch – politischen Bildes beachten müsse, die Andersartigkeit der Aufgaben, vielfach Massenaufgaben, die der Richter zu bewältigen habe. Von solchen Massensachen (z.B. Verkehrsstrafsachen, Wertpapierbereinigung) müsse er möglichst befreit werden, damit er seine eigentliche Aufgabe, den Einzelnen unparteiisch gegen die Übermacht anderer, insbesondere der Organisationen, zu schützen, wahrnehmen könne. Im Ergebnis stimmte *Hornig* den Ausführungen *Weinkauffs* zu, da auch er der Meinung war, daß man ohne grundlegende Änderungen, insbesondere auch organisatorischer Art, nicht auskommen werde. Gleichzeitig stellte er jedoch fest, daß eine abschließende Erklärung noch nicht möglich sei, da man sich zur Zeit (Anfang des Jahres 1956) noch nicht festlegen könne.[299]

II. Auffassung der Mehrheit (Gegner einer Großen Justizreform)

Klare Mehrheiten hinsichtlich der umstrittenen Frage, ob sich der Gerichtsaufbau in der ordentlichen Justiz insgesamt bewährt habe und in wieweit dieser einer Änderung bedürfe, bildeten sich erst zum Ende der Arbeiten der Kommission heraus. So kam die Mehrheit der Kommission im Rahmen der Zusammenstellung ihrer Empfehlungen im Jahre 1961 zu der Entscheidung, daß sich der Gerichtsaufbau bewährt habe und im ganzen gesehen keiner Änderung bedürfe.[300]

Während der Diskussionen im Jahre 1956 hatten vorwiegend die „Vertreter der Großen Justizreform" das Wort ergriffen, zu denen auch die beiden Referenten *Coing* und *Weinkauff* zählten. Bedenken hinsichtlich der Ausführungen und Vorschläge *Weinkauffs* äußerten *Heusinger* und *Ruscheweyh.*[301] Sie sahen zu diesem frühen Zeitpunkt keine Möglichkeit, sich bezüglich des Gerichtsaufbaus endgültig festzulegen, so daß die Leitsatzvorschläge *Weinkauffs* 1956 unter den Vorbehalten *Heusinger* und *Ruscheweyh* beschlossen wurden.[302] Nach dem Ausscheiden *Bleibtreus* (1957), *Weinkauffs* (1959) und *Coings* (1960) aus der Kommission und der Bestellung *Ruscheweyhs* zum Vorsitzenden der Kommission (1957) setzte sich in der Kommission mehrheitlich die Meinung durch, daß der bestehende Gerichtsaufbau sich in der ordentlichen Justiz insgesamt bewährt habe. Nach Auffassung der Befürworter einer lediglich beschränkten Justizreform empfahlen sich vielmehr wohl abgewogene Änderungen, die sich sowohl auf den Richter als auch auf die Gerichtsverfassung und das Verfahren beziehen sollten. So bezweifelte *Baur*, ob der Ausgangspunkt - es bestehe ein Mißtrauen des Volkes in der Rechtspflege - richtig sei. Im Gegenteil erschien ihm die Rechtspflege der einzige Zweig zu sein, zu dem überhaupt noch im Staat eine

---

[299] *Hornig*, Protokoll Nr. 3, S. 61
[300] Bericht der Kommission zur Vorbereitung einer Reform der Zivilgerichtsbarkeit, S. 76
[301] Siehe Protokoll Nr. 3, S. 75
[302] Vgl. die Abstimmungsergebnisse zu den Leitsätzen in Anhang 3 zu dieser Arbeit

Resonanz bestehe. *Erstes Anliegen einer Justizreform müsse die Befriedigung der Rechtsbedürfnisse des Volkes um Familie, Arbeitsplatz und Wohnung sein, gegen Angriffe von innen und außen, auch gegen den Staat.*[303] Dazu müsse die durch Zersplitterung und Spezialisierung eingetretene Technisierung der Gerichtsbarkeit beseitigt werden, das allzuständige Gericht geschaffen und die Ausbildung des Richters reformiert werden. Auch *Ruscheweyh* stellte die Darstellungen der Befürworter der Großen Justizreform in Frage. Er bezweifelte die von *Coing* und *Weinkauff* aufgezeigten Prämissen, es fehle den Richtern an Persönlichkeit und der Bevölkerung am Rechtsgefühl und dem Vertrauen in die Justiz.[304] „Vielleicht", so führte er aus, „ist organisatorisch nicht so viel zu ändern, wenn wir Ausbildung und Vorbereitung der Richter umgestalten".

Nach Ansicht der Mehrheit müßte die Reform beim Richter ansetzen, jedoch glaubte sie – und darin lag ihrer Auffassung nach der grundsätzliche Unterschied zur Gegenansicht -, daß die soziale Funktion, die die Rechtspflege im Leben des Volkes zu erfüllen habe, einer zahlenmäßigen Beschränkung und einer durchgängigen Qualitätsverbesserung des Richterstandes natürliche Grenzen setze.[305]

Zur Erreichung der Reformziele und der Umsetzung der entwickelten Leitsätze wurden in der Kommission zunächst verschiedene Vorschläge für eine durchgreifende Umgestaltung der Rechtspflege diskutiert.

III. Ziele und Leitsätze der Justizreform

Basierend auf den Vorschlägen des Referenten *Weinkauff* wurden im Frühjahr 1956 zu dem Thema „Heutige Aufgaben einer großen Justizreform" Leitsätze für die nachfolgenden Erörterungen mehrheitlich von der Kommission aufgestellt.[306]

Unter der Überschrift, „Die organisatorische Verwirklichung der allgemeinen Großen Justizreform", wurde übereinstimmend festgestellt, daß Schwerpunkte und Ziele einer Großen Justizreform erstens die Einheit der Justiz und zweitens die Gewinnung starker Richterpersönlichkeiten sein müßten.[307] Einigkeit bestand auch darüber, daß der Begriff "Justiz" hier einen umfassenden, nicht nur die ordentliche Gerichtsbarkeit betreffenden Inhalt haben solle.[308]

Erst zum Ende der Arbeiten der Kommission im Jahre 1961 wurden die teils noch unter Vorbehalt stehenden Leitsätze der ersten Arbeitssitzungen aus dem

[303] *Baur*, Protokoll Nr. 3, S. 46
[304] *Ruscheweyh*, Protokoll Nr. 3, S.48
[305] *Coing*, Protokoll Nr. 33, Anlage 7
[306] Siehe Darstellung der vollständigen Leitsätze in Anhang 3 zu dieser Arbeit
[307] Protokoll Nr. 3, Abschnitt XIV, S. 73
[308] Protokoll Nr. 3, Abschnitt XIV, S. 73

Jahre 1956 umfassend überarbeitet und zu den später im Bericht der Kommission veröffentlichten Empfehlungen umformuliert. Schien ausweislich der Protokolle und der Rede des damaligen Justizministers *Neumayer* auf der konstituierenden Sitzung zu Beginn der Erörterungen die Durchführung einer Großen Justizreform mit tiefgreifenden Umgestaltungen in der Rechtspflege noch denkbar, so wurde diese sechs Jahre später mehrheitlich von der Kommission abgelehnt.

Zwar wurde in den Diskussionen, die direkt im Anschluß an die Referate *Coings* und *Weinkauffs* geführt wurden, keine mehrheitliche Entscheidung über die Frage der Notwendigkeit einer Großen Justizreform gefällt, jedoch einigte man sich über die Aufstellung von Leitsätzen zur Umsetzung der Großen Justizreform.[309] Diese Leitsätze bildeten in den nachfolgenden Sitzungen die Diskussionsgrundlage für die einzelnen Reformgegenstände. Im Rahmen ihrer Erörterungen über die Notwendigkeit, die Ziele und Schwerpunkte einer Großen Justizreform gelangte die Mehrheit der Kommission im Jahre 1961 zu der Auffassung, daß auf dem Gebiet der Zivilrechtspflege keine umwälzenden Maßnahmen erforderlich seien, um den Zielen einer Justizreform möglichst nahe zu kommen.[310] Diese Meinung stand somit im klaren Widerspruch zu der Ansicht der Verfechter der Großen Justizreform, wonach die angestrebten Ziele der Justizreform „nur durch einen Neubau der gesamten Gerichtsbarkeit von den Grundmauern an" erreicht werden könnten.[311]

Nach übereinstimmender Auffassung der Kommission wurden die Ziele der Justizreform im Jahre 1961 mit den folgenden Empfehlungen festgelegt:

- *„Die Justizreform muß das Ziel verfolgen, das Recht im Volk mehr als bisher lebendig werden zu lassen.*
- *Sie muß der rechtsprechenden Gewalt die ihr im Grundgesetz zugedachte Stellung verschaffen und Autorität, Kraft und Würde des Richteramtes stärken.*
- *Die Justizreform muß vor allem die Voraussetzungen dafür verbessern, daß geeignete Persönlichkeiten gewonnen werden.*
- *Sie muß ferner zur Einheit der Justiz führen.*
- *Die hiernach notwendigen Maßnahmen dürfen den gebotenen Rechtsschutz nicht beeinträchtigen."*[312]

---

[309] Siehe Anhang 3 zu dieser Arbeit
[310] Bericht der Kommission zur Vorbereitung einer Reform der Zivilgerichtsbarkeit, S. 77
[311] DRiZ, 1961, „Umschau - Große Justizreform -, S. 366
[312] Bericht der Kommission, S. 65 und S. 504

B Der künftige Richter (Ausbildungsfragen)

Im Rahmen der 21. Arbeitssitzung erörterte die Kommission Fragen, die die Ausbildung der künftigen Richter betrafen. *Coing* hielt dazu am 15. Januar 1960 ein einleitendes Referat mit dem Titel „Der künftige Richter (Ausbildungsfragen)". Obwohl dieses Thema laut Arbeitsplan der Kommission eigentlich den ersten Teilabschnitt der „Erörterungen der Reform der Zivilgerichtsbarkeit" bilden sollte, wurde es aus systematischen Gründen erst im Jahre 1960, nach der Erörterung sämtlicher anderer Themenbereiche, diskutiert. Die Kommission hatte bereits 1955 auf Antrag *Weinkauffs* beschlossen, Abschnitt II, 1 (Umgestaltung des Richterstandes) zunächst zurückzustellen, da eine Diskussion dieses Reformgegenstandes erst möglich sei, wenn Entscheidungen zu den Abschnitten II, 2 bis 5 und III des Arbeitsplanes getroffen worden wären.[313]

Entgegen der vorangegangenen Erörterungen zu den Abschnitten II, 2 bis 5 und III des Arbeitsplanes wurde ein Korreferat zu diesem späten Zeitpunkt der Arbeiten der Kommission nicht mehr gehalten, so daß sich die Diskussion der Kommissionsmitglieder unmittelbar an den Vortrag des Referenten anschloß. Ursache für diese „neue Vorgehensweise" könnte der Umstand gewesen sein, daß es aufgrund der Besetzung der Kommission immer schwieriger wurde, jeweils einen Referenten und einen Korreferenten als Vertreter der „Mehr- und der Minderheit" zu bestimmen.[314] Bereits mit Schreiben vom 01. Oktober 1959 teilte *Weinkauff Ruscheweyh* mit, daß seiner Meinung nach für ein Minderheitsvotum der Vertreter der Großen Justizreform die personelle Basis zu schmal geworden sei.[315] Der Gedanke der Großen Justizreform sei bisher in der Kommission außer ihm selbst nur von *Coing*, *Bleibtreu* und *Hornig* vertreten worden. Leider sei *Bleibtreu* zwischenzeitlich verstorben und *Hornig* halte zwar sachlich an dem Gedanken der Großen Justizreform fest, strebe aber nun einen einheitlichen Kommissionsvorschlag an, was bei den Mehrheitsverhältnissen notwendig auf die Empfehlung der „begrenzten Justizreform" hinauslaufen müsse.

In ihrem abschließenden Bericht ging die Kommission nicht weiter auf den Inhalt des Referates und die anschließenden Erörterungen ein, da sie es nicht als ihre Aufgabe ansah, für eine Reform der Ausbildung ins einzelne gehende Vorschläge auszuarbeiten.[316] Ihrer Auffassung nach bestand um so weniger Veranlassung dazu, als der Arbeitskreis für Juristenausbildung hierzu bereits eine eingehende Denkschrift[317] vorgelegt hatte. Daher beschränkte sich die Kommission in ihrem Bericht nur auf allgemeine Hinweise.

---

[313] *Weinkauff,* Protokoll Nr. 3, S. 78

[314] Anmerkung des Verfassers

[315] *Weinkauff,* Schreiben an *Ruscheweyh* vom 01.10.1959, BA Koblenz, Bl. 82

[316] Bericht der Kommission, S. 79

[317] Veröffentlichungen des Arbeitskreises für Fragen der Juristenausbildung, Nr.2, „Die Ausbildung der deutschen Juristen", (Tübingen, 1960)

I. Der Diskussionsstand vor der konstituierenden Sitzung vom 18.11.1955

a) Reformen

Die Geschichte des staatlich geordneten Vorbereitungsdienstes und Prüfungswesens begann in Brandenburg am Ende des 17. Jahrhunderts mit der Einführung staatlicher Prüfungen für die Stellen der Hof- und Kammergerichtsräte.[318] Im Reskript vom 17. Februar 1710 und in der „Allgemeinen Ordnung, betreffend die Verbesserung des Justizwesens“ vom 21. Juni 1713 wurde verordnet, daß alle Mitglieder der Justizkollegien „Übungen und Erfahrungen in den Rechten, in praxi und in der Landesobservanz" durch die Abfassung einer "relatio pro statu cum voto“ (Sachbericht und Gutachten) nachzuweisen hätten. Die Advokaten mußten ihre theoretischen und praktischen Kenntnisse in einem öffentlichen „examini rigoroso“ unter Beweis stellen.

Bis zur Mitte des 19. Jahrhunderts stellte die Allgemeine Gerichtsordnung für die preußischen Staaten (AGO) vom 06.07.1793 die rechtliche Grundlage der preußischen Juristenausbildung dar.[319]

1) Die Juristenausbildung in der Zeit von 1869 bis 1934

Aufgrund der königlichen Ermächtigung vom 28.10.1868 legte Justizminister *Leonhardt* dem preußischen Landtag den „Entwurf eines Gesetzes über die juristischen Prüfungen und die Vorbereitung zum höheren Justizdienste“ vor. Nach ausführlichen Erörterungen trat das Justizausbildungsgesetz von 1869[320] am 01.01.1870 unter Aufhebung aller entgegenstehenden Vorschriften in Kraft. Das Justizausbildungsgesetz vom 06.05.1869, das ursprünglich lediglich als Provisorium bis zu den bevorstehenden Reichsjustizgesetzen gedacht war,[321] stellte für 65 Jahre eine einheitliche und konstante Basis für die Heranbildung des gesamten preußischen Richter- und Anwaltsnachwuchses dar.[322]

Durch das Justizausbildungsgesetz vom 06.05.1869 wurde die juristische Ausbildung wie folgt neu geordnet [323]:

- Für die Zulassung zum Referendar war zunächst ein dreijähriges Universitätsstudium zu absolvieren, von dem wenigstens drei Semester dem Rechtsstudium gewidmet sein mußten (§ 2 JAG). Das Referendarexamen war eine

---

[318] Siehe in „Die Ausbildung der deutschen Juristen“, B, I, S. 52
[319] Vgl. *Ebert*, S. 20
[320] Gesetz über die juristischen Prüfungen und die Vorbereitung zum höheren Justizdienst vom 06.05.1869, GS S. 656
[321] *Goldschmidt*, S. 209
[322] Vgl. *Ebert*, S.81
[323] Vgl. *Ebert*, S. 85 ff.

reine Eingangsprüfung zum Vorbereitungsdienst und umfaßte eine wissenschaftliche Arbeit sowie eine nichtöffentliche mündliche Prüfung (§ 3 JAG) vor einer dreiköpfigen, fast ausschließlich von Richtern gebildeten Prüfungskommission.

- Dem Referendarexamen schloß sich ein Vorbereitungsdienst von insgesamt vier Jahren an (§ 6 JAG), in dem der Referendar wenigstens zwei Jahre bei einem Stadt- oder Kreisgericht und einer Staatsanwaltschaft und jeweils 6 Monate bei einem Appellationsgericht und bei einem Rechtsanwalt ausgebildet wurde. Die zweite juristische Staatsprüfung sollte einen „wesentlich praktischen Charakter“ tragen und feststellen, ob der Kandidat im praktischen Justizdienst eine „selbständige Stellung mit Erfolg“ einnehmen könne.[324] Mit dem erfolgreichen Abschluß der zweiten juristischen Staatsprüfung wurde der Referendar vom Justizminister zum Gerichtsassessor ernannt.

Vor dem Hintergrund der preußischen Dominanz in dem neu gegründeten Reich paßten sich die anderen Staaten im Rahmen des generellen Strebens nach Einheit von Reich und Recht zunehmend dem preußischen Ausbildungsmodell an.[325] Ein wichtiger Beitrag zur Vereinheitlichung der Juristenausbildung wurde in der Folgezeit durch die Regelungen des Gerichtsverfassungsgesetzes von 1877[326] geleistet. Einheitlich für alle Bundesstaaten schrieben die §§ 2 bis 5 GVG ein jeweils mindestens dreijähriges Rechtsstudium und Referendariat, die Ablegung zweier Staatsexamina sowie die wechselseitige Anerkennung der in den einzelnen deutschen Staaten absolvierten juristischen Prüfungen und Vorbereitungsdienstzeiten vor.

Einen weiteren wichtigen Schritt in Richtung einer einheitlichen innerdeutschen Juristenausbildung stellte das Inkrafttreten des Bürgerlichen Gesetzbuches[327] am 1.1.1900 dar. Mit der Einführung des Bürgerlichen Gesetzbuches wurde eine gemeinsame Grundlage für den materiellen Prüfungsstoff geschaffen, die allmählich zur Überwindung der Diskrepanz zwischen den im Studium bis dahin immer noch vorherrschenden gemeinrechtlichen und rechtsgeschichtlichen Fächern und dem im praktischen Vorbereitungsdienst anzuwendenden kodifizierten Recht führte.[328]

Ein reichseinheitliches Justizausbildungsgesetz, wie es in dieser Zeit allseits immer wieder gefordert wurde, kam jedoch nicht zustande.

---

[324] Arbeitskreis für Fragen der Juristenausbildung, „Die Ausbildung der deutschen Juristen“, B, I, S. 55
[325] Vgl. *Ebert*, S.83
[326] RGBl. 1877, S. 41 ff
[327] RGBl. 1896, S. 195 ff.
[328] *Fischer*, S. 10 ff

2) Die Juristenausbildung in der Zeit des Nationalsozialismus

Auf dem Gebiet der Juristenausbildung begann schon in den ersten Wochen nach der Machtübernahme durch die Nationalsozialisten die „systematische Demontage" der preußischen Ausbildungsziele, bei weitgehender Beibehaltung der äußeren Rahmenbedingungen.[329] Grundlegender Gedanke für diese Umgestaltung war für die Nationalsozialisten, *„den gesamten Ausbildungsgang in der nationalsozialistischen Weltanschauung und Rechtsidee zu verankern"*[330] und *„ihn im ganzen Reich einheitlich zu gestalten"*[331]. Anders als in der Weimarer Zeit, in der es unter dem Eindruck einer liberalen Weltanschauung im wesentlichen um die Vermittlung wissenschaftlicher Kenntnisse und praktischer Fähigkeiten ging, bekannten sich die Nationalsozialisten also zu einer einseitigen ideologischen Ausbildung des juristischen Nachwuchses: *„Der Nationalsozialismus kann bei seiner organischen und daher klaren und eindeutigen Betrachtungsweise des völkischen Lebens auch der inneren Einstellung seiner Juristen nicht neutral gegenüberstehen. In der Erkenntnis, daß jede noch so kluge und geschickte Handhabung des Rechts ohne positive Einstellung zu Volk und Volkstum nicht den Weg zum Herzen des Volkes findet und das in dem Volke lebende Rechtsbewußtsein verkümmern läßt, muß der nationalsozialistische Staat bei der Heranbildung seines juristischen Nachwuchses in besonderem Maße Gewicht auf die innere Formung der künftigen Rechtsträger legen."*[332]

Der ideologische Ansatz des Nationalsozialismus unterschied sich damit von den früheren Versuchen einer „Charakterschulung" junger Juristen im Sinne der, auf einem ethischen Generalkonsens beruhenden, sprichwörtlichen preußischen Beamtentugenden.[333] Gefordert wurde jetzt einerseits das Aufgehen des Einzelnen in der Völkergemeinschaft aller Deutschen (Volksgemeinschaftsprinzip) – bei gleichzeitiger Ausgrenzung der „Gemeinschaftsfremden" – und andererseits die Einhaltung der streng hierarchischen Ordnung aller staatlichen Strukturen nach dem Führerprinzip.[334]

Entsprechend der neuen ideologischen Zielsetzung beseitigte *Hanns Kerrl* bereits wenige Tage nach seinem Amtsantritt als preußischer Justizminister im März 1933 einen der ältesten Grundsätze der preußischen Juristenausbildung, wonach derjenige, der das Assessorexamen bestanden hatte, automatisch als Gerichtsassessor in den Justizdienst übernommen wurde.[335] Nunmehr wurde die Übernahme als Gerichtsassessor in den Gerichtsdienst oder in die Rechtsanwalt-

---

[329] Vgl. *Ebert*, S. 386
[330] *Jescheck*, S. 126
[331] *Weber, S. 288*
[332] *Freisler*, S. VII, X
[333] Vgl. *Ebert*, S. 388
[334] Vgl. *Ebert*, S. 388 mit Verweis auf *Ebel*, Rechtsgeschichte II, RdNr. 848, 869
[335] Siehe dazu *Kerrl*, S. 237

schaft auch von der „völkisch-nationalsozialistischen Gesinnung" des späteren „Rechtswahrers" abhängig gemacht. Ab April 1933 hatten sich alle Referendare in Preußen nach ihrem zweiten Staatsexamen einer „Nachprüfung" vor einer dreiköpfigen, vom Justizminister ernannten Prüfungskommission zu unterziehen, durch die die „Volksverbundenheit" der Referendare überprüft werden sollte.[336] Kam die Kommission zu einem negativen Ergebnis, so erhielt der Betroffene zwar ein Zeugnis über das Bestehen des Assessorexamens und war damit befugt, den Titel Assessor zu führen, er schied jedoch mit dieser Entscheidung aus dem Justizdienst aus. Im Falle eines positiven Ergebnisses konnte die Ernennung zum Gerichtsassessor bzw. die Zulassung zur Rechtsanwaltschaft erfolgen.[337] Diese Art der „Nachprüfungen" wurde zwar bereits am 10.07.1933 wieder aufgehoben, jedoch fand man anderweitige Methoden der Auswahl der künftigen Justizjuristen unter „völkisch- ideologischen" Gesichtspunkten. So z.B. durch die Einführung sog. „Spieler[338]-Referendarlager"[339] (später sog. Hanns-Kerrl-Lager), die Ergänzung der Prüfungskommission im Assessorexamen um einen weiteren Prüfer, speziell für völkisch-staatskundliche Fragen (von den Referendaren spöttisch als „völkischer Beobachter" betitelt[340]) und die Einführung einer geschichtlichen Klausur[341], in der unter dem Vorwand der seit langem geforderten strengeren Überprüfung einer gewissen Allgemeinbildung der Referendare vornehmlich zu völkisch-ideologischen Themen Stellung zu nehmen war.[342]

Mit den Justizausbildungsordnungen vom 22. Juli 1934[343] und vom 04. Januar 1939[344] schufen die Nationalsozialisten eine einheitliche Gesetzgebung für die Juristenausbildung des Deutschen Reiches.

Nunmehr wurde das Führerprinzip einheitlich und uneingeschränkt auf beide Examina erstreckt.[345] Die Zulassung zur Referendarprüfung setzte ein Rechtsstudium von mindestens sechs und maximal 10 Semestern und die Ableistung

---

[336] Allg. Verfügung v. 24.04.1933 und 10.05.1933, JMBl. 1933, S. 130 ff und S. 142 ff

[337] Allg. Verfügung v. 04.04.1933, S. 110 und v. 10.05.1933, S. 142, JMBl 1933

[338] Bei *Spieler* handelte es sich um den ersten Leiter des Lagers, der 1935 wegen regelmäßiger Trinkgelage und Ranalierei, verbunden mit gewaltsamen Ausschreitungen gegen die örtliche Bevölkerung seines Amtes enthoben werden mußte; siehe zur Person *Spielers*: *Gruchmann* S. 304

[339] Siehe *Palandt,* S. 640

[340] *Gruchmann,* S. 302

[341] Amtl. Verordnung v. 27.06.1934, Nr. 164, DJ 1934, S. 818

[342] Vgl. *Ebert,* S. 391 ff.

[343] RGBl. 1934, S. 727

[344] RGBl. 1939, S. 5

[345] Vgl. §§ 16, 46 Abs. 1 der JAO von 1934 („Alle Entscheidungen über Prüfungsleistungen, insbesondere auch die Entscheidung über das Prüfungsergebnis, fällt der Vorsitzende des Prüfungsausschusses.")

eines sechsmonatigen Arbeitsdienstes[346] voraus. Ziel des gesamten Ausbildungsganges sollte es sein, seine Absolventen in die Lage zu versetzen, vermögens *„gründlicher Kenntnis des Rechts treffend und volksverständlich Recht zu sprechen, Volksschädlinge zu bekämpfen, die rechtsuchende Bevölkerung zu beraten und durch jede solche Tätigkeit dem Arbeitsfrieden zu dienen"*.[347]

Der Vorbereitungsdienst dauerte drei Jahre, in denen der Referendar Ausbildungsstationen bei den Gerichten, der Staatsanwaltschaft und einem Rechtsanwalt zu durchlaufen hatte.

3) Die Juristenausbildung in der Nachkriegszeit

Bis zum Erlaß neuer Ausbildungsordnungen, die in den meisten Ländern erst zwischen 1949 und 1951 in Kraft getreten sind, regelten die Länder das Ausbildungs- und Prüfungswesen in einzelnen Erlassen oder besonderen Prüfungsstatuten.[348] Diese beruhten weitgehend auf den Bestimmungen der Reichsjustizausbildungsordnung von 1939. Änderungen und zeitbedingte Neuregelungen betrafen neben der Festsetzung der Dauer des Rechtsstudiums und des Vorbereitungsdienstes vor allem Fragen der Anrechnung des Kriegsdienstes und Erleichterungen der Prüfungen für Kriegsteilnehmer und politisch oder „rassisch" Verfolgte.

Durch das Gesetz zur Wiederherstellung der Rechtseinheit vom 12. September 1950[349] wurde die Dauer des Vorbereitungsdienstes einheitlich auf mindestens dreieinhalb Jahre festgesetzt.

b) Änderungsvorschläge

1) *Franz Adickes*

Adickes hatte 1906 insbesondere kritisiert, daß das richterliche Amt zum Gegenstand einer Beamtenlaufbahn geworden sei. Der junge Assessor werde nach Abschluß seiner Lehrzeit unmittelbar in ein richterliches Amt hinein gesetzt, dessen wirkliche Ausfüllung nicht nur die Kenntnis von Rechtssätzen, sondern die weit schwierigere, nur in langer Übung erlernbare richtige Anwendung derselben und die nicht minder schwierige Beherrschung der wirtschaftlichen und sozialen Verhältnisse des gestaltenreichen Lebens voraussetze.[350] *Adickes* hielt es nicht für ausreichend, die Ausbildung der Studenten und Referendare zu

---

[346] § 2 Abs. 1 der JAO von 1934

[347] § 26 der JAO von 1934

[348] Arbeitskreis für Fragen der Juristenausbildung, „Die Ausbildung der deutschen Juristen", B, I, S. 71

[349] BGBl. 1950, S. 455

[350] *Adickes*, „Grundlinien durchgreifender Justizreform", S. 40 ff

verbessern und ihnen Gelegenheit zu mannigfachem Einblick in die Lebensverhältnisse zu gewähren, sondern entsprechend seiner „Kernthese" müßte die Zahl der Richter so verringert werden, daß eine Besetzung aller Richterstellen mit erfahrenen Männern von anerkannter Bedeutung sichergestellt werden könne. Nach seiner Ansicht sollte also nicht der junge Assessor in den Richterstand berufen werden, sondern ausschließlich der bereits berufserfahrene ältere Jurist, der in den meisten Fällen aus dem Bereich der Anwaltschaft kommen würde.

2) *Max Reichert*

Reichert äußerte sich 1912 in der Deutschen Richterzeitung über die seiner Ansicht nach mangelhafte Ausbildung der Richter.[351] Die Vorbereitungszeit führe den Kandidaten nach einem „leider" nur der Theorie gewidmeten Hochschulstudium ausschließlich in die Gerichtsstuben, wo eine zum Teil untergeordnete Tätigkeit ihn den freien Blick in das praktische Leben, besonders aber eine „große Auffassung" des künftigen Richteramtes nur „recht dürftig" erkennen lasse. Auch stehe die Auswahl der Bewerber nach bestandenem Examen unter „ungünstigen Auspizien[352]", da die Regierungen bei der Besetzung von Verwaltungsstellen sowie die Kommunal- und Privatbetriebe sich durch die Gewährung hoher Einkommen besonders qualifizierten juristischen Nachwuchs „heranziehen" würden und somit der Kreis der Richteranwärter qualitativ stark beeinträchtigt werde. Hinsichtlich der Ausbildung der Richter schlug *Reichert* vor, daß diese zunächst für zwei Jahre als Gerichtsassessor tätig sein sollten.[353] Als solche sollten sie nicht selbständig entscheiden, sondern im wesentlichen an der Verhandlung teilnehmen und das Urteil entwerfen. Danach sollten sie zwei weitere Jahre als Rechtsamtsassessor[354] tätig sein und in dieser Eigenschaft auch befugt sein, selbständig zu entscheiden. Hieran sollte sich eine zweijährige Beschäftigung innerhalb der Rechtsanwaltschaft anschließen. Derjenige, der dann in den Staatsdienst wolle, der könne danach als Rechtsrat oder Staatsanwalt angestellt werden. Erst mit 40 Jahren solle eine Ernennung zum Richter möglich sein, der zunächst einem Kollegialgericht zugewiesen werde und erst später allein entscheiden dürfen.

Die während und bald nach dem Ende des ersten Weltkrieges erlassenen Ausbildungs- und Prüfungsvorschriften waren überwiegend durch die besonderen Zeitverhältnisse bedingt. So wurde in dieser Zeit die Voraussetzung der

---

[351] *Reichert*, „Die deutschen Gerichte der Zukunft", Deutsche Richterzeitung, 1912, Spalte 613 ff,

[352] Auspizium: (lat. „Vogelschau"), hier: Aussichten (für ein Vorhaben)

[353] *Reichert*, „Die deutschen Gerichte der Zukunft", Deutsche Richterzeitung, 1912, Spalte 652

[354] *Reichert* vertrat die Auffasssung, daß die Amtsgerichte in Rechtsämter umgewandelt und mit Rechtsräten und Rechtsamtsassessoren besetzt werden sollten. Siehe *Reichert*, „Die deutschen Gerichte der Zukunft", 1912, Spalte 652 ff.

Vorlage eines „Sustentationsattestes[355]“ zur Aufnahme in den Vorbereitungsdienst abgeschafft und weibliche Kandidaten zur zweiten juristischen Staatsprüfung zugelassen.[356]

3) *Oskar Mügel*

Mügel schlug in seiner Denkschrift aus dem Jahre 1919 vor, die Zahl der Gerichtsassessoren einzuschränken. Mit dieser Maßnahme könnten seiner Ansicht nach die Bestrebungen zur Gewinnung eines „hochstehenden“ Richterstandes wesentlich gefördert werden. Bei der Ernennung zum Gerichtsassessor oder zum Referendar würde der Justizverwaltung bei der Einführung weiterer Auswahlkriterien die Auswahl unter einer Reihe von Bewerbern zustehen, während zur Zeit mit seltenen Ausnahmen jeder, der die Große Staatsprüfung bestanden habe, zum Gerichtsassessor, und jeder, der die erste Prüfung bestanden habe, zum Referendar ernannt werde.[357]

Im Jahre 1920 wurde die Dauer des Vorbereitungsdienstes auf drei Jahre verkürzt.[358]

4) *Eugen Schiffer*

Hinsichtlich der Richterfortbildung stellte *Schiffer* bereits 1928 fest, daß es die Aufgabe der „Vereinigungen für staatswissenschaftliche Fortbildung“ in Verbindung mit den Verwaltungsakademien sein werde, eine systematische Fortbildung, die insbesondere auch der Eigenart des Richters Rechnung zu tragen habe, zu pflegen.[359] Weiterhin bezog sich *Schiffer* auf Angaben des preußischen Landtages, wonach alljährlich eine große Zahl von Richtern zu den staatswissenschaftlichen Fortbildungskursen abgeordnet werde. Über diese im allgemeinen mehr fachwissenschaftliche Ausbildung hinaus, seien nach diesen Angaben schon Schritte getan worden, um es den älteren Juristen, die längere Zeit in der Praxis gestanden hätten und von ihren Vorgesetzten für besonders geeignet gehalten würden, zu ermöglichen, sich mit Fragen aus anderen Wissensgebieten zu beschäftigen und sich durch Anhörung von Vorträgen und praktische Anschauung fortzubilden. Dabei kam *Schiffer* zu dem Schluß, daß es eine schöne, aber auch kluge und nützliche Methode der Staatskunst sei, geistig schon hochstehenden Menschen den Weg zu noch höheren Gipfeln zu bahnen. „Der Staat

---

[355] Im Jahre 1883 wurde die Aufnahme in den Vorbereitungsdienst von der Vorlage eines „Sustentationsattestes“ abhängig gemacht, d.h. der Referendar mußte nachweisen, daß sein Unterhalt auf fünf Jahre finanziell gesichert ist; Regulativ v. 01.05.1883 (PrJMBl. S. 131)

[356] Allg. Verfügung v. 05.05.1919, Nr. 118 (PrJMBl. S. 288) und Allg. Verfügung v. 17.01.1921, Nr. 26 (PrJMBl. S. 56)

[357] *Mügel*, Grundzüge einer landesrechtlichen Justizreform, S. 91 ff.

[358] Gesetz vom 06.05.1920 (PrJMBl. S. 195)

[359] *Schiffer*, Die Deutsche Justiz, 1928, S. 378

wende diese Methode bei den Richtern an, die es verdienen, und er werde die Richter haben, die er verdient".[360]

5) „Amt für Nachwuchsfragen" / 1944 (*Sattelmacher*)

Im Rahmen der Arbeiten des am 01.01.1944 errichteten „Amtes für Nachwuchsfragen" hielt *Sattelmacher* sein Referat zu dem Thema: „Nachwuchsausbildung: Problem der Zweiteilung: wissenschaftliche und praktische Ausbildung."[361] *Sattelmacher* untersuchte in seiner Arbeit, ob es sich empfehle, „an der zeitigen strengen Teilung der theoretisch – wissenschaftlichen und der praktischen Schulung des Nachwuchses festzuhalten, oder ob demgegenüber eine Auflockerung erwünscht sei in dem Sinne, daß beide Schulungsarten ineinander verflochten und sich so in Wechselwirkung gegenseitig ergänzen und befruchten würden". Die Aufgabe des Universitätsstudiums sei seiner Meinung nach nicht so sehr die Erlangung eines möglichst großen Wissensschatzes als die Schulung des Geistes in der Welt der Gedanken.[362] Nach *Sattelmacher*s Auffassung würden die aktuellen Ausbildungsgrundsätze die Gefahr bergen, daß sie wesentlich logischen Gesetzen folgten und dabei die Gegebenheiten des Lebens zu wenig in Rechnung gestellt würden, die sich mit diesen Gesetzen allein nicht meistern ließen. Somit müßte man in der Praxis immer wieder feststellen, daß der junge Referendar die Kunst der Rechtsfindung in der „formal – logischen Subsumption der Lebensvorgänge" unter Rechtsbegriffen suche und für die völkischen, ethischen und wirtschaftlichen Wurzeln der Rechtssätze kein Auge habe, daß er hilflos den Vorgängen des täglichen Lebens gegenüberstehe, die sich in immer neuer Form darböten und mit dem Regeltyp, mit dem er zu arbeiten gewohnt sei, so gar nicht in Einklang zu stehen scheinen. Um den bestehenden Zustand zu verbessern, hielt *Sattelmacher* es für notwendig, Änderungen in personeller Hinsicht, daß heißt bei den Universitätslehrern und in der Einrichtung des Studiums herbeizuführen. Seines Erachtens seien die Folgeerscheinungen des Studiums zu einem Teil darauf zurückzuführen, daß den Universitätslehrern die Erfahrung der Praxis fehle, die man nun einmal nur „an der Front" sammeln könne. Aus diesem Grunde trat *Sattelmacher* dafür ein, den Universitätsprofessoren die Möglichkeit zu eröffnen, nebenamtlich an den Gerichten des Universitätsortes tätig zu sein.[363]

Bezug nehmend auf das Studium der Rechtswissenschaft war *Sattelmacher* der Meinung, daß das bestehende System an einem grundlegenden Mangel leide, nämlich dem, daß es keine reine Unterscheidung gebe zwischen Anfänger- oder

---

360 *Schiffer*, Die Deutsche Justiz, S. 1928, S. 380

361 abgedruckt bei *Schubert*, ADR, Bd VI, S. 834

362 *Sattelmacher*, „Referat Nachwuchsausbildung", abgedruckt bei *Schubert*, ADR, Bd VI, S. 836

363 *Sattelmacher*, „Referat Nachwuchsausbildung", abgedruckt bei *Schubert*, ADR, Bd VI, S. 836

Grundunterricht und einer Verfeinerungsunterweisung für Fortgeschrittene. Er schlug daher vor, das Universitätsstudium aufzulösen in ein Grundstudium und ein Verfeinerungsstudium von je - mindestens – drei Semestern. Zwischen diesen beiden Teilen des Studiums solle eine praktische Ausbildung integriert werden, was zur Folge hätte, daß der Student im zweiten Teil des Gesamtstudiums den Vorlesungen der Universitätsprofessoren mit weit größerem Verständnis folgen könne und dann auch weit besser vorgebildet in den Vorbereitungsdienst eintrete.[364]

6) „Arbeitskreis für Fragen der Juristenausbildung e.V.“ / 1954

Im Oktober 1954 wurde der „Arbeitskreis für Fragen der Juristenausbildung e.V.“ gegründet. Den Gründern des Arbeitskreises erschien es notwendig, ihre Untersuchungen auf die Juristenausbildung in ihrer Gesamtheit zu erstrecken, mit dem Ziel, einen umfassenden Reformplan auszuarbeiten, der Universitätsstudium, Vorbereitungsdienst und das juristische Prüfungswesen zum Gegenstand haben sollte. [365] Erheblichen Einfluß auf die Arbeiten des Arbeitskreises hatten die Auffassungen *Bleibtreus*, der wesentlich zu dessen Gründung und der Festlegung des Arbeitsprogramms beigetragen hatte.[366] Die notwendigen Mittel zur Durchführung seines Arbeitsprogramms wurden dem Arbeitskreis aufgrund eines Beschlusses der 23. Justizministerkonferenz von 1954 zum größten Teil durch die Justizverwaltungen der Bundesländer und West - Berlins sowie durch die Bundesministerien der Justiz und des Innern zur Verfügung gestellt. Der Arbeitskreis erarbeitete unter anderem die folgenden Reformvorschläge:[367]

- *„Bis zur Prüfung, welche die Befähigung zum Richteramt verleiht, soll die Ausbildung für die Juristen aller Berufe einheitlich sein.*
- *Die beiden der theoretischen und der praktischen Ausbildung gewidmeten Ausbildungsabschnitte und die sie abschließenden Prüfungen sollen schärfer als bisher auf ihre verschiedenartigen Aufgaben ausgerichtet werden. Das Schwergewicht der Ausbildung soll mehr als bisher auf dem ersten Abschnitt, dem Universitätsstudium, liegen.*
- *Die Universitätsabschlußprüfung eröffnet den Zugang zum praktischen Vorbereitungsdienst. Dieser soll auf zweieinhalb Jahre verkürzt und wesentlich gestrafft und intensiviert werden, u.a. durch Vereinfachung seines Aufbaus. Er soll aus sechs Stationen von je fünf Monaten Dauer bestehen, und zwar fünf obligatorischen und einer letzten, in welcher der Referendar zwischen*

---

364 *Sattelmacher*, „Referat Nachwuchsausbildung“, abgedruckt bei *Schubert*, ADR, Bd VI, S. 837

365 Die Ausbildung der Deutschen Juristen, Vorwort, S. IV

366 Die Ausbildung der Deutschen Juristen, Vorwort, S. IV

367 Die Ausbildung der Deutschen Juristen, S. 341 ff.

einem höheren Gericht und höherem Verwaltungsdienst wählen kann. Die Referendare sollen mehr als bisher an der Erfüllung der Aufgaben der Praxis aktiv mitwirken und Gelegenheit zu selbständiger Arbeit und Entfaltung eigener Initiative erhalten."

II. Referat von *Helmut Coing*: „Der künftige Richter (Ausbildungsfragen)"

Coing unterteilte sein Referat in drei Fragenkomplexe, die seiner Ansicht nach bei der Erörterung dieses Themas beantwortet werden müßten.[368]

a) Grundsätzliche Anforderungen an die juristische Ausbildung (Studium und Vorbereitungsdienst einschließlich Prüfungen) vom Standpunkt einer Justizreform

Zunächst nahm *Coing* Bezug auf den bereits im Rahmen der vorangegangenen Sitzungen beschlossenen Leitsatz, „Die Gewinnung eindrucksvoller Richterpersönlichkeiten setzt voraus, daß man die juristische Ausbildung stärker auf die ethischen und philosophischen Grundlagen des Rechts ausrichtet und daß man die Masse des technischen Lehrstoffes stark einschränkt"[369].

Vom Richter würden hiernach eine Reihe intellektueller und charakterlicher Eigenschaften erwartet. In intellektueller Hinsicht werde erwartet wissenschaftliche Rechtskenntnis, die Fähigkeit zu wissenschaftlich klarem Denken und eine Kenntnis der bestehenden politischen, wirtschaftlichen und sozialen Situation. Ferner solle der Richter die Fähigkeit der Menschenbeurteilung besitzen und imstande sein, die Lage zu verstehen, in der sich die Menschen befinden, über die er urteile.

In charakterlicher Hinsicht würden erwartet Zuverlässigkeit und Pflichtbewußtsein, völlige Objektivität, d.h. die Fähigkeit, sich in den Standpunkt anderer zu versetzen, die Abwesenheit von Vorurteilen, Selbstkritik, die Fähigkeit zur Selbstbeherrschung, zurückhaltendes Auftreten und Zurückhaltung in der Verhandlung. Der Richter solle ferner unabhängig und unbestechlich sein. Er solle unzugänglich sein gegenüber dienstlichen Einflüssen, die in die falsche Richtung gingen. Dies setze eine gefestigte Persönlichkeit voraus, die die äußere Unabhängigkeit aus innerer Freiheit und Unabhängigkeit erfüllen könne. Der Richter müsse ferner entschlußkräftig sein und die Verhandlung leiten, d.h. in erster Linie zuhören, aber auch in angemessener Zeit abschließen können. Weiterhin müsse er auch einen Sinn für äußere Würde und äußeres Auftreten haben.

---

[368] *Coing*, Protokoll Nr. 24, S. 38
[369] Leitsatz, siehe Protokoll Nr. 3, S. 77

Insgesamt habe der Richter also menschliche und juristische Anforderungen zu erfüllen, wobei wohl – wie man mit *Schiffer*[370] sagen könne – die Anforderungen an das Menschliche überwiegen.[371]

Unter Berücksichtigung dieses „Anforderungsprofils" ergaben sich für *Coing* die folgenden Fragen:

- „Welcher Einfluß kann hinsichtlich der „Erweckung" und Förderung solcher Eigenschaften von der Ausbildung überhaupt erwartet werden?
- Was leisten die vorhandenen Ausbildungseinrichtungen und was *können* sie leisten?
- Welche Anforderungen sollte man an die vorhandenen Ausbildungseinrichtungen und vielleicht auch an neu zu schaffende Einrichtungen stellen?"

Hinsichtlich der ersten Frage stellte *Coing* fest, daß keineswegs alle erwünschten Eigenschaften durch Ausbildung erreicht werden könnten.

Die Ausbildung könne zwar wissenschaftliche Rechtskenntnis, eine Kenntnis der politischen und sozialen Zusammenhänge und ein gewisses psychologisches Wissen vermitteln, nicht aber die erforderliche Erfahrung. Hinsichtlich der Charaktereigenschaften stehe die Ausbildung vor großen Schwierigkeiten. Hier gebe es das Mittel der Gemeinschaftserziehung, welches z.B. seitens der Wehrmacht genutzt worden sei, um Eigenschaften wie Gehorsam, Treue, Mut, Verantwortungsfreudigkeit und Aktivität herauszubilden. Abgesehen davon, daß dieses Mittel für die Ausbildung der Richter nicht zur Verfügung stehe, hielt *Coing* es für sehr fraglich, ob es an dieser Stelle überhaupt sinnvoll sein könne, da beim Richter ganz andere Charaktereigenschaften entscheidend wären.[372] Abgesehen von solcher Gemeinschaftserziehung werde der Charakter durch persönliches Beispiel in der Zusammenarbeit gebildet. Da der charakterlichen Bildung der Richter starke Schranken gesetzt seien, sah *Coing* insbesondere die Vorbildfunktion einer „großen ausgereiften Richterpersönlichkeit" als mögliches Einwirkungsmittel auf den jüngeren Richter. Zu Bedenken gab *Coing* an dieser Stelle, daß diese Möglichkeit bei der Einführung des Einzelrichters wegfalle. Darüber hinaus müsse man sich aber darüber im klaren sein, daß die Charaktereigenschaften nicht „abgeschafft" werden könnten, weil diese sich wohl den Möglichkeiten der Ausbildung entziehen würden. Der Charakter forme sich eben im „Strom der Welt", und gerade deshalb stelle sich die Frage, ob man nicht an den höheren Gerichten Richter haben müßte, die einmal außerhalb der Richterlaufbahn im Leben gestanden hätten.[373]

---

[370] *Schiffer*, Die Deutsche Justiz 1928, S. 109
[371] *Coing*, Protokoll Nr. 24, S. 40
[372] *Coing*, Protokoll Nr. 24, S. 41
[373] *Coing*, Protokoll Nr. 24, S. 46

In Beantwortung der zweiten Frage, was die Ausbildungsinstitutionen leisten könnten, kam *Coing* zu dem Ergebnis, daß die Universitäten sicherlich mehr tun könnten, als sie im Augenblick tatsächlich täten.[374]

Basierend auf den Grundgedanken *Wilhelm von Humboldts* sei die Universität in Deutschland auf dem Gedanken aufgebaut, daß der Student in die Wissenschaft eingeführt werden solle, und zwar nach Möglichkeit dadurch, daß er an Forschungsarbeiten des Gelehrten teilnehme. Die Universität habe aber keine Gemeinschaftserziehung, da sie sich nicht in die Charakterbildung einschalten sollte. Aus diesem Grunde führe die Universität den Studenten nur in die wissenschaftliche Rechtskenntnis, also in die Systematik des Rechts, in die Problemlösungen, die im geltenden Recht verwirklicht sind, ein und vermittle darüber hinaus Kenntnisse über wirtschaftliche und soziale Probleme.[375] Insbesondere durch ergänzende Seminare und Vertiefungsvorlesungen könnten die Fakultäten jedoch die Grundlage für eine verständnisvolle, nicht am Wortlaut haftende Anwendung des Rechts geben und dies sei nach *Coings* Meinung das Größte, was die Universitäten im Hinblick auf die Justizreform leisten könnten. Hiermit bestände die Möglichkeit, daß die Universitäten eine Theorie liefern, die, weil sie die theoretischen Grundlagen wirklich aufklären würde, vom Buchstaben des Gesetzes befreie.[376] Das Gelingen der Großen Justizreform setze voraus, daß der junge Jurist schon auf der Universität im Rahmen des rechtswissenschaftlichen Studiums mit den philosophischen Grundlagen des Rechts und den rechtspolitischen Zielsetzungen der positiven Rechtsordnung vertraut gemacht werde und daß er während des Universitätsstudiums Gelegenheit habe, eine Vorstellung von den politischen, sozialen und ökonomischen Bedingungen seiner Zeit zu erhalten. Demgegenüber solle die Übermittlung von reinem Wissensstoff zurücktreten.[377] An diesem Punkt äußerte *Hornig* Kritik, da er befürchtete, daß die Vorschläge *Coings* zu einer Erweiterung des Studiums führen würden. Schon jetzt würde der Student einer großen Stoffülle gegenüberstehen, so daß eine Erweiterung des Lehrstoffes zu einer Verlängerung des Studiums führen würde. Wenn die jungen Leute mit dem Studium fertig seien, hätten sie sich schon zum Teil „verbraucht", seien nervös und würden nicht die Persönlichkeit darstellen, die man haben möchte. Zu Gunsten einer besseren „Orientierung" der Studenten griff *Hornig* einen Vorschlag *Kohnles*[378] auf, der vorgeschlagen hatte, dem Abiturienten 2 Semester lang (9 Monate) schulmäßig die Grundlagen des Rechts zu vermitteln. Zwischen den Semestern sollte eine 2 – 3 monatige praktische Einführung bei einem Amtsgericht liegen. Wenn die jungen Leute dann auf die Universität kommen würden, hätten sie eine Grundlage und

---

374 *Coing*, Protokoll Nr. 24, S. 43
375 *Coing*, Protokoll Nr. 24, S. 42
376 *Coing*, Protokoll Nr. 24, S. 43
377 *Coing*, Protokoll Nr. 24, S. 49
378 *Kohnle*, JZ 1959, S. 696 ff

bräuchten nicht mehr „schwimmen". Darüber hinaus vertrat *Hornig* die Auffassung, daß man Trimester einführen sollte, da aufgrund der kurzen Semester zu viel Zeit verschwendet werde.[379]

Als nächstes betrachtete *Coing* den Vorbereitungsdienst, in dem die Hinführung auf das Assessorexamen einen breiten Raum einnehmen würde.[380] Die Arbeitsgemeinschaften seien, auch nach *Coings* eigener Erfahrung aus der Zeit vor dem 2. Weltkrieg, nichts anderes als ein staatliches Repetitorium. Dagegen würde der Vorbereitungsdienst zwei Fragen nicht aufgreifen, die nach *Coings* Meinung berücksichtigt werden sollten. So solle der Vorbereitungsdienst auf die ethischen und moralischen Grundlagen des Rechts hinweisen – dies würde der Charakterbildung zugute kommen - und insbesondere in die Technik der Verhandlungsführung, der Zeugenvernehmung und ganz allgemein in die Behandlung der Menschen im Rahmen richterlicher Tätigkeit einführen. Hierbei müßte man nach *Coings* Auffassung sich das Beispiel tüchtiger Richter nutzbar machen. In diesem Zusammenhang stellte *Marquordt* fest, daß man die nachfolgenden Leitsätze dahingehend ergänzen könnte, daß Referendare eine selbständige Tätigkeit ausüben sollten.[381] Dieser Vorschlag wurde jedoch sowohl von *Petersen* als auch von *Heusinger* abgelehnt. *Petersen* vertrat die Auffassung, daß eine eigenverantwortliche Tätigkeit der Referendare nicht zum Ansehen der Gerichte beitrage. So würde es einen „miserablen Eindruck" machen, wenn der Richter während der Verhandlung beiseite trete und den Referendaren die Zeugen vernehmen ließe.[382] *Heusinger* begründete seine ablehnende Haltung damit, daß es eisernes Gesetz sei, daß sich der Vorbereitungsdienst nach dem Examen bestimme. Da die Verhandlungsleitung und die Verhandlungstechnik nicht geprüft werde, würde die Forderung, daß sich die Referendare mehr damit befassen sollten, „wohl recht platonisch bleiben".[383]

Hinsichtlich der dritten Fragestellung diskutierte *Coing* dann, was man von den Ausbildungseinrichtungen fordern könnte.[384] In Abweichung zu dem am Anfang seiner Ausführungen wiedergegebenen Leitsatz zur Richterausbildung schlug *Coing* vor, ein wissenschaftliches Studium zu fordern, daß die ethischen Grundlagen deutlich mache, und nicht den Schwerpunkt der Ausbildung auf ethische und philosophische Grundlagen auszurichten. Rechtsphilosophie neben dem positiven Recht sei nämlich verhältnismäßig wertlos. Wichtig sei aber, daß die „Wertgesichtspunkte" im positiven Recht sichtbar gemacht würden.[385]

---

[379] *Hornig*, Protokoll Nr. 24, S. 54
[380] *Coing*, Protokoll Nr. 24, S. 44
[381] *Marquordt*, Protokoll Nr. 24, S. 65
[382] *Petersen*, Protokoll Nr. 24, S. 65
[383] *Heusinger*, Protokoll Nr. 24, S. 66
[384] *Coing*, Protokoll Nr. 24, S. 44
[385] *Coing*, Protokoll Nr. 24, S. 44

Weiterhin solle man fordern, daß die Universität neben dem juristischen Studium Gelegenheit gebe, wirkliche Kenntnisse über die politische, wirtschaftliche und soziale Situation zu erwerben. Daneben hielt es *Coing* für erforderlich, die Verbindung zwischen juristischem und volkswirtschaftlichem Studium wiederherzustellen.

b) Fortbildung und Weiterbildung des Richters?

Nach *Coings* Meinung mache „die Kompliziertheit des modernen Lebens" es unmöglich, daran festzuhalten, daß der Mensch alles, was er für seinen Beruf benötige, schon auf der Universität oder einer ähnlichen Institution erwerbe.[386] Man müsse sich damit vertraut machen, daß auch gewisse theoretische Kenntnisse erst vermittelt werden könnten, wenn der Betreffende schon längere Zeit im Berufsleben gestanden habe. Im Bereich des Wirtschaftslebens sei dies bereits anerkannt, so daß dort entsprechende Weiterbildungseinrichtungen entwickelt worden seien. Da diese Form der Erwachsenenbildung immer weiter zunehmen werde, müsse man auch für die Richterausbildung den Schluß ziehen, daß die Justiz entsprechende Einrichtungen schaffen sollte. So sollten, nach *Coings* Auffassung, die allgemeinen staatlichen Fortbildungskurse zu Richterakademien verdichtet werden, die dem Richter die Möglichkeit bieten würden, sich mit bestimmten wirtschaftlichen oder sozialen oder technischen Entwicklungen vertraut zu machen. Eine solche Einrichtung wäre besonders zu befürworten, wenn man an dem Laufbahnrichter festhalte. Auch *Merkel* befürwortete die Bildung von Richterakademien. In einer Gemeinschaft bestände die Möglichkeit, den Charakter in gewissen Grenzen zu beeinflussen, und in Deutschland brauche man derartige Gemeinschaften.[387] *Heusinger* hielt es darüber hinaus für sinnvoll, jeden Richter von Amts wegen, vielleicht innerhalb der ersten 5 Jahre seiner Richtertätigkeit, einer solchen zusätzlichen Ausbildung zu unterwerfen. Im Gegensatz zu den Finanzassessoren, die durch die Abteilungen des Finanzamtes geschickt würden, und zu den Anwaltsassessoren, die ein älterer Anwalt anleite, sei der amtierende Gerichtsassessor völlig unabhängig, seine Entscheidungen könnten auch nicht mehr revidiert werden. Aus diesem Grunde sei eine Pflicht für den Richter vorzusehen, eine solche Schule zu besuchen, damit eine größere Gewähr dafür bestehe, daß nicht jeder Richter immer wieder dieselben Fehler mache.[388]

c) Voraussetzungen zur Aufnahme des Assessors in die Richterlaufbahn

Coing hatte den Auftrag, im Rahmen seines Referates zu den folgenden Fragen Stellung zu nehmen: „Soll der Assessor unmittelbar in eine Richterlaufbahn, vielleicht zunächst als Richtergehilfe, aufgenommen werden, oder ist es geboten

[386] *Coing*, Protokoll Nr. 24, S. 46
[387] *Merkel*, Protokoll Nr. 24, S. 51
[388] *Heusinger*, Protokoll Nr. 24, S. 68

vorzuschreiben, daß er vor einer Berufung ins Richteramt als Anwalt, Wirtschafts- oder Verwaltungsjurist tätig wird? Welche Anforderungen wären an dieses Zwischenstadium bis zur endgültigen Ernennung zum Richter zu stellen?“[389]

Coing stellte fest, daß sich die Frage nach der „Zwischenstation“ nur stelle, wenn man mit dem Gedanken von *Adickes* Ernst machen würde und vorsehe, die Richterstellen vom Landgericht aufwärts nur mit Personen im Alter von mindestens 40 Jahren zu besetzen, sich insofern also zur „radikalen“ Justizreform bekenne. Er kam zu dem Schluß, daß für die Zeit zwischen Assessorexamen und der Berufung zum Richter keine Vorschriften gemacht werden sollten, da dies keine Ausbildungszeit sein solle, sondern der Gedanke einer Bewährung in der Praxis zugrunde läge. Entscheidend sei an dieser Stelle nicht die Auswahl der Tätigkeit, sondern nach welchen Gesichtspunkten und in welcher Form der zukünftige Richter ausgewählt werden solle. Wenn man die Richterqualität heben wolle, werde man prüfen müssen, ob man die Richterauswahl vom „Institutionellen her“ verbessern könne. So sei das klassische Auswahlverfahren für die Professoren, das wesentlich zu dem Erfolg der deutschen Wissenschaft vor 1933 beigetragen habe, bestimmt gewesen durch das Zusammenwirken der Fakultäten mit einer sachkundigen Verwaltung. Hierdurch sei es erleichtert worden, über die Gesichtspunkte, die für die Fakultäten bestimmend sein müßten, auch einmal hinwegzugehen, auch einmal Außenseiter oder sehr junge Gelehrte zu berufen. Zur Zeit bestehe aus historischen Gründen ein starkes Übergewicht der Fakultäten, was nach *Coings* Meinung nicht besonders förderlich sei.[390]

Hornig betonte ergänzend zu den Ausführungen *Coings*, daß das zentrale Problem der gesamten Reform die Frage sei, wie die Voraussetzungen zu schaffen seien, daß man die geeigneten Persönlichkeiten für das Richteramt bekomme. Dabei spiele die Ausbildung eine bedeutsame Rolle, und man müsse zum Ausdruck bringen, daß diese auf das Leitbild des Richters hin ausgerichtet werden müsse.[391]

III. Leitsätze und Empfehlungen

Basierend auf den Entwürfen *Coings* beschlossen die Kommissionsmitglieder umfangreiche Leitsätze, die vollständig in Anlage 3. zu dieser Arbeit wiedergegeben sind.

Die Empfehlungen, die die Kommission im Rahmen ihres abschließenden Berichtes abgegeben hatte, sollten nach ihrem Willen nur den Charakter allgemeiner Hinweise haben. Abgesehen von einer Weiterbildungsverpflichtung für noch nicht auf Lebenszeit angestellte Richter, die sich in den Leitsätzen fand

---

[389] *Coing*, Protokoll Nr. 24, S. 38
[390] *Coing*, Protokoll Nr. 24, S. 48
[391] *Hornig*, Protokoll Nr. 24, S. 50

und die bei den späteren Empfehlungen nicht mehr berücksichtigt wurde, stimmt der Wortlaut der im Januar 1960 beschlossenen Leitsätze und der Empfehlungen des Berichtes aus dem Jahre 1961 im wesentlichen überein.[392] Aus diesem Grunde werden im Folgenden nur die Empfehlungen der Kommission wiedergegeben:

„Der junge Jurist sollte auf der Universität im Rahmen des rechtswissenschaftlichen Studiums auch mit den philosophischen und ethischen Grundlagen des Rechts und den rechtspolitischen Zielsetzungen der positiven Rechtsordnung vertraut gemacht werden. Während des Universitätsstudiums sollte er Gelegenheit haben, eine Vorstellung von den politischen, sozialen und ökonomischen Bedingungen seiner Zeit zu erhalten. Demgegenüber kann der von ihm zu beherrschende fachliche Stoff zugunsten einer Vertiefung des Studiums in den Grundfächern beschränkt werden.“

„Ein gründlicher praktischer Vorbereitungsdienst ist unerläßlich. Dem jungen Juristen müssen besonders auch die Grundsätze einer fairen Verhandlungsweise deutlich werden. Auch im übrigen sollte jede Gelegenheit benutzt werden, um dem jungen Juristen in der Praxis des Alltags die Bedeutung richterlicher Ethik vor Augen zu führen. Die eigenverantwortliche Tätigkeit der Referendare sollte nach Möglichkeit gefördert werden“
Der Vorbereitungsdienst muß mehr als bisher für eine systematische Ausbildung in der Vortrags-, Vernehmungs- und Verhandlungstechnik benutzt werden.“

„Es sollten Institute zur Weiterbildung von Richtern und Richtergehilfen eingerichtet werden. Ihre Aufgabe ist es, die Hörer mit den neuen Ergebnissen der Wissenschaft und der Praxis vertraut zu machen und neue juristische Entwicklungen im Zusammenhang darzustellen. Sie müssen ferner Gelegenheit geben, die gewonnenen Erfahrungen – z. B. durch eine systematische Fortbildung in der Vernehmungs- und Verhandlungstechnik – zu vervollkommnen und zu vertiefen.“

C Dreigliederung der Gerichte

In der 3. Arbeitssitzung der Kommission wurde der Reformvorschlag erörtert, die bestehende Viergliederung der Gerichte in Amtsgerichte, Landgerichte, Oberlandesgerichte und den Bundesgerichtshof durch eine Dreigliederung der Gerichte zu ersetzen.

---

[392] Vgl.: Protokoll Nr. 24, S. 64 ff. und Bericht der Kommission S. 80 ff

Ausgehend von der Forderung, die Richterzahlen zu verringern, und dem Ziel einer allgemeinen Rationalisierung der Rechtspflege, war in der Vergangenheit die Frage einer Dreigliederung der Gerichte häufig erörtert worden.

So schlug *Reichert* 1912 vor, die Gerichte dreigliedrig aufzubauen, wobei ihre Spruchkörper in der ersten Instanz mit einem, in der zweiten mit drei und im dritten Rechtszug mit fünf Richtern besetzt werden sollten.[393] Diesen Reformvorschlag verknüpfte *Reichert* jedoch mit der von ihm vorgeschlagenen Einführung von Rechtsämtern.[394] Diese Rechtsämter sollten den Spruchkörpern erster Instanz vorgeschaltet sein. Bagatellsachen würde das Rechtsamt in einem einfachen, praktisch zu gestaltenden Verfahren erledigen. In bürgerlichen Rechtsstreitigkeiten wären alle Klagen beim Rechtsamt einzureichen oder zu Protokoll des Rechtsamtes zu erheben.[395]

Mügel erwog bereits 1918, ob eine Abänderung des damals bestehenden Aufbaues der Gerichtsverfassung, d.h. die Gliederung der Gerichte in Reichsgericht, Oberlandesgericht, Landgericht und Amtsgericht angezeigt sei. Dabei stellte er fest, daß es nahe läge, bei vier Ordnungen von Gerichten die Frage aufzuwerfen, ob nicht eine dieser Ordnungen eingespart werden könne.[396]

Nach seiner Auffassung müßte ein oberstes Gericht vorhanden sein, so daß nur entweder die Oberlandesgerichte, die Landgerichte oder die Amtsgerichte wegfallen könnten. Im Falle der Aufhebung der Oberlandesgerichte befürchtete *Mügel* eine zu starke Zersplitterung der Rechtsprechung zweiter Instanz. An die Stelle der 14 preußischen Oberlandesgerichte würden 96 Landgerichte treten, die auch in Bezug auf die Qualität ihrer Mitglieder nicht durchweg die Voraussetzungen besäßen, die bei den Mitgliedern der Oberlandesgerichten gegeben seien und ihrer Rechtsprechung zu einem wohlverdienten Ansehen verholfen hätten.[397] Die Aufhebung der Oberlandesgerichte würde also dazu führen, daß die Entscheidungen auf eine Vielzahl von Obergerichten (Landgerichten) aufgeteilt werden müßten, worunter die Qualität und die Einheitlichkeit der Rechtsprechung leiden würde.

Aber auch der zweite Weg (Verteilung der Geschäfte der Landgerichte zwischen Amtsgericht und Oberlandesgericht) rief bei *Mügel* erhebliche Bedenken hervor.[398]

---

[393] *Reichert*, Deutsche Richterzeitung, „Die Deutschen Gerichte der Zukunft“, 1912, Spalte 651,

[394] siehe Teil 3, D, II b) 2), (S.126)

[395] *Reichert*, Deutsche Richterzeitung, „Die Deutschen Gerichte der Zukunft“, 1912, Spalte 649

[396] *Mügel*, Grundzüge einer landesrechtlichen Justizreform, S. 74, Berlin 1919

[397] *Mügel*, Grundzüge einer landesrechtlichen Justizreform, S. 75, Berlin 1919

[398] Ebenda

Die Beseitigung der Landgerichte unter Aufteilung ihrer Geschäfte zwischen Amtsgerichten und Oberlandesgerichten würde nicht bloß die allgemeine Ersetzung der Zivilkammer durch den Einzelrichter bedingen, sondern auch die Oberlandesgerichte durch die vermehrten Berufungen übermäßig belasten. Die erhöhte Geschäftsbelastung der Oberlandesgerichte würde dazu führen, daß die Zahl der Richter am Oberlandesgericht vermehrt werden müßte, diese Zahl hinsichtlich der geforderten Qualifikationen jedoch kaum zu beschaffen wäre und gleichzeitig erhöhte Kosten entstehen würden. Weiterhin würde diese Umorganisation räumlich dazu führen, daß der persönliche Verkehr zwischen den Gerichten, Parteien und Anwälten erheblich erschwert und ein häufiges Hindernis für die dringend erwünschte Vernehmung von Zeugen in der Sitzung des Berufungsgerichtes darstelle.

Im Ergebnis gelangte *Mügel* daher zu der Auffassung, daß es bei der bestehenden Gliederung der ordentlichen Gerichte bleiben sollte.[399]

Auch *Schiffer* war der Auffassung, daß die notwendige Justizreform zu einer starken Verminderung der Richter führen würde, so daß eine Rückwirkung auf die Organisation der Gerichte unausbleiblich wäre. Im Gegensatz zu *Mügel* hielt es *Schiffer* jedoch für erforderlich, die Viergliederung der Gerichte zu beseitigen, da die Vierzahl der Gerichte nicht mehr aufrecht zu erhalten und in Wahrheit bereits aufgegeben sei.[400]

Bereits im Jahre 1923 brachte er einen entsprechenden Antrag im Reichstag ein, wonach die ordentliche Gerichtsbarkeit durch Bezirksgerichte, durch Obergerichte und durch das Reichsgericht ausgeübt werden sollte.[401] Der Antrag wurde von *Schiffer* als „Entwurf eines ersten Gesetzes zur Vereinfachung des Rechtswesens“ bezeichnet. Nach diesem Entwurf sollten die Landgerichte beseitigt und dazu die erstinstanzlichen Aufgaben der Landgerichte, das wäre also der ganze Kollegialprozeß in Zivil- und in Strafsachen, und das Schwurgericht auf das Amtsgericht übergehen. Hinsichtlich der Besetzung der "Bezirksgerichte“ sah *Schiffer* in seinem Antrag vor, daß die Mitglieder dieser Gerichte, soweit nichts anderes bestimmt wäre, die ihnen zugewiesenen Geschäfte als Einzelrichter erledigen sollten.

Während des zweiten Weltkrieges wurde die Entscheidung über Berufung und Beschwerde gegen Entscheidungen der Amtsgerichte, wie schon einmal durch die 1. VereinfachungsVO vom 01.09.1939[402], erneut mit der Verordnung vom 12.05.1943[403] den Oberlandesgerichten übertragen. Damit sollte der neuen

---

[399] *Mügel*, Grundzüge einer landesrechtlichen Justizreform, S. 78, Berlin 1919

[400] *Schiffer*, Die Deutsche Justiz, „Grundzüge einer durchgreifenden Reform“, S. 345, Berlin 1928

[401] *Schiffer*, Drucksachen des Reichstags, Nr. 6310, Antrag vom 14.11.1923

[402] RGBl. I, 1658

[403] RGBl. I, 290

Gerichtsverfassung mit ihrer Dreigliederung in Gericht, Obergericht und Reichsgericht vorgearbeitet werden.[404]

Basierend auf seinem Vorschlag aus dem Jahre 1941, die Rechtsmittel der Zivilgerichtsgerichtsbarkeit auf eine Tatsacheninstanz zu reduzieren, gelangte *Jonas* zu einem seiner Ansicht nach zwangsläufigen Übergang zu dem dreigliedrigen Gerichtsaufbau.[405] Das Amt "Neuordnung der Deutschen Gerichtsverfassung", welches zum 01.01.1943 unter dem Vorsitz von *Altstötter* gebildet worden war, erörterte in seinen Sitzungen vom 16.03.1943 bis zum 16.06.1944 den Aufbau der Gerichte. Das Amt entschied sich im Ergebnis für eine dreistufige Gerichtsbarkeit, d.h. für die Schaffung eines einheitlichen Eingangsgerichts anstelle der bisherigen Amts- und Landgerichte.[406]

In seinem Referat „Die Vorbereitung der Justizreform" anläßlich einer Arbeitstagung des Instituts zur Förderung öffentlicher Angelegenheiten in Wiesbaden vertrat auch *Zinn* 1951 die Auffassung, man müsse bei der vorgesehenen Reform des Verfassungs- und Verfahrensrechts der ordentlichen Gerichtsbarkeit außerdem erwägen, ob nicht eine Dreiteilung der bestehenden vierstufigen Regelung vorzuziehen sein. Eine Konzentration der Gerichte in größeren Orten sei auch kein Hindernis mehr, da sich die Verkehrsverhältnisse mittlerweile erheblich verbessert hätten. Auch könne durch die Ausgestaltung des Ortsgerichtswesens, eventuell auch durch die Einführung von Friedensgerichten oder Gemeindegerichten nach § 14 GVG, den berechtigten Wünschen der Landbevölkerung Rechnung getragen werden.[407]

II. **Auffassung der Minderheit** (Referat von *Erich Gerner* vom 29.6.1956) „Maßnahmen auf dem Gebiet der Gerichtsorganisation:

Gerner sprach sich in seinem Referat vom 29. Juni 1956 für die Umgestaltung der ordentlichen Gerichtsbarkeit durch Schaffung eines dreigliedrigen Gerichtsaufbaus aus. Erwägungen, die zu Gunsten einer Beibehaltung der bisherigen Viergliederung angestellt werden könnten, fielen seines Erachtens gegenüber den zu Gunsten seiner Vorschläge sprechenden Erwägungen nicht entscheidend ins Gewicht.[408]

Für den Fall des dreigliedrigen Gerichtsaufbaues würde auch die Regelung des Instanzenzuges nach geltendem Recht bei der Beurteilung der Frage, ob man für die ordentliche Gerichtsbarkeit die Viergliederung beibehalten wolle, oder

---

[404] *Kern*, Geschichte des Gerichtsverfassungsrechts, S. 236; vgl.auch *Ferge*, JZ 53 S. 541
[405] *Jonas*, Deutsches Recht, 21.06.1941, S. 1333
[406] Wiedergabe des wesentlichen Ergebnisse der Diskussion vom 11. Mai 1943, abgedruckt bei *Schubert*, ADR, Bd. VI, S. 739 ff
[407] *Zinn*, Justizreform in den Ländern, Bericht über eine Arbeitstagung, S. 23
[408] *Gerner*, Protokoll Nr. 5, S. 69

ob man sie durch eine Dreigliederung ablösen solle, weitgehend außer Betracht bleiben können.[409] Schon nach geltendem Recht in der Zivil- und Strafgerichtsbarkeit gäbe es keinesfalls mehr als drei Instanzen, weitgehend beständen nur zwei und zum Teil gäbe es sogar nur eine Instanz. Beispielhaft nannte *Gerner* die Schiedsurteile der Amtsgerichte und in Strafsachen die erst- und letztinstanzliche Zuständigkeit des Bundesgerichtshofes oder des Oberlandesgerichtes in den schweren politischen Verfahren (§§ 134, 134a, 120 GVG). Zwar könne man im Rahmen einer „rechtssoziologischen Betrachtungsweise“ in der Möglichkeit der verfassungsgerichtlichen Überprüfung eines Gerichtsurteiles eine vierte Instanz sehen, dieser Sonderfall würde jedoch nach *Gerners* Meinung bei der Frage der reinen Gerichtsorganisation und deren Gestaltung ausscheiden.[410] Zu Gunsten der Bildung einer dreigliedrigen ordentlichen Gerichtsbarkeit würde im Vergleich zu den Diskussionen der zwanziger Jahre jetzt zusätzlich die angestrebte Verwirklichung der Gerichtseinheit und die gleichzeitige Schaffung des einheitlichen, des “allzuständigen“ Gerichts sprechen.[411]

Hierzu sei der dreistufige Aufbau der ordentlichen Gerichte notwendige Voraussetzung. Amtsgericht und Landgericht würden in Zukunft das einheitliche Eingangsgericht bilden. Das Friedensgericht erhielte dann die Bagatell- und die Massensachen erhalten und sei nicht erste Instanz im echten Sinne wie heute das Amtsgericht. Die angestrebten Ziele einer Dreigliederung zu Gunsten des künftigen Einheitsgerichts und der Hebung des Richters würden gleichzeitig erreicht werden.[412]

Die Einführung der Dreigliederung sei notwendig, um sowohl im organisatorischen Bereich als auch hinsichtlich der Verfahrensordnungen der verschiedenen Zweige der Gerichtsbarkeit zu einer Angleichung zu kommen. Dies könne sich in vollem Umfang nur dann auswirken, wenn auch die Einheitlichkeit der Gliederung der Gerichte erreicht werden würde. Ein weiteres Argument für die Einführung der Dreigliederung war nach *Gerner* die damit verbundene Verringerung der Richterzahlen und die Förderung der allgemeinen Rationalisierung der Rechtspflege. Er stellte dazu fest, es sei nicht zu übersehen, daß es neben den überlasteten Gerichten auch nicht allzu selten kleine Amtsgerichte gäbe, zum Teil „Einmanngerichte“, die, - wenn man allerdings den sehr fragwürdigen Pensenschlüssel zu Grunde legen würde, - im Verhältnis zum Durchschnitt der Gerichte immerhin als minder belastet erscheinen würden.[413] Ein weiteres Argument für die Dreigliederung sei auch, daß der Aufbau des Instanzenzuges nach außen klarer und übersichtlicher in Erscheinung träte. Es würde sich dann

---

[409] *Gerner*, Protokoll Nr. 5, S. 59
[410] *Gerner*, Protokoll Nr. 5, S. 58
[411] *Gerner*, Protokoll Nr. 5, S. 63
[412] *Hornig*, Protokoll Nr. 5, S. 76
[413] *Gerner*, Protokoll Nr. 5, S. 66

insbesondere die Mischung von 1. und 2. Instanz, die sich vornehmlich beim Landgericht finde, erübrigen.[414]

Insbesondere trüge eine Dreigliederung der Gerichte seiner Meinung nach zur allgemeinen Rationalisierung der Rechtspflege bei. Die Sprengel der Bezirksgerichte würden wohl etwas kleiner als die der Landgerichte, aber größer als die der Amtsgerichte werden.

Im Ergebnis führe dies zu dem gewünschten Effekt, daß die kleinen Amtsgerichte wegfielen. Dies sei erstrebenswert, da die Entscheidungen eines Amtsrichters, der nicht selten allein an einem Amtsgericht tätig sei, aufgrund der Bandbreite seiner anfallenden Aufgaben auf dem Gebiet des Zivilprozesses, des Strafprozesses und der freiwilligen Gerichtsbarkeit nicht dieselbe Sicherheit haben könnten wie die der spezialisierten Richter an einem größeren Gericht.[415] Weiterhin würde die Angleichung der ordentlichen Gerichtsbarkeit an den zwei- oder dreigliedrigen Aufbau anderer Zweige der Gerichtsbarkeit eine Voraussetzung für die gewünschte Angleichung an deren Verfahrensordnungen darstellen und somit dem Gedanken des allzuständigen Gerichts entsprechen. Es sei daher nur folgerichtig, für den Fall, daß es gelänge eine entscheidend ins Gewicht fallende Ausgliederung von Aufgaben aus der bisherigen Gerichtsbarkeit vorzunehmen, die Gerichtsorganisation in Richtung Dreigliederung umzugestalten.

III. Auffassung der Mehrheit
(Referat von *Bruno Heusinger* vom 29.6.1956)

Heusinger als Vertreter der Mehrheit nahm zu den Ausführungen *Gerners* Stellung.[416] Er hob hervor, daß die seitens der Minderheit vorgetragenen Argumente eine Zusammenfassung der beiden Eingangsgerichte nicht rechtfertigen würden. *Heusinger* widersprach zunächst dem Qualitätsargument der Gegenansicht und wies darauf hin, daß sich der Amtsrichter in der Regel mit verhältnismäßig kleinen, vielfach sich aus seinem örtlichen Bereich ergebenden, typischen Streitfällen des „täglichen Lebens“ befasse, das Landgericht dagegen mit der Fülle verschiedenartiger, meist rechtlich schwieriger Lebenssachverhalte beschäftigt sei. Diese Arbeitsteilung sei auch so gewollt und habe sich bewährt, da hierdurch eine gewisse Filterwirkung erreicht werde. Die Viergliederung der Gerichtsbarkeit sei 1879 aus sehr fundierten Überlegungen hervorgegangen, sie sei zwar, wie manches, was lebenswürdig sei, sehr unsystematisch, aber äußerst praktisch.[417] Der Richter am Landgericht würde so von der Fülle der Streitigkeiten des Lebensalltags frei und könne sich schwierigen Prozessen widmen, da ihm

---

[414] *Gerner,* Protokoll Nr. 5, S. 67
[415] Bericht der Kommission, S. 74
[416] Protokoll Nr. 5, S. 72
[417] *Heusinger,* Protokoll Nr. 5, S. 74

der Amtsrichter die Flut gleichgearteter, typischer Streitfälle abnehme.[418] Im Einzelfall könne zwar auch ein amtsgerichtlicher Prozeß schwierige Rechtsfragen aufweisen, dies sei jedoch nicht die Regel.

In diesem Zusammenhang schließe der Gedanke des allzuständigen Gerichts es nicht aus, daß aus Zweckmäßigkeitserwägungen gewisse Aufgaben einer besonderen Eingangsstufe anvertraut würden.[419] *Merkel* vertrat sogar die Auffassung, daß die ordentliche Gerichtsbarkeit als Vorbild für die anderen Gerichte eher geeignet sei, als umgekehrt diese für den Aufbau der ordentlichen Gerichte ein Vorbild sein könnten.[420] Er bemängelte, daß zum Beispiel in der Arbeitsgerichtsbarkeit und in der Verwaltungsgerichtsbarkeit die Gerichte in der ersten Instanz über kleine und große Sachen urteilen müßten, ohne daß es eine Aufteilung entsprechend jener zwischen Amtsgerichten und Landgerichten in der erstinstanzlichen Zuständigkeit gäbe. Dies sei eine Verschwendung von Richterkräften, da diese sich für größere Sachen besonders rüsten können müßten.

Hinsichtlich des Argumentes, die vorgeschlagene Dreigliederung wäre zu Gunsten einer Vereinheitlichung der Verfahrensordnungen sinnvoll, stellte *Heusinger* dar, daß zu berücksichtigen sei, daß in der Arbeits- Verwaltungs-, Finanz- und Sozialgerichtsbarkeit die Verhältnisse anders lägen.[421] Die in diesen Gerichtsbarkeiten zu entscheidenden Rechtsstreitigkeiten würden nicht die Mannigfaltigkeit aufweisen wie die Zivilrechtsstreitigkeiten. Sie seien vielfach ihrem Inhalt nach „typisch“ oder wiesen doch einheitliche Ansatzpunkte auf (z.B. den Verwaltungsakt, den Steuerbescheid und den Rentenbescheid); hinzukomme, daß in allen Verfahren mit verwaltungsrechtlichem Charakter der gerichtlichen Entscheidung bereits ein behördliches Vorverfahren vorgeschaltet sei.

Die Zusammenfassung von Amts- und Landgerichten brächte außerdem unlösbare Schwierigkeiten für die Rechtsmittelinstanz.[422] Bei der Umsetzung dieses Reformvorschlages müßten alle zweitinstanzlichen Entscheidungen durch das Oberlandesgericht getroffen werden, was zu einer Verschiebung von vormaligen Aufgaben des Landgerichts zu den Oberlandesgerichten führen und damit eine Erhöhung der Zahl der am Oberlandesgericht tätigen Richter notwendig machen würde. Im Ergebnis käme es somit nicht zu der gewünschten Reduzierung der Richterzahlen. Darüber hinaus würde die Zusammenfassung auch den Wert der oberlandesgerichtlichen Rechtsprechung vermindern, wenn diese sowohl Streitigkeiten aus Miete und Unterhalt als auch große Wirtschaftsprozesse zum Gegenstand hätte.[423]

---

[418] Bericht der Kommission, S. 75
[419] Ebenda
[420] *Merkel*, Protokoll Nr. 5, S. 75
[421] *Heusinger*, Protokoll Nr. 5, S. 74
[422] Bericht der Kommission, S. 76
[423] Ebenda

Schließlich stellte *Heusinger* fest, daß der dreigliedrige Aufbau aufrechterhalten bleiben müsse, weil das dichtmaschige Netz der Amtsgerichte auch für die anderen Gerichtsbarkeiten, z.B. für die Erledigung von Rechtshilfeersuchen, unentbehrlich sei.[424]

IV. Leitsätze und Empfehlung der Kommission

Im Jahre 1956 einigten sich die Kommissionsmitglieder einstimmig auf den folgenden Leitsatz:
„Wenn man das allzuständige Gericht will und von der Voraussetzung ausgeht, daß eine Friedensgerichtsbarkeit auszugliedern sei, dann ist ein dreigliedriger Gerichtsaufbau geboten und sollten die Gerichtsbezirke der Gerichte erster Instanz möglichst groß sein.“[425]
In ihrem abschließenden Bericht empfahl die Kommission, *das Amtsgericht und das Landgericht* ***nicht*** *zu einem Gericht (Bezirksgericht) zusammenzufassen.*[426]

D Ausgliederung von richterlichen Aufgaben? Ihre künftige Organisation?

I. Einführung einer Friedensgerichtsbarkeit

In der 2. Arbeitssitzung der Kommission vom 11. und 12. Mai 1956 wurden Reformvorschläge zur Ausgliederung richterlicher Aufgaben, durch die Aufteilung der Rechtspflege in eine höhere und eine “einfache Gerichtsbarkeit“, erörtert.[427] Nicht teilgenommen haben an dieser Sitzung die Kommissionsmitglieder *Feyock* und *Boetticher*, die beide aus gesundheitlichen Gründen zu diesem Zeitpunkt aus der Kommission ausgeschieden waren. Als Nachfolger für *Feyock* trat *Oskar Weber* der Kommission bei.

a) Diskussionsstand vor der konstituierenden Sitzung vom 18.11.1955

Von *Adickes* Reformvorschlägen und Ideen ist vor allen Dingen der Gedanke aufgenommen worden, daß man den Richter von bestimmten Geschäften entlasten sollte, um somit zu einer Reduzierung der Richterzahlen zu kommen. Diese Reduzierung war nach seiner Auffassung notwendig, da er davon ausging, daß vorzügliche Richter nur begrenzt zur Verfügung stünden.[428]

---

[424] *Heusinger*, Protokoll Nr. 5, S. 75
[425] Protokoll Nr. 5, S. 81
[426] Bericht der Kommission S. 77 und Protokoll Nr. 33, Anlage 3
[427] Protokoll Nr. 4, S. 1 ff
[428] *Adickes*, Grundlinien durchgreifender Justizreform, Vorwort, Berlin 1906

Mügel stellte in seiner Denkschrift aus dem Jahre 1918 fest, daß die Richter bei einer erheblichen Anzahl kleiner Amtsgerichte unzureichend beschäftigt wären.[429] Dies sei auf der einen Seite aus finanziellen Gründen unerwünscht und andererseits stünde auch zu befürchten, daß deren fachliche Qualität für die Entscheidung in wichtigen Zivilprozessen und bedeutsamen Strafsachen nicht ausreichend sei, da die juristische Fortbildung für die Richter an den kleinen Amtsgerichten erschwert wäre. *Mügel* befürwortete daher die Aufhebung kleiner Amtsgerichte und hielt es für sinnvoll, als Ersatz für diese Amtsgerichte ein besonderes Grundbuchamt zu errichten. Ein am Sitze dieses Amtes wohnhafter Notar solle zum Grundbuchrichter sowie gleichzeitig zum Nachlaßrichter und Schiedsmann bestellt werden. Es würde dann eine Art Friedensgericht entstehen, welches der Bevölkerung im Bezirke des bisherigen Amtsgerichtes für die große Masse der Geschäfte den Gang zum Amtsrichter ersparen würde.[430]

Schiffer erschien der Vorschlag *Mügels* prinzipiell wie auch praktisch „nicht sehr glücklich".[431] Dieser diene nicht der Vereinfachung des Justizwesens, sondern sei höchst kompliziert und würde es noch unübersichtlicher und „buntscheckiger" machen, als es schon sei. *Mügels* Vorschläge würden nach *Schiffers* Ansicht keineswegs zu einer Verminderung der Richterzahlen führen, auch wenn dies eines der Ziele sei, die *Mügel* selbst anstrebe. Denn wenn der Leiter eines Friedensgerichtes ein Notar sein solle, so sei dies nur eine Frage der Bezeichnung, da der Notar die Fähigkeit zum Richteramt besitzen müsse und auch das Gehalt eines Amtsrichters zu beziehen hätte.

Im Januar 1943 wurden sowohl der Akademieausschuß als auch das Amt „Rechtsprechung durch das Volk" eingesetzt, um die Möglichkeiten einer Beteiligung des Volkes an der Rechtspflege zu erörtern.[432] Dazu wurden von dem Akademieausschuß, in enger Zusammenarbeit mit dem Amt, Vorschläge zu der Einführung eines sogenannten „Schöffenrichters" erarbeitet. Der Ausschuß hatte sich in seinen Beratungen gegen den alternativen Ausdruck „Friedensrichter" entschieden, da ansonsten zu befürchten sei, daß das Volk im Friedensrichter nur eine Sühneinstanz, nicht jedoch ein echtes Gericht sehen würde.[433] Verwechselungen mit dem „alten" Schöffenrichter der früheren Schöffengerichte befürchtete man nicht, da diese bereits während des Krieges abgeschafft worden waren. Im Gegensatz zu den „alten" Schöffenrichtern, sollten dem „Träger der zukünftigen Rechtsprechung durch das Volk" keine Berufsrichter bei seiner Entscheidungsfindung zur Seite stehen. Besondere Bedeutung maß der Ausschuß

---

[429] *Mügel*, Grundzüge einer landesrechtlichen Justizreform, S. 84, Berlin 1919

[430] *Mügel*, Grundzüge einer landesrechtlichen Justizreform, S. 85, Berlin 1919

[431] *Schiffer*, Die Deutsche Justiz, „Grundzüge einer durchgreifenden Reform", S. 347, Berlin 1928

[432] Siehe auch Teil 1, II b) 2) (b) dieser Arbeit, (S. 69)

[433] *Klemm*, Abschlußbericht, Ausschuß „Rechtsprechung durch das Volk", abgedruckt bei *Schubert*, ADR, Bd. VI, S. 538

der Auswahl des Schöffenrichters bei, da die Gefahr bestünde, daß dieser bei nicht sorgfältiger Auswahl zum Richter zweiten oder dritten Grades herabsinke. Dann würde er im Verhältnis zum Berufsrichter dasselbe werden, was der „Kurpfuscher“ neben dem Arzt und der „Winkeladvokat“ neben dem Rechtsanwalt wäre. Nach Auffassung des Ausschusses sollte bei der Auswahl des Schöffenrichters in erster Linie Wert auf Ortsgebundenheit gelegt werden. Der Schöffenrichter müsse in dem Kreise, in dem er richten solle, fest verwurzelt sein. Ein nicht ortsgebundener Schöffenrichter würde die Gebräuche und Anschauungen des Volkes nicht genügend kennen und kein Vertrauen haben. Weiterhin sei die Tätigkeit des Schöffenrichters keine Nebenbeschäftigung für Pensionäre, die „ohne lebensgesetzliche Beziehung“ zu ihrer Umgebung seien. Entsprechend der Ausführungen *Thieracks* müßte aus dem Kreis der ortsgebundenen Männer der „Beste“ herausgefunden werden. Im Ergebnis schlug der Ausschuss vor, als gesetzliche Voraussetzung einen mindestens fünfjährigen vorherigen Aufenthalt des Schöffenrichters in dem Bezirk festzuschreiben, wobei als Schöffenrichter nur Männer mit einem Alter nicht unter 35 Jahren in Frage kommen sollten.[434] Die Altergrenze wurde für erforderlich gehalten, da zum Amt des Richters „Weisheit“ gehöre. Genau wie der ordentliche Richter würde auch der Schöffenrichter Lebenserfahrung und Lebensüberlegenheit, oft geradezu eine gewisse Abgeklärtheit, benötigen. Darüber hinaus solle der zukünftige Schöffenrichter in aller Regel „Parteigenosse“ sein, wobei man jedoch ausdrücklich davon absah, diesen Grundsatz gesetzlich vorzuschreiben. Begründet wurde diese Entscheidung damit, daß selbst das Reichsbeamtengesetz eine derartige Regelung nicht kenne und ansonsten falsche Schlußfolgerungen über das Verhältnis der Partei zur Fachjustiz möglich wären. Das Amt des Schöffenrichters sollte ein ehrenamtliches Richteramt sein, wobei der Schöffenrichter nicht die Befähigung zum Richteramt im technischen Sinne benötige. Der Ausschuß empfahl daher, dies im Gesetz dadurch zum Ausdruck zu bringen, daß er von diesem Erfordernis „befreit“ sei. Für die Auswahl des Schöffenrichters sollte ausschließlich die Justiz zuständig sein, da der Schöffenrichter eine Einrichtung der Justiz sei und die Justiz deshalb auch die letzte Verantwortung für ihn tragen müsse. Die NSDAP bräuchte nach der Auffassung des Ausschusses bei diesem Auswahl- und Ernennungsverfahren nicht initiativ tätig werden, da es nicht im Interesse der NSDAP läge, der Justizführung die Verantwortung abzunehmen und den Eindruck zu erwecken, daß hier eine Parteieinrichtung geschaffen werde.[435] Nach den Vorstellungen des Ausschusses sollte die sachliche Zuständigkeit des Schöffenrichters maßgeblich von der Größe „seines Bezirkes“ bestimmt werden. Je größer der Bezirk, desto geringer müsse die sachliche Zuständigkeit sein, sonst

434 *Klemm*, Abschlußbericht, Ausschuß „Rechtsprechung durch das Volk“, abgedruckt bei *Schubert*, ADR, Bd. VI, S. 538

435 *Klemm*, Abschlußbericht, Ausschuß „Rechtsprechung durch das Volk“, abgedruckt bei *Schubert*, ADR, Bd. VI, S. 540

werde womöglich der Schöffenrichter zu einem hauptamtlich ausgelasteten (schlechten) Beamten. Die Schöffenrichter-Bezirke sollten daher nicht zu groß und die Aufgaben nicht mehr zentralisiert werden, als dies notwendig sei. Bei der Abgrenzung der sachlichen Zuständigkeit ging der Ausschuß von den Erwägungen aus, daß der Schöffenrichter zwar nicht gesetzeskundig wäre und sein Amt nebenberuflich ausübe, er aber nicht der Richter des „kleinen Mannes“ sein sollte. Weiterhin sollte sein Amt „volkstümlich“ sein [436]. Basierend auf diesen Überlegungen kam der Ausschuß zu dem Ergebnis, daß sich für den Schöffenrichter nur solche Sachen eignen würden, die er mit seinem gesunden Menschenverstand entscheiden und bei denen das Bedürfnis nach einem Rechtsmittel im allgemeinen unbedenklich verneint werden könne. Die Inanspruchnahme von Rechtsmitteln gegen Freiheitsstrafen und Maßnahmen gegen offenbare Zuständigkeitsüberschreitungen oder grobe Fehlentscheidungen könne jedoch nicht ausgeschlossen werden. Der Katalog der Zuständigkeit des Schöffenrichters müsse daher übersichtlich, einprägsam und allgemein verständlich, kurz „volkstümlich“ sein. Der Schöffenrichter sollte etwa alle 14 Tage Sitzungen abhalten können.[437]

Gesetzgeberisch empfahl der Ausschuß ein Rahmengesetz mit Präambel und einigen Grundgedanken, daneben eine Ausführungsverordnung (Schöffenrichterordnung), die die Einzelheiten bringe.[438] Am 12.07.1943 lag der „Entwurf eines Führererlasses sowie einer Schöffengerichtsordnung“ (SchöffRO)[439] und im Dezember 1943 eine überarbeitete Neufassung des Entwurfes (Vorentwurf III) vor, die sich allerdings nur geringfügig von ihrem Vorgänger unterschied.[440]

1951 vertrat *Zinn,* um zu einer - wie bereits von *Adickes* geforderten - Entlastung des Richters zu kommen, die Meinung, man solle zwei verschiedene Richtertypen schaffen, die zwar beide Volljuristen, aber einer unterschiedlichen Ausbildung unterworfen sein sollten. Der einfachere Richtertyp solle die bisherige Ausbildung erhalten, der höhere Richtertyp eine mit erhöhten Anforderungen versehene Referendarausbildung mit einem verschärften Assessorexamen. Insbesondere auf den entschiedenen Widerspruch des damaligen Vertreters des Richterbundes, der eine Abwertung der Richterpersönlichkeit befürchtete und die Einheit des Richteramtes wahren wollte, wurden die Vorschläge *Zinns* verworfen.[441]

---

[436] *Klemm*, Abschlußbericht, Ausschuß „Rechtsprechung durch das Volk“, abgedruckt bei *Schubert*, ADR, Bd. VI, S. 542

[437] *Klemm*, Abschlußbericht, Ausschuß „Rechtsprechung durch das Volk“, abgedruckt bei *Schubert*, ADR, Bd. VI, S. 542

[438] *Klemm*, Abschlußbericht, Ausschuß „Rechtsprechung durch das Volk“, abgedruckt bei *Schubert*, ADR, Bd. VI, S. 555

[439] Abgedruckt bei *Schubert*, Akademie für Deutsches Recht, Bd. VI, S. 648 ff.

[440] Abgedruckt bei *Schubert*, Akademie für Deutsches Recht, Bd. VI, S. 658 ff.

[441] *Zinn*, Justizreform in den Ländern, Bericht über eine Arbeitstagung, S. 18

b) Auffassung der Minderheit (Referat von *Erich Hornig* vom 11.5.1956) „Aufteilung der Rechtspflege in eine höher und eine einfache Gerichtsbarkeit“

In der 2. Arbeitssitzung der Kommission am 11. Mai 1956 hielt *Hornig* als Vertreter der Minderheit sein Referat „Aufteilung der Rechtspflege in eine höhere und eine einfache Gerichtsbarkeit“.[442]

Einführend hob *Hornig* hervor, daß bisher im Mittelpunkt aller Reformbestrebungen das Bestreben gestanden habe, die Gesamtzahl der Richter wesentlich zu reduzieren. Hinter diesem Plan stünde jedoch gegenwärtig - im Gegensatz zur Vergangenheit - eine unmittelbare praktische Notwendigkeit, da der Bedarf an hoch qualifizierten Richterpersönlichkeiten aufgrund eines überaus ungünstigen Altersaufbaus, bedingt durch die Kriegsfolgen und im Hinblick auf die „bevorstehende Wiedervereinigung“, wesentlich steigen würde.[443]

Diesen Ausführungen folgend vertrat die Minderheit der Kommission die Auffassung, daß es zur Erreichung des übereinstimmend definierten Zieles der Justizreform [444], nämlich der Gewinnung starker Richterpersönlichkeiten, einerseits notwendig sei, einschneidende Änderungen in der Richterauslese herbeizuführen und andererseits die Zahl der Richter ganz außerordentlich zu verringern. Eine derartige Verringerung der Richterzahlen sei erforderlich, da der moderne Massenstaat einer Richterfigur bedürfe, die durch ihre Persönlichkeit imponiere[445], und der Kreis der Persönlichkeiten, der den an den künftigen Richter zu stellenden Anforderungen genügen könnte, sehr klein sei.[446]

Ein Weg, um zu der gewünschten Verminderung der Gesamtzahl der Richter zu kommen, könnte nach Auffassung *Hornigs* die Übertragung richterlicher Aufgaben auf andere Organe sein.[447] Umgesetzt werden könne dieser Gedanke, indem man die Aufgaben der Rechtspflege in zwei getrennte Bereiche aufteilen würde: einen, der die eigentlichen, wichtigen und wesentlichen Aufgaben der Rechtspflege betreffe, und einen, der die minder wichtigen Aufgaben und diejenigen, die nicht zur Rechtspflege im engeren Sinne gehören, einschließe.[448] Hiernach ließe sich die Richterzahl senken, indem der qualifizierte Richter, wie ihn die Reform anstrebe, auf die Bewältigung der schwierigeren Aufgaben der Rechtspflege beschränkt werde, während die einfacheren Aufgaben einem „Friedensrichter“ anvertraut würden, der sich in seiner Laufbahn von der des

---

[442] *Hornig*, Protokoll Nr. 4, S. 2 ff
[443] *Hornig*, Protokoll Nr. 4, S. 6
[444] siehe Teil 3, A, dieser Arbeit, (S. 79)
[445] *Bleibtreu*, Protokoll Nr. 4, S. 68
[446] Bericht der Kommission, S. 65 ff
[447] *Hornig*, Protokoll Nr. 4, S. 6
[448] *Hornig*, Protokoll Nr. 4, S. 13

gehobenen Richters unterscheide.[449] Das angestrebte Ziel könnte also mit der Einführung einer Friedensgerichtsbarkeit und der gleichzeitigen Schaffung zweier Richtertypen, dem streitentscheidenden Richter und dem Friedensrichter, als Richtergehilfen, erreicht werden.

Auch *Weinkauff* vertrat die Auffassung, daß eine Zweiteilung zwischen einer gehobenen und einer niederen Gerichtsbarkeit unbedingte Voraussetzung einer wirklichen Reform sei.[450] Zur Umsetzung dieses Vorschlages sollten die Amtsgerichte in Friedensgerichte umgewandelt werden, wobei sowohl der streitentscheidende Richter als auch der Friedensrichter, entgegen dem Reformgedanken *Zinns*, echte Richter mit einer einheitlichen Ausbildung, jedoch mit einer unterschiedlichen Laufbahn sein sollten. Die Eignung für das höhere Richteramt müßte nicht so sehr durch Ausbildung und Prüfung nachgewiesen werden, sondern in erster Linie auf der Bewährung im Leben und Beruf beruhen. [451]

Als Richter, der im Sinne der Gewaltenteilung Repräsentant der rechtsprechenden Gewalt sei, könne jedoch nur der gehobene streitentscheidende Richter angesehen werden.[452] Für die Gewinnung einer eindrucksvollen streitentscheidenden Richterpersönlichkeit hielt die Minderheit es für unabdingbar, daß

- in der juristischen Ausbildung bei Beschränkung des Unterrichtsstoffes die ethischen, rechtspolitischen und tatsächlichen Grundlagen der behandelten Rechtsnormen stärker betont würden,
- die Berufung zum streitentscheidenden Richter an ein vorgerücktes Lebensalter (35 oder 40 Jahre) und an vorangegangene Erfahrungen im Rechtsleben gebunden werde,
- der streitentscheidende Richter grundsätzlich „entbeamtet" und damit das Richteramt allen Angehörigen des Rechtsstandes in gleicher Weise zugänglich gemacht werde,
- die Zahl der streitentscheidenden Richter wesentlich herabgesetzt werde, für diese aber weithin einheitliche und – im Vergleich zur Gegenwart – auch höhere Gehälter als bisher festgesetzt würden, und zwar Einzelgehälter außerhalb der Besoldungsordnung der Exekutive.[453]

Die Zuständigkeit des Friedensrichters sollte weniger weitreichend sein als die des heutigen Amtsrichters. Er sollte im Wesentlichen nur kleinere Streitigkeiten (in bürgerlichen Rechtsstreitigkeiten etwa bis zu einem Streitwert von DM 500) und die Angelegenheiten der freiwilligen Gerichtsbarkeit bearbeiten.[454] Ein

---

[449] *Heusinger*, Anlage V, S. 3 zu Protokoll Nr. 4
[450] *Weinkauff*, Protokoll Nr. 4, S. 69, so auch *Coing* S. 68
[451] *Hornig*, Protokoll Nr. 4, S. 15
[452] Bericht der Kommission, S. 68
[453] Bericht der Kommission, S. 66
[454] *Weinkauff*, Protokoll Nr. 5, Anlage I, S. 1

möglichst großer Teil ihrer Geschäfte könne zudem durch Rechtspfleger erledigt werden.

Der Friedensrichter solle jedoch echter Richter im Sinne des Grundgesetzes und des Gerichtsverfassungsgesetzes bleiben; schließlich habe auch er über Freiheit und Eigentum zu entscheiden, so daß auch für ihn die Grundsätze der Unabsetzbarkeit, Unversetzbarkeit und der Weisungsfreiheit gelten müßten.[455] Es solle weder eine personelle rechtserhebliche Ausgliederung der Friedensrichter noch eine *institutionelle* Ausgliederung der Friedensgerichte stattfinden. Im Kern seien vielmehr die bisherigen Amtsgerichte als Friedensgericht auszugliedern, die somit in räumlicher und personeller Hinsicht bestehen bleiben könnten und lediglich umgetauft werden müßten.[456] Das Friedensgericht solle dem künftigen allzuständigen Gericht vorgeschaltet sein, also nicht nur dem bisherigen ordentlichen Gericht, sondern auch dem bisherigen Arbeitsgericht , Verwaltungsgericht usw.[457] Die Ausgliederung der Friedensgerichtsbarkeit würde hiernach eine entscheidende Senkung der Richterzahl herbeiführen. Diese Wirkung könne jedoch nur dann eintreten, wenn man die Friedensrichter, obwohl sie echte Richter seien, nicht mehr als Richter mitzähle.

Der Unterschied zwischen dem Friedensrichter und dem streitentscheidenden Richter der höheren Gerichtsbarkeit solle nicht so sehr in der fachlichen Qualifikation liegen, sondern mehr in dem gesamten Persönlichkeitsbild. Der Friedensrichter würde derjenige Typ sein, der mehr dem beamtenmäßigen Leitbild verhaftet sei. Er sei derjenige, der nach der Ablegung seines zweiten Examens sogleich in den Staatsdienst strebe, um gesichert und versorgt zu sein, während der streitentscheidende Richter für die höhere Laufbahn gerade möglichst aus dem Kreis derjenigen genommen werden sollte, die sich schon außerhalb des Staatsdienstes bewährt hätten.[458] Was die Laufbahn angehe, so solle der Übertritt von Richtern der Friedensgerichtsbarkeit in die andere Gruppe der Richter nicht ausgeschlossen sein. Der Unterschied zu den bestehenden Verhältnissen bestände nur darin, daß die gestellten Anforderungen höher seien und daß der bisher in der Friedensgerichtsbarkeit tätige Richter bei dem Übertritt in die andere Gruppe mit Juristen anderer Herkunft (Anwälte, Wirtschaftsjuristen) konkurrieren müsse.[459]

---

455 *Heusinger*, Protokoll Nr. 4, Anlage V, S.1
456 *Heusinger*, Protokoll Nr. 4, Anlage V, S.1
457 *Weinkauff*, Protokoll Nr. 5, Anlage I, S. 1
458 Protokoll Nr. 4, S. 18
459 *Coing*, Protokoll Nr. 5, Anlage V, S. 1

Nach *Hornigs* Auffassung sollten für die Friedensgerichtsbarkeit etwa Aufgaben folgender Art in Betracht kommen:

- Aufgaben, die mehr verwaltender oder fürsorgender Natur seien,
- Streitsachen von geringem wirtschaftlichen Wert, die den mit der höheren Gerichtsbarkeit verbundenen höheren Aufwand nicht vertretbar erscheinen ließen,
- Unter Umständen auch sonstige rechtliche und tatsächliche einfache Sachen,
- Spezialaufgaben, die mehr den fachlich vorgebildeten Spezialisten als den umfassend gebildeten Richter erfordern würden,
- Aufgaben, bei denen die Ortsnähe eine wesentliche Rolle spiele, wie etwa Landwirtschafts- oder Mietsachen, und schließlich
- auch Aufgaben, die eine größere Kostenbelastung nicht vertragen, die nun mal mit der höheren Gerichtsbarkeit zwangsläufig verbunden seien würden, schon wegen des dort wohl beizubehaltenden Anwaltszwangs.[460]

Bei seinen statistischen Berechnungen anhand der Richterzahlen des Landes Niedersachsen des Jahres 1954 kam *Hornig* zu dem Ergebnis, daß von den angestellten Amtsrichtern insgesamt ca. 75 % für die Friedensgerichtsbarkeit benötigt würden. Davon würden ca. 60 % auf die Zivil- und Strafsachen und ca. 15 % auf die freiwillige Gerichtsbarkeit usw. entfallen.[461]

Weinkauff stellte im Rahmen der abschließenden Beschlußfassung der Kommission fest, daß von der Entscheidung der Frage, ob eine Ausgliederung einer Friedensgerichtsbarkeit vorgenommen werde oder nicht, die gesamte weitere Arbeit der Kommission abhänge. Wenn keine Ausgliederung, und damit keine Teilung des Richtertums, erfolge, so bliebe der viergliedrige, beamtenmäßige Aufbau der Justiz. Eine Hebung des Richters, die Einheit der Gerichtsbarkeit werde nicht erreicht und die bisherige Organisation müsse im Wesentlichen erhalten bleiben. Eine merkliche Beschneidung der Rechtsmittel werde nicht eintreten.[462]

c) Auffassung der Mehrheit (Referat von *Fritz Baur* vom 11. 5.1956)

Unmittelbar anschließend an die Ausführungen *Hornigs* hielt *Baur* das Korreferat, dessen Inhalt in wesentlichen Zügen die Meinung der Mehrheit der Kommission widerspiegelte. Besondere Probleme bereitete *Baur* die von *Hornig* vorgeschlagene Aufteilung des Richteramtes und damit verbunden die dafür notwendige Bewertung der richterlichen Aufgaben.[463] *Baur* stellte zusammenfassend fest, daß er keine Bewertungskriterien finden könne, die den Schluß zulie-

---

[460] *Hornig*, Protokoll Nr. 4, S. 22
[461] *Hornig*, Protokoll Nr. 4, S. 37
[462] *Weinkauff*, Protokoll Nr. 4, S. 83
[463] *Baur*, Protokoll Nr. 4, S. 61

ßen, daß Streitentscheidungen nur dem gehobenen Richter vorbehalten seien und andere, bisher dem Richter vorbehaltene Aufgaben, dem Friedensrichter zu übertragen wären.[464] *Ruscheweyh* hielt die strenge Trennung zwischen Friedensgerichtsbarkeit einerseits und der gehobenen Gerichtsbarkeit anderseits insbesondere auch aus rechtspolitischen Gründen für kaum durchführbar.[465] Dementsprechend kam auch die Mehrheit der Kommission zu dem Ergebnis, daß z.B. die Entscheidung von Angelegenheiten der freiwilligen Gerichtsbarkeit zumeist ebenso schwierig und verantwortungsvoll sei wie die von Zivilprozessen, und von daher, wegen ihrer Bedeutung für das menschliche Zusammenleben, nach der Entscheidung durch ein sachlich und persönlich unabhängiges Staatsorgan, den Richter, verlange.[466] Eine „Justiz des kleinen Mannes" durch Richter minderer Art sei nicht zu vertreten.[467]

Die Empfehlung der Kommission beruhte auch auf grundsätzlichen Bedenken gegen eine Teilung des Richterstandes und auf erheblichen Zweifeln, ob eine genügende Zahl von Bewerbern gefunden werden könne, die die von *Hornig* geforderte höhere Qualität aufweise. Das notwendig einheitliche richterliche Ethos erzwinge auch einen einheitlichen Richterstand. [468]Die Aufgabe des Richters sei einheitlich, gleich was und worüber er zu entscheiden habe, nämlich das Finden einer gerechten, ausgleichenden, ordnenden Entscheidung. Diese sei menschlich gesehen immer gleich schwer, ob es sich nur um einfache, weniger bedeutsame Dinge, oder um Rechtsfälle mit erheblichen vermögensrechtlichen oder sonstigen Auswirkungen handele.[469] Es wäre insbesondere nicht gerechtfertigt, den „gehobenen Richter" auf die Streitentscheidung zu beschränken.

So vertrat auch *Heusinger* die Auffassung, man solle den Amtsgerichten belassen, was sie hätten, und das als Zuständigkeit einer niederen Gerichtsbarkeit, nicht einer Bagatellgerichtsbarkeit ansehen.[470] Eine Aufteilung der Gerichtsbarkeit würde in der Öffentlichkeit zu einer bedenklichen stimmungsmäßigen Belastung des Rechtsstaatsgedankens führen und sei damit auch verfassungsrechtlich bedenklich, da die einfachere Gerichtsbarkeit dem Volk notwendig geringwertiger erscheinen müsse.[471]

Im Ganzen gesehen sei das Gerichtswesen der Amtsgerichte gesund, altbewährt und das Kernstück volkstümlichen Ansehens der Justiz. Gerade bei den Amtsgerichten gebe es profilierte und volksnahe Richterpersönlichkeiten.[472]

[464] *Baur*, Protokoll Nr. 4, S. 62
[465] *Ruscheweyh*, Protokoll Nr. 5, Anlage IV, S.1
[466] Bericht der Kommission, S. 70
[467] *Keidel*, Protokoll Nr. 4, S. 73
[468] Bericht der Kommission, S.70
[469] *Baur*, Protokoll Nr. 4, S. 64
[470] *Heusinger*, Protokoll Nr. 4, S. 70
[471] Telegramm des Deutschen Richterbundes zu den Referaten, Protokoll Nr. 4, S. 72
[472] *Heusinger*, Anlage V, S. 7 zu Protokoll Nr. 4

Weiterhin wurden auch finanzielle Einwände gegen die Einführung von Friedensgerichten erhoben. Wolle man die Amtsgerichte auf die Bagatellzuständigkeit von Friedensgerichten zurückschrauben, so müsse man dasselbe Geld für weniger bedeutsame Sachen ausgeben, da der Friedensrichter nicht schlechter bezahlt werden solle als der Amtsrichter. Die dem Amtsgericht abzunehmenden, bedeutsameren Rechtsangelegenheiten würden dann in der Zukunft von dem so viel kostspieligeren eigentlichen Richter erledigt werden.[473]

Entgegen *Hornig* sah *Weber* in dem „drohenden Richtermangel" auch keine Begründung für eine radikale Herabsetzung der Richterzahl. Für die Große Justizreform sei eine tiefere Begründung notwendig und mit der Zerschlagung des Amtsgerichtes würde diese Reform zu teuer erkauft.[474]

Im Ergebnis stimmte die Mehrheit der Auffassung der Minderheit zu, daß der Richter von der Idee des Rechts durchdrungen und mit den philosophischen Grundlagen des Rechts vertraut sein müßte, diesem Ziel müßte jedoch durch eine Verbesserung der Ausbildung und einer schärferen Auslese der Bewerber um das Richteramt Rechnung getragen werden. Hinsichtlich der Auswahl der Richter befürwortete es die Mehrheit, daß die Rechtspflege in Zukunft in größerem Maße auch von Persönlichkeiten getragen würde, die längere Zeit im Anwaltsberuf oder im Wirtschaftsleben gestanden hätten. Deren Erfahrungen würden sowohl ihren Entscheidungen, als auch den anderen Richtern zugute kommen.[475]

d) Leitsätze und Empfehlungen der Kommission

Nach den abschließenden Diskussionen zu den Referaten *Hornigs* und *Baurs* wurden von den Kommissionsmitglieder detaillierte und umfangreiche Leitsätze zu diesem Themenbereich vorgeschlagen.[476] Im Ergebnis war es der Kommission im Jahre 1956 nicht möglich, sich auf eine endgültige Fassung der Leitsätze zu einigen. Zwar war sich die Kommission einig, daß die angestrebte Hebung des Richteramtes zu einer Verringerung der Zahl der Richter zwinge, ob zur Erreichung dieses Zieles eine Friedensgerichtsbarkeit eingerichtet und wie diese ausgestaltet werden sollte, blieb jedoch umstritten.

Von den Vertretern der Großen Justizreform wurde die Frage nach der Friedensgerichtsbarkeit, auch für den Fall der Einführung von zwei unterschiedlichen "Richtertypen", generell bejaht.

---

473 *Heusinger*, Anlage V, S.6 zu Protokoll Nr. 4
474 *Weber*, Protokoll Nr. 4, S. 73
474 *Heusinger*, Anlage V, S.6 zu Protokoll Nr. 4
475 Bericht der Kommission, S. 71
476 Protokoll Nr. 4, S. 86 ff; Siehe auch die Darstellung der vollständigen Leitsätze in Anhang 3 zu dieser Arbeit

Die folgende, verkürzte Darstellung gibt nur einen Ausschnitt der zur Abstimmung gestellten Leitsätze wieder[477]:

Mehrheitlich angenommen wurde die Formulierung des Absatzes I:

*I. " Die Kommission ist sich darüber einig, daß die Hebung des Richteramtes zu einer Verringerung der Zahl der Richter zwingt. Dies erfordert eine Veränderung in der Besetzung der Gerichte, eine Beschränkung der Instanzenzüge, die Zuweisung zusammengehöriger Aufgaben jeweils an **einen** Richter, die Übertragung von bisher dem Richter anvertrauten Geschäften auf den Rechtspfleger, die Begründung der ausschließlichen Urkundszuständigkeit der Notare. "*

Befürwortet wurde von *Wolff*, *Bleibtreu*, *Hornig* und *Weinkauff* die folgende Formulierung für einen Absatz II:

II. " Darüber hinaus läßt sich eine entscheidende Senkung der Richterzahl nur durch die Ausgliederung einer Friedensgerichtsbarkeit erreichen. Auch die zu Abschnitt I des Leitsatzes genannten Maßnahmen sind ohne solche Ausgliederung nicht oder nur unzulänglich durchführbar. Richter und Friedensrichter sind echte Richter und unterliegen einer einheitlichen Ausbildung, die Laufbahn der beiden Richter ist aber verschieden; nur der Richter übt wesentliche streitentscheidende Tätigkeit aus und ist in seiner Rechtsstellung zu heben. Der Übergang von der Laufbahn der Friedensrichter in die der Richter ist besonders bewährten Kräften möglich. "

Folgender Gegenvorschlag für die Formulierung eines Absatzes II wurde von *Baur*, *Gerner*, *Keidel* und *Weber* befürwortet:

II. „Das Richteramt ist seiner Idee und Aufgabe nach einheitlich, die Begründung von zwei Richterlaufbahnen ist daher abzulehnen. "

In ihrer Empfehlung sprach sich die Mehrheit der Kommission im Jahre 1961 *dagegen aus, die Amtsgerichte in Friedensgerichte umzuwandeln, d.h. in Gerichte, deren Zuständigkeit in Zivilprozeßsachen und insbesondere in Strafsachen geringer sein sollte als die der bisherigen Amtsgerichte und deren Richter sich in Bezug auf ihre Laufbahn von denen der übergeordneten Gerichte unterschieden.*[478]

---

477 Siehe die Darstellung der vollständigen Leitsätze in Anhang 3 zu dieser Arbeit.
478 Protokoll Nr. 33, Anlage 3, Stand 01.02.1961

II. Einführung von Rechtspflegeämtern oder Rechtsämtern als Vorstufe zu den Gerichten?

In der 3. Arbeitssitzung der Kommission vom 29. Juni 1956 wurden Reformvorschläge zur Ausgliederung richterlicher Aufgaben, insbesondere im Rahmen einer Betrachtung der Stellung des Rechtspflegers, erörtert.[479] An dieser Arbeitssitzung nahmen nicht teil die Kommissionsmitglieder *Wolff*, *Wieczorek*, *Baur* und *Gerner*.

a) Diskussionsstand vor der konstituierenden Sitzung vom 18.11.1955

Den ersten Schritt auf dem Wege der Entlastung des Richters durch einen anderen Beamten der Justizverwaltung und damit in Richtung der Einführung eines Rechtsamtes brachte die Zivilprozeßnovelle vom 01.06.1909.[480] Durch diese Novelle wurden damals die Kostenfestsetzung und die Erteilung der Vollstreckungsbefehle dem Gerichtsschreiber übertragen.

1912 veröffentlichte *Reichert* seine Reformvorschläge, unter denen sich auch die Anregung zur Einführung von Rechtsämtern fand.[481] Als Rechtsamt verstand er die künftige Rechtsverwaltungsbehörde, die örtlich mit dem bisherigen Amtsgericht zusammenfallen würde, wobei sie mit der eigentlichen Rechtsprechung fast nichts mehr zu tun hätte. Diese Behörde sei mit der erforderlichen Zahl von Rechtsräten und Rechtsamtsassessoren zu besetzen. Der Geschäftskreis des Rechtsamtes solle das ganze Gebiet der freiwilligen Gerichtsbarkeit, des Zwangsvollstreckungs- und Konkursverfahrens und der Rechtshilfe umfassen. Es würde aber auch "förmlich als Sammelbecken" und daher als allgemeine Orientierungsstelle für alle Rechtsangelegenheiten sowie als Filter für die bürgerlichen Rechtsstreitigkeiten und Strafsachen gegenüber dem Gericht, ferner als dessen Hilfsorgan und schließlich als Rechtsberatungs- und Streitverhütungsstelle wirken.

Eine Entlastung auf breiterer Basis ermöglichte nach dem ersten Weltkrieg das Reichsgesetz zur Entlastung der Gerichte vom 11.03.1921.[482] Es ermächtigte die Landesjustizverwaltungen, Geschäfte nicht nur in Grundbuchsachen, sondern auch in weiteren Sparten der Rechtspflege vom Richter auf den Gerichtsschreiber zu übertragen. Die Länder erließen anschließend in unterschiedlich weitem Umfang allgemeine Verfügungen, zum Teil auch Rechtsverordnungen, in denen von der Ermächtigung des Entlastungsgesetzes Gebrauch gemacht

---

[479] Protokoll Nr. 5, S. 1 ff

[480] RGBl. 475, § 104 ZPO, 01.06.1909

[481] *Reichert*, Deutsche Richterzeitung, „Die Deutschen Gerichte der Zukunft", 1912, Spalte 648

[482] RGBl. 229, 11.03.1921.

wurde. In der Reichsverwaltung verblieb es zunächst bei den bestehenden Einzelregelungen der Länder.

Im Rahmen der sogenannten „Kleinen Justizreform", welche die Übertragung richterlicher Geschäfte auf mittlere Beamte zum Gegenstand hatte, befürwortete *Schiffer*, den Umfang der richterlichen Tätigkeiten durch die Erweiterung der Zuständigkeit des Rechtspflegers zu vermindern.[483] Diese Maßnahme sei einerseits durch wirtschaftliche Gesichtspunkte gerechtfertigt, da es sinnvoll sei, die Arbeit, wenn möglich, durch eine billigere Arbeitskraft durchführen zu lassen, andererseits würde die Entlastung der Richter wiederum zu einer geistigen Befruchtung und Hebung der ihnen nachgeordneten Beamten führen.[484]

Am 23.03.1943 hielt der Akademieausschuß "Richter und Rechtspfleger" unter dem Vorsitz von Ministerialdirektor *Letz* seine erste Sitzung ab. Die überwiegende Mehrheit der Ausschußmitglieder trat für die Schaffung des selbständig und weisungsfrei entscheidenden unabhängigen Rechtspflegers ein, lehnte aber einen sogenannten Rechtspflegerichter, dessen Stellung zum Spruchrichter als sehr zweifelhaft beurteilt wurde, ab.[485] Einvernehmen bestand innerhalb des Ausschusses darüber, daß der Tätigkeitsbereich des Richters und des Rechtspflegers nicht allgemein abgegrenzt werden könnte, sondern nur durch einen speziellen Aufgabenkatalog. Umstritten war, ob für den Rechtspfleger eine besondere Vorlagepflicht an den Richter bestehen und, ob gegen Entscheidungen des Rechtspflegers zunächst nur die Erinnerung und dann erst die Beschwerde gegeben sein sollte. An dieser Stelle neigte die Mehrheit unter Einbeziehung der Vertreter des gehobenen Justizdienstes wohl der zweiten Alternative zu.[486]

Durch die „Verfügung vom 03.07.1943 zur Entlastung der Richter durch Beamte des gehobenen Justizdienstes"[487] (Reichsentlastungsverfügung) wurde das Entlastungsrecht vereinheitlicht. Die Entlastungsbestimmungen erweiterten den Aufgabenkreis des Rechtspflegers und machten seine Stellung gegenüber dem Gericht selbständiger.[488]

Spätestens im Herbst 1943 lagen der "Entwurf eines Gesetzes über das Amt des Rechtspflegers"[489] und der "Entwurf zu einer Rechtspflegerordnung"[490] vor. Nach Art. 1 des Gesetzesentwurfs sollte das Amt des Rechtspflegers geschaffen werden. Der Rechtspfleger sollte die ihm durch Gesetz zugewiesenen Aufgaben der Gerichte selbständig bearbeiten. Die Bestimmungen, die für den Richter bei Wahrnehmung gerichtlicher Geschäfte galten, sollten sinngemäß auf den

[483] *Schiffer*, Die Deutsche Justiz, S. 318
[484] Ebenda, S. 296
[485] *Schubert*, ADR, Bd. VI, S. 89
[486] Ebenda, S. 89
[487] DJ 1943, (Reichsentlastungsverfügung), S. 339 ff.
[488] *Kern*, Geschichte des Gerichtsverfassungsrechts, S. 237
[489] abgedruckt bei *Schubert*, ADR, Bd. VI, S. 727
[490] abgedruckt bei *Schubert*, ADR, Bd. VI, S. 728

Rechtspfleger angewendet werden. Nach § 11 sollte der Rechtspfleger ein Geschäft an den Richter abgeben, wenn nach seinem „pflichtgemäßen Ermessen die rechtliche Schwierigkeit der Sache“ dies erfordere. Verfügungen und Entscheidungen des Rechtspflegers sollten solche des Gerichts sein und den für diese jeweils vorgesehenen Rechtsmitteln unterliegen. Der Beschwerde konnte der Richter stattgeben; fand er keinen Anlaß hierzu, so sollte das Rechtsmittelgericht entscheiden.[491] Die Entwürfe wurden von *Kuhbier* zwar bis zum September 1944 umgearbeitet zu einem “Gesetz über den Rechtspfleger“[492] und zu einer “Verordnung über die Tätigkeit der Beamten des gehobenen Justizdienstes als Rechtspfleger und Amtsanwalt“[493], zu ihrem Erlaß kam es jedoch nicht mehr.

In der Nachkriegszeit wurde der Entwurf eines Rechtspflegergesetzes zum ersten Mal im Jahre 1952 während der Legislaturperiode des 1. Bundestages eingebracht. In § 33 des Entwurfes war vorgesehen, die Reichsentlastungsverfügung aus dem Jahre 1943 aufzuheben.[494] Das Rechtspflegergesetz sollte den Abschluß der „Kleinen Justizreform“ darstellen, die 1906 ebenso wie die Bestrebungen zu einer Großen Justizreform durch die Rede von *Adickes* vor dem Preußischen Herrenhaus angestoßen worden war.[495] Da der Entwurf von dem 1. Bundestag nicht mehr verabschiedet werden konnte, wurde er nach dem Zusammentritt des 2. Bundestages sofort wieder eingebracht. Die Beratung des Entwurfes durch den Rechtsausschuß erfolgte im Winter des Jahres 1956, also zeitgleich mit den Beratungen der Kommission.

Durch das neue Rechtspflegergesetz vom 08. Februar 1957[496] sollten im Wesentlichen zwei Aufgaben erfüllt werden:

- Es sollte dem Rechtspfleger eine feste Stellung innerhalb der Gerichtsverfassung geben und damit eine sichere rechtliche Grundlage für seine Tätigkeit schaffen und
- eine möglichst große Zahl von Geschäften, die gegenwärtig noch von dem Richter wahrgenommen werden, auf den Rechtspfleger übertragen werden.

Nach den Vorschlägen des Regierungsentwurfes ging man davon aus, daß die Einführung des Rechtspflegergesetzes höchstens zu einer Entlastung des Richters in Höhe von etwa 5 % seiner Geschäfte führen würde und damit eine Mög-

---

[491] *Schubert*, ADR, Bd. VI, S. 90
[492] abgedruckt bei *Schubert*, ADR, Bd. VI, S. 731
[493] abgedruckt bei *Schubert*, ADR, Bd. VI, S. 732
[494] *Marquordt* Protokoll Nr. 5, S. 5
[495] *Marquordt* Protokoll Nr. 5, S. 4
[496] BGBl. I 1957, S. 18, 44

lichkeit zur Einsparung von Richterstellen etwa in diesem Umfange erreicht werden könne.[497]

Zur Übertragung von richterlichen Geschäften auf den Rechtspfleger sah der Entwurf des Rechtspflegergesetzes die Alternativen der sog. Vollübertragung, einer Vorbehaltsübertragung und einer Einzelübertragung gemäß § 3 Abs. 1 Nr. 1 - 3 vor.

b) Auffassung der Minderheit

Schon bei der vorangegangenen Diskussion über die Einführung einer Friedensgerichtsbarkeit war die Kommission zu dem übereinstimmenden Ergebnis gekommen, daß die angestrebte Verringerung der Richterzahlen mit einer Übertragung von bisher dem Richter anvertrauten Geschäften auf den Rechtspfleger einhergehen müsse.[498] Hinsichtlich dieser Übertragung wurden in der Kommission zwei verschiedene Reformmodelle diskutiert:

1) Auflösung der Amtsgerichte und Einrichtung von Friedensgerichten in Verbindung mit untergeordneten Rechtspflegeämtern

Im Rahmen der Reformdiskussionen von 1956 wurde von eine Minderheit der Komissionsmitglieder die Auffassung vertreten, daß ein Teil der jetzigen Aufgaben der Amtsgerichte an den gehobenen Richter übergehen, und ein anderer Teil der verbliebenen Geschäfte des Friedensgerichts nicht vom Friedensrichter, sondern vom Rechtspfleger wahrgenommen werden sollte, wenn die Friedensgerichte in der Form, wie sie von der Minderheit gefordert[499] worden seien, geschaffen würden. Dies werde im Ergebnis dazu führen, daß insgesamt weniger Friedensrichter benötigt würden als derzeit Amtsrichter.[500]Dementsprechend sollten große Friedensgerichtsbezirke gebildet und innerhalb dieser Bezirke dann Rechtspflegeämter geschaffen werden.

Weinkauff dagegen sah insbesondere in der Kombination von Rechtsamt und Friedensgericht eine effektive Möglichkeit, die Große Justizreform umzusetzen. Würde es zur Aufteilung in eine gehobene und eine niedere Gerichtsbarkeit kommen, so sei eine weitergehende Übertragung auf den Rechtspfleger nur logisch.[501]

[497] *Marquordt*, Protokoll Nr. 5, S. 7, zum Entwurf des Rechtspflegergesetzes aus dem Jahre 1952

[498] Protokoll Nr. 4, S.86, Abstimmungsergebnis zu Abschnitt I des Vorschlages

[499] siehe Teil 3, C I c) dieser Arbeit, (S. 105 ff.)

[500] *Hornig*, Protokoll Nr.5, S. 47

[501] *Weinkauff*, Protokoll Nr. 5, S. 31

2) Übertragung von richterlichen Aufgaben auf sogenannte Rechtsämter

Basierend auf Vorschlägen der Reformkommission des Deutschen Richterbundes[502] wurde von einem Teil der Minderheit 1959 der Vorschlag unterbreitet[503], die rechtsprechende Gewalt von der Wahrnehmung solcher Aufgaben zu befreien, die ihr nicht wesensgemäß seien, und diese Aufgaben neu einzurichtenden Rechtsämtern zu übertragen.[504] Dieser Reformvorschlag setzte jedoch nicht die gleichzeitige Einrichtung von Friedensgerichten voraus, so daß eine Verminderung der Richterzahlen hätte erzielt werden können, ohne daß es durch die Unterscheidung in Friedensrichter und streitentscheidenden Richter zu der umstrittenen Teilung des Richterstandes gekommen wäre. Den neu geschaffenen Rechtsämtern sollten bestimmte Aufgaben im Bereich des Zivilstreitverfahrens übertragen werden, nämlich die Vorentscheidung über bestrittene Ansprüche und Verbindlichkeiten mit Ausnahme jedoch gewisser Gruppen besonders gearteter Angelegenheiten (z.B. Ehesachen, Kindschaftssachen, verwickelte Patentsachen, Entmündigungssachen).

Bei den Rechtsämtern sollte es sich um staatliche Justizbehörden handeln, die mit Rechtspflegern und, für Angelegenheiten, deren Behandlung eines Juristen bedürften, mit Volljuristen zu besetzen seien und die den Gerichten in einigen Fällen vorgeschaltet wären.

Gestützt wurde dieser Reformvorschlag mit dem Argument, daß eine Überprüfung der derzeitigen Tätigkeitsbereiche der rechtsprechenden Gewalt gezeigt habe, daß diese auch Aufgaben erfülle, deren sachgerechte Erledigung zwar einen Juristen, aber nicht schlechthin einen Richter erfordere. Im Ergebnis ließe sich durch diese Reduzierung des richterlichen Aufgabenbereiches erreichen, daß die noch vor den Richter gelangenden Prozesse rascher entschieden werden könnten und sich gleichzeitig die Zahl der Richter verringern ließe.

Weiterhin würde die Einrichtung derartiger Rechtsämter die Schaffung eines dreigliedrigen Gerichtsaufbaus erleichtern, da durch die Übernahme bestimmter gerichtlicher Aufgabengebiete durch das Rechtsamt die Gerichte derart entlastet würden, daß die Zusammenfassung von Amtsgericht und Landgericht ohne größere Schwierigkeiten möglich wäre.

Auch könnte das neu geschaffene Tätigkeitsfeld der Rechtsämter dazu genutzt werden, dem dort beschäftigten Rechtsrat als Vorbereitung bzw. Voraussetzung für die Ernennung zum Richter zu dienen.

Der Rechtsweg gegen die Entscheidungen und Maßnahmen (Art. 19 Abs. 4 Satz 1 GG) des Rechtsamtes könne sinnvollerweise nur der ordentliche Rechtsweg sein.

---

[502] Kommission des Deutschen Richterbundes für die Große Justizreform, Deutsche Richterzeitung, S. 33, Februar 1960

[503] Siehe Protokoll Nr. 20, S. 2 ff. (29)

[504] Bericht der Kommission, S. 71

c) Auffassung der Mehrheit

Die Mehrheit der Kommissionsmitglieder hielt den Vorschlag der Reformkommission des Deutschen Richterbundes für bedenklich und lehnte diesen ab. Ihre Entscheidung beruhte vorrangig auf dem Umstand, daß bei einer Umsetzung dieses Reformvorschlages richterliche Aufgaben von dem Rechtsrat wahrgenommen würden, dem Rechtsrat jedoch die dem Richter vom Grundgesetz garantierte persönliche Unabhängigkeit fehlen würde. Dies könne dazu führen, daß die Gefahr sachfremder Einflüsse auf die „richterlichen" Entscheidungen des Rechtsrates erhöht würde.[505]

Aufgrund der fehlenden Unabhängigkeit könnte die Verwaltung den Rechtsrat versetzen und dadurch mittelbar die Entscheidungen beeinflussen. Aufgaben, die – im funktionellen Sinne – richterlicher Art seien, würden jedoch nicht nur sachliche, sondern auch persönliche Unabhängigkeit verlangen.

Darüber hinaus sahen die Vertreter der Mehrheit keinen Gewinn darin, daß die dann übertragenen Aufgaben aufgrund ihrer Schwierigkeit, Bedeutung oder aus sonstigen Gründen dennoch von einer Person erledigt werden müßten, die die Befähigung zum Richteramt erworben habe. Die Schaffung einer außergerichtlichen Vorstufe in Gestalt der Rechtsämter würde genau so wenig wie die Bildung einer Friedensgerichtsbarkeit tatsächlich zu einer Verringerung der Richter führen. Seiner Funktion nach würde der Rechtsrat ein Richter sein, und wegen der Einheit der richterlichen Aufgabe sollte er es daher auch im formellen Sinne sein.[506]

Weiterhin bezweifelte die Mehrheit den Erfolg der erhofften Filterwirkung, da die Entscheidung des Rechtsrates auch bei kleinsten Streitwerten aufgrund der grundgesetzlichen Rechtsweggarantie niemals sofort unanfechtbar sein könnte, da er nicht Richter im formellen Sinne wäre. Im Ergebnis könnte dem Gericht der Unterstufe daher eine Fülle von Bagatellprozessen zuwachsen, was letztendlich entgegen dem gewünschten Effekt zu einer Erhöhung der gerichtlichen Aktivitäten führen würde.

d) Leitsätze und Empfehlung der Kommission

Die Kommission einigte sich im Jahre 1956 hinsichtlich der Kernfrage zu diesem Unterabschnitt auf die folgende Formulierung des Leitsatzes *V 1, b)* und *c)*[507]:

b) „Zu erwägen ist, ob den örtlichen Verhältnissen entsprechend innerhalb der Friedensgerichtsbezirke Außenstellen, die unter der dienstlichen und fachlichen Aufsicht der Friedensrichter stehen, zu bilden sind. Sie wären

---

505 Bericht der Kommission, S. 73

506 Bericht der Kommission, S. 73

507 Protokoll Nr. 5, S. 53

mit einem oder mehreren Rechtspflegern zu besetzen und erledigen die Aufgaben der freiwilligen Gerichtsbarkeit, der Immobiliar-Zwangsvollstreckung (und der Rechtshilfe); sie nehmen Anträge und Erklärungen auf.

c) *Der Friedensrichter sorgt für Fortbildung der Rechtspfleger und übt seine eigene Tätigkeit weitgehend am Sitz der Außenstellen aus."*

In dem Bericht der Kommission sprach sich die Mehrheit der Mitglieder *dagegen aus, anstelle der Amtsgerichte „Rechtsämter" (Verwaltungsbehörden) als Vorschaltstufe für den dann dreigliedrigen Aufbau der Justizgerichte zu setzen.*[508]

E Beschränkung der Rechtszüge und Rechtsmittel im Allgemeinen

In ihrem Abschlußbericht stellte die Kommission zu diesem Arbeitsabschnitt einleitend fest, daß sie sich bei ihren Beratungen über die Gestaltung der Rechtsmittel bewußt gewesen sei und daß es sich dabei um ein sehr komplexes Problem handle; eine schlechthin befriedigende Lösung sei kaum denkbar, da hier gegenläufige, aber auch ineinander verschränkte Interessen zu berücksichtigen seien. So würden auf der einen Seite die Interessen der Parteien, aber auch die der Allgemeinheit in aller Regel die Nachprüfung eines richterlichen Spruches durch eine höhere Instanz fordern, weil damit eine gewisse Gewähr gegeben sei, daß das Urteil letztlich Recht und Gesetz entspreche. Auf der anderen Seite zwinge jedoch der Gedanke des Rechtsfriedens, aber auch die wohlverstandenen Interessen der beteiligten Parteien zu einem schleunigen Verfahren und einer raschen endgültigen Erledigung des Rechtsstreits.[509]

Zu Beginn der Erörterungen im Jahre 1956 stellte *Ruscheweyh* die grundsätzliche Frage, ob nach Ansicht der Kommission überhaupt eine Beschränkung der Rechtszüge und der Rechtsmittel vorgenommen werden sollte oder nicht. Danach sollte dann seiner Meinung nach eine Einzelerörterung stattfinden, welche Auswirkung eine solche Beschränkung auf Zivilsachen, auf Strafsachen oder auf andere Zweige der Gerichtsbarkeit haben würde. Für die Vertreter der Großen Justizreform stand an dieser Stelle die Frage im Vordergrund, ob eine etwaige Beschränkung der Rechtszüge und Rechtsmittel im Rahmen der Großen Justizreform oder unter Beibehaltung der bestehenden Gerichtsorganisation erfolgen solle. In dem weiteren Verlauf ihrer Erörterungen einigte sich die Kommission dahingehend, daß jeder Redner die Punkte einmal vom Standpunkt der Großen Justizreform und anschließend vom „status quo" aus behandeln solle.[510]

[508] Protokoll Nr. 33, Anlage 3
[509] Bericht der Kommission, S. 117
[510] *Weinkauff*, Protokoll Nr. 8, S. 28

In der nachfolgenden Sitzung äußerte *Baur* hinsichtlich des von der Kommission mehrfach verwendeten Begriffspaares „Große Justizreform" und, als Gegensatz dazu, „status quo" Bedenken.[511] Die Kommission sei sich doch darüber einig, daß eine Große Justizreform geboten sei. Verschiedene Auffassungen beständen nur hinsichtlich der Frage, in welcher Form diese große Reform durchgeführt werden sollte, insbesondere, ob dazu eine Zweiteilung des Richtertums notwendig sei oder ob es auch in Zukunft, – wie bisher – nur eine einheitliche Richterlaufbahn und ein einheitliches Richtertum geben sollte. *Baur* schlug daher vor, um die nun einmal bestehende Verschiedenheit der Auffassungen zu charakterisieren, das Begriffspaar „Große Justizreform" und „beschränkte Justizreform" zu verwenden. Dieser Vorschlag fand innerhalb der Kommission Zustimmung, so daß in den nachfolgenden Sitzungen diese Begriffe verwendet wurden.

Bleibtreu nahm in seinem Korreferat vom 12. Oktober 1956 zunächst zu der Frage nach der generellen Notwendigkeit einer Beschränkung der Rechtsmittel, unter der Voraussetzung der Durchführung der Großen Justizreform nach den Vorschlägen *Weinkauffs* und *Hornigs,* Stellung.[512] Zu Beginn seiner Ausführungen wies *Bleibtreu* darauf hin, daß sein Referat kein eigentliches Korreferat sei, da er seine Thesen in Unkenntnis des Hauptreferates[513] von *Merkel* habe schreiben müssen. Darüber hinaus sei er für dieses Thema eigentlich nicht kompetent, da er bereits 9 Jahre keine richterliche Tätigkeit mehr ausübe. Aus diesem Grunde handle es sich bei seinen Ausführungen nur um einige grundsätzliche Bemerkungen, die der notwendigen Details entbehren würden. Um eine Gegenthese zu dem konservativen Standpunkt *Merkel*s zu vertreten, trete er bewußt für eine sehr energische Beschränkung der Rechtsmittel ein, gleichzeitig würde er jedoch darum bitten, dieses Gegenvotum nur als erste und vorläufige Erwägung anzusehen, bei der er sich bewußt sei, daß dieses auch von seinem eigenen Standpunkt aus noch nach vielen Richtungen hin nachprüfungsbedürftig sei.[514]

Bleibtreus Ansicht nach war es bei der Erörterung dieses Themenbereiches von erheblicher Bedeutung, ob man wie *Merkel* von der Aufrechterhaltung des damaligen „status quo" der Gerichtsorganisation oder von der Durchführung der Großen Justizreform ausgehe.[515] Nach seiner Ansicht bestünde die Notwendigkeit einer starken Einschränkung der Rechtsmittel schon an sich, also auch dann, wenn man nicht für die Große Justizreform im Sinne der Thesen von *Weinkauff* und *Hornig* eintrete.[516] So gäbe es in Deutschland derzeit ein Übermaß an Rechtsmitteln, so daß auf der einen Seite das Zustandekommen endgültiger Gerichtsentscheidungen verlangsamt werde, was im Grunde auch den Rechtsu-

---

[511] *Baur*, Protokoll Nr. 9, S. 2
[512] *Bleibtreu*, Protokoll Nr. 6, S. 62
[513] Siehe in Teil 3, E, I, c) dieser Arbeit (S. 171)
[514] *Bleibtreu*, Protokoll Nr. 6, S. 61
[515] *Bleibtreu*, Protokoll Nr. 6, S. 81, 82
[516] *Bleibtreu*, Protokoll Nr. 6, S. 62

chenden schädige und insofern den Rechtsschutz beeinträchtige. Auf der anderen Seite mindere es das Ansehen der Gerichte, wenn jede Entscheidung nicht nur einmal, sondern mehrfach angegriffen werden könne, da dann notwendigerweise der Richter erster Instanz als jemand erscheine, der normalerweise die richtige Entscheidung nicht zu finden wisse.

In seiner Argumentation bezog sich *Bleibtreu* auf einige Ausführungen *Schiffers,* die er für diese Erörterung für besonders beachtlich hielt. Für ganz wesentlich hielt er dabei dessen Aussage, daß wirkliche Zweifelsfragen die Eigentümlichkeit hätten, daß man sie so oder anders beantworten könne. Im Grunde bliebe die Beantwortung der Frage zweifelhaft, und zwar auch, wenn sie durch noch so viele Instanzen ginge, hin- und hergewendet, beäugt, betastet und beurteilt werde. Deshalb komme es wenigstens in den meisten Sachen maßgebend darauf an, daß überhaupt eine Entscheidung getroffen werde, durch die der Streit auf verständige Weise aus der Welt geschafft werde.[517]

Es gäbe in der Tat eine große Anzahl von Fällen, bei denen es sich nur darum handle, daß an Stelle der Entscheidung A die Entscheidung B gesetzt werde, ohne daß die Gewähr dafür bestände, daß B wirklich besser sei als A.
Außerdem, so stellte *Bleibtreu* fest, besäßen andere Kulturstaaten gleicher Rechtskultur wie Deutschland kein so großes Ausmaß an Rechtsmitteln; von den dort vorhandenen werde zudem auch nicht in vergleichbarem Umfang Gebrauch gemacht. Man könne daher zu der Ansicht gelangen, daß Deutschland an einem Übermaß an Rechtsmitteln leide.

Im Hinblick auf die Frage der Großen Justizreform vertrat *Bleibtreu* die Auffassung, daß das Erfordernis der Rechtsmittelbeschränkung in doppelter Hinsicht mit dieser in einem speziellen Zusammenhang stehe. Eine Einschränkung der Rechtsmittel wäre nur möglich, wenn sich nachweisen ließe, daß damit der Rechtsschutz, dem das Vorhandensein von Rechtsmitteln dienen soll, nicht verschlechtert werde. Und dieser Nachweis würde sich nur führen lassen, wenn die Qualität der erstinstanzlichen Gerichte, wie im Rahmen der Großen Justizreform angestrebt, eine erhebliche Verbesserung erfahre. Auf der anderen Seite ließe sich die Große Justizreform ohne eine energische Einschränkung der Rechtsmittel nicht verwirklichen. Eine Verringerung der Richterzahlen, wie sie die Große Justizreform voraussetze, müsse auch mit einer Beschränkung der Instanzenzüge einhergehen.[518]

Bleibtreu stellte dar, daß das vorrangigste Ziel bei einer Diskussion über die Einschränkung von Rechtsmitteln das Erreichen eines Höchstmaßes an Rechtsschutz sein müsse. Seiner Meinung nach gäbe es hierfür nur zwei Wege, nämlich entweder die Entscheidung durch gute Richter, dann würden nur wenige Instanzen und damit wenige Rechtsmittel benötigt, oder eine Vielzahl von Richtern geringerer Qualität und damit eine Vielzahl von Rechtsmitteln. Den

---

[517] *Schiffer*; Die Deutsche Justiz, Grundzüge einer durchgreifenden Reform, 2. Auflg., S. 172
[518] *Bleibtreu*, Protokoll Nr. 6, S. 62

zweiten Weg gehe das „heutige“ Recht.[519] Weiterhin stand für *Bleibtreu* fest, daß sich weder ohne eine Große Justizreform eine Rechtsmittelbeschränkung erzielen, noch ohne die energische Einschränkung der Rechtsmittel eine Große Justizreform verwirklichen lasse.[520] Aus den bisherigen Beratungen sei hervorgegangen, daß eine wirkliche Große Justizreform eine Verringerung der Richterzahl, jedenfalls bei den eigentlichen Gerichten oberhalb der Friedensgerichte, voraussetze. Eine solche Verringerung der Richterzahl würde aber auch eine Beschränkung der Instanzenzüge erfordern.

Coing stellte hinsichtlich der Frage, ob eine Beschränkung der Rechtszüge und Rechtsmittel vorgenommen werden solle, die These auf, daß das bestehende Rechtsmittelwesen gegebenenfalls überhaupt nicht mehr erforderlich sei, da die Qualität des Richterstandes „heute“ ganz anders und viel geschlossener in seinem Gesamtbild sei.[521] Das bestehende, differenzierte Rechtsmittelwesen sei das Ergebnis einer längeren geschichtlichen Entwicklung. Die Grundlagen für die Ausbreitung der Rechtsmittel habe das „rechtsmittelfreudige“ kanonische Recht geschaffen. Weiterhin sei die Entwicklung im 16. bis zum 18. Jahrhundert begünstigt und gefördert worden, als der deutsche Richterstand qualitativ und von seiner Stellung her sehr unterschiedlich gewesen sei. Das Streben nach verstärktem Schutz durch Rechtsmittel sei nur natürlich gewesen und habe sich auch noch bei der Gestaltung der Rechtsmittel und Rechtszüge im 19. Jahrhundert weiter ausgeprägt. Diese Entwicklung sei jedoch durch die positiven Entwicklungen der Neuzeit eventuell überholt. Möglicherweise bestehe derzeit ein Rechtsmittelwesen, daß nicht mehr notwendig sei, weil die aktuelle Qualität des Richterstandes ganz anders und viel geschlossener in seinem Gesamtbild sei. *Wieczorek* äußerte an dieser Stelle die Befürchtung, daß eine weitgehende Abschaffung der Rechtsbehelfe aber auch einen erheblichen Rückschritt bedeuten könne. Die Parteien würden vor allem das richtige Urteil wollen und aus diesem Grunde sei es besser, wenn der dreistufige Rechtsmittelzug die Regel bliebe.[522]

Hornig ging bei seinen Ausführungen zur Frage der Rechtsmittelbeschränkung davon aus, daß es bisher allgemeine Überzeugung gewesen sei, daß man in Deutschland unter einem Übermaß an Rechtsmitteln leide.[523] Es werde von allen Seiten, nicht nur in Fachkreisen, von einem "Rechtsmittelunwesen“ gesprochen, und deshalb von einer Großen Justizreform erwartet, daß diese das "Rechtsmittelunwesen“ beseitige und die Zahl der Rechtsmittel einschneidend beschränke. Auch *Baur* sah die Justiz in einer Rechtsmittelflut ersticken. Seiner Meinung nach sei das Rechtsmittel weder gegen den ideal gedachten Richter erforderlich, noch folge aus dem Grundgesetz die Verpflichtung, überall oder in großem Um-

---

519 *Bleibtreu*, Protokoll Nr. 6, S. 99
520 *Bleibtreu*, Protokoll Nr. 6, S. 68
521 *Coing*, Protokoll Nr. 6, S. 90
522 *Wieczorek*, Protokoll Nr. 6, S. 91
523 *Hornig*, Protokoll Nr. 8, S. 28

fang Rechtsmittel vorzusehen.[524] Das Rechtsmittel beruhe auf der Erfahrung sowie auf der skeptischen Voraussicht menschlicher Schwächen, auch des Richters. Auf der einen Seite stehe das Richtigkeits- und Vollständigkeitsinteresse der Partei, auf der anderen die Sicherung des Rechtsfriedens, der möglichst rasch wiederhergestellt werden müsse. Im Ergebnis hielt es *Baur* daher für entscheidend, daß möglichst schnell, (möglichst) richtig und vollständig entschieden werde.[525]

I. Berufung

a) Diskussionsstand vor der konstituierenden Sitzung vom 18.11.1955

Bei der Fragestellung, ob und in wieweit das Rechtsmittel der Berufung beschränkt werden sollte, standen in der Vergangenheit zwei unterschiedliche Reformansätze im Vordergrund, nämlich, ob die sogenannte zweite Tatsacheninstanz ganz wegfallen oder ob das Vorbringen neuer Tatsachen erschwert oder ausgeschlossen sein sollte.

Adickes sprach sich 1907 für die Einführung einer Berufungssumme in Höhe von 100 Mark aus.[526] Mit seinem Vorschlag setze er sich in Widerspruch zu *Stein*, der einen Ausschluß der Berufung in kleinen Sachen ablehnte, es sei denn, es handle sich dabei um solche Objekte, die selbst für weniger bemittelte Parteien nicht viel bedeuten würden. Aus *Steins* Sicht kam daher höchstens eine Berufungssumme in Höhe von 20 Mark in Betracht. *Eine höhere Berufungssumme sei eine Betrachtungsweise von dem erhabenen Standpunkt der oberen Zehntausend aus, wenn man in diesen Fällen Rechtsmittel nicht zulassen würde.*[527] *Adickes* dagegen war der Meinung, daß, die Einschränkung gerade im Interesse der kleinen Leute läge, wenn man die Sache nicht von rein individualistischen, sondern von sozialen Gesichtspunkten aus ansähe.[528] Sie hätten keine Zeit zur Prozeßführung, seien auf die Ausnutzung ihrer Arbeitskraft angewiesen, würden oft den Ort wieder schnell verlassen, wo eine Streitigkeit entstanden sei, und forderten daher vor allem schleunigste Erledigung ihrer Angelegenheit. Die Zulassung der Berufung käme nicht nur ihnen, sondern auch dem Gegner zu Gute, und dessen Berufung könne eine glücklich erkämpfte günstige Entscheidung auf lange Zeit wieder in Frage stellen.

---

[524] *Baur*, Protokoll Nr. 6, S. 94
[525] *Baur*, Protokoll Nr. 6, S. 94
[526] *Adickes*, Zur Verständigung über die Justizreform, S. 47, Berlin 1907
[527] *Stein*, Kleine zivilprozeßrechtliche Schriften, Zur Justizreform, S. 89, Tübingen 1907
[528] *Adickes*, Zur Verständigung über die Justizreform, S. 48, Berlin 1907

Im ersten Weltkrieg wurde durch die Verordnung vom 09. September 1915 für vermögensrechtliche Streitigkeiten das Erfordernis einer Berufungssumme von 50 Mark eingeführt.[529] und durch die Verordnung vom 18. Mai 1916 das Erfordernis der Berufungssumme auf Streitigkeiten, die die Zahlung einer Geldsumme zum Gegenstand hatten, beschränkt.[530]

Während des Zweiten Weltkrieges wurden die Zulässigkeitsvoraussetzungen der Berufung geändert. Die Verordnung über Maßnahmen auf dem Gebiet der Gerichtsverfassung und der Rechtspflege vom 10.09.1939[531] erhöhte die Wertgrenze für die Berufung auf 500 RM. Für die Berufung gegen Entscheidungen der Amtsgerichte waren die Oberlandesgerichte zuständig, wobei sich die Parteien durch einen bei dem dem Amtsgericht übergeordneten Landgericht zugelassenen Rechtsanwalt vertreten lassen konnten. Nach der 2. Vereinfachungsverordnung vom 18.09.1940[532] wurde die Zuständigkeit der landgerichtlichen Zivilkammern in der Besetzung von drei Richtern in Berufungssachen wiederhergestellt.

In seinem Aufsatz aus dem Jahre 1941 vertrat *Jonas* die Auffassung, daß die Berufung als zweite Tatsacheninstanz vollständig wegfallen sollte.[533] Er stellte fest, daß, im Gegensatz zum Verfahrensrecht, auf dem Gebiet der Gerichtsorganisation und der Gerichtseinteilung in den letzten Jahrzehnten im Großen und Ganzen alles beim alten geblieben sei.[534] *Jonas* Gedankengänge und Reformvorschläge waren stark beeinflußt durch die damaligen Kriegsverhältnisse.[535] Sein Ruf nach einer umgehenden Neuordnung der Gerichtsverfassung beruhte maßgeblich auf seiner Einschätzung, daß einerseits der juristische Nachwuchs in Zukunft zahlenmäßig zurückgehen und andererseits der personelle Bedarf an „Rechtswahrern“ aufgrund der kriegsbedingten Vergrößerung des Reichsgebietes ganz erheblich wachsen würde.[536] *Jonas* betrachtete die „eine Tatsacheninstanz“ dabei nicht als ein fernliegendes, behutsam anzusteuerndes Ziel, sondern er wollte sie als Kernstück der bevorstehenden Neuordnung der Zivilgerichtsbarkeit herausstellen. Nach seiner Meinung müßten die Individualinteressen bei der Größe der im neuen Zeitalter anfallenden Gemeinschaftsaufgaben zurücktreten. Vor diesem Hintergrund müßte der soziale Staat den Streitenden nicht mehr in der bisher überkommenden Ausgestaltung Rechtspflegeeinrichtungen zur Verfügung stellen, und die Austragung von Streitigkeiten zwischen einzelnen „Volksgenossen“ müsse in solchen Grenzen gehalten werden, daß sie nicht

---

529 RGBl. 1915, S. 566, § 20 der VO
530 RGBl. 1916, S. 393, Art.1 der VO
531 RGBl. I, 1939, S. 1658
532 RGBl. I, 1940, S. 1253
533 *Jonas*, Deutsches Recht, 21.06.1941, S. 1330
534 *Jonas*, Deutsches Recht, 21.06.1941, S. 1329
535 *Merkel*, Protokoll Nr. 6, S.16
536 *Jonas*, Deutsches Recht, 21.06.1941, S. 1330

die Allgemeininteressen schädigten.[537] Der Aufwand an Menschenkraft, Geld und Zeit, der mit der 2. Tatsacheninstanz verbunden sei, würde jedoch die Allgemeininteressen in beträchtlichem Maße berühren.

Weiterhin kritisierte *Jonas*, daß die 1. Instanz in vielen und namentlich in den größeren Prozessen nur als "Vorhof" für die zweite, eigentliche Kampfstätte angesehen werde.[538] Auch glaubte er, daß die Fehlerquellen in der 2. Instanz größer seien. An Unmittelbarkeit büße der Verkehr zwischen Partei und Prozeßvertreter durch die übliche Zwischenschaltung des erstinstanzlichen Anwaltes ein und diese werde auch mehr oder weniger bei der Beweisaufnahme eingeschränkt, weil der zweite Tatrichter in der Regel nicht alle Beweise von neuem erheben könne. Nicht zuletzt ergäben sich naheliegende Gefahren daraus, daß die Parteien, durch das erste Urteil belehrt, jetzt in der Lage seien, ihr Vorbringen entsprechend zu retouchieren.

Als ein weiteres Argument gegen die Beibehaltung einer zweiten Tatsacheninstanz führte *Jonas* die, - seiner Ansicht nach - oft beklagte und bisher vergeblich bekämpfte, Flucht aus der ordentlichen Gerichtsbarkeit in die Schiedsgerichtsbarkeit an. Diese Flucht habe ihre alleinige Ursache in der durch die zweite Tatsacheninstanz bedingte Schwerfälligkeit und Langsamkeit des ordentlichen Rechtszuges.

Zusammenfassend stellte *Jonas* fest, daß das Ergebnis der zweiten Instanz die Bestätigung der erstinstanzlichen Tatsachenfeststellung oder aber eine andere Feststellung, deren objektive Richtigkeit keineswegs unzweifelhaft wäre, sei. Im ersten Fall sei der Kraftaufwand nutzlos vertan und im zweiten führe er eben nur einen Schritt näher zum Ziel, nicht aber zu dem - unerreichbaren – Ziel selbst. Aus diesem Grunde verneinte *Jonas*, daß sich die Verdoppelung des Aufwandes an materiellen und ideellen Energien lohne.[539]

Eine Beschränkung der Berufung durch die Nichtzulassung von neuen Beweismitteln, die bereits in der ersten Instanz hätten vorgebracht werden können, hielt *Jonas* für eine Verschlechterung der bestehenden Gerichtsorganisation mit zwei Tatsacheninstanzen. Mit der beschränkten Zulassung von Noven würde die Funktion des zweiten Tatrichters verschoben – er würde nicht mehr vor die Frage gestellt sein, „welches Bild mache ich mir von dem streitigen Vorgang“, sondern vor die wesentlich andere Frage, „besteht begründeter Anlaß zu der Annahme, daß sich der erste Richter ein unzutreffendes Bild gemacht hat“. Die beschränkte Berufung würde somit zwangsläufig zu einer starken Einschränkung der Unmittelbarkeit der zweiten Tatsacheninstanz führen und sei mit einer wirklich unmittelbaren Wahrheitserforschung kaum vereinbar.[540] Ausgehend von einem dreigliedrigen Gerichtsaufbau sollten nach seiner Vorstellung die Amts-

---

[537] *Jonas*, Deutsches Recht, 21.06.1941, S. 1331
[538] *Jonas*, Deutsches Recht, 21.06.1941, S. 1331
[539] *Jonas*, Deutsches Recht, 21.06.1941, S. 1332
[540] *Jonas*, Deutsches Recht, 21.06.1941, S. 1333

gerichte eine Zuständigkeitsgrenze von 1.500 bis 2.000 Mark haben, und gegen die Urteile der Amtsgerichte die Revision zu einem Obergericht zulässig sein. Für die höheren Streitwerte sollten die Obergerichte als 1. Instanz zuständig sein, und gegen deren Urteile die Revision zum Reichsgericht zulässig sein.[541]

In den Leitsätzen des Amtes "Neuordnung der Deutschen Gerichtsverfassung"[542] - gebildet zum 01.01.1943 unter dem Vorsitz von *Altstötter* - wurde fixiert, daß, basierend auf einer dreistufigen Gerichtsbarkeit, das Obergericht als zweite Instanz über dem Eingangsgericht errichtet werden sollte. Die "wesentliche Aufgabe" des Berufungsgerichts bestünde dann darin bestehen, die vom Eingangsgericht erlassenen Entscheidungen, soweit eine Kontrolle "wegen der rechtlichen und tatsächlichen Bedeutung der Sache im Interesse der Volksgemeinschaft oder der unmittelbar Beteiligten angezeigt" war, nachzuprüfen. In bürgerlichen Rechtsstreitigkeiten sollte die "Zulässigkeit der Rechtsmittel nicht lediglich von formalen Voraussetzungen wie dem Wert des Beschwerdegegenstandes oder Streitwert abhängen, sondern grundsätzlich von der Bedeutung der Sache für die Allgemeinheit oder die Parteien". Auch soweit das Obergericht nicht auf die Nachprüfung der Rechtsanwendung durch das Eingangsgericht beschränkt war, sollte es seine Entscheidungen "im allgemeinen auf Grund desselben Sachverhalts, wie er dem Eingangsgericht vorgelegen hat, treffen"[543]. Das Vorbringen neuer Tatsachen sollte daher "im Verfahren vor dem Obergericht" weitgehend beschränkt werden. Das Obergericht hatte im übrigen regelmäßig in der Besetzung mit drei Berufsrichtern zu entscheiden.

Auch der Anfang 1943 von *Thierack* gebildete Sonderausschuß „Wahrheitsforschung im Streitverfahren" erörterte im Rahmen seiner Arbeiten Fragestellungen zu dem Themenbereich „Neuregelung besonderer Verfahren". In diesem Zusammenhang untersuchte der Ausschuß unter anderem ebenfalls die Möglichkeiten zu einer Neuregelung des Berufungsverfahrens. Dabei wurden Fragen in Bezug auf den Instanzenzug (zwei oder drei Instanzen) und die wesentlichen Grundsätze des Verfahrens in den einzelnen Instanzen (zwei Tatsacheninstanzen oder nur rein rechtliche Nachprüfung?) diskutiert. In besonderem Maße ging der Ausschuß auf die Frage ein, ob, neben der für erforderlich gehaltenen einheitlichen obersten Instanz zur Wahrung der Rechtseinheit und zur Förderung einer gesunden Rechtsentwicklung, über der Eingangsinstanz eine zweite Tatsacheninstanz vorzusehen sei. Dabei wurde erörtert, ob trotz entsprechenden Ausbaus der Eingangsinstanz die zweite Tatsachenverhandlung zur Ermittlung des wahren Sachverhalts und zur erschöpfenden rechtlichen Behandlung regelmäßig unerläßlich sei. Weiterhin diskutierten die Ausschußmitglieder, ob die Rechtssuchenden wirklich so entscheidenden Wert auf die zweite Tatsacheninstanz leg-

---

541 *Jonas*, Deutsches Recht, 21.06.1941, S. 1337

542 Leitsätze, abgedruckt bei *Schubert*, ADR, Bd. VI, S. 791 ff

543 Leitsätze, "Die Aufgaben des Obergerichts", abgedruckt bei *Schubert*, ADR, Bd. VI, S. 794

ten, daß deren Fehlen das Ansehen der Rechtspflege stark beeinträchtigen würde. In diesem Zusammenhang stellten sie sich auch die Frage, ob die Notwendigkeit, die Rechtspflege zu „rationalisieren", zwangsläufig zu einer Abkürzung des Instanzenzuges führe, oder ob diese gegebenenfalls gerade für eine Aufrechterhaltung des jetzigen Instanzenzuges spreche, der eine beschleunigte Entscheidung im ersten Rechtszuge gestatte und damit einen verhältnismäßig geringen Arbeitsanfall im Durchschnitt aller Verfahren erfordere. Gegenstand ihrer Diskussionen war dabei auch die Frage, ob es möglich wäre, bei Beibehaltung der zweiten Tatsacheninstanz das Schwergewicht des Verfahrens in hinreichendem Maße in die Eingangsinstanz zu verlagern. Gegenstand der Erörterungen des Sonderausschusses war darüber hinaus die Frage, ob auch ohne zweite Tatsacheninstanz die Wahrung der Rechtseinheit durch ein einziges Gericht möglich sei, oder ob der Fortfall der zweiten Instanz eine so große Vermehrung der Revisionssachen zur Folge haben würde, daß sie von einem einzigen Gericht allein nicht bearbeitet werden könnten.

Das Ergebnis der Erörterungen des Sonderausschusses wurde in dem Entwurf einer Denkschrift vom Oktober 1943 festgehalten.[544] Der Sonderausschuß kam hinsichtlich der Frage nach einer zweiten Tatsacheninstanz zu dem Ergebnis, daß es gegen die Entscheidungen des Eingangsgerichts grundsätzlich ein Rechtsmittel an das Obergericht (das jetzige Oberlandesgericht) geben sollte.[545] In diesem Zusammenhang hatte der Ausschuß auch keine Bedenken gegen ein zukünftig einheitliches Eingangsgericht. Aufgabe dieses Rechtsmittels sollte nicht die gesamte neue „Aufrollung" der erstinstanzlichen Verhandlung sein, sondern im wesentlichen nur die „Nachprüfung" der angefochtenen Entscheidung. Nach der Meinung des Ausschusses sollte das Rechtsmittelgericht jedoch nicht an die tatsächlichen Feststellungen des ersten Richters gebunden sein. Folglich solle dem Rechtsmittelgericht die Möglichkeit eingeräumt werden, in die Nachprüfung der tatsächlichen Feststellungen eintreten zu können. Entsprechend lautete Leitsatz Nr.20 des Entwurfs der Denkschrift[546]: *„Rechtsmittelverfahren. Der zweite Rechtszug ist, unbeschadet der Ermittlungsbefugnis des Richters, noch stärker als die gegenwärtige Berufung als ein im wesentlichen der Nachprüfung dienendes Verfahren zu gestalten."*

Mit der 4. Vereinfachungsverordnung vom 12.01.1943[547] wurde das Berufungsverfahren erheblich gestrafft, indem man die Fristen zur Zahlung der Prozeßgebühr und der Berufungsbegründung aufhob, die Anträge bereits mit Ablauf der Berufungsfrist festlegte, die Anschlußberufung beseitigte, Klageänderungen als unzulässig zurückwies und die Zurückverweisung erheblich eingeschränkte.

---

[544] Abgedruckt bei *Schubert*, ADR S. 481ff (510)
[545] siehe bei *Schubert,* ADR S. 510
[546] siehe bei *Schubert*, ADR S. 484
[547] RGBl. I, 1943, S. 7

Die Kriegsmaßnahmenverordnung vom 12. Mai 1943[548] bestimmte, daß wieder das Oberlandesgericht über das Rechtsmittel der Berufung entscheiden sollte und § 516 ZPO wurde dahingehend geändert, daß die Berufungsfrist erst mit Zustellung des in vollständiger Form abgefaßten Urteils beginnen sollte.

Durch die zweite Kriegsmaßnahmenverordnung vom 27.09.1944 fiel für kurze Zeit die zweite Tatsacheninstanz weg.[549] Diese Maßnahme war aber nur durch den höchsten Kriegsnotstand veranlaßt und fiel wieder weg, als die Kriegs- und unmittelbare Nachkriegszeit beendet war.[550]

Schiffer sprach sich in der zweiten Auflage seines Werkes, „Die deutsche Justiz", im Jahre 1949 für eine wesentliche Einschränkung der Rechtsmittel aus, da ansonsten jede durchgreifende Reform scheitern würde. Seiner Auffassung nach müßte es den berechtigten Interessen der Beteiligten vollkommen genügen, daß die Sachen entschieden würden.[551] Folglich schlug er dann im Jahre 1953 vor, die Anrufung einer höheren Instanz generell nur zuzulassen, wenn sie durch ein dringendes sachliches Bedürfnis gerechtfertigt und geboten erscheine. Ein solches Bedürfnis lag seiner Meinung nach nur dann vor,

- wenn die Entscheidung offenbar unrichtig war, oder
- wenn das öffentliche Interesse oder die Rücksicht auf eine einheitliche Rechtsprechung die Anrufung der höheren oder höchsten Instanz verlangte, oder
- wenn die untere Instanz die Zulassung für geboten ansah.[552]

b) Auffassung der Minderheit (Referat von *Otto Bleibtreu* vom 13.10.1956) „Umgestaltung des Rechtsganges? Beschränkung der Rechtszüge und Rechtsmittel"

1) Einschränkung der zweiten Tatsacheninstanz

Eine Minderheit vertrat die Auffassung, daß eine volle zweite Tatsacheninstanz nicht notwendig sei. Zur Begründung ihrer Auffassung machte sie geltend, die zweite Tatsacheninstanz führe dazu, daß die Parteien die Tatsachen im ersten Rechtszug unvollständig vorbrächten, und schlug daher vor, die Möglichkeit, Tatsachen in zweiter Instanz zu erörtern, wesentlich einzuschränken.

Bleibtreu vertrat in seinem Korreferat zu dem Thema „Umgestaltung des Rechtsganges? Beschränkung der Rechtszüge und Rechtsmittel" die Auffassung,

---

[548] RGBl. I, 1943, S. 290
[549] RGBl. I, 1944, S. 229
[550] Protokoll Nr. 6, S.28
[551] *Schiffer*, Die Deutsche Justiz., 2. Auflg, S. 171
[552] *Schiffer*, Juristenzeitung, 1953, S. 4

daß grundsätzlich zwei *allgemeine* Mittel zur Verfügung stehen sollten, um eine Rechtsmittelbeschränkung zu erreichen.[553]

Einerseits hielt er es für möglich, die Berufung, Revision und Beschwerde durch eine starke Erhöhung der Berufungs-, Revisions- und Beschwerdesumme oder eine Erhöhung der Kosten für die Rechtsmittelinstanz zu beschränken.[554] Beide Alternativen verwarf *Bleibtreu* jedoch aus starken sozialen Bedenken. Andererseits erörterte er, ob allgemein die Zulassung der Rechtsmittel dadurch beschränkt werden könnte, daß man die Entscheidung über die Zulassung entweder in die Hand des „judex a quo"[555] oder in die des „judex ad quem"[556] lege. Hinsichtlich der ersten Alternative, der notwendigen Zulassung durch den „judex a quo", äußerte *Bleibtreu* Bedenken, da die Versuchung für den erstinstanzlichen Einzelrichter zu groß sei, von der Möglichkeit das Rechtsmittel zuzulassen eben keinen Gebrauch und damit seine Entscheidungen inappellabel zu machen. Allerdings sei auch der umgekehrte Fall denkbar, nämlich daß der Richter sich seiner Verantwortung zu entledigen suche, indem er in großem Umfange die Zulassung gewähre. In beiden Fällen werde jedoch die angestrebte Beschränkung des Rechtsmittels auf die Fälle, in denen tatsächlich eine entsprechende, objektive Notwendigkeit bestehe, nicht erreicht.

Unter den verbliebenen generellen Mitteln für die Beschränkung von Rechtsmitteln erschien *Bleibtreu* die Möglichkeit der Verwerfung offenbar unbegründeter Rechtsmittel durch einstimmigen Beschluß des Rechtsmittelgerichtes der einzig praktische Weg zu sein. Dies sei *„**nicht** eigentlich die **Zulassung** des Rechtsmittels durch den judex ad quem, aber doch eine andere Möglichkeit, in der das Rechtsmittelgericht Sachen a limine abweisen"* könne.[557]

Als nächstes prüfte *Bleibtreu spezifische* Einschränkungsmöglichkeiten für die „besonderen Hauptarten" der Rechtsmittel. In seinen Ausführungen faßte er die Beschwerde und die Berufung in einer „Gruppe" zusammen, da die jeweils diskutierten Einschränkungsmöglichkeiten für beide Rechtsmittel gleichermaßen zum Ansatz gebracht werden könnten.

Bleibtreu erwog, ob die Berufung – und für die Beschwerde würde ähnliches gelten – auf eine Prüfung der Rechtsfrage zuzüglich der Möglichkeit, einen Verstoß gegen den „klaren Inhalt der Akten" im Sinne des § 288 der Reichsabgabenordnung[558] geltend zu machen, beschränkt werden sollte.[559] Es würde somit

---

[553] *Bleibtreu*, Protokoll Nr. 6, S. 69

[554] *Bleibtreu*, Protokoll Nr. 6, S. 69

[555] „judex a quo": Bezeichnung für den Richter (das Gericht), dessen Entscheidung angefochten worden ist. Siehe *Creifelds* S. 601

[556] „judex ad quem": Def.: Bezeichnung für den Richter, der über das Rechtsmittel zu entscheiden hat. Siehe *Creifelds* S. 601

[557] *Bleibtreu*, Protokoll Nr. 6, S. 72

[558] § 288 Reichsabgabenordnung: Die Rechtsbeschwerde in Steuersachen kann auf folgendes gestützt werden: Einerseits wie bei der zivilprozessualen Revision auf die Nichtanwendung

ein Teil der Tatfrage einbezogen werden, nämlich insbesondere die Nichtberücksichtigung von Vorbringen der Parteien, das sich aus den Akten schriftlich oder durch Erklärung zu Protokoll ergebe. Ferner die Nichtberücksichtigung von aktenmäßigen Beweisergebnissen und schließlich Widersprüche, die zwischen den tatsächlichen Feststellungen der angefochtenen Entscheidung und dem tatsächlichen Parteivorbringen bzw. den aktenmäßigen Beweisergebnissen beständen. Die dem Rechtsmittelgericht obliegende Beurteilung des Rechtsfalles in der zweiten Instanz schließe damit nicht nur die Prüfung in rechtlicher Hinsicht, sondern auch bezüglich schwerer Mängel bei der Beurteilung des Tatsachenstoffes, - insbesondere im Hinblick auf Verstöße gegen den klaren Inhalt der Akten - ein.

Bei dieser Vorgehensweise sah *Bleibtreu* eine Möglichkeit, dem Rechtsmittel der Berufung und der Beschwerde zwar den Charakter eines Rechtsmittels auch hinsichtlich der Tatfrage zu erhalten, diese aber dennoch stark zu beschränken. Ergänzend fügte *Bleibtreu* hinzu, daß es hinsichtlich dieser Beschränkungsmöglichkeit eine Parallele zu der Berufung in den angelsächsischen Ländern gäbe, so sei in England die Berufung gegen die Urteile sowohl der Zivilgerichte wie auch der höheren Strafgerichte in ähnlicher Weise geregelt.

Als weitere Alternative, die Berufung und die Beschwerde zu beschränken, diskutierte *Bleibtreu* die Möglichkeit, diese der Revision vollständig anzupassen, also die Nachprüfung des Rechtsfalles in zweiter Instanz auf die Untersuchung von Rechtsmängeln in materieller und verfahrensrechtlicher Hinsicht zu beschränken.[560]

Seiner Meinung nach wäre es durchaus sinnvoll, eine solche Beschränkung der Berufung zu erwägen, wenn man hinsichtlich der bisherigen Revision zu einer Einschränkung auf die Nachprüfung bloßer Grundsatzfragen käme. Denn dann würde die Revision von ihren bisherigen beiden Aufgaben, Wahrung der Rechtseinheit und Nachprüfung der rechtlichen Richtigkeit der Einzelentscheidungen, die letzte verlieren. Diese könne dann der Berufung zugewiesen und somit wieder ein einheitliches Rechtsmittelsystem geschaffen werden.

Abschließend stellte *Bleibtreu* fest, daß seiner Ansicht nach die differenzierte Beantwortung der Frage, ob und in welchem Umfang man von den Möglichkeiten der Rechtsmittelbeschränkung Gebrauch machen sollte, davon abhänge, in welchem Maße die Qualität des jeweiligen erstinstanzlichen Richters ausreichende Garantie biete, daß eine Beschränkung der vollen Tatsachennachprüfung in der einen oder anderen Form, den Rechtsschutz nicht beeinträchtigt. Unter dem Aspekt der Justizreform dürften, soweit die bisherigen Amtsgerichte, die künftigen Friedensgerichte, im ersten Rechtszug entscheiden würden, nach

---

oder unrichtige Anwendung bestehenden Rechts sowie auf wesentliche Verfahrensmängel, außerdem aber auch darauf, daß ein Verstoß wider den klaren Inhalt der Akten vorliegt.

[559] *Bleibtreu*, Protokoll Nr. 6, S. 76

[560] *Bleibtreu*, Protokoll Nr. 6, S. 77

Bleibtreus Meinung die genannten Möglichkeiten der Beschränkung in geringerem Maße genutzt werden als bei erstinstanzlicher Entscheidung durch das Landgericht künftiger Art.[561]

Baur vertrat, wie bereits *Jonas* vor ihm, die Auffassung, daß es nicht erwiesen sei, daß die nochmalige „Wiederaufrollung“ des Verfahrens auch zu besseren Ergebnissen führen würde. Er sah in der Berufung nur eine Fortsetzung des Rechtsstreits, und kein Rechtsmittel. Erst in der 2. Instanz finde die entscheidende Auseinandersetzung statt, die 1. Instanz dagegen habe mehr die Aufgabe, zunächst den Sachverhalt möglichst erschöpfend festzustellen.

Folglich kam *Baur* zu dem Schluß, daß man die 2. Instanz auf Rechtsfragen beschränken könne, mit einer gewissen Modifikation durch die Zulässigkeit eines nachträglichen, restitutionsmäßigen Vorbringens von Tatsachen.[562] Die bisherige Revision werde somit zur „Superrevision“. Auch *Gerner* war der Meinung, daß man die zweite Tatsacheninstanz umgestalten müsse.[563] Er begründete diese Aussage damit, daß das Rechtsmittel seine Funktion, der Wahrheitsfindung zu dienen, teilweise nicht mehr erfülle. So würden größere Zivilprozesse, die bis zum BGH durchgeführt werden, 4 bis 5 Jahre dauern. Die Gewährung des Rechtsschutzanspruches habe jedoch zwei Seiten, die erste sei das Interesse des Einzelnen, die zweite das soziale Interesse der Allgemeinheit. Das Bedürfnis des Einzelnen nach der Wahrheit müsse mit dem sozialen (Friedens-) Interesse der Rechtsgemeinschaft im Einklang stehen. Verfassungsrechtliche Bedenken gegen eine Einschränkung der Rechtsmittel hatte *Gerner* nicht, da vom Bundesverfassungsgericht anerkannt sei, daß bereits eine Instanz den grundgesetzlichen Anforderungen genüge.

Folgende Reformvorschläge wurden von dieser Minderheit unterbreitet:
„Urteile der Landgerichte sind nur mit folgenden Beschränkungen bei dem Oberlandesgericht anfechtbar:

- Es können nur materielle und prozessuale Rechtsverstöße gerügt und tatsächliche Feststellungen nur insoweit angefochten werden, als die Wiederaufnahme (mit gewissen Erweiterungen) zulässig wäre.
- Das Rechtsmittelgericht soll jedoch von einer Zurückweisung an die Vorinstanz in der Regel absehen und die auf Grund seiner rechtlichen Überprüfung für erforderlich gehaltene ergänzende Sachaufklärung selbst betreiben.“[564]

---

[561] *Bleibtreu*, Protokoll Nr. 6, S. 79
[562] *Baur*, Protokoll Nr. 6, S. 94
[563] *Gerner*, Protokoll Nr. 6, S. 98
[564] Bericht der Kommission, S. 127

2) Wegfall einer zweiten Tatsacheninstanz nach dem Vorbild des österreichischen Berufungsrechts (durch Einführung eines Novenverbotes)

Der Vorschlag einer anderen Minderheit ging dahin, das Berufungsverfahren vorbehaltlich einer Nachprüfung von Einzelheiten nach dem Vorbild der österreichischen Zivilprozeßordnung auszugestalten.

Bleibtreu stellte in seinem Korreferat vom 12.10.1956 als Einschränkungsmöglichkeit sowohl für die Berufung und als auch für die Beschwerde die Einführung eines Novenverbotes nach dem Beispiel Österreichs vor.[565]

Bis in die zwanziger Jahre habe man in Deutschland das Novenrecht in vollem Umfang gehabt, bis dann die Vorschrift über die Möglichkeit der Zurückverweisung von neuem, aber verspäteten Vorbringen gekommen sei.[566] Ein völliges Verbot des Novenrechts, wie zum Beispiel in Österreich, bestünde jedoch nicht.

Der Diskussion um die Einschränkungsmöglichkeiten der Berufung nach österreichischem Vorbild wurde eine Darstellung des Rechts der österreichischen Berufung von Herrn Prof. *Dr. Schima* von der Wiener Universität zu Grunde gelegt.[567] *Schima* nahm als Gastreferent an der 9. Arbeitssitzung im Oktober 1957 teil. Zu Beginn seiner Ausführungen nahm er Bezug auf *Franz Klein*[568], der der Auffassung gewesen sei, daß es nicht nur darauf ankomme, daß die Prozesse richtig entschieden würden, sondern auch darauf, daß eine möglichst schnelle Entscheidung erfolge, weil der Prozeß ein soziales Übel sei und schnell verschwinden müsse. *Klein* habe auch gesagt, der Zweck des Berufungsverfahrens sei nicht die neuerliche Überprüfung der Begründetheit des Anspruchs, sondern die Überprüfung der Frage, ob die Entscheidung der ersten Instanz richtig gewesen sei. Laut *Schima* sei damit der Zweck der österreichischen Berufung nicht eine erneute Entscheidung, ob der Klageanspruch zur Zeit der letzten mündlichen Verhandlung in der Berufungsinstanz begründet war (§ 537 ZPO), sondern lediglich die Überprüfung der erstinstanzlichen Entscheidung auf Fehler des Gerichts (§ 462 ö.ZPO[569]) zum Schluß der mündlichen Verhandlung

---

[565] *Bleibtreu*, Protokoll Nr. 6, S. 74

[566] Mit der Emminger-Novelle vom 13.02.1924 wurde § 279 a ZPO neu eingeführt. Gemäß § 279 a ZPO konnte das Gericht den Parteien bei streitigen Punkten Erklärungsfristen setzen.

[567] *Schima*, Protokoll Nr. 12, S. 39 ff; *Schima, Hans,* Prof. Dr.Dr. h.c. mult., geb. 1894 in Wien, gest. 28.04.1979 in Wien, 1936 Rat des Bundesgerichtshofs in Wien, 1945 Prof. an der Univ. Wien, 1956/1957 Rektor Univ. Wien, 1966 emeritiert: Quelle Beck´sches Juristenlexikon

[568] *Klein, Franz*, geb. 24.04.1854 Wien, gest. 06.04.1926 Wien, 1906 – 1908 und 1916 Justizminister in Österreich, 1919 Staatssekretär des Auswärtigen Amtes und Mitglied der österreichischen Friedensdelegation in Saint-Germain; Verfasser der österreichischen Zivilprozeßordnung von 1898. Quelle: Österreichisches Biographisches Lexikon

[569] § 462 ö.ZPO : (Manz[sche] Taschenausgabe der Österreichischen Gesetze, ZPO, Wien 1966)

erster Instanz. Berufungsgrund könne daher nur ein Fehler des Gerichts sein. Andererseits stelle *jeder* mögliche Fehler des Gerichts (Nichtigkeit, Mangelhaftigkeit des Verfahrens, Aktenwidrigkeit, unrichtige Beweiswürdigung, unrichtige rechtliche Beurteilung der Sache), der zu einer Fehlentscheidung geführt haben könnte, einen Berufungsgrund dar. Die Berufung werde eingebracht beim „judex a quo". Wenn die Berufung auf unrichtige Beweiswürdigung des Erstgerichts gestützt werde, so habe das Berufungsgericht zu überprüfen, ob es Bedenken gegen die Beweiswürdigung hat. Treffe dies nicht zu, so werde die Berufung ohne Beweiswiederholung als unbegründet abgewiesen. Bestünden dagegen Bedenken gegen die Beweiswürdigung des Erstgerichts, dann müßten die Beweise wiederholt werden.

Sofern die erste Instanz die Beweise unmittelbar, also nicht durch den ersuchten Richter aufgenommen habe, müßten die Zeugen in der Berufungsinstanz neuerlich vernommen werden. Je nach dem Ergebnis werde im Berufungsurteil der Berufung stattgegeben und das Ersturteil abgeändert oder die Berufung als unbegründet abgewiesen und das Urteil bestätigt.

Fehler, insbesondere Unterlassungen, der Parteien würden ein Berufungsverfahren dagegen grundsätzlich nicht rechtfertigen und könnten in ihm nicht mehr behoben werden. Für die Parteien gelte vielmehr ein Neuerungsverbot. Nach § 482 Abs. 2 ö.ZPO[570] dürften Tatumstände und Beweise, die nach Inhalt des Urteils und der sonstigen Prozeßakten in erster Instanz nicht vorgekommen waren, von den Parteien im Berufungsverfahren „nur zur Dartuung oder Widerlegung der geltend gemachten Berufungsgründe" vorgebracht werden. Das Neuerungsverbot sei eine Anwendung des „Eventualprinzips"[571]. Die Parteien seien gezwungen, alles, was sie zu sagen haben, schon in erster Instanz vorzubringen.

„(1) Das Berufungsgericht überprüft die Entscheidung des Gerichtes erster Instanz innerhalb der Grenzen der Berufungsanträge.

(2) Der Beurteilung des Berufungsgerichtes unterliegen jedoch gleichzeitig auch diejenigen Beschlüsse, welche in dem dem Urteile vorausgegangenen Verfahren erlassen wurden, sofern nicht deren Anfechtung nach dem Gesetze ausgeschlossen ist oder dieselben infolge Unterlassung der rechtzeitigen Rüge (§ 196), des Rekurses oder durch die über den eingebrachten Rekurs ergangene Entscheidung unabänderlich geworden sind."

570 § 482 Abs. 2 ö.ZPO: (Manz^sche^ Taschenausgabe der Österreichischen Gesetze, ZPO, Wien 1966)

„(2) Tatumstände und Beweise, die nach Inhalt des Urteils und der sonstigen Prozeßakten in erster Instanz nicht vorgekommen sind, dürfen von den Parteien im Berufungsverfahren nur zur Dartuung oder Widerlegung der geltend gemachten Berufungsgründe vorgebracht werden; auf solches neues Vorbringen darf überdies nur dann Rücksicht genommen werden, wenn es vorher im Wege der Berufungsschrift oder mittels vorbereitenden Schriftsatzes (§ 468) dem Gegner mitgeteilt wurde."

571 Eventualprinzip bzw. Eventualmaxime ist ein Verfahrensgrundsatz, wonach eine Partei eines Prozesses zur Vermeidung der Präklusion ihren gesamten Vortrag einschließlich aller Eventualitäten bis zu einem bestimmten Zeitpunkt in den Zivilprozeß einzubringen hat. Siehe *Köbler- Pohl*, Deutsch-Deutsches Rechtswörterbuch, S. 159

Neue Behauptungen oder Beweismittel, die sich auf den Klageanspruch beziehen würden, dürften die Parteien daher im Berufungsverfahren nicht vortragen, auch dann nicht, wenn sie ihnen bisher nicht bekannt gewesen seien und sie auch keine Möglichkeit gehabt hätten, von ihnen Kenntnis zu nehmen.[572] Einzig Tatsachenbehauptungen und Beweisanträge, die von Amts wegen zu erörternde Punkte beträfen, wie z.B. die Frage nach der Prozeßfähigkeit, stellten hiervon eine Ausnahme dar. Das sei also praktisch ein vollkommenes Neuerungsverbot, da die zugelassene Ausnahme im Rechtsleben ohne Bedeutung sei, und als ein derart weitgreifendes, so gut wie allumfassendes Verbot werde es auch von der Rechtsprechung gehandhabt, ohne daß sich im Rechtsleben Widerstand erhoben hätte.[573] Neue rechtliche Gesichtspunkte seien dagegen immer zulässig, da sich das Neuerungsverbot nur auf Tatsachen beziehe.

Auf die Frage *Weinkauffs*, ob sich ein solches Novenverbot erzieherisch auf die Parteien und Anwälte in dem Sinne auswirke, daß sie danach streben würden, in der ersten Instanz so vollständig wie möglich vorzutragen und Beweise anzutreten, antwortete *Schima* am Beispiel des österreichischen arbeitsgerichtlichen Verfahrens.[574] In diesem Verfahren habe eine Zeitlang ein Neuerungsverbot bestanden, dann sei aber die Bestimmung eingeführt worden, daß in zweiter Instanz vollkommen neu verhandelt werde. Zunächst hätten die Parteien so prozessiert, als ob es sich um einen ordentlichen Prozeß handelte. Sie hätten also alles vorgetragen, so daß die Neuerung gar nicht erforderlich gewesen wäre. Dann aber seien sie „auf den Geschmack" und zu der Auffassung gekommen, es sei doch viel einfacher, wenn der Prozeß in erster Instanz schlampig geführt und der Vortrag in der zweiten Instanz nach Bedarf ergänzt werde.

Weiterhin erklärte *Schima*, daß die Zahl der Berufungen wegen des Neuerungsverbots wesentlich geringer sei, als sie ohne das Neuerungsverbot gewesen wäre.

Bezug nehmend auf die Ausführungen *Schimas* vertrat *Bleibtreu* die Auffassung, daß unter dem Gesichtspunkt der Großen Justizreform das Novenrecht völlig auszuschließen sei, damit dafür gesorgt werde, daß das *eigentliche* Gericht erster Instanz, das künftige Landgericht, auch wirklich entlastet werde. Dies solle ja gerade durch die Schaffung der Friedensgerichte auf dem Gebiet der streitigen Gerichtsbarkeit gefördert werden. Es dürfe also hier nicht wieder das, was gewollt sei, dadurch in sein Gegenteil verkehrt werden, daß in allen diesen Fällen gegen die Entscheidungen des Friedensrichters das Rechtsmittel der Berufung in vollem Umfang zugelassen werde.[575] In diesem Zusammenhang stellte sich für *Weinkauff* die Frage, ob man vom Standpunkt der Großen Justizreform aus die zweite Instanz als Revisionsinstanz oder in der von ihm vorge-

---

[572] *Schima*, Protokoll Nr. 12, S. 42
[573] *Pollak*, ZZP Bd. 54, S. 186
[574] *Schima*, Protokoll Nr. 12, S. 49
[575] *Bleibtreu*, Protokoll Nr. 6, S. 87

schlagenen Weise[576], d.h. durch eine hohe Berufungssumme und ein Novenverbot, ausgestalten solle, deren Beantwortung seiner Ansicht nach ungemein wichtig und eine „Art von Angelpunkt" der Beratungen sei.[577] Aus Sicht der Minderheit sei es ein unnötiger Aufwand, wenn der Prozeß in vollem Umfange zweimal geführt werde. Es genüge die Kontrolle, die sich im wesentlichen auf die rechtliche Seite beschränke.[578]

Bleibtreu schlug ergänzend vor, daß Berufungen gegen friedensrichterliche Zivilurteile, falls über sie auch in Zukunft eine „Dreimännerkammer" des Landgerichts entscheiden würde, im Falle offenbarer Unbegründetheit durch einstimmigen Beschluß des Rechtsmittelgerichts ohne mündliche Verhandlung zurückgewiesen werden könnten.[579] Noch entschiedener vertrat *Hornig* die Auffassung, daß eine grundsätzliche Beschränkung der Rechtsmittel unvermeidbar sei.[580] *Hornig* begründete seine Forderung mit dem in Zukunft zu erwartenden Engpaß an Juristen, der unter anderem durch den ungünstigen Aufbau der Alterspyramide herbeigeführt werden würde. *Hornig* widersprach den von *Merkel* geäußerten, nachfolgend dargestellten verfassungsrechtlichen Bedenken gegen eine Reduzierung des Rechtsmittelzuges auf eine Tatsacheninstanz mit der These, „ein umfassender Rechtszug sei zur Wahrung des Rechtsfriedens nicht nötig, im Gegenteil er sei diesem schädlich". Die Verfassung verlange in keiner Weise, daß ein Verfahren mehrere gerichtliche Instanzen durchlaufen müsse. Im Detail schlug *Hornig* vor, in Bagatellsachen – etwa bis zu einem Streitwert von 500 DM – kein Rechtsmittel zuzulassen, jedenfalls soweit es nicht um Grundsatzfragen ginge. Soweit ein höherer Wert erreicht werde, sollte ein Rechtsmittel gegeben sein, das der Revision nahekomme und sich auf die Nachprüfung des angewandten materiellen Rechts beschränke und auf die Prüfung, ob in erster Instanz eine faires Verfahren stattgefunden habe.

c) Auffassung der Mehrheit (Referat von *Hans Merkel* vom 12.10.1956)

Rechtsanwalt *Hans Merkel* referierte in der 4. Arbeitssitzung der Kommission über das Rechtsmittel Berufung.[581] Im Ergebnis kam *Merkel* zu dem Schluß, daß der völlige Wegfall der zweiten Tatsacheninstanz weder vom Standpunkt der

---

576 *Weinkauff*, Entwurf der Leitsätze zu Teil 3, D der Arbeit; siehe in Anhang 3 zu dieser Arbeit
577 *Weinkauff*, Anlage 3 zu Protokoll Nr. 10, S. 3
578 Bericht der Kommission, S. 130
579 *Bleibtreu*, Protokoll Nr. 6, S. 88
580 *Hornig*, Protokoll Nr. 6, S. 95
581 *Merkel*, Protokoll Nr. 6, S. 14f ff

Rechtspflege aus erwünscht noch vom Standpunkt der rechtsuchenden Bevölkerung aus annehmbar oder erträglich sei.[582]

Hinsichtlich der Erörterungen und Arbeitsergebnisse der Kommission wies *Merkel* darauf hin, daß man sich seiner Meinung nach davor hüten solle, mögliche Entwicklungen in der Zukunft als maßgebend oder gar als grundlegend für die auszuarbeitenden Vorschläge zu betrachten. Diese Aussage traf *Merkel* vor dem Hintergrund der von der Minderheit vorhergesagten „zukünftigen Wiedervereinigung". Angesichts der Fehlprognosen von *Jonas* bezüglich der Entwicklung des Rechtsapparates nach 1941[583] sollte seiner Meinung nach die Frage der Wiedervereinigung und ihre etwaigen Folgen für die Zahl der benötigten Juristen nicht allzu sehr in die Erwägungen mit einbezogen werden. Reformen sollte man nicht mit zukünftigen Möglichkeiten, sondern nur mit gegenwärtigen Notwendigkeiten und mit den Erfahrungen aus der Vergangenheit rechtfertigen. Grundsätzlich könne eine Justizreform nicht mit fiskalischen Notwendigkeiten begründet werden. Entweder sei eine Reform aus sachlichen Gründen geboten und nach dem übereinstimmenden Urteil der Sachkenner notwendig, dann müßte sie angestrebt und durchgeführt werden. Oder aber sie lasse sich mit sachlicher Notwendigkeit nicht begründen, dann würden die Mittel aufgebracht werden müssen, die zu einer geordneten Rechtspflege notwendig seien.[584] Im Gegensatz zu *Jonas*[585] sah *Merkel* die 2. Tatsacheninstanz gerade durch die Allgemeininteressen gerechtfertigt. Man könne nicht wie *Jonas* unter Berufung auf die Belange der Allgemeinheit eine Beschränkung der Rechtspflege verlangen, sondern müsse umgekehrt fragen, welche Gestaltung der Rechtspflege durch die Allgemeininteressen gefordert werde. Diese aber gingen auf Schutz der Rechtsordnung und Wahrung des Rechtsfriedens.[586] Aus diesem Grunde bliebe stets die Frage bestehen, ob die 2. Tatsacheninstanz für eine geordnete Rechtspflege notwendig sei und gegebenenfalls warum.

Um der Antwort auf diese Frage näher zu kommen, hat die Kommission versucht, sich einen Überblick darüber zu verschaffen,

1. wie viele Prozesse geführt werden,
2. wie viele davon mit einem streitigen Urteil enden,
3. wie viele dieser Urteile unter der bestehenden Rechtslage tatsächlich angefochten werden,
4. wie oft den Anträgen des Berufungsklägers ganz oder zum Teil entsprochen wird,
5. auf welchen Gründen die Änderung der erstinstanzlichen Urteile beruht,

---

[582] *Merkel*, Protokoll Nr. 6, S. 28

[583] siehe Teil 3 E II a) dieser Arbeit, (S. 153)

[584] *Merkel*, Protokoll Nr. 6, S. 16

[585] *Jonas*, Deutsches Recht, 1941, S. 1331

[586] *Merkel*, Protokoll Nr. 6, S. 18

6. welche Bedeutung der Beweisaufnahme in zweiter Instanz zukommt, insbesondere der Beweisaufnahme, die auf neuem Vorbringen beruht.

Zunächst versuchte *Merkel* im Rahmen seines Referates aus dem Jahre 1956 anhand von Zahlenmaterial und Statistiken aus den Jahren 1936, 1937 und 1938 einer Beantwortung der aufgeworfenen Fragen näher zu kommen. Die Zusammenstellung der einschlägigen Zahlen entnahm *Merkel* der Zeitschrift „Deutsche Justiz" aus dem Jahre 1939[587], wobei er davon ausging, daß diese Zahlen gewisse Anhaltspunkte geben würden und im Grundsätzlichen auch für die Arbeit der Kommission noch Bedeutung hätten. Anhand der Zahlen aus dem Jahre 1936, welche aufgrund ihrer Verhältnismäßigkeiten mit den Zahlen für die Jahre 1937 und 1938 vergleichbar seien, kam *Merkel* zu den folgenden Ergebnissen[588]:

- Von den amtsgerichtlichen Streitigkeiten ohne Wechselsachen und Arreste (ca. : 1.800.000) ging nur ein geringer Anteil von ca. 3 % (ca. 55.000) in die Berufungsinstanz.
- Dagegen ging bei den landgerichtlichen Streitigkeiten (ca. 109.000) und Handelssachen (ca. 13.000), ohne die Ehesachen, ca. ein Sechstel der Fälle (ca. 22.000) in die Berufung zu den Oberlandesgerichten.
- Bei den Ehesachen (ca. 84.000) gingen ebenfalls ca. ein Sechstel der Angelegenheiten (ca. 15.000) in die Berufung zu den Oberlandesgerichten.

Für die Darstellung der Verhältnisse in der Nachkriegszeit stütze *Merkel* seine weiteren Recherchen auf die Zahlen für Nordrhein-Westfalen aus den Jahren 1948 bis 1951, die er dem Deutschland–Jahrbuch 1953 entnahm.[589] In Nordrhein-Westfalen wurden für das Jahr 1951 ca. 350.000 „gewöhnliche Prozesse" beim Amtsgericht, ca. 19.000 beim Landgericht und ca. 3.500 beim Oberlandesgericht gezählt.

Merkel wies zwar daraufhin, daß diese Zahlen für eine wissenschaftliche Auswertung der Kommission kaum geeignet wären, da diese Statistiken nicht darlegen würden, welcher Prozentsatz bei den angegebenen landgerichtlichen Prozessen Berufungsfälle des Amtsgerichtes und ob diese überhaupt in der Darstellung enthalten seien. Das Gleiche gelte für die Darstellung der Prozesse am Oberlandesgericht im Verhältnis zu den Verfahren der dritten Instanz. Dennoch glaubte *Merkel* angesichts der Zahlen Nordrhein-Westfalens aus dem Jahre 1951 Parallelen zu den Zahlen aus dem Jahre 1936 erkennen zu können, da die Anzahl der Prozesse vor dem Oberlandesgericht (ca. 3.500) wiederum ca. ein Sechstel der Prozesse vor dem Landgericht (ca. 19.000) ausmachte.

---

[587] DJ, 1939, „Übersicht über den Geschäftsanfall bei den Justizbehörden im Altreich im Jahre 1938", S. 1201 - 1203
[588] *Merkel*, Protokoll Nr. 6, S. 22
[589] *Merkel*, Protokoll Nr. 6, S. 23 ff

Erst im Oktober 1960 war es den Kommissionsmitgliedern möglich, auf aussagekräftige Zahlen aus den Jahren 1958 und 1959 zurückzugreifen, die sich auf das gesamte Bundesgebiet bezogen. Anhand dieser Statistik konnten die folgenden Zahlen für die Beantwortung der **1. bis 3. Frage** belegt werden:[590]

In dem Jahr 1958 (1959) endeten

1. von 1000 Amtsgerichtsprozessen etwa 174 (182) mit einem streitigen Urteil.
2. Von den 174 (182) Urteilen wurden etwa 50 (50) mit der Berufung angefochten.
3. In den 50 (50) Berufungsverfahren ergingen 27 (28) streitige Berufungsurteile.

In dem Jahr 1958 (1959) endeten

1. von 1000 erstinstanzlichen Landgerichtsprozessen etwa 453 (452) mit einem streitigen Urteil.
2. Von den 453 (452) Urteilen wurden etwa 118 (119) mit der Berufung angefochten.
3. In den 118 (119) Berufungsverfahren ergingen etwa 61 (56) streitige Berufungsurteile.

Für die Beantwortung der **4. Frage**, wie groß der Prozentsatz der erfolgreichen Berufungen sei, stützte sich die Kommission auf die Ergebnisse von Umfragen und Erhebungen bei den Landgerichten und Oberlandesgerichten der Länder Niedersachsen, Baden – Württemberg, Hessen, Rheinland – Pfalz und Schleswig – Holstein für das Jahr 1956.[591] Unter der Voraussetzung, daß man nur die Fälle ins Auge fasse, in denen entweder ganz oder teilweise nach den Berufungsanträgen entschieden oder die Berufung verworfen oder zurückgewiesen worden war, ergaben sich für die niedersächsischen Landgerichte und Oberlandesgerichte folgende Prozentsätze für die erfolgreichen und für die erfolglosen Berufungen:[592]

Landgerichte	Erfolgreiche Berufungen	1.533 =	36 %
	Erfolglose Berufungen	2.729 =	64 %
Oberlandes-gerichte	Erfolgreiche Berufungen	701 =	41 %
	Erfolglose Berufungen	1.012 =	59 %

Die Kommission kam zu dem Ergebnis, daß die in den verschiedenen Teilen der Bundesrepublik gewonnenen Zahlen sich ziemlich ähnlich seien, so daß man diese als repräsentativ für das gesamte Bundesgebiet ansehen dürfe.[593]

590 Siehe Protokoll Nr. 30, Anlage 4 a, S. 3 ff.; Bericht der Kommission, S. 119 ff
591 Siehe Protokoll Nr. 15, Anlage 1 zum Schreiben vom 22.05.1958
592 Bericht der Kommission, S. 122
593 Bericht der Kommission, S. 122

Zur Beantwortung der **5. Frage**, ob die erstinstanzlichen Urteile vornehmlich wegen anderer rechtlicher Beurteilung, wegen anderer Beweiswürdigung oder wegen neuer Tatsachen geändert wurden, hatte die Kommission um Ermittlungen an verschiedenen Orten der Bundesrepublik gebeten. Bei den Antworten sei zu berücksichtigen, daß der Grund der Änderung sich nicht immer eindeutig bestimmen lasse, da mehrere Gründe zusammentreffen könnten und bei der Bewertung des für die Abänderung entscheidenden Grundes ein gewisser Spielraum verbliebe.

Die Untersuchung von 315 Landgerichtsurteilen und 225 Oberlandesgerichtsurteilen ergab im Rahmen einer Zusammenfassung für die Länder Rheinland – Pfalz und Schleswig – Holstein folgende Ergebnisse[594]:

Änderung wegen anderer

	rechtl. Beurteilung	Beweiswürdigung	neuer Tatsachen oder Beweise
LG	165 = 52,4 %	73 = 23,2 %	77 = 24,4 %
OLG	87 = 38,7 %	79 = 35,1 %	59 = 26,2 %

Zur Erlangung eines Überblicks darüber, welche Bedeutung der Beweisaufnahme in der Berufungsinstanz und hier insbesondere jener, die auf Grund neuen Vorbringens angeordnet worden war, zukam, hatte die Kommission eine entsprechende Anfrage an die Oberlandesgerichtspräsidenten gerichtet. Bei den eingegangenen Anworten wurden in einigen wenigen Fällen, die das Gesamtergebnis aber nicht nennenswert haben beeinflussen können, unklare und unvollständige Zahlenangaben durch Schätzungen ersetzt.
Hiernach habe sich zur Beantwortung der **6. Frage** das folgende Bild ergeben:[595]

Art des Prozesses	Anzahl	Beweisaufnahme in zweiter Instanz		davon auf Grund neuen Vorbringens	
		Anzahl	v.H.	Anzahl	v.H.
vermögensrechtlich	573	252	44 %	168	66,6 %
nicht vermögensrechtlich	281	173	61,5 %	129	74,5 %

Die Kommission kam anhand des Zahlenmaterials zu dem Ergebnis, daß die Anfechtungsquote bei landgerichtlichen Urteilen in vermögensrechtlichen Streitigkeiten wesentlich höher läge, als in nichtvermögensrechtlichen Streitigkeiten. Weiterhin ergäbe sich daraus, daß ein großer Teil der Rechtsstreitigkeiten, die in

594 Bericht der Kommission, S. 123
595 Bericht der Kommission, S. 124

erster Instanz mit einem streitigen Endurteil abgeschlossen würden, erst in der Berufungsinstanz oder gar in der Revisionsinstanz seine endgültige Erledigung finde.

Eine weitere, detailliertere Bewertung des vorgelegten Zahlenmaterials, insbesondere mit entsprechenden Schlußfolgerungen für das Berufungsverfahren, wurde im Rahmen der Erörterungen nicht vorgenommen.

In einem weiteren Abschnitt befaßte sich *Merkel* damit, inwieweit auch geprüft werden müsse, ob die Berufung unter verfassungsrechtlichen Gesichtspunkten eingeschränkt werden dürfe.[596] Wenn die Verfassung das Eigentum des Staatsbürgers in Artikel 14 des Grundgesetzes schütze, dann müsse die Verfassung den Staatsbürger auch davor schützen, daß durch fehlerhafte Staatsakte in sein Eigentum eingegriffen werde.

Deshalb müsse dem Betroffenen mindestens das Recht eingeräumt werden, die Nachprüfung von Urteilen, die ihn belasten, durch einen übergeordneten Richter zu verlangen. Von ganz entscheidender Bedeutung sei der Gesichtspunkt, daß das Urteil eines ordentlichen Gerichtes ein Staatsakt sei, der im Namen des Volkes ausgesprochen werde und Wahrheit, Recht und Gerechtigkeit verkörpern solle.[597] Da auch der Richter ein Mensch sei und menschlichen Irrtümern und Fehlern unterworfen sei, könne auch das von ihm ausgesprochene Urteil fehlerhaft sein. Es wäre nach *Merkels* Auffassung für den Bestand der Rechtsprechung abträglich, ja unerträglich, wenn sich im Nachhinein Fehler herausstellen würden, ohne daß die Möglichkeit bestanden habe, das Urteil durch einen übergeordneten Richter auf solche Fehler hin nachzuprüfen.

Aus diesen Gründen könne den Betroffenen im ordentlichen Zivilprozeß die Möglichkeit eines Rechtsmittels nicht abgeschnitten werden. Die Rechtsmittel seien gerade deshalb notwendig, um das Vertrauen des Volkes zur Rechtspflege aufrechtzuerhalten. In der Auseinandersetzung mit den Vorschlägen *Schiffers*[598], die Zulässigkeit der Berufung von dem Vorliegen eines dringenden sachlichen Bedürfnisses abhängig zu machen, stellte *Merkel* dar, es sei ein unabdingbares Gebot der Rechtssicherheit, daß bei Erlaß des Urteils feststehe, ob dieses berufungsfähig sei oder nicht. Wenn die Rechtskraft eines Urteils aber, wie von *Schiffer* vorgeschlagen, von dehnbaren Begriffen wie „offenbare Unrichtigkeit", „grundsätzliche Bedeutung" und „Rücksicht auf das öffentliche Interesse" abhänge, so sei dem Bedürfnis nach Rechtssicherheit in keiner Weise Rechnung getragen.[599]

Daneben hielt *Merkel* es für erforderlich, wesentliche, praktische Gesichtspunkte zu berücksichtigen. Der Wegfall der zweiten Tatsacheninstanz würde

---

[596] *Merkel*, Protokoll Nr. 6, S. 24
[597] *Merkel*, Protokoll Nr. 6, S. 25
[598] Siehe oben, Teil 3, E I a), (S. 132)
[599] *Merkel*, Protokoll Nr. 6, S. 32

seiner Meinung nach zu einer außerordentlichen Arbeitsbelastung der Anwaltschaft führen. Der gewissenhafte Anwalt wäre gezwungen, um jeden Rechtsverlust für seine Partei zu vermeiden, besonders eingehend alle irgendwie erreichbaren Tatsachen vollständig vorzutragen und mit Beweismitteln zu vertreten, auch solche, die er nach gründlicher rechtlicher Prüfung nicht für beweiserheblich oder gar für unerheblich gehalten habe.[600] Würde er dies nicht tun, so wäre er in der Revisionsinstanz mit allen nicht vorgetragenen Tatsachen ausgeschlossen.

Sollte die zweite Tatsacheninstanz wegfallen, so müßte in allen Fällen das Rechtsmittel der Revision gewährt werden. Dies würde bedeuten, daß die Revision ganz außerordentlich zunehmen würde. Dadurch würden die zuständigen Gerichte zusätzlich mit einer großen Masse von Fällen überschwemmt, die ihrer Natur nach nur örtliche Bedeutung hätten und bisher in durchaus richtiger Weise vom Landgericht oder Oberlandesgericht als Berufungsinstanz erledigt worden wären.

Für den Fall, daß die Revision dann Erfolg hätte, würde zudem regelmäßig die Zurückverweisung erfolgen, also gerade ein Verfahren notwendig werden, das besonders schwerfällig sei. Auch müßte man in verstärktem Maße eine Wiederaufnahme des Verfahrens zulassen, nämlich dann, wenn neue Tatsachen nach Erledigung des Rechtsstreits in erster Instanz bekannt würden.
Im Ergebnis würde das Streichen einer zweiten Tatsacheninstanz nicht unbedingt zu einer Beschleunigung des Verfahrens führen. Gerade in zweifelhaften Fällen würden vorsorglich so viele zusätzliche Beweise angeboten und auch angeboten werden müssen, die das Gericht im Allgemeinen vielleicht auch erheben würde, um einen wirklich einwandfreien Sachverhalt zu erhalten und um Verfahrensrügen zu entgehen.

Im Ergebnis stimmte *Heusinger* der Auffassung *Merkels* zu. Auch er war zwar der Meinung, daß unnötige Rechtsmittel im Interesse des Rechtsfriedens abzuschaffen seien, jedoch sah er im Falle einer Einschränkung der Rechtsmittel die Gefahr einer Verschlechterung der Wahrheitsfindung und eine Gefährdung der Richtigkeit der Entscheidung.[601] Diese begründete er mit vorhandenen Defiziten in der Qualität der Entscheidungen der Eingangsgerichte. Die Eingangsgerichte seien häufig „falsch" besetzt, so daß Fehler in der ersten Instanz gemacht würden. Erst die Beweisaufnahme des Berufungsrichters bringe oft Grund in die Sache. Zwar könne die Besetzung der Eingangsgerichte verbessert werden, jedoch werde der künftige Friedensrichter nicht besser sein als der heutige Amtsrichter. Schon jetzt sprenge der BGH alle Grenzen der Revisibilität, um seine, von ihm gemeinte „Wahrheit" durchzusetzen.

Auch behindere die Zurückweisung neuen Vorbringens die Rechtsfindung. Eine 2. Tatsacheninstanz sei besser, deshalb sollten auch keine neuen Verfah-

[600] *Merkel*, Protokoll Nr. 6, S. 26
[601] *Heusinger*, Protokoll Nr. 6, S. 97

rensbegriffe wie „Novum" oder „Verstoß gegen den klaren Inhalt der Akten" eingeführt werden.

Hinsichtlich des Vorschlages der Minderheit, ein Novenverbot nach österreichischem Beispiel einzuführen, gelangte die Mehrheit zu der Auffassung, daß eine solche Berufung im Gegensatz zu dem Bestreben der Richter stände, ein Urteil auf Grund des wahren Sachverhaltes zu erlassen und nicht aufgrund eines „fingierten" Sachverhaltes, wie dies bei einer entsprechend beschränkten Berufung vorkommen könnte.[602] Das strenge Novenverbot hätte zudem zur Folge, daß die Parteien in der ersten Instanz viele Tatsachen behaupten und Beweisanträge stellen würden, auf die es weder nach ihrer Auffassung noch nach der des Gerichts ankäme.

d) Leitsätze und Empfehlung der Kommission

Der Themenbereich „Beschränkung der Rechtszüge und Rechtsmittel" wurde im Jahre 1957 in der Kommission sehr kontrovers diskutiert. Bei sämtlichen Abstimmungen zu den umfangreichen Leitsätzen ist es den Kommissionsmitgliedern nicht gelungen, einen einstimmigen Konsens zu finden.[603] Regelmäßig zeigten sich bei den Abstimmungsergebnissen die unterschiedlichen Auffassungen der Vertreter der Großen Justizreform und der einer Beschränkten Justizreform. Nachfolgend werden die wesentlichen Leitsätze mit den dazugehörigen Abstimmungsergebnissen, zunächst einmal für den Fall der Großen Justizreform und anschließend für den Fall der Beschränkten Justizreform, wiedergegeben:

Allgemein

„Als Richtlinie für die Rechtsmittelbeschränkung sollte gelten, daß es grundsätzlich nur ***ein*** *Rechtsmittel gibt, daß im Zivilprozeß nur eine volle Tatsacheninstanz zu gewähren ist und die zweite Instanz auf Rechtsfragen beschränkt ist und daß das bisherige Revisionsgericht nur bei Grundsatzfragen angerufen werden kann."*

Zustimmung: *Baur*, *Bleibtreu* und *Hornig*

Ablehnung: *Heusinger*, *Keidel*, *Merkel*, *Petersen*, *Ruscheweyh* und *Weber*

---

602 Bericht der Kommission, S. 130

603 Siehe Anhang 3 zu dieser Arbeit

Für den Fall der „Großen Justizreform

Anfechtung von Entscheidungen des Friedensgerichts:[604]
„Urteile des Friedensrichters sind in der Regel unanfechtbar (wobei davon ausgegangen wird, daß seine allgemeine Zuständigkeit Streitwerte von 500 DM nicht überschreitet).

Zustimmung: *Baur*, *Bleibtreu*, *Heusinger*, *Hornig*, *Keidel*, *Petersen*, *Weber*

Ablehnung: *Merkel* und *Ruscheweyh*

Anfechtung von Entscheidungen des Gerichts der Unterstufe (Landgericht):[605]
„Urteile der Gerichte der Unterstufe sind nur mit folgenden Beschränkungen bei dem Gericht der Mittelstufe anfechtbar:
„Es können nur materielle und prozessuale Rechtsverstöße gerügt und tatsächliche Feststellungen nur insoweit angefochten werden, als die Wiederaufnahme (mit gewissen Erweiterungen) zulässig wäre. Das Rechtsmittelgericht soll jedoch von einer Zurückverweisung an die Vorinstanz in der Regel absehen und die auf Grund seiner rechtlichen Überprüfung für erforderlich gehaltene ergänzende Sachaufklärung selbst betreiben."

Zustimmung: *Baur*, *Bleibtreu*, *Ruscheweyh* und *Hornig*.

Ablehnung: *Heusinger*, *Keidel*, *Merkel*, *Petersen* und *Weber*.

Anfechtung von Entscheidungen des Gerichts der Mittelstufe:[606]
„Urteile der Gerichte der Mittelstufe sind grundsätzlich endgültig. Das Gericht kann jedoch die Anrufung der Oberstufe zulassen, wenn Rechtsfragen zu entscheiden sind, die für die einheitliche Auslegung und Fortbildung des Rechts von wesentlicher Bedeutung sind."

Zustimmung: *Baur*, *Heusinger*, *Hornig* und *Ruscheweyh*.

Ablehnung: *Bleibtreu*, *Keidel*, *Merkel*, *Petersen* und *Weber*.

Für den Fall der „Beschränkten Justizreform"[607]
„Das Rechtsmittel der Berufung und die zweite Tatsacheninstanz sind beizubehalten. Die wünschenswerte Beschränkung der Berufung kann durch eine den jeweiligen Verhältnissen angepaßte Festsetzung der Berufungssumme erreicht werden. Das Privileg des § 511 a Abs. IV ZPO fällt weg."

Zustimmung: *Heusinger*, *Weber*, *Keidel*, *Merkel*, *Petersen* und *Ruscheweyh*

Ablehnung: *Baur*, *Bleibtreu* und *Hornig*.

---

[604] Protokoll Nr. 10, S. 4 ff
[605] Protokoll Nr. 10, S. 8 ff
[606] Protokoll Nr. 10, S. 12 ff
[607] Protokoll Nr. 10, S. 14 ff

Die Mehrheit der Kommission sprach sich in ihrer abschließenden Zusammenstellung 1961 für die folgenden Empfehlungen aus:

- *„Mit der Berufung kann der Prozeß im vollem Umfang neu aufgerollt werden. Neues Vorbringen soll nicht schlechthin ausgeschlossen sein.*
- *Neue Tatsachen und Beweismittel, die im ersten Rechtszuge hätten geltend gemacht werden können, sind nur zuzulassen, wenn die Parteien nachweisen, daß sie den Vortrag unverschuldet unterlassen haben.*
- *Bei der Anfechtung von Urteilen des Amtsgerichts ist eine Berufungssumme von DM 300, bei der Anfechtung von Urteilen des Landgerichts eine solche von DM 500 erforderlich.*
- *Die Berufung soll bei Sachen von rechtsgrundsätzlicher Bedeutung zulässig sein.*
  Über die Zulassung soll der judex a quo endgültig entscheiden.
- *Das Privileg des § 551 a Abs. 4 ZPO fällt weg."*[608]

II. Revision

Im Rahmen der 4. Arbeitssitzung der Kommission hielt *Merkel* 1956 das Referat zu dem Thema „Beschränkung der Revision" und *Bleibtreu* das dazugehörige Korreferat, wobei wesentliche Teile seiner Ausführungen durch die gesonderte Stellungnahme *Weinkauffs* vorweggenommen worden waren.

a) Diskussionsstand vor der konstituierenden Sitzung vom 18.11.1955

Die Geschichte der heutigen Revision beginnt mit der Civilprozeßordnung vom 30.01.1877. Die Gesetzesverfasser der CPO von 1877 umschrieben das Rechtsmittel der Revision als *„ein wie die Berufung frei gestaltetes, jedoch auf die rechtliche Würdigung des Rechtsstreits beschränktes Rechtsmittel"*, als *„frei gestaltete revisio in iure"* oder vergleichsweise als eine *„beschränkte Berufung"*.[609] Die rechtliche Beurteilung sollte auf der Grundlage des in dem angefochtenen Urteil festgestellten Sachverhältnisses stattfinden, so daß für die Revisionsinstanz „alle neuen die Sache selbst betreffenden tatsächlichen Anführungen" und jeder Angriff gegen rein tatsächliche Würdigungen der Sache ausgeschlossen sein sollten.[610] Der Entwurf der CPO von 1877 sah das Ziel des Revisionsverfahrens in der abschließenden Sachentscheidung durch das Revisionsgericht, die nur unter Umständen wegen der Beschränkung auf die Rechtsfrage

---

[608] Protokoll Nr. 33, S. 5

[609] *Hahn*, „Die gesamten Materialien zur Civilprozeßordnung", S. 364

[610] *Hahn*, „Die gesamten Materialien zur Civilprozeßordnung", S. 371

nicht erreicht werden könnte.[611] Im Ergebnis wurde neues Vorbringen jedoch nicht ausgeschlossen, weil man es mit dem Wesen und Zweck der Revision für schlechthin unvereinbar gehalten hätte, sondern weil man trotz des Ideals einer Sachentscheidung durch das Reichsgericht meinte, die Zulassung in Einzelfällen würde der Klarheit der gesetzlichen Regelung schaden.[612]

Die Revision von 1877 wurde von der Literatur unter anderem als *„ein eigentümlich geartetes Rechtsmittel"* bezeichnet, *„daß von dem Rechtsmittel, welches manche Prozessrechte Revision nannten, erheblich abweicht und mit den völlig bei Seite geschobenen Rechtsmitteln des Kassationsrekurses oder der Nichtigkeitsbeschwerde anderer nur theilweise zusammentrifft"*.[613]

Die Voraussetzungen der Revision von 1877[614] waren:

„1. Ein anfechtbares Urteil, nämlich ein in zweiter Instanz von einem Oberlandesgericht erlassenes Endurteil (§ 507), mit dem zugleich nach § 510 vorangegangene Entscheidungen angefochten werden können;

2. als formelles Erfordernis das Vorhandensein der Revisionssumme (§§ 508, 509);

3. als materielles Erfordernis ein tauglicher Revisionsgrund, über dessen Beschaffenheit sich die §§ 511 – 513 verbreiten."[615]

Insbesondere in den ersten Jahren nach der Einführung der „neuen Revision" wurde in der Literatur vielfach diskutiert, inwieweit das Reichsgericht die Befugnis zum eigenen Sachurteil erhalten sollte. Bereits 1880 kritisierte *Sonnenschmidt,* daß statt der Zurückverweisung die eigene Sachentscheidung hätte als Regel aufgestellt werden sollen und eine Zurückverweisung nur ausnahmsweise vorzusehen sei, wenn nicht nur das Urteil, sondern auch das Verfahren wegen eines Verfahrensmangels aufzuheben oder wenn eine Berichtigung des Tatbestandes oder eine weitere Beweisaufnahme erforderlich sei.[616] *Bar* dagegen warnte, *„daß das Erkennen in der Sache selbst leicht dazu führen wird, daß der oberste Gerichtshof sich unbewußt auch in die Beurteilung der von dem Berufungsgericht allein festzustellenden Tatsachen einmische"*.[617] *Adickes* vertrat hinsichtlich des „Wesens und Zwecks" der Revision die Ansicht, daß die Verwirklichung der materiellen Gerechtigkeit im Einzelfall für die Konstruktion der Revision nicht von Bedeutung sein dürfe. Entscheidend sei allein das Interesse der Rechtseinheit, welches bisher, weil die Verwirklichung der materiellen Gerechtigkeit zugunsten einer Minderheit die Kräfte des Reichsgerichts in so au-

[611] *Hahn,* „Die gesamten Materialien zur Civilprozeßordnung", zu § 504, S. 372
[612] *Gottwald, Peter,* S. 62
[613] *Endemann*, Der Deutsche Civilprozess, S. 442 ff.
[614] RGBl. 1877, S. 173 ff.
[615] *Endemann*, Der Deutsche Civilprozess, S. 443
[616] *Sonnenschmidt,* ZZP 2, 421 (465, 467)
[617] *von Bar,* Gutachten für den 9. DJT, Band 2, S. 41

ßerordentlich weitem Umfang in Anspruch genommen habe, nur in sehr ungenügender Weise gewahrt worden sei.[618] Entgegen der Auffassung des Anwaltstages[619] war *Adickes* der Meinung, daß für die Parteien an sich zwei Instanzen ausreichen würden, insbesondere, da für die Parteien eine prompte Rechtspflege regelmäßig weit wichtiger sei, als ein langer Instanzenzug. Im Interesse der Rechtseinheit müßten einerseits möglichst alle Erkenntnisse der Oberlandesgerichte und in gewissem Umfang auch Urteile unterer Gerichte der Kontrolle des Reichsgerichts unterstellt und andererseits dem Reichsgericht alle zur Wahrung der Rechtseinheit nicht erforderlichen Geschäfte auf das Strengste ferngehalten werden.[620]

Stein setzte sich 1906 im Rahmen von sechs Vorträgen mit „der Justizreform" auseinander[621] und ging dabei in vielen Punkten auf die Darstellungen *Adickes* ein, der seine Rede über die „Grundlinien durchgreifender Justizreform" wenige Monate zuvor vor dem preußischen Herrenhaus gehalten hatte. Wie *Adickes* kam auch *Stein* zu dem Ergebnis, daß zwei Instanzen für die freie Verhandlung der Tat- und Rechtsfrage vom Standpunkte der Parteien aus betrachtet genügend seien. Die Hauptaufgabe der Revision sei es, die Rechtseinheit in Deutschland zu wahren; in diesem Zusammenhang befürchtete *Stein*, daß bei selbständiger Stellung der Oberlandesgerichte ohne einheitliche Spitze das auf dem Papier stehende einheitliche Recht nicht einheitlich gelten würde.[622] Kritik äußerte *Stein* an der von *Adickes* vertretenen Auffassung, der seiner Ansicht nach dem Reichsgericht eine akademisch begutachtende Tätigkeit zuweisen wolle, die sich auf möglichst viele Sachen erstrecke und womöglich so eingerichtet werden solle, daß keiner Partei der Zugang zur höchsten Instanz verschlossen zu werden brauche. Nach *Steins* Auffassung dürfe das Reichsgericht jedoch nicht nur abstrakte Rechtsfragen entscheiden, sondern müsse Prozesse entscheiden, sonst würde es in kurzer Frist ein „Kollegium von Männern mit rein akademischer Anschauung und Auffassung vom Rechte", von Männern, die „gewaltsam dem Leben entfremdet" werden, um sich in begriffliche Abstraktionen zu versenken. Entscheidend war dabei für *Stein*, daß das Reichsgericht zugunsten der Erfüllung seiner Aufgabe auf der anderen Seite nicht „zu viele Sachen und nicht zu viele Senate" haben dürfe. Daraus folge, daß man dieses in dem Maße entlasten müsse, daß es arbeitsfähig bleibe. Er schlug daher vor, dem Reichsgericht nur die wichtigsten und größten Sachen zuzuweisen. Dies genüge auch zur Erfüllung seiner „hohen Mission", denn es ginge nicht darum, den einzelnen Fall zu entscheiden, sondern ihn „vorbildlich, erzieherisch, anregend und

---

[618] *Adickes*, Grundlinien einer durchgreifenden Justizreform, S. 32

[619] Deutscher Anwaltstag, Resolutionen seiner Tagung aus dem Jahre 1896, wiedergegeben bei *Adickes*, Grundlinien einer durchgreifenden Justizreform, S. 18

[620] *Adickes*, Grundlinien einer durchgreifenden Justizreform, S. 33

[621] *Stein*, Zur Justizreform, sechs Vorträge, Kleine zivilprozeßrechtliche Schriften, Bd.1

[622] *Stein*, Zur Justizreform, sechs Vorträge, Kleine zivilprozeßrechtliche Schriften, Bd.1, S. 90

befruchtend“ zu gestalten.[623] In diesem Zusammenhang hielt *Stein* die Erhöhung der Revisionssumme auch nicht für eine antisoziale Maßregel, da der berühmte „kleine Mann“ vor 1905 Prozesse um 1.500 M ebenso wenig geführt habe, als er jetzt solche um 2.500 M[624] führen würde.

Die CPO von 1877 wurde hinsichtlich ihrer Regelungen über die Revisison in den folgenden Jahren vielfach geändert. Es handelte sich hierbei aber lediglich um Anpassungen an die sich aus der Praxis ergebenen Bedürfnisse - insbesondere zur Entlastung des Reichsgerichts -, die nicht zu einer Veränderung des Wesens und des Zwecks der Revision führten.[625]

Nach der Erhöhung der Revisionssumme[626] auf 2.500 M und der Einführung des Begründungszwanges für die Revision durch die Novelle von 1905 wurde die Revisionssumme 1910 erneut erhöht und zwar auf 4.000 M[627]. Gleichzeitig wurde das vom Regierungsentwurf in Aussicht genommene Difformitätsprinzip[628] zurückgewiesen. Praktisch unverändert ließ der *Entwurf einer Zivilprozeßordnung von 1931*[629] das Revisionsverfahren, weil „Klagen nicht laut“ geworden seien.[630] Mit dem Gesetz zur Änderung des Verfahrens in bürgerlichen Rechtsstreitigkeiten vom 23.10.1933[631] wurde die Revisionssumme auf einen Betrag über 6.000 RM und mit der Verordnung über Maßnahmen auf dem Gebiet der Gerichtsverfassung und der Rechtspflege vom 01.09.1939[632] auf 10.000 RM heraufgesetzt.

Für *Jonas* stand 1941 bezüglich des Reichsgerichts im Vordergrund, daß dieses in dem neuen, von ihm geforderten dreigliedrigen Gerichtsaufbau, zum „wirklichen Hüter der Rechtseinheit“ und damit „zum wahren Träger der einheitlichen Rechtsentwicklung“ werden solle.[633] Er war der Auffassung, daß das Reichsgericht bei der Bewältigung dieser Aufgabe weit hinter dem erstrebten

---

[623] *Stein*, Zur Justizreform, sechs Vorträge, Kleine zivilprozeßrechtliche Schriften, Bd.1, S. 91

[624] Mit Gesetzesänderung vom 05.06.1905 (RGBL. 1905, S. 536) wurde die Revisionssumme auf 2.500 RM erhöht, die Voraussetzung der Revisionsbegründung eingeführt und das Revisionsverfahren vereinfacht.

[625] *May*, „Die Revision in zivil- und verwaltungsgerichtlichen Verfahren“, S. 5

[626] Bis zur VO v. 31.12.1923 (Änderungen der Inflationszeit) hieß die Währung „Mark“, danach „Goldmark“ und seit der VO v. 21.12.1925 „Reichsmark“.

[627] RGBl. 1910, S. 767

[628] Difformitätsprinzip: Die Revision wäre nach dem Difformitätsprinzip nur zulässig, für den Fall, daß die Entscheidungen des Landgerichts und des Oberlandesgerichts sich einander widersprechen.

[629] *Philippi*, Judicium I, S. 359 ff.

[630] *Philippi*, Judicium I, Begründung zum Entwurf, S. 361

[631] RGBl.I, 1933, S. 780

[632] RGBl. II, 1939, S. 1658 (1659)

[633] *Jonas*, Gedanken über die Neugestaltung der Gerichtsorganisation, Deutsches Recht, S. 1335

Ziele zurückgeblieben sei, obwohl ihm bereits das Gerichtsverfassungsgesetz von 1877 die Funktionen zugewiesen hätte, innerhalb der streitigen Gerichtsbarkeit auf dem materiellrechtlichem Gebiet die Rechtseinheit zu wahren und daneben auf verfahrensrechtlichem Gebiet die Kontrolle über die Instanzgerichte auszuüben. Insbesondere hinsichtlich der „Rechtseinheits - Funktion" erkannte *Jonas*, daß das Reichsgericht im Laufe der Entwicklung unverkennbar an Bedeutung verloren habe. Dies sei unter anderem auf das kriegsbedingte Anheben der Revisionssumme auf 10.000 RM zurückzuführen, wodurch wichtige Sachgebiete der reichsgerichtlichen Einwirkung praktisch völlig entzogen würden, da Prozesse in derart hohen „Objektslagen" kaum vorkommen würden.[634] Damit das Reichsgericht seine Funktion als Träger der einheitlichen Rechtsentwicklung erfüllen könne, müsse ihm hinreichender Stoff zufließen, und es müsse selbst darüber befinden, mit welchen Sachen es sich eben im Interesse der Rechtsentwicklung in einer eingehend begründeten Entscheidung befassen wolle und in welchen es einen nicht begründeten Zurückweisungsbeschluß für ausreichend halte. Die Möglichkeit, für - vom Standpunkt der Allgemeinheit aus betrachtet – völlig unwesentliche Sachen, eine derartige Beschlußentscheidung herbeizuführen, hielt *Jonas* für dringend notwendig. Auf die Frage, ob dies im Wege einer Zurückweisung der Revision als offensichtlich unbegründet oder umgekehrt in der Form einer Zulassung der Revision erfolgen solle, ging er jedoch nicht weiter ein. Auch legte er sich nicht fest, ob der Weg zum Reichsgericht in allen obergerichtlichen Sachen offenstehen oder ob man, abweichend von der bestehenden Revisionssumme in Höhe von 10.000 RM, gewisse Zulässigkeitsbeschränkungen einbauen sollte.

Darüber hinaus hielt *Jonas* es für erforderlich, das Reichsgericht als Träger der einheitlichen Rechtsentwicklung angesichts des dann zu erwartenden höheren Arbeitsanfalls angemessen zu vergrößern.[635]

Durch die 4. Vereinfachungsverordnung vom 12.01.1943 (§ 4 Ziff.12) wurde dem Reichsgericht in allen Fällen, in denen es dies für sachdienlich hielt, das Recht zur eigenen Sachentscheidung zugestanden.[636] Der Referentenentwurf des Reichsjustizministeriums vom Juli 1943[637] sah im Rahmen der 2. Verordnung zur Änderung des Verfahrens in bürgerlichen Rechtsstreitigkeiten eine Änderung des § 546 Abs. 1 vor. Dieser sollte wie folgt neu gefaßt werden: *"Die Revision ist nur zulässig, wenn sie in dem Urteil durch Beschluß des Reichsgerichts für zulässig erklärt wurde. Das Oberlandesgericht soll die Revision nur zulassen, wenn es von einer Entscheidung des Reichsgerichts abgewichen oder wenn*

---

634 *Jonas*, Gedanken über die Neugestaltung der Gerichtsorganisation, Deutsches Recht, S. 1336

635 *Jonas*, Gedanken über die Neugestaltung der Gerichtsorganisation, Deutsches Recht, S. 1337

636 RGBl. I, 1943, S.7

637 Abgedruckt bei *Schubert*, ADR , Bd. IV, S. 514

sonst von der Zulassung der Revision die Klärung einer Rechtsfrage von grundsätzlicher Bedeutung zu erwarten ist. Läßt das Reichsgericht die Revision im Falle des § 566 a nicht zu, so ist die eingelegte Revision als Berufung zu behandeln und an das Oberlandesgericht abzugeben; das Rechtsmittel ist als zulässig anzusehen, wenn die Revision im Falle ihrer Zulassung an sich statthaft sowie in der gesetzlichen Form und Frist eingelegt und begründet wäre. " Die „Zweite Kriegsmaßnahmen-Verordnung"[638] führte zu einer weiteren Einschränkung der Revision, in dem die Zulassung wegen grundsätzlicher Bedeutung stärker hervorgehoben wurde. So bestimmte die Verordnung vom 27.09.1944, daß gegen Entscheidungen der Amtsgerichte und Landgerichte in bürgerlichen Rechtssachen nur noch das Rechtsmittel der Revision an das Reichsgericht zulässig war. Sie durfte allerdings nur zugelassen werden, „wenn dies wegen der grundsätzlichen Bedeutung der Rechtssache auch unter Berücksichtigung der Kriegsverhältnisse geboten war". In vermögensrechtlichen Streitigkeiten war die Revision ausgeschlossen, wenn der Wert des Beschwerdegegenstandes 1.000 RM nicht überstieg (§ 2 der VO).

Mit dem Ende des Zweiten Weltkrieges wurden im Jahre 1945 zunächst alle Gerichte geschlossen. In den einzelnen Besatzungszonen nahmen die Gerichte, bis auf das Reichsgericht als vormals oberste Revisionsinstanz, zunächst ihre Tätigkeit unter Aufsicht der Militärregierungen auf, wobei man im wesentlichen an die Regelungen anknüpfte, die vom nationalsozialistischen Gedankengut frei zu sein schienen. Für die britische Zone wurde durch die Verordnung der Militärregierung Nr. 98[639] und der dazu ergangenen Durchführungsverordnung der Oberste Gerichtshof für die Britische Zone (OGH) errichtet, der die Aufgaben des weggefallenen Reichsgerichts als Revisionsinstanz übernahm. Sowohl für die Verfahren des Obersten Gerichtshofs der Britischen Zone als auch für die des Deutschen Obergerichts wurden zunächst die Revisionsregelungen der ZPO in der Fassung vom 08.11.1933 übernommen.[640] Die Revision war bei einem 6.000 RM übersteigenden Streitgegenstand in vermögensrechtlichen Streitigkeiten statthaft. In der amerikanischen Zone dagegen wurden zunächst die Oberlandesgerichte Revisionsinstanz. Mit der Gründung der Bundesrepublik wurden die Verfahrensregelungen i. d. F. vom 08.11.1933 auch für das Verfahren vor dem BGH eingeführt.[641]

Durch das Rechtsvereinheitlichungsgesetz vom 12.09.1950[642] wurden die für den OGH geltenden Regelungen über die Statthaftigkeit der Revision, d.h. Zu-

---

[638] RGBl. I, 1944, S. 229
[639] Vgl. VOBl. BrZ 1947, Amtl. Organ zur Verkündung von Rechtsverordnungen der Zentralverwaltungen, S. 154
[640] Vgl. § 31 VO v. 17.11.47 (VOBl. BrZ. 1947, S. 152) und VO Nr. 127 v. 09.02.1948; Art X Abs. 1 (b) (VOBl BrZ 1948, S. 55); siehe auch *Krumme*, NJW 1950, S. 321
[641] Siehe *Kraemer*, ZZP 64, S. 131 ff (136, 142)
[642] BGBl. I, 1950, S. 455

lässigkeit bei Erreichen der Revisionssumme in Höhe von 6.000 RM oder bei grundsätzlicher Bedeutung oder Divergenz, auf den neu errichteten Bundesgerichtshof angewandt.

b) Auffassung der Minderheit (Referat von *Hans Merkel* vom 12.10.1956)

1) Grundsätzliche Überlegungen über den Sinn und Zweck der Revision

Zu Beginn seiner Ausführungen stellte *Merkel* zunächst grundsätzliche Überlegungen über den Sinn und Zweck der Revision an. Mit Bezug auf Ausführungen von *Seuffert*[643] stellte er in seinem Referat dar, daß ursprünglich nicht die Rechtseinheit das allgemeine Ziel der Revision gewesen sei. So seien nach *Seuffert* die Instanzen in Deutschland üblich gewesen und als allgemein notwendig aufgefaßt worden. In diesem Sinne sei der Instanzenzug der ZPO nicht der Rechtseinheit wegen konstituiert worden, sondern lediglich im Interesse der Parteien, um ihnen die Instanzen zu gewähren. Erst bei dieser grundsätzlichen Einstellung sei die dritte Instanz dann so eingerichtet worden, daß sie ein Mittel zur Förderung und zum Erhalt der Rechtseinheit geworden sei.

Auch nach *Merkels* Meinung sollte dem Staatsbürger dadurch ein Rechtsmittel an die Hand gegeben werden, mit dem er in die Lage versetzt werde, das ihm zustehende Recht erstreiten zu können, für den Fall, daß das Berufungsgericht eine Rechtsnorm nicht oder falsch angewendet habe.[644] Die dritte Instanz sei dann lediglich so eingerichtet worden, daß sie **auch** ein Mittel zur Förderung und Herstellung der Rechtseinheit geworden sei. Nicht das Rechtsmittel der Revision überhaupt, sondern nur die Konzentration beim Reichsgericht habe der Rechtseinheit gedient. Im Ergebnis sei die Revision also dem Gedanken des Rechtsschutzes entsprungen und die Rechtseinheit stelle nur eine Folgewirkung der rechtsprechenden Tätigkeit des Revisionsgerichtes dar. Nach *Merkels* Ansicht dürfe man diese „Nebenwirkung" nicht zur „Hauptaufgabe" des Gerichtes machen und so den Anschein erwecken, als habe das höchste Gericht gar nicht die Aufgabe, die fehlerfreie Anwendung des Rechts in allen wichtigen Einzelfällen zu gewährleisten.

Angesichts dieser Überlegungen sprach sich *Merkel* gegen eine Umwandlung der Revision in eine Grundsatzrevision[645] aus, die als Auslesegrundsatz ungeeignet und schädlich sei. Bei der Begründung seiner Aussage berief er sich unter anderem auf eine Ausarbeitung von *Jagusch*[646] zu dem Thema „Beschränkung der Revision auf Grundsatzfragen", der sich *Merkel* in vollem Umfang

---

643 *Seuffert,* Revision, zweiter Abschnitt, S. 59

644 *Merkel*, Protokoll Nr. 6, S. 35

645 Grundsatzrevision: Der Rechtsweg zum Revisionsgericht steht nur bei sog. Grundsatzentscheidungen offen. Entscheidungen sind von derart grundsätzlicher Bedeutung, wenn sie für die einheitliche Auslegung und die Fortbildung des Rechts von wesentlicher Bedeutung sind.

646 *Jagusch*, NJW 1953, S. 161 ff

anschloß.[647] *Jagusch* war in seiner Darstellung zu dem Ergebnis gekommen, daß alle Rechtsmittel einen doppelten Zweck hätten. Seiner Meinung nach sollten sie dazu dienen, daß der vorgetragene Fall richtig entschieden werde, woraus nachfolgend die andere Aufgabe entstünde, die Wahrung der Rechtseinheit. Der Gedanke der Rechtseinheit sei aber nicht Forschungs- und Selbstzweck, diene nicht der abstrakten Rechtserkenntnis und Begriffsklärung, sondern sei eine Säule der materiellen Gerechtigkeit, auf die jedermann grundsätzlich Anspruch habe. Die Grundsatzentscheidung sei als Hauptlösung und grundlegendes Rechtsmittel nicht brauchbar. Nach *Jaguschs* Ansicht beruhe diese auf unrichtigen Annahmen, fördere kaum die Rechtseinheit und widerspreche der eigentlichen höchstrichterlichen Tätigkeit.

Merkel beurteilte die Auswahl und Vorlage der grundsätzlichen Rechtsfragen besonders kritisch, an deren Schwierigkeit das Grundsatzprinzip seiner Meinung nach bereits scheitern würde. Über die Grundsatzfrage hätten die Oberlandesgerichte zu befinden. Eine umfassende Dokumentation aller Entscheidungen der Oberlandesgerichte, die für diesen Zweck notwendig wäre, sei aber nicht vorhanden. Die Rechtseinheit könne aber nur durch eine planmäßige, auf breitester Anschauungsgrundlage basierender Rechtsfortbildung und Rechtsanwendung durch ein einheitliches höchstes Gericht gewahr werden. Allein der "breite Strom der Fälle" erlaube es dem höchsten Gericht das Grundsätzliche in der Form geeigneter Fälle aufzugreifen, herauszuarbeiten, zu entscheiden und die Wirkung solcher Entscheidungen weiterhin zu überwachen.[648]

Weiterhin müsse es dem höchsten Gericht aus Gründen der Gleichbehandlung freistehen, auch solche Fälle unmittelbar herauszugreifen, die in der Rechtsprechung der Oberlandesgerichte bisher unbestritten geblieben sind oder die zur festen Rechtsprechung gehören. Dem Argument, das Revisionsgericht sei zu groß, trat *Merkel* mit der Aussage entgegen, daß immer das Verhältnis der Richterschaft in Zivilsachen zur gesamten Bevölkerung berücksichtigt werden müsse. 1952 habe der Bundesgerichtshof bei einer damaligen Einwohnerzahl von 48 Millionen in Zivilsachen 45 Richter gehabt und das sei im Verhältnis eine geringe Richterzahl.[649]

Eine weitere unerwünschte Folge der Abhängigkeit der Revision von einem Vorlagebeschluß sei, daß einige Fälle in unerwünschter Weise zu den Schiedsgerichten getrieben würden. Auch würde manche Revision ausschließlich wegen grundsätzlicher Rechtsfragen an das höchste Revisionsgericht gebracht werden,

---

[647] *Merkel,* Protokoll Nr. 6, S. 39

[648] *Merkel*, Protokoll Nr. 6, S. 37

[649] Im Jahre 2003 gab es für den BGH bei einer Bevölkerungsanzahl von rund 82 Mill. Bundesbürgern 127 Richterstellen; Quelle: *www.Bundesgerichtshof.de* (Tätigkeitsbericht für das Jahr 2003). Die Anzahl der Richter hat sich also im Verhältnis zu der Einwohnerzahl um ca. die Hälfte erhöht.

dagegen andere weit schwerwiegendere Fragen nicht, weil sie nicht grundsätzlich bedeutsam erschienen.

Zusammenfassend gelangte *Merkel,* insbesondere „vom Standpunkt der Praxis“ aus gesehen, zu dem Ergebnis, daß das Grundsatzprinzip daher als Auslesegrundsatz ungeeignet und schädlich sei. Dabei wies er auf die Stellungnahme des Deutschen Anwaltvereins hin, der die Frage, ob die Revision in eine Grundsatzrevision umzuwandeln sei, mit den oben dargestellten Argumenten verneint habe. In seiner Entschließung vom 22.05.1954 hatte sich der Deutsche Anwaltsverein entschieden gegen die Pläne gewandt, das Rechtsmittel der Revision in Zivil- und in Strafsachen zu beschränken. An der Gestalt des Rechtsmittels der Revision grundsätzlich etwas zu ändern, insbesondere die Revision auf Grundsatzfragen zu beschränken oder sogar durch das Rechtsmittel der Kassation zu ersetzen, wäre nach Meinung des Anwaltsvereins im Interesse der Rechtspflege nicht zu verantworten.[650]

Einen weiteres wichtiges Argument, welches für die Beibehaltung der Revision in ihrer gegenwärtigen Gestalt spreche, sah *Merkel* in der historischen Entwicklung des Privatrechts.[651] Neue Rechtsgebiete, in denen sich öffentliches und privates Recht unlöslich verbunden hätten, seien entstanden. In der Rechtsprechung des Reichsgerichts und des Bundesgerichtshofes spiegele sich diese Entwicklung wider. Seit 1914 würden die Rechtsfragen der Kriegswirtschaft, der Geldentwertung, der Aufwertung, der Krisenzeit vor 1933, der „Revolution“ nach 1933, der Kriegswirtschaft des Zweiten Weltkrieges, der Geldentwertung sowie der Wandlungen im Verfassungsrecht, im Boden-, Siedlungs- und Enteignungsrecht, die Fragen des Besatzungsrechts und andere Rechtsgebiete auftauchen. In diesem Wandel der Gesetzgebung, der Rechtsgestaltung und der Rechtsentwicklung mache auch die Rechtsprechung entsprechende Wandlungen durch. Die Rechtsprechung der mittleren und unteren Gerichte bedürfe zu einer gesunden Fortentwicklung der „geistigen Autorität“ eines führenden Gerichtshofes. Nach *Merkels* Meinung könne diese Führung aber nicht darauf aufgebaut werden, daß die Möglichkeit den obersten Gerichtshof anzurufen nur für den Fall von Grundsatzentscheidungen bestehen würde. Vielmehr müsse der oberste Gerichtshof in allen wichtigen Rechtsfällen angerufen werden können, wenn die Möglichkeit eines Rechtsirrtums der unteren Instanzen bestände. Nur so werde die lebendige Fortentwicklung des Rechts erhalten, nur so sei auch der oberste Gerichtshof in der Lage, die ständige Berührung mit den lebendigen Rechts- und Wirtschaftsfragen der Praxis aufrechtzuerhalten und gegebenenfalls auch von anerkannten Rechtssätzen der früheren Rechtsprechung abzuweichen. Würde ein oberster Gerichtshof nur in Grundsatzentscheidungen tätig werden, auf deren Auswahl er keinen Einfluß habe, so würde nur zu leicht die Gefahr entstehen, daß die Rechtsprechung in Dogmen erstarre und nicht mehr in der Lage sei,

[650] Anwaltsblatt, „Beschränkung der Revisionsmöglichkeit beim BGH“, S. 122, 4.Jg. 1954
[651] *Merkel*, Protokoll Nr. 6, S. 39

“wirklichkeitsgemäße“ Begriffe zu entwickeln, da dann nur ein Teil des Rechtslebens unmittelbar zum obersten Gerichtshof „fluten“ würde.[652]

2) Beschränkung des Rechtsmittels Revision

Möglichkeiten, die Revision zu beschränken, sah *Merkel* darin, die Revisionssumme in gewissen Grenzen zu erhöhen. Vor dem Hintergrund, daß die Revisionssumme ab 1929 RM 6.000 betragen habe und nach einigen Schwankungen in der Kriegs- und Nachkriegszeit sich heute wieder auf DM 6.000 belaufen würde, erscheine angesichts der heutigen Kaufkraft eine derartige Erhöhung erträglich. Dies gelte insbesondere aufgrund der Tatsache, daß seit 1950 auch bei Fällen mit geringem Streitwert eine Zulassung der Revision durch das Oberlandesgericht wegen grundsätzlicher Bedeutung der Sache möglich sei.[653] Eine Frage von grundsätzlicher Bedeutung liege dann vor, wenn die Bedeutung der Streitfrage über den Rahmen des Einzelfalles hinausgehe. Ob aber eine solche Frage vorliegt, läge im pflichtgemäßen Ermessen des Oberlandesgerichts. Diese Art der Revision wurde von *Merkel* befürwortet, insoweit sie ergänzend neben die allgemeine Revisionsmöglichkeit treten würde. Abgelehnt wurde von *Merkel* die im romanischen Recht, z.B. in Frankreich und Italien übliche Kassation. Die Revision sei nicht wie die französische Kassation ein staatliches Mittel einheitlicher Gesetzesauslegung, das dem zuständigen Ministerium zustehe. Das Revisionsgericht sei ein Rechtspflegeorgan wie die anderen Gerichte, nicht wie die “Cour des Cassation“ ein Organ der Justizaufsicht, das nur aufheben, nicht selbst entscheiden könne. Vor einer Entwicklung wie sie während des Zweiten Weltkrieges, als dem Staatsanwalt vorübergehend das Recht gegeben worden sei, die außerordentliche Wiederaufnahme eines Prozesses zu beantragen und wie sie 1949 in der Deutschen Demokratischen Republik mit der Einführung der Kassation auf Antrag des Generalstaatsanwalts möglich sei, warnte *Merkel*. Diese würde den Vorrang der Staatsverwaltung, zuweilen auch der Politik vor der Rechtsprechung begründen.

Zusammenfassend kam *Merkel* zu dem Ergebnis, daß er einer Beschränkung des Rechtsmittels der Revision, abgesehen von einer angemessen Erhöhung der Revisionssumme, nicht zustimmen könne.[654] Die gleiche Auffassung vertrat *Wieczorek*, der Bedenken hinsichtlich der Urteilsfähigkeit der Richter bei der

---

[652] *Merkel*, Protokoll Nr. 6, S. 41

[653] § 546 I und II ZPO a.F.: I: „Die Revision findet nur statt, wenn das Oberlandesgericht sie in dem Urteil zugelassen hat oder wenn in Rechtstreitigkeiten über vermögensrechtliche Ansprüche der Wert des Beschwerdegegenstandes sechstausend Deutsche Mark übersteigt.“
II: *„Das Oberlandesgericht darf die Revision nur zulassen, wenn die Rechtssache grundsätzliche Bedeutung hat. Es hat die Revision stets dann zuzulassen, wenn es von einer Entscheidung des Bundesgerichtshofes abweicht.“*, siehe in *Wieczorek*, ZPO und Nebengesetze, Kommentar

[654] *Merkel*, Protokoll Nr. 6, S. 43

Beantwortung der Frage, ob eine grundsätzliche Rechtsfrage vorliege, äußerte.[655] Eine Verwerfung des Rechtsmittels durch das Revisionsgericht als offensichtlich unbegründet hielt er darüber hinaus in Zivilsachen für nicht befriedigend. *Weber* stellte in seinem Kommentar besonders auf den notwendigen Rechtsschutz des Einzelnen ab. Seiner Meinung nach gehe die höchstrichterliche Rechtsprechung in Deutschland dahin, dogmatische Sätze über das Recht zu geben. Wichtig sei aber die Entscheidung des Einzelfalls. Durch den Vorschlag, das höchste Gericht auf Grundsatzfragen zu beschränken, werde diese gefährliche Tendenz weiter gestärkt.[656]

c) Auffassung der Mehrheit (Referat von *Otto Bleibtreu* vom 13.10.1956 und von *Hermann Weinkauff* vom 12.10.1956)

Aus zeitlichen Gründen war die ausführliche Stellungnahme *Hermann Weinkauffs* zu den Ausführungen *Merkels* dem eigentlichen Korreferat *Bleibtreus* vorgezogen worden. *Weinkauff* gliederte den Inhalt seiner Darstellung in drei Abschnitte. Zunächst betrachtete er die gegenwärtige Ordnung der Revision beim Bundesgerichtshof, danach, wie sich diese darstellen würde, wenn man das allzuständige Gericht – das von allen Kommissionsmitgliedern angestrebt werde – zu Grunde läge. Der dritte Abschnitt war dann schließlich der Revision unter dem Gesichtspunkt der Großen Justizreform gewidmet.[657]

Bezug nehmend auf die grundsätzlichen Erwägungen *Merkels* stellte *Weinkauff* zunächst die tatsächliche Bedeutung der Revision in Frage. Er stellte kritisch fest, daß der deutsche Staatsbürger aufgrund der Höhe der Revisionssumme gerade nicht generell einen Anspruch auf die dritte Instanz habe. Bereits jetzt seien ca. drei Viertel aller Berufungsurteile *aufgrund der Höhe ihres Streitwertes* von der Revision ausgeschlossen. Darüber hinaus mache der Staatsbürger auch nur relativ geringen Gebrauch von dem ihm wirklich zustehenden Recht. Und schließlich komme es dem Bürger in einem nicht unerheblichen Teil der Fälle gar nicht darauf an, eine rechtliche Entscheidung zu erhalten, sondern die Rechtskraft hinauszuschieben. So würde in diesen Fällen das Rechtsmittel wenige Tage, bevor der Termin stattfinde, also zu einem Zeitpunkt, in dem der Berichterstatter die Sache bereits vollkommen durchgearbeitet habe und schon ein Teil der "Mitsitzenden" das Votum durchgearbeitet habe, zurückgenommen.

Auch *Weinkauff* stellte fest, daß das Recht sehr viel an Komplexität gewonnen habe. Nach seiner Meinung sei dieses jedoch mittlerweile so kompliziert und „zerrüttet", daß gegenwärtig und sicher auf unabsehbare Zeit der Bundesgerichtshof die beiden Aufgaben, Nachprüfung der Einzelfälle auf ihre rechtliche

---

[655] *Wieczorek*, Protokoll Nr. 6, S. 92
[656] *Weber*, Protokoll Nr. 6, S. 101
[657] *Weinkauff*, Protokoll Nr. 6, S. 44

Richtigkeit im Einzelfall und einheitliche Auslegung und Fortbildung des Rechts, einfach nicht erfüllen könne.[658] Das öffentliche Recht überwuchere das bürgerliche Recht in einer ungeordneten, unsystematischen und undurchdachten Weise. Es sei eben jeder Fall viel schwieriger, komplizierter und erheblich zeitraubender geworden als früher.

Im Gegensatz zu *Merkel*, der in der schnellen und vielfältigen Entwicklung des Rechts auch Weiterentwicklungsmöglichkeiten für die Rechtsprechung sah, kam *Weinkauff* zu dem Ergebnis, daß es heute von keinem obersten Gericht mehr geleistet werden könne, die unzähligen Einzelfälle auf ihre rechtliche Richtigkeit hin zu prüfen. Dieser Umstand führe seiner Auffassung nach dazu, daß die oberen Bundesgerichte gegenwärtig alle übermäßig groß seien. Insbesondere sei jedoch die Tatsache ernst zu nehmen, daß es einen Mangel an qualifizierten Kräften gäbe. Die Justiz liefere gar nicht so viele hochstehende Richter, wie sie die gegenwärtige Ordnung erforderlich mache. So sei auch der Bundesgerichtshof qualitativ zu schlecht besetzt, da es hier leider eine erhebliche Zahl von Kräften gäbe, die der Aufgabe schlechthin nicht gewachsen seien. Im Ergebnis erkannte *Weinkauff* in den seiner Ansicht nach "übergroßen", unzureichend besetzten und in sich uneinigen oberen Gerichten große Gefahren für die Einheitlichkeit der Rechtsprechung. Es gäbe in Grundsatzfragen des Rechts keinerlei einheitliche Meinung, so etwa innerhalb des Bundesgerichtshofs oder seiner Großen Senate, in denen die Grundsatzfragen hauptsächlich zur Sprache kommen würden.[659] Man könne daher im 20. Jahrhundert, nach dem was hinter ihnen läge, einfach nicht mehr die Organisation und die Rechtsmittel des 19. Jahrhunderts haben, welches auf dem Gebiet des Rechts in sich relativ geschlossen gewesen sei und das eine verhältnismäßig geordnete Wirtschaft aufgewiesen habe.

Unter diesen Umständen hielt *Weinkauff*, im Gegensatz zu *Merkel*, in Zivilsachen eine dritte Instanz für den Einzelfall für entbehrlich, wenn die beiden unteren Instanzen gut besetzt seien und man damit zwei „qualifizierte" Tatsacheninstanzen vorweisen könne. In einem solchen Fall sei es einfach nicht mehr notwendig - und könne unter den bestehenden Verhältnissen auch nicht mehr geleistet werden -, daß dann noch eine dritte Instanz praktisch für jedermann und in allen Fällen zur Verfügung gestellt werde. Auch gegenwärtig stelle man eine dritte Instanz nur für einen relativ geringen Bruchteil der Fälle zur Verfügung, der dadurch auch noch ungerechtfertigterweise privilegiert werde.

Weinkauff bevorzugte demgegenüber ein sehr viel kleineres, dafür aber hochwertiger besetztes Rechtsrügegericht, das dann notwendig auf die Funktion der einheitlichen Auslegung und Fortbildung des Rechts beschränkt werden müsse, da es die **beiden** bisherigen Aufgaben, d.h. die Nachprüfung der Einzelfälle auf ihre rechtliche Richtigkeit im Einzelfall und die einheitliche Auslegung

[658] *Weinkauff*, Protokoll Nr. 6, S. 47
[659] Ebenda, S. 49

und Fortbildung des Rechts, dann nicht mehr erfüllen könne. Folglich sei eine derartige Umstrukturierung nur umsetzbar, wenn man den Tätigkeitsbereich der Rechtsrügegerichte auf Grundsatzentscheidungen und darüber hinaus gegebenenfalls auf den Ausgleich von Differenzen in der Rechtsprechung der Untergerichte beschränken würde.[660]

Ergänzend stellte *Weinkauff* zur Diskussion, ob nicht die sogenannte Kassation[661] im Interesse des Gesetzes eingeführt werden sollte. Bei der Kassation bestehe die Möglichkeit, rechtskräftig gewordene Urteile aller Instanzen vor das Revisionsgericht zu bringen, wenn diese eine Rechtsfrage von grundsätzlicher Bedeutung zum Gegenstand hätten, ohne daß durch die Entscheidung des Revisionsgerichtes die Rechtskraft der entschiedenen Sache berührt werde. Es würde in diesem Fall also nur die Rechtsfrage als solche, die grundsätzliche, vor das Rechtsrügegericht gebracht werden können. Dies hätte dann den Effekt, daß über die ganze Breite der Justiz hinweg grundsätzliche Rechtsfragen an das oberste Revisionsgericht gelangen könnten. Mit der Kassation habe man ein Korrektiv, das bis zu einem gewissen Grade notwendig werden würde, wenn man die Revision auf Grundsatzfragen beschränken wolle. Denn dann würden vielleicht die wenigen Fälle, die dann noch zum Bundesgerichtshof gelängen, nicht genug „klinisches Material" liefern, um zur sachgerechten Entscheidung zu kommen.[662]

Hinsichtlich der Frage, wie die Grundsatzrevision praktisch organisiert werden könnte, trug *Weinkauff* vor, daß der Bundesgerichtshof im Rahmen seiner Erörterungen mit einer Stimmenmehrheit von 80 bis 85 % zu dem folgenden Ergebnis gekommen sei: „Die Revision solle im wesentlichen nur noch zugelassen werden, wenn die Rechtssache für die einheitliche Auslegung oder die Fortbildung des Rechts von wesentlicher Bedeutung sei."[663] Ergänzend zog *Weinkauff* in Erwägung, die Zulässigkeit der Revision zu bejahen, wenn ein Urteil des Oberlandesgerichts (des Obergerichts) in einer Rechtsfrage von einer Entscheidung des Bundesgerichtshofes oder von einer veröffentlichten Entscheidung eines anderen Oberlandesgerichts abweichen und auf dieser Abweichung beruhen würde.

In einem nächsten Schritt erörterte *Weinkauff*, wie die Grundsatzrevision verfahrensmäßig durchgeführt werden müßte.[664] Seiner Ansicht nach müßten die Rechtsmittel unmittelbar an das Rechtsrügegericht gehen, ohne daß es einer Zulassung durch die Obergerichte bedürfe. Der Bundesgerichtshof hätte dann

---

[660] *Weinkauff*, Protokoll Nr. 6, S. 50

[661] Kassation:(cassus „leer) Ist im „älteren" und ausländischen Recht die „Vernichtung" eines Urteils aufgrund eines Rechtsmittels (Nichtigkeitsbeschwerde). Siehe Köbler / Pohl, Rechtswörterbuch, S. 276

[662] *Weinkauff*, Protokoll Nr. 6, S. 52

[663] *Weinkauff*, Protokoll Nr. 6, S. 53

[664] Ebenda, S. 54

von sich aus vorab zu entscheiden, ob das Rechtsmittel zulässig sei, ob es also die Fragen aufwerfen würde, die für die einheitliche Auslegung und die Fortbildung des Rechts von wesentlicher Bedeutung seien oder nicht. Dieses müßte er nach *Weinkauffs* Auffassung notwendigerweise durch einen nicht begründeten Beschluß tun können. Nur dann würde wirklich ein praktischer Effekt erzielt. Nur so ließe sich überhaupt eine einheitliche und konsequente Praxis erreichen. Das Revisionsgericht würde hier noch die ganze Fülle der Fälle bekommen; es bliebe also mit der Praxis vertraut wie bisher; es könne eine einheitliche Praxis darüber entwickeln, was es als Grundsatzfrage ansehen würde und was nicht. Und es ließe sich, wenn sich das nur erst einmal eingespielt habe, mit relativ geringem Arbeitsaufwand feststellen, welche Fälle mangels einer Grundsatzfrage unzulässig wären.

Weinkauff verwies in seinen Ausführungen auf das Ansehen des Supreme Courts in Washington, dessen Prestige ganz wesentlich darauf beruhe, daß es wirklich nur die zentralen und fundamentalen Rechtsfragen entscheide, die dann in der ganzen Öffentlichkeit bekannt würden. Dies sei sehr viel wichtiger für die Rechtsgemeinschaft und für ein oberes Rechtsrügegericht, als daß es eine Unzahl von Einzelfällen entscheide, wozu es ohnehin von vornherein niemals in der Lage sei und künftig immer weniger in der Lage sein werde.

Den Gedanken, die Revisionssumme zu erhöhen, verwarf *Weinkauff* mit dem Argument, daß dies nur eine minimale Reduzierung der Revisionen zur Folge hätte und darüber hinaus die Zulassung der Revision nach einem solchen „odiösen“[665] Maßstab zu einer Verstärkung des „Übels“ führe.

Insbesondere unter dem Gesichtspunkt des allzuständigen Gerichts bestände nach Auffassung *Weinkauffs* gezwungener Maßen die Notwendigkeit, das oberste Rechtsrügegericht auf Grundsatzentscheidungen zu beschränken. Wenn nur noch **ein** oberstes Rechtsrügegericht im gesamten Bereich der Rechtsprechung bestände, hätte man anderenfalls ein wahres „Mammutgericht“, das man auf keine Weise mehr entsprechend besetzen könne und das auf keine Weise mehr die Einheit der Rechtsprechung garantieren könne.[666]

Für den Fall der Großen Justizreform könne gar nicht anders vorgegangen werden, als daß das künftige einheitliche Rechtsrügegericht in dem oben dargestellten Sinne auf Grundsatzentscheidungen beschränkt werde. Entscheidend sei, daß man die Justiz grundsätzlich dreigliedrig aufbaue, die Friedensgerichtsbarkeit ausgliedere und den Grundsatz verwirkliche, „möglichst wenige, aber möglichst hochstehende Richter“, daß heißt die erste und die zweite Instanz hochwertig besetzen würde. Wenn darüberhinaus grundsätzlich noch in wichtigen Dingen zwei Tatsacheninstanzen gegeben wären, dann bestände kein Grund mehr, eine dritte Rechtsmittelinstanz generell zur Verfügung zu stellen.[667] Im

[665] odiös: (lat.) gehässig, unausstehlich, widerwärtig
[666] *Weinkauff*, Protokoll Nr. 6, S. 57
[667] *Weinkauff*, Protokoll Nr. 6, S. 58

Sinne des Rechtsstaates sollte es nicht erforderlich sein, daß jeder Richterspruch durch drei Instanzen gebracht werden müsse. *Weinkauff* vertrat die Meinung, daß, wenn die Gerichte gut besetzt seien, man durchaus verantworten und vom Staatsbürger fordern könne, daß er sich in einfach gelagerten Massenfällen mit einem Richterspruch eines guten Richters, sonst mit zwei Richtersprüchen, begnüge.

Bleibtreu kam im Rahmen seines Korreferates zu den gleichen Ergebnissen wie *Weinkauff.* Auch *Bleibtreu* sprach sich dafür aus, daß die Revision zum Zwecke der Entlastung des obersten Gerichtes auf Rechtsfragen von grundsätzlicher Bedeutung beschränkt werden sollte.[668] Für *Bleibtreu* war von entscheidender Bedeutung, daß der Bundesgerichtshof nicht beide Aufgaben – Wahrung der Rechtseinheit und Nachprüfung der rechtlichen Richtigkeit der Entscheidung des Einzelfalles – erfüllen könne, ohne daß dieser „übergroß" werden würde und damit nicht mehr die Qualität besäße, die „Rechtseinheit" zu wahren.

d) Leitsätze und Empfehlungen

Wie bei der Diskussion über das Rechtsmittel der Berufung stellte die Kommission auch für die Revision zunächst Leitsätze für den Fall der Großen Justizreform und den der beschränkten Justizreform auf.[669] Die Abstimmungsergebnisse über die Leitsatzvorschläge von *Merkel* und *Weinkauff* ergaben, daß in den meisten Fällen jeweils die Hälfte der Kommissionsmitglieder den Vorschlag befürwortete und die andere Hälfte diesen ablehnte.[670] Dieses Ergebnis zeigt wie kontrovers die Diskussion zu diesem Arbeitsabschnitt geführt wurde. Einzig der Leitsatzvorschlag von *Merkel*, *„Die Einführung der Revision gegen Berufungsurteile der Landgerichte ist vom Standpunkt der Praxis aus nicht erforderlich"*, fand einstimmige Zustimmung in der Kommission.

In den Abschlußbericht der Kommission wurde ausschließlich, für den Fall der beschränkten Justizreform, die folgende Empfehlungen aufgenommen:[671]
"Die Revision ist auf Sachen von rechtsgrundsätzlicher Bedeutung zu beschränken.
Eine rechtsgrundsätzliche Bedeutung der Sache ist stets anzunehmen, wenn das Berufungsgericht von einer Entscheidung des Bundesgerichtshofes oder von einer Entscheidung eines anderen Oberlandesgerichts abweicht.

---

668 *Bleibtreu*, Protokoll Nr. 6, S. 79
669 Siehe dazu die Darstellung der Leitsatzvorschläge nebst der dazugehörigen Abstimmungsergebnisse in Anhang 3. zu dieser Arbeit.
670 Siehe dazu die Darstellung der Leitsatzvorschläge nebst der dazugehörigen Abstimmungsergebnisse in Anhang 3. zu dieser Arbeit.
671 Protokoll Nr. 33, S. 6; Bericht der Kommission, S. 157 ff.

Die Revision soll vom Berufungsgericht zugelassen werden. Eine Beschwerde gegen Nichtzulassung soll nicht gegeben sein.“

III. Beschwerde

Im Rahmen der 6. Arbeitssitzung der Kommission hielt *Merkel* am 29. März 1957 das Referat zu dem Thema „Die Möglichkeiten einer Beschränkung der Beschwerde innerhalb der streitigen Gerichtsbarkeit“. Das eigentliche Korreferat hierzu war bereits während der 4. Arbeitssitzung am 13. Oktober 1956 von *Bleibtreu* gehalten worden. *Bleibtreu* hatte seine Ausführungen zur Beschränkung der Berufung, Revision und der Beschwerde in einem Referat zusammengefaßt.

Bereits die zeitliche Abfolge von Referat und Korreferat zeigt, daß es sich hierbei nicht, wie bei den vorherigen Referaten, um eine Gegenüberstellung der unterschiedlichen Reformansätze handelt. So behandelt *Bleibtreu* die Beschwerde eher im Rahmen einer allgemeinen Darstellung der Möglichkeiten zur Rechtsmittelbeschränkung, wobei *Merkel* eine detaillierte „Einzelfallbetrachtung“ der unterschiedlichen Beschwerdemöglichkeiten vornahm. Folglich lassen sich die Referenten in diesem Abschnitt nicht einer Minder- oder Mehrheit zuordnen, insbesondere, da eine „klare Lagerbildung“ innerhalb der Kommission zu diesem Themenbereich nicht stattgefunden hat. Dies ergibt sich auch aus dem Bericht der Kommission, in dem es heißt:

„Wegen der Vielgestaltigkeit und der unterschiedlichen Bedeutung der Entscheidungen, die mit der Beschwerde angegriffen werden können, würde ein genauer Vorschlag für eine Beschränkung der Beschwerde Untersuchungen erfordern, die sehr ins einzelne gehen würden, ohne daß sich ein entsprechender Nutzen ergäbe. Die Kommission weist daher im wesentlichen nur auf die Richtung hin, in der das Beschwerderecht geändert werden sollte“.

a) Diskussionsstand vor der konstituierenden Sitzung vom 18.11.1955

Der Beschwerderechtszug war in den vergangenen sechzig Jahren schrittweise eingeengt worden.[672]

So schaffte die **Novelle von 1898**[673] zunächst die weitere Beschwerde an das Reichsgericht gegen Entscheidungen der Oberlandesgerichte über das Rechtsmittel der Beschwerde (§ 568 Abs. 4 der Neufassung von 1898) ab und machte hinsichtlich der Entscheidungen über Prozeßkosten die Beschwerde und die weitere Beschwerde gegen Entscheidungen der Oberlandesgerichte von einem Beschwerdewert von 100 M abhängig (§§ 567 Abs. 2 und 568 Abs. 3). Für

---

[672] *Merkel,* Protokoll Nr. 8, S. 3
[673] RGBl., 1898, S. 256, (Gesetz vom 17.05.1898)

weitere Beschwerden gegen Entscheidungen der Landgerichte über Prozeßkosten wurde eine Beschwerdesumme von 50 M festgesetzt (§ 568 Abs.3). Danach beseitigte die **Novelle von 1905**[674] die weitere Beschwerde gegen Entscheidungen der Oberlandesgerichte und die Beschwerde in Prozeßkostensachen (§§ 567 Abs. 2, 568 Abs. 2). Sämtliche Möglichkeiten der Beschwerde gegen die Entscheidungen der Oberlandesgerichte wurden durch die **Novelle von 1910**[675] aufgehoben (Streichung der §§ 567 Abs. 2, 568 Abs. 4). **Die Novelle von 1922**[676] brachte dann schließlich den völligen Ausschluß der weiteren Beschwerde gegen Entscheidungen der Landgerichte über Prozeßkosten.

Durch die **Novelle von 1924**[677] wurden die Gesetzesänderungen der Novelle von 1910 dahingehend eingeschränkt, daß die (sofortige) Beschwerde gegen den damals neu eingeführten Verwerfungsbeschluß nach § 519 b Abs. 2 zugelassen wurde (§ 567 Abs. 3 der Neufassung von 1924).

Die **Vereinfachungsverordnungen** des Zweiten Weltkrieges führten zu weiteren erheblichen Einschränkungen der Beschwerde. So wurde die Beschwerde über Kosten, Gebühren und Auslagen gemäß § 567 Abs. 2 (in der Fassung von 1933) durch die Heraufsetzung des Beschwerdewertes auf 200 RM durch § 1 der Verordnung vom 1.9.1939[678] zunächst eingeschränkt, und danach durch § 3 der 3. VereinfachV. vom 16.5.1942[679] und § 5 der 4. VereinfV. vom 12.1.1943[680] ganz ausgeschlossen. Später wurde durch § 5 Abs. 2 der 4. VereinfV. vom 12.1.1943[681] § 568 Abs. 2 und damit die weitere Beschwerde allgemein aufgehoben. Die Möglichkeit gemäß § 127 S.2 und S.3 (Neufassung von 1933) gegen Beschlüsse, durch die das Armenrecht verweigert oder entzogen oder die Nachzahlung von Kosten angeordnet wurde Beschwerde einzulegen, wurde durch § 3 der 3. VereinfV. vom 16.5.1942[682] zunächst eingeschränkt und durch § 1 Abs. 1 der VO vom 27.9.1944[683] gänzlich aufgehoben.

Jonas vertrat 1941 die Auffassung, daß seine Ausführungen zu der Berufung, insbesondere die Forderung nach dem vollständigen Wegfall der zweiten Tatsacheninstanz, in gleicher Weise für die Beschwerde gelten müßten.[684] Beschwerde und weitere Beschwerde ließen sich noch weniger als die beiden Tatsacheninstanzen des Hauptrechtszuges rechtfertigen, namentlich wenn man be-

---

[674] RGBl., 1905, S. 536, (Gesetz vom 05.06.1905)
[675] RGBl., 1910, S. 767, (Gesetz vom 22.05.1910)
[676] RGBl. I, 1922, S. 569
[677] RGBl. I, 1924, S. 437
[678] RGBl. I, 1939, S. 1658
[679] RGBl. I, 1942, S. 333
[680] RGBl. I, 1943, S. 7
[681] RGBl. I, 1943, S. 7, (§ 5 Abs. 2 der 4. VereinfVO vom 12.01.1943)
[682] RGBl. I, 1942, S. 333
[683] RGBl. I, 1944, S. 229
[684] *Jonas*, „Gedanken über die Neugestaltung der Gerichtsorganisation", 1941, S. 1333; siehe auch Teil 3, E I a) dieser Arbeit (S.132 ff.)

rücksichtigen würde, daß vielfach vor der ersten Beschwerde noch die Erinnerung liege. Aufgrund der Tatsache, daß im allgemeinen der Beschwerdezug im Laufe der Jahre durch die Novellengesetzgebung weitgehend abgebaut worden sei, sah *Jonas* in besonderem Maße auf dem Gebiet der Zwangsvollstreckung noch erheblichen Handlungsbedarf. So sei es seiner Ansicht nach nicht vertretbar, wenn man über die Frage der Pfändbarkeit dieses oder jenes Haushalts- oder Betriebsgegenstandes gegebenenfalls drei Instanzen durchlaufen könne bzw. müsse.[685] Hinsichtlich der Beschwerde auf dem Gebiet der Gerichtskosten und der Erstattung von „Armenanwaltsgebühren“ vertrat *Jonas* die Meinung, daß gerade auf diesen Gebieten häufig Streitigkeiten um geringe Beträge ausgetragen würden, die ihren Grund lediglich in „besserwisserischen Reibungen zwischen Anwaltskanzlei und Geschäftsstelle“ hätten. Nach seiner Auffassung solle diese Materie getrost in die Hand der Justizverwaltung legen, da es sich hier zumeist um Streitfragen handeln würde, bei denen die Herbeiführung einer einheitlichen Praxis viel wichtiger sei, als das „Wie“ der Entscheidung.

Im Rahmen des Rechtsvereinheitlichungsgesetzes vom 12. September 1950[686] wurden im wesentlichen die kriegsbedingten Einschränkungen der Beschwerde wieder aufgehoben bzw. bereinigt, da das Gesetz von 1950 weitestgehend die Regelungen der Novelle von 1933[687] übernahm.[688] Unter den Voraussetzungen des § 568 Abs. 2 bestand nunmehr wieder die Möglichkeit, weitere Beschwerde gegen Entscheidungen des Beschwerdegerichts einzulegen. Der Ausschluß der Beschwerdemöglichkeit über Kosten, Gebühren und Auslagen wurde rückgängig gemacht und § 567 Abs. 2 entsprechend der Regelungen der Novelle von 1933 mit einer Beschwerdesumme von 50 RM erneut eingeführt. Wieder eingeführt wurde auch § 567 Abs. 3, wonach gegen Beschlüsse der Oberlandesgerichte, durch die eine Berufung nach § 519 b als unzulässig verworfen wurde, das Rechtsmittel der Beschwerde eingeräumt wird. Der Beschwerdefall des § 519 b war gegen Ende des Krieges dadurch suspendiert worden, daß durch § 1 Abs. 1 der VO vom 27.09.1944[689] in bürgerlichen Rechtsstreitigkeiten das Rechtsmittel der Berufung beseitigt wurde.

Weiterhin wurde durch das Rechtsvereinheitlichungsgesetz die Regelung des § 127 S.2 und S.3 (Neufassung von 1933) wieder in die ZPO übernommen. Unter den Voraussetzungen des § 127 wurde die Beschwerdemöglichkeit gegen Beschlüsse, durch die das Armenrecht verweigert oder entzogen oder die Nachzahlung von Kosten angeordnet wurde, erneut gesetzlich festgeschrieben.

---

685 *Jonas*, „Gedanken über die Neugestaltung der Gerichtsorganisation“, 1941, S. 1333
686 BGBl. I 1950, S. 455 ff (Art.2, Änderung von Vorschriften der ZPO, S. 468 ff.)
687 RGBl. I, 1933, S. 780 (Gesetz vom 27.10.1933)
688 Siehe *Stüben, Detlef*, ZZP, Band 83, S.6 ff, 1970
689 RGBl. I, 1944, S. 229

b) Referat von *Hans Merkel*: „Die Möglichkeiten einer Beschränkung der Beschwerde innerhalb der streitigen Gerichtsbarkeit".

Einführend erläuterte *Merkel* in seinem Referat das Rechtsmittel der Beschwerde.[690] Diese sei der Berufung insofern verwandt, als mit ihr die Nachprüfung von Tatfragen und Rechtsfragen verlangt und sie auf neue Tatsachen und Beweise gestützt werden könne. Der Gesetzgeber habe die Beschwerde im Zivilprozeß verfahrensmäßig freier gestaltet als die Berufung. § 529 Abs. 2 und 3 der ZPO – Zurückweisung neuen Vorbringens – sei nicht anwendbar, da das Beschwerdegericht jederzeit entscheiden könne. Allerdings werde der Beschwerdeführer aus diesem Grunde zur Konzentration seines Vorbringens genötigt. Auf der anderen Seite unterscheide sich die Beschwerde von der Berufung dadurch, daß sie sich regelmäßig auf Entscheidungen von geringerer Bedeutung beziehe, also insbesondere in Nebenverfahren statthaft sei. Die Entscheidung ergehe durch Beschluß, nicht durch Urteil. *Merkel* unterschied in seinen weiteren Ausführungen folgende Fälle der Beschwerde [691]:

"1) Das Rechtsmittel der Beschwerde ist durch gesetzliche Bestimmung ausdrücklich zugelassen,
2) durch die Entscheidung ist ein das Verfahren betreffendes Gesuch zurückgewiesen worden,
3) das Rechtsmittel der Beschwerde ist außerhalb der Zivilprozeßordnung eröffnet und endlich
4) die Dienstaufsichtsbeschwerde gegen Verweigerungen oder Verzögerungen der Justiz."

In der nachfolgenden Betrachtung der verschiedenen Beschwerdemöglichkeiten gab *Merkel* hinsichtlich der einzelnen Rechtsmittel eine Empfehlung ab, ob an der jeweiligen Möglichkeit festzuhalten sei, oder nicht. Als maßgebliches Kriterium betrachtete er daher die Bedeutung der einzelnen Beschwerde für die Parteien. Seiner Ansicht nach sollten nur solche Rechtsmittel beibehalten werden, die von erheblicher Bedeutung für die beschwerte Partei wären. Ausführungen zu der Dienstaufsichtsbeschwerde aufgrund von Verweigerungen oder Verzögerungen der Justiz waren nicht Gegenstand von *Merkels* Ausführungen.

1) In der Zivilprozeßordnung ausdrücklich geregelte Beschwerdemöglichkeiten.

Merkel diskutierte zunächst die Möglichkeiten einer Beschränkung der in der Zivilprozeßordnung ausdrücklich geregelten Beschwerdemöglichkeiten.

---

[690] *Merkel*, Protokoll Nr. 8, S. 2 ff
[691] *Merkel*, Protokoll Nr. 8, S.3

Besondere Bedeutung maß *Merkel* der Beschwerde in Armenrechtssachen[692] bei. Gegen den Beschluß, durch den das Armenrecht bewilligt werde, finde die einfache Beschwerde statt. Das Armenrecht sei schon dann zu bewilligen, wenn die Rechtsverfolgung oder die Rechtsverteidigung hinreichend Aussicht auf Erfolg biete und nicht als mutwillig erscheine. Insbesondere dürfe bei schwierigen Rechtsfragen der armen Partei der Rechtsschutz nicht versagt werden. Das Rechtsmittel der Beschwerde dürfe hier, insbesondere aus sozialen Gründen, nicht abgeschnitten werden. Die Rechtspflege solle allen Bevölkerungsschichten Rechtsschutz gewähren. Es dürfe auf keinen Fall der Anschein entstehen, als sei die Rechtspflege nur für zahlungskräftige Parteien vorhanden. Im Ergebnis müsse hier also die Beschwerde beibehalten werden.

Auch bei den Verfahren über die Ablehnung eines Richters und die Ablehnung eines Sachverständigen, die zu den prozessualen Nebenverfahren zählen würden, hielt es *Merkel* für notwendig, das Rechtsmittel der sofortigen Beschwerde beizubehalten. Er begründete diese Entscheidung damit, daß das Vertrauen auf die Unbefangenheit des Richters wie auch des Sachverständigen, der ja Richtergehilfe sei, das oberste Gebot der Rechtspflege sei.[693] Im Umkehrschluß hielt *Merkel* dagegen die Beschwerde auf Ablehnung eines Urkundsbeamten sowie gegen die Verhängung von Prozeßstrafen aufgrund ihrer geringen Bedeutung nicht für notwendig.

Im Rahmen der sog. „prozessualen Zwischenstreite" betrachtete *Merkel* den Fall der Zulassung einer Nebenintervention durch Zwischenurteil und den Zwischenstreit gegen einen Anwalt wegen Rückgabe einer ihm überlassenen Urkunde. Im Falle der Nebenintervention hielt *Merkel* das Rechtsmittel der sofortigen Beschwerde für notwendig, da der Nebenintervenient im Hinblick auf die Ausdehnung der Rechtskraft durch eine solche Entscheidung stark betroffen werde.[694] Im Falle des Zwischenstreits wegen Rückgabe einer überlassenen Urkunde sei die Beschwerde dagegen entbehrlich, da *Merkel* in der Praxis ein solcher Fall noch nicht untergekommen sei.

2) Beschwerden im Bereich der Verfahrensgestaltung

Als nächstes betrachtete *Merkel* die verschiedenen Beschwerden über die Verfahrensgestaltung[695]:

Die Beschwerde gegen den Beschluß, das Verfahren auszusetzen, sowie gegen den Beschluß, der die Aussetzung ablehne, hielt *Merkel* für unentbehrlich, da die betroffene Partei jeweils ein sehr erhebliches Interesse an ihrem Be-

---

692 Der Begriff der "Armenrechtssachen" wurde in den folgenden Jahren durch den Begriff der "Prozeßkostenhilfesachen" ersetzt, siehe in *Creifelds*, Rechtswörterbuch

693 *Merkel*, Protokoll Nr. 8, S. 5

694 *Merkel*, Protokoll Nr. 8, S. 5

695 Ebenda, S. 6

schwerderecht habe. Im Falle der Stattgabe eines Antrages auf Aussetzung ergebe sich dieses aus dem Umstande, daß sich der Prozess durch die Aussetzung erheblich in die Länge ziehen könne. Werde dagegen durch Beschluß die Aussetzung abgelehnt, so folge die Unentbehrlichkeit einer Beschwerdebefugnis daraus, daß die belastete Partei ein erhebliches Interesse daran habe, daß die Ergebnisse eines anderen Rechtsstreites in dem anhängigen Rechtsstreit verwendet werden können. Werde dem Antrag auf Aussetzung stattgegeben, so werde man der betroffenen Partei ein Beschwerderecht zubilligen müssen, weil sich durch die Aussetzung der Prozeß stark in die Länge ziehen könne. Andererseits werde man auch gegen den Beschluß, der die Aussetzung ablehne, ein Beschwerderecht geben müssen, denn die betroffene Partei könne ein sehr erhebliches Interesse daran haben, daß die Ergebnisse eines anderen Rechtsstreits in dem anhängigen Rechtsstreit verwendet werden können.

Weiterhin betrachtete *Merkel* die Fälle, in denen ein das Verfahren betreffendes Gesuch durch Beschluß oder Zwischenurteil zurückgewiesen wurde, eine mündliche Verhandlung aber nicht erforderlich war. Zu nennen waren nach *Merkel* insbesondere die folgenden Gesuche:

- Das Gesuch um Bestimmung des zuständigen Gerichts,
- um die Bestellung eines Zustellungsbevollmächtigten,
- um die Bewilligung der öffentlichen Zustellung,
- um Bestimmung eines Termins zur mündlichen Verhandlung,
- um Erteilung von Ausfertigungen, Auszügen, Abschriften, Einsicht in die Akten und um Beweissicherung.

Seiner Ansicht nach seien das Gesuch um Bestimmung des zuständigen Gerichts und das Gesuch um Beweissicherung von erheblicher Bedeutung, da es sich um Entscheidungen von größerer Tragweite handle, so daß man in diesen Fällen ein Beschwerderecht zubilligen müsse. Im übrigen könne man auf ein solches verzichten.

Bei Beschwerden, die ein Urteil oder einen ähnlichen Titel zum Gegenstand hätten, bejahte *Merkel* ebenfalls die Notwendigkeit einer Beschwerdemöglichkeit. Erfaßt wurde hiervon insbesondere:

- Die Beschwerde gegen den Beschluß, durch den der Antrag auf Erlaß eines Versäumnisurteils zurückgewiesen wurde,
- die Beschwerde gegen den Beschluß, durch den der Antrag auf Erlaß eines Vollstreckungsbefehls zurückgewiesen wurde und
- die Beschwerde gegen den Beschluß, der eine Urteilsberichtigung aussprach.

Unter dem Oberbegriff der Beschwerden innerhalb eines Nachverfahrens, daß heißt innerhalb solcher Verfahrensabschnitte, die sich mit den Kosten und der Rückgabe einer Sicherheit befassen, erfaßte *Merkel*

- die Beschwerde gegen die Kostenentscheidung nach Erledigung der Hauptsache,
- die Beschwerde gegen die Entscheidung des Gerichts über Erinnerungen gegen einen Kostenfestsetzungsbeschluß,
- die Beschwerde auf Änderung des Streitwertes und
- die Beschwerde gegen Entscheidungen auf Rückgabe einer Sicherheit.

Merkel hielt hier die Möglichkeit der Beschwerde gegen die Entscheidung des Gerichts über Erinnerungen gegen einen Kostenfestsetzungsbeschluß und auf die Änderung des Streitwertes für geboten, damit die Einheit der Rechtsprechung im Kostenrecht gesichert sei.

Zusammenfassend kam *Merkel* damit für die Beschwerdefälle, die in der Zivilprozeßführung ausdrücklich aufgeführt waren und die das Verfahren betrafen, zu dem Ergebnis, daß man nur von Fall zu Fall urteilen könne, ob die Entscheidung von solcher Tragweite sei, daß ein Beschwerderecht eröffnet werden müsse, oder ob es sich tatsächlich nur um untergeordnete Fragen handle. In den letztgenannten Fällen sei ein Beschwerderecht selbstverständlich nicht notwendig.[696]

3) Beschwerden „in besonderen Prozessen"

In dem nächsten Abschnitt betrachtete *Merkel* Beschwerden „in besonderen Prozessen".[697] Zu den „besonderen Prozessen" zählte *Merkel* zunächst den Familienprozeß, weil dieser durch verschiedene Verfahrensregeln anders gestaltet sei als der „normale" Zivilprozeß. Bei Familiensachen sah *Merkel* durchweg die Notwendigkeit der Beschwerdemöglichkeit, insbesondere im Falle von Anordnungen und Beschlüssen, die Fragen des Unterhaltes und des Sorgerechts für minderjährige Kinder betrafen. Gerade in Familiensachen dürften die Parteien nicht den Eindruck erhalten, daß die gerichtlichen Entscheidungen „übers Knie gebrochen würden". Dieser Eindruck könne aber gerade dann entstehen, wenn keine Beschwerdemöglichkeit vorhanden wäre.

Auch in den Entmündigungsverfahren hielt *Merkel* das Beschwerderecht aufgrund der Tragweite der Beschlüsse für notwendig. So müsse man gegen Anordnungen, die eine Freiheitsbeschränkung enthielten, den Rechtsbehelf der Beschwerde zulassen. Andererseits sei es auch notwendig, dem Staatsanwalt aus

[696] *Merkel*, Protokoll Nr. 8, S. 7
[697] *Merkel*, Protokoll Nr. 8, S. 8

Gründen des öffentlichen Interesses das Recht zur sofortigen Beschwerde einzuräumen, wenn die Entmündigung wieder aufgehoben würde.

Weiterhin hielt *Merkel* das Beschwerdeverfahren gegen Beschlüsse im Aufgebotsverfahren und in den Fällen, in denen das ordentliche Gericht im Rahmen eines schiedsgerichtlichen Verfahrens tätig wurde, für unentbehrlich. Dies ergebe sich hier zwangsläufig aufgrund der Bedeutung dieser Sonderverfahren für den jeweiligen Beteiligten.

Für notwendig erachtete *Merkel* die Beschwerde auch im Vollstreckungsverfahren. Dieses Verfahren sei dadurch gekennzeichnet, daß der Gläubiger mit Zwang gegen den Schuldner vorgehen und in dessen Vermögen, in sein Eigentum sowie endlich in seine persönliche Freiheit eingreifen könne, z.B. durch einen Haftbefehl zur Erzwingung des Offenbarungseids. Die neuere Rechtsprechung sei dem Schuldner freundlich gesonnen und gewähre ihm mannigfaltige Rechtsbehelfe, auch wenn er zu einer bestimmten Leistung rechtskräftig verurteilt worden sei, so z. B. durch Räumungs- und Vollstreckungsschutz. Nach *Merkels* Ansicht könne diese Fülle von Rechtsbehelfen einen oft „zur gelinden Verzweiflung" treiben, wenn man einen Gläubiger zu vertreten habe. Im Einzelfall sei es oft schwierig zu entscheiden, ob innerhalb der geltenden Rechts- und Sozialordnung das Interesse des Schuldners oder das des Gläubigers den Vorzug verdiene. Im Vollstreckungsrecht ergingen täglich viele gerichtliche Entscheidungen, die entweder den Schuldner belasten oder den Anspruch des Gläubigers beschränken würden. Gegen solche Entscheidungen finde das Rechtsmittel der sofortigen Beschwerde (§ 764 ZPO a.F.)[698] statt. Enthalte die Entscheidung des Beschwerdegerichts einen neuen selbständigen Beschwerdegrund oder habe das Beschwerdegericht die Vorschriften über das Verfahren verletzt, so wäre die sofortige weitere Beschwerde zulässig. Das Zwangsvollstreckungsverfahren ist nach *Merkels* Meinung ein Verfahren, welches den Schuldner hart treffen könne, auf der anderen Seite müsse aber der Gläubiger, dessen Anspruch durch ein rechtskräftiges Urteil bestätigt worden sei, auch die Gewähr haben, daß er dieses Recht durchsetzen könne. Man werde regelmäßig dem Schuldner im Hinblick auf seine soziale Lage das Beschwerderecht zubilligen müssen, ebenso müsse dieses Recht aber auch dem Gläubiger zugestanden werden, wenn in der Vollstreckungsinstanz die Wirksamkeit eines zu seinen Gunsten ergangenen Urteils eingeschränkt werde. Nach *Merkels* Meinung müsse ganz allgemein bezüglich der Beschwerde im Vollstreckungsverfahren festgestellt werden, daß die Tendenz bestehe, den Schuldner zu stark zu schützen, weil man allgemein von der Auffassung ausgehen würde, daß der Schuldner der sozial Schwächere sei. Diese Aussage stützte *Merkel* mit Beispielsfällen aus der Praxis, in der z.B. Handwerker, kleine Kaufleute usw., insbesondere wenn sie mit einer größeren Forderung vorgehen müßten, durch einen übertriebenen Vollstreckungsschutz selbst

---

[698] *Merkel*, Protokoll Nr. 8, S. 13

in größte Schwierigkeiten, vielleicht sogar in den wirtschaftlichen Zerfall geraten würden. Dann werde man sich fragen müssen, ob die „soziale Milde“ gegen den Schuldner nicht zu einer „sozialen Härte“ gegen den Gläubiger ausarte, denn der Gläubiger sei ja nicht regelmäßig ein wohl fundiertes Großunternehmen, sondern sehr oft auch ein kleiner oder mittlerer Betrieb, der in Krisenzeiten besonders stark um seine Existenz kämpfen müsse.

Zusammenfassend stellte *Merkel* fest, daß nach seiner Ansicht *„grundsätzlich die Gewähr bestehen müsse, daß Streitigkeiten von größerer Bedeutung auch vor höhere Gerichte gebracht werden könnten“*.[699] Dieses müsse auch für Beschwerden gelten. Insoweit jedoch daran gedacht werde, die Möglichkeit ihrer Erhebung einzuschränken, müßte von Fall zu Fall geprüft werden, ob nicht schwerwiegende soziale, wirtschaftliche oder rechtliche Gründe dafür sprächen, sie aufrechtzuerhalten. *Merkel* sprach sich dagegen aus, die weitere Beschwerde grundsätzlich abzuschneiden. Sie müsse insbesondere in Fällen statthaft sein, wo das Amtsgericht ganz schwerwiegende Entscheidungen treffe, wie z.B. im Zwangsversteigerungsverfahren über hochwertige Objekte. Da hier aber eine Art dritte Instanz bestehe, könne man die Möglichkeit erwägen, die Beschwerdesumme für die weitere Beschwerde nicht unerheblich heraufzusetzen. Im ganzen gesehen, so *Merkel*, würden aber im Beschwerdewesen - vom Standpunkt der Praxis aus - keine grundlegenden Neuerungen notwendig sein. Seiner Meinung nach könne man die Beschwerde zwar durchaus einschränken, jedoch müsse man sehr genau prüfen, inwieweit eine Einschränkung im Vollstreckungsrecht geboten sei.

c) Korreferat von *Otto Bleibtreu* vom 30.3.1957

Wie auch für die Rechtsmittel der Berufung und der Revision unterschied *Bleibtreu* hinsichtlich der Beschwerde zwischen zwei Hauptgruppen von Mitteln, die für eine Rechtsmittelbeschränkung zur Verfügung stünden.[700] So sei die Möglichkeit gegeben, die Beschwerde entweder mit „allgemeinen“ oder mit „spezifischen Mitteln“ zu beschränken. Zu den „allgemeinen Mitteln“ zählte *Bleibtreu* sogenannte „finanzielle Mittel“, das heißt entweder

- eine starke Erhöhung der Beschwerdesumme oder
- eine Erhöhung der Kosten für die Rechtsmittelinstanz und
- Beschränkungen der Zulassung, indem man die Entscheidung über die Zulassung in die Hand des „judex ad quem“ oder in die Hand des „judex a quo“ legen würde.

Beibtreu stellte die verschiedenen „allgemeinen Mittel“ einer Rechtsmittelbeschränkung einheitlich für die Rechtsmittel der Berufung, der Revision und der Beschwerde dar, da seiner Ansicht nach die Darstellungen gleichermaßen

[699] *Merkel*, Protokoll Nr. 8, S. 16
[700] *Bleibtreu*, Protokoll Nr. 6, S. 69

für die drei Rechtsmittel gelten würden.[701] Hinsichtlich der Erörterung „spezifischer Mittel" zur Beschränkung der Beschwerde vertrat *Bleibtreu* ebenfalls die Auffassung, daß seine Ausführungen sowohl für das Rechtsmittel der Berufung als auch für die Beschwerde gelten würden. Bei beiden Rechtsmitteln sei eine Nachprüfung des Falles sowohl unter tatsächlichen wie unter rechtlichen Gesichtspunkten möglich.[702] Folglich stellte *Bleibtreu* in seinem Referat die Möglichkeiten einer Rechtsmittelbeschränkung für die Fälle der Beschwerde und der Berufung einheitlich dar. Hinsichtlich der weitergehenden Erörterungen *Bleibtreus* über die Möglichkeiten zur Beschränkung der Beschwerde verweise ich daher auf die Darstellungen zur Berufung[703].

d) Leitsätze und Empfehlungen

Folgende Leitsätze wurden von der Kommission beschlossen, wobei einzig *Merkel* gegen diese stimmte:[704]

a) „Starke Siebung der Beschwerdemöglichkeiten. Aufstellung eines Katalogs nicht beschwerdefähiger Entscheidungen.
b) In der Regel keine Beschwerde gegen der Entscheidung vorausgehende Beschlüsse im Laufe eines Rechtsmittelverfahrens oder im Laufe eines Verfahrens, dessen Endentscheidung keiner Anfechtung unterliegt.
c) Überall dort, wo es dem Wesen der Sache nach möglich ist, die Einführung einer nicht zu nieder zu bemessenden Beschwerdegrenze.
d) Grundsätzlich keine weitere Beschwerde. Das Gericht der Unterstufe als Beschwerdegericht kann sie jedoch wegen grundsätzlicher rechtlicher Bedeutung zulassen.
e) Das Gericht der Mittelstufe, das über eine Erstbeschwerde oder eine weitere Beschwerde entscheidet, ist bei beabsichtigter Abweichung von Entscheidungen anderer Gerichte der Mittelstufe oder des Gerichts der Oberstufe entsprechend § 28 RFGG zur Vorlegung an das Gericht der Oberstufe verpflichtet."

Empfehlung der Mehrheit der Kommission in ihrem Abschlußbericht[705]:

„1. Die Zulässigkeit einer Beschwerde ist stark einzuschränken. Ein Katalog nicht beschwerdefähiger Entscheidungen sollte aufgestellt werden. In Ver-

---

[701] *Bleibtreu*, Protokoll Nr. 6, S. 69, siehe auch Teil 3, E I b) dieser Arbeit, (S. 126 ff.)
[702] *Bleibtreu*, Protokoll Nr. 6, S. 73
[703] Siehe in Teil 3, E, I, b dieser Arbeit, (S. 137 ff.)
[704] Protokoll Nr. 10, Anlage 5, siehe auch Protokoll Nr. 10, S. 17 ff.
[705] Protokoll Nr. 33, Anlage 3, siehe auch Bericht der Kommission, S. 166

fahren, deren Endentscheidung keiner Anfechtung unterliegt, ist die Beschwerde auszuschließen.

2. *Überall dort, wo es dem Wesen der Sache nach möglich ist, soll eine nicht zu gering bemessene Beschwerdegrenze eingeführt werden. Bei Entscheidungen über Kosten, Gebühren und Auslagen soll die Beschwerdegrenze 300 DM betragen.*
3. *Ohne Rücksicht auf den Wert des Beschwerdegegenstandes soll die Beschwerde bei Sachen von rechtsgrundsätzlicher Bedeutung zulässig sein. Über die Zulassung der Beschwerde entscheidet das Gericht, das die Entscheidung erlassen hat.“*

F Besetzung der Zivilgerichte

In der 5. Arbeitssitzung der Kommission hielt *Erich Hornig* seine Referate zu Punkt II, 5 des Arbeitsplanes der Kommission (Besetzung der Gerichte). Während des ersten Verhandlungstages wurden die Teilabschnitte „Kollegium oder Einzelrichter“ und „Richtergehilfen“ erörtert und am zweiten Verhandlungstag der Teilabschnitt „Beteiligung von Laien“. Im Anschluß an die Referate *Hornigs* hielt *Bruno Heusinger* jeweils das dazugehörige Korreferat.

I. Diskussionsstand vor der konstituierenden Sitzung vom 18.11.1955

Vor dem Erlaß des Gerichtsverfassungsgesetzes aus dem Jahre 1877 überwog in den Ländern bei den Gerichten das Kollegialprinzip. Zwar gab es auch Einzelrichter, diesen wurden aber im allgemeinen nur Aufgaben geringerer Bedeutung und solche, bei denen eine schnelle oder ortsnahe Entscheidung notwendig war, anvertraut.[706] Das Gerichtsverfassungsgesetz von 1877 übernahm im großen und ganzen diesen Zustand, wies aber bereits die Tendenz auf, die Stellung des Einzelrichters zu stärken und auszubauen.

Auch *Adickes* erörterte in seinem Werk „Grundlinien durchgreifender Justizreform“ aus dem Jahre 1906 die Frage, ob die Gerichte mit Kollegien oder Einzelrichtern zu besetzen seien. Unter dem Eindruck seiner Hauptthese, daß die seiner Ansicht nach außerordentlich große Zahl der Richter und deren unausgesetzte Vermehrung zu einer Verschlechterung der Qualität der Rechtspflege geführt hätte, forderte er „die sparsame Verwendung der kostbaren richterlichen Kraft“ und deshalb Einzelrichter in allen ersten Instanzen und kleine Kollegien in den höheren Instanzen. Die amtsgerichtliche Zuständigkeit sollte erhöht und die landgerichtlichen Zivilkammern durch Einzelrichter ersetzt werden.[707]

---

706 *Hornig*, Protokoll Nr. 7, S. 6
707 *Adickes*, Grundlinien durchgreifender Justizreform, Einleitung

Adickes hielt die Überlegenheit eines Kollegialgerichtes gegenüber dem Einzelrichter für nicht erwiesen und knüpfte bei seinen Ausführungen an eine Denkschrift[708] des damaligen Präsidenten des Oberlandesgerichts in Breslau, *Vierhaus*, an.[709] So sei es ein alter Aberglaube des Beamtenstaates, daß ein Kollegium an sich und allgemein größere Garantien für gute und gerechte Entscheidungen biete. Nach *Adickes* Ansicht kam es an dieser Stelle vielmehr auf die Persönlichkeit der Richter und deren Qualität an. So bestände auch bei einer Entscheidung durch das Kollegium die Gefahr, daß der Tüchtige bei der Beratung und Entscheidung in geheimer Sitzung überstimmt und der Untüchtige für diese Entscheidung den Ausschlag gegeben habe.

Schiffer betrachtete später die Fragestellung nach der Besetzung der Gerichte auch unter wirtschaftlichen Gesichtspunkten und wies darauf hin, daß sich der Einzelrichter von selbst darbiete, wenn man, ebenso wie in der Wirtschaft auch in der Justiz davon ausgehe, daß einer Mehrheit nicht aufgebürdet werden solle, was auch der einzelne leisten könne.[710]

In der Folgezeit wurde die Zuständigkeit des Amtsrichters in Zivilsachen erweitert. So übertrug man ihm unter anderem die Entscheidung über alle Unterhaltsstreitigkeiten, soweit sie auf gesetzlicher Vorschrift beruhten. Auch die Novelle zur ZPO aus dem Jahre 1924[711] führte zu einem Ausbau der Stellung des Einzelrichters, da mit ihr bei den Landgerichten das Verfahren vor dem Einzelrichter eingeführt wurde. Gleichzeitig kam es zu einer Verminderung der Kollegien, daß heißt zu einer Reduzierung von sieben auf fünf Richtern beim Reichsgericht und von fünf auf drei bei den Oberlandesgerichten.

Die Frage nach „Einzelrichter oder Kollegium" war auch Gegenstand der Erörterungen des „Akademieausschusses für bürgerliche Rechtspflege", der am 20.01.1934 konstituiert wurde und seine Sitzungen bis 1942 abhielt .[712] Entscheidend für die Beantwortung dieser Frage sollte sein: „Was gewährleistet eine gute und zugleich beschleunigte Rechtspflege?" Nach Auffassung des Ausschusses kamen hierbei mehrere Alternativen in Betracht:

- Aufrechterhaltung des Kollegiums mit genereller Zuständigkeitsabgrenzung gegenüber dem Alleinrichter,
- alle Sachen zunächst vor dem „Alleinrichter", der sie geeignetenfalls vor das Kollegium bringen solle,
- grundsätzliche Zuständigkeit des „Alleinrichters" für alle Sachen erster Instanz (mit gewissen Ausnahmen).[713]

---

[708] *Vierhaus*, Festgabe der Juristischen Gesellschaft zu Berlin zum 50. Dienstjubiläum v. Koch, S. 37 ff

[709] *Adickes*, Einleitung, Grundlinien durchgreifender Justizreform, 113

[710] *Schiffer*, Die Deutsche Justiz, 2. Auflg., S. 125

[711] RGBl. I, 1924, S. 135

[712] Protokoll der Sitzung vom 20.01.1934, abgedruckt bei *Schubert*, ADR, Bd. VI, S. 111

[713] Protokoll der Sitzung vom 20.01.1934, abgedruckt bei *Schubert*, ADR, Bd. VI, S. 118

Im Ergebnis sprachen sich die Mitglieder des Ausschusses mehrheitlich für die Aufrechterhaltung des Kollegiums in erster Instanz aus.[714]

Das Amt „Neuordnung der Deutschen Gerichtsverfassung“, gebildet im Reichsjustizministerium zum 01.01.1943 konnte keine vollständige Einigung über die Frage erzielen, ob im Zivilverfahren der Einzelrichter immer allein oder ob in Einzelfällen auch das Richterkollegium zuständig sein sollte. Mehrheitlich wurde für die Kollegialgerichte das „Führerprinzip“[715] verworfen. Die Leitsätze für die Neuordnung der Deutschen Gerichtsverfassung vom März 1944 sahen für die Zivilgerichtsbarkeit ein einheitliches Eingangsgericht vor. Zu entscheiden war grundsätzlich vom Einzelrichter; in gesetzlich bestimmten Sachen sollten Laien herangezogen werden. Das Obergericht sollte regelmäßig in der Besetzung mit drei Berufsrichtern entscheiden.[716]

II. Kollegium oder Einzelrichter

a) Auffassung der Minderheit (Korreferat von *Bruno Heusinger* vom 24.1.1957)

Heusinger war der Meinung, daß der Bereich, den der Einzelrichter mit Erfolg und ohne Schaden für die Rechtspflege beherrschen könne, durchaus noch der Erweiterung fähig sei.[717]

Bei der Ermittlung und Festlegung des Umfanges der in Frage stehenden Bereiche differenzierte er jedoch zwischen dem Modell mit Friedensgerichten und der bestehenden Konzeption ohne Friedensgerichte.

Würde man die *„Konzeption Friedensgerichte“* zugrunde legen, sei nach *Heusingers* Meinung der Weg, den Bereich des Einzelrichters bei den Friedensgerichten zu erweitern, verschlossen. Dies sei eine Folge der bisherigen Erörterungen, nach deren Verlauf bei Umwandlung der Amtsgerichte in Friedensgerichte eher eine Einschränkung der bisherigen Zuständigkeiten zu erwarten wäre als eine Erweiterung. Wenn man die Konzeption „Friedensgerichte“ außer Acht lasse, so wäre für *Heusinger* die Erhöhung der amtsgerichtlichen Streitwertgrenze auf 3.000 DM und eine Erweiterung des Aufgabenbereiches des Einzelrichters hinsichtlich der Zuständigkeit in familienrechtlichen Sachen denkbar.

Das Kernstück seiner Betrachtungen bildete jedoch die Frage nach „Kollegium oder Einzelrichter“ für den Bereich des „großen Zivilprozesses“ vor dem

---

[714] Protokoll der Sitzung vom 20.01.1934, abgedruckt bei *Schubert*, ADR, Bd. VI, S. 120

[715] Nach dem „Führerprinzip“ sollte die Verhandlungsführung und Entscheidung einem Richter des Kollegialgerichtes übertragen werden. Dabei wurde in Erwägung gezogen, die Verantwortung generell auf den Vorsitzenden oder jeweils auf den zuständigen Sachbearbeiter zu übertragen; vgl. auch *Schubert* ADR, Bd. VI, S. 67 ff

[716] Leitsätze des Amtes “ Neuordnung der Deutschen Gerichtsverfassung“, abgedruckt bei *Schubert*, ADR, Bd. VI, S. 791 ff

[717] *Heusinger*, Protokoll Nr. 7, S. 40

Landgericht, d.h. für den Zivilprozeß mit großem Streitwert, mit vermögensrechtlichen Klagen und auch mit nicht vermögensrechtlichen Unterlassungsklagen (z.B. wegen ehrverletzender Behauptungen, Widerrufsklagen usw.). Nach *Heusingers* Meinung müßten sämtliche Erwägungen unter der Prämisse stehen, daß es durch die in Aussicht genommenen Reformen nicht zu einer Verschlechterung der Rechtspflege kommen dürfe. Gerade diese Gefahr meinte *Heusinger* jedoch zu erkennen: „Zunächst glaube ich hier das eine sagen zu müssen und dabei auch kaum auf ernstlichen Widerspruch zu stoßen: Die Tatsache, daß 6 Ohren mehr hören als 2 und daß 6 Augen mehr sehen als 2, ist nicht aus der Welt zu schaffen."[718] In diesem Zusammenhang meinte *Heusinger*, daß es nach seiner Überzeugung klar sei, daß die Güte der Urteilsfindung eines Kollegiums im Durchschnitt vom Einzelrichter nicht erreicht werden könne. Zwar konnte *Heusinger* den nachfolgend dargestellten Ausführungen *Hornigs* insoweit zustimmen, daß man Aufgaben, „die leidlich ebenso gut mit billigerem Aufwand erledigt werden könnten, auch mit billigerem erledigt werden sollten", jedoch hielt er es gerade nicht für möglich, das Kollegium, insbesondere am Landgericht ohne größere Qualitätsverluste durch den Einzelrichter zu ersetzen. So werde die Leistungsfähigkeit eines „Landgerichtsdirektors der heutigen Qualität" zweifellos durch die Beratung seiner Beisitzer verbessert. Verzichte man auf diese Beratung, so müsse man sich den Einzelrichter als eine noch stärkere, wertvollere, reifere, nachdenklichere, entschlossenere Persönlichkeit als den Landgerichtsdirektor „heutiger" Prägung vorstellen. Im Ergebnis müsse für den Einzelrichter also eine erhebliche Steigerung der Qualität gefordert werden, die nach Ansicht *Heusingers* in dem erforderlichen Umfange in Zukunft kaum möglich wäre.

Auf der anderen Seite konnte *Heusinger* den Aussagen *Hornigs* hinsichtlich der Nachwuchsschwierigkeiten nicht folgen. Selbstverständlich würden die technischen Berufe viele begabte Leute wegziehen, es bleibe der Justiz aber auch in der Zukunft ein bestimmter „Menschentyp" erhalten, der nach seiner Eigenart zum Richter prädestiniert sei. Diese Menschen würden sich nach wie vor für den Richterberuf entscheiden, so daß die Justiz auf diese Menschen immer zurückgreifen könne.

Ein weiteres entscheidendes Kriterium zu Gunsten des Kollegiums war für *Heusinger* die Qualität der ersten Instanz für die Rechtsmittel. „Gesund" sei es, die erste Instanz so gut und so stark zu machen wie es nur möglich sei. Jede Schwächung der ersten Instanz bedeute eine Vermehrung an Arbeit in der Berufungsinstanz. Nach *Heusinger* müsse also damit gerechnet werden, daß gegen die Einzelrichterurteile mehr Rechtsmittel eingelegt würden als gegen Urteile von Kollegialgerichten. Dies würde andererseits dazu führen, daß, wenn man

---

[718] *Heusinger*, Protokoll Nr. 7, S. 42

zum Einzelrichter käme, man in der Beschränkung der Rechtsmittel um so vorsichtiger sein müsse.

Zu guter Letzt sah *Heusinger* im Falle des Einzelrichters am Landgericht die Gefahr, daß die „echte Mündlichkeit des Verfahrens in noch stärkerem Umfange absterbe, als sie schon abgestorben sei“.[719] Diese Schlußfolgerung leitete er von seinen eigenen täglichen Erfahrungen ab: „Wenn der Vorsitzende sich darüber geäußert hat, wie die Sache nach seiner Ansicht zu beurteilen ist, dann fordert er damit geradezu ein Plädoyer des jetzt durch diese Meinungsäußerung sich gefährdet fühlenden Anwalts heraus, das nun auf die Beeinflussung besonders der übrigen Mitglieder des Kollegiums gerichtet ist. Gegen die Mauer eines aktenmäßig wohl vorbereiteten Einzelrichters anzustürmen, wird für den Anwalt sehr viel aussichtsloser sein.“

b) Auffassung der Mehrheit (Referat von *Erich Hornig* vom 24.1.1957)

Im Rahmen seiner Ausführungen wog *Hornig* die Vorzüge und Nachteile einer Kollegialbesetzung der Gerichte gegenüber der Besetzung mit einem Einzelrichter ab.[720] Zu den unbestreitbaren Vorzügen des Kollegiums zählte er die geringere Gefahr eines Irrtums oder Versehens und die Möglichkeit, in der Diskussion schwierige Fragen besser lösen und den Stoff gründlicher durchdringen zu können. Da im Kollegium letzten Endes jeder von jedem kontrolliert werde, würde einerseits der Neigung zur Autokratie entgegengewirkt und andererseits könnten Nachlässigkeit und Schablone nicht so leicht aufkommen. Darüber hinaus sei nicht zu unterschätzen, daß innerhalb eines Kollegiums auf der einen Seite junge Richter in ihr Amt eingeführt und überprüft werden könnten, bevor sie planmäßig angestellt würden und auf der anderen Seite Richter, die die in sie gesetzten Erwartungen nicht ganz erfüllen oder aus gesundheitlichen Gründen nicht mehr so leistungsfähig seien, eher noch mit durchgezogen werden könnten. Trotz dieser aufgezeigten Vorzüge einer Kollegialbesetzung sprach sich *Hornig* im Ergebnis für die Abschaffung des Kollegiums in erster Instanz und seine Ersetzung durch den Einzelrichter aus. Zu Gunsten dieser Entscheidung führte *Hornig* die folgenden Argumente an[721]:

- Da das Amt eines beisitzenden Richters nicht sonderlich begehrt sei, würde der eigentliche Plan der Kommission, möglichst starke Persönlichkeiten für das Richteramt in erster Instanz zu gewinnen, außerordentlich schwer durchzusetzen sein.
- Auch der Wert eines Kollegiums hänge entscheidend davon ab, welche Persönlichkeiten das Kollegium bilden. Ein tüchtiger und qualifizierter Einzelrichter könne durchaus dem Kollegium überlegen sein.

[719] *Heusinger*, Protokoll Nr. 7, S. 48
[720] *Hornig*, Protokoll Nr. 7, S. 10 ff
[721] Ebenda, S. 11 ff

- Der besondere Nutzen des Kollegiums könne nur ausgespielt werden, wenn der Geschäftsumfang zu wirklich gemeinsamer Beratung und gründlicher Erörterung Zeit lasse.
- Unter den bestehenden Verhältnissen könne das Kollegialprinzip konsequent und folgerichtig nicht mehr durchgeführt werden, weil nicht genügend qualifizierte Kräfte zur Verfügung stehen würden.
- Der bestehende Richtermangel würde zu einer Zusammenarbeit zwischen Einzelrichter und Kollegium führen, die in ihrer Form gegen die Prinzipien der Unmittelbarkeit und der Mündlichkeit des Verfahrens verstoßen würde. Dem Einzelrichter würden innerhalb des Kollegiums mehr und mehr Funktionen übertragen, so daß die Vorgänge oft erst dann, wenn sie durch den Einzelrichter entscheidungsreif vorbereitet seien, in die Kammer zurückkommen würden. Die Kammer sei dann mehr oder weniger von seinem Bericht abhängig, und der Einzelrichter würde auch bei der Abstimmung ein starkes Übergewicht haben.
- Eine Abgrenzung der Zuständigkeiten von Kollegium und Einzelrichter nach der Höhe des Streitwertes beinhalte im Grunde genommen eine ungleiche und damit auch eine ungerechte Behandlung.
- Sowohl die Kammern für Handelssachen als auch das Landesarbeitsgericht und die Sozialgerichte in erster Instanz seien mit einem Berufsrichter besetzt und hätten sich in dieser Form bewährt.

Im Ergebnis sah auch *Hornig*, wie bereits zuvor *Adickes* und *Schiffer*, in dem bestehenden Mangel an qualifizierten Kräften das entscheidende Argument für die vermehrte Verlagerung von Aufgaben auf den Einzelrichtern und die Reduzierung von Kollegien. Die von ihm aufgeführten Punkte zu Gunsten des Einzelrichters lassen sich im Kern immer wieder auf dieses Argument zurückführen. Zur Verdeutlichung des Personalproblems wies *Hornig* zum einen auf die stetig ansteigende Fluktuation von der Justiz zu Verwaltung und Wirtschaft, die ungünstige Alterspyramide und die potentiellen Folgen der Wiedervereinigung hin, und zum anderen stellte er dar, daß die Erledigung einer privaten Angelegenheit, wenn sie drei Instanzen durchlaufe, derzeit den Scharfsinn und die Arbeitszeit von nicht weniger als 17 qualifizierten Juristen in Anspruch nehme. In der ersten Instanz seien es drei Richter und zwei Anwälte, in der zweiten ebenso und in der dritten Instanz fünf Richter und wiederum zwei Anwälte.

In seinen weiteren Ausführungen sprach sich *Hornig* dagegen aus, das Reformziel, entsprechend der bisherigen Vorgehensweise, durch eine Erweiterung des Wirkungskreises des Einzelrichters *unter grundsätzlicher Beibehaltung des Kollegiums*, zu erreichen. Seine diesbezügliche Ablehnung begründete er mit Erfahrungen, die im Zusammenhang mit der am 21. April 1942 in Kraft getretenen italienischen Zivilprozeßreform gemacht worden seien.[722] Der Hauptzweck der italienischen Prozeßreform habe darin bestanden, den Einfluß des Gerichts auf das Verfahren wesentlich zu verstärken, um dieses zu beschleunigen und zu straffen. Dazu sollte das Gericht die Prozeßführung fest in die Hand bekommen, wobei man hierfür den Einzelrichter für geeigneter gehalten habe. Aus diesem Grunde sei das gesamte Verfahren in zwei streng voneinander getrennte Abschnitte aufgeteilt worden, in ein sog. Instruktionsverfahren, das sich vor dem Einzelrichter abspielte und in die Schlußverhandlung vor dem Kollegium. Der Instruktionsrichter sollte dabei nicht nur vorbereiten, sondern die gesamte Sachaufklärung selbständig betreiben, ohne dabei von den Direktiven des Kollegiums abhängig zu sein. Erst wenn die Sache völlig abgeschlossen war, hatte der Instruktionsrichter die Sache an das Kollegium zurückzugeben und die einzige Schlußverhandlung vor dem Kollegium stattzufinden. Dort habe der Berichterstatter, der Mitglied des Kollegiums gewesen sei, den Schlußvortrag zu halten und über seine Arbeit zu berichten. Der für die Arbeit der Kommission entscheidende Gesichtspunkt bei der italienischen Prozeßreform, so *Hornig*, sei das vorgesehene Zusammenwirken zwischen Einzelrichter und Kollegium gewesen. Diese Zusammenarbeit habe sich als überaus schwierig und in sich widerspruchsvoll erwiesen. Zu Problemen und Verzögerungen habe der Umstand geführt, daß der Instruktionsrichter naturgemäß bei seiner Sachaufklärung von einer bestimmten Rechtsauffassung ausgehen und danach seine Beweiserhebung vornehmen müßte. Da er jedoch zu diesem Zeitpunkt nicht gewußt habe, ob seine Rechtsauffassung vom Kollegium geteilt würde, hätte sich seine gesamte Tätigkeit als mehr oder weniger illusorisch erweisen können, und die Sache folglich wieder von vorne beginnen müssen. Außerdem habe sich die fehlende Unmittelbarkeit des Verfahrens vor dem Kollegium als ein schwerer Mangel erwiesen. Zur Bestätigung dieser Aussagen nahm *Hornig* Bezug auf ein Gutachten der juristischen Fakultät in Parma, das über die italienische Prozeßreform erstellt worden war und von ihm wie folgt zitiert wurde :[723]

„Die Ersetzung des Einzelrichters durch das Kollegium ist unlogisch und zusammenhanglos. Das wirksame Funktionieren eines Kollegiums verlangt völlig gleiche Kenntnis der zu entscheidenden Streitsache, und eine Gleichheit würde fehlen, wenn neben dem Richter, der die Sache in ihrer ganzen Entwicklung verfolgt und geleitet hatte, zwei Richter gesetzt würden, die sie gar nicht kennen. Unter dieser Voraussetzung würde in den meisten Fällen entweder das Kollegium dazu gebracht werden, mit geschlossenen Augen die Ansicht des Instruktionsrichters zu teilen, und würde sich dann als überflüssig erweisen, oder es würde zum Überwiegen der beiden Mitglieder, die die Sache nicht kennen,

---

[722] *Hornig*, Protokoll Nr. 7, S. 18 ff mit Verweis auf die rechtsvergleichende Schrift von *de Boor*, Einzelrichter und Kollegium im italienischen und deutschen Zivilprozeß

[723] Protokoll Nr. 7, S. 21

über denjenigen führen, der sie kennt, der die Beweise aufgenommen, die Entwicklung vorbereitet hat, und würde sich dann als unheilvoll erweisen."

Aus diesen Erfahrungen zog *Hornig* die Schlußfolgerung, daß ein Zusammenwirken zwischen Einzelrichter und Kollegium nur in begrenztem Maße möglich und sachdienlich sei. Die deutsche Prozeßordnung habe insoweit bereits die bestehenden Möglichkeiten voll ausgeschöpft, so daß *Hornig* sich grundsätzlich für eine *Ersetzung* des Kollegiums durch den Einzelrichter in der ersten Instanz aussprach.

Hinsichtlich des Obergerichts kam *Hornig* zu dem Ergebnis, daß man grundsätzlich an einer kollegialen Besetzung festhalten solle.[724] Sein Hauptargument für diesen Vorschlag war, daß die Entscheidung eines Richters, jedenfalls eines besonders qualifizierten Richters, wie man ihn künftig für das Landgericht haben wolle, nicht schon dann aufgehoben oder geändert werden sollte, wenn nur ein Richter von seiner Auffassung abweichen würde, sondern dazu solle wenigstens die Übereinstimmung zweier anderer Richter erforderlich sein. Außerdem sah *Hornig* aufgrund des gegenüber den Landgerichten geringen Geschäftsanfalls eine bessere Möglichkeit, die Vorteile des Kollegialsystems auch tatsächlich auszunutzen. Weiterhin diskutierte *Hornig* die Möglichkeit, die Obergerichte nur mit zwei Richtern zu besetzen. Im Ergebnis lehnte er die „Zweimännerbesetzung" jedoch ab, da zu befürchten stände, daß im Ergebnis jeder sich um den anderen nur mehr oder weniger formal kümmern und ihm seine Arbeit überlassen würde oder es bei gleichgeordneten Richtern leicht zu Spannungen und Reibereien kommen könnte, wenn keiner die Leitung in den Händen hätte.

Für das Revisionsgericht hielt *Hornig* Veränderungen nicht für sinnvoll, da insbesondere die zu bearbeitenden Grundsatzentscheidungen, die die Rechtspflege im gesamten Bundesgebiet maßgebend beeinflussen würden, der Ausarbeitung und Beratung durch ein größeres Gremium bedürften.

Baur stimmte den Ausführungen *Hornigs* insoweit zu, als auch er die Ersetzung des Kollegialsystems erster Instanz durch den Einzelrichter befürwortete.[725] Für die Entbehrlichkeit des Kollegiums führte er die historische Entwicklung des Kollegialsystems an. So sei früher für das Kollegialsystem der Grundsatz herrschend gewesen, daß mehrere Richter vorhanden sein sollten, um die Verantwortung zu tragen, diese also auf mehrere Gewissen zu verteilen. Damals hätte auch der Rechtsschutzgedanke eine wesentliche Rolle gespielt. „Heute" sei das Kollegium erster Instanz jedoch nur noch eine Proforma – Einrichtung. Es komme vor, daß ein Richter ein Urteil unterschreiben würde, obwohl er gar nicht mitgewirkt habe. Der Berichterstatter führe weitgehend den Rechtsstreit bis zur Beratung des Urteils, so daß hier die Einführung des Einzelrichters nur den gegenwärtigen Zustand nunmehr auch öffentlich festlegen würde. Somit sei

---

[724] *Hornig*, Protokoll Nr. 7, S. 24
[725] *Baur*, Protokoll Nr. 7, S. 59

der historische Grundgedanke überholt und das Kollegialsystem komme nach Ansicht *Baurs* nur für die höheren Instanzen in Frage.

III. Richtergehilfen[726]

a) Auffassung der Minderheit (Referat von *Erich Hornig*, 24.1.1957)

Einleitend wies *Hornig* darauf hin, daß bekanntlich die Verwaltungsbehörden durchweg so organisiert seien, daß die Arbeit zwischen einem Referenten und einem Vorsachbearbeiter aufgeteilt sei, der dem Referenten Nebenarbeiten abnehmen würde. Abgesehen von den Richtergehilfen beim Bundesverfassungsgericht sei der Richter dagegen genötigt, seine Arbeiten allein wahrzunehmen. Die Fülle seiner Arbeiten würde ihn dabei ganz außerordentlich belasten, so daß ihm nicht die nötige Zeit bliebe, die Dinge gründlich zu durchdenken und seine eigene Persönlichkeit zu entwickeln. So stehe der Richter unter ewigem Zeitdruck und werde im Grunde nie fertig. Nach Auffassung *Hornigs* seien die Gefahren dieses „Systems der totalen Eigenarbeit“ nicht zu unterschätzen, da der Richter nicht recht zur Besinnung und Selbstkontrolle komme und in die Gefahr der Routine und der Schablone geraten würde.

Aus diesem Grunde befürwortete *Hornig* die Einführung eines Richtergehilfen, insbesondere, da dieser nur an die Weisungen des Richters, nicht jedoch an die der Verwaltung gebunden sei; die Verantwortung für die Entscheidung würde der Richter allein tragen. Man müsse das Vertrauen haben, daß der Richter dieser Verantwortung auch gerecht zu werden weiß und sich nicht bedenkenlos auf sein Hilfsorgan verläßt. Darüber hinaus erkannte *Hornig* in der Zusammenarbeit zwischen Richtergehilfen und Richter, wie auch beim Kollegialsystem, die Vorteile fruchtbarer Diskussionen, der Weiterbildung junger Kräfte und eines erhöhten Kontrollmechanismus. Abgesehen von den vorbereitenden Tätigkeiten für den Richter solle der Richtergehilfe auch mit einfacheren richterlichen Geschäften betraut werden und dadurch den Richter weiter entlasten.

Weinkauff stimmte den Ausführungen *Hornigs* unter dem Eindruck der Großen Justizreform vollumfänglich zu.[727] Wolle man die Große Justizreform, dann komme es darauf an, daß man weniger Richter und starke Richterpersönlicheiten habe. Das könne man aber nur erreichen, wenn man ihnen Gehilfen beigebe. Der Einzelrichter könne mit stärkerer Durchschlagskraft schneller und besser den Prozeß führen, zumal er eine Beratung mit anderen Richter nicht nötig habe. Allerdings müsse er dann von allem Ballast befreit werden, sonst finde man keine qualifizierten Richter. In die gleiche Richtung ging die Argumentation *Coings*, der in diesem Zusammenhang klarstellte, daß, wenn man das allzuständige Gericht anstrebe, jemand bei der unübersehbaren Vielzahl der Gesetze und den vielfältigen Einflüssen von Sozial- und Wirtschaftspolitik die Vorarbeit

[726] *Hornig*, Protokoll Nr. 7, S. 28
[727] *Weinkauff*, Protokoll Nr. 7, S. 57

leisten müsse.[728] Im Gegensatz zu *Heusinger* und *Baur*[729] hielt *Weinkauff* auch nichts davon, die Arbeit des Richtergehilfen auf den inneren Dienstbetrieb, d.h. auf Aufgaben wie das Materialsammeln, technische und geistige Vorarbeiten usw. zu beschränken. Dieser solle auch im Prozeß mitwirken und somit das richterliche Handwerk kennenlernen. So würde man gleichzeitig eine Quelle für den richterlichen Nachwuchs schaffen.

b) Auffassung der Mehrheit (Korreferat von *Bruno Heusinger* vom 24.1.1957)

Im Gegensatz zu *Hornig* konnte *Heusinger* die Einführung von Richtergehilfen nicht befürworten. Seiner Ansicht nach passte der Richtergehilfe nicht zum Richter. Diese Aussage begründete *Heusinger* damit, daß es sich bei der richterlichen Entscheidung nicht so sehr um Rechtsfragen handeln würde, sondern vielmehr um Feststellungen, tatsächlicher oder seelischer Art, Fragen der Glaubwürdigkeit, Fragen des Eindrucks und eine Fülle von Unwägbarkeiten, die hinterher auch im Urteil gar nicht zum Ausdruck kommen könnten. Bei dieser Urteilsfindung handle es sich um einen „Reifevorgang im Richter", der aus verschiedenen Kanälen des Intellekts, des Gemüts, des Hörens, des Sehens, bewußt gewordenen oder unbewußt gebliebenen Werten gespeist werde und aus dem schließlich das Urteil „herausspringe". Diese Urteilsfindung sei etwas Höchstpersönliches, bei der die Arbeit des Richtergehilfen nichts helfen könne. So würde es nach *Heusingers* Meinung nichts nützen, wenn ein Richtergehilfe einen summarischen Extrakt aus 30 Seiten Schriftsätzen vorlegen würde. Im Ergebnis müsse der Richter schon alles gelesen haben, denn dann würde sich das Bild erst runden. An der Urteilsfindung im konkreten Fall mit allen ihren menschlichen Einschlägen müsse der Richter allein beteiligt bleiben.

Für ein gravierendes Problem hielt *Heusinger* den Umstand, daß der Richtergehilfe nicht die richterliche Unabhängigkeit besäße. Somit könnte der Richtergehilfe in Krisenzeiten zur Einfallpforte gerichtsfremder, vielleicht sogar sachfremder Einflüsse werden, da die richterlichen Entschließungen von dem Vortrag der Sachbearbeiter bzw. dann des Richtergehilfen beeinflußt würden. Bekämpfe man das Kollegialgericht und bejahe den Richtergehilfen, so lasse man durch die Hintertür wieder illegitim hinein, was man aus der Vordertür hinausgetrieben habe. In diesem Fall treibe man nämlich den stimmberechtigten Beisitzer vorne heraus, lasse dann aber aus der Einsicht, daß der bisherige Vorsitzende, wenn er nun Einzelrichter werden würde, nicht alles allein machen könne, durch die Hintertür den Richtergehilfen wieder hinein.[730] Dieser Argumentation folgte auch *Weber*, der für den Fall der Mitarbeit des Gehilfen bei dem Einzelrichter die Gefahr sah, daß ein „schwarzer" Richter heraufbeschwo-

---

[728] *Coing*, Protokoll Nr. 7, S. 70
[729] siehe in dem nachfolgenden Abschnitt: „Auffassung der Mehrheit"
[730] *Heusinger*, Protokoll Nr. 7, S. 52

ren werde, der in Wirklichkeit die Entscheidung treffe.[731] Aus diesem Grunde sei es sehr viel besser, wenn der Berater die richterliche Verantwortung und das richterliche Stimmrecht habe und dadurch, daß er nicht nur „rechts unten" mit seinem Anfangsbuchstaben abzeichne, die Verantwortung für die Entscheidung mittrage. Dies erscheine sehr viel besser, als daß ein Richtergehilfe aus der Anonymität heraus Einfluß gewinne.

Folglich schlug *Heusinger* vor, die Arbeit eines zukünftigen Richtergehilfen auf den inneren Dienstbetrieb zu beschränken. Dieser käme dann allenfalls für gewisse technische und geistige Vorarbeiten, die Bearbeitung abstrakter Rechtsfragen, für Materialsammlungen und dergleichen in Betracht. Auch *Baur* stimmte den Ausführungen *Heusingers* hinsichtlich der Einsatzmöglichkeiten von Richtergehilfen zu.[732] Seiner Meinung nach solle der Richtergehilfe mehr die Stellung eines juristischen Bibliothekars ähnlich der des heutigen Hilfsarbeiters bei den obersten Bundesgerichten haben.

IV. Beteiligung von Laien[733]

Bei der Erörterung der Frage, inwieweit Laien in der Rechtspflege tätig werden sollten, kamen *Hornig* und *Heusinger* in ihren Referaten zu im wesentlichen übereinstimmenden Ergebnissen, so daß eine Unterscheidung in eine Minder- und Mehrheitsmeinung nicht getroffen werden kann.

a) Referat von *Erich Hornig* vom 25.1.1957

Hornig leitete seine Ausführungen mit der Bemerkung ein, daß sich über die Beteiligung von Laien sehr Entscheidendes nicht sagen lasse, da diese Fragestellung weitgehend von politischen Aspekten überschattet sei und man daher Gefahr laufen würde, sich „in Gemeinplätzen zu verlieren".[734]

Zunächst stellte er klar, daß es nach seiner Auffassung grundsätzlich abzulehnen sei, auf Laien richterliche Aufgaben zur selbständigen Wahrnehmung zu übertragen.[735] Die zunehmende Kompliziertheit der Rechtsbeziehungen im modernen Massenstaat stehe einer Laiengerichtsbarkeit entgegen. Eine „echte Laienrechtsprechung" setze ein mehr oder weniger „volkstümliches Recht" voraus,

---

731 *Weber*, Protokoll Nr. 7, S. 68

732 *Baur*, Protokoll Nr. 7, S. 59

733 vgl. *Schiffer*, Die Deutsche Justiz, 1949, S. 228: „Seit dem Beginn des Juristenjahrtausends bezeichnet „Laie" nicht nur den Gegensatz zum Priester, sondern auch zum studierten Juristen, den man zwar nicht „sacerdos", wohl aber „clericus" nannte. Erst im Laufe der Jahrhunderte wurde der Begriff „Laie" dahin verallgemeinert, daß er schlechthin den Gegensatz zum geistig Gebildeten, Gelehrten oder Spezialisten bedeutete."

734 *Hornig*, Protokoll Nr. 7, S. 72, (Anm. des Verfassers: Gemeint war damit wohl die Diskussion um die Einführung der sog. Volksrichter, die in der sowjetischen Besatzungszone als Berufsrichter zugelassen wurden, ohne eine akademische Vorbildung zu besitzen.)

735 *Hornig*, Protokoll Nr. 7, S. 73

und ein solches habe man in Deutschland nicht. Aktuell und auch in Zukunft werde man in Deutschland ein ausgesprochenes, höchst „verwickeltes Juristenrecht" haben, dessen Anwendung nicht in die Hände von Laien gelegt werden könne. So würde man auch im Ausland, wo es zum Teil noch eine ziemlich weitgehende Laienrechtsprechung gäbe, wie z.B. in den Vereinigten Staaten und in England, mehr und mehr deren Schwächen erkennen. Die Tendenz gehe daher in diesen Ländern dahin, den Laien zurückzudrängen und den Berufsrichter mehr und mehr für diese Aufgaben einzusetzen. Da nach *Hornigs* Meinung über diese Sichtweise, was die Übertragung richterlicher Aufgaben an Laien zur selbständigen Wahrnehmung betreffe, grundsätzliches Einverständnis in der Kommission bestehe, vertiefte er seine Ausführungen an dieser Stelle nicht weiter.

In einem nächsten Schritt betrachtete *Hornig* daher die verschiedenen Möglichkeiten, Laien als Hilfsorgane der Rechtspflege einzusetzen.[736]

Die Tätigkeit des Schiedsmannes, der im wesentlichen vermittelnde Aufgaben habe, hielt *Hornig* für erwünscht und schlug daher vor, diese vermittelnde Tätigkeit, gegebenenfalls auch durch gesetzliche Maßnahmen, zu intensivieren. Zu der gleichen Gruppe der Hilfsorgane würden auch die Gemeindeorgane gehören, die Rechtspflegeaufgaben wahrnehmen würden. Dazu zählte *Hornig* z.B. die Vorentscheidungen in Wild- und Jagdschadensachen, die dem Bürgermeister oder einem Gemeindebeamten anvertraut seien. Diese „Einsatzmöglichkeiten" seien „Spezialitäten" des Landesrechts, die auch künftig dem Landesrecht überlassen bleiben könnten.

Weiterhin sei die Beteiligung von Laien als Beisitzer zu betrachten. Hinsichtlich der Frage, inwieweit Laien in dieser Form an der Rechtspflege beteiligt werden sollten, unterschied *Hornig* insgesamt drei Gruppen von Laienbeisitzern.[737]

Zu der ersten Gruppe zählte *Hornig* die Beisitzer, die ohne Beziehung zum Gegenstand der Verhandlung aus allen Kreisen der Bevölkerung herangezogen und an Strafsachen und ähnlichen Verfahren teilnehmen würden. Insbesondere würden hierher die Schöffen, Geschworenen und wohl im wesentlichen auch die Beisitzer bei den Verwaltungsgerichten gehören. Die zweite Gruppe werde durch die Beisitzer gebildet, die vornehmlich wegen ihrer Sachkunde und Erfahrung herangezogen würden, wie zum Beispiel die Handelsrichter und die Beisitzer bei den Wertpapierbereinigungskammern. Als dritte Gruppe definierte *Hornig* Repräsentanten von Interessengruppen, die in einem Verfahren, in denen Angehörige der jeweiligen Gruppen miteinander streiten, durch ihre Mitwirkung für eine paritätische Betrachtung der Dinge Gewähr bieten würden.

Hornig führte eine Reihe von Gedanken an, die gegen die Heranziehung von Laien in der Rechtspflege spreche würden. So werde die richterliche Unabhängigkeit heute weniger von oben, also vom Staat her, bedroht, sondern in erster

[736] *Hornig*, Protokoll Nr. 7, S. 73
[737] *Hornig*, Protokoll Nr. 7, S. 75

Linie von der öffentlichen Meinung, von der Presse, von Interessenverbänden u.ä.[738] Solchen Einflüssen sei der Laie zweifellos wesentlich stärker ausgesetzt als der zu unparteiischer Ausübung seines Amtes erzogene Berufsrichter. Weiterhin erscheine es auf den ersten Blick auch nicht sehr sinnvoll, daß man dem rechtsgelehrten, qualifizierten und besonders geschulten Richter eine Mehrheit von ungeschulten Laien beigebe, die in der Lage wären, den Richter zu überstimmen. Weitere Bedenken ergäben sich aufgrund des hohen Aufwandes, auch hinsichtlich der entstehenden Kosten. Im Ergebnis kam *Hornig* jedoch zu dem Schluß, daß man schon auf Grund der politischen Gegebenheiten auch in Zukunft auf eine Beteiligung von Laien in der Rechtspflege nicht verzichten könne. Die Beteiligung von Laien sei nun einmal in der Überzeugung des Volkes tief verwurzelt. In der Gegenwart werde die Beteiligung von Laien an der Rechtspflege ganz sicher als eine ausgesprochen demokratische Einrichtung aufgefaßt, als eine Mitwirkung des Volkes an der dritten Gewalt. Wolle man diese Beteiligung wesentlich einschränken oder aufheben, so würde man damit zweifellos das Vertrauen zur Rechtspflege nicht stärken, sondern - im Gegenteil - wahrscheinlich bedenkliches Mißtrauen hervorrufen.

Eine ähnliche Auffassung vertrat auch *Baur*. Seiner Meinung würden die Beisitzer ihre Tätigkeit heute nicht mehr ausüben, um eine „Volksrechtsprechung" aufrechtzuerhalten, sondern um die Rechtsprechung gegen das Mißtrauen des Volkes abzuschirmen.[739] Auch er hielt daher die Laienbeteiligung für sinnvoll, selbst wenn man den Bedenken Rechnung tragen würde, daß ein unabhängiger Berufsrichter Recht spreche mit Beisitzern, deren Unabhängigkeit durch Einflüsse von außen gefährdet sei.

Trotz dieser Bedenken befürwortete *Hornig* die Laienbeteiligung, da er diese im Ganzen gesehen als richtig und nützlich ansah. Zwar könnten gegen die Beteiligung der drittgenannten Gruppe, den Repräsentanten von Interessengruppen, Bedenken auftauchen, wie die zunehmende Einflußnahme der Interessenverbände auf die Rechtspflege in neuester Zeit zeige.[740] Jedoch habe die bisherige Beteiligung derartiger Interessenvertreter als Laienbeisitzer im großen und ganzen eine Gefahr nicht erkennen lassen.

In einem letzten Schritt erörterte *Hornig*, ob Änderungen hinsichtlich der Laienbeteiligung eingeführt werden sollten.[741] Da er sich dadurch keine Förderung des Verfahrens versprach, lehnte er eine solche in der Zivilrechtsprechung grundsätzlich ab. Einzig in den Angelegenheiten des Familienrechts erschien ihm eine Laienbeteiligung erwünscht und vertretbar. Hier würde zum Beispiel die Beteiligung eines Laienbeisitzer nach seiner Meinung in der Öffentlichkeit

[738] *Hornig*, Protokoll Nr. 7, S. 77
[739] *Baur*, Protokoll Nr. 7, S. 91
[740] *Hornig*, Protokoll Nr. 7, S, 79
[741] *Hornig*, Protokoll Nr. 7, S, 80

einen lebhaften Widerhall finden und wäre geeignet, dem bereits innerhalb diskutierten Familienrichter die „Lebensnähe zu erhalten".[742]

Weiterhin wäre zu prüfen, ob die Laienbeteiligung dadurch intensiviert werden könne, daß man dem Laien eine bessere Vorbildung zuteil werden lasse, für seine Fortbildung sorge und seine Auswahl verbessere. Den Gedanken der Fortbildung hielt *Hornig* zwar für positiv, im Ergebnis hielt er jedoch die praktische Umsetzung derartiger Maßnahmen für nicht durchführbar, insbesondere nicht durch gesetzgeberische Maßnahmen. Eine Verbesserung könne aber dadurch erzielt werden, daß man den Körperschaften, die für die Auswahl der Laien verantwortlich seien, nahelege, bei der Auswahl besondere Vorsicht walten zu lassen und die Eignung der Laienbeisitzer besser zu prüfen als bisher.

Auch dürfe man nicht verkennen, wie gefährlich es wäre, dem Laienbeisitzer eine Art juristische Halbbildung zu vermitteln. Das wäre seiner Meinung nach unter Umständen gefährlicher, als wenn der Laie völlig unvorbereitet in die Verhandlung ginge.

Als Gesamtergebnis hielt *Hornig* am Ende seiner Ausführungen fest, daß nach seiner Meinung die Laienbeteiligung jedenfalls im bisherigen Umfange auch künftig beibehalten werden solle. Erwünscht sei eine Beteiligung von Laien in familienrechtlichen Angelegenheiten und eine künftig etwas bessere Auswahl derselben.

b) Referat von *Bruno Heusinger* vom 25.1.1957

Zu Beginn seiner Ausführungen stellte *Heusinger* klar, daß er im Ergebnis mit *Hornig* völlig übereinstimme.[743] Auch nach seiner Auffassung solle keinesfalls eine Erweiterung des Laienrichtertums angestrebt werden. Zur Begründung verwies er insbesondere auf den bereits angesprochenen Aufwand und die hohen Kosten, die mit der Inanspruchnahme von Laienbeisitzern verbunden seien. So würden nicht nur die Kosten für den Beisitzer als solche ins Gewicht fallen, sondern diese Ausgaben würden darüber hinaus einen großen Apparat der Justizverwaltung im Hintergrund in Gang setzen. Angesprochen wurden von *Heusinger* Anwalt und Kasse, Vorprüfungsstelle, Rechnungsamt und Landesrechnungshof.

Zusammenfassend kam er zu dem Ergebnis, daß man alles so lassen solle, wie es sei.[744] Insbesondere solle man jedoch „nachdrücklich jeden auch nur von der Ferne ausgesprochenen Gedanken ablehnen", einen nicht juristisch vorgebildeten Richter ins Richteramt zu bringen.

Ruscheweyh führte in der nachfolgenden Diskussion ergänzend an, daß die Laienbeteiligung allgemein eine Verzögerung mit sich bringe. Verhandlung und

---

[742] *Hornig*, Protokoll Nr. 7, S, 81
[743] *Heusinger*, Protokoll Nr. 7, S. 86
[744] *Heusinger*, Protokoll Nr. 7, S. 89

Beratung seien schwieriger. Andererseits gewinne der Richter dadurch, daß er seinen Standpunkt den Laien auseinandersetzen müsse, einen Eindruck davon, wie die Entscheidung auf die Bevölkerung wirken würde.[745]

V. Leitsätze und Empfehlungen der Kommission

Im Gegensatz zu den meisten anderen Themenbereichen fanden die im Jahre 1957 beschlossenen Leitsätze der Kommission über das Thema „Besetzung der Gerichte" eindeutige Mehrheiten[746]. Da sich die Mitglieder der Kommission hinsichtlich der Besetzung der Gerichte in den wesentlichen Punkten einig geworden war, wichen die im Rahmen des Berichtes veröffentlichten Empfehlungen kaum von den beschlossenen Leitsätzen ab.

In ihrem Bericht faßte die Kommission ihre Empfehlungen für die Besetzung der Zivilgerichte wie folgt zusammen:

„a)Die erstinstanzlichen Zivilkammern der Landgerichte sollten künftig mit Einzelrichtern besetzt werden. Diese Richter sollen erfahrene Persönlichkeiten im reiferen Lebensalter sein und sich bereits als Richter bewährt haben. Die Stelle des Einzelrichters am Landgericht soll daher ebenso wie die Stelle des Vorsitzenden der Berufungskammer eine gehobene Stelle sein.

b) Im übrigen empfiehlt die Kommission, die Besetzung der Zivilgerichte beizubehalten. Die Abteilungen des Amtsgerichts entscheiden daher wie bisher durch Einzelrichter. Die Berufungs- und Beschwerdekammern der Landgerichte und die Senate der Oberlandesgerichte entscheiden durch drei Richter, die Senate des Bundesgerichtshofes durch fünf Richter.

c) Um das Vertrauen in die Rechtspflege zu festigen und den Richter in ständiger Verbindung mit den Anschauungen und dem Rechtsbewußtsein des Volkes zu halten, ist die Laienbeteiligung im bisherigen Umfang aufrechtzuerhalten; sie zu erweitern, empfiehlt die Kommission nicht.

d) Um die Richter von der außergewöhnlich stark anwachsenden Vorbereitung und der mühevollen schriftlichen Ausarbeitung ihrer Entscheidungen zu entlasten und gleichzeitig junge, begabte Kräfte zweckmäßig zu verwenden, sollen den Oberlandesgerichten und dem Bundesgerichtshof – nach Maßgabe der dort gesammelten Erfahrungen gegebenenfalls auch den Landgerichten – volljuristische Richtergehilfen als wissenschaftliche Vorsachbearbeiter beigegeben werden. Sie sollen dem Richter bei der Vorbereitung der Verhandlung und bei der Absetzung der Entscheidung behilflich sein."

---

[745] *Ruscheweyh*, Protokoll Nr. 7, S. 90

[746] Anhang 3, zu dieser Arbeit, dort S.147

G Umgestaltung des Zivilprozesses

I. Zweck des Zivilprozesses und leitende Gesichtspunkte einer Reform

a) Referat von *Fritz Baur vom* 19.7.1957

In der 8. Arbeitssitzung der Kommission vom 19. Juli 1957 hielt *Baur* sein Referat mit dem Thema „Zweck des Zivilprozesses und leitende Gesichtspunkte einer Reform".[747] *Baur* sah es bei der Erstellung des Referates als seine Aufgabe an, den derzeitigen Stand der Lehre in Bezug auf die Prozeßrechtstheorien aufzuzeigen und dann zu prüfen, ob diese für eine Reform des Zivilprozesses von Bedeutung sei.

Mit Bezug auf führende Lehrbücher stellte er dar, daß bei der Erläuterung des Wesens und des Zwecks des Zivilprozesses eine „Kumulationsmethode" festzustellen sei. Hiernach diene der Zivilprozeß mehreren Zwecken, für die sich eine Rangordnung nicht entwickeln lasse, so „der Bewährung der objektiven Privatrechtsordnung"[748], dem „Rechtsschutz des Einzelnen"[749], der „Herstellung und Erhaltung des Rechtsfriedens"[750], der „Rechtsvergewisserung unter den Parteien"[751] und der „Rechtssicherheit"[752]. Um dem Ziel seines Referates näher zu kommen, hielt *Baur* es für notwendig, Schwerpunkte bei der Ausarbeitung des „Zwecks des Zivilprozesses" herauszuarbeiten.

1) Zweck des Zivilprozesses

Ausgangspunkt der Betrachtung müsse hiernach der im modernen Staat selbstverständliche Ausschluß der Selbsthilfe, das Verbot eigenmächtiger Rechtsdurchsetzung und damit die Bewährung des Rechtsfriedens sein.[753] Als Folge dieses Verbotes müsse der Staat dem Einzelnen das geben, was er ihm als eigenmächtige Handlung verbiete, nämlich den Rechtsschutz, die Möglichkeit, seine Rechte mit Hilfe des Staates durchzusetzen. Dieser Anspruch des Einzelnen habe als sogenannter „Justizgewährleistungsanspruch" in Art. 103 Abs. 1 GG seinen verfassungsrechtlichen Niederschlag gefunden. Der Anspruch auf Rechtsschutz könne jedoch nur begründet sein, wenn er in der materiellen

---

[747] *Baur*, Protokoll Nr. 11, S. 35

[748] *Schönke*, § 1 V, „Begriff und Wesen des Zivilprozesses", S. 17; *Lent*, Zivilprozeßrecht, S. 2

[749] *Rosenberg*, Lehrbuch des deutschen Zivilprozeßrechts, S.2; *Schönke*, § 1 IV, S. 16

[750] *Rosenberg*, Lehrbuch des deutschen Zivilprozeßrechts, S.2

[751] *Rosenberg*, Lehrbuch des deutschen Zivilprozeßrechts, S.2

[752] *Schönke*, § 1 V, S. 18

[753] *Baur*, Protokoll Nr. 11, S. 37

Rechtsordnung seine Grundlage finden würde. Somit enthalte die Privatrechtsordnung nicht nur „Verhaltensnormen" für den Einzelnen, sondern gleichzeitig auch „Bewertungsnormen" für diejenige staatliche Stelle, die Rechtsschutz zu gewähren habe.

Somit müßte nach *Baurs* Meinung *ein* Schwerpunkt des Zivilprozesse wie folgt definiert werden:

„Der konkrete Zivilprozeß dient also dem Rechtsschutz des Einzelnen bei der Durchsetzung objektiver Privatrechte; der Rechtsschutz wird gewährt durch unabhängige staatliche Gerichte, die die Berechtigung des Rechtsschutzbegehrens auf der Grundlage des materiellen Rechts zu prüfen haben."[754]

In einem nächsten Schritt betrachtete *Baur* die Gestaltung des Prozesses und erörterte, in wie weit der Zivilprozeß durch gesetzliche Verfahrensregeln gestaltet werden müßte.

Entschieden sprach sich *Baur* gegen die Gestaltungsmöglichkeit aus, daß der Gesetzgeber nur einige wenige Regeln aufstellen dürfe und die Gestaltung des Verfahrens im einzelnen aber dem Richter überlassen solle. Der Prozeß sei eine „Massenerscheinung" und der Grundsatz der Gleichheit vor dem Richter – worin sich erst die Gleichheit vor dem Gesetz verwirkliche – fordere ein in allen gleichen Fällen nach gleichen Grundsätzen durchgeführtes Verfahren. Daß jedes gerichtliche Verfahren gleicher Art nach denselben Regeln ablaufe, sei somit eine Forderung, die im Rechtsstaat an die Rechtspflege gestellt werden müsse. Bindung an feste Formen und Verfahrensregeln garantiere die „Typizität" der Prozesse und verhindere richterliche Willkür. *Baur* sah sich aufgrund eigener Beobachtungen hinsichtlich dieser Aussagen bestätigt. Das gelegentliche Mißtrauen in die Rechtspflege sei, abgesehen von dem „mangelnden Vertrauensfundus der abgesplitterten neuen Gerichtsbarkeiten", auf die Meinung, der Richter halte sich nicht mehr an die Gesetze, sondern vertraue auf sein individuelles Rechtsgefühl, zurückzuführen. Zu Gunsten einer, auch seitens der „Rechtsgenossen" gewollten, Kontinuität der Verahrensregeln stellte *Baur* daher als weiteren Schwerpunkt die folgende These auf:

„Das Zivilprozeßrecht hat sonach die festen Formen und Verfahrensregeln zu enthalten, in den jeder Rechtsschutz des einzelnen auf dem Gebiet des Privatrechts durch unabhängige staatliche Gerichte gewährt wird."[755]

Eine weitere wichtige Aufgabe des Zivilprozesses sah *Baur* darin, daß bei der Ausgestaltung des Prozesses nicht nur die oben dargestellten Interessen des Einzelnen berücksichtigt werden müßten, sondern darüber hinaus auch die Gemeinschaftsinteressen. So dürfe die Ausgangsposition, daß der Zivilprozeß dem Rechtsschutz des Einzelnen auf dem Gebiet des Privatrechts in einem fest geordneten Verfahren zu dienen habe, nicht über die gesellschaftliche, „soziale"

[754] *Baur*, Protokoll Nr. 11, S. 38
[755] *Baur*, Protokoll Nr. 11, S. 40

Bedeutung des Prozesses hinwegtäuschen.[756] In diesem Zusammenhang wies *Baur* ausdrücklich daraufhin, daß er damit nicht die „neuartige, dem Richter übertragene Funktion des Ausgleichs sozialer Interessen“[757] meine und auch nicht die berechtigte Forderung, allen Rechtsgenossen Rechtsschutz ohne Rücksicht auf deren Vermögens- und Einkommensverhältnisse in gleicher Weise zu gewähren. Die besondere Bedeutung liege seiner Ansicht nach, wie bereits von dem österreichischen Prozessualisten *Klein*[758] beschrieben, darin, daß jeder Prozeß die Rechtspflege und ihr Funktionieren berühre. Dies führe dazu, daß „auch in den Formen der Austragung von Interessenkonflikten (vor Gericht) auf die Interessen von Staat und Gesellschaft Rücksicht zu nehmen sei“.[759] Der einzelne Prozeß dürfe daher nicht isoliert betrachtet werden. Würde man **nur** den Rechtsschutzgedanken im Rahmen des Prozesses sehen, so könne es hingenommen werden, wenn Kläger und Beklagter einverständlich die Entscheidung des Prozesses hinauszögern würden. Habe man aber die staatliche Rechtspflege insgesamt im Auge, so bedeute ein verschleppter Prozeß eine Belastung der Arbeitskraft der Gerichte, die sich somit nachteilig auf die rasche Entscheidung anderer Prozesse auswirken würde.

In seiner Argumentation sah sich *Baur* bestätigt durch den Entwurf der Zivilprozeßordnung aus dem Jahre 1931[760], in dem bereits damals festgestellt worden sei, daß *„die Zivilprozeßordnung in ihrer ursprünglichen Fassung diese Zusammenhänge nicht genügend berücksichtigte, sondern die Prozeßgrundsätze so gestaltet hat, als ob die Prozeßparteien ohne soziale Verbundenheit mit den übrigen Rechtssuchenden für sich allein stünden“*.[761] Man dürfe hierbei seiner Ansicht nach jedoch nicht verkennen, daß die Berücksichtigung sowohl der Individual- als auch der Gemeinschaftsinteressen den Gesetzgeber bei der Ausgestaltung des Prozesses vor eine schwierige Aufgabe stellen würde, die nicht damit gelöst werde, daß man mit Generalklauseln arbeite, wie dies z.B. in § 529 Abs. 2 ZPO[762] bei der Regelung des Novenverbotes geschehen sei. Denn mit derartigen

---

[756] *Baur*, Protokoll Nr. 11, S. 40

[757] Vgl. *Baur*, JZ 1957, S. 193 ff.

[758] *Klein-Engel*, „Der Zivilprozeß Österreichs“, S. 187

[759] *Baur*, Protokoll Nr. 11, S. 41

[760] Siehe auch Teil 1, I, a) 6) (g) dieser Arbeit, (S.22)

[761] *Baur*, Protokoll Nr. 11, S. 41

[762] § 529 II ZPO lautete bis zur Vereinfachungsnovelle vom 03.12.1976, durch die der § 529 neu gefaßt worden war, wie folgt: „Neue Angriffs- und Verteidigungsmittel sowie Beweismittel und Beweiseinreden, die im ersten Rechtszuge hätten geltend gemacht werden können und deren Berücksichtigung die Erledigung des Rechtsstreits verzögern würde, sind jedoch nur zuzulassen, wenn nach der freien Überzeugung des Gerichts die Partei das Vorbringen im ersten Rechtszuge weder in der Absicht, den Prozeß zu verschleppen, noch aus grober Nachlässigkeit unterlassen hatte. Diese Vorschrift gilt entsprechend für das Vorbringen einer Partei, das im ersten Rechtszuge nach den §§ 279, 279 a, 283 Abs. II zurückgewiesen worden ist.“

Generalklauseln verlasse man die feste Form des Prozesses; es könne nicht mehr sichergestellt werden, daß vor jedem Gericht in gleichgelagerten Verfahren nach gleichen Grundsätzen prozessiert werde. Letztlich müsse dann das Revisionsgericht sich in zahllosen Verfahrensrevisionen um die Gewinnung der Grundsätze bemühen, deren Statuierung der Gesetzgeber vorher vernachlässigt habe.

Im Rahmen seiner „Zweckbetrachtung" des Zivilprozesses kam *Baur* zu dem Ergebnis, *„daß zwar bei der Ausgestaltung des Zivilrechts von dem Rechtsschutzzweck auszugehen sei, daß aber die Notwendigkeiten, die sich aus der dem Staat übertragenen Rechtspflegeaufgabe insgesamt ergeben würden, gleichrangig berücksichtigt werden müßten."*[763]

Einschränkend stellte *Baur* jedoch fest, daß der Rechtsschutzzweck des Zivilprozesses jedoch nicht in allen Instanzen überwiegen würde. Diesem sei im allgemeinen genüge getan, wenn den Parteien eine Tatsachen- und eine Rechtsmittelinstanz zur Verfügung gestellt werde.[764] Für den Fall, daß den Parteien - wie im geltenden Recht vorgesehen - eine dritte Instanz zur Verfügung stände, sei es durchaus „angängig", den Zugang zu ihr auch oder ausschließlich von Voraussetzungen abhängig zu machen, die außerhalb des Rechtsschutzzweckes liegen. Diese Instanz könne dann dem Gedanken der Rechtseinheit oder dem der „Bewährung der Privatrechtsordnung" dienen. Dabei müsse jedoch auch hier das Rechtsschutzprinzip insoweit beachtet werden, daß die Rechtsstellung des Einzelnen nicht der Rechtseinheits- oder der Rechtsfortbildungstendenz geopfert wird. Es wäre also z.B. unzulässig, das Rechtsmittel vom Willen der beschwerten Partei unabhängig zu machen. In diesem Zusammenhang wies *Baur* auf den Zwiespalt hin, der sich zwischen der sachgerechten Entscheidung des konkreten Rechtsstreits und den Erfordernissen der Rechtseinheit und der Rechtsfortbildung ergeben könne. So bräuchten die konkrete Fallgerechtigkeit und die „Bewahrung der Rechtsordnung" nicht immer zu harmonisieren. Weiterhin wies *Baur* daraufhin, daß an dieser Stelle auch die Bindung des Richters an das „Gesetz" der Vorausberechenbarkeit der richterlichen Entscheidung, der Einzelfallgerechtigkeit und der Rücksichtnahme problematisiert werden müßte, ohne jedoch auf diese Grundsätze inhaltlich weiter einzugehen.

2) Leitende Gesichtspunkte einer Reform des Zivilprozesses

Die Diskussion über „leitende Gesichtspunkte einer Reform des Zivilprozesses" setzte nach *Baurs* Meinung voraus, daß man zunächst die Frage zu klären hätte, ob und in welchen Punkten der gegenwärtige Zivilprozeß überhaupt reformbedürftig sei.

---

[763] *Baur*, Protokoll Nr. 11, S. 42
[764] *Baur*, Protokoll Nr. 11, S. 43

In Betracht käme zum Beispiel eine Reformbedürftigkeit aus allgemein politischen (rechtspolitischen) Erwägungen. Beispielhaft nannte *Baur* an dieser Stelle folgende Reformansätze bzw. - gedanken[765]:

- „Der einer liberalen Geisteshaltung entsprungene Zivilprozeß entspreche nicht mehr den heute herrschenden Auffassungen über das Verhältnis von dem Einzelnen und der Gesamtheit.
- Der geltende Zivilprozeß gehe von der Vorstellung des wohlsituierten Bürgers aus der Zeit vor dem ersten Weltkrieg aus, der den Anforderungen eines Kampfes um das Recht finanziell und nervlich gewachsen sei. Dieser Bürger existiere nicht mehr, sondern heute gehe es darum, die vielfältigen Reibungen, die die Massengesellschaft mit sich bringe, rasch und billig zu entscheiden."

Weiterhin könne man die Reformbedürftigkeit auch anhand von *praktischen Erwägungen* begründen. Hier ließe sich etwa argumentieren, daß „das gegenwärtige Prozeßrecht so unzweckmäßig sei, daß die Praxis den Prozeß ganz anders handhaben müsse, als das Gesetz es vorschreibe, um überhaupt einen brauchbaren Prozeßverlauf zu erreichen."

Um sich hier nicht in allgemein gehaltenen Erwägungen oder in zahllosen Einzelheiten zu verlieren, müßte man nach *Baurs* Auffassung wohl oder übel die Grundsätze des gegenwärtigen Zivilprozeßrechts eruieren und sie dann auf ihre Reformbedürftigkeit untersuchen.

Somit betrachtete *Baur* zunächst die sogenannten Prozeßrechtsgrundsätze. Einleitend hob er hervor, daß er die Auffassung hinsichtlich der Notwendigkeit einer eingehenden Auseinandersetzung mit den Prozeßrechtsgrundsätzen, die der folgenden Formulierung aus dem ZPO-Entwurf von 1931 zugrundelege, nicht teilen könnte: *„Die Erfahrung hat ... gelehrt, daß im Prozeßrecht eine bloße Beratung über Prinzipien wenig fruchtbar ist, daß vielmehr erst an der Hand eines in Einzelheiten ausgearbeiteten Entwurfs über Tragweite und Durchführbarkeit der aufgestellten Grundsätze Klarheit gewonnen werden kann".*[766] In dieser Formulierung läge eine gewisse Geringschätzung allgemeiner Prozeßrechtsgrundsätze, die nach *Baurs* Meinung unberechtigt sei. Man müsse sich von der Vorstellung frei machen, das Prozeßrecht sei ausschließlich technisches Recht, das beliebig manipulierbar wäre.[767] Es gäbe vielmehr Prozeßrechtsgrundsätze, die ein unabdingbares Postulat eines gerechten Verfahrens seien, wie etwa die Gewährung des Zugangs zum gesetzlichen Richter (Ausschluß der Rechtsverweigerung) und der Anspruch auf rechtliches Gehör.

---

[765] *Baur*, Protokoll Nr. 11, S. 44
[766] *Baur*, Protokoll Nr. 11, S. 44
[767] *Baur*, Protokoll Nr. 11, S. 45

Andere Prozeßrechtsgrundsätze würden einer meist zeitbedingten Auffassung „von der Stellung der Rechtspflege im Volksganzen" entspringen, wie zum Beispiel der Grundsatz der Öffentlichkeit.

Weitere Prinzipien seien bestimmt durch die Eigenart des typischen Streitgegenstandes und die Auffassung von den Besonderheiten der betreffenden Prozeßart. Hierzu würden nach *Baurs* Meinung die im Zivilprozeß geltende Dispositions- und Verhandlungsmaxime[768] zählen.

Als letzte Gruppe der Prozeßrechtsgrundsätze führte *Baur* diejenige auf, die sich aus rationalen Erwägungen über die bestmögliche „Findung" einer sicheren Urteilsgrundlage ableiten lasse. Zu dieser Gruppe zählte er die Grundsätze der Unmittelbarkeit und der Mündlichkeit.

Nach *Baurs* Auffassung sei im Ergebnis dasjenige Prozeßrecht das Beste, das die gewählten Prozeßrechtsgrundsätze möglichst lückenlos in Geltung bringe.[769] In diesem Zusammenhang wies er jedoch ausdrücklich darauf hin, daß er mit dieser Aussage keinesfalls eine „Prinzipienreiterei" befürworten wolle, vor der bereits *Klein*[770] scheinbar eindringlich gewarnt habe. Die Förderlichkeit oder auch nur Unbedenklichkeit der Durchbrechung festgelegter Prozeßrechtsgrundsätze, stellte *Baur* jedoch anhand der folgenden praktischen Beispiele aus dem Zivilprozeß in Frage[771]:

- *„Ist es unserem Prozeß bekommen, daß der Grundsatz der Mündlichkeit durch das schriftliche Verfahren, der Grundsatz der Unmittelbarkeit durch den beauftragten Richter und den Einzelrichter – ohne feste Maßstäbe im Gesetz – durchbrochen worden ist?*
- *Ist die gegenwärtige Mischung von Amts- und Parteibetrieb für die Übersichtlichkeit des Verfahrens von Nutzen?*
- *Ist die Durchbrechung des Verhandlungsgrundsatzes und die dem Richter aufgebürdete Verantwortung für die Sammlung des Prozeßstoffes – wie dies durch die §§ 139, 272b ZPO geschehen ist – im Hinblick auf die Stellung des Richters* ***über*** *den Parteien wirklich unbedenklich?"*

---

[768] Siehe die Definitionen in den Fußnoten Nr. 214 und 215

[769] *Baur*, Protokoll Nr. 11, S. 45

[770] *Klein, Klein-Engel*, Der Zivilprozeß Österreichs, S. 192: *„Darum wird der Prozeß der beste sein, der anstatt sich einseitig an einen Gedanken zu binden, jedem etwas zu bieten sucht, und das von ihm bevorzugte Prinzip maßvoll, ohne Überspitzungen, durchführt. Weder unbedingtes und unbegrenztes Belieben der Individuen noch deren Entrechtung oder Degradierung zu einem bloßen Objekt des Verfahrens, weder unbedingte und unbegrenzte Verfügungsgewalt des Gerichts noch dessen Ohnmacht, so daß es sich von den Parteien dort hinein führen lassen muß, wohin diese gerade wollen, gleichgültig wie es sich zur staatlichen Prozeßaufgabe verhält."*

[771] *Baur*, Protokoll Nr. 11, S. 46

Nach *Baurs* Auffassung würde eine Prozeßordnung, die sich in ihrer Einzelausgestaltung möglichst eng an wohl überlegte Grundsätze binde, den „Gleichklang" der Prozesse, eine einheitliche Verfahrenshandhabung sichern.

Von den seiner Ansicht nach zahlreichen Problemen, die sich bei einer Überprüfung der Reformbedürftigkeit des gegenwärtigen Zivilprozesses ergeben würden, machte *Baur* zwei, ihm wesentlich erscheinende, zum Gegenstand seiner weiteren Erörterungen. Zunächst ging *Baur* auf Fragestellungen in Bezug auf die Verteilung der Verantwortlichkeit zwischen Gericht und Parteien und danach hinsichtlich der Beibehaltung (Verstärkung? Abschwächung?) der Grundsätze der Mündlichkeit und der Unmittelbarkeit ein.[772]

(a) Die Verteilung der Verantwortlichkeit zwischen Gericht und Parteien

Baur stellte zunächst dar, daß nach der ursprünglichen Fassung der ZPO die Parteien die Verantwortung für den Prozeßbetrieb und die Beschaffung der tatsächlichen Grundlagen des Prozesses gehabt hätten. Der Richter dagegen sei für die Erhebung der angetretenen Beweise, ihre Wertung und das Urteil verantwortlich gewesen. Der sogenannte Dispositions- und Verhandlungsgrundsatz sei also durchgängig angewandt worden und der Amtsermittlungsgrundsatz nicht zur Geltung gekommen. Diese Zuordnung der Verantwortlichkeiten sei in der Folgezeit durch die Novellengesetzgebung geändert worden. So habe diese zu einer Stärkung der Stellung des Richters geführt und den Trend zum Amtsermittlungsgrundsatz verstärkt. Als Beispiele nannte *Baur* die Einführung der richterlichen Frage- und Aufklärungspflicht, die den Richter für die Beschaffung des Tatsachenstoffes mit verantwortlich mache und die in § 272 b ZPO zur Vorbereitung der mündlichen Verhandlung eingeräumten Möglichkeiten sowie die amtswegige Erhebung des Sachverständigen- und Augenscheinbeweises.

In der Praxis würden die Auffassungen hinsichtlich der Beantwortung der Frage, ob diese gesetzlichen Maßnahmen bereits zu weit gegangen seien, oder ob diese noch intensiviert werden sollten, weit auseinandergehen. So gäbe es Stimmen, die die Meinung vertreten würden, daß die Beschaffung der Tatsachengrundlage des Prozesses Sache des Anwalts sei, der Richter dagegen den Kopf frei haben müsse für eine sachgerechte Sichtung und Wertung der Tatsachen.[773] Nach anderer Ansicht sei die Stellung des Richters auch heute noch zu schwach ausgebaut; an dessen schwacher Position seien *„bisher alle Versuche gescheitert, den Zivilprozeß übersichtlich zu gestalten und seine rasche und sachgerechte Abwicklung zu ermöglichen"*[774]. Ähnliche Auffassungen hätten in der Vergangenheit so praktisch erfahrene Prozessualisten wie *de Boor*[775], *Lent*[776]

---

[772] *Baur*, Protokoll Nr. 11, S. 47 ff

[773] So *Ruscheweyh*, Anwaltsblatt 1955, S. 189

[774] *Lengler*, JZ 1957, S. 80

[775] *De Boor*, „Zur Reform des Zivilprozeßrechts"

und *Jonas*[777] vertreten, allerdings in einer Zeit, die nur allzu sehr geneigt gewesen wäre, die Befugnisse der Staatsmacht überzubetonen.

In diesem Zusammenhang widersprach *Baur* der These, die Aufteilung der Verantwortung zwischen Gericht und Parteien sei eine reine Frage der Zweckmäßigkeit, die man von grundsätzlichen politischen Erwägungen frei halten könne.[778]

Dies werde bereits durch die geschichtlichen Entwicklungen des Zivilprozeßrechts widerlegt. So sei es kein Wunder, daß etwa die Preussische Allgemeine Gerichtsordnung die Aufklärung aller erheblichen Tatsachen dem Richter zur Pflicht gemacht habe, während die ZPO - die einem liberalen Geist entsprungen sei – in ihrer ursprünglichen Fassung den Richter von der Pflicht der Amtsermittlung freigestellt habe. Auch sei es keine reine Zweckmäßigkeitserwägung, wenn man der Verwirklichung des Amtsermittlungsgrundsatzes entgegenhalte, sie beeinträchtige den Richter in seiner Objektivität, denn er komme dann in die Verlegenheit, der einen oder anderen Partei „helfen" zu müssen, mindestens aber könne dieser Eindruck bei den Parteien entstehen.[779]

Nach *Baurs* Auffassung ist nach Zweckmäßigkeitserwägungen die Frage zu beantworten, ob der Verhandlungsgrundsatz am ehesten eine vollständige Sachaufklärung ermögliche, weil die widerstreitenden Interessen der Parteien von selbst die zur Urteilsfällung benötigten Tatsachen vollständig lieferten, oder ob der Amtsermittlungsgrundsatz die besseren Ergebnisse liefere, da er die Möglichkeit böte, die staatlichen Aufklärungsmittel einzusetzen. Im Ergebnis gelangte *Baur* bei der Lösung dieses Problems zu den folgende Unterscheidungen[780]:

(1) Die Dispositionsmaxime

An der Dispositionsmaxime sollte nach *Baurs* Ansicht festgehalten werden. Dies würde bedeuten, daß die Parteien den Beginn, den Gegenstand und in gewissem Umfang auch die Beendigung des Prozesses (nämlich durch Anerkenntnis, Verzicht, Klagerücknahme und Vergleich) bestimmen könnten. In diesem Zusammenhang vertrat *Baur* die Meinung, daß auch an dem Versäumnisverfahren festzuhalten sei. Dieses sei in einem Prozeß, *„der keine „Vorführung" einer Partei kennen könne, das einzige Mittel, um eine Rechtsschutzverweigerung für den Kläger, eine Prozeßbelästigung des Beklagten und eine nutzlose Kraftvergeudung des Gerichts zu verhindern".*[781]

---

[776] *Lent*, ZZP 63, S. 3
[777] *Jonas*, DR 1941, S. 1697
[778] *Baur*, Protokoll Nr. 11, S. 50
[779] *Baur*, Protokoll Nr. 11, S. 49
[780] *Baur*, Protokoll Nr. 11, S. 50 ff.
[781] *Baur*, Protokoll Nr. 11, S. 51

Dabei sei zum Beispiel die praktisch bedeutungslose „Entscheidung nach Lage der Akten“ abzuschaffen. Für den Fall, daß *beide* Parteien nicht erscheinen würden, solle ein Versäumnisurteil gegen den Kläger ergehen, denn er habe den Rechtsschutz begehrt; kümmere er sich nicht um die Rechtsverfolgung, so habe er die Konsequenzen zu tragen.

(2) Grundsätzliche Anwendung des Amtsbetriebs oder des Parteibetriebs
Baur befürwortete die ausschließliche Anwendung des Amtsbetriebs, da die Rücksichtnahme auf den „Kräftehaushalt“ der Rechtspflege dies gebiete. In diesem Fall müßten dann auch bindende Fristen für diesen Amtsbetrieb vorgeschrieben werden, da die Fälle schuldhafter Prozeßverschleppung nicht nur auf das Verhalten der Parteien, sondern in wahrscheinlich gleichem Maße auch auf das *„bequemer, unentschlossener oder unfähiger Richter zurückzuführen sei“*.[782] Es müsse hiernach zum Beispiel bestimmt werden, daß Urteile den Parteien innerhalb einer Frist seit Verkündung in vollständig abgefaßter Form zuzustellen seien.

(3) Die Verantwortung für die Tatsachenermittlung
Für besonders problematisch hielt *Baur* die Regelung des § 139 ZPO, anhand derer die Verantwortung für die Tatsachenermittlung im Zivilprozeß definiert werde. Nach seiner Ansicht stelle §139 ZPO als Kompromiß einen Fremdkörper in der Zivilprozeßordnung dar.[783] Dies wäre zwar nicht störend, wenn er eine einheitliche, sichere Verfahrenshandhabung gewährleisten würde, was jedoch im Ergebnis nicht der Fall sei.

Darüber hinaus bestände die Gefahr, daß als Folge der Anwendung des § 139 ZPO Zweifel an der Unparteilichkeit des Richters entstehen könnten. Die Vorschrift des § 139 ZPO zwinge den Richter dazu, sich in die Stellung der Parteien zu versetzen und ihnen von diesem Standpunkt aus zu helfen, „sachdienliche Anträge zu stellen“ und „ungenügende Angaben ... zu ergänzen“. Bei „qualitativ ungleichen“ oder ungleich vertretenen Parteien werde der Richter notgedrungen zum Fürsprecher der „schwachen Partei“. In diesem Zusammenhang stellte *Baur* in Frage, ob sich der Richter in dieser Funktion wirklich wieder „voll frei machen“ könne, wenn er das Urteil zu sprechen habe. Selbst wenn ihm dies gelänge, läge es nahe, daß die andere Partei Zweifel an seiner Unparteilichkeit hegen würde. Sollten sich derartige Zweifel an der Unparteilichkeit des Richters häufen, so bestünde nach *Baurs* Auffassung eine „echte“ Justizkrise. Auf der anderen Seite erörterte *Baur*, inwieweit die Rechtspflege nicht auch eine „soziale Hilfspflicht“ habe. Solle man rechtsunkundige Parteien ihrem Schicksal überlassen und sie die Folgen ihrer Ungeschicklichkeit tragen lassen?

---

[782] *Baur*, Protokoll Nr. 11, S. 52
[783] *Baur*, Protokoll Nr. 11, S. 52

Für dieses, seiner Meinung nach nur schwer oder überhaupt nicht lösbare Dilemma, stellte *Baur* die folgenden Lösungsansätze vor:

- *„Es ist Sache der Parteien zu sagen, was sie vom Gericht entschieden wissen wollen."*[784]

Die zweckmäßige rechtliche Formulierung dieses „Wollens" im Urteil sollte nach *Baurs* Ansicht jedoch dem Gericht überlassen bleiben. Die dem „aktionenrechtlichen Denken" entspringende wörtliche Entsprechung von Antrag und Urteil sei keine notwendige Konsequenz aus der Verhandlungsmaxime und führe über § 139 ZPO zu einer Bevormundung der Partei durch das Gericht.

- *„Die Beibringung der Tatsachengrundlage des Prozesses ist Sache der Parteien.*
  Die Beweisaufnahme erstreckt sich auf die von den Parteien behaupteten, streitig gebliebenen Tatsachen. In der Wahl der Beweismittel ist das Gericht frei."[785]

Baur gelangte zu der Auffassung, daß der reine Amtsermittlungsgrundsatz nicht dem bereits skizzierten Zweck des Zivilprozesses entspreche, er werde durch die Gesamtbelange der Rechtspflege nicht gefordert. Die Wahl der Beweismittel dagegen sollte seiner Meinung nach - über den Augenscheins- und Sachverständigenbeweis hinaus - dem Richter überlassen bleiben[786]. Damit würden die Subsidiarität der Parteivernehmung[787] und die Beschränkung der Zeugenvernehmung auf ausdrücklich als Zeugen benannte Personen entfallen. Weiterhin wären Urkunden vorzulegen, gleichgültig, wo sie sich befänden und ob nach den Vorschriften des bürgerlichen Rechts eine Pflicht zur Vorlage bestünde. Auf der anderen Seite würde sich aus dem Rechtsschutzzweck des Prozesses ergeben, daß es den Parteien überlassen bleiben müsse, ob, in welchem Umfang und mit welcher tatsächlichen Begründung sie den Rechtsschutz durch die Gerichte in Anspruch nehmen würden.

- *„Die richterliche Frage- und Aufklärungspflicht wäre beschränkt auf die Klarstellung dessen, was die Parteien wollen."*[788]

In diesem dürfe das Gericht seine Auffassung vom Sach- und Streitstand dartun, müsse es dann aber den Parteien überlassen, die Konsequenzen daraus zu ziehen.

---

[784] *Baur*, Protokoll Nr. 11, S. 53
[785] *Baur*, Protokoll Nr. 11, S. 54, 55
[786] *Baur*, Protokoll Nr. 11, S. 64
[787] Ebenso im Ergebnis *Jonas*, DR 1941, S. 1697
[788] *Baur*, Protokoll Nr. 11, S. 55

(b) Beibehaltung der Grundsätze der Mündlichkeit und der Unmittelbarkeit?

Nach *Baurs* Auffassung sei der gegenwärtige Zivilprozeß - so wie er (zumindest in den Unterinstanzen) gehandhabt werde – weder mündlich noch unmittelbar, obwohl die ZPO auf diesen beiden Grundsätzen beruhe. Was wesentlich sei, würde in den Schriftsätzen stehen und die Unmittelbarkeit werde durch die Einrichtungen des Einzelrichters, des beauftragten und ersuchten Richters durchlöchert. Darüber hinaus werde die in der ZPO der Idee nach vorgesehene **eine** mündliche Verhandlung in eine An- (oder Un-) zahl von Terminen aufgelöst.

Vor diesem Hintergrund müßte man nach seiner Ansicht von den folgenden Gedanken ausgehen und diese dann so konsequent wie möglich verwirklichen:

- *„Lange Prozesse bedeuten Kräfte- und Nervenverschleiß, schaffen keinen Rechtsfrieden, bedeuten vielfach im Ergebnis Rechtsverweigerung.*
- *Nur die unmittelbare Wahrnehmung des erkennenden Gerichts von Parteivortrag und - vor allem – Beweisaufnahme schafft eine sichere Urteilsgrundlage."*

Zur Umsetzung dieser Gedanken bot *Baur* zwei Lösungsmöglichkeiten an, die im Ergebnis auch eine Konzentration des Verfahrens bewirken würden, wie es bisher trotz aller Reformen nicht erreicht worden sei:

(1) Reduzierung auf **eine** Hauptverhandlung[789]

Baur schlug vor, auch im Zivilprozeß, wie im Strafprozeß, die eine „Hauptverhandlung" mit Parteivortrag und Beweisaufnahme zu verwirklichen. Möglichen Einwänden gegen seinen Vorschlag begegnete *Baur* bereits im Vorfeld wie folgt:

- Etwaige Bedenken, daß dies die „Eventualmaxime"[790] bedeute, würde nach seiner Ansicht nicht entgegenstehen. Warum solle man die Partei nicht – mittelbar – zwingen können, „auf einmal" all das zu sagen, was sie im Prozeß vorzutragen gedenke.
- Der Einwand, im Zivilprozeß würden sich viele Sachen „von selbst" erledigen (durch Versäumnisurteil, Vergleich usw.), so daß es unzweckmäßig sei, schon zu der „ersten" Verhandlung vor dem vollbesetzten Gericht den ganzen „Beweisapparat" aufzubieten, könne durch die Einrichtung eines „Vortermins" bzw. „Erörterungstermins" vor dem Berichterstatter (bzw. dem Richter bei „Nichtkollegialgerichten") in Anlehnung an das österreichische Recht entkräftet werden. Ihm wäre der Erlaß von Versäumnisurteilen, die Entgegennahme von Vergleichen und die Erörterung des Verlaufs der Hauptverhandlung mit den Parteien zu übertragen.

---

[789] *Baur*, Protokoll Nr. 11, S. 56

[790] Eventualmaxime: Siehe Definition in Fn. 571 dieser Arbeit

- Auch der Schwierigkeitsgrad der Zivilprozesse könne keinen Hinderungsgrund darstellen. Etwaigen Schwierigkeiten müsse durch eine sorgfältige Vorbereitung des Hauptermins seitens der Parteien und des Gerichts Rechnung getragen werden.

(2) Abschaffung des Grundsatzes der Mündlichkeit[791]

Nach *Baurs* Meinung, sollten für die Einreichung der Schriftsätze und den Erlaß des Urteils zwingende Fristen festgelegt werden. Die „mündliche Verhandlung“ würde sich – falls im Einzelfall überhaupt noch erforderlich – auf einen Erörterungstermin vor dem Berichterstatter beschränken. Das Urteil werde dann nicht verkündet, sondern zugestellt. Auch in einem solchen, im wesentlichen schriftlichen Verfahren sollte aber seiner Ansicht nach die Beweisaufnahme vor dem erkennenden Gericht möglichst „rein durchgeführt“ werden. So vermöge auch die zuverlässigste Vermittlung des Beweisergebnisses durch den Richter der Beweisaufnahme an das erkennende Gericht nicht den unmittelbaren, eigenen Eindruck ersetzen. Insbesondere gehe es anders als bei dem Grundsatz der Mündlichkeit bei der reinen Durchführung des Unmittelbarkeitsgrundsatzes um die Gewinnung sicherer Grundlagen für das Urteil, so daß man hier keine Kompromisse eingehen solle.

Dies würde bedeuten, daß sich die Tätigkeit des Einzelrichters (Berichterstatters) auf den „Vortermin“, „Erörterungstermin“ mit den oben genannten, auch in § 349 Abs.1 ZPO definierten Aufgaben beschränken müsse.

b) Die Diskussion in der Kommission zu dem Thema: „Zweck des Zivilprozesses und leitende Gesichtspunkte einer Reform.“

Weinkauff wies darauf hin, daß seiner Meinung nach die von *Baur* vorgeschlagene Vorgehensweise zu einem Übergewicht der Dispositions- und besonders der Verhandlungsmaxime führen würde. Vor dem Hintergrund, daß von den verschiedenen Grundsätzen in der Praxis jemals kaum einer rein durchgeführt würde, erschien ihm diese Gewichtung als ein Fehler.[792] *Weber* vertrat die Auffassung, daß *Baur* bei der vorgeschlagenen Verteilung der Befugnisse zwischen Anwalt und Richter eine zwiespältige Ansicht vertrete.[793] Dies ergebe sich daraus, daß nach *Baurs* Vorstellung auf der einen Seite die Parteien und der Anwalt den Streitgegenstand bestimmen sollen und auf der anderen Seite der Richter den wahren Willen zu erforschen habe, der dann dem Verfahren zu Grunde gelegt werden müsse.

---

[791] *Baur*, Protokoll Nr. 11, S. 58

[792] *Weinkauff*, Protokoll Nr. 11, S. 62

[793] *Weber*, Protokoll Nr.11, S. 67

Im weiteren Verlauf bezweifelte *Weinkauff*, ob man, wie von *Baur* dargestellt[794], dem Richter die Wahl des Beweismittels aufbürden solle. Er glaubte, man werde die Beibringung der Beweismittel nach wie vor den Parteien überlassen müssen, da der Richter gar nicht wisse, welches Beweismittel er nehme solle. Auf Nachfrage von *Coing*, wie er sich die Beweiserhebung vorstelle, erläuterte *Baur*, daß daß Gericht seiner Ansicht nach nur unter den Beweismitteln, die nach dem Vortrag der Parteien in Betracht kommen würden, eine Auswahl treffen dürfe. *Hornig* stimmte *Baur* hinsichtlich dieser Vorgehensweise zu, denn hier würde es entscheidend darauf ankommen, daß das Gericht nicht selbst die Sachaufklärung betreibe, daß heißt von sich aus nach bisher unbekannten Beweismitteln suche, sondern daß es ausschließlich die Möglichkeit erhalten solle unter mehreren Möglichkeiten zu wählen.[795]

Die Kritik *Baurs*[796] an dem § 139 ZPO hielt *Weinkauff* für nicht gerechtfertigt[797]. Diese Vorschrift habe sich nach seinen Erfahrungen „segensreich" ausgewirkt, auch seien es ja nur „technische Hilfen", die der Richter den Parteien angedeihen lasse.

Hier schloß sich *Hornig* der Aussage *Weinkauffs* an, da sich seiner Meinung nach § 139 ZPO sehr bewährt habe. So würde man im Anwaltsprozeß ohne ihn gar nicht mehr auskommen.[798]

Für besonders wichtig erachtete *Weinkauff* die Forderung *Baurs* nach einer Beschleunigung des Verfahrens. So sei es nach seiner Meinung das Wichtigste, daß der Prozeßstoff nicht mehr „tropfenweise" vorgebracht werde.[799] Aus diesem Grunde müsse sich der Zivilprozeß in aller Regel in zwei Terminen abspielen. Der erste Termin solle ein Vor- oder Erörterungstermin sein, dem ein Wechsel von Schriftsätzen vorausgehe, der bereits die wesentlichen Punkte klarlegen würde, und der zweite Termin solle ein Haupttermin sein. Zu dieser Verfahrensweise müßten die Parteien nach *Weinkauffs* Ansicht unter Umständen durch das Mittel des Ausschlusses von späterem Vorbringen gezwungen werden. Da die Gerichte schon heute in dieser Weise verfahren könnten, dies aber nicht tun würden, müsse dieser Gang des Verfahrens durch eine Muß-Vorschrift verbindlich festgelegt werden. Dieses Vorgehen sei auch vor dem Hintergrund notwendig, daß die Richter in der unteren Instanz den Prozeß nicht mehr durchdenken, sondern sich vielmehr darauf verlassen würden, daß schon ein Beweisantrag komme, so daß dann ein Beweistermin anberaumt werden würde.[800]

---

[794] Siehe in Teil 3, G I a) 2) (a) (3) dieser Arbeit, (S. 201)
[795] *Hornig*, Protokoll Nr. 11, S. 65
[796] Siehe in Teil 3, G I a) 2) (a) (3) dieser Arbeit, (S. 201)
[797] *Weinkauff*, Protokoll Nr. 11, S. 62
[798] *Hornig*, Protokoll Nr. 11, S. 65
[799] *Weinkauff*, Protokoll Nr. 11, S. 62
[800] *Weinkauff*, Protokoll Nr. 11, S. 63

Merkel dagegen hielt die grundsätzliche Erledigung des Prozesses schon nach einer Hauptverhandlung für nicht realistisch.[801] Im Gegensatz zum Strafprozeß würde der Anwalt im Zivilprozeß die Akten und damit die wesentlichen Punkte des Sachverhalts nicht kennen, da der Sachverhalt zu diesem Zeitpunkt noch nicht ermittelt wäre. Aus diesem Grunde könne sich die Sache später ganz anders entwickeln, als zunächst angenommen. Darüber hinaus müsse der Anwalt heute eine Fülle von Prozessen bearbeiten, die ihn - insbesondere im Falle von umfangreichen Strafprozessen - zeitlich stark in Anspruch nehmen würden. Auch *Weber*, der zwar **den einen** Haupttermin für ein erstrebenswertes Ideal hielt, äußerte an dessen Realisierbarkeit erhebliche Zweifel.[802] Dazu führte er aus, daß zum Beispiel im englischen Zivilprozeß der Anwalt die Beweise schon vor dem Haupttermin erheben würde und durch den Austausch der Schriftsätze der Gegner schon wisse, was geschehen ist. Unter dieser Voraussetzung sei es möglich, den ganzen Prozeßstoff in einer Verhandlung dem Richter vorzutragen. Im deutschen Zivilprozeß wisse man aber nie, was die Zeugen der Gegenpartei aussagen werden. *Weinkauff* dagegen zweifelte nicht an der Möglichkeit, die Entscheidung im Rahmen *eines* Haupttermins herbeizuführen.[803] Dies setze jedoch die richtige Gestaltung des Vortermins voraus. Zuvor müsse der Sachverhalt schon schriftlich geklärt sein und alle Urkunden vorliegen. Dann seien die Parteien noch persönlich zu hören, so daß es bei einer effizienten Durchführung des Vortermins nur noch auf wenige Zeugen ankommen würde. Darüber hinaus habe die Beschränkung auf einen Haupttermin den Vorteil, daß sich der Anwalt nur einmal mit dem Prozeß befassen müsse und nicht zwanzigmal, wie es jetzt der Fall sei.[804] *Keidel* unterstützte die Forderung *Baurs* nach *einem* Vortermin verbunden mit *einem* Haupttermin, in dem er seine positiven Erfahrungen schilderte, die er mit Güteterminen in Arbeitsrechtssachen und Tarifrechtsstreitigkeiten gemacht habe.[805] Diese Verfahren hätten in der Vergangenheit gezeigt, daß ein Vortermin teils der gütlichen Beilegung des Rechtsstreits, teils aber auch der weiteren Aufklärung und Vorbereitung der Hauptverhandlung dienen könne, so daß der Prozeß in dem eigentlichen Termin meist hatte zu Ende gebracht werden können.

c) Leitsätze und Empfehlungen der Kommission

Die im Juli und im Oktober 1957 beschlossenen Leitsätze[806] stimmen in wesentlichen Bereichen inhaltlich mit den im Jahre 1961 abgegebenen Empfehlungen

---

801 *Merkel*, Protokoll Nr. 11, S. 66
802 *Weber*, Protokoll Nr. 11, S. 67
803 *Weinkauff*, Protokoll Nr. 11, S. 69
804 *Weinkauff*, Protokoll Nr. 11, S. 67
805 *Keidel*, Protokoll Nr. 11, S. 71
806 Siehe die Darstellung der vollständigen Leitsätze in Anhang 3 zu dieser Arbeit

überein. Bei der Formulierung des Leitsatzes Nr. 5 a.F. hielt sich die Kommission jedoch zunächst offen, in welche Richtung ihre Empfehlung[807] letztendlich gehen sollte:

„Die Probleme des gegenwärtigen Zivilprozesses sind insbesondere: Die Verteilung der Verantwortung zwischen Gericht und Parteien für den Prozeßablauf und die Tatsachenermittlung – die Verwirklichung der Grundsätze der Unmittelbarkeit und Mündlichkeit – eine Beschleunigung und stärkere Konzentration des Verfahrens.“[808]

Basierend auf einen Antrag von *Baur* und *Weinkauff* stimmte die Kommission sehr kontrovers über die Inhalte und Formulierungen des Leitsatzes Nr. 6 a. F. ab.[809] Dieser wurde zwar zunächst in der folgenden Fassung angenommen, fand jedoch im Rahmen der endgültigen Empfehlungen keinen Niederschlag mehr:

„Es ist anzustreben, daß sich der Zivilprozeß in der Tatsacheninstanz grundsätzlich in zwei Terminen abwickelt, dem Vortermin und dem Hauptverhandlungstermin. Dem Vortermin geht ein Schriftwechsel voraus, der die Tatsachenbehauptungen, die Beweisanträge und die Rechtsausführungen der Parteien erschöpfend enthalten muß. Die Parteien legen vor dem Vortermin dem Gericht sämtliche in ihrem Besitz befindliche, auf den Rechtsstreit bezügliche Urkunden, insbesondere den gesamten einschlägigen Schriftwechsel, vor und versichern an Eides statt, daß sie dieser Pflicht nachgekommen sind. Die Parteien werden zum Vortermin geladen. Der Vortermin dient der Entscheidung über die Formalien (Prozeßvoraussetzungen u. dgl.), der Vernehmung der Parteien zur Sache, der etwaigen Erörterung der Vergleichsfrage und der Erörterung der Beweisanträge. Auf Grund des Vortermins ist ein einheitlicher Beweisbeschluß zu erlassen. Die gesamte Beweisaufnahme ist grundsätzlich in einem Hauptverhandlungstermin abzuwickeln, der mit den mündlichen Parteivorträgen schließt.“

Nach ihrer Beschlußfassung hielt die Kommission hinsichtlich der Inhalte des Leitsatzes Nr. 6 a.F. in ihrem Protokoll fest, daß man sich darüber einig sei, daß bei späterer Gelegenheit der gesamte Inhalt des Antrages *Baur / Weinkauff* erneut diskutiert werden sollte und die Abstimmung für eine spätere Stellungnahme bei der Einzelberatung nicht binden würde.[810]

Die endgültigen Empfehlungen der Kommission aus dem Jahre 1961 lauteten wie folgt: [811]

„1. Der konkrete Zivilprozeß dient dem Rechtsschutz des Einzelnen bei der Durchführung subjektiver Privatrechte; der Rechtsschutz wird durch unab-

---

[807] Siehe unten, Nr. 6 der Empfehlungen

[808] Protokoll Nr. 11, S. 74

[809] Siehe die Darstellung der vollständigen Leitsätze in Anhang 3 zu dieser Arbeit

[810] Protokoll Nr. 12, S. 23

[811] Protokoll Nr. 33, S. 7 ff

hängige staatliche Gerichte gewährt, die die Berechtigung des Rechtsschutzbegehrens auf der Grundlage des materiellen Rechts zu prüfen haben.

2. *Bei der Gestaltung des Zivilprozeßrechts sind aber neben seinem Rechtsschutzzweck gleichrangig die Notwendigkeiten zu berücksichtigen, die sich aus der dem Staat übertragenen Rechtspflegeaufgabe insgesamt ergeben.*[812]
3. *Das Zivilprozeßrecht hat die festen Formen und Verfahrensregeln zu enthalten, in denen der Rechtsschutz des Einzelnen auf dem Gebiet des Privatrechts durch unabhängige staatliche Gerichte gewährt wird. Es hat sich jedoch vor einer zu weitgehenden Bindung des Richters und vor einem Übermaß gesetzlicher Reglementierung zu hüten.*[813]
4. *Eine allgemeine Regelung, die dem Richter Rechtsgestaltungsbefugnisse einräumt, ist nicht zu empfehlen. Es genügt, wenn das Gesetz dem Richter solche Befugnisse auf einzelnen Sondergebieten gibt, auf denen es sich als notwendig erwiesen hat.*
5. *Eine Prozeßrechtsreform setzt eine Entscheidung über bestimmte Prozeßrechtsgrundsätze oder eine eindeutige Verbindung mehrerer selbständiger Grundsätze voraus. Das Verfahren muß gerecht und zweckmäßig sein und der Eigenart des Verfahrensgegenstandes entsprechen.*[814]
6. *Bei der Verteilung der „Verantwortlichkeit zwischen Gericht und Parteien" ist es Sache der Parteien, den Prozeßgegenstand zu bestimmen und die Tatsachengrundlagen des Prozesses beizubringen.*[815]
   An dem Grundsatz der mündlichen Verhandlung ist festzuhalten.
   Das Einverständnis der Parteien zur Entscheidung ohne mündliche Verhandlung gilt für die ganze Instanz. Jede Partei kann das Einverständnis widerrufen. Das Gericht kann jederzeit von Amts wegen mündliche Verhandlung anordnen.[816]
7. *In bürgerlichen Rechtsstreitigkeiten ist die Öffentlichkeit auszuschließen, wenn die Parteien dies übereinstimmend beantragen; das Gericht soll den Antrag zurückweisen, wenn das öffentliche Interesse die öffentliche Verhandlung fordert."*[817]

---

812 Siehe auch die mit wenigen „redaktionellen" Änderungen versehenen Empfehlungen in dem Bericht der Kommission, „Rechtsschutz des einzelnen und Rechtspflegeaufgaben des Staates", S. 166

813 Siehe auch die inhaltlich übereinstimmende Empfehlung im Bericht, „Feste Verfahrensregeln oder Freiheit des Richters", S. S. 172

814 Siehe auch die gleichlautende Empfehlung im Bericht, „Gestaltung der Verfahrensregeln nach leitenden Prinzipien", S. 174

815 Siehe auch die gleichlautende Empfehlung im Bericht, „Verteilung der Verantwortlichkeit zwischen Gericht und Parteien", S. 176

816 Siehe auch die inhaltlich übereinstimmende Empfehlung im Bericht, „Mündlichkeit und Unmittelbarkeit", S. 178

817 Siehe auch die gleichlautende Empfehlung im Bericht, „Erweiterter Ausschluß der Öffentlichkeit", S. 181

II. Vorbeugende Maßnahmen zur Einschränkung der Prozesse

a) Referat von *Fritz Baur* vom 20.7.1957

Am zweiten Tag der 8. Arbeitssitzung der Kommission, dem 20. Juli 1957, hielt *Baur* sein Referat über „Vorbeugende Maßnahmen zur Einschränkung der Prozesse".[818]

Einleitend legte *Baur* zunächst dar, welche Wege in der Vergangenheit und Gegenwart beschritten worden seien, um eine Einschränkung der Prozesse zu erreichen. Daß eine Einschränkung der Prozesses im Interesse der Rechtspflege und auch der Parteien wünschenswert sei, bedurfte nach *Baurs* Meinung keiner Begründung. Schranke bzw. Grenze für solche Maßnahmen müßte auch hier der Anspruch auf Rechtsschutz sein. Zu den beschränkenden Maßnahmen des deutschen Prozeßrechts sowohl in der Vergangenheit als auch in der Gegenwart zählte *Baur* das Güteverfahren, den Gütegedanken bei Beginn und während der ganzen Dauer des Prozesses, das Mahnverfahren und die Beschränkung des Rechtsschutzes für geringwertige Streitigkeiten auf.

1) Das obligatorische Güteverfahren[819]

Baur wies auf die Einführung des obligatorischen Güteverfahrens für amtsgerichtliche Streitigkeiten durch die „Verordnung über das Verfahren in bürgerlichen Rechtsstreitigkeiten" vom 13.02.1924 hin, das durch die Novelle von 1950 beseitigt worden sei und sich noch im arbeitsgerichtlichen Verfahren (§§ 54, 55 ArbGG) finde. Im Zivilprozeß sei der Gütegedanke wieder in das anhängige Verfahren selbst einbezogen worden, wie sich aus den §§ 296, 495 Abs. 2 ZPO ergebe.

Ein den Parteien freigestelltes Güteverfahren könne noch vor den landesrechtlich eingerichteten Gütestellen (§§ 91 III, 794 Abs. 1 Nr. 1 ZPO), den Vermittlungsstellen der Handwerkskammern (§ 84 Abs. 1 Nr. 10 Handwerksordnung) und den Einigungsämtern für Wettbewerbsstreitigkeiten (§ 27 a UWG) stattfinden.

Die Einführung eines obligatorischen, außerhalb des Streitverfahrens liegenden Güteverfahrens hielt *Baur* für nicht empfehlenswert, da es, wie die Praxis gezeigt habe, eher ein Hemmnis für die rasche Prozeßerledigung sei.[820] Bereits anläßlich des Entwurfs der Zivilprozeßordnung von 1931 sei diskutiert worden, ein derartiges Güteverfahren einzuführen. Im Rahmen der Abstimmung über die Einführung dieses Verfahrens hätten sich die befürwortenden und die ablehnenden Stimmen damals die Waage gehalten. Im Ergebnis habe sich dieses Verfahren nach *Baurs* Meinung wohl auch nicht bewährt. Dies sei unter anderen darauf zurückführen, daß in vielen Fällen eine vergleichsweise Regelung **gleich zu Be-**

---

[818] *Baur*, Protokoll Nr. 11, S. 75 ff.
[819] *Baur*, Protokoll Nr. 11, S. 76 ff.
[820] *Baur*, Protokoll Nr. 11, S. 77

ginn des Prozesses nicht mehr möglich sei, sobald sich die Gegensätze der Parteien so weit „aufgebaut“ haben, daß der Weg zum Gericht bereits beschritten wurde. Im Falle von Streitigkeiten mit „sozialem“ Einschlag, zu denen *Baur* solche zwischen Mietern und Wohnungseigentümern als auch zwischen Nachbarn zählte, könne es dagegen seiner Meinung nach sinnvoll sein, wieder ein obligatorisches Sühneverfahren einzuführen. Solche Streitigkeiten würden vielfach mehr nach einer ausgleichenden als nach einer streitentscheidenden Tätigkeit des Richters verlangen[821] und daher auch häufiger als andere Prozesse mit einem Vergleich enden, der eine Ordnung des gesamten Lebensverhältnisses ermögliche.

2) Das Mahnverfahren[822]

Hinsichtlich des Mahnverfahrens vertrat *Baur* die Auffassung, daß sich dieses Verfahren zu Gunsten einer Einschränkung der Prozesse bewährt habe. In vielen Fällen komme es gar nicht darauf an, einen Streit der Parteien der richterlichen Entscheidung zuzuführen, sondern nur darauf einen Vollstreckungstitel zu erhalten. Die Erwartungen, die in das Mahnverfahren gesetzt worden seien, hätten sich erfüllt, so daß es nur noch darum gehen könne, es noch mehr zu verbessern. *Baur* schlug daher vor, das Mahnverfahren zu „intensivieren“, insbesondere um unberechtigte, nur dem Vollstreckungsaufschub dienende Einsprüche und Widersprüche des Schuldners abzuschneiden. Geeignete Maßnahmen zur Verbesserung des Mahnverfahrens erkannte *Baur* in den folgenden Reformvorschlägen des ZPO – Entwurfes aus dem Jahre 1931[823]:

- *„Das Mahnverfahren ist nicht mehr eine besondere Prozeßart, sondern wird ganz in das Vollstreckungsverfahren einbezogen. Ziel des Verfahrens ist nicht eine rechtskräftige Feststellung des Anspruchs, sondern lediglich die Schaffung eines Vollstreckungstitels.*
- *Der Zahlungsbefehl wird nach Fristablauf vollstreckbar, wenn kein Widerspruch eingelegt wird; der Vollstreckungsbefehl mit der Möglichkeit des Einspruchs entfällt.*
- *Mit dem Widerspruch endigt das Vollstreckungsverfahren, das Verfahren geht an das Streitgericht über.*
- *Stellt sich heraus, daß der Widerspruch unbegründet war und daß der Schuldner dies auch erkennen mußte, so ist der Schuldner in eine „Prozeßstrafe“ (Geld oder Haft) zu nehmen. Auch wird ihm dann ein Vollstreckungsaufschub verweigert.“*

[821] Siehe dazu *Baur*, JZ 1957, S. 193
[822] *Baur*, Protokoll Nr. 11, S. 77
[823] *Baur*, Protokoll Nr. 11, S. 78

Durch diese Maßnahmen würde nach *Baurs* Meinung das Zahlungsbefehlsverfahren auch ohne die Einführung eines obligatorischen Mahnverfahrens erheblich gestrafft und gewönne an Schlagkraft. Weiterhin befürwortete *Baur* den Vorschlag des „Entwurfes 1931“, den Gläubiger mit den durch die Klageerhebung entstehenden Mehrkosten für den Fall zu belasten, daß er Klage erhoben habe, ohne darzulegen, daß er infolge Bestreitens des Schuldners oder aus einem sonstigen Grunde ein rechtliches Interesse gerade an der Entscheidung im streitigen Verfahren habe, und sich der Prozeß später „unstreitig“, also etwa durch Versäumnisurteil erledige.

3) Das „Schiedsverfahren“ bei geringwertigen Streitverfahren[824]

Hinsichtlich der Einführung eines Schiedsverfahren für „Bagatellprozesse“ nahm *Baur* Bezug auf die Reformvorschläge *Schiffers*, der in seinem Werk „ Die Deutsche Justiz“[825] vorgeschlagen hatte, für geringwertige Streitigkeiten den Rechtsschutz ganz zu versagen. Auch *Baur* erkannte die Notwendigkeit, den Aufwand für „Bagatellprozesse“ auf ein erträgliches Maß zurückzuführen, da sich hier die Gewährung des Rechtsschutzes und die Vermeidung eines unverhältnismäßigen Aufwands an Arbeitskraft und Kosten gegenüber stehen würden. Unter Beachtung des Rechtsschutzgedankens hielt *Baur* jedoch nicht die Versagung des Rechtsschutzes, sondern lediglich dessen Einschränkung für ein angemessenes Mittel, die Anzahl der Prozesses zu reduzieren. Er schlug daher vor, daß der Richter bei Streitigkeiten unter 100 DM lediglich auf Grund der schriftlichen oder mündlichen Darlegungen der Parteien, also ohne Beweisaufnahme, einen Schiedsspruch erlassen sollte. Eine Partei, die sich mit dem Schiedsspruch nicht zufrieden geben wolle, könne dann die Fortsetzung des Verfahrens nach den Regeln des Schiedsurteilsverfahrens beantragen. Würde sich dann jedoch herausstellen, daß der „Fortsetzungsantrag“ zu Unrecht gestellt worden wäre, sei die Partei – ähnlich wie bei dem Mahnverfahren – in eine „Prozeßstrafe“ zu nehmen; der Vollstreckungsaufschub sei ihr zu versagen.

4) Erhöhung der Beschwerdesumme für Berufungen und Kostenbeschwerden[826]

Zu einer starken Einschränkung der Prozesse würde darüber hinaus nach *Baurs* Meinung eine Beschränkung der Rechtsmittel, hier insbesondere der Berufung und der Beschwerde führen. So würde die Beschwerdesumme von 50 DM für Berufungen und Kostenbeschwerden der Erwägung, daß der Rechtsmittelführer ein **ernstliches** Interesse an der Gewährung einer weiteren Instanz dartun müsse, nicht gerecht werden. Hier wäre seiner Ansicht nach eine erhebliche Erhöhung

---

[824] *Baur*, Protokoll Nr. 11, S. 79
[825] *Schiffer*, Die Deutsche Justiz, 2. Auflage, S. 131 ff.
[826] *Baur*, Protokoll Nr. 11, S. 79

der Beschwerdesumme zu erwägen. Auch könne an die zusätzliche Forderung einer relativen Beschwer (ausgedrückt in einem Prozentsatz des Streitwertes) gedacht werden.

b) Die Diskussion in der Kommission zu dem Thema: „Vorbeugende Maßnahmen zur Einschränkung der Prozesse."

Den Vorschlag *Baurs,* bei Streitigkeiten mit „sozialem" Einschlag wieder ein obligatorisches Sühneverfahren einzuführen, hielten *Merkel* und *Ruscheweyh* in der nachfolgenden Diskussion für nicht zweckmäßig.[827] Zu Beginn des Prozesses lasse sich selten eine Einigung erzielen, so daß es erfolgversprechender sei, wenn der Richter einen Vergleichsvorschlag zu einem Zeitpunkt machen würde, der ihm geeignet erscheine. Der Richter müsse warten, bis die *„Sternenstunde"* gekommen sei, und dann die Gelegenheit einer gütlichen Beilegung nutzen.[828]

Kritik äußerte *Merkel* auch an dem Vorschlag *Baurs,* den Schuldner mit einer „Prozeßstrafe" zu belegen und den Vollstreckungsschutz zu versagen, für den Fall, daß dessen Widerspruch gegenüber dem Zahlungsbefehl unbegründet wäre. Dem entgegnete *Bleibtreu,* daß die Ausführungen *Baurs* hinsichtlich der Prozeßstrafe nicht für jeden unbegründeten Widerspruch des Schuldners gegenüber dem Zahlungsbefehl gelten sollten, sondern nur für den Fall, daß dessen Widerspruch ausschließlich auf dessen Zahlungsunwilligkeit beruhe.[829]

Hierzu bemerkte *Ruscheweyh,* daß diese subjektive Seite beim Schuldner jedoch sehr schwierig festzustellen sei.[830] Ergänzend führte *Baur* dazu aus, daß der „ZPO-Entwurf von 1931" diese „Prozeßstrafe" als eine pädagogische Maßnahme angesehen habe.[831]

Hornig äußerte sich dahingehend, daß die Einführung eines Güteverfahrens für Streitigkeiten mit sozialrechtlichem Einschlag obligatorisch sein müsse, und darüber hinaus sollte den Anwälten ein stärkerer Anreiz zu Gunsten außergerichtlicher Vergleichsverhandlungen durch eine Änderung der bestehenden Gebührenordnung gegeben werden.[832] Nach *Wieczoreks* Auffassung sollte insbesondere nicht der streitentscheidende Richter die Sache vergleichen, da die Gefahr bestünde, daß die Bürger den Richter nicht mehr für objektiv halten würden. Es sollte daher der Abschluß eines Vergleichs ausschließlich im Vorverfahren möglich sein.[833] *Weinkauff* sprach sich in dieser Diskussion gegen die Ein-

---

[827] *Merkel,* Protokoll Nr. 11, S. 81
[828] *Ruscheweyh,* Protokoll Nr. 11, S. 81
[829] *Bleibtreu,* Protokoll Nr. 11, S. 81
[830] *Ruscheweyh,* Protokoll Nr. 11, S. 81
[831] *Baur,* Protokoll Nr. 11, S. 82
[832] *Hornig,* Protokoll Nr. 11, S. 81
[833] *Wieczorek,* Protokoll Nr. 11, S. 82

führung eines obligatorischen Vergleichsverfahrens aus.[834] Man könne zwar eine Vergleichsmöglichkeit vor anderen Stellen schaffen, solle es aber den Parteien überlassen, ob sie davon Gebrauch machen möchten. Dann könnten die Mängel dieser Institution nur den treffen, der sie anrufe. Ausdrücklich widersprach *Weinkauff* den Ausführungen *Wieczoreks*, nach dessen Meinung der Abschluß eines Vergleichs vor dem streitentscheidenden Richter nicht möglich sein solle. Daß der Richter sich bei Vergleichsverhandlungen zuweilen „ungeschickt verhalte", spreche nicht gegen den Vergleich, sondern dafür, daß man sich bemühen solle, die „richtigen" Leute zu Richtern zu machen.

Auch *Bleibtreu* schloß sich der Auffassung *Weinkauffs* an, daß man den Richtern „den Vergleich nicht verbieten solle"; er hielte es jedoch für erwägenswert, die Vergleichsverhandlungen in andere Hände als die des streitentscheidenden Richters zu legen.[835] Als mögliche Alternative schlug er daher vor, den Richtergehilfen bei der Vorbereitung des Prozesses einzuschalten, um bereits hier eventuell einen Vergleich zustande zu bringen. In Mietsachen hielt *Bleibtreu* die Vorschaltung eines obligatorischen Verfahrens vor dem Rechtspfleger für denkbar. *Keidel* stimmte den Ausführungen *Bleibtreus* über das Güteverfahren zu, da nach seinen Erfahrungen in Güteverfahren mindestens die Hälfte aller Sachen verglichen würden.[836] Wichtig sei jedoch, daß die Sache eingehend mit den Parteien erörtert werde. Der Richter müsse den Parteien sagen können, wie der Prozeß bei streitiger Durchführung voraussichtlich ausgehen werde. Da der Rechtspfleger nun besser ausgebildet werden solle, würde sich die Frage stellen, ob man ihn auch bei kleinen Streitwerten und in bestimmten anderen Sachen obligatorisch vorschalten könne. Dann werde vielleicht eine ganze Anzahl Sachen erledigt, ohne daß der Richter damit befaßt werde. Im Rechtspflegergesetz sei auch vorgesehen, daß der Rechtspfleger im Armenrechtsverfahren Vergleiche beurkunden könne, wozu es erforderlich sei, die Sache mit den Parteien durchzusprechen. In Bezug auf die Darstellungen *Keidels* stellte *Gerner* zur Diskussion, ob man vielleicht bei Streitigkeiten bis zu einem gewissen Streitwert grundsätzlich den Rechtspfleger als Schlichtungsstelle einführen sollte, und zwar ganz unabhängig von einer möglichen Friedensgerichtsbarkeit.[837] Zu diesem Vorschlag bemerkte *Baur*, daß man aber bedenken müsse, daß die Parteien Autorität wollen. Der Richter bringe einen Vergleich zustande, der dem Rechtspfleger unter Umständen nicht gelingen würde. Man müsse den Parteien auch einen Überblick über die Prozeßchancen geben, und dazu sei der Rechtspfleger nicht im Stande.[838]

---

[834] *Weinkauff*, Protokoll Nr. 11, S. 83
[835] *Bleibtreu*, Protokoll Nr. 11, S. 83
[836] *Keidel*, Protokoll Nr. 11, S. 84
[837] *Gerner*, Protokoll Nr. 11, S. 84
[838] *Baur*, Protokoll Nr. 11, S. 84

Weber schlug vor, daß sobald ein vorgeschaltetes Verfahren nicht mit einem Richter besetzt sei, die Anrufung dieser Stelle nicht obligatorisch, sondern nur fakultativ sein dürfe.[839] Die Güte des Verfahrens hinge nämlich von der Güte des Schiedsmannes ab. In einer kleinen Stadt würden die Leute den Schiedsmann zu gut kennen und sie wollten einen objektiven Mann. Sei der Schiedsmann „in Ordnung", so würden die Sachen von selbst auf ihn zu kommen. In diesem Zusammenhang nahm *Weber* Bezug auf die Aussagen *Wieczoreks* und bestätigte dessen „Abneigung" gegen den gerichtlichen Vergleich. So hätten die Parteien ihm manchmal gesagt, sie seien verurteilt worden und in Wahrheit habe der Richter die Sache verglichen. Dies sei den Leuten gar nicht zum Bewußtsein gekommen. Erlasse der Richter dagegen ein Urteil, so würde ein „halbwegs vernünftiger" Mensch dies hinnehmen.

c) Leitsätze und Empfehlungen der Kommission

Hinsichtlich der grundsätzlichen Entscheidungen, das Mahn- und das Güteverfahren betreffend, welchen die Leitsätze aus dem Jahre 1957 und die Empfehlungen aus dem Jahre 1961 nicht wesentlich von einander ab. So wurden die im Rahmen der Leitsätze 1.) und 2.) vorgeschlagenen Grundsätze für das Güteverfahren (kein obligatorisches Güteverfahren) und das Mahnverfahren („Intensivierung des Mahnverfahrens") beibehalten. Keine Berücksichtigung mehr fand die Regelung des 1957 mehrheitlich beschlossenen Leitsatzes 3.a)[840] mit seinen Regelungen für geringwertige Streitigkeiten (Schiedsspruch des Richters mit anschließendem Schiedsurteilsverfahren).

Die abschließenden Empfehlungen der Kommission aus dem Jahre 1961 lauteten wie folgt:[841]

„Mahnverfahren:

1. *Das Mahnverfahren ist möglichst zu „intensivieren". Zur Erreichung dieses Zieles sollte vor allem geprüft werden, ob die in der Schweiz geltende und im Entwurf 1931 vorgeschlagene Regelung übernommen werden kann, deren Hauptpunkte folgende sind: Das Mahnverfahren wird Teil des Vollstreckungsverfahrens und hat lediglich den Zweck, einen Vollstreckungstitel zu schaffen; der Vollstreckungsbefehl entfällt. Unbegründete Widersprüche des Schuldners führen zu Prozeßnachteilen für ihn. Das gleiche gilt für den Gläubiger, wenn er Klage erhebt, wo der Erlaß des Zahlungsbefehls genügt hätte.*
2. *Hat der Schuldner den Widerspruch begründet, so soll dem Gläubiger eine Abschrift der Begründung übermittelt werden.*

---

[839] *Weber*, Protokoll Nr. 11, S. 85
[840] Siehe auch Anhang 3 zu dieser Arbeit
[841] Protokoll Nr. 33, S. 8 ff

3. *Wird der Widerspruch bis zum Beginn der mündlichen Verhandlung zurückgenommen, so geht die Sache in das Mahnverfahren zurück und es kann Vollstreckungsbefehl erteilt werden.*
4. *Es soll Termin anberaumt werden, ohne daß zuvor die zweite Hälfte des Kostenvorschusses eingezahlt wird.*
5. *Verspätete oder nicht formgerechte Einsprüche gegen Vollstreckungsbefehle können ohne mündliche Verhandlung durch Beschluß verworfen werden. Dagegen ist die sofortige Beschwerde zulässig.“*

*„**Güteverfahren:***
1. *In der Bundesgebührenordnung für Rechtsanwälte sollte eine erhöhte Vergleichsgebühr vorgesehen werden, wenn der Vergleich abgeschlossen wird, ohne daß ein Rechtsstreit anhängig geworden ist.*
2. *a) Von einem allgemeinen obligatorischen Güteverfahren vor dem Richter ist abzusehen.*
   b) Die Vorschriften über den Sühneversuch in Ehesachen (§§ 608 – 610 ZPO) sind zu streichen.
   c) Ein obligatorisches oder fakultatives Güteverfahren ist für geeignete Ausnahmefälle zu erwägen, insbesondere für Streitigkeiten mit sozialrechtlichem Einschlag. Zuständig für einen solchen Güteversuch sollte der Richter oder – in begrenztem Umfang – auch eine andere Stelle innerhalb der Zivilgerichtsbarkeit, etwa der Rechtspfleger, sein.“

III. Grundsätze des Verfahrens in erster Instanz

Das ausführliche Referat *Wieczoreks* über die „Grundsätze des Verfahrens in erster Instanz“ war Gegenstand einer insgesamt viertägigen Arbeitssitzung der Kommission. Aufgrund der Vielzahl der einzelnen Diskussionspunkte wurde das Referat mehrfach unterbrochen und den Kommissionsmitgliedern jeweils Gelegenheit gegeben, die bis dahin vorgetragenen Reformvorschläge zu diskutieren.

a) Erster Teilabschnitt des Referates von *Wieczorek*[842]

1) Feste Verfahrensregeln oder Freiheit des Richters; Einführung des allzuständigen Gerichtes

Wieczorek hielt sein Referat am 15. Oktober 1957, dem zweiten Tag der 9. Arbeitssitzung der Kommission. Er führte aus, daß aus formaler Sicht die Länge des Verfahrens erster Instanz und die Unübersichtlichkeit der darin enthaltenen

[842] *Wieczorek*, Protokoll Nr. 12, S. 66 ff.

Normen zu kritisieren sei. Darüber hinaus habe das Verfahren zu viele „Stufen". Die materielle Kritik setze sich dagegen häufig mit der Art der Entscheidungsfindung der Gerichte auseinander. In Anbetracht dieser Punkte gebe es zwar keine laute, wohl aber breite und objektive Kritik, die eine Reform des Verfahrens in erster Instanz rechtfertigen würde. Im Vordergrund stand dabei für *Wieczorek*, daß der Zivilprozeß dem einzelnen dienen solle und nicht der Machtausübung des Staates auf den Bürger.[843] Deswegen solle man das Verfahren nur so gestalten, daß es dem Interesse des einzelnen Rechnung trage. Der Staat habe insoweit überhaupt keine „Macht", sondern lediglich eine Tätigkeit zur „Friedenstiftung" auszuüben. *Wieczorek* begründete seine Auffassung damit, daß man in einer Zeit lebe, in der der Staat immer stärker in das Leben des einzelnen eingreife und der Zivilprozeß vor diesem Hintergrund so ausgestaltet werden müsse, daß der einzelne vor den Übergriffen des Staates geschützt werde. Dazu gehöre auch, daß der Richter nicht *„den Standpunkt des Herrschers einnimmt, sondern den des demütigen Dieners am Recht".*[844] Unter Beachtung dieses Prinzips werde die Prozeßordnung eine andere Ausgestaltung erfahren müssen, als unter der Sichtweise, daß der Richter eine „Herrschaftsgewalt" des Staates ausübe. Bei der Reformierung des Verfahrens müsse berücksichtigt werden, daß eine übermäßige Spezialisierung sicherlich falsch sei. Es sollte zweckmäßig gehandelt werden und und alles soweit wie möglich zusammengefaßt werden. Die Vielzahl von Verfahrensarten würde nur Schwierigkeiten mit sich bringen. Nach *Wieczoreks* Meinung stand bei der Vereinheitlichung des Verfahrensrechts die Frage nach dem allzuständigen Gericht im Vordergrund, die bereits von der Kommission dem Prinzip nach bejaht worden war.[845]

Entgegen der Auffassung vieler Verwaltungsjuristen, die die Möglichkeit einer solchen Vereinheitlichung oft verneinten, weil der ganze Gegenstand des Verfahrens, das Parteiensystem, das Antragssystem usw. ein anderes war, hielt *Wieczorek* eine einheitliche Verfahrensordnung für möglich. Sowohl hinsichtlich der Unterscheidung zwischen dem „Zweiparteien-Verfahren" und dem „Mehrparteien-Verfahren", der Nebenintervention und der Beiladung sowie hinsichtlich der Anwendung der Dispositionsmaxime bestände die Möglichkeit, die Verfahrensordnungen einander anzugleichen. Die Einheitlichkeit der allgemeinen Verfahrensordnung wäre ein unschätzbarer Gewinn für alle die im Gerichtswesen zu tun haben, im besonderen auch für die Richter, wenn man an ihre Versetzung denken würde. *Wieczorek* widerspach an dieser Stelle der Meinung, daß z.B. ein Verwaltungsrichter, der bei einem allzuständigen Gericht eingesetzt werden würde, die Gewähr haben müsse, nur in der Verwaltungsgerichtsbarkeit eingesetzt zu werden. Mit einem Wechsel sei vor allem eine Erweiterung des „Gesichtskreises" verbunden, die innnerhalb der ordentlichen Gerichtsbarkeit

843 *Wieczorek*, Protokoll Nr. 12, S. 67
844 *Wieczorek*, Protokoll Nr. 12, S. 67
845 *Wieczorek*, Protokoll Nr. 12, S. 68

bereits gegeben sei. Einzig das Strafverfahren sei aus der einheitlichen Verfahrensordnung auszuklammern, denn hier würde der Staat auftreten, so daß die Situation ganz anders sei als etwa im Zivilprozeß.

Erhebliche Vorteile des allzuständigen Gerichts sah *Wieczorek* auch hinsichtlich der Anwendung des § 13 GVG (Zulässigkeit des ordentlichen Rechtsweges).[846] Bezüglich § 13 GVG sei man bereits bemüht, die Vorschrift dadurch „weniger schädlich" zu gestalten, indem eine Verweisungsmöglichkeit des einen Gerichts an das andere festgesetzt werde. *Wieczorek* gab jedoch zu Bedenken, daß für den Fall der Ausgliederung einer Friedensgerichtsbarkeit erneut Zuständigkeitsstreitigkeiten geschaffen werden könnten. Fraglich erschien ihm, ob bei der daraus resultierenden Trennung der Gerichte bloß **eine** Verweisungsmöglichkeit geschaffen werden könne, über die u.U. der Friedensrichter endgültig zu entscheiden habe.[847]

2) Die Diskussion in der Kommission zu dem ersten Teilabschnitt des Referates

Hinsichtlich der zukünftigen Stellung des Richters im Prozeß hob *Weinkauff* hervor, daß nach seiner Ansicht die Parteien zwar über den Streitgegenstand verfügen würden, nicht jedoch über das Verfahren.[848] Dies täten vor allem der Gesetzgeber, dann aber auch der Richter. Sollte *Wieczorek* in Verbindung mit dem Ausdruck „Herrschaftsgewalt des Richters im Prozeß" also sagen wollen, daß der Richter auf die Stellung „zurückgeschraubt" werden solle, die er in der Zivilprozeßordnung von 1879 gehabt habe, könne er diesen Vorschlag nicht befürworten. *Weinkauff* sprach sich in diesem Zusammenhang gegen eine Preisgabe des Grundsatzes der freien Beweiswürdigung aus. Dies sei ja das „Palladium" der Prozeßrechtsreform des 19. Jahrhunderts und eine Aufgabe dieses Grundsatzes wäre ein außerordentlicher Rückschritt. Grundsätzlich stimmte er jedoch mit *Wieczorek* überein, daß eine gemeinsame Verfahrensordnung auf das innigste zu wünschen sei, wobei das Strafverfahren seine besondere Regelung behalten müsse. *Hornig* bemerkte, daß er hinsichtlich der Möglichkeit, eine einheitliche Verfahrensordnung zu schaffen, im Laufe der Zeit Zweifel bekommen habe, ob sich dieses „lohnen" würde.[849] Eine solche Verfahrensordnung könne ein sehr umfangreiches Kompendium werden, das die Übersichtlichkeit und die praktische Handhabung sehr erschwere. Prof. *Dr. Schima,* Gastreferent von der Wiener Universität, wies darauf hin, daß man in Österreich ein allgemeines Verfahrensgesetz für verfrüht gehalten habe, da die Bestimmungen so abstrakt wären,

---

[846] *Wieczorek*, Protokoll Nr. 12, S. 71
[847] *Wieczorek*, Protokoll Nr. 12, S. 72
[848] *Weinkauff*, Protokoll Nr. 12, S. 72
[849] *Hornig*, Protokoll Nr. 12, S. 73

daß sie keinen Wert hätten.[850] Man könne aber wohl, soweit es notwendig sei, „in konzentrischen Kreisen“ eine Vereinheitlichung herbeiführen. *Weber* faszinierte zwar der Gedanke der Vereinheitlichung der Verfahrensgesetze, bezweifelte aber ebenfalls, daß diese deren praktische Handhabung einfacher machen würde.[851] Er brachte zum Ausdruck, daß ihn an der „Synopsis“ des deutschen Anwaltsvereins über die verschiedenen Verfahrensordnungen weniger deren Vielzahl beeindruckt hatte, als vielmehr die Tatsache, daß völlig gleichartige oder auch sehr ähnliche Institutionen unterschiedlich geregelt seien. Vielfach werde auch dasselbe mit ganz anderen Worten gesagt. Aus diesem Grunde schlug *Weber* vor, daß die Kommission in ihre Empfehlungen aufnehmen könne, gleichartige Institutionen in den verschiedenen Verfahrensordnungen auch gleichartig zu regeln.

Auch *Keidel* hatte aufgrund der ungeheuren Vorarbeit die bezüglich der Einführung einer einheitlichen Verfahrensordnung geleistet werden müßte, Bedenken.[852] Dabei verwies er auf einen Aufsatz von *Kern* in der Deutschen Richterzeitung[853], in dem dieser ausgeführt hatte, daß es zur Schaffung einheitlicher Verfahrensnormen – mit Ausnahme der im GVG geregelten Verfahrensabschnitte – doch wohl noch weiterer Vorarbeiten durch die Wissenschaft bedürfe. Im Ergebnis kam *Keidel* jedoch zu dem Schluß, daß das Ziel einer einheitlichen Verfahrensordnung zu verfolgen sei, da diese der Rechtspflege unbestreitbar sehr dienlich sein würde. Sowohl *Petersen* als auch *Baur* schlugen in der Diskussion angesichts der zu erwartenden ausgiebigen Vorarbeiten vor, daß man an dem „alten Leitsatz“[854], der die Worte „nach Möglichkeit“ enthalte, festhalten solle. Es werde sicherlich möglich sein, weitere Gebiete des Verfahrensrechts einheitlich zu regeln, nämlich alle die, die rein formaler Natur sind. In Betracht kämen hier z.B. die Klageerhebung, Terminsbestimmung, Beweisaufnahme, Rechtsmittel, Protokolle usw..[855] Nach *Baurs* Meinung sei es jedoch eine Utopie, annehmen zu wollen, daß die verschiedenen Sonderministerien bereit seien, ihre Verfahrensordnungen anzugleichen. Man könne hier in absehbarer Zeit nur dann eine Besserung erreichen, wenn man ihnen ein neues Prozeßgesetz präsentiere. Die Kommission könne zwar nicht die neue einheitliche Verfahrensordnung ausarbeiten, sie sollte aber das Prinzip deutlich zu erkennen geben. *Weinkauff* stimmte den Ausführungen *Baurs* zu, da sich die Kommission ja auf das allzuständige Gericht geeinigt habe, und ein solches Gericht nach einer einheit-

[850] *Schima*, Protokoll Nr. 12, S. 73
[851] *Weber*, Protokoll Nr. 12, S. 74
[852] *Keidel*, Protokoll Nr. 12, S. 74
[853] *Kern*, DRiZ 1956, S. 224
[854] Vgl. die Leitsätzen zu dem Thema „Heutige Aufgaben einer großen Reform“, Anhang 3, S. 1
[855] *Baur*, Protokoll Nr. 12, S. 75

lichen Verfahrensordnung verlangen würde.[856] Bezug nehmend auf die Stellungnahme *Weinkauffs* vertrat *Bleibtreu* die Ansicht, daß man sogar jetzt schon mit der Vereinheitlichung beginnen sollte, da auch der Bundesrat bereits auf Unstimmigkeiten in den zahlreichen Verfahrensgesetzen hingewiesen habe.[857] Ursächlich für diese Unstimmigkeiten sei, daß es kein einheitliches Rechtsprechungsministerium gäbe, sondern die Zuständigkeiten für die verschiedenen Gerichte aufgespalten seien.

3) Leitsätze und Empfehlungen der Kommission

Einstimmig wurde der Vorschlag *Weinkauffs* angenommen, dem Leitsatz zu I, 2 des Arbeitsplanes[858] unter A den folgenden Satz hinzuzufügen[859]:

„Ebenso soll auch schon vor der Errichtung des allzuständigen Gerichts für alle Zweige der Gerichtsbarkeit eine übereinstimmende, einfache und billige Verweisungsmöglichkeit geschaffen werden."

Obwohl dieser Leitsatz im Herbst 1957 einstimmig von der Kommission angenommen wurde, findet sich weder in der Zusammenstellung der Empfehlungen aus dem 1961, noch in dem Bericht der Kommission eine Empfehlung zur Errichtung des allzuständigen Gerichts. Die Kommission hatte sich in den folgenden Jahren gegen eine derartige Empfehlung entschieden.

Die Kommission empfahl jedoch bei der Normierung der Verfahrensregeln nach den folgenden Grundsätzen vorzugehen:

„Das Zivilprozeßrecht hat die festen Formen und Verfahrensregeln zu enthalten, in denen der Rechtsschutz des einzelnen auf dem Gebiet des Privatrechts durch unabhängige staatliche Gerichte gewährt wird. Es hat sich jedoch vor einer weitgehenden Bindung des Richters und vor einem Übermaß gesetzlicher Reglementierung zu hüten."

b) Zweiter Teilabschnitt des Referates von *Wieczorek*[860]

1) Verweisung; relative Parteifähigkeit; Vertretungszwang; Zustellung; Terminsvorbereitung, Einführung eines Vor- und Haupttermins

Wieczorek führte in seinem Referat weiter aus, daß eine Reform das Ziel verfolgen müsse, die Stellung des „Einzelwesens", d.h. die des Rechtssuchenden zu

---

[856] *Weinkauff*, Protokoll Nr. 12, S. 76
[857] *Bleibtreu*, Protokoll Nr. 12, S. 77
[858] Siehe die Darstellung des vollständigen Arbeitsplanes in Anhang 1 zu dieser Arbeit
[859] *Weinkauff*, Protokoll Nr. 12, S. 77
[860] *Wieczorek*, Protokoll Nr. 12, S. 79

erleichtern und die Staatsmacht zurückzudrängen. Aus diesem Grunde würde er also „en bloc" eine Reform ablehnen, die nicht dieses Prinzip verfolgen würde. Wenn man sich ernstlich um eine Zivilprozeßrechtsreform bemühe, werde man keinesfalls um die Behandlung von Einzelheiten herumkommen. Im Rahmen der Betrachtung einzelner „Problembereiche" ging *Wieczorek* zunächst auf die bestehenden Regelungen zur *Verweisung an das zuständige Gericht* ein. Er befürwortete in seinen Leitsatzvorschlägen, daß das zuerst „angegangene Gericht" die Sache an das richtige inländische Gericht abgeben sollte, falls ein solches zuständig sei.[861] Es sei nicht tragbar, wenn nach langem *„Prozedieren"* eine Sache erst vom Bundesgerichtshof an das Sozialgericht verwiesen werde. Ansonsten sollte man seiner Ansicht nach daran denken, dem, der diese „Mißorganisation" zu vertreten habe, also dem Staat, die Kosten aufzubürden, die durch unrichtige Anrufung eines Gerichtes entstanden seien, sofern nur irgend ein anderes in der Bundesrepublik Deutschland zuständig sei.

Möglichkeiten zur Vereinheitlichung der Verfahrensordnungen erkannte *Wieczorek* auch bei der Frage über die *relative Parteifähigkeit*. So könne seines Erachtens die Regelung des § 10 des Arbeitsgerichtsgesetzes hinsichtlich der aktiven Parteifähigkeit von Gewerkschaften von der Ziviljustiz übernommen werden, so daß deren aktive Parteifähigkeit dann auch vor den Zivilgerichten gegeben sei und die bestehende Divergenz zwischen den beiden Verfahrensordnungen beseitigt werde.[862]

Bezüglich des *Vertretungszwanges* vor den Gerichten kam *Wieczorek* zu dem Schluß, daß die Kommission zu der Frage Stellung nehmen müsse, wie dieser in der ersten und in den späteren Instanzen zu regeln sei. Nach *Wieczoreks* Meinung sollte man die Forderung aufstellen, das Verfahren in zweiter und dritter Instanz ganz allgemein dem Vertreterzwang zu unterwerfen. In der ersten Instanz sei jedoch zu unterscheiden, ob eine Zweiteilung der Gerichte in Friedensgerichte und andere Gerichte vorgenommen werde, oder nicht. Werde diese durchgeführt, so könne man sagen, daß vor den Friedensgerichten kein Anwaltszwang notwendig sei. Würde es dagegen bei einer einheitlichen ersten Instanz bleiben, so sei der Vertretungszwang anders zu regeln als bisher. Es wäre zu überlegen, ob man nicht den Beklagten von dem Vertreterzwang befreien und den Kläger stets zwingen sollte, einen Anwalt zu nehmen, und zwar schon deshalb, um Klagen zu verhindern und die Gerichte zu entlasten.[863] Darüber hinaus könne die Kommission noch erwägen, inwieweit die Vertretung durch andere als durch Anwälte möglich wäre. Als Beispiel führte *Wieczorek* die Vertretung durch die Gewerkschaften in sozialgerichtlichen Verfahren an, deren Anteil an Vertretungen er auf ca. 6% schätze.

---

[861] *Wieczorek*, Anlage 4 zu Protokoll Nr. 12, S. 4

[862] *Wieczorek*, Protokoll Nr. 12, S. 80

[863] *Wieczorek*, Protokoll Nr. 12, S. 81

In einem weiteren Abschnitt seines Referates erörterte *Wieczorek*, wie das Verfahren vorbereitet werden müßte.[864] Ziel dieser *Vorbereitung* müßte es seines Erachtens sein, die Sache möglichst in *einer* mündlichen Verhandlung zu erledigen. Für den Fall, daß eine Angelegenheit auch ohne mündliche Verhandlung erledigt werden könne, schlug *Wieczorek* zu Gunsten einer Vereinfachung des Verfahrens vor, eine Klage auch auf schriftlichem Wege als unzulässig verwerfen lassen zu können, so unter anderem auch für den Fall, daß Ausschlußfristen nicht gewahrt wurden. Dieses Prinzip könne seiner Meinung nach sogar auf die Fälle bereits eingetretener Verjährung angewandt werden, wobei man sich aber dazu entschließen müßte, die Verjährungsfristen auch von Amts wegen zu beachten.[865] In diesem Fall müsse der Gegner vorher gehört werden, damit er die Hemmung oder Unterbrechung der Verjährung dartun könne.

Die *Zustellung* sollte nach *Wieczoreks* Auffassung, worüber sich die Kommissionsmitglieder im wesentlichen wohl einig waren, stets von Amts wegen erfolgen. Nach der bestehenden Regelung sei es möglich, gegen ein Versäumnisurteil Einspruch zu erheben, auch wenn es erst nach vielen Jahren zugestellt wurde. Entsprechend solle die für das Berufungs- und das Revisionsverfahren bestehende 5-Monate Regelung abgeschafft werden und die Rechtsmittelfristen nur von der Zustellung des Urteils an zu laufen beginnen. In diesem Zusammenhang schlug *Wieczorek* auch vor, nicht nur den Tenor, sondern grundsätzlich das volle Urteil mit Begründung zuzustellen.[866]

Zu Gunsten einer *Verfahrensbeschleunigung* hielt es *Wieczorek* für sinnvoll, die Bildung des Tatbestandes in die Hand der Parteivertreter zu legen. In diesem Fall bräuchte sich der Richter nicht die Schriftsätze zu vergegenwärtigen, sondern könne allein von dem Tatbestand ausgehen. Ferner wären die Parteien dann gezwungen, ihr Vorbringen in die Form eines Tatbestandes zu bringen und würden sich nicht mehr veranlaßt sehen, dasselbe in mehreren Schriftsätzen zu sagen.[867]

Auf entsprechende Nachfrage *Weinkauffs* erläuterte *Wieczorek*, wie dies seiner Ansicht nach von den Parteien umgesetzt werden könnte.[868] So müßte der Kläger in einem ersten Schritt zunächst die Klageschrift fertigen. Für den Fall, daß daraufhin keine Klageerwiderung des Beklagten erfolgen würde, sei kein besonderer Tatbestand erforderlich, denn dann sei die Klage der Tatbestand. Erwidere der Beklagte, so habe der Kläger den Entwurf des Tatbestandes aufzustellen, wie man ihn aus dem Urteil kennen würde. Gleichzeitig müsse er hineinarbeiten, was er gegenüber dem Vorbringen des Beklagten zu sagen habe. Der Beklagte müsse dann seinerseits erklären, ob das, was er gesagt habe, von

[864] *Wieczorek*, Protokoll Nr. 12, S. 82
[865] *Wieczorek*, Protokoll Nr. 12, S. 82
[866] *Wieczorek*, Protokoll Nr. 12, S. 83
[867] *Wieczorek*, Protokoll Nr. 12, S. 83
[868] *Wieczorek*, Protokoll Nr. 12, S. 84

dem Kläger richtig wiedergegeben worden sei und zu dem neuen Vorbringen des Klägers Stellung nehmen. Im Ergebnis sollten nicht mehr so viele Schriftsätze gewechselt werden, sondern die Parteien sollten gemeinschaftlich den Tatbestand feststellen. Wenn sie irgendwelche Änderungen hätten, so sollten diese in den Tatbestand eingefügt werden. Dem Richter sollte also jederzeit ein fertiger Tatbestand vorgelegt werden, liege dieser vor, so wäre Termin anzuberaumen. Ergebe sich nichts Neues und sei das Erhebliche unstreitig, so könne entschieden werden. Sei der Sachverhalt nicht unstreitig, so könne dagegen schon im schriftlichen Beweisverfahren ein Beweisbeschluß ergehen und sodann Termin anberaumt werden, in dem der Zeuge zu hören und der Tatbestand festzustellen wäre.

Bezug nehmend auf die Ausführungen *Wieczoreks* zu dem „gemeinsamen Tatbestand" merkte *Weinkauff* an, daß sich die Parteien in aller Regel nicht auf einen solchen einigen würden. Der Angesprochene vertrat demgegenüber die Auffassung, daß eine Einigung der Parteien, jedenfalls für den Fall, daß sie durch Anwälte vertreten seien, über das Unstreitige und Streitige nicht schwierig sein würde. Mit dem Hinweis, daß es diese Möglichkeit bereits im französischen Recht gebe und dort recht gut „gehen" würde, schlug *Wieczorek* weiter vor, daß der Tatbestand in der letzten mündlichen Verhandlung vor den Parteien aufgrund der früherer Entwürfe festgestellt werden müsse. Für den Fall, daß sich gegenüber dem letzten Entwurf noch Änderungen ergeben würden, müßten die Parteien dies zu Protokoll erklären.[869]

Petersen fügte an dieser Stelle hinzu, daß er bereits früher den Vorschlag gemacht habe, die Urteilsgebühr um die Hälfte zu reduzieren und die Verhandlungsgebühr der Anwälte um die Hälfte zu erhöhen, wenn die Parteien innerhalb einer vom Gericht zu bestimmenden Frist einen vollständigen Tatbestand einreichen würden. Ob der Tatbestand vollständig sei, würde das Gericht nach Erlaß des Urteils durch unanfechtbaren Beschluß entscheiden.[870] Nach *Wieczoreks* Meinung sollte der Tatbestand dann „im Stil der Parteien" geschrieben werden und gegebenenfalls nur als Anlage zum Protokoll oder auch als Anhang zum Urteil genommen werden. Abschließend stellte er fest, daß er gern erreichen wolle, daß die Diskussion um den Tatbestand verschwinde. Im Berufungsverfahren spiele der unrichtige Tatbestand der Vorinstanz keine große Rolle, weil eine neue Tatsachenverhandlung stattfinde und das Berufungsgericht einen anderen Tatbestand feststellen könne als das Vordergericht. Dies sei jedoch im Revisionsverfahren anders, denn da würden dann die Rügen aus den §§ 139, 286 ZPO kommen.[871]

---

869 *Wieczorek*, Protokoll Nr. 12, S. 85
870 *Petersen*, Protokoll Nr. 12, S. 85
871 *Wieczorek*, Protokoll Nr. 12, S. 86

2) Die Diskussion in der Kommission zu dem zweiten Teilabschnitt des Referates

In der anschließenden Diskussion ergriff zunächst *Weinkauff* das Wort. In der Frage der Zustellung stimmte er dem Vorschlag *Wieczoreks* zu, nur noch von Gerichts wegen zuzustellen und die 5-Monats-Frist zu streichen.[872] Ergänzend fügte *Merkel* hinzu, daß der Erlaß eines Urteils im schriftlichen Verfahren oft sehr lange dauern würde, während der Anwalt von kurzen Rechtsmittelfristen gejagt werde. Er schlug daher vor, eine Frist zum Erlaß eines Urteils im schriftlichen Verfahren festzuschreiben.[873]

Mehrheitlich vertraten die Kommissionsmitglieder die Auffassung, daß Urteile grundsätzlich verkündet werden sollten. Wenn nur schriftlich zugestellt werden würde, trete leicht eine Verzögerung ein und darüber hinaus sei für die Parteien nicht immer klar, bis zu welchem Zeitpunkt Schriftsätze eingereicht werden können. In diesem Zusammenhang schilderte *Petersen*, daß er beim Reichsgericht Fälle erlebt habe, bei denen es unklar gewesen sei, ob die Vorinstanz einen Schriftsatz noch berücksichtigt hätte oder nicht.[874] Kontrovers wurde in der Kommission diskutiert, ob das schriftliche Verfahren insgesamt abgeschafft werden könnte. Dabei wurde von einigen Kommissionsmitgliedern bemängelt, daß das schriftliche Verfahren häufig zu einer Verzögerung des Verfahrens führen würde.[875] Befürwortet wurde die Beibehaltung dieses Verfahrens jedoch für die Anwendung bei kleineren, abgelegenen Amtsgerichten[876], für den Fall geringer Streitwerte[877], im Rahmen von Versäumnisverfahren[878] sowie bei der Entscheidung über die Unzulässigkeit von Klagen[879].

Sowohl *Petersen* als auch *Heusinger* sprachen sich im Ergebnis für eine Beibehaltung der bestehenden Regelung zur Verkündung aus. Es gebe einfache Fälle, in denen ein sofortige Verkündung angebracht sei, und es gebe schwierige, in denen es besser sei, sich die Sache nochmals durch den Kopf gehen zu lassen.[880] Ergänzend fügte *Petersen* hinzu, daß die Bestimmung des § 161 ZPO, wonach die Aussagen der Zeugen und Sachverständigen nicht protokolliert werden müßten, aufgehoben werden sollte, da nur durch die schriftliche Niederlegung der Aussagen eine Sicherheit darüber gewonnen werde, was ausgesagt worden sei.[881]

---

[872] *Weinkauff*, Protokoll Nr. 12, S. 87
[873] *Merkel*, Protokoll Nr. 12, S. 89
[874] *Petersen*, Protokoll Nr. 12, S. 91
[875] Vgl. die Stellungnahmen von *Baur*, *Weinkauff* und *Merkel*, Protokoll Nr. 12, S. 93 ff.
[876] *Heusinger*, Protokoll Nr. 12, S. 94
[877] *Cramer*, Protokoll Nr. 12, S. 94
[878] *Weinkauff*, Protokoll Nr. 12, S. 94
[879] *Wieczorek*, Protokoll Nr. 12, S. 94
[880] *Heusinger*, Protokoll Nr. 12, S. 92
[881] *Petersen*, Protokoll Nr. 12, S. 92

Bezug nehmend auf die Ausführungen zum Tatbestand äußerte sich *Weinkauff* sehr skeptisch. Seiner Ansicht könnten die Parteien es nicht leisten, den Tatbestand gemeinsam zu erstellen, so daß erhebliche Verzögerungen des Verfahrens zu befürchten seien. Die Parteien würden sich seiner Meinung nach unaufhörlich streiten und in der Mehrzahl nicht zu einem gemeinsamen Tatbestand gelangen. Dessen Erstellung würde nach *Hornigs* Ansicht besonders in umfangreichen Sachen schwierig sein, so daß der Anwalt geneigt sein werde, sie „auf die lange Bank zu schieben". In aller Regel würde letzten Endes wohl doch das Gericht den Tatbestand aufstellen müssen.[882] *Merkel* hielt dagegen die gemeinsame Feststellung des Tatbestandes durch die Parteien dann für möglich, wenn der Sachverhalt unstreitig sei und es nur auf Rechtsfragen ankomme.[883] Aufgrund der bereits genannten Bedenken kam auch *Petersen* zu dem Schluß, daß die Erstellung des Tatbestandes den Parteien nicht zwingend auferlegt werden könne. Es sollte den Parteien bzw. deren Anwälten jedoch ein Anreiz in Form von Kostenvorteilen geboten werden, damit diese bestrebt seien, sich möglichst auf einen Tatbestand zu einigen.[884]

Für die Beibehaltung der bestehenden Regelung spreche darüber hinaus, daß „dem Tatbestand ein starkes erzieherisches Moment innewohne". Der Richter werde gezwungen, sich den Prozeßverlauf wieder vor Augen zu halten und Klarheit zu gewinnen. Es sei nicht zu verkennen, daß die Erstellung des Tatbestandes ein wichtiges Mittel für eine richtige Entscheidung sei.[885] Gleichwohl meinten *Weinkauff* und *Hornig*[886], daß dem Richter die Befugnis eingeräumt werden sollte, von einem Tatbestand abzusehen, wenn ein Rechtsmittel gegen die Entscheidung nicht eingelegt werden könne. Auch solle in den Fällen, in denen das Urteil anfechtbar, also ein kurzer Tatbestand zu erstellen sei, kein Rechtsmittel dagegen möglich sein, daß der Richter einen bestimmten Punkt nicht aufgenommen habe. Im Interesse der Verminderung des Schreibwerks hielt es *Hornig* für vertretbar, den Tatbestand insbesondere in höheren Instanzen wegzulassen, da dieser bereits vorliege. *Merkel* dagegen hob hervor, daß der Tatbestand auf keinen Fall entbehrlich sei. Dieser sei für die Rechtsuchenden und die Anwaltschaft sehr wichtig; denn wenn er sich nur um ein geringes verschiebe, könnten völlig andere Rechtsfolgen eintreten. Inwieweit der Tatbestand jedoch bei der Wiedergabe im Urteil gekürzt werden könne, sei eine andere Frage.[887]

Gastreferent *Schima* erläuterte an dieser Stelle, daß in Österreich die Rechtsauffassung vorherrschen würde, daß *gerade* dann, wenn keine Anfech-

---

[882] *Hornig*, Protokoll Nr. 12, S. 89
[883] *Merkel*, Protokoll Nr. 12, S. 90
[884] *Petersen*, Protokoll Nr. 12, S. 90
[885] *Weinkauff*, Protokoll Nr. 12, S. 87
[886] *Hornig*, Protokoll Nr. 12, S. 89
[887] *Merkel*, Protokoll Nr. 12, S. 89

tungsmöglichkeit gegeben sei, die Partei durch das Urteil völlig überzeugt werden müsse. Daher käme für die österreichische Justiz ein Weglassen des Tatbestandes nicht in Betracht.[888] Auch für *Weber* war es aus den von *Schima* angeführten Gründen nicht vertretbar ein Urteil ohne Tatbestand für zulässig zu erklären. Die Aufgabe, die Parteien zu überzeugen, könne nicht allein durch die Rechtsausführungen gelöst werden, denn diese würden ohne den Sachverhalt „in der Luft hängen".[889] Weiterhin sei der Tatbestand erforderlich, um zu dokumentieren, daß der Partei gem. § 579 Abs. 3 ZPO rechtliches Gehör gewährt wurde.[890] *Heusinger* hielt es hinsichtlich der Diskussion um den Tatbestand nicht für wesentlich, den Richter von der Anfertigung des Tatbestandes zu entlasten. Seiner Ansicht würde das Hauptproblem nicht in der bestehenden gesetzlichen Regelung liegen, sondern in der fehlerhaften Anwendung des Gesetzes. Der Tatbestand solle nach dem Gesetz nur eine gedrängte Darstellung des Sach- und Streitstandes sein. Es werde heute viel zu viel geschrieben. Jedenfalls sollte die Arbeit der Tatbestandsaufstellung dem Richter nicht abgenommen werden, denn diese stellten ein „geistiges Exercitium" für die Gründe dar.[891]

Nachfolgend eröffnete der Vorsitzende der Kommission die Diskussion über die Frage, ob die Einführung eines Vor- und eines Haupttermins vorgeschlagen werden solle.[892] *Weinkauff* befürwortete diesbezüglich die Einführung eines schriftlichen Vorverfahrens vor dem Vortermin. Wie im französischen Verfahren sei dann bereits, bevor die Sache an das Gericht komme, klargestellt, was behauptet und was gewollt werde sowie welche Beweismittel ins Feld geführt werden sollen. Hinzu müsse allerdings die aus dem englischen Prozeß übernommene Verpflichtung der Parteien kommen, ihre auf den Prozeß bezogenen Urkunden vorzulegen. Der Richter solle nicht mit einem unvollständigen Prozeß konfrontiert werden, sondern erst dann, wenn das Vorbringen vollständig sei.[893] Im Vortermin sei folglich der gesamte Streitstoff bekannt und die Parteien zur Vernehmung zur Sache, eventuell zur eidlichen Vernehmung, anwesend. Durch ihre Vernehmung ergebe sich durchweg eine Klärung des Sachverhaltes, die in den Schriftsätzen aufgestellten Zweckbehauptungen würden verschwinden. Der Richter hätte dann darauf hinzuwirken, daß die Parteien vollständig Beweis antreten und müßte gegebenenfalls Fristen mit Ausschlußfolgen setzen. Diese Ausschlußfristen würden dafür sorgen, daß die Parteien nicht immer Neues nachtragen. Im Vortermin sei auch, wenn dies nötig werden würde, ein Sachverständiger zu bestellen, der sein Gutachten bis zum Haupttermin abzugeben hätte.

---

[888] *Schima*, Protokoll Nr. 12, S. 93
[889] *Weber*, Protokoll Nr. 12, S. 95
[890] *Merkel*, Protokoll Nr. 12, S. 96
[891] *Heusinger*, Protokoll Nr. 12, S. 92
[892] Protokoll Nr. 12, S 101 ff.
[893] *Weinkauff*, Protokoll Nr. 12, S. 106

Dieses Verfahren würde den Prozeß ganz anders funktionieren lassen, als es zur Zeit der Fall sei. Nach der Überzeugung *Weinkauffs* würde dies eine Wende sondergleichen im Zivilprozeß herbeiführen.[894] *Coing* erläuterte *Weinkauffs* Vorschlag dahingehend, daß damit eine „verzettelte Verhandlung, eine verzettelte Beweisaufnahme und die dauernde Aufeinanderfolge von Schriftsätzen und Verhandlungen" vermieden werden solle. Dieses Ziel solle durch eine Aufgliederung des Verfahrens erreicht werden, wobei der Vortermin die Zäsur darstellen würde. Zunächst würden die Schriftsätze ausgetauscht werden, dann komme der Vortermin, der grundsätzlich eine Präklusion für Schriftsätze bewirke. Nach *Coings* Meinung könnte für den Vortermin ein Termin bestimmt werden. In einfachen Sachen würde der Richter diesen Termin nach Eingang der Klagebeantwortung und in schwierigeren Fällen nach der Replik oder der Duplik ansetzen.[895] Der Vortermin führe dann zu einem einheitlichen Beweisbeschluß, dem der Haupttermin mit der Beweisaufnahme und den Plädoyers folgen würde. Entscheidend war für *Weinkauff*, daß der Beweisbeschluß in völliger Kenntnis des Sach- und Streitstandes erlassen und der Prozeß in dem Haupttermin beendet wird.[896]

Hornig vermochte die „großen Hoffnungen", die *Weinkauff* in das schriftliche Vorverfahren setzte, nicht zu teilen. Er äußerte die Befürchtung, daß man „in ein nicht mehr einzugrenzendes schriftliches Verfahren kommen würde", wenn nicht der Richter beizeiten den Parteien richterliche Hinweise und Auflagenbeschlüsse im Rahmen eines Vortermines erteilen würde.[897] Auch *Heusinger* sah in dem zu erwartenden Schriftsatzwechsel eine „arge Quelle der Verzögerung", die dadurch verhindert werden könne, wenn der Vorsitzende verpflichtet werde, einen Termin nach Ablauf der Klagebeantwortungsfrist anzuberaumen.[898] Gerade in diesem Punkte setzte sich *Heusinger* in Widerspruch zu der Auffassung *Weinkauffs*, für den es entscheidend darauf an kam, daß der Richter *nicht* gezwungen werden sollte, sofort nach Eingang der Klageschrift einen Termin anzusetzen. Vielmehr sollte nach *Weinkauffs* Meinung die Anberaumung eines Termines in das Ermessen des Richters gestellt werden. Es sollten Fristen bestimmt werden, die von den Richtern erweitert werden könnten. Ausschlußfristen könnten erst nach dem Vortermin gesetzt werden. Bei einer solchen Ordnung des Verfahrens bräuchte es auch keineswegs von vornherein „verpönt" zu sein, daß die Anwälte sich vorher darüber vergewissern, was die Zeugen aussagen könnten. Dagegen wandte *Petersen* ein, daß man zu dem Zeitpunkt an dem die Klage eingehe, noch gar nicht wissen könne, ob die Sache überhaupt streitig werde. Daher müsse ein ganz naher Termin angesetzt werden,

---

[894] *Weinkauff*, Protokoll Nr. 12, S. 102
[895] *Coing*, Protokoll Nr. 12, S. 108
[896] *Weinkauff*, Protokoll Nr. 12, S. 110
[897] *Hornig*, Protokoll Nr. 12, S. 102
[898] *Heusinger*, Protokoll Nr. 12, S. 103

in dem unter Umständen auch ein Versäumnisurteil ergehen könne.[899] Für den Fall, daß in dem schriftlichen Verfahren die Klagebeantwortung nicht fristgerecht einging, schlug *Hornig* vor, den Erlaß eines Versäumnisurteils zu ermöglichen.[900]

Petersen hielt es nicht für richtig „die Sache zu schematisieren". Seiner Meinung nach könnte nicht von vornherein ein Vortermin angesetzt werden, ja selbst auch nicht immer nach Eingang der Klagebeantwortung, sondern manchmal erst nach Eingang von Replik oder Duplik. Unter den Sachen, die dem Richter vorgelegt würden, befänden sich zum Beispiel Versäumnissachen, Sachen, die streitig würden, aber so einfach lägen, daß bereits in dem ersten Termin ein Beweisbeschluß ergehen könne und solche, bei denen erst im zweiten oder dritten Termin ein Beweisbeschluß ergehen könne oder sich erst in diesem Termin herausstellen würde, daß kein Beweisbeschluß zu ergehen brauchte. Aus diesem Grunde glaubte *Petersen* nicht, daß die Prozesse mit einem vorgeschriebenen Vor- und einem Haupttermin schneller entschieden würden, als dies derzeit der Fall sei.[901]

Ruscheweyh trug vor, daß es seiner Ansicht nach eine Verbesserung darstellen würde, wenn gleichzeitig mit der Klage und dem ersten Termin mitgeteilt werden würde, daß bis zu einem bestimmten Zeitpunkt eine Klagebeantwortung einzureichen sei und dann, wenn dies nicht geschehe, der Termin aufgehoben werde und ein schriftliches Versäumnisurteil ergehe.[902] *Baur* erläuterte, daß durch den Vortermin ein Abschnitt erreicht werden solle, in welchem neues Vorbringen, von Ausnahmen abgesehen, ausgeschlossen sei. Hinsichtlich der möglichen Einwände, daß die richterliche Leitung zu gering sei und sich der Schriftsatzwechsel ins Uferlose auswachsen könne, hielt er nur den letzteren für relevant. Um einem zu langen Schriftsatzwechsel entgegenzuwirken, schlug *Baur* vor, eine gesetzliche Frist von einer bestimmten Anzahl von Monaten festzulegen, innerhalb welcher der Vortermin stattzufinden habe.[903] Diesem Vorschlag trat *Hornig* entgegen, da er eine derartige Frist für nicht umsetzbar hielt. In schwierigen Prozessen könne z.B. eine Frist von drei Monaten gar nicht eingehalten werden. Wolle man eine Frist festlegen, die für alle Fälle gelte, so müsse diese „sehr geräumig" sein und vielleicht ein Jahr betragen.[904]

Ruscheweyh hielt den Ausführungen *Weinkauffs* und *Coings* entgegen, daß man seiner Auffassung nach den Prozeß bereits heute schon in Vor- und Haupttermin einteilen und auch so führen könne. Der Richter müsse hierfür nur „zwei Stützen" bekommen. Er müßte ein schriftliches Versäumnisurteil erlassen,

---

[899] *Petersen*, Protokoll Nr. 12, S. 104
[900] *Hornig*, Protokoll Nr. 12, S. 104
[901] *Petersen*, Protokoll Nr. 12, S. 104
[902] *Ruscheweyh*, Protokoll Nr. 12, S. 105
[903] *Baur*, Protokoll Nr. 12, S. 107
[904] *Hornig*, Protokoll Nr. 12, S. 107

Ausschlußfristen setzen und durch eine Frist bestimmen können, daß bis zu einem bestimmten Zeitpunkt der Schriftsatzwechsel beendet sein müsse. Wenn dann in dem Termin noch neue Tatsachen auftauchten, neue Gesichtspunkte hervorträten oder sich herausstelle, daß noch neue Schriftsätze und Beweisanträge nötig seien, müßte der Schriftsatzwechsel wieder eröffnet werden.[905]

3) Leitsätze und Empfehlungen der Kommission

Die Aufstellung von Leitsätzen zu diesem Arbeitsabschnitt war bestimmt von einer Vielzahl von verschiedenen Vorschlägen, unterbreitet von einer Mehrzahl von Kommissionsmitgliedern. Die Abstimmungsergebnisse zu den Vorschlägen zeigten, daß *Wieczoreks* Reformvorstellungen überwiegend keine Zustimmung bei den anderen Kommissionsmitgliedern fanden.

Empfehlungen:

„1. Straffung des erstinstanzlichen Verfahrens[906]:

a. Der erste Verhandlungstermin muß auf einen Tag innerhalb von 2 Wochen nach dem voraussichtlichen Ablauf der Einlassungsfrist bestimmt werden.

b. Wenn der Beklagte sich bis zu diesem Termin noch nicht geäußert hat, so ist ihm vom Richter eine Frist zur eingehenden Beantwortung der Klage zu setzen.

c. Nach fruchtlosem Ablauf der Frist muß der Richter auf Antrag des Klägers im schriftlichen Verfahren ein Versäumnisurteil erlassen.

d. Nach Eingang der Klagebeantwortung hat der Richter, sofern es nicht schon geschehen ist, neuen Termin zu bestimmen und die im § 272 b ZPO vorgesehenen vorbereitenden Maßnahmen zu treffen.

e. In den § 279 a ZPO ist folgende Regelung einzuarbeiten: Hat das Gericht einer Partei für das nachträgliche Vorbringen von Angriffs- und Verteidigungsmitteln eine angemessene Ausschlußfrist gesetzt, so hat die Versäumung der Frist den Ausschluß der Partei mit diesem Vorbringen zur Folge, wenn die Partei die Verspätung nicht genügend entschuldigt.

„2. Besonderheiten des Verfahrens vor den Amtsgerichten[907]:

a. Beim Amtsgericht soll das Verfahren grundsätzlich dem Verfahren vor den Landgerichten entsprechen. Die Vorschläge zur Straffung des erstinstanzlichen Verfahrens sollen auch für das amtsgerichtliche Verfahren gelten.

---

905 *Ruscheweyh*, Protokoll Nr.12, S. 108

906 Protokoll Nr. 33, S. 10 ff.

907 Protokoll Nr. 33, S. 11

b. Das Schiedsurteilsverfahren soll bestehen bleiben. Die Wertgrenze dafür soll auf 100 DM erhöht werden. Das Verfahren soll auch dann stattfinden, wenn der Streitwert im Laufe des Rechtsstreits unter diese Grenze sinkt."

„3. Der Zuständigkeitsstreit[908]

Ist auf Grund der Vorschriften über die örtliche und die sachliche Zuständigkeit der Gerichte die Unzuständigkeit der Gerichte auszusprechen, so hat das Gericht den Rechtsstreit von Amts wegen durch unanfechtbaren Beschluß an das örtlich und sachlich zuständige Gericht zu verweisen. Der Verweisungsbeschluß ist für dieses Gericht bindend.
Ist der Kläger mir der Verweisung einverstanden, so kann sie ohne mündliche Verhandlung ausgesprochene werden.
Sind für die Klage mehrere Gerichtsstände gegeben und trifft der Kläger keine Wahl, so kann das Gericht nach seiner Wahl an eines der zuständigen Gerichte verweisen.
Der Kläger, der sich mit der Verweisung nicht einverstanden erklärt, kann die Klage ohne Einwilligung des Beklagten binnen Monatsfrist zurücknehmen; der Rechtsstreit wird dann bei einem Gericht, an das verwiesen wurde, nicht anhängig.
Ein Rechtsmittel kann nicht darauf gestützt werden, daß das Gericht seine örtliche oder sachliche Zuständigkeit zu Unrecht angenommen habe. Dies gilt auch in nicht vermögensrechtlichen Streitigkeiten.

4. „Urteil[909]*:*

a. Einer schriftlichen Urteilsbegründung soll es nicht bedürfen, wenn das Urteil unanfechtbar ist und die Parteien auf eine Begründung verzichtet haben. Für Urteile in Ehe- und Kindschaftssachen wird eine solche Regelung jedoch nicht gelten können.
b. Eine schriftliche Urteilsbegründung soll nicht erforderlich sein, wenn das Urteil im Anschluß an die mündliche Verhandlung begründet und der wesentliche Inhalt der Gründe in das Protokoll aufgenommen wird.
c. Der Tatbestand soll auf das Wesentliche beschränkt werden. Er enthält die Anträge und eine kurze Darstellung des Sachverhalts. Die bis zum Ende der mündlichen Verhandlung eingereichten vorbereitenden Schriftsätze gelten als vorgetragen, soweit sich nicht aus dem Sitzungsprotokoll oder aus dem Tatbestand etwas anderes ergibt.
d. Von der Darstellung des Tatbestandes im Urteil kann abgesehen werden, wenn dieser im Sitzungsprotokoll festgestellt worden ist.
e. Ist der Rechtsstreit zur Endentscheidung reif und reichen die Parteien innerhalb einer vom Gericht zu bestimmenden Frist einen gemeinsamen

---

[908] Protokoll Nr. 33, S. 13, 14
[909] Protokoll Nr. 33, S. 15 ff.

Tatbestand ein, so entfällt der gerichtliche Tatbestand; die Urteilsgebühr ermäßigt sich und die Anwaltsgebühr erhöht sich.

f. § 301 Abs. 2 ZPO ist auf das Vorliegen besonderer Ausnahmegründe zu beschränken.

g. Im § 302 Abs. 1 ZPO sollten die Worte „die mit der in der Klage geltend gemachte Forderung nicht in rechtlichem Zusammenhang steht" gestrichen werden.

h. § 310 Abs. 1 ZPO soll dadurch ergänzt werden, daß bei Verkündung in dem späteren Termin die Urteilsgründe vorliegen müssen.

i. Die Verkündung der Entscheidung eines Kollegialgerichts allein durch den Vorsitzenden soll möglich sein.

j. Die Vorschrift des § 310 Abs. 2 Satz 1 ZPO soll dahin geändert werden, daß die Verkündung durch Zustellung des vollständigen Urteils ersetzt wird.

k. Die Urteile sollen von Amts wegen zugestellt werden. Die Fünfmonatsfristen der §§ 516, 552 ZPO sollen wegfallen.

l. Die Antragsfrist der §§ 320, 321 ZPO sollte auf zwei Wochen verlängert werden.

m. Die mündliche Verhandlung bei der Tatbestandsberichtigung (§ 320 ZPO) und bei der Ergänzung des Urteils (§ 321 ZPO) soll nicht obligatorisch sein.

c) Dritter Teilabschnitt des Referates von *Wieczorek*[910]

1) Versäumnisverfahren

Wieczorek stellte zunächst in kurzer Form die Grundsätze des Versäumnisverfahrens dar. So werde nach dem bestehenden Rechtszustand bei Säumnis des Beklagten unterstellt, daß er die Behauptung des Klägers zugestehe und bei Säumnis des Klägers, daß dieser auf seinen Anspruch verzichte. Der Einspruch gegen das Versäumnisurteil bedürfe keiner Begründung. Nur wenn im zweiten Termin, der auf Grund des Einspruchs anberaumt worden sei, dieselbe Partei säumig sei, werde der Einspruch verworfen. Dagegen gäbe es dann nur das Rechtsmittel der Berufung, die damit begründet werden müsse, daß ein Fall der Säumnis nicht vorgelegen habe. Wenn nach Erlaß eines Versäumnisurteils wieder verhandelt werde und dieselbe Partei in einem weiteren Termin nicht erscheinen würde, könne wieder ein Versäumnisurteil ergehen, das im technischen Sinne aber ein erstes Versäumnisurteil sei. Eine Begrenzung der Anzahl erster Versäumnisurteile in einem Prozeß würde es nicht geben. In der zweiten Instanz

[910] *Wieczorek*, Protokoll Nr. 12, S. 123 ff

seien bei dem Versäumnisurteil gegen den Berufungsbeklagten und in der Revisionsinstanz beim Versäumnisurteil gegen den Revisionsbeklagten auch die Ergebnisse in der Vorinstanz zu beachten. Die Möglichkeit des Einspruchs sei in jeder Instanz gegeben.

In zwei Punkten äußerte *Wieczorek* Kritik an diesem Verfahren. Er vertrat zunächst die Auffassung, daß der Beklagte durch den bestehenden Rechtszustand benachteiligt werde.

Dieser werde im Gegensatz zu den Versäumnisverfahren anderer Länder, nach denen ein Versäumnisurteil gegen den Beklagten nur dann erlassen werden könne, wenn der Kläger seine Behauptungen auch bewiesen habe, nicht genügend geschützt. Man dürfe in dem Beklagten nicht nur den säumigen Schuldner sehen. Dieser sei manchmal nur unbeholfen, so daß vielfach infolge dieser Unkenntnis des Beklagten Versäumnisurteile ergingen, ohne daß dessen Rechte gewahrt würden. Weiterhin würde das bestehende Verfahren dazu führen, daß zu viele Prozesse in die Länge gezogen werden könnten. Aus den genannten Gründen dürfe man es seiner Meinung nach nicht bei dem derzeitigen Verfahren belassen. Bei dem Versuch, eine Entscheidung nach der Lage der Akten zu bekommen, würde man jedoch andererseits zumeist auf einen gewissen Widerstand des Gerichts stoßen, da zunächst einmal mündlich verhandelt worden sein müßte. Nach Ansicht der Praxis könne eine Entscheidung nach Aktenlage ergehen, wenn irgendeinmal vor dem Gericht derselben Instanz verhandelt worden sei. Auch in der Berufungsinstanz und in der Revisionsinstanz dürfe nach der herrschenden Meinung keine Aktenlageentscheidung ergehen, so lange noch nicht verhandelt worden wäre, sondern nur ein Versäumnisurteil erlassen werden. *Wieczorek* schlug vor, daß man zumindest für die Rechtsmittelinstanzen erwägen sollte, den Erlaß einer Aktenlageentscheidung zu ermöglichen, da in diesen Fällen der Streitstoff schon feststehe. So läge beim Revisionsgericht vor der Verhandlung ein Votum vor; alles sei völlig vorbereitet. Wenn jetzt eine Entscheidung nach Lage der Akten ergehen würde, wäre der Prozeß beendet. Würde dagegen nur ein Versäumnisurteil ergehen, werde anschließend oft Einspruch eingelegt.[911] Seiner Auffassung nach könne man sogar darüber hinaus gehen und *grundsätzlich* in das System der Aktenlageentscheidung übergehen, so daß in der ersten Instanz, in der sonst ein Versäumnisurteil erlassen worden wäre, nunmehr das Rechtsmittel der Berufung zulässig wäre. Von einer derartigen Reform versprach sich *Wieczorek* eine wesentliche Verkürzung des Verfahrens.[912]

---

911 *Wieczorek*, Protokoll Nr. 12, S. 131
912 *Wieczorek*, Protokoll Nr. 12, S. 125

2) Die Diskussion in der Kommission zu dem dritten Teilabschnitt des Referates

In der anschließenden Diskussion stimmte *Weinkauff* den Ausführungen *Wieczoreks* in wesentlichen Punkten zu.[913] Zu Gunsten der angestrebten Verkürzung des Verfahrens sollte man jedoch seiner Meinung nach eine einschneidende Änderung des gegenwärtigen Versäumnisverfahrens durch Beseitigung der Einspruchsmöglichkeit gegen das Versäumnisurteil herbeiführen. Es solle nur das Rechtmittel der Berufung oder Revision geben, sofern es generell zugelassen sei. *Schima* nahm zu diesem Vorschlag *Weinkauffs* Stellung und erläuterte, daß das österreichische Rechtssystem gegen das Versäumnisurteil die Wiedereinsetzung vorsehe.[914] Nach *Schimas* Ansicht war hier der Vorschrift über den Wiedereinsetzungsgrund der Vorzug zu geben, da sich die Berufung zur Anfechtung des Versäumnisurteiles wegen des Neuerungsverbots nicht eigne. Grundsätzlich werde man in erster Instanz nicht zu weitgehende Präklusionen anordnen können, wenn man bereits an derartige Präklusionen in der zweiten Instanz gedacht habe. Die Wiedereinsetzung gehe an die erste Instanz, während die Berufung an die zweite Instanz gehen würde. Wenn man die zweite Instanz, abgesehen von notwendigen Ergänzungen usw. nicht als Tatsacheninstanz ausgestalten wolle, müsse daher zur Anfechtung des Versäumnisurteiles der Rechtsbehelf der Wiedereinsetzung an die Instanz gegeben werden, die die Entscheidung erlassen habe.

In Bezug auf die Ausführungen *Schimas* stellte *Weinkauff* fest, daß wohl allen Bedenken Rechnung getragen wäre, wenn man die Wiedereinsetzung auch bei schuldloser Versäumung gewähren würde.[915] *Baur* dagegen riet sowohl aus praktischen als auch aus theoretischen Gründen dringend davon ab, von dem Grundprinzip des bisherigen Versäumnisverfahrens abzuweichen, indem man verlange, daß der Anspruch des Klägers bewiesen werde. Nach seiner Auffassung sei das bestehende Versäumnisverfahren, vom Einspruch abgesehen, sehr konsequent und praktisch wirksam ausgestaltet. Würde man nunmehr verlangen, daß der Richter im Falle der Säumnis des Beklagten Beweise aufnehme, so käme man praktisch zu einem Einparteien-Prozeß, wo der Beklagte sich bei einem sorgfältigen Richter überhaupt nicht zu rühren bräuchte, denn er würde nur verurteilt werden, wenn die Zeugen usw. das Vorbringen des Klägers bewiesen hätten. Dies würde jedoch eine immense Beeinflussung der praktischen Handhabung der Rechtpflege bedeuten. Ob der Einspruch durch das Wiedereinsetzungsgesuch ersetzt werden sollte, vermochte *Baur* nicht entgültig zu entscheiden. Einerseits würde das Wiedereinsetzungsgesuch eine Glaubhaftmachung voraussetzen, die den Richter unter Umständen zwinge, Auskünfte darüber ein-

---

913 *Weinkauff*, Protokoll Nr. 12, S. 125

914 *Schima*, Gastreferent von der Universität Wien, Protokoll Nr. 12, S. 126

915 *Weinkauff*, Protokoll Nr. 12, S. 126

zuholen, ob z.B. der Zug tatsächlich verspätet angekommen sei, so daß eine Verschleppung des Prozesses einträte. Demgegenüber sei der Einspruch eine sehr einfache Sache. Schließlich sprach sich *Baur* dafür aus, soweit es dessen Voraussetzungen und den Erlaß des Urteils betraf, an dem bisherigen Versäumnisverfahren festzuhalten. [916] Hinsichtlich *Wieczoreks* Vorschlag, innerhalb des Versäumnisverfahrens eine Aktenlageentscheidung zu ermöglichen, erklärte *Baur*, daß er eine solche im Versäumnisverfahren für systemwidrig, für völlig unpraktisch und maßlos kompliziert halte.[917] *Merkel* hob diesbezüglich hervor, daß er bereits wiederholt Fälle von Entscheidungen nach § 330 a ZPO erlebt habe. Man könne daher durchaus ein Interesse daran haben, eine Entscheidung nach Aktenlage zu erwirken, weil dann die Instanz beendet und der Gegner nicht mehr in der Lage sei, Einspruch einzulegen.[918]

Hornig sprach sich in seiner Stellungnahme ganz entschieden gegen eine, von *Wieczorek* vorgeschlagene, Beseitigung des Versäumnisverfahrens aus.[919] Das bestehende Verfahren sei schnell und kostengünstig. Würde man es abschaffen und dafür eine Art Aktenlageentscheidung einführen, die gegebenenfalls sogar mit einer Beweisaufnahme verbunden wäre, würde dies zu einer Verlängerung des Verfahrens und zu höheren Kosten führen. Darüber hinaus würde es in diesem Fall kein Beteiligter, vor allem auch nicht der Richter, verstehen, warum man dann noch zu einer Beweiserhebung schreiten sollte. Das bestehende Verfahren würde nach *Hornigs* Ansicht in zahlreichen Fällen, die sich so glatt und einfach erledigen ließen, erschwert werden. Solange man aber das Versäumnisverfahren im bisherigen Sinne habe, könne man den Einspruch nicht entbehren. Die Versäumung eines Termins beruhe nämlich oft auf Zufälligkeiten. Mit der Schaffung eine Wiedereinsetzungsgrundes wegen schuldloser Versäumung könne seiner Meinung nach diesen Umständen nicht gerecht werden. Auch *Petersen* sprach sich dafür aus, das bestehende Verfahren in jeder Hinsicht aufrechtzuerhalten.[920] Im Vordergrund stand für ihn die damit verbundene Entlastung der Gerichte. Da durch ein Wiedereinsetzungsverfahren die Prüfungspflicht der Gerichte erweitert werden würde, sollte seiner Ansicht nach auch der Einspruch beibehalten werden. Unter dem Entlastungsgesichtspunkt lehnte er weiterhin eine Verpflichtung des Gerichts zur Berücksichtigung einer bereits stattgefundenen Beweisaufnahme ab, wenn der Anwalt im Anwaltsprozeß nicht erschienen war. Dessen Nichterscheinen müsse als sicheres Indiz dafür angesehen werden, daß sein Mandant den Prozeß aufgeben wolle.

Im Anschluß an die Diskussion stellte *Wieczorek* noch einmal klar, daß er es für den Fall, daß bereits Urkunden vorlägen oder eine Beweisaufnahme stattge-

---

[916] *Baur*, Protokoll Nr. 12, S. 126
[917] *Baur*, Protokoll Nr. 12, S. 130
[918] *Merkel*, Protokoll Nr. 12, S. 130
[919] *Hornig*, Protokoll Nr. 12, S. 127
[920] *Petersen*, Protokoll Nr. 12, S. 128

funden habe, nicht für richtig halten würde, wenn der Richter eine Versäumnisentscheidung erlassen könne, ohne diese zu beachten.[921].

3) Leitsätze und Empfehlungen der Kommission

Wieczorek schlug zunächst den folgenden Leitsatz für den Fall der Nichtbeantwortung der Klage vor:

"Äußert sich der Beklagte nicht, so ist die Klage auf Schlüssigkeit und Begründetheit insoweit zu prüfen, wie Beweismaterial vorzulegen bzw. vorgelegt ist. Erscheint der Beklagte nicht, so ist die Klage auf Schlüssigkeit und Begründetheit insoweit zu prüfen wie Beweise schon vorliegen bzw. Urkunden hätten vorgelegt werden sollen. Die Entscheidung ergeht nach Lage der Akten ohne weitere Erhebung von Beweisen, und zwar entsprechend dem Verfahren nach § 542 ZPO."[922]

Zu seinem Leitsatzvorschlag führte er erläuternd aus, daß er dabei an den Fall denke, bei dem der Kläger gewisse Rechtsgeschäfte nur mit Hilfe von Urkunden beweisen könne. Wenn er das nicht getan habe, so sollten seine Behauptungen als nicht aufgestellt gelten. Im Rahmen der Abstimmung über die Leitsatzvorschläge von *Weinkauff*, *Hornig* und *Petersen* enthielt sich *Wieczorek* entweder seiner Stimme oder lehnte den Vorschlag ab. Seinen eigenen Antrag stellte er nicht zur Abstimmung, sondern bat darum, diesen als Material zur Begründung seiner Abstimmung zu betrachten. Seine Handlungsweise resultierte wohl aus den fast durchgängig kritischen Stellungnahmen der anderen Kommissionsmitglieder zu seinen Reformvorschlägen.[923]

Empfehlungen:[924]

„1. Gegen Versäumnisurteile, die im schriftlichen Verfahren wegen Nichtbeantwortung der Klageschrift ergehen, ist neben der Wiedereinsetzung in den vorherigen Stand nur die Berufung zulässig.

2.a) Die Möglichkeit der Einstellung der Zwangsvollstreckung aus einem Versäumnisurteil (§§ 719, 707 ZPO) soll dadurch eingeschränkt werden, daß die Einstellung nur gegen Sicherheitsleistung zulässig ist. Eine Ausnahme soll nur für den Fall gelten, daß der Schuldner glaubhaft macht, daß seine Säumnis nicht auf Verschulden beruht.

b) Die Vorschriften über die Ersatzpflicht des Klägers, der aus einem vorläufig vollstreckbaren Urteil vollstreckt hat (§ 717 Abs.2 und 3 ZPO), sollen

[921] *Wieczorek*, Protokoll Nr. 12, S. 127
[922] *Wieczorek*, Protokoll Nr. 12, S. 129
[923] Ansicht des Verfassers
[924] Protokoll Nr. 33, S. 17, 18

für Versäumnisurteile dahin gelockert werden, daß der Kläger nur das Geleistete herauszugeben, nicht aber Schadensersatz zu leisten hat.

3. Die Einspruchsfrist gegen Versäumnisurteile von Amtsgerichten und Landgerichten beträgt einheitlich eine Woche.

4. Verspätete oder nicht formgerechte Einsprüche können ohne mündliche Verhandlung durch Beschluß verworfen werden. Dagegen ist die sofortige Beschwerde zulässig; das gilt jedoch beim Landgericht und Oberlandesgericht nur, wenn gegen ein Urteil gleichen Inhalts ein Rechtsmittel gegeben wäre."

IV. Beweisverfahren

a) Referat von *Bernhard Wieczorek* vom 14.10.1957

Zu Beginn seines Referates stellte *Wieczorek* zunächst die wichtigsten Beweismittel dar und unterteilte diese in sog. ordentliche und außerordentliche Beweismittel.[925] Zu den erstgenannten zählte er die im Gesetz genannten Beweismittel und zu den letztgenannten unter anderem den Auskunftsbeweis. Bei einer Betrachtung der Beweismittel sollte man seiner Ansicht nach vorrangig auf den „Rang der Beweismittel" abstellen. So habe z.B. der Augenscheinsbeweis, insbesondere wenn sich die Umwelt noch nicht verändert habe, aber auch der Urkundenbeweis einen hohen Rang. Hinsichtlich der Urkunde lasse sich dieser hohe Beweiswert aus der von dem Bundesgerichtshof übernommenen Rechtsprechung des Reichsgerichts, wonach für eine Urkunde die Vermutung der Richtigkeit und Vollständigkeit ihres Inhalts spreche, herleiten.

Zu den „schlechteren" Beweismitteln zählte *Wieczorek* die Aussagen von Zeugen und Parteien. Zeugen würden beliebig zugelassen, wobei man dem Prinzip nach nicht unterscheiden würde, ob der Zeuge mit der Partei verwandt, verschwägert oder ob er befangen sei. Unter Umständen habe der Zeuge ein Zeugnisverweigerungsrecht. Wenn er von diesem Recht aber keinen Gebrauch mache, könne der Richter dessen Aussage für wertvoller halten, als die eines den Parteien ferner stehenden Zeugen.

Weiterhin bestände für das Gericht die Möglichkeit, Beweise in weitem Umfang zu erheben, ohne an Parteianträge gebunden zu sein. So könne es die Vorlegung aller Urkunden verlangen, auf die die Partei Bezug genommen habe. Nur wenn sich die Urkunden in den Händen von dritten Personen befinden, sei es auf Anträge der Parteien angewiesen. Wenn einem solchen Antrag stattgegeben wird, werde das Verfahren praktisch solange ausgesetzt, bis die Partei den Drit-

[925] *Wieczorek*, Protokoll Nr. 12, S. 136

ten gezwungen hat, die Urkunde vorzulegen oder eine Abschrift einzureichen. Die Frist dazu sei allerdings nicht unbegrenzt.

Als weitere Möglichkeit sprach *Wieczorek* die Augenscheinseinnahme, den Sachverständigenbeweis und den Auskunftsbeweis an, für die kein Antrag benötigt werde. Auch könne das Gericht nach § 141 ZPO und § 448 ZPO die Parteien hören bzw. vernehmen und auf Beweisanträge hinwirken. Nach der derzeitigen Regelung sei das Gericht nur noch für den Fall der Zeugenvernehmung und bei geplanter Vorlage von Urkunden durch Dritte an Beweisanträge gebunden. In der Zivilprozeßordnung des Jahres 1877 habe es Beweisregeln beim Urkunden- und beim Parteieidbeweis gegeben. Diese Beweisregeln seien gefallen und es gebe nur noch wenige Vorschriften, in denen Beweisregeln eine Rolle spielen würden, so z.B. nach § 164 ZPO[926]. An dieser Stelle setzte die Kritik *Wieczoreks* an.[927] Hinter den „alten" Beweisregeln habe eine lange Erfahrung der Allgemeinheit gestanden. Würde man diese Beweisregeln aufstellen, wären viele Divergenzen ausgeschlossen, die unweigerlich auftreten, wenn die Entscheidung in die Hand der Individuen gelegt werde. Heute setze man jedoch auf die Erfahrung des einzelnen, auch wenn es sich hier möglicherweise noch um einen jungen Richter, ohne Erfahrung auf den in Betracht kommenden Gebieten, handeln würde. Bei der Frage der Beweiswürdigung sei die Lehre vom Anscheinsbeweis von Bedeutung. Der Anscheinsbeweis höre aber da auf, wo es keine Typisierung mehr gebe, wo es insbesondere auf individuelles Handeln ankommen würde. Das Beweisverfahren bezüglich der Urkunden werde dagegen durch die §§ 420 ff. ZPO geregelt. Bei dem Augenscheinsbeweis, der von der Partei zu beantragen sei, müsse immerhin gesagt werden, was der Augenschein ergeben soll. Das sei nach *Wieczoreks* Meinung mehr ein globaler Beweis, der dem sog. Ausforschungsbeweis sehr nahe komme. Auch der Parteibeweis könne weniger genau gefaßt werden, während beim Zeugenbeweis konkrete Themen genannt werden müßten.

Grundsätzlich gesehen würden nach *Wieczoreks* Ansicht viele Beweisaufnahmen vorgenommen werden, ohne daß sich der Richter mit den Gesetzen der menschlichen Psyche auseinandersgesetzt habe. Daher erschien es ihm erforderlich zu sein, daß bereits an der Universität ein entsprechender Lehrgang eingeführt oder dem Richter zumindest nahe gelegt werde, in seiner persönlichen Beurteilung der Aussagen vorsichtig zu sein. Aus diesem Grunde vertrat *Wieczorek* die Auffassung, daß man zum Beispiel Beweisregeln einführen sollte, nach de-

---

[926] § 164 ZPO a.F. lautete wie folgt: I. Die Beobachtung der für die mündliche Verhandlung vorgeschriebenen Förmlichkeiten kann nur durch das Protokoll bewiesen werden. Gegen seinen diese Förmlichkeiten betreffenden Inhalt ist nur der Nachweis der Fälschung zulässig; siehe *Wieczorek*, ZPO u. GVG Kommentar: S. 551: „ A I: § 164 gibt eine Beweisregel für das Protokoll; A II: Soweit § 164 zutrifft, gibt es keine freie Beweiswürdigung mehr nach § 286 ZPO."

[927] *Wieczorek*, Protokoll Nr. 12, S. 140

nen der Urkundenbeweis dem Zeugenbeweis vorgehe. Es sollte dann seiner Meinung nach z.B. nicht mehr zulässig sein, daß in einem oberlandesgerichtlichen Urteil eine Zeugenaussage zu einer anderen Auslegung des Inhaltes einer Urkunde führe, als sich dies aus dem tatsächlichen Wortlaut der Urkunde herleiten ließe. Ansonsten könne möglicherweise gerade das Gegenteil von dem als bewiesen angesehen werden, was in der Urkunde „objektiv" ausgedrückt sei. Wenn die Parteien aber den allgemeinen Sprachgebrauch zugrunde gelegt hatten, hielt es *Wieczorek* nicht für richtig, den sich hiernach ergebenen Sinn aufgrund einer Zeugenaussage umstoßen zu können.[928] Grundsätzlich sollte seiner Auffassung nach der Urkundenbeweis Vorrang vor den übrigen Beweismittel erhalten. Darüber hinaus trat er dafür ein, daß für Rechtsgeschäfte die einen bestimmten Betrag überschreiten, ganz allgemein der Urkundenzwang eingeführt wird.

b) Die Diskussion in der Kommission zu dem Thema: „Beweisverfahren"

Weinkauff trat in der anschließenden Diskussion den Ausführungen *Wieczoreks* entgegen, in dem er sich mit der vorgeschlagenen Einengung der freien Beweiswürdigung nicht einverstanden erklärte.[929] Seiner Meinung nach wäre dies ein Rückschritt, da die Verhältnisse immer komplizierter würden und man ihnen mit gesetzlichen Beweisregeln nicht mehr beikommen könne. Zwar könne man den Gedanken des Urkundenzwanges bei Rechtsgeschäften, die über einen gewissen Wert hinausgingen, vom zivilprozeßrechtlichen Standpunkt aus nur bejahen. Da das Volk aber nicht an Urkunden gewöhnt sei, hielt *Weinkauff* es für unmöglich, daß eine solche Vorschrift durchgesetzt werden könnte. Auch *Hornig* hielt die Einführung von Beweisregeln nicht für richtig.[930] Er begründete seine Meinung damit, daß die Tendenz dahin gehe, den individuellen Besonderheiten jeden Falles gerecht zu werden, auch wenn es für den Anwalt schwierig sein möge, die Beweiswürdigung des Richters vorauszusehen. Eine Verwirklichung des Vorschlages von *Wieczorek* würde daher wohl allgemein als Rückschritt angesehen werden. Eine Einschränkung der Parteivernehmung könne er ebenfalls nicht befürworten. Die Frage der Einführung eines Urkundenzwanges für Rechtsgeschäfte, die einen bestimmten Streitwert überschreiten würden, sei seiner Ansicht nach ein so weitschichtiges Problem, daß er sich im Rahmen der Arbeit dieser Kommission nicht zu einer Befürwortung des Urkundenzwanges entschließen könne. *Hornig* befürwortete zwar eine Verpflichtung der Parteien zur Vorlage von Urkunden zu Beginn des Prozesses. Da eine Vorlage von manchen Urkunden der Partei aber unzumutbar sein könne, würden seiner Meinung nach Ausnahmen zu machen sein, die genauer Überlegung bedürften. Auch *We-*

---

[928] *Wieczorek*, Protokoll Nr. 12, S. 139
[929] *Weinkauff*, Protokoll Nr. 12, S. 141
[930] *Hornig*, Protokoll Nr. 12, S. 141

ber stimmte dieser Aussage *Hornigs* zu.[931] Seiner Auffassung nach müßte die Pflicht zur Vorlage von Urkunden vor Beginn des Prozesses genügend Ausnahmen zulassen, da sie sonst zu Eingriffen in die Persönlichkeitssphäre führen würde, die man nicht billigen könne.

Heusinger befasste sich mit den Möglichkeiten, die Parteien nach § 141 ZPO anzuhören oder eine formelle Parteivernehmung nach § 448 ZPO durchzuführen.[932] Seiner Meinung nach sei es in vielen Fällen richtig, sich das Vorbringen der Parteien durch ihre Anhörung gem. § 141 ZPO erläutern zu lassen. Für den Regelfall empfehle es sich jedoch nicht, gleich die unter dem möglichen Eideszwang stehende formelle Parteivernehmung nach § 448 ZPO durchzuführen. So seien manche Leute z.B. bereit, Angaben gemäß § 141 ZPO zur Aufklärung des Sachverhaltes zu machen, nicht jedoch sich unter Eideszwang in eigener Sache vernehmen zu lassen, da sie wissen würden, wie leicht der Mensch Irrtümern unterliege. Aus diesem Grunde war es nach *Heusingers* Auffassung psychologisch nicht richtig, die Partei unter Eideszwang zu vernehmen, solange noch andere Beweismittel zur Verfügung standen. Fazit seiner Überlegungen war, daß die Prozeßordnung mit ihrem gegenwärtigen Inhalt alle Handhaben bieten würde, den Prozeß richtig zu gestalten. Die richtige Gestaltung verlange, daß man in allen geeigneten Sachen mit einer Aufklärung des Sachverhalts gemäß § 141 ZPO beginne, „um an die Sachen heranzukommen". Dazu sollten zunächst die angebotenen Beweismittel erschöpft werden. Erst wenn dies nicht zur genügenden Aufklärung des Sachverhaltes reichen würde, sollte auf die Parteivernehmung zurückgegriffen werden.

Petersen führte gegen die vorgeschlagene stärkere Gewichtung des Urkundenbeweises an, daß es in dem Entwurf eines Weltkaufrechtsgesetzes heißen würde, daß der Kauf durch Zeugen bewiesen werden könne.[933] Die Tendenz gehe also nicht dahin, den Zeugenbeweis durch den Urkundenbeweis zu ersetzen. Seiner Meinung nach wäre es nicht erträglich, wenn man nicht Zeugenbeweis dahingehend antreten könne, daß etwa ein Vertreter Erklärungen abgegeben habe, die dem Inhalt der Urkunde widersprächen. Aus diesem Grunde könne man einen Urkundenbeweis nicht privilegieren, da hierdurch große Ungerechtigkeiten entstehen würden. Seines Erachtens zeige § 448 ZPO, sofern er richtig ausgelegt werde, die Notwendigkeit der Subsidiarität des Zeugenbeweises. Zu Gunsten dieser Auslegung erläuterte er die Anwendung des sog. „Erfüllungseides" und des „Reinigungseides" und wie man diese früher in Hamburg rechtlich bewertet habe. Der „Erfüllungseid" sei dann geleistet worden, wenn 66 bis 75 % für die beweispflichtige Partei gesprochen hätte. Wenn ein gewisser Verdacht zu Lasten der nichtbeweispflichtigen Partei bestanden hätte, wäre der „Reinigungseid" hinzugekommen. Diese beiden Funktionen habe § 448 ZPO auch heute

---

[931] *Weber*, Protokoll Nr. 12, S. 142
[932] *Heusinger*, Protokoll Nr. 12, S. 144
[933] *Petersen*, Protokoll Nr. 12, S. 146

noch. Die Notwendigkeit der Subsidiarität ergebe sich ferner daraus, daß man sich erst dann, wenn die anderen Beweismittel erschöpft seien, darüber schlüssig werden könne, welche Partei vernommen werden solle. Hinsichtlich des Sachverständigenbeweises kritisierte *Petersen*, daß in der Praxis die Beweisthemen häufig nicht genau genug formuliert seien, so daß die Sachverständigen nicht die richtigen Fragen beantworten würden. Wie *Wieczorek* vertrat auch *Petersen* die Meinung, daß der Zeugenbeweis eines der schwächsten Beweismittel sei. Er pflichtete *Wieczorek* bei, daß auf der Universität die „Psychologie der Zeugenaussage" behandelt werden sollte und zitierte dazu eine Aussage von *Nietzsche*, der einmal gesagt haben soll: *„Das hast du getan, sagt dein Gedächtnis. Das kannst du nicht getan haben, sagt dein Stolz, und bleibt unerbittlich. Endlich gibt das Gedächtnis nach."*

c) Leitsätze und Empfehlungen der Kommission

Wieczorek befürwortete in seinen Überlegungen eine Einengung der „freien Beweiswürdigung" durch den Richter und eine Verlagerung zu einem Beweisverfahren, das durch die Einführung von festen Beweisregeln bestimmt wird. Entsprechend stellte er die folgenden Leitsätze auf, die im Ergebnis jedoch durchgängig von der großen Mehrheit der Kommission abgelehnt wurden:[934]

„1. Es sollten wieder Beweisregeln eingeführt werden; in welchem Umfang, wird zu prüfen sein.
2. Die Bestimmung des § 448 ZPO ist abzuschaffen.
3. Es sollte erwogen werden, den Voreid bei allen Vernehmungen der Zeugen, Sachverständigen und Parteien einzuführen."

Letztendlich wurden die Empfehlungen zu diesem Arbeitsabschnitt im Jahre 1961 wie folgt gefaßt:[935]

„a. „Der Richter soll befugt sein, schon vor dem Termin einen Beweisbeschluß zu erlassen und auf Grund dieses Beschlusses erforderlichenfalls Zeugen durch den ersuchten Richter vernehmen zu lassen.
b. Zu einem möglichst frühen Zeitpunkt sollen bei streitigem Sachverhalt die Parteien in allen geeigneten Fällen zur Sache gehört werden. Statt der Partei kann auch ein Vertreter gehört werden, wenn anzunehmen ist, daß die Partei selbst zu einer erschöpfenden Auskunftserteilung nicht in der Lage ist. § 141 Abs. 3 Satz 2 ZPO ist zu streichen.
c. Die Parteien sollen gehalten sein, zu Beginn des Prozesses sämtliche Urkunden vorzulegen, die sich auf den Rechtsstreit beziehen."

---

934 *Wieczorek*, Protokoll Nr.12, S. 148
935 Protokoll Nr. 33, S. 10

V. Verfahren vor dem Friedensrichter

Am 17. Oktober 1957 referierte *Wieczorek* über das Reformthema „Verfahren vor dem Friedensrichter“. Bei den Erörterungen der Kommission wurde fast durchgängig der jeweilige Reformgegenstand auch unter dem Aspekt der Einführung von Friedensgerichtsbarkeiten und der Gestaltung des Amtes des zukünftigen Friedensrichters betrachtet. In der nachfolgend dargestellten Reformdiskussion wurde ausführlich erörtert, wie das Verfahren vor dem Friedensrichter zu regeln wäre.

Nachdem die Friedensgerichtsbarkeit im Vorfeld regelmäßig Gegenstand der Arbeiten der Kommission war, lehnte die Mehrheit der Kommission am 11. Juli 1959 eine „*Ausgliederung der Friedensgerichte und die Zweiteilung der Richterlaufbahn*“ endgültig ab.[936]

a) Referat von *Wieczorek*[937]

Wieczorek wies in seinem Referat einleitend darauf hin, daß die Gestaltung des Verfahrens vor dem Friedensgericht davon beeinflußt werde, ob man beabsichtige, dort Rechtsmittel einzuführen oder nicht. Seiner Meinung nach sollte man das friedensrichterliche Verfahren nicht abweichend von den Verfahrensvorschriften anderer Gerichte gestalten. Die Anhörung der Parteien in einem solchen Verfahren sei notwendig, da dort von einem Postulationszwang keine Rede sein könne. Man werde dem Friedensrichter zwar nicht die Befugnis einräumen können, anzuordnen, daß sich die Parteien anwaltlich vertreten lassen sollten, jedoch müsse das Verfahren genauso gründlich und sorgfältig durchgeführt werden wie „das andere Verfahren“. Dies müsse insbesondere dann gelten, wenn überhaupt kein Rechtsmittel gegeben werden solle.

Hinsichtlich des Verfahrens in Bagatellsachen stellte *Wieczorek* fest, daß das Gericht gemäß § 510 c ZPO nach freiem Ermessen verfahren könne. Er habe jedoch mehrfach erlebt, daß sich die Richter trotz dieser Befugnis dennoch an die Prozeßordnung gehalten hätten. So seien auch in derartigen Bagatellsachen formgerechte Beweisverfahren durchgeführt, oder Versäumnisurteile erlassen worden, gegen die noch der Einspruch zulässig gewesen wäre. Diese Gleichbehandlung der Verfahren hielt *Wieczorek* auch für sachgerecht und gelangte daher zu der Überzeugung, daß eine Bestimmung wie § 510 c nicht in das friedensgerichtliche Verfahren aufgenommen werden sollte. So würde zum Beispiel in der Friedensgerichtsverfahrensordnung, die in Baden-Württemberg gelte, im wesentlichen dasselbe stehen wie in der ZPO. Folglich schlug *Wieczorek* vor, die Verfahrensordnung der ersten Instanz einheitlich zu gestalten.

---

936 Beschluß der Kommission, Protokoll Nr. 20, S. 42

937 *Wieczorek*, Protokoll Nr. 12, S. 154

b) Die Diskussion in der Kommission zu dem Thema: „Verfahren vor dem Friedensrichter"

Auch *Weinkauff* vertrat die Auffassung, daß die Verfahren vor dem Friedensgericht oder dem Amtsgericht grundsätzlich nicht anders gestaltet werden sollten als bei dem Landgericht erster Instanz, er sprach sich jedoch für eine Beibehaltung des § 510 c ZPO in diesen Verfahren aus.[938] Bei einem Streitwert bis zu 50 DM solle man den Friedensrichter bzw. den Amtsrichter im Verfahren freistellen. Zwar würden diese im allgemeinen so verfahren, wie sie es gewohnt seien, jedoch solle man ihnen nicht die Möglichkeit verschließen, von den sonst bindenden Verfahrensnormen im Einzelfall abzuweichen. *Hornig* war zwar grundsätzlich damit einverstanden, daß das für das landgerichtliche Verfahren geltende Recht auch von den Friedensgerichten angewandt wird.[939] Das schriftliche Vorverfahren hielt er jedoch für das Amtsgericht für grundsätzlich nicht geeignet. Auch vor dem Friedensgericht sei dieses Verfahren nur brauchbar, wenn die Parteien durch Anwälte vertreten wären. Für den Fall von Bagatellverfahren vor dem Friedensgericht sollte der Richter nach *Hornigs* Ansicht in der Gestaltung des Verfahrens frei sein. Es könne sogar erwogen werden, dem Friedensrichter eine schriftliche Begründung zu ersparen und eine mündliche Begründung im Termin genügen zu lassen. *Coing* hob hervor, daß man von den Parteien vor dem Friedensgericht kaum verlangen könne, „Schriftsätze zu wechseln".[940] Wenn die Parteien nicht durch Anwälte vertreten seien, müsse man seiner Meinung nach gleich mit dem Vortermin beginnen. Dem Vorschlag *Coings* hielt *Weinkauff* entgegen, daß in diesem Fall die Rechtsantragsstelle beim Amtsgericht oder Friedensgericht ausgebaut und sehr viel stärker besetzt werden müßte, als es bislang der Fall sei. Außerdem würde der Friedens- oder Amtsrichter von der Möglichkeit, einen beratenden Termin vor dem eigentlichen Vortermin zu halten, häufiger Gebrauch machen als im landgerichtlichen Verfahren.[941] *Weber* fügte hinzu, daß er sich nicht mit dem schwerfälligen schriftlichen Verfahren vor den Friedensgerichten „anfreunden" könne.[942] Er bemängelte, daß dieselbe Rechtsantragsstelle beide Parteien beraten würde. *Heusinger* erläuterte diesbezüglich, daß es nach seiner Erfahrung bei ländlichen Amtsgerichten häufig vorkommen würde, daß die beklagte Partei zum ersten Termin komme, ohne sich schriftlich erklärt zu haben.[943] In den Durchschnittsprozessen nehme der Richter das mündliche Vorbringen entgegen und gegebenenfalls in den Beweisbeschluß auf, wobei er nicht alles ins Protokoll zu diktieren bräuchte. Nach *Weinkauffs*

[938] *Weinkauff*, Protokoll Nr. 12, S. 155
[939] *Hornig*, Protokoll Nr. 12, S. 156
[940] *Coing*, Protokoll Nr. 12, S. 155
[941] *Weinkauff*, Protokoll Nr.12, S. 155
[942] *Weber*, Protokoll Nr. 12, S. 155
[943] *Heusinger*, Protokoll Nr. 12, S. 156

Meinung müßte der Richter die Erklärung, wenn er diese schon selbst entgegennehmen wolle, zunächst zu Protokoll geben und erst dann den Beweisbeschluß erlassen.[944]

Petersen wies darauf hin, daß nach dem Antrag *Heusingers* und *Hornigs* für die Klagebeantwortung eine Frist von 6 Wochen vorgesehen sei, was dazu führen könne, daß Versäumnissachen bis zum Ende der Frist nicht als solche zu erkennen wären.[945] *Hornig* entgegnete hierauf, daß es sich bei der vorgeschlagenen 6-Wochen-Frist um eine „Höchstfrist" handeln würde, die man also auch kürzer bemessen könne.[946] Die Frist müsse jedoch lang genug sein, um dem schreibungewandten Beklagten eine Klagebeantwortung zu ermöglichen. Der Beklagte müsse z.B. in der Lage sein, zur Rechtsantragsstelle zu gehen, auch wenn diese nicht an seinem Wohnort liegen würde. Aus diesem Grunde habe man in Kauf zu nehmen, daß der Kläger sein Versäumnisurteil vielleicht erst erheblich später bekommt.

Schima erläuterte, wie das Verfahren vor dem österreichischen Bezirksgericht geregelt sei.[947] Sobald die Klage eingehen würde, werde dem Beklagten die Ladung zugestellt. Dabei bestehe die Möglichkeit, daß der Rechtspfleger die Klage zu Protokoll nimmt. Erscheine der Beklagte nicht, so würde auf Antrag des Klägers ein Versäumnisurteil ergehen. Der Beklagte werde verurteilt, soweit das Vorbringen des Klägers den Klagantrag rechtfertige, ansonsten werde die Klage abgewiesen. Erscheine der Beklagte und sei die erste „Tagsatzung" schon zur mündlichen Streitverhandlung bestimmt, so werde „meritorisch"[948] verhandelt. Eine schriftliche Vernehmung des Beklagten vor dem Bezirksgericht gebe es nicht. Wenn eine solche eingeführt werden sollte, müsse man nach *Schimas* Meinung, entsprechend der Regelungen für die Klageeinreichung, anordnen, daß auch der Beklage seine Einwendungen zu Protokoll erklären könne. Bei dem „Niveau der Leute" könne nicht von jedem eine sachgemäße schriftliche Äußerung gegenüber dem Gericht verlangt werden. Für den Fall, daß der Beklagte einen Zeugen benenne, müsse in einem weiteren Termin dieser Zeuge vernommen werden. Eine Frist zur Klagbeantwortung werde nicht gesetzt, da es in dem bezirksgerichtlichen Verfahren keine *Pflicht* zur Klagebeantwortung gebe. Die Einführung einer solchen Pflicht könne man nach der Auffassung *Schima*s in Österreich nicht riskieren, da die Masse der Leute - wie erwähnt - nicht in der

944 *Weinkauff*, Protokoll Nr. 12, S. 156
945 *Petersen*, Protokoll Nr. 12, S. 158
946 *Hornig*, Protokoll Nr.12, S. 158
947 *Schima*, Protokoll Nr.12, S. 158 (*Schima* wurde von *Ruscheweyh* eingeladen, an der Sitzung der Kommission vom 14. bis 19.10.1957 teilzunehmen. Die Kommission verspach sich aufgrund der besonderen Kenntnisse *Schimas* über den österreichischen als auch den deutschen Zivilprozeß wertvolle Anregungen für die eigenen Reformdiskussionen zu erhalten; Schreiben *Ruscheweyhs* an *Schima* vom 10.09.1957, BA, B 141, BZ 104)
948 meritorisch: veraltete Form für verdienstlich, sachlich

Lage sei, sich sachgemäß zu erklären. Dies hätte zur Folge, daß es zu inhaltslosen Schriftsätzen käme, in denen das Vorbringen des Klägers formal bestritten oder das „Winkelschreibertum“ gefördert werde.

Weber erklärte darauf hin, daß er die Einführung eines Versäumnisurteils beim Friedensgericht oder Amtsgericht wegen nicht rechtzeitiger Beantwortung der Klagschrift für nicht möglich halte.[949] Es müsse seiner Ansicht nach bei der bestehenden Regelung, die den österreichischen Vorschriften entspräche, bleiben, wonach sofort Termin zur mündlichen Verhandlung bestimmt werde. Man dürfe den Beklagten nicht an die Rechtsantragsstelle verweisen, denn diese würden immer sehr unterschiedlich „geführt werden“ und es bestehe doch zwischen einem Anwalt und einem Rechtspfleger ein großer Unterschied; der Rechtspfleger sei nicht der selbst ausgewählte „Mann des Vertrauens“, sondern man sei auf ihn angewiesen.

c) Leitsätze und Empfehlungen der Kommission

„*1. Die Mehrheit der Kommission empfiehlt nicht, die Amtsgerichte in Friedensgerichte umzuwandeln, d.h. in Gerichte, deren Zuständigkeit in Zivilprozeßsachen und insbesondere in Strafsachen geringer sein soll als die der bisherigen Amtsgerichte, und deren Richter sich in Bezug auf ihre Laufbahn von denen der übergeordneten Gerichte unterscheiden.*

2. Die Mehrheit der Kommission empfiehlt nicht, anstelle der Amtsgerichte „Rechtsämter“ (Verwaltungsbehörden) als Vorschaltstufe für den dann dreigliedrigen Aufbau der Justizgerichte zu setzen.

3. Die Mehrheit der Kommission empfiehlt nicht, das Amtsgericht und das Landgericht zu einem Gericht (Bezirksgericht) zusammenzufassen.“[950]

VI. Änderung, Abkürzung und Vereinheitlichung der Fristen, insbesondere der Rechtsmittelfristen

a) Referat von *Wagner*[951] (Gastreferent) vom 8.5.1958

Am 08. Mai 1958 referierte *Wagner* über das Thema der Änderung, Abkürzung und Vereinheitlichung der Fristen. Im Rahmen einer grundsätzlichen Betrachtungsweise stellte *Wagner* zunächst die verschiedenen Fristenregelungen der ZPO vor, die mehr als ein Dutzend verschiedener Fristen vorsähen. Er erwähnte hierbei die Fristen von 24 Stunden, 3 Tagen, 1 Woche, 14 Tagen, 1 Monat, 6

[949] *Weber*, Protokoll Nr. 12, S. 159
[950] Protokoll Nr. 33, Anlage 3, S. 1
[951] *Wagner*, LGR Dr. *Wagner* nahm als Gast an der 12. Arbeitssitzung der Kommission teil, Protokoll Nr. 15, S. 2ff

Wochen, 3 Monaten, 5 Monaten, 6 Monaten, 1 Jahr, 5 Jahren und 10 Jahren. Dabei sei wiederum zu unterscheiden zwischen sogenannten eigentlichen oder uneigentlichen Fristen, zwischen gesetzlichen oder richterlichen Fristen, Notfristen, Zwischenfristen oder Begründungsfristen.[952] Aufgrund der Vielfalt der Fristen, die ganz verschiedenen Zwecken dienten, wäre es nach *Wagners* Auffassung schwierig, diese zu vereinheitlichen. Zu berücksichtigen sei dabei auch, daß eine Vereinheitlichung der Fristen nicht zum Nachteil der Rechtspflege erfolgen dürfe. Ansatzmöglichkeiten für eine Reform erkannte *Wagner* insbesondere bei den langen Fristen und den Möglichkeiten zur Fristverlängerung.[953] So seien seiner Meinung nach gerade die Fristverlängerungen mitursächlich für die Dauer der Prozesse. Fristen, die keine Notfristen seien, könnten z.B. ohne weiteres durch den Richter verlängert werden. Um die Revisionsbegründungsfrist zu verlängern, bedürfe es nur eines Parteiantrages, nicht aber der Glaubhaftmachung erheblicher Gründe.[954] In der Praxis würden Fristen in einigen Fällen bis zu siebenmal, also um mehr als ein halbes Jahr, verlängert werden. Daher erhalte ein Rechtsuchender bei Erschöpfung des Rechtsweges manchmal eine Entscheidung erst nach drei bis sieben Jahren. Dies bedeute in vielen Fällen nicht eine Verbesserung, sondern geradezu eine „Verweigerung des Rechtsschutzes". Aus diesem Grunde sollte nach *Wagners* Meinung den langen Fristen und den ungehemmten Möglichkeiten zur Fristverlängerung energisch entgegengewirkt werden. Darüber hinaus vertrat *Wagner* die Auffassung, daß die ZPO-Fristen so gestaltet werden sollten, daß sie auch für andere Gerichtsbarkeiten annehmbar seien und von den übrigen Prozeßordnungen übernommen werden könnten. Dies würde jedoch voraussetzen, daß die Fristen weit stärker als bisher der Konzentration und Beschleunigung des Prozesses dienten.

1) Berufungs- und Revisionsfristen

Wagner stellte dar, daß die bestehenden Fristenregelungen für das Berufungs- und das Revisionsverfahren nur insoweit einheitlich seien, als daß die Einlegungsfristen stets Notfristen seien, also nicht verlängert werden könnten. Zumindest weitgehend einheitlich sei außerdem die Monatsfrist, einzig die 14tägige Frist für die Berufung im arbeitsgerichtlichen Verfahren weiche hiervon ab. Rechtsgeschichtlich gesehen hätten die Verfasser der ZPO in den bis 1879 geltenden partikularen Prozeßordnungen eine Fülle verschiedener Rechtsmittelfristen vorgefunden und sich schließlich mit Rücksicht auf die „bestehenden Verkehrsverhältnisse" für die Monatsfrist in der ZPO entschieden.[955] Dem-

---

[952] *Rosenberg*, Lehrbuch des deutschen Zivilprozeßrechts, S. 304 ff.
[953] *Wagner*, Protokoll Nr. 15, S. 3
[954] *Baumbach*, § 554 ZPO, Anmerk. 3 mit Verweis auf § 519 Anmerk. 3, 4, S. 766
[955] *Hahn*, Materialien zur ZPO, S. 351 ff.

gegenüber sei nach der österreichischen ZPO die Berufung und die Revision nur innerhalb einer Notfrist von zwei Wochen zulässig, wobei auch die Begründung innerhalb dieser Frist erfolgen müsse. Eine Fristverlängerung sei nach österreichischem Recht in beiden Fällen nicht möglich.[956]

Bei der Erarbeitung seiner Reformvorschläge für die Berufungs- und Revisionsfristen betrachtete *Wagner* auch die Länge des jeweiligen Rechtsmittelverfahrens, das heißt einerseits die Prozeßdauer von der Klageerhebung bis zur Entscheidung und andererseits die Verfahrensdauer innerhalb der Rechtsmittelinstanz. Obwohl seit Jahrzehnten über die Länge der Prozesse geklagt werde, würden die „Karlsruher Gerichte" und – soweit ersichtlich – auch die Justizverwaltungen nach *Wagners* Angaben keine Statistik darüber führen, wie viel Zeit von der Klageerhebung bis zum Urteil in der letzten Instanz vergehen würde. Aus diesem Grunde griff *Wagner* bei den nachfolgenden Ausführungen zur Statistik auf eigene Recherchen zurück, die er bei den „Karlsruher Gerichten" für das Jahr 1957 durch Einsicht in deren Akten durchführte hatte:[957]

(a) Prozeßdauer von der Klageerhebung bis zur Entscheidung

- Die Berufungsverfahren gegen Urteile des Amtsgerichts Pforzheim (53) hatten von der Klageerhebung bis zum Urteil in zweiter Instanz eine *durchschnittliche Laufzeit von 16,4 Monaten*. Die kürzeste Sache dauerte 7 Monate, die längste 5 Jahre.
- Die Berufungsverfahren gegen Urteile des Landgerichts (85) dauerten von der Klageerhebung bis zur Entscheidung des Oberlandesgerichts *durch*schnittlich 24,5 Monate. Die kürzeste Sache dauerte 7,5 Monate, die längste 6,2 Jahre.
- Bei 6 Verfahren des Landgerichts Karlsruhe, in denen Revision eingelegt wurde, vergingen von der Klageerhebung bis zur Entscheidung des Bundesgerichtshofs durchschnittlich 4,2 Jahre. Die kürzeste Sache dauerte 2 Jahre und 3 Monate, die längste 7 Jahre.

(b) Verfahrensdauer innerhalb der Rechtsmittelinstanz

Den vorhandenen Statistiken des OLG Karlsruhe und des BGH konnte *Wagner* entnehmen, wie lange jedes Gericht vom Eingang des Rechtsmittels bis zu seiner eigenen Entscheidung benötigte. Für das Jahr 1957 hätten sich danach die folgenden Werte ergeben:[958]

- Beim OLG Karlsruhe wurden innerhalb der ersten 6 Monate 32,8 % der eingelegten Berufungen entschieden. Für die verbliebenen 67,2 % der Fälle habe das Verfahren länger gedauert. Eine weitere Aufgliederung nach Monaten liege jedoch nicht vor.

---

[956] *Wagner*, Protokoll Nr. 15, S. 6
[957] *Wagner*, Protokoll Nr. 15, S. 7 ff.
[958] *Wagner*, Protokoll Nr. 15, S. 8

- Der Bundesgerichtshof entschied innerhalb der ersten 6 Monate 22,1 % der eingelegten Revisionen. Länger als 1 Jahr waren 56,9 %, länger als 1,5 Jahre 15,2 % und länger als 2 Jahre 1,8 % beim BGH anhängig.

(c) Schlußfolgerungen *Wagners* aus den Statistiken

- Eine Verkürzung der Berufungsfristen würde sich nach Wagners Ansicht besonders bei den Berufungen gegen Urteile der Amts- und Landgerichte zugunsten der obsiegenden Partei auswirken.
- Eine Verkürzung der Revisionsfristen würde auch zu einer Beschleunigung des Verfahrens führen, da das OLG immerhin ein Drittel und der BGH mehr als ein Fünftel der anhängigen Sachen innerhalb von 6 Monaten habe entscheiden können.

(d) Schlußfolgerungen *Wagners* für die Fristenregelungen des Berufungs- und Revisionsverfahrens

Wagner schlug vor, für die Berufung eine einheitliche Notfrist von einem Monat festzulegen.[959] Eine gesonderte Frist zur Begründung der Berufung und die Möglichkeit einer Fristverlängerung sollte seiner Meinung nach wegfallen. Dabei regte er an, daß die Kommission noch einmal ihren Beschluß, gefaßt in der Sitzung vom 14. – 18.10.1957, überdenken sollte, mit dem sie sich für eine sechswöchige Frist (einschließlich Begründung) und eine begrenzte Verlängerungsmöglichkeit ausgesprochen hätte.[960] Für die Einführung einer Monatsfrist würde nach *Wagners* Meinung sprechen, daß sich diese besser berechnen ließe als eine 6-Wochen-Frist und diese eher den anderen Verfahrensordnungen entspräche. Außerdem sei die Monatsfrist seit rund 80 Jahren traditionell und würde sich auch in vielen ausländischen Prozeßordnungen finden. Daß eine Verkürzung der Berufungsbegründungsfrist möglich ist, werde nicht nur durch das ArbGG, sondern vor allem durch die österreichische ZPO bewiesen. In Österreich werde das Urteil wegen des Novenverbotes zwar in geringerem Umfang überprüft als in der Bundesrepublik, jedoch müsse man auch dort häufig Behördenorgane, Körperschaftsausschüsse oder Versicherungsgesellschaften hören und umfangreiche Beiakten studieren. Trotzdem stehe in Österreich für die Berufung nur eine zweiwöchige, einheitliche Frist, ohne eine Verlängerungsmöglichkeit zur Verfügung. Laut der Ausführungen *Schimas*[961] habe sich die Einführung dieser kurzen Frist in der Praxis bewährt und komme der obsiegenden Partei zugute. Nach *Wagners* Auffassung war daher nicht zu befürchten, daß eine doppelt so lange Frist in der Bundesrepublik nicht ausreichen würde. Weiterhin

---

[959] *Wagner*, Protokoll Nr. 15, S. 9

[960] Vgl. Protokoll Nr. 12, S. 181 (Vorschlag von *Weinkauff*: „Zusammengesetzte Frist bestehend aus 2 Wochen für die Einlegung und 4 Wochen für die Begründung, versehen mit einer Verlängerungsmöglichkeit)

[961] Vgl. die Ausführungen *Schimas* in Protokoll Nr. 12, S. 32, 49, 50

basiere seine vorgeschlagene Fristverkürzung auf der Annahme, daß die Geschäftslast der Rechtsmittelgerichte durch die angestrebten sonstigen Reformmaßnahmen verringert werde, der Schwerpunkt des Prozesses sich zukünftig in die erste Instanz verlagere und sich die Anwaltschaft auf die kürzeren Fristen einstellen würde.[962] Als Folge der Fristverkürzung müßte ein Anwalt seiner Meinung nach, ähnlich einem guten Generalstabsoffizier, der gleichzeitig für den Angriff und die Verteidigung plane, dann schon vor dem Erlaß des Urteils erster Instanz mit seinem Mandanten besprechen, was geschehen solle, wenn er den Prozeß verliere. Der „Jagd nach den Akten" könne dadurch begegnet werden, daß die Anwälte vom wesentlichen Inhalt der Akten rechtzeitig Abschriften oder Fotokopien herstellten und die Gerichte die Beiakten erst nach fruchtlosem Ablauf der Berufungsfrist weitergeben würden.

Die Revisions- und Revisionsbegründungsfrist von je 1 Monat sollte nach *Wagners* Meinung bestehen bleiben, jedoch nur eine einmalige Verlängerung der Begründungsfrist möglich sein.[963] Die Zulässigkeit der Verlängerung sollte von der Glaubhaftmachung wichtiger Gründe abhängig gemacht werden. Eine derartige Regelung sei nach seiner Ansicht für alle Prozeßordnungen geeignet. Folglich ständen für die Revisionsbegründung bis zu 3 Monate zur Verfügung, was selbst in besonders schwierigen Fällen ausreichen dürfte.

2) Zustellung der Urteile

Wagner schlug vor, daß die Zustellung der Urteile von Amts wegen erfolgen sollte. Damit würde seiner Meinung nach die in den §§ 516, 552 ZPO vorgesehene Rechtsmittelfrist von 6 Monaten entfallen.[964]

3) Fristen für die Beschwerde

(a) Befristung der einfachen Beschwerde

Zu Gunsten einer einheitlichen Fristenregelung bei der sofortigen und der einfachen Beschwerde schlug *Wagner* vor, auch für die einfache Beschwerde eine Frist von 14 Tagen vorzusehen.[965] Da die einfache Beschwerde bisher an keine Frist gebunden sei, würde damit der Unterschied zur sofortigen Beschwerde wegfallen. Dabei dürften die Belange der Rechtspflege seiner Ansicht nach nicht entgegenstehen. Der Entwurf der ZPO habe die unterschiedliche Fristenregelung damit begründet, daß die mit der sofortigen Beschwerde angreifbaren Entscheidungen auf die Rechte des Gegners oder eines Dritten einwirken würden. Dies führe dazu, daß diese Entscheidungen einer Rechtskraft fähig seien und „deren

---

[962] *Wagner*, Protokoll Nr. 15, S. 21
[963] *Wagner*, Protokoll Nr. 15, S. 10
[964] Siehe dazu den einstimmig angenommenen Leitsatzvorschlag *Wagners*, Anhang 3, S. 331
[965] *Wagner*, Protokoll Nr. 15, S. 11

baldiger Eintritt für den ungestörten Fortgang des Verfahrens und für das entgegenstehende Interesse der Beteiligten notwendig" wäre.[966] Für den ungestörten Fortgang des Verfahrens sei es jedoch nach *Wagners* Meinung auch wesentlich, daß nicht wie bisher noch nach Monaten und Jahren eine einfache Beschwerde eingelegt werden könne. Aus diesem Grunde solle zumindest in der ZPO und in einigen Nebengesetzen (z.B. GKG) für die einfache Beschwerde die Frist von 14 Tagen eingeführt werden. Dies würde seiner Ansicht nach zu einer Vereinheitlichung der Fristen und zu einer Beschleunigung des Verfahrens führen.

(b) Begründungsfrist für die Beschwerde[967]

Zu Gunsten einer Beschleunigung des Verfahrens forderte *Wagner* außerdem, daß die Beschwerde innerhalb der Einlegungsfrist begründet werden müsse. Bisher würden sich die Beschwerdeführer häufig damit begnügen, die sofortige Beschwerde zwar innerhalb der zweiwöchigen Notfrist des § 577 ZPO einzulegen, die Begründung würde jedoch häufig erst nachgereicht werden. Dies führe zu einer Verzögerung des Verfahrens, verbunden mit einer erheblichen Mehrarbeit für die Gerichte bedingt durch Mahnungen und wiederholte Vorlage der Akten.

4) Frist für die Wiedereinsetzung in den vorigen Stand[968]

Wagner erläuterte, daß die Frist für die Wiedereinsetzung in den vorigen Stand bei allen Zivilgerichten 2 Wochen (§ 234 ZPO) betrage. Diese Frist sei keine Notfrist; sie werde daher durch den Lauf der Gerichtsferien gehemmt.[969] Er empfahl zur Beschleunigung des Verfahrens, diese als Notfrist auszugestalten; eine Verkürzung der Frist hielt er dagegen nicht für geboten.

5) Einspruchsfrist gegen ein Versäumnisurteil[970]

Hinsichtlich der Einspruchsfrist gegen ein Versäumnisurteil, die derzeit im Parteiprozeß 1 Woche (§ 508 Abs. 1 ZPO) und im Anwaltsprozeß 2 Wochen (§ 339 ZPO) betrage, hielt *Wagner* es für vertretbar, die Fristen einheitlich auf eine Woche zu begrenzen.

6) Gesetzliche Fristen zur Klagebeantwortung, Berufungs- und Revisionsbegründung[971]

Zur Beantwortung der Klage, der Berufungs- und der Revisionsbegründung sollte nach *Wagners* Meinung eine gesetzliche Frist vorgesehen werden. Er wies

---

[966] *Hahn*, Materialien zur ZPO, Anmerkung 13, S. 377
[967] *Wagner*, Protokoll Nr. 15, S. 12
[968] *Wagner*, Protokoll Nr. 15, S. 12
[969] *Baumbach*, § 234, Anmerk. 1, „Wiedereinsetzungsfrist", S. 392
[970] *Wagner*, Protokoll Nr. 15, S. 13
[971] *Wagner*, Protokoll Nr. 15, S. 13

in diesem Zusammenhang darauf hin, daß in der österreichischen ZPO für die Revisionsbeantwortung eine Notfrist von 14 Tagen (§ 507 Abs. 2 öZPO) festgelegt sei.

7) Einlassungs- und Ladungsfrist[972]

Wagner erläuterte zunächst, daß die Zeiträume, die zwischen der Zustellung der Klageschrift und dem Termin zur mündlichen Verhandlung mindestens liegen müßten, vor dem Landgericht 2 Wochen (§ 262 ZPO) und vor dem Amtsgericht 3 Tage betragen würden, wenn die Zustellung an einem Ort erfolge, der Sitz des Prozeßgerichts sei. In den übrigen Fällen (§ 499 ZPO) betrage die Frist im Minimum eine Woche. Nur in Mess- und Marktsachen gelte bei Amts- und Landgerichten eine einheitliche Einlassungsfrist von mindestens 24 Stunden. Die Ladungsfrist, die in einer anhängigen Sache zwischen der Ladung und dem Terminstag liegen solle, betrage in Anwaltsprozessen mindestens 1 Woche, in anderen Prozessen mindestens 3 Tage, in Mess- und Marktsachen mindestens 24 Stunden (§ 217 ZPO). *Wagner* vertrat die Meinung, daß sowohl die Einlassungs- als auch die Ladungsfristen in ihrer derzeitigen Fassung bestehen bleiben sollten. So wäre es auf der einen Seite dem Anwalt meist nicht möglich, genügend Informationen von der Partei zu erhalten, wenn die Fristen im Anwaltsprozeß verkürzt würden. Auf der anderen Seite käme es zu Verzögerung bei dem amtsgerichtlichen Verfahren, wenn man die Einlassungs- oder Ladungsfristen verlängerte.

b) Die Diskussion in der Kommission zu dem Thema: „Änderung, Abkürzung und Vereinheitlichung der Fristen, insbesondere der Rechtsmittelfristen“

Gleich zu Beginn ihrer Diskussionen stimmten die Kommissionsmitglieder den Ausführungen *Wagners* über die grundsätzliche Gestaltung der ZPO-Fristen zu. Dieser hatte in seinem ersten Leitsatz vorgeschlagen, die Fristen der ZPO so zu gestalten, daß das Verfahren ohne Verkürzung des Rechtsschutzes beschleunigt würde und die Fristen möglichst auch von anderen Prozeßgesetzen übernommen werden könnten.[973]

1) Berufungs- und Revisionsfristen

Heusinger erklärte zu Beginn seiner Erläuterungen, daß er eine Abkürzung der Berufungsfristen solange für „uninteressant“ halte, als es der Justizverwaltung nicht gelingen würde, die Geschäftslast so zu verringern, daß die Terminkalender nicht auf Wochen oder Monate hinaus besetzt seien.[974] Ihm selbst sei das

---

[972] *Wagner*, Protokoll Nr. 15, S. 13
[973] *Wagner*, Protokoll Nr. 15, S. 16
[974] *Heusinger*, Protokoll Nr. 15, S. 17

Argument, daß der Termin sowieso erst später komme, da die Kalender voll seien, bereits mit vollem Erfolg entgegengehalten worden. Für eine Verkürzung der Fristen könne man sich seiner Ansicht nach also nur aussprechen, wenn man unterstellen würde, daß der „Idealzustand" bereits erreicht sei. Eine Ausgestaltung der Berufungsfrist als Notfrist, verkürzt auf vier Wochen, hielt *Heusinger* für nicht praktikabel, da dann die Parteien in die Wiedereinsetzung in den vorigen Stand ausweichen würden. In Bezug auf *Wagners* Ausführungen wies *Heusinger* darauf hin, daß die Fristenregelungen Österreichs keinen geeigneten Vergleichsgegenstand darstellen würden, da deren Anwälte eine Simultanzulassung besäßen. In Deutschland dagegen würde der Anwalt zunächst das erstinstanzliche Urteil entgegennehmen und die Sache danach mit seinem Mandanten besprechen, so daß er erst nach Ablauf einer gewissen Zeit den „Obergerichtsanwalt" bitten könne, die Berufung einzulegen. Besonders problematisch sei bei dieser Vorgehensweise der sich anschließende „Kampf um die Akten". Es sei den „unteren Gerichten" nicht immer möglich, die Beiakten bis zum Ablauf der Rechtsmittelfrist bei der Hauptakte zu lassen. So komme es unter anderem vor, daß die Beiakten zwischenzeitlich von dem Oberstaatsanwalt oder dem Grundbuchamt angefordert würden. Dies führe dann dazu, daß der Prozeß „nackt" beim Oberlandesgericht ankomme und sowohl der Vorsitzende als auch der Obergerichtsanwalt danach verlangen würde. Eine Verkürzung der Berufungs- und Begründungsfristen auf insgesamt einen Monat würde nach *Heusingers* Meinung folglich in vielen Fällen „ein Schlag ins Wasser" sein, weil dann mit der Wiedereinsetzung in den vorigen Stand geholfen werden müßte. Die Verkürzung auf eine Frist von weniger als sechs Wochen hielt er daher bei einer reinen „Obergerichtsadvokatur" für nicht durchführbar. Darüber hinaus sollte seiner Auffassung nach eine begrenzte Möglichkeit zur Verlängerung der Fristen vorgesehen werden.

Weinkauff wies darauf hin, daß sich das Problem der Berufungsfristen nicht von der Frage trennen lasse, ob man sich für die große oder für die beschränkte Justizreform entscheide.[975] Eine Einschränkung der Rechtsmittel und ein Novenverbot würde sich seiner Meinung nach auch auf die Art und Weise der Berufung auswirken. Den Ausführungen *Heusingers* über eine mögliche Verkürzung der Fristen stimme *Weinkauff* insoweit zu, daß auch nach seiner Ansicht kurze Fristen bei einem vollen Terminkalender nichts nützen würden. So werde häufig verlängert, weil sowieso nicht eher terminiert werden könne. Die Kommission müsse jedoch bei der Ausarbeitung ihrer Vorschläge eine „normal arbeitende Justiz" unterstellen. Die auf lange Zeit hinaus besetzten Termine sollten die Justizverwaltung dazu veranlassen, der zu großen Belastung der Gerichte entgegenzuwirken und nicht die Kommission bei ihren Vorschlägen beeinflussen. Auch nach *Hornigs* Auffassung könne gegen eine Verkürzung der Fristen

---

[975] *Weinkauff*, Protokoll Nr. 15, S. 18

nicht eingewendet werden, daß wegen der Belastung des Gerichts ohnehin kein früherer Termin hätte anberaumt werden können.[976] So begründet dieser Einwand gegenwärtig auch sei, werde die Kommission unterstellen müssen, daß es in der Zukunft gelänge, diese übermäßige Belastung der Gerichte zu beseitigen. Hinsichtlich des zeitlichen Rahmens der Fristen hielt *Weinkauff* den Vorschlag *Wagners,* für die Berufung einschließlich der Berufungsbegründung eine Notfrist von einem Monat festzulegen, für zu rigoros.[977] Dies gelte insbesondere vor dem Hintergrund, daß es der gemeinsamen Tendenz der Kommission entspreche, in der Rechtsmittelinstanz nur noch die großen und schwierigen Prozesse zu haben.[978] In solchen Prozessen sei jedoch für ein Rechtsmittel eine gewisse Zeit erforderlich. Aus diesem Grunde hielt er eine Regelung für praktikabel, die zur Einlegung der Berufung und zu deren Begründung jeweils einen Monat vorsähe. Dabei sollte seiner Auffassung nach die zweite Frist eine Notfrist sein, die nur unter besonderen Umständen einmalig verlängert werden dürfte.

Hornig wies darauf hin, daß bei der Bemessung der Fristen die Frage der Simultanzulassung bedeutsam sei.[979] Solange es nicht allgemein eine Simultanzulassung gebe, ließe sich nach seiner Meinung eine Frist für die Einlegung und Begründung der Berufung von insgesamt einem Monat nicht einführen. Würde man diese dagegen ganz allgemein einführen, also nicht nur regional wie derzeit zum Beispiel in Berlin, Hamburg und Bayern, so würde insbesondere das bereits von *Heusinger* angesprochene Problem mit den Beiakten nicht auftreten. Aus diesem Grunde sprach sich *Hornig* nachdrücklich für die Einführung einer generellen Simultanzulassung aus. Sollte dies umgesetzt werden, hielt *Hornig* eine Frist von einem Monat mit begrenzter Verlängerungsmöglichkeit für richtig.[980]

Heusinger wies in diesem Zusammenhang darauf hin, daß die Kommission die Fristenregelungen eventuell getrennt für den Fall der Einführung und für den der Nichteinführung der Simultanzulassung betrachten müsse.[981] Er erläuterte in diesem Zusammenhang, daß es bei einem Oberlandesgericht wie Celle oder Hamm immer so sein werde, daß die Sache von einem „alten“ Obergerichtsanwalt am Sitz des Obergerichts wahrgenommen werde. Dies sei schon deshalb der Fall, weil der Termin nicht mit den Terminen von 6 oder 7 Landgerichten abgestimmt werden könne, dann aber auch deshalb, weil der Anwalt am Oberlandesgericht den Senat kennen würde. Diese Kenntnisse und Erfahrungen seien dann auch ein wichtiges Kriterium für die Parteien bei der Auswahl ihres Anwaltes. *Ruscheweyh* hob hervor, daß diese Vorgehensweise wohl auch historisch

---

[976] *Hornig*, Protokoll Nr. 15, S. 19
[977] *Weinkauff*, Protokoll Nr. 15, S. 19
[978] *Weinkauff*, Protokoll Nr. 15, S. 22
[979] *Hornig*, Protokoll Nr. 15, S. 19
[980] *Hornig*, Protokoll Nr. 15, S. 19
[981] *Heusinger*, Protokoll Nr. 15, S. 20

bedingt sei; so würde in Hamburg jeder der 1300 Anwälte vor dem Oberlandesgericht auftreten.[982]

Petersen sprach sich dagegen aus, die Bestimmung der Frist entscheidend von der Frage über die Einführung der Simultanzulassung abhängig zu machen.[983] Seiner Meinung nach sei es auch bei deren Einführung wichtig, daß sich in der nächsten Instanz jeweils ein anderer Anwalt mit der Sache befasse. Aus diesem Grunde sei es in der Anwaltssozietät, der *Petersen* in Hamburg angehört habe, regelmäßig so gehandhabt worden, daß der Prozeß in der zweiten Instanz von einem anderen Sozius geführt wurde, als in der ersten Instanz. Außerdem lasse die Behandlung des Entwurfes der Bundesrechtsanwaltsordnung erkennen, daß kaum Aussicht auf eine Änderung des status quo bestehe. Abweichend von dem in der Sitzung vom 14. – 18.10.1957 beschlossenen Leitsatz – Einführung einer Frist von insgesamt sechs Wochen für die Einlegung und Begründung der Berufung, verbunden mit einer begrenzten Verlängerungsmöglichkeit - schlug *Petersen* vor, eine getrennte Frist von jeweils einem Monat für die Einlegung und die Begründung der Berufung vorzusehen. Die Begründungsfrist sollte seiner Ansicht nach eine Notfrist mit einer einmaligen Verlängerungsmöglichkeit aus besonderen Gründen sein. *Weinkauff* schloß sich diesem Vorschlag an, und zwar auch deswegen, um zukünftig zu einer einheitlichen Gestaltung der Fristen aller Verfahrensordnungen gelangen zu können.[984]

2) Gesetzliche Fristen zur Klagebeantwortung, Berufungs- und Revisionsbegründung

Petersen schlug weiterhin vor, für die Beantwortung der Klage, Berufung und Revision nicht gesetzliche, sondern richterliche Fristen vorzusehen, da er es für bedenklich hielt, etwa für Patentsachen dieselben Fristenregelungen vorzusehen wie für „normale“ Rechtsstreitigkeiten.[985] *Wagner* hielt diesem Vorschlag entgegen, daß eine gesetzliche Frist den Vorteil habe, daß das richterliche Schreibwerk vermindert werde.[986] Für besonders gelagerte Fälle könne seiner Ansicht nach eine Fristverlängerung vorgesehen werden. Hinsichtlich der Frist für die Klagebeantwortung warf *Hornig* ein, daß die diesbezügliche Diskussion eng mit der Frage der Ausgestaltung des Verfahrens erster Instanz zusammenhänge.[987] So sei zum Beispiel bereits vorgeschlagen worden, für die Klagebeantwortung eine richterliche Frist vorzusehen, nach deren Ablauf ein Versäumnisurteil ergehe. *Weinkauff* schlug daraufhin vor, die Frist für die Klagebeantwortung noch nicht zu erörtern, da hier die Festlegung einer Frist eng mit der grundsätzlichen

---

[982] *Ruscheweyh*, Protokoll Nr. 15, S. 20
[983] *Petersen*, Protokoll Nr. 15, S. 21
[984] *Weinkauff*, Protokoll Nr. 15, S. 21
[985] *Petersen*, Protokoll Nr. 15, S. 25
[986] *Wagner*, Protokoll Nr. 15, S. 25
[987] *Hornig*, Protokoll Nr. 15, S. 25

Frage nach dem Aufbau der ersten Instanz verknüpft sei und diese zum derzeitigen Zeitpunkt noch sehr kontrovers in der Kommission diskutiert werde.[988] Hinsichtlich der Revisionsbeantwortung stellte *Weinkauff* fest, daß diese vielfach erst wenige Tage vor dem Termin, also seiner Meinung nach zu spät beim Gericht eingehen würde, um noch auf Berichterstatter und Vorsitzenden einwirken zu können. Aus diesem Grunde müsse dem Anwalt, der die Revisionsgegenerklärung fertige, eine gewisse Frist eingeräumt werden. Ähnlich würde es sich mit der Berufungsgegenerklärung verhalten. *Petersen* wies darauf hin, daß man sich überlegen müsse, was geschehen solle, wenn die Frist versäumt werde oder der innerhalb der Frist eingereichte Schriftsatz unvollständig sei.[989] Seiner Ansicht nach bestünden da gewisse Schwierigkeiten. So dürfe das Revisionsgericht nicht gehindert sein, Ausführungen materiellrechtlicher Art zu berücksichtigen, die der Revisionsanwalt in der mündlichen Verhandlung mache.

Wagner erläuterte hierzu, daß er an Sanktionen entsprechend der Regelung in § 279 ZPO gedacht habe.[990] Wenn die Klageerwiderung nicht rechtzeitig eingehen würde, könne ein Versäumnisurteil ergehen, bei der Berufung und der Revision späteres Vorbringen unberücksichtigt bleiben. *Weinkauff* und *Gerner* schlugen vor, die Frage der Sanktionen nicht weiter zu erörtern, da deren Beantwortung nicht zu den „Aufgaben" der Kommission zähle.[991] Was geschehen solle, wenn die Frist nicht eingehalten werde, sei eine Frage, die besonderer Prüfung bedürfe und möglicherweise für jede Instanz anders zu beantworten sei. *Heusinger* bezweifelte, ob man sich den *Sinn* einer solchen Vorschrift recht klar machen könne, wenn man die Sanktion nicht berücksichtigen würde.[992] Eine Vorschrift, die lediglich eine Frist setze, wäre seiner Meinung nach „ein Messer ohne Klinge". Aus diesem Grunde werde es der Kommission schwerlich erspart werden, sich mit den gesetzlichen Möglichkeiten der §§ 279, 283 Abs. 2 ZPO auseinanderzusetzen. Wenn die Kommission zu dem Ergebnis komme, daß Fristen erwünscht seien, so müsse sie auch erörtern, was geschehen solle, wenn diese nicht eingehalten würden.

c) Leitsätze und Empfehlungen der Kommission

Die Kommission stellte im Anschluß an ihre Erörterungen umfangreiche Leitsätze für die Fristenregelungen des Zivilprozesses auf.[993]
Im Rahmen der Zusammenstellung der Empfehlungen für den Bericht der Kommission wurden die zunächst zusammengefaßt betrachteten Fristenregelun-

---

[988] *Weinkauff*, Protokoll Nr. 15, S. 25
[989] *Petersen*, Protokoll Nr. 15, S. 26
[990] *Wagner*, Protokoll Nr. 15, S. 26
[991] *Gerner*, Protokoll Nr. 15, S. 27
[992] *Heusinger*, Protokoll Nr. 15, S. 27
[993] Siehe dazu die Darstellung der beschlossenen Leitsätze in der Anhang 3 zu dieser Arbeit

gen dem jeweiligen Arbeitsabschnitt über das Verfahren bzw. das Rechtsmittel zugeordnet. Die Fristen für das Berufungsverfahren werden daher in „G VII c)", für das Revisionsverfahren in „G VIII, c)", für das Versäumnisverfahren in „G III c)", und Fristen betreffend das Verfahren erster Instanz (Zustellung, Ladung usw.) in „G III b) 3)" wiedergegeben.

Darüber hinaus wurden unter der Überschrift „Fristen und Wiedereinsetzung in den vorigen Stand" im Jahre 1961 die folgenden Empfehlungen abgegeben:

1. „Die Fristen der ZPO sind so zu gestalten,
a) daß das Verfahren ohne Verkürzung des Rechtsschutzes beschleunigt wird,
b) daß die Fristen möglichst auch von anderen Prozeßgesetzen übernommen werden können (ArbGG, SGG, VwGO, FGO)."
2. „Die Verlängerung einer Frist und die Verlegung eines Termins ist nur zulässig, wenn die Partei glaubhaft macht, daß der Wahrnehmung der Frist oder des Termins ein nicht zu beseitigendes Hindernis entgegensteht oder daß sie ohne die Fristverlängerung oder Terminsverlegung einen schweren Schaden erleiden würde."
3. „Bei der Wiedereinsetzung in den vorigen Stand ist wie in § 60 Abs. 1 der Verwaltungsgerichtsordnung auf das Verschulden abzustellen. Bei der Bestimmung dieses Verschuldens ist ein strenger Maßstab anzulegen.Der Grundsatz des § 232 Abs. 2 ZPO ist aufrechtzuerhalten."

VII. Verfahren in der Rechtsmittelinstanz (Berufungsverfahren)

a) Referat von *Bernhard Wieczorek*[994] vom 15.10.1957

Wieczorek führte in seinem Referat einleitend aus, daß die Gestaltung des Rechtsmittelverfahrens seiner Ansicht nach nicht ganz unwesentlich von der Gestaltung des Verfahrens im ersten Rechtszug bestimmt werde.

1) Einführung eines Novenverbotes? Berufungssumme?
Das österreichische Verfahren z.B. habe die Neigung, alles in die erste Instanz zu verlagern, und komme so zu einem beschränkten Rechtsmittelverfahren, das „zum Teil auf Stelzen gehen würde". Im deutschen Verfahren dagegen bestünde eher die umgekehrte Tendenz, denn da sei der Berufungsrechtszug sehr weit geöffnet. Nach *Wieczoreks* Auffassung ließen sich beide Systeme anhand der jeweiligen Gestaltung der ersten Instanz begründen. Für das deutsche System

---

[994] *Wieczorek*, Protokoll Nr. 12, S. 162

könne man anführen, daß die erste Instanz nicht immer so viel Zeit habe, daß sie sich so gründlich mit den Streitigkeiten befassen könne, wie dies eigentlich sonst erforderlich wäre. In der Tat würden die deutschen Oberlandesgerichte sehr viel gründlicher in die Sache einsteigen als die erste Instanz. Bei der Frage der Berufungssumme schlug *Wieczorek* vor, von dieser ganz „abzugehen" und anstelle eine Kostenpauschale als Zulässigkeitsvoraussetzung festzusetzen. Der Berufungskläger solle zum Beispiel verpflichtet werden, einen nicht „rückzahlbaren" Betrag in Höhe von 100 DM zu entrichten. Dieser Vorschlag komme dem Interesse der Parteien an der Verfolgung der Sache entgegen, auf welches *Wieczorek* ganz besonders abstellen wollte, und zwar sowohl in nichtvermögensrechtlichen als auch in anderen Streitigkeiten.[995]

Hinsichtlich der Frage, ob man ein Novenverbot einführen sollte, kam *Wieczorek* zu dem Ergebnis, daß man das bestehende System im Prinzip behalten sollte.[996]

2) Klageänderung im Berufungsverfahren

Wieczorek sprach sich dafür aus, daß die Klageänderung im Rahmen des Berufungsverfahrens entsprechend der bisherigen Regelung auch weiterhin zulässig sein sollte.

3) Zurückverweisung

Mängel an dem bestehenden Berufungsverfahren erkannte er jedoch in der Bestimmung des § 539 ZPO, die dem Berufungsgericht die Möglichkeit einräume, die Sache aufzuheben und zurückzuverweisen.[997] Seiner Meinung nach müsse das Berufungsgericht selber aufklären, wenn der ersten Instanz in der Berufungsbegründung der Vorwurf gemacht worden sei, die Sache sei nicht genügend aufgeklärt und das Berufungsgericht komme zum gleichen Ergebnis. Vergleichbar sei die Situation mit den Rügen aus § 286 ZPO. So sollte nach *Wieczoreks* Auffassung das Berufungsgericht Zeugen selbst vernehmen und die Sache nicht aufheben und zurückverweisen dürfen, wenn es aufgrund einer anderen rechtlichen Bewertung dazu komme, daß unter diesem rechtlichen Gesichtspunkt andere Zeugen hätten vernommen werden müssen. Bestätigt sah sich *Wieczorek* in seiner Meinung, da auch die gesetzgeberische Tendenz dahin gehe, daß das Berufungsgericht selbst dann die Sache entscheiden solle, wenn die erste Instanz sich in ihrer Entscheidung auf formale Gründe beschränkt habe. Dies ergebe sich aus der Bestimmung des § 540 ZPO, die mit der Novelle von 1950[998] in die Prozeßordnung hineingekommen sei. Für besonders positiv er-

---

[995] *Wieczorek*, Protokoll Nr. 12, S. 174
[996] *Wieczorek*, Protokoll Nr. 12, S. 164
[997] *Wieczorek*, Protokoll Nr. 12, S. 163
[998] siehe Art. 2 Nr. 85 des Gesetzes zur Wiederherstellung der Rechtseinheit auf dem Gebiete der Gerichtsverfassung, der bürgerlichen Rechtspflege, des Strafverfahrens und des Kosten-

achtete *Wieczorek* den im deutschen Verfahren regelmäßig erfolgenden Anwaltswechsel beim Übergang in die nächste Instanz, der z.B. in Österreich nicht den Regelfall darstelle, da die dortigen Anwälte bei allen Gerichten zugelassen seien. Der Anwaltswechsel sei für einen Rechtsstreit jedoch ebenso wichtig, wie der Wechsel des Gerichts, der durch das Rechtsmittel eintrete, da der zweitinstanzliche Anwalt die Dinge möglicherweise ganz anders sehen würde als der erstinstanzliche.

Hinsichtlich der Zurückverweisung wegen Verspätung vertrat *Wieczorek* die Auffassung, daß § 529 Abs. 2 und 3 ZPO in der Berufungsinstanz gestrichen werden sollte. „Vernünftige Richter“ würden von diesen Vorschriften kaum Gebrauch machen, und falls dieses doch einmal geschehe, so ließe sich gegen die Anwendung dieser Norm einiges sagen. *Wieczorek* erschien es vom Standpunkt der allgemeinen Gerechtigkeit aus betrachtet unbefriedigend, daß man sich ansonsten im Endergebnis mit einer „halben Wahrheit“ begnügen und über einen fiktiven Tatbestand urteilen würde.[999] Alternativ könne man im Falle der Verspätung mit Kostenstrafen arbeiten, und zwar nicht fakultativ, sondern obligatorisch, wodurch eine erzieherische Wirkung erzielt werden könne.[1000]

4) Fristen des Berufungsverfahrens

Wieczorek erläuterte, daß die Berufungsfrist eine Überlegungsfrist für die Partei sei, damit sie sich darüber schlüssig werden könne, ob sie gegen das erstinstanzliche Urteil ein Rechtsmittel einlegen wolle.[1001] Hierfür sei entscheidend, daß sie das Urteil in vollständiger Form kenne. Wenn in dem Verfahren ein Anwaltswechsel in Betracht zu ziehen sei, müßten die Berufungs- und die Begründungsfristen getrennt werden, da die Anwälte die Sache oft erst wenige Tage vor Ablauf der Frist erhielten, so daß eine Begründung des Rechtsmittels dann nicht mehr möglich sei. Eine von Anfang an sorgfältige Bearbeitung sei jedoch von erheblicher Bedeutung, insbesondere wenn in dem nachfolgenden Berufungsverfahren nichts mehr nachgetragen werden dürfe. Auch im Hinblick darauf, daß gegebenenfalls noch Gerichtsakten eingesehen werden müßten, kommt *Wieczorek* zu dem Schluß, daß man bei einem Anwaltswechsel eine Begründungsfrist von einem Monat nicht unterschreiten sollte. Eine Fristverlängerung werde sich in sehr umfangreichen Sachen, z.B. in Patentsachen, oder in Fällen, in denen die interne Struktur einer Partei, wie z.B. einer Behörde oder einer großen Gesellschaft, die Beteiligung weiterer Gremien oder Personen vorschreibe, nicht umgehen lassen.

---

rechts, BGBl 455, 533. Seit seiner Aufnahme in die ZPO stellte § 540 ZPO abweichend von der zwingenden Regelung des § 538 ZPO die Wahl zwischen Zurückverweisung und eigener Sachentscheidung in das Ermessen des Berufungsgerichts.

[999] *Wieczorek*, Protokoll Nr. 12, S. 171

[1000] *Wieczorek*, Protokoll Nr. 12, S. 174

[1001] *Wieczorek*, Protokoll Nr. 12, S. 177

b) Die Diskussion in der Kommission zu dem Thema: „Das Rechtmittelverfahren (Berufungsverfahren)"

1) Einführung eines Novenverbotes? Berufungssumme?

Weinkauff ging zunächst auf den Diskussionsstand innerhalb der Kommission im Hinblick auf das Berufungsverfahren ein.[1002] Er stellte fest, daß sich in der Kommission bei der Betrachtung dieses Reformgegenstandes drei Richtungen gebildet hätten. So habe er, als Vertreter der einen Richtung vorgeschlagen, den Schwerpunkt des Rechtsstreits in die erste Instanz zu verlegen, die Berufung nur bei einer hohen Berufungssumme in Höhe von 3.000 DM zuzulassen und ein Novenverbot in dem Sinne einzuführen, daß neue Tatsachen und Behauptungen nur vorgebracht werden können, wenn nachgewiesen werde, daß sie vorher ohne Verschulden nicht hätten vorgebracht werden können. Seiner Ansicht nach müßte das Berufungsverfahren dahingehend ausgestaltet werden, daß der Prozeß in vollem Umfange, unter Berücksichtigung des Novenverbotes, neu verhandelt werden könnte. Das Gericht müsse dann so gestellt sein, daß es nicht gezwungen werden könne, Beweisaufnahmen erster Instanz zu wiederholen. Es müßte im Ermessen des Gerichts liegen, ob es die Zeugen nochmals hören oder sich auf die Verlesung der Aussagen beschränken wolle. Nach *Weinkauffs* Meinung würde das Berufungsverfahren unerträglich verschleppt werden, wenn ein Zwang zur Neuerhebung der bereits früher erhobenen Beweise bestände.[1003] Dies hätte dann zur Folge, daß man in der Wiederaufnahme weitergehen müsse als man bisher gegangen sei. Ein völlig anderes Verfahren sei von *Hornig* und vielleicht auch von *Bleibtreu* vorgeschlagen worden, nämlich die Rechtsbeschwerde in der zweiten Instanz. Nach der dritten Rechtsmeinung, die unter anderem von *Wieczorek* vertreten werde, sollte man bezüglich des Berufungsverfahrens im wesentlichen alles so lassen, wie es sei.[1004]

Hornig stellte seinen Ausführungen voran, daß in der Kommission überwiegend die Auffassung vertreten werde, daß die Rechtsmittel beschränkt werden sollten und das Schwergewicht der Verhandlung künftig in der ersten Instanz liegen sollte.[1005] Dem Vorschlag *Weinkauffs*, die Berufung erst ab einem Streitwert von 3.000 DM zuzulassen, konnte sich *Hornig* nicht anschließen. Er hielt dies für einen zu radikalen Schritt, insbesondere da der Richter ohnehin schon eine „große Machtfülle" habe. Wenn man diesen in einem so weitgehenden Umfang von der Kontrolle durch eine höhere Instanz freistellen würde, bringe das die ungeheure Gefahr mit sich, daß der Richter autokratisch und willkürlich werde und ein eigenes Regime führe, welches kein Mensch zu ändern vermöge. Aus diesem Grunde glaubte *Hornig*, daß auch der beste Richter der Kontrolle

---

[1002] *Weinkauff*, Protokoll Nr. 12, S. 164
[1003] *Weinkauff*, Protokoll Nr. 12, S. 177
[1004] *Weinkauff*, Protokoll Nr. 12, S. 165
[1005] *Hornig*, Protokoll Nr. 12, S. 165

durch eine höhere Instanz bedürfe und man ihn davon nur in bescheidenen Grenzen befreien sollte. Für angemessen hielt er eine Wertgrenze von 500 DM. Auch *Heusinger* wandte sich gegen den Vorschlag, die Berufungssumme auf 3.000 DM heraufzusetzen und vertrat die Auffassung, daß der „Freibrief", den man damit dem erstinstanzlichen Richter geben würde, zu groß wäre und die menschlichen Schwächen dabei nicht genügend berücksichtigt würden.[1006] *Baur* schlug dagegen vor, überhaupt keine absolute Beschwerdesumme in Höhe von beispielsweise 500 DM oder 3.000 DM festzusetzen, sondern die Beschwer in einem Prozentsatz des Streitwertes auszudrücken.[1007] Er ging dabei von der Erwägung aus, daß die faktische Beschwer für die einzelne Partei nach der Höhe dessen, was sie verlangt habe, verschieden sei. Wenn jemand 3.000 DM einklagen und nur mit 2.850 DM obsiegen würde, könne er wegen der 150 DM in die Berufungsinstanz gehen. Hierbei würde die Beschwer nur 5% ausmachen. Würden jedoch 200 DM eingeklagt und 100 DM abgewiesen werden, käme man auf eine Quote von 50%.

Bezüglich der Ausgestaltung des Rechtsmittels schlug *Hornig* ein revisionsähnliches Rechtsmittel vor, ein Rechtsmittel, das nur diese Kontrollfunktion ausüben sollte.[1008] Daß der Prozeß in vollem Umfang zweimal geführt werden könnte, hielt er für einen Luxus und einen Aufwand, den man sich nicht mehr leisten könne. Es würde genügen, wenn der gute, qualifizierte Richter erster Instanz der Kontrolle einer besonders gut besetzten zweiten Instanz unterworfen werde, einer Kontrolle, die darüber wachen würde, daß er *rechtlich* nicht auf Abwege gerate und daß er das *Verfahren* richtig und fair durchführe und nicht Eigenmächtigkeit und Willkür walten ließe. Besonders beeindruckt zeigte sich *Hornig* von dem Rechtsmittel der beschränkten Berufung nach österreichischem Vorbild, wie es in einer der früheren Sitzungen von *Schima* vorgestellt worden war.[1009] Aus diesem Grunde schlug *Hornig* vor, die beschränkte Berufung des österreichischen Rechts auch in Deutschland einzuführen, auch wenn dies über seinen bisherigen Vorschlag hinausgehen würde. *Coing* fügte ergänzend hinzu, daß auch zu beachten sei, daß in Österreich auf die Fehler des Gerichts und nicht auf die Fehler der Parteien abgestellt werde.[1010]

Heusinger wies allerdings darauf hin, daß die Revision in Österreich nicht auf Grundsatzfragen beschränkt sei, woraus sich gewisse Folgerungen für die Berufungsinstanz ergeben würden.[1011] Er sprach sich, in Abweichung zu den Regelungen des österreichischen Verfahrens dafür aus, die Revision auf

---

[1006] *Heusinger*, Protokoll Nr. 12, S. 170
[1007] *Baur*, Protokoll Nr. 12, S. 172
[1008] *Hornig*, Protokoll Nr. 12, S. 165
[1009] Siehe dazu die Ausführungen *Schimas* während 9. Arbeitssitzung im Oktober 1957, Teil D, I, b), 2) (S. 137) dieser Arbeit
[1010] *Coing*, Protokoll Nr. 12, S. 167
[1011] *Heusinger*, Protokoll Nr. 12, S. 168

Grundsatzfragen zu beschränken.[1012] In diesem Fall müsse man jedoch umso vorsichtiger in der Beschränkung der Berufungsinstanz sein. Im Gegensatz zu *Hornig* kam *Heusinger* zu dem Schluß, daß man das Institut der Berufung nicht dem der Revision angleichen sollte, was durch die Einführung eines Novenverbotes nach österreichischen Vorbild geschehen würde.[1013] In dem österreichischen Berufungsverfahren werde im wesentlichen nachgeprüft, ob der erstinstanzliche Richter den ihm vorliegenden Tatbestand materiell und prozessual richtig entschieden habe. Auch würde nach seiner Meinung ein striktes Novenverbot in der Praxis immer dahin führen, daß ein Ausweg gefunden werde, um den äußersten Notfällen abzuhelfen. Eines dieser „Löcher", durch welches dann der von dieser Not getriebene Richter entweichen würde, sei bereits von *Schima* anhand des österreichischen Beispiels aufgezeigt worden. So würden nach dessen Angaben, aufgrund des strikten Novenverbotes im Berufungsverfahren nach österreichischem Recht, unverhältnismäßig viele Aufhebungen und Zurückverweisungen vorkommen. Dies führe nach *Heusingers* Ansicht zu einer „Erschleichung einer neuen Tatsacheninstanz gegen den Grundgedanken des Gesetzes".[1014] *Keidel* schlug vor, die Berufung nicht durch ein striktes Novenverbot einzuschränken, sondern, wie bereits von *Weinkauff* vorgeschlagen, mit einem *beschränkten* Novenverbot zu arbeiten.[1015] Die Einführung des österreichischen Berufungsverfahrens hielt er nicht für geeignet, da dies seiner Ansicht nach zu einer sehr starken Verkomplizierung des Verfahrens führen würde. Andererseits befürwortete er das beschränkte Novenverbot vor dem Hintergrund, daß die Kommission das Schwergewicht des Prozesses in die erste Instanz legen wolle. *Petersen* wies daraufhin, daß auch der Entwurf der Zivilprozeßordnung von 1931[1016] es nicht für zweckmäßig gehalten habe, das Novenverbot einzuführen.[1017] Seiner Meinung nach könne die wünschenswerte Beschränkung der Berufung durch eine den jeweiligen Verhältnissen angepaßte Festsetzung der Berufungssumme erreicht werden; das Privileg des § 511a Abs. 4 ZPO solle wegfallen.

Weber gelangte zu der Ansicht, daß die Nachprüfung erstinstanzlicher Urteile umso weniger beschränkt werden könne, je weniger Richter an der erstinstanzlichen Entscheidung mitgewirkt hätten.[1018] Dies müsse auch bei dem „Hochzuchtrichter der Justizreform" gelten, der in besonderem Maße der Gefahr ausgesetzt sei, einen gewissen Starrsinn zu entwickeln, weil er nicht ständig ge-

---

[1012] Siehe zu diesem Reformvorschlag die Erörterungen der Kommission in Teil D, II, c) zu dieser Arbeit

[1013] *Heusinger*, Protokoll Nr. 12, S. 169

[1014] *Heusinger*, Protokoll Nr. 12, S. 168

[1015] *Keidel*, Protokoll Nr. 12, S. 171

[1016] Siehe zu dem Entwurf der ZPO von 1931 Teil 1, I, a), 6.), (g) dieser Arbeit (S. 29)

[1017] *Petersen*, Protokoll Nr. 12, S. 173

[1018] *Weber*, Protokoll Nr. 12, S. 175

nötigt sei, seine eigene Meinung an der Meinung seiner Kollegen zu messen. Die Gefahr werde umso größer sein, als es gegen viele seiner Entscheidungen kein Rechtsmittel mehr geben würde. Die Übernahme des österreichischen Systems mit bestimmten Berufungsgründen berge nach *Webers* Meinung die Gefahr in sich, daß in der Berufungsinstanz ein „wahrer Eiertanz um die kasuistisch aufgezählten Gründe" stattfinden würde.

2) Klageänderung im Berufungsverfahren

Bezug nehmend auf *Wieczoreks* Darstellungen zur Klageänderung, kam *Weinkauff* zu dem Ergebnis, daß diese im Berufungsverfahren möglichst eingeschränkt werden müßte.[1019] Dies lasse sich damit begründen, daß der Schwerpunkt des Prozesses in der ersten Instanz liegen solle und das Berufungsverfahren, wenn der Prozeß auch formal neu aufgerollt werden könne, im wesentlichen nur auf eine Nachprüfung des Urteils in der ersten Instanz hinausliefe. Nach *Weinkauffs* Meinung wäre eine Klageänderung auch dann auszuschließen, wenn man nur mit der Rechtsbeschwerde in die zweite Instanz gehen könnte. *Hornig* empfahl ebenfalls - entsprechend der Regelung im österreichischen Verfahren - eine Klageänderung im Berufungsverfahren nicht zuzulassen.[1020]

3) Zurückverweisung

Petersen maß der Zurückverweisung keine große Bedeutung bei und schlug vor, die Vorschrift des § 539 ZPO abzuschaffen.[1021] Ein wesentlicher Mangel des Verfahrens solle kein Grund zur Zurückverweisung sein. Unter Umständen könnten beide Parteien Revision einlegen, und es würden sich dann ganz „unglückliche Verhältnisse" ergeben. *Heusinger* dagegen war der Meinung, daß man der ersten Instanz einen „Freibrief" für vorschnelle Entscheidungen geben würde, wenn man die Zurückverweisung völlig verböte.[1022] Das beste „Heilmittel" sei die *vernünftig angewandte* Zurückverweisung. Es sei in der Beratung immer ein schwerer Entschluß, die Sache zurückzuverweisen, außerdem werde dieser Entschluß nach seiner Erfahrung immer erst dann gefaßt, wenn das erstinstanzliche Urteil derart „gröblich über das Knie gebrochen" worden sei, daß man dies dem Gericht der ersten Instanz keinesfalls durchgehen lassen könne. Auch *Weber* vertrat die Auffassung, daß man auf eine Zurückverweisung nicht völlig verzichten könne.[1023] Das Obergericht müsse die Möglichkeit haben, daß Untergericht darauf hinzuweisen, daß es seine Arbeit nicht auf die höhere Instanz „abwälzen" dürfe.

1019 *Weinkauff*, Protokoll Nr. 12, S. 165
1020 *Hornig*, Protokoll Nr. 12, S. 166
1021 *Petersen*, Protokoll Nr. 12, S. 173
1022 *Heusinger*, Protokoll Nr. 12, S. 170
1023 *Weber*, Protokoll Nr. 12, S. 176

4) Fristen des Berufungsverfahrens

Hinsichtlich der Berufungsfristen wurde erörtert, ob man eine einheitlich Frist von einem Monat sowohl für die Berufungseinlegung als auch für die Berufungsbegründung einführen sollte.[1024] In diesem Zusammenhang wies *Hornig* darauf hin, daß eine entsprechende Fristenregelung bereits während des zweiten Weltkrieges eingeführt worden sei[1025] und man diese nach dem Krieg schnell wieder beseitigt habe, da die Anwaltschaft gegen diese kurze Frist „Sturm gelaufen" sei.[1026] *Coing* erläuterte, daß es für die Festlegung der Fristen von Bedeutung sein werde, ob man von dem Berufungskläger verlangen wolle, daß er alles wesentliche in der Berufungsbegründung vortrage.[1027]

c) Leitsätze und Empfehlungen der Kommission

Wie bereits bei seinem Referat über das „Beweisverfahren" zeigten die Diskussion und die folgende Abstimmung über die Leitsätze zu dem Thema „Berufungsverfahren", daß *Wieczorek* hinsichtlich seiner Reformvorschläge keinerlei Zustimmung bei den übrigen Kommissionsmitgliedern erhielt. Dies resultierte möglicherweise aus der Tatsache, daß *Wieczorek* die Reformgegenstände offensichtlich aus Sicht der Anwaltschaft betrachtete und unter Berücksichtung ihrer Interessen seine Leitsatzvorschläge entwickelte.[1028] Die Sichtweise der Anwaltschaft wurde in der Kommission durch die Rechtsanwälte *Merkel* und *Wieczorek* vertreten. *Merkel* war zum Zeitpunkt der Abstimmung über die Leitsätze zum Beweisverfahren und während des Arbeitsabschnittes zum Berufungsverfahren dienstlich an der Teilnahme verhindert,[1029] so daß dessen Meinung an dieser Stelle keine Berücksichtigung fand. Insgesamt stimmte die Kommission im Anschluß an die Diskussion sehr kontrovers über die Leitsatzvorschläge *Hornigs*, *Petersens*, *Weinkauffs* und *Wieczoreks* ab. Zu diesem Zeitpunkt einigte man sich nicht auf eine von der Mehrheit der Kommission getragenen Version der Leitsätze, sondern beließ es bei der Wiedergabe der jeweiligen Abstimmungsergebnisse zu den verschiedenen Leitsatzvorschlägen.[1030]

Die Empfehlungen für das Berufungsverfahren[1031] gemäß der Zusammenstellung vom 1.2.1961 lauten wie folgt:

1024 *Hornig*, Protokoll Nr. 12, S. 167

1025 Gemäß der 4. Vereinfach.VO vom 12.01.1943, siehe Teil 1, II, c), 3), (d), (S. 45) dieser Arbeit

1026 *Hornig*, Protokoll Nr. 12, S. 167

1027 *Coing*, Protokoll Nr. 12, S. 179

1028 Meinung des Verfassers

1029 Vermerk über die dienstliche Verhinderung, Protokoll Nr. 12, S. 140

1030 Siehe dazu die Darstellung der Leitsatzvorschläge in Anlage 3 zu dieser Arbeit

1031 Protokoll Nr. 33, S. 12

„1. *Die Fristen zur Einlegung und Begründung der Berufung betragen bei landgerichtlichen Urteilen je 1 Monat, bei amtsgerichtlichen Urteilen je 2 Wochen.*

2. *Die Berufungsbegründungsfrist kann einmal um einen Monat - Berufungsverfahren vor den Landgerichten um zwei Wochen – verlängert werden, wenn schwerwiegende Gründe dafür vorliegen. Eine weitere Verlängerung der Frist ist nur zulässig, wenn die Partei glaubhaft macht, daß der Wahrnehmung der Frist ein nicht zu beseitigendes Hindernis entgegensteht oder daß sie ohne die Fristverlängerung einen schweren Schaden erleiden würde.*

3. *Der Berufungsbeklagte hat innerhalb einer vom Richter zu bestimmenden Frist auf die Berufungsbegründung zu antworten; die Frist beginnt mit der Zustellung der Berufungsbegründung.*
Die Frist kann unter denselben Voraussetzungen wie die Berufungsbegründungsfrist verlängert werden.
Nach Ablauf der Frist gelten die Vorschriften über die Zurückweisung verspäteten Vorbringens entsprechend.
Die Berufungsbeantwortung muß enthalten:
a) eine Erklärung, wieweit die Aufrechterhaltung des angefochtenen Urteils beantragt wird (Berufungsgegenantrag),
b) eine Äußerung zu den Berufungsgründen (§ 519 Abs. 2 Nr. 2 ZPO) und eine genaue Bezeichnung der neuen Tatsachen, Beweismittel und Beweiseinreden, die der Berufungsbeklagte anführen will.

4. *Die Berufung soll durch einstimmigen Beschluß ohne weitere Begründung als offensichtlich unbegründet zurückgewiesen werden können.*"

VIII. Verfahren in der Rechtsmittelinstanz (Revisonsverfahren)

a) Referat von *Bernhard Wieczorek*[1032] vom 16.10.1957

1) § 549 ZPO a.F.[1033] (Revisionsgründe)

Wieczorek ging in seinem Referat zunächst auf die Bestimmung des § 549 ZPO ein, nach der u.a. die Verletzung einer Norm nicht nachgeprüft werden könne, wenn sie dem ausländischen Recht angehöre oder wenn sie zwar innerstaatliches Recht sei, aber nicht über den Bezirk des Berufungsgerichts hinaus gelte. Er hob hervor, daß im arbeitsgerichtlichen Verfahren, im FGG-Verfahren und vor den Finanzgerichten alles nachgeprüft werde, die Tendenz also in Richtung einer

---

[1032] *Wieczorek*, Protokoll Nr. 12, S. 183

[1033] Heute geregelt in § 545 ZPO (Revisionsgründe); § 545 Abs.1: „Die Revision kann nur darauf gestützt werden, daß die Entscheidung auf der Verletzung des Bundesrechts oder einer Vorschrift beruht, deren Geltungsbereich sich über den Bezirk eines Oberlandesgerichts hinaus erstreckt."

weiten Nachprüfung gehe. Entsprechend sprach er sich dafür aus, auch die Einschränkungen des § 549 fallen zu lassen. Zur Begründung dieses Vorschlages schilderte er beispielhaft, zu welchem Ergebnis diese Vorschrift führen könne: *„Wenn in Bayern über braunschweigisches Recht entschieden wird, so ist es nicht revisibel; revisibel ist es aber, wenn in Celle darüber entschieden wird. Das erklärt sich daraus, daß eine Enklave um Kemnade herum, in der braunschweigisches Recht gilt, einmal zu Niedersachsen gekommen ist."*

2) § 551 ZPO a.F.[1034] (Absolute Revisionsgründe)

Als nächsten Punkt betrachtete *Wieczorek* die Vorschrift des § 551 ZPO über die absoluten Revisionsgründe. Hinsichtlich der absoluten Revisionsgründe befürwortete er ausschließlich den Erhalt der Ziffer 5 des § 551 ZPO, welche zur Anwendung komme, wenn die Partei in dem Verfahren nicht nach Vorschrift des Gesetzes vertreten war.

Im weiteren Verlauf seiner Referates kommentierte *Wieczorek* die verbliebenen, seiner Ansicht nach zu vernachlässigen Revisionsgründe des § 551 ZPO. Hinsichtlich der Ziffer 1 des § 551 ZPO schlug er vor, daß von der Partei, die sich auf diesen Revisionsgrund berufe, eine Begründung gefordert werden sollte, weshalb sie glaube, daß wegen der unvorschriftsmäßigen Besetzung ein Fehlurteil ergangen sei. Die Vorschrift der Ziffer 4 - das Gericht hat seine Zuständigkeit oder Unzuständigkeit zu Unrecht angenommen – müsse seiner Ansicht nach eingeschränkt werden. Die Verletzung der „Öffentlichkeit des Verfahrens" gemäß Ziffer 6, sollte überhaupt nicht zu einer Rüge erhoben werden können, denn im Zivilprozeß sei es im Regelfall praktisch gleichgültig, ob die Verhandlung öffentlich stattgefunden habe oder nicht. Zu der Ziffer 7 des § 551 ZPO, die den Fall einer nicht mit Gründen versehenen Entscheidung behandle, erklärte *Wieczorek*, daß diese in der Vergangenheit unterschiedlich ausgelegt worden sei. Man habe diese Bestimmung halb als relativen und halb als absoluten Revisionsgrund angesehen.

3) § 547 ZPO

Hinsichtlich § 547 ZPO führte *Wieczorek* aus, daß diese Bestimmung der Vorschrift des § 511 a ähnlich sei.[1035] Hiernach sei die Revision stets zulässig, soweit es sich um die Unzulässigkeit des Rechtsweges oder die Unzulässigkeit der Berufung handeln würde. Seiner Meinung nach sollte man aufgrund der mit dem Verfahren verbundenen Umstände und Kosten, eine Revision bei Sachen mit kleineren Streitwerten allein aus dem Grund der Unzulässigkeit des Rechtsweges nicht zulassen. So würde es sich im Fall des § 547 ZPO Abs. 1 Ziff. 2 - Zulässigkeit der Revision über Ansprüche, für die die Landgerichte ohne Rücksicht auf den Wert des Streitgegenstandes ausschließlich zuständig sind - sehr häufig

[1034] Heute geregelt in § 547 ZPO (Absolute Revisionsgründe)
[1035] *Wieczorek*, Protokoll Nr. 12, S. 184

um Prozesse mit einem so geringem Streitwert handeln, daß es dem Fiskus nichts ausmachen würde, den Betrag zu bezahlen.

4) § 566 a ZPO a. F.[1036] (Sprungrevision)

Weiterhin sprach sich *Wieczorek* dafür aus, § 566 a ZPO aufzuheben, da von dieser Vorschrift sehr selten Gebrauch gemacht werde und die Fälle der Sprungrevision „nicht zu Buche schlagen“ würden, so daß die Beibehaltung dieser Bestimmung nicht gerechtfertigt sei. Würde die Sprungrevision eingelegt, seien darüber hinaus die Anwälte meistens „nicht glücklich“, weil sie viele Rügen nicht bringen könnten und der Rechtsstreit häufig auch nicht so durchdacht zum Revisionsgericht komme, wie es eigenlich nötig sei.[1037] Eine Verkürzung der Fristen für die Einlegung und Begründung der Revision lehnte *Wieczorek* ab.

5) Bindung an Präjudizien

Wieczorek erörterte, ob zukünftig eine Bindung an Präjudizien eingeführt werden sollte.[1038] Würde man von dem allzuständigen Gericht ausgehen, so kämen divergierende Entscheidungen mehrerer oberer Gericht nicht vor. Bedenken hatte *Wieczorek*, wenn man die Rechtsmittel einerseits sehr beschränke und andererseits die Bindung an das Präjudiz nicht einführen würde. Im Falle der Beschränkung der Rechtsmittel sei es seiner Ansicht nach zweifelhaft, ob die Rechtsprechung der unteren Gerichte der der oberen Gerichte folgen würde.

6) §§ 136, 137 GVG a. F.[1039] (Einführung eines Divergenzrechtsbehelfs?)

Im Zusammenhang mit den Vorschriften §§ 136, 137 GVG erörterte *Wieczorek*, ob bei divergierenden Entscheidungen der Senate des Bundesgerichtshofs ein Rechtsbehelf an den Großen Senat gegeben werden sollte. In den §§ 136, 137 GVG sei festgelegt, daß ein Senat, der von der Entscheidung eines anderen Senats abweichen wolle, die Sache dem Großen Senat zur Entscheidung vorlegen müsse[1040], und daß dies auch dann zu geschehen habe, wenn die Fortbildung des Rechtes es erfordere[1041]. Die Erfahrungen, die man damit gemacht habe, seien nicht positiv gewesen. Wenn ein Senat eine bestimmte Rechtsprechung verfolge, so würde er sich meist nicht gern hineinreden lassen. Aus der Sicht des Senates konnte *Wieczorek* zwar verstehen, daß dieser nicht gern in der Tendenz gestört werden möchte, die er mit seiner gesamten Rechtsprechung verfolge. Vom Standpunkt des Rechtssuchenden und auch von dem der Allgemeinheit aus sei es aber wichtig, sich einer einheitlichen Rechtsprechung gegenüberzusehen.

[1036] Heute geregelt in § 566 ZPO (Sprungrevision)

[1037] *Wieczorek*, Protokoll Nr. 12, S. 185

[1038] *Wieczorek*, Protokoll Nr. 12, S. 194

[1039] Heute geregelt in § 132 GVG (Große Senate)

[1040] Heute geregelt in § 132 Abs. 2 GVG

[1041] Heute geregelt in § 132 Abs. 4 GVG

Würde man dies konsequent durchsetzen wollen, reiche die derzeitige Regelung nach Auffassung *Wieczoreks* nicht aus. Es würde zum Beispiel vorkommen, daß ein Senat irrtümlicherweise die Auffassung vertreten würde, die andere Entscheidung werde von seiner Entscheidung gar nicht berührt. Zu Gunsten einer möglichst einheitlichen Rechtsprechung zog *Wieczorek* auch die Möglichkeit in Betracht, den Senaten die Befugnis einzuräumen, von sich aus, selbst wenn sie nicht beteiligt seien, dem Großen Senat die Sache zur Entscheidung vorzulegen. Auch könnte einem beteiligten Senat das Recht zur Anrufung des Großen Senats eingeräumt werden, wenn ein anderer Senat von seiner Rechtsprechung abweichen würde. Im Ergebnis hielt *Wieczorek* jedoch die zuletzt genannten Möglichkeit für zu umständlich und bekräftigte noch einmal seinen Vorschlag, die Entscheidung über die Anrufung des Großen Senats in die Hand der Parteien zu legen. Bei dem „Divergenzrechtsbehelf" stellte sich *Wieczorek* vor, daß die beiden divergierenden Entscheidungen genannt werden müssten, wobei dann von einem Richter zu prüfen sei, ob die Divergenz tatsächlich bestehe. Dies könne dann seiner Meinung nach der Chefpräsident sein.[1042] Auf die Frage *Baurs*, ob der Große Senat nach seinem Vorschlag die Entscheidung des „gewöhnlichen" Senats im konkreten Fall aufheben dürfte, oder ob die Entscheidung des Großen Senats auf die Rechtsfrage beschränkt sein solle, anwortete *Wieczorek*, daß dieser nur bezüglich des Rechtssatzes entscheiden sollte.[1043] Abweichend von *Weinkauff* - hierzu sogleich - hatte *Wieczorek* Bedenken, wenn eine Kassation erfolgen würde, ohne daß den Parteien irgendein Vorteil daraus erwachsen würde.[1044] Seiner Meinung nach müßte die Entscheidung des Großen Senats Einfluß auf die konkrete Entscheidung haben. *Weinkauff* lehnte diesen Vorschlag entschieden ab, da nach seiner Auffassung der Große Senat nur dazu da sei, einen Rechtssatz für die Zukunft aufzustellen.[1045] Wenn der Zusammentritt des Großen Senats in der Hand des Chefpräsidenten läge, könne die Entscheidung des Großen Senats keinen Einfluß auf den konkreten Fall haben. Dieser Auffassung schloß sich *Baur* an, da man nicht einer Einzelperson die Möglichkeit geben dürfe, einen neuen Rechtszug für die Parteien zu eröffnen.[1046]

7) Einführung einer Revisionsbeschwerde?

Wieczorek erläuterte, daß grundsätzlich eine weitere Beschwerde ausgeschlossen sei, wenn zwei gleichlautende Entscheidungen vorlägen.[1047] Beim obersten Ge-

---

[1042] *Wieczorek*, Protokoll Nr. 12, S. 197
[1043] *Wieczorek*, Protokoll Nr. 12, S. 195
[1044] *Wieczorek*, Protokoll Nr. 12, S. 200
[1045] *Weinkauff*, Protokoll Nr. 12, S. 200
[1046] *Baur*, Protokoll Nr. 12, S. 200
[1047] *Wieczorek*, Protokoll Nr. 12, S. 201; siehe in § 568 II ZPO (a.F.): *„Gegen die Entscheidung des Beschwerdegerichts ist, soweit nicht in ihr ein neuer selbständiger Beschwerdegrund enthalten ist, eine weitere Beschwerde nicht zulässig"*;

richtshof sei in der Vergangenheit angefragt worden, ob auch die Revisionen so behandelt werden sollten. Daraufhin habe man Material darüber gesammelt, wieviel gleichlautende Entscheidungen vom Revisionsgericht aufgehoben worden seien. Im Ergebnis sei man dann zu der Auffassung gelangt, daß das Recht der weiteren Beschwerde nicht auf die Revisionsvorschriften übertragen werden sollte.

Bezug nehmend auf die obige Diskussion vertrat *Wieczoreks* die Auffassung, daß auch umgekehrt gefragt werden könne, ob es nicht doch zweckmäßiger wäre, an die Stelle der weiteren Beschwerde die Revisionsbeschwerde zu setzen.

b) Die Diskussion in der Kommission zu dem Thema: „Das Rechtmittelverfahren (Revisionsverfahren)"

1) § 549 ZPO a.F. (Revisionsgründe)

Weinkauff und *Baur stimmten Wieczorek* zu, daß Landesrecht und ausländisches Recht revisibel sein sollten. *Baur* begründete diese Auffassung damit, daß die Grenzen zwischen inländischem und ausländischem Recht mit zunehmendem Gemeinschaftsbewußtsein immer fließender werden würden.[1048] In diesem Zusammenhang wies er auf die bestehenden Verordnungen der Montanunion hin. Darüber hinaus bestehe der Eindruck, daß eine Beschränkung auf inländisches Recht bei der bestehenden Verflechtung der Wirtschaft geradezu zu einer „Rechtsverweigerung" führen würde. Die Möglichkeit, daß dann die Entscheidung des Bundesgerichtshofs von der eines ausländischen Gerichts abweicht, war für *Baur* nicht von entscheidender Bedeutung, da die Entscheidung für das Ausland keine Wirkungskraft habe.

Keidel schloß sich der Auffassung an, dass § 549 ZPO gestrichen werden sollte.[1049] Wenn das Revisionsgericht das Urteil nachprüfen solle, müsse es vollen Umfangs dazu in der Lage sein, also auch in den Teilen, in denen ausländisches Recht angewandt worden sei. Die Tatsache, dass infolge der wirtschaftlichen Verflechtungen häufig ausländisches Recht berücksichtigt werden muß, zeige sich auf den verschiedensten Gebieten. Nach *Keidels* Meinung sollte der §

Kommentierung zu § 568 II ZPO a.F. in *Wieczorek*, Kommentar zur ZPO, Rn. B IV b: *„Die weitere Beschwerde durch ihn* (Beschwerdeführer*) wird dann durch § 568 nur ausgeschlossen (d.h. sie ist unzulässig, wenn auch nicht unstatthaft), wenn ihr übereinstimmende Entscheidungen der ersten und der Beschwerdeinstanz entgegenstehen, die auf demselben nicht selbständigen Beschwerdegrund ruhen und dies, selbst wenn das alte Vorbringen auf Grund neuen Vorbringens des Beschwerdegegners zurückgewiesen wurde, denn § 568 II will den Parteien kein Recht geben, über ihre Beschwerdegründe in zwei Instanzen gehört zu werden."*

[1048] *Baur*, Protokoll Nr. 12, S. 189

[1049] *Keidel*, Protokoll Nr. 12, S. 190

549 ZPO auch insoweit gestrichen werden, als er verlange, daß das Recht über den Bezirk des Berufungsgerichts hinausgeht. So habe er selbst bereits erlebt, daß man eigentlich über Polizeirecht hätte entscheiden müssen, das nur im Bezirk eines Berufungsgerichtes gegolten habe, und die Vorschrift des § 549 ZPO in diesem Fall zu „Schwierigkeiten" geführt habe.

Petersen dagegen vertrat die Auffassung, daß für die Kassation eine Nachprüfung ausländischen Rechts nicht zugelassen werden sollte[1050] und wies hinsichtlich der Frage der Revisibilität des ausländischen Rechts auf die Ausführungen *Dölles* hin, der sich 1956 auf der Tagung für Rechtsvergleichung für eine Aufhebung des § 549 ZPO ausgesprochen habe, soweit die Nachprüfung ausländischen Rechts ausgeschlossen werde. Die Aufgabe des Revisionsgerichts sei die Wahrung der Einheit der Rechtsprechung, und die könne es nach der Natur der Sache nur für das inländische Recht erfüllen. Außerdem würde sich ein „unglücklicher Zustand" ergeben, wenn das deutsche Revisionsgericht über ausländisches Recht Feststellungen träfe, die von einem ausländischen Gericht nicht für richtig gehalten würden. Zu der Frage der Verletzung deutschen Rechts, das innerhalb des Bezirks eines Oberlandesgerichts gelte, erinnerte *Petersen* an die Geschichte dieser Bestimmung. Früher sei die Regelung, welche Rechte nachgeprüft werden konnten und welche nicht, so kompliziert gewesen, daß diese Regelungen nicht in die Zivilprozeßordnung aufgenommen worden seien, sondern eine Kaiserliche Verordnung ergangen sei, die im *„Stein-Jonas"* mehrere Seiten umfasse. Daß sich z.B. durch Enklaven Zufälligkeiten, wie von *Wieczorek* geschildert, ergäben, sei richtig, jedoch müsse irgendeine klare Grenze bestehen gegenüber den Rechten, bei denen eine Nachprüfung zum Zwecke der Rechtseinheit keine Bedeutung habe. *Petersen* vertrat daher die Auffassung, daß das derzeit nicht revisible Landesrecht keiner „Nachprüfung" bedürfe, so daß die Beschränkung der Nachprüfbarkeit nicht beseitigt, sondern eher erweitert werden sollte.[1051]

2) § 551 ZPO a. F. (Absolute Revisionsgründe)

Eine Streichung des § 551 ZPO hielt *Weinkauff* für nicht gerechtfertigt. Hierbei würde es sich um Revisionsgründe handeln, die die Durchführung eines rechtsstaatlichen Verfahrens sicherstellen sollten, an deren Einhaltung ein lebhaftes öffentliches Interesse bestehe. Zwar könne man an der Berechtigung der Ziffer 4 des § 551 ZPO - das Gericht hat seine Zuständigkeit oder Unzuständigkeit mit Unrecht angenommen - zweifeln, aber in diesem Einzelpunkt wollte *Weinkauff* dennoch nichts ändern. Insbesondere die Öffentlichkeit der Verhandlung müsse bleiben. Die Vorschrift hierüber sei nach *Weinkauffs* Auffassung eine äußerst wirksame Garantie der Rechtsstaatlichkeit, an der man nichts ändern dürfe.

[1050] *Petersen*, Protokoll Nr. 12, S. 186
[1051] *Petersen*, Protokoll Nr. 12, S. 187

Auch *Baur* empfahl dringend, den § 551 ZPO bestehen zu lassen.[1052] Es handle sich bei dieser Vorschrift um die „Magna Charta der rechsstaatlichen Grundsätze“, die im Gerichtsverfassungsgesetz verankert seien. Die Vorschrift, daß das erkennende Gericht vorschriftsmässig besetzt sein muß, und ähnliche Bestimmungen sollten seiner Meinung nach irgendwo eine Sanktion finden, die nur dadurch geschaffen werden könne, daß man eine Auswirkung auf das Urteil „fingiere“. Auch auf eine vorherige Rügemöglichkeit wollte *Baur* nicht abstellen, da es vom Zufall abhängen würde, ob der Anwalt sich in der Geschäftsverteilung des Gerichts gut auskenne, und somit die Rüge wegen nicht vorschriftsmäßiger Besetzung erheben könne.

Petersen schlug dagegen vor, § 551 Ziffer 6 ZPO insoweit einzuschränken, als daß diese Rüge nur möglich sein sollte, wenn die Partei sie vorher nicht hatte erheben können.[1053] Ihn störte bei § 551 Ziffer 6 ZPO, daß die Verletzung der Vorschriften über die Öffentlichkeit häufig nicht wegen der Verletzung gerügt werde, sondern deshalb, weil die Partei sachlich nicht mit dem Urteil zufrieden sei. Hinsichtlich der Ziffer 7 des § 551 ZPO stellte *Petersen* fest, daß diese Bestimmung nur Bedeutung gehabt habe in der Zeit, als die Rüge nach §§ 139, 286 ZPO ausgeschlossen gewesen sei. Insgesamt sprach sich *Petersen* für eine Aufhebung oder weitgehende Einschränkung des § 551 ZPO aus. *Keidel* kritisierte an § 551 ZPO, daß das Berufungsgericht eine Sache bei Vorliegen eines absoluten Revisionsgrundes auch dann zurückweisen müsse, wenn die Sachentscheidung völlig richtig sei.

3) § 547 ZPO

Keidel entgegnete auf die Ausführungen *Wieczoreks* zu § 547 ZPO, daß es sich um einen Prozeß handeln könnte, der für viele andere von Bedeutung wäre.[1054] *Weinkauff* hob an dieser Stelle hervor, daß die Revision in Grundsatzfragen nach dem Vorschlag der Kommission immer zugelassen sein sollte, selbst bei geringstem Streitwert.[1055] Wenn man die Revision auf Grundsatzfragen beschränken wolle, sei jedoch für Ausnahmen kein Raum, so daß man die Vorschrift des § 547 ZPO ohne weiteres streichen könnte. Auch *Keidel* hielt den § 547 ZPO für überflüssig, wenn man davon ausginge, daß die Revision nur in Grundsatzfragen zulässig sein sollte und einer Zulassung durch das Revisionsgericht bedürfe.[1056]

[1052] *Baur*, Protokoll Nr. 12, S. 188

[1053] *Petersen*, Protokoll Nr. 12, S. 188

[1054] *Keidel*, Protokoll Nr. 12, S. 184

[1055] *Weinkauff*, Protokoll Nr. 12, S. 184, siehe dazu die Abstimmungsergebnisse und Empfehlungen der Kommission in Teil E II d) dieser Arbeit

[1056] *Keidel*, Protokoll Nr. 12, S. 190

4) § 566a a. F. ZPO

Im Gegensatz zu *Wieczorek* wollte *Weinkauff* die Sprungrevision beibehalten. Es sei eine „glückliche Idee", daß die Parteien eines Prozesses, in dem es lediglich auf Rechtsfragen ankomme, gleich die Möglichkeit hätten, den Bundesgerichtshof anzurufen. Auch *Petersen* sprach sich dagegen aus, die Vorschrift des § 566 a ZPO aufzuheben.[1057] Zwar würden die Anwälte die Sprungrevision ungern einlegen, weil alle Prozeßrügen ausgeschlossen seien, jedoch könne diese Bestimmung von Nutzen sein. So vertrat *Keidel* die Auffassung, daß man die Sprungrevision beibehalten sollte, denn es sei kein Grund vorhanden, den Parteien die Möglichkeit zu nehmen, einen Rechtsstreit unter Umständen wesentlich schneller als gewöhnlich abzuschließen.[1058]

5) Bindung an Präjudizien

Weinkauff lehnte eine Bindung an Präjudizien ab.[1059] Es sei schon sehr lange deutsche Rechtstradition, daß die Sprüche der oberen Gerichte sich kraft ihrer Güte durchsetzen müßten, und der Grundsatz der Bindung an Präjudizien würde seiner Meinung nach dieser Tradition widersprechen. So hätten sich die Sprüche des Reichsgerichts fast ausnahmslos durchgesetzt, die Sprüche des Bundesgerichtshofs zwar nicht in demselben Umfange, aber doch sehr weitgehend. Eine strikte Notwendigkeit, anders zu verfahren, konnte *Weinkauff* nicht erkennen. Darüber hinaus würde die Bindung an Präjudizien eine ganz andere Auffassung vom Recht voraussetzen. Im Gegensatz zum angelsächsischen Recht, nach dessen Grundgedanken das Recht vom Richter ausgesprochen werde, sei für das deutsche Recht kennzeichnend, daß der Gesetzgeber das Recht mache und der Richter es nur anwende. Zwar läge ihm persönlich die angelsächsische Rechtsauffassung viel näher, aber die deutsche sei nun mal da und könne nicht durch eine Bestimmung in der Zivilprozeßordnung geändert werden. Auch würde er sich in seinem „richterlichen Gefühl" auf das äußerste herausgefordert fühlen, wenn er gezwungen wäre, unrichtigen Entscheidungen mechanisch zu folgen. Da es nicht **ein** oberstes Gericht gebe, sondern sieben oder acht, würden seiner Ansicht nach bei einer Bindung an Präjudizien katastrophale Folgen eintreten. *Coing* wies daraufhin, daß die Bindung an Präjudizien auch eine erneute starke Belastung der Richter bedeuten würde.[1060] *Petersen* glaubte nicht, daß die Frage nach der Bindung an Präjudizien mit der Beschränkung der Rechtsmittel in sehr engem Zusammenhang stehen würde. Bereits jetzt sei es so, daß die Gerichte sich in Sachen, die nicht revisionsfähig seien oder in denen sie eine erforderliche Zulassung zur Revision versagten, „frei machen könnten", und es doch

---

1057 *Petersen*, Protokoll Nr. 12, S. 188

1058 *Keidel*, Protokoll Nr. 12, S. 191

1059 *Weinkauff*, Protokoll Nr. 12, S. 193

1060 *Coing*, Protokoll Nr. 12, S. 193

nicht tun würden. Aus diesem Grunde kam *Petersen* zu dem Ergebnis, daß man die Bindung an Präjudizien nicht einführen sollte.[1061]

6) §§ 136, 137 GVG a. F. (Einführung eines Divergenzrechtsbehelfs?)

Weinkauff bemerkte zu den Ausführungen *Wieczoreks*, daß es leider richtig sei, daß die Senate des Bundesgerichtshofes sich vielfach einfach über die Bestimmungen der §§ 136, 137 GVG hinwegsetzen würden.[1062] Der Große Senat sei sogar in ganz klaren Fällen nicht angerufen worden, so z.B. bei der Divergenz hinsichtlich der Enteignungsrechtsprechung zwischen dem dritten und fünften Senat. Die Senate gingen sogar soweit, daß sie sich einfach über Entscheidungen der Großen Senates hinwegsetzen würden, die nicht in ihre Linie passten. Besonders kritisierte *Weinkauff*, daß dies geschehen würde, obwohl der Bundesgerichtshof ein neues Gericht sei, das erst seine Grundlinie finden müsse, und obwohl bekannt sei, daß beim Bundesgerichtshof, ebenso wie im deutschen Volk, vielfach keine gemeinsamen Grundüberzeugungen über das Recht mehr vorhanden seien. Dennoch wollte sich *Weinkauff* nicht dafür aussprechen, einen Rechtsbehelf der Partei zu schaffen, da er befürchtete, daß dies zu einer Art „Superrechtsmittel" und somit zu einer „Inflation" der Anrufung der Großen Senate führen würde. Dagegen könne man daran denken, hier der österreichischen Regelung zu folgen, auch wenn dies in Richterkreisen einen Schrei der Entrüstung herbeiführen würde, und dem Chefpräsidenten zusätzlich das Recht gäbe, den Großen Senat zusammentreten zu lassen. Der Chefpräsident sollte dieses Recht wahrnehmen dürfen, wenn er zu der Auffassung gelangt sei, daß eine Differenz in der Rechtsprechung vorhanden ist, oder wenn er glaube, daß in einem Senat eine so grundsätzliche Frage entschieden worden sei, daß sie vor den Großen Senat gehört hätte. Die Entscheidung des Großen Senats sollte nach *Weinkauffs* Vorstellung jedoch nicht mehr für den Einzelfall wirksam werden, sondern nur für die Zukunft binden. *Weinkauff* wies in diesem Zusammenhang darauf hin, daß *Schima* erläutert habe, daß in Österreich ein „Evidenzbüro" geführt werde, das über widersprechende Entscheidungen der Senate Auskunft gebe. Wenn die Senate nicht selbst die Konsequenz zögen, könne der Chefpräsident dies tun. Vergleichbare Einrichtungen und Tendenzen bestünden nach den Angaben *Weinkauffs* sowohl beim französischen als auch beim italienischen Kassationshof.[1063] *Petersen* stellte fest, daß der Chefpräsident bei der von *Weinkauff* vorgeschlagenen Regelung in eine schwierige Lage kommen könne, da er zunächst den Senat einzuberufen hätte, wenn er zu der Auffassung gelänge, eine Divergenz liege vor, und dies gleichzeitig die Frage sei, über die der Senat dann entscheiden müsse.[1064] *Weinkauff* entgegnete, dies sei „ein sehr subtiles Beden-

[1061] *Petersen*, Protokoll Nr. 12, S. 194
[1062] *Weinkauff*, Protokoll Nr. 12, S. 195
[1063] *Weinkauff*, Protokoll Nr. 12, S. 197
[1064] *Petersen*, Protokoll Nr. 12, S. 198

ken", das kaum dagegen sprechen könne, da der Chefpräsident zunächst nur auf eine mögliche Divergenz hinweisen würde. *Heusinger* stimmte *Weinkauff* insoweit zu, daß auch er bezüglich der Divergenz einen Handlungsbedarf sehe. Für problematisch hielt er jedoch die Situation, in der sich der Chefpräsident befinden würde, wenn man ihm die zusätzlichen Rechte und Pflichten, bezogen auf die Divergenz, übertragen würde.[1065] Der Chefpräsident werde in richterlicher Unabhängigkeit handeln müssen. Es sei seiner Meinung nach jedoch ein „ästhetisches Mißvergnügen", eine Anomalie, wenn in dieser wichtigen Frage ein einzelner Mann richterlich tätig werde, was zugleich wie die Ausübung der Dienstaufsicht aussehe. So müsse sich der Chefpräsident kritisch mit den Entscheidungen auseinandersetzen und gegebenenfalls zu der Entscheidung gelangen, daß der jeweilige Senat pflichtwidrig die Vorlegungspflicht nicht beachtet habe. Dies könne zu einer Belastung der Stellung des Chefpräsidenten in dem Großen Senat führen. Um diesen Bedenken Rechnung zu tragen, schlug *Wieczorek* vor, die Vorlagepflicht der Senate zu streichen, denn dann würde es keinen Vorwurf für sie bedeuten, wenn der Chefpräsident den Großen Senat einberufen würde. Darüber hinaus fragte sich *Heusinger*, ob es dem Chefpräsidenten überhaupt möglich sein würde, die Divergenzen festzustellen. *Weinkauff* erwiderte hierzu, daß eine Art Evidenzbüro geschaffen werden müsse, das in Zivilsachen hauptsächlich auf Anregung der Anwälte tätig werden sollte. Da sein Sachbearbeiter zugleich Leiter des Nachschlagwerkes sei, könne die Arbeit, widersprechende Entscheidungen festzustellen, verhältnismäßig einfach geleistet werden.[1066]

7) Einführung einer Revisionsbeschwerde?

Auf *Wieczoreks* Ausführungen zu der weiteren Beschwerde entgegnete *Baur*, daß die heutige Regelung seines Erachtens einen ganz vernünftigen Grund habe.[1067] Die Beschwerdeentscheidungen seien nicht so wichtig wie die Urteile, und wenn zwei Gerichte dasselbe sagen, so bestehe eine gewisse Vermutung dafür, daß es stimmt. Würde man eine Revisionsbeschwerde einführen, wären die „ganzen Komplikationen" der Revision zu berücksichtigen, so daß *Baur* zu der Ansicht gelangte, daß man es so belassen sollte, wie es derzeit wäre.

8) Fristenregelungen der Revision

Eine Änderung der Fristen bei der Revision lehnte *Weinkauff* ab. Seiner Ansicht nach war die Frage der Revisionseinlegung eine schwierige, weil die Möglichkeit bestehen müsse, das Urteil zu sehen und es auf seinen rechtlichen Gehalt zu prüfen. Er könne sich nicht vorstellen, daß die Anwälte mit kürzeren Fristen auskommen könnten. Dagegen wäre es sehr zu begrüßen, wenn von Gesetzes wegen die unbegrenzte Verlängerungsmöglichkeit der Fristen eingeschränkt

---

[1065] *Heusinger*, Protokoll Nr. 12, S. 199
[1066] *Weinkauff*, Protokoll Nr. 12, S. 199
[1067] *Baur*, Protokoll Nr. 12, S. 201

werden würde. Die Präsidenten der Senate des Bundesgerichtshofes würden bis zu sieben Mal die Verlängerung zulassen, wobei sie und die Anwälte sich mit Recht darauf beriefen, daß die Terminsanberaumung doch erst nach langer Zeit erfolge. Dies sei aber nach *Weinkauffs* Ansicht ein Ausnahmezustand, den die gesetzliche Regelung nicht zugrunde legen dürfe. Die Gründe, die für die Verlängerung gegeben würden, seien in der Regel sehr fadenscheinig.

c) Leitsätze und Empfehlungen der Kommission

Zu den verschiedenen Einzelthemen, die in der Kommission zu dem Themenbereich „Revisionsverfahren" erörtert wurden, stellten die Kommissionsmitglieder jeweils unmittelbar Leitsätze auf. Die wenigsten Leitsätze wurden dabei von einer klaren Mehrheit getragen; fast durchgängig gab es zu jedem Vorschlag Gegenstimmen und Enthaltungen innerhalb der Kommission.[1068] Einstimmig wurde sowohl der Vorschlag von *Petersen* und *Weinkauff*, *„Die Möglichkeit, die Revisionsbegründungsfrist zu verlängern, sollte gesetzlich stark beschränkt werden"*, [1069] als auch der von *Wieczorek* [1070], *„Das Privileg des Fiskus in § 547 ZPO sollte jedenfalls gestrichen werden"*, angenommen.

In ihren Bericht aus dem Jahre 1961 nahm die Kommission zu dem Arbeitsabschnitt „Revisionsverfahren" die folgenden Empfehlungen auf:[1071]

„Die Revision ist auch ohne Zulassung statthaft, wenn sie darauf gestützt wird, daß

1. *das erkennende Gericht nicht vorschriftsmäßig besetzt und der Revisionskläger ohne Verschulden außerstande war, diesen Mangel schon während des Verfahrens geltend zu machen,*
2. *bei der Entscheidung ein Richter mitgewirkt hat, der von der Ausübung des Richteramts kraft Gesetzes ausgeschlossen oder mit Erfolg wegen Besorgnis der Befangenheit abgelehnt war,*
3. *eine Partei im Verfahren nicht nach Vorschrift des Gesetzes vertreten war, außer wenn sie der Prozeßführung ausdrücklich oder stillschweigend zugestimmt hat.*

Wird die Revision auf diese Verfahrensmängel gestützt und ist sie zugleich wegen grundsätzlicher Bedeutung zugelassen, so ist nur über den geltend gemachten Verfahrensmangel zu entscheiden."

[1068] Siehe dazu die Darstellung der Leitsätze und der dazugehörigen Abstimmungsergebnisse in Anhang 2. zu dieser Arbeit.
[1069] *Petersen*, Protokoll Nr. 12, S. 188
[1070] *Wieczorek*, Protokoll Nr. 12, S. 191
[1071] Bericht der Kommission, S. 162 und S. 219; Protokoll Nr. 33, S. 6

„§ 547 ZPO soll entfallen."
„Die Frist zur Einlegung der Revision beträgt einen Monat. Sie ist eine Notfrist. Die Frist zur Begründung der Revision beträgt einen Monat. Sie kann einmal bis zu einem Monat verlängert werden, wenn schwerwiegende Gründe dafür vorliegen. Eine weitere Verlängerung ist unzulässig."

Die Mehrheit der Kommission lehnte im Jahre 1961 eine dahingehende Änderung des § 549 ZPO, daß die Revision auch auf die Verletzung ausländischen Rechts und die Verletzung allen inländischen Rechts gestützt werden kann, ab.[1072]

Hinsichtlich des Diskussionspunktes „Divergierende Entscheidungen der Senate des Bundesgerichtshofs" ist die Kommission abschließend zu dem Ergebnis gekommen, daß sie eine brauchbare gesetzliche Regelung zu diesem Problem nicht vorschlagen kann.[1073]

IX. Das Wiederaufnahmeverfahren

a) Referat von *Bernhard Wieczorek*[1074] vom 18.10.1957

Wieczorek stellte am 18.10.1957 zunächst fest, daß sich die Kommission bezüglich des Wiederaufnahmeverfahrens seiner Meinung nach ausschließlich mit der Frage befassen sollte, ob die Restitutionsgründe zu erweitern seien. Er führte aus, daß es unerläßlich sei, die Wiederaufnahmegründe zu erweitern, wenn man beabsichtige, die Rechtsmittel zu beschränken, die Zeugen und Sachverständigen nicht zu „beeidigen" und auch eine falsche uneidliche Parteiaussage nicht unter Strafe zu stellen. *Wieczorek* dachte dabei an eine Erweiterung, die sich im österreichischen Recht finden lasse.[1075] In Anlehnung an diese Regelung formulierte er seinen ersten Leitsatzvorschlag zunächst: *„Die Restitutionsgründe sollten entsprechend der österreichischen Regelung erweitert werden."* Diesen Vorschlag ließ *Wieczorek* zu Gunsten seines entgültigen, an späterer Stelle zitierten Leitsatzvorschlages fallen.[1076]

[1072] Bericht der Kommission, S. 164
[1073] Bericht der Kommission, S. 222
[1074] *Wieczorek*, Protokoll Nr. 12, S. 201ff.
[1075] *Wieczorek*, Protokoll Nr. 12, S. 202
[1076] *Wieczorek*, Protokoll Nr. 12, S. 203, Siehe dazu auch in c) zu diesem Arbeitsabschnitt die Darstellung des endgültigen Leitsatzes

b) Die Diskussion in der Kommission zu dem Thema: „Das Wiederaufnahmeverfahren"

Petersen stellte zur Diskussion, ob bei Fortbestand des geltenden Rechts auch dann die Möglichkeit einer Restitutionsklage eröffnet werden sollte, wenn ein gemäß § 356 ZPO ausgeschlossener Zeuge wieder vernommen werden könnte.[1077] § 356 ZPO enthalte für den Fall, daß der Aufnahme des Beweises ein Hindernis von ungewisser Dauer entgegenstehe, die Regelung, daß dann eine Frist zu bestimmen sei, nach deren fruchtlosem Ablauf das Beweismittel nur benutzt werden könne, wenn dadurch das Verfahren nicht verzögert würde. Dieser Paragraph spiele in Hamburg eine große Rolle, so z.B., wenn ein Zeuge im Alimentenprozeß zur See gehen würde. Die Gerichte würden die Frist zumeist sehr großzügig bemessen. Stelle das Wiederauftauchen des Zeugen einen Wiederaufnahmegrund dar, so könnte die Frist nach *Petersens* Auffassung kürzer bemessen werden. Folglich würde die Schaffung eines Wiederaufnahmegrundes zur Beschleunigung des Prozesse beitragen. Im Übrigen würde die Stellungnahme zu einer Erweiterung der Wiedereinsetzungsgründe von der Gestaltung der Ausschlußfälle abhängen. Im Ergebnis sprach sich *Petersen*, abgesehen von dem zuvor angeführten Fall, gegen eine Erweiterung der Restitution nach österreichischem Vorbild aus.

Weinkauff dagegen hielt es für fast unerläßlich, die Wiederaufnahme des Verfahrens zu erleichtern, wenn man in der ersten Instanz die Zäsur mit den sehr erheblichen Ausschlußwirkungen und in der Berufungsinstanz das Novenverbot einführen würde.[1078] Seiner Meinung nach sei von einem Wiederaufnahmegrund auszugehen, wenn nachträglich ein neues entscheidendes Beweismittel, vor allem ein Zeuge, gefunden werde, das vorher nicht habe gebracht werden können, und das geeignet sei, eine andere Entscheidung herbeizuführen. Dadurch werde zwar das, was man erstrebt habe, teilweise wieder zunichte gemacht. Dennoch müsse „dieses Ventil" geschaffen werden. Anders wäre es allerdings, so *Weinkauff*, wenn man es bei der jetzigen Regelung belassen würde. In diesem Fall sei nicht der mindeste Grund zu erkennen, die Restitutionsgründe zu erweitern.

Heusinger hob in diesem Zusammenhang hervor, daß es unvermeidlich sei, als Nichtigkeitsgrund auch die Nichtgewährung des rechtlichen Gehörs, wie es bereits für das Schiedsurteil in § 579 Abs. 3 ZPO vorgesehen sei, einzuräumen, wenn die Urteile des Friedensrichters in weiterem Maße als bisher, also über den § 510 c ZPO hinaus, unanfechtbar sein würden.[1079] Dies sei sicherlich eine gefährliche Maßnahme, weil dann etwas rechtskräftig Entschiedenes wieder aufgerollt werden müßte, sie sei aber dennoch notwendig, da man sonst „dem Bundesverfassungsgericht zum Opfer fallen würde".

[1077] *Petersen*, Protokoll Nr. 12, S. 202
[1078] *Weinkauff*, Protokoll Nr. 12, S. 202
[1079] *Heusinger*, Protokoll Nr. 12, S. 203

c) Leitsätze und Empfehlungen der Kommission

Die Kommission schloß ihre kurze Erörterung über das Wiederaufnahmeverfahren mit der Aufstellung der folgenden Leitsätze, ohne später entsprechende Vorschläge in Form von Empfehlungen in den Bericht der Kommission aufzunehmen. Auf eine Wiedergabe dieser Reformdiskussion wurde in dem abschließenden Bericht vollständig verzichtet. Einstimmig wurde der folgende Leitsatzentwurf *Weinkauffs* von den anwesenden Kommissionsmitgliedern angenommen[1080]:

„Für den Fall einer erheblichen Einschränkung der ordentlichen Rechtsmittel sollten die Restitutionsgründe, unter Umständen nach österreichischem Vorbild, erweitert werden."

Nachdem *Wieczorek* seinen oben angesprochenen Leitsatzentwurf fallen gelassen hatte, stellte er, quasi als Entgegnung zu *Weinkauffs* Formulierung, den folgenden Leitsatz zur Abstimmung[1081]:

„Auch bei Beibehaltung des geltenden Rechtszustandes sollte
a) im Falle des § 356 ZPO und
b) wegen objektiv falscher uneidlicher Parteiaussage
die Wiederaufnahme zugelassen werden."

Zustimmung der Kommissionsmitglieder fand hier nur Unterpunkt a). Der Vorschlag zu b) wurde ausschließlich von *Wieczorek* selbst befürwortet.

Teil 4 Zusammenfassung und Stellungnahme

A Ergebnisse der Kommissionsarbeit

Der Beginn der Arbeiten der Kommission fiel in eine Zeit des Aufbruches und der Wandlungen. Die dringend benötigte Bereinigung des Verfahrensrechts, insbesondere die Anpassung des Rechts an die geänderten politischen und sozialen Verhältnisse, hatte nach dem Zusammenbruch 1945 zunächst nur für die einzelnen Zonen, Länder oder gar nur Landesteile durchgeführt werden können. Für eine einheitliche Regelung, die alle vier Besatzungszonen umfaßte, fehlte es an einer einheitlichen gesetzgebenden Gewalt.[1082]

Nach dem Erlaß des Gesetzes zur Wiederherstellung der Rechtseinheit vom 12.09.1950 (BGBl. I S. 455), welches die aus den verschiedensten Gründen verlorene Rechtseinheit auf den Gebieten der Gerichtsverfassung, der bürgerli-

---

1080 *Weinkauff*, Protokoll Nr.12, S. 203

1081 *Wieczorek*, Protokoll Nr. 12, S. 203

1082 In der Ostzone wurde der Text des GVG und der ZPO angewendet, wie er in einer Textausgabe der deutschen Justizverwaltung für die sowjetrussische Zone vom 30.09.1948 niedergelegt worden war; siehe dazu *Pohle, Rudolf*, „Das neue einheitliche Zivilprozeßrecht", MDR 1950, S. 642 ff.

chen Rechtspflege, des Strafverfahrens und des Kostenrechts wiederherstellen sollte, wurde verstärkt die Forderung nach der Großen Justizreform, d.h. nach einem Neubau der ordentlichen Gerichtsbarkeit von Grund auf, erhoben. Gerade in der Notwendigkeit einer Neugestaltung der Justiz nach Kriegsende sah man eine Chance für eine solche, seit Jahrzehnten erörterte Reform. So erklärte auch der damalige Bundesjustizminister *Neumayer* im Rahmen seiner Ansprache auf dem 41. Juristentag, daß man sich dem Ruf nach einer grundlegenden Reform des Gerichtsverfassungs- und des Verfahrensrechts nicht mehr länger verschließen könne und es deshalb Zeit sei, Wissenschaft, Praxis und Justizverwaltungen zu den Vorarbeiten aufzurufen.[1083]

Veröffentlichungen[1084] aus dieser Zeit zeigen, daß *Neumayer* mit diesem Aufruf keine „Einzelmeinung“ vertrat, sondern daß vielmehr Mitte der fünfziger Jahre eine größere Anzahl von Juristen die Durchführung einer Großen Justizreform befürwortete.

Im Verlaufe ihrer sechsjährigen Tätigkeit rückte die Kommission immer mehr von der Idee einer grundlegenden Neugestaltung des Rechtswesens ab und befürwortete schließlich in ihren abschließenden, mehrheitlich beschlossenen Empfehlungen eine eingeschränkte, durch Novellengesetzgebung geprägte Reform.

Zuvor war es jedoch zu einer starken Lagerbildung zwischen den Vertretern der Großen Justizreform und den Vertretern einer eingeschränkten Reform gekommen, die sich in zum Teil sehr emotional geführten Diskussionen niederschlug. Die daraus resultierenden Konflikte ließen die Arbeiten der Kommission, auch nach Aussage einiger ihrer Mitglieder[1085], fast frühzeitig scheitern. Sowohl das Bundesministerium der Justiz als auch die Kommission waren sich dieser Problematik bewußt. Einen guten Eindruck, wie sich diese kommissionsinterne Auseinandersetzung im Laufe der Zeit verschärfte und wie dadurch die Ergebnisse der Kommissionsarbeit beeinflußt wurden, läßt sich anhand einer ausschnittsweisen Wiedergabe des Schriftwechsels zwischen den Mitgliedern bzw. den Mitgliedern und dem Bundesjustizministerium vermitteln:

Bereits zu Beginn der Reformdiskussionen wies *Weinkauff* mit Schreiben vom 02.07.1956[1086] den Staatssekretär im Bundesministerium der Justiz *Strauß* darauf hin, daß „die Entwicklung der Beratungen der Kommission für die Reform der Zivilgerichtsbarkeit ihm einige Sorgen mache“. Die Kommission habe sich zwar mit einiger Anstrengung darauf geeinigt, ihre Aufgabe vor allem unter

---

[1083] *Neumayer, Fritz*, „Ansprache des BJM *Fritz Neumayer* auf dem 41. Juristentag“, DRiZ 1955, S. 230 ff.

[1084] *Arndt*, „Rationalisierung der Rechtspflege, DRiZ 1955, S. 102 ff.; *Wagner*, „Dringende Fragen einer Justizreform“, DRiZ 1957, S. 93 ff.; *Seidel*, „Grundsätzliche Gedanken über eine Große Justizreform, 1956, S. 141 ff.

[1085] *Marquordt*, Vermerk, BA 141, BZ 171

[1086] *Weinkauff*, BA, B 141, BZ 40a

dem Gesichtspunkt der Großen Justizreform zu prüfen, dennoch habe er das Gefühl, daß sich deren Erörterungen nicht zu Gunsten dieser Reformidee entwickeln würden. *Weinkauff* führte dazu weiter aus, daß in der Kommission nur drei entschlossene Anhänger der Großen Justizreform vertreten seien, zu denen er *Bleibtreu*, *Hornig* und sich selbst zählte. Etwa die Hälfte aller Kommissionsmitglieder wolle dagegen an dem jetzigen Zustand der Gerichtsbarkeit praktisch nichts ändern. Die restlichen „Herren" würden bis jetzt unentschieden zwischen einer von ihnen gesuchten „mittleren Lösung" und dem gegenwärtigen Zustand schwanken. Da es aber nach *Weinkauffs* Meinung eine solche mittlere Lösung nicht gab, bzw. da sie jedenfalls, wenn es sie gäbe, an dem jetzigen Zustand nichts Wesentliches ändern würde, könne man, so der damalige Präsident des BGH, mit ziemlicher Sicherheit voraussehen, daß sich auch diese Gruppe schließlich zum „status quo" bekennen würde. Dies liefe praktisch auf eine Absage an die Große Justizreform hinaus. Eine einigermaßen klare Konzeption darüber, was an ihre Stelle treten solle, sei bisher noch nicht sichtbar geworden. *Weinkauff* befürchtete daher, daß schließlich einige mehr oder minder zusammenhängende Einzelmaßnahmen vorgeschlagen werden würden, die man annehmen, genauso gut aber auch ablehnen könne, und die jedenfalls an dem bestehenden Zustand praktisch nichts „irgendwie Wesentliches" ändern würden.
Vor diesem Hintergrund bat *Weinkauff* das Justizministerium um einen Hinweis, ob es selbst die Große Justizreform wolle oder nicht oder ob das Ministerium, auch im Grundsätzlichen, noch unentschlossen sei. Wenn die Große Justizreform nicht gewollt werde, dann sei die gegenwärtige Kommission nach seiner Meinung zweckentsprechend zusammengesetzt worden.

Mit Schreiben vom 20.07.1956 wies *Marquordt,* (Mitarbeiter des Bundesministeriums der Justiz und Sekretär der Kommission), *Heusinger* darauf hin, daß er *Strauß* im Hinblick auf das Schreiben *Weinkauffs* vom 02.07.1956 mitgeteilt habe, daß es zwar erhebliche Gegensätze in den Auffassungen der Mitglieder der Kommission gebe, insbesondere zwischen der Gruppe *Weinkauff*, *Bleibtreu*, *Hornig* und „*Heusingers* Gruppe", diese aber nicht unüberbrückbar seien.[1087]

Am 12.05.1958 schrieb *Weinkauff* an den Bundesminister der Justiz, daß er leider zu dem Schluß gekommen sei, daß er für sein persönliches Anliegen der Großen Justizreform keine Möglichkeit einer weiteren sinnvollen Mitarbeit in der Kommission mehr sehen könne. Aus diesem Grunde sehe er sich zu seinem Bedauern genötigt, aus der Kommission auszuscheiden.[1088]

Nach einem Gespräch mit dem Bundesjustizminister *Schäffer* erklärte sich *Weinkauff* im Juli 1958 zunächst bereit, unter der Voraussetzung, daß bei der zweiten Lesung eine echte „itio in partes"[1089] erfolge, seine Arbeit in der Kom-

---

[1087] *Marquordt*, BA, B 141, BZ 54
[1088] *Weinkauff*, BA, B 141, BZ 137
[1089] itio in partes: „Auseinandergehen von Teilen einer Versammlung"

mission fortzusetzen.[1090] Nach *Weinkauffs* Vorstellung sollten in den folgenden Sitzungen jeweils zwei voneinander abweichende Gutachten erstattet und somit erreicht werden, daß die Auffassung der Minderheit nicht durch Mehrheitsabstimmungen „überrollt" werden konnte.

In dem an *Coing* gerichteten Schreiben vom 24.07.1958 berichtete *Weinkauff* von seiner „Aussprache" mit *Schäffer* und *Strauß*, in deren Verlauf ihm mitgeteilt worden sei, daß in absehbarer Zeit keine politische Möglichkeit gesehen werde, den Gedanken der Großen Justizreform praktisch aufzugreifen. Weiterhin erläuterte *Weinkauff*, daß sich die Kommission klar entschließen müsse, in der zweiten Lesung nicht nochmals den von vornherein zum Scheitern verurteilten Versuch zu machen, einen Kompromiß zwischen den beiden einander ausschließenden Konzeptionen der „Großen und der beschränkten Justizreform" zu suchen. Die Kommission müsse vielmehr am Ende der ersten Lesung verbindlich beschließen, daß die Anhänger beider Reformmodelle ihre Konzeption jeweils in einer eigenen, in sich geschlossenen Denkschrift entwickeln und der Öffentlichkeit zugänglich machen sollten, und zwar ohne Polemik gegen die jeweils andere Ansicht.[1091] Weiterhin hielt *Weinkauff* es für zwingend erforderlich, daß die dauernde Mitwirkung *Coings* und *Bleibtreus* sichergestellt sei; über die in „ihrer Gruppe" noch verbliebenen Auffassungsunterschiede könne man sich wahrscheinlich verhältnismäßig leicht einigen.

Am 08.12.1958 notierte *Marquordt* in einem Vermerk, daß sich die Kommission, wie bekannt sei, zur Zeit in einer gewissen Krise befände.[1092] Seiner Auffassung nach könne sie diese Krise nur schwer überwinden, wenn die zweite Lesung nicht sorgfältig vorbereitet werde. Dabei wies er darauf hin, daß das Bundesjustizministerium auf einen baldigen Abschluß der Arbeiten Wert legen würde.

Mit Schreiben vom 29.12.1958, gerichtet an *Coing*, wies *Weinkauff* erneut darauf hin, daß er an eine Abgabe getrennter Voten ohne gegenseitige Polemik nicht glauben könne.[1093] Aus diesem Grunde erwog er, den Standpunkt der Großen Justizreform statt innerhalb der Kommission, literarisch zu vertreten. Er hätte dann die Möglichkeit dies in einer geschlossenen und kompromißlosen Weise zu tun und die entscheidenden Gedanken wirksam herauszustellen und zu begründen.

Seinen endgültigen Entschluß, aus der Kommission auszuscheiden, teilte *Weinkauff Ruscheweyh* mit Schreiben vom 01.10.1959 mit[1094]. Entscheidungsgrundlage hierfür war, die nach dem Studium des Protokolls Nr. 20 gewonnene Erkenntnis, daß die Kommission entgegen seinem Vorschlag nicht bereit war,

---

[1090] Vermerk von *Strauß* vom 21.07.1958, BA, B 141, 139
[1091] *Weinkauff*, BA 141, BZ 157
[1092] *Marquordt*, Vermerk, BA 141, BZ 171
[1093] *Weinkauff*, BA 141, BZ 62
[1094] *Weinkauff*, BA 141, BZ 82

getrennte selbständige Voten über die Große und die beschränkte Justizreform zuzulassen, sowie die Tatsache, daß diese bereits entscheidende Gedanken der Großen Justizreform endgültig abgelehnt hatte. Darüber hinaus sei die personelle Basis für ein Minderheitsvotum zu schmal geworden, nachdem *Bleibtreu* verstorben sei und *Hornig* nunmehr einen einheitlichen Kommissionsvorschlag anstrebe, was bei den Mehrheitsverhältnissen in der Kommission auf die Empfehlung der begrenzten Justizreform hinauslaufen müsse.

Einen weiteren „Schlag" erlitten die Kommission und auch das Lager der Vertreter einer Großen Justizreform, als *Coing* mit Schreiben vom 24.10.1960 seinen Austritt aus der Kommission erklärte. Dieser sah sich mit den noch anstehenden Arbeiten der Kommission überlastet und wies daraufhin, daß er auch nicht jeden Beschluß der Kommission mittragen könne.

Mit Schreiben vom 03.11.1960[1095] und 21.11.1960[1096] baten die Kommission und auch das Bundesjustizministerium *Coing* „inständig" darum, seine Entscheidung noch einmal zu überdenken. Sie führten in ihren Schreiben an, daß die Kommission ja bereits durch den Tod *Bleibtreus* (am 06.06.1959) und das Ausscheiden *Weinkauffs* empfindlich getroffen worden sei. Gleichzeitig äußerten sie ihre Befürchtung, daß durch einen Austritt *Coings* das „Gewicht der Denkschrift weiter vermindert" werde und dessen Standpunkt in der Öffentlichkeit mißverstanden werden könnte.

Ausweislich der Protokolle der Kommission sah Coing zwar im Ergebnis davon ab, seine Tätigkeit in der Kommission „offiziell" zu beenden, tatsächlich nahm er aber nicht mehr an *allen* nachfolgenden Sitzungen teil. Damit „verlor" die Kommission eine weitere kritische Stimme in ihren Reformdiskussionen, so daß sich deren Tätigkeit zunehmend auf Erörterungen von Detailfragen der „beschränkten Justizreform" reduzierte.

Die Mitglieder der Kommission waren sich im Prinzip zu jeder Zeit darüber einig, daß *„das Volk kein rechtes Verständnis und im Zusammenhang damit auch kein rechtes Vertrauen zur Rechtspflege und zu den Richtern"* habe.[1097] Bei einer Reform müsse es daher vorrangig darum gehen, diesen entscheidenden *„Mangel"* durch die Gewinnung der *„richtigen Richterpersönlichkeiten"*, die Stärkung von *„Autorität, Kraft und Würde des Richteramtes"* und die Verminderung der Richterzahl zu bekämpfen.

Äußerst umstritten war jedoch zwischen den Vertretern der „Großen und der beschränkten Justizreform" die Frage, wie dieses Ziel erreicht werden könnte.

Die Verfechter der Großen Justizreform vertraten die Auffassung, daß dieser „Mangel" nur durch einen Neubau der gesamten Gerichtsbarkeit von den „Grundmauern an" korrigiert werden könnte. Deshalb sei eine entscheidende

---

[1095] *Ruscheweyh*, BA 141, BZ 213

[1096] *Strauß*, Bundesjustizministerium, BA 141, BZ 223

[1097] Bericht der Kommission, S. 64; vgl. auch *Kern*, ZZP 75. Bd., S. 148

Verringerung der Zahl der Richter und eine wesentliche Straffung und Vereinfachung des „heute“ so zersplitterten und unübersichtlich gewordenen Aufbaus der Gerichte notwendig. Dies könne unter anderem dadurch erreicht werden, daß man die Amts- und Landgerichte zu einem einheitlichen erstinstanzlichen Gericht zusammenfasse und für den Fall einfacherer Prozesse eine „Friedensgerichtsbarkeit“ schaffe. Für die meisten Geschäfte der freiwilligen Gerichtsbarkeit könne ein Rechtsamt, eine Verwaltungsbehörde innerhalb der Justiz, vorgeschaltet werden.

Weinkauff, als der entschiedenste Verfechter der Großen Justizreform, wollte „die bedauerliche Verfremdung zwischen Volk und Justiz“ und den „gegängelten technischen Rechtsbetrieb“ mit einer radikalen institutionellen und personellen Neuordnung des Rechtswesens in der Bundesrepublik beheben. Er hob hervor, daß restaurative Verbesserungsversuche sinnlos seien und nur radikale Änderungen in der Substanz des deutschen Rechtswesens eine soziologisch richtige und zeitgerechte Anpassung an die europäische Entwicklung bringen könnten. Das gelte besonders auch für den Fall der Wiedervereinigung.[1098]

Die Mehrheit der Kommission, die sich für eine beschränkte Justizreform aussprach, war zwar ebenfalls der Auffassung, daß weite Kreise des deutschen Volkes den Gerichten fremd gegenüberständen. Sie betonte jedoch, daß es entscheidend darauf ankomme, gute Richter heranzubilden. Auf keinen Fall dürften Maßnahmen zur Verbesserung der Zivilrechtspflege zu einer Vernachlässigung des Rechtsschutzes führen. Deshalb seien den Reformvorschlägen Grenzen gesetzt und der bestehende Aufbau der ordentlichen Justiz in Amtsgericht, Landgericht, Oberlandesgericht und Bundesgerichtshof beizubehalten.

Die Kommission hielt folglich in ihrer Mehrheit einen vollständigen Umbau der Zivilgerichtsbarkeit für nicht erforderlich. Sie lehnte damit - anders als die Kommission des Deutschen Richterbundes in ihren Leitsätzen zur Großen Justizreform[1099] - eine umfassende Große Justizreform ab. *Heusinger*, als einer der Vertreter der Beschränkten Justizreform, erhoffte sich, im Gegensatz zu *Weinkauff*, eine Besserung der Zustände sogar (allein) „von einer tiefen geistesgeschichtlichen Entwicklung“. Es sei, so erklärte er, fraglich, ob man in einer Zeit, in der „weltanschaulich alles schwankend“ sei, alle Hoffnung auf institutionelle Veränderungen setzen dürfe.[1100]

[1098] DRiZ, Umschau, 1961, S. 273

[1099] DRiZ 1960, S. 233, Ein Jahr, nachdem der BJM *Neumayer* diese Kommission ins Leben gerufen hatte, hat auch der Deutsche Richterbund im Jahre 1956 eine Kommission für Fragen der Große Justizreform (also nicht unter Beschränkung auf die Zivilgerichtsbarkeit) unter dem Vorsitz des MinDir. Prof. Dr. *Gerner* eingesetzt. (DRiZ. 1956, S. 258)

[1100] DRiZ 1961, „Vortragsreihe der Juristischen Studiengesellschaft Karlsruhe“, S. 232

Im Rahmen der endgültigen Zusammenstellung ihrer Empfehlungen einigte sich die Mehrheit der Kommission auf die folgenden wesentlichen Reformvorschläge:

- Stärkung der Amtsgerichte durch eine Erweiterung der Zuständigkeit für Prozesse bis zum Streitwert von 2000 DM (bisher 1000 DM).[1101]
- Wesentliche Verringerung der Richterzahlen bei den Landgerichten.
  In allen erstinstanzlichen Sachen soll statt einer Kammer mit drei Richtern ein einzelner Richter entscheiden. Keine Änderungen wurden hinsichtlich der Besetzung der Berufungs- und der Beschwerdekammern sowie der Besetzung der Oberlandesgerichte und des Bundesgerichtshofes vorgeschlagen. Empfohlen wurde auch, die Richter an den höheren Gerichten dadurch zu entlasten und ihre Zahl zu verringern, indem ihnen Richtergehilfen beigegeben werden.[1102]
- Einschränkung der Rechtsmittel: Erhöhung der Berufungssumme von derzeit 50 DM auf 300 DM bei der Berufung gegen Amtsgerichts- und auf 500 DM bei der Berufung gegen Landgerichtsurteile.[1103] Die Revision an den Bundesgerichtshof sollte auf Sachen von rechtsgrundsätzlicher Bedeutung beschränkt werden, die bisherige sogenannte Streitwertrevision – die Revision war nach seinerzeit geltendem Recht stets gegeben, wenn der Wert der noch bestehenden Beschwerde 6000 DM überstieg – also gänzlich entfallen.[1104]

Sechs Jahre nach ihrer konstituierenden Sitzung wurde der abschließende Bericht der Kommission zur Vorbereitung einer Reform der Zivilgerichtsbarkeit im Oktober 1961 von dem damaligen Bundesjustizminister *Schäffer* der Öffentlichkeit übergeben. Es handelte sich hierbei nicht um einen formulierten Gesetzesentwurf, sondern um eine Zusammenstellung von 140 Thesen in Form von Empfehlungen.

Mit der Veröffentlichung des Berichts wurde die Diskussion über eine Reform der Zivilgerichtsbarkeit in den Juristenkreisen neu entfacht, wobei die Arbeit der Kommission in den daraufhin veröffentlichten Abhandlungen und Stellungnahmen sehr unterschiedlich bewertet wurde.

So stellte z.B. *Kern* im Jahre 1962 positiv fest, daß die Mehrheit der Kommission in ihrem Bericht zwar lediglich einzelne Reformen in der Gerichtsverfassung und im Verfahren befürwortet habe, diese jedoch – alle zusammen – zu

---

[1101] Siehe dazu im Bericht der Kommission, S. 103
[1102] Siehe hierzu die Ausführungen in Teil 3, F (S. 171 ff.) dieser Arbeit
[1103] Siehe hierzu die Ausführungen in Teil 3, G (S. 259 ff.) dieser Arbeit
[1104] Siehe hierzu die Ausführungen in Teil 3, E II (S. 153 ff.) dieser Arbeit

einer wesentlichen Verbesserung der Zivilgerichtsbarkeit führen würden.[1105] Seiner Meinung nach habe die Kommission „hervorragende Arbeit“ geleistet, wie das bei ihrer Zusammensetzung und ihrer Arbeitsweise, insbesondere ihrer Gründlichkeit und Sachlichkeit nicht anders zu erwarten gewesen wäre, und der Bericht würde sich „würdig“ an den vom Reichsjustizministerium im Jahre 1931 vorgelegten Entwurf einer Zivilprozeßordnung anreihen. An anderer Stelle wurden die von der Kommission befürworteten Reformen als eine Reihe evolutionärer Schritte gewertet.[1106]

Es wurde jedoch auch Kritik an der Arbeit der Kommission geäußert und hervorgehoben, daß aufgrund der „mühevoll, tiefgründig und fleißig durchgeführten Arbeiten der Reformkommission“ zwar Verbesserungen sicher eintreten würden und auch eine Vereinfachung und Beschleunigung des Verfahrens hier und da erreicht werden könne; im Ganzen gesehen aber habe „der Gedanke, einen modernen Neubau aus einem Guß zu errichten“, der aus Sicht des Volkes zu einer „Verlebendigung des Rechts“ und einer „Positivierung der Gerichte“ geführt hätte, „ersichtlich der Erwägung den Platz geräumt, die ehrwürdigen, verbesserungsbedürftigen Gesetze durch Novellierungen aufzupolieren“.[1107] Radikaler äußerte sich nach seinem Ausscheiden aus der Kommission *Weinkauff,* als er sich im Jahre 1961 gegen die Durchführung einzelner Reformmaßnahmen aussprach und erklärte, daß „restaurative Verbesserungsversuche“ sinnlos seien und nur „radikale Änderungen in der Substanz des deutschen Rechtswesens“ eine soziologisch richtige und zeitgerechte Anpassung an die europäische Entwicklung bringen könnten.[1108]

Um die als notwendig erkannten Reformen auf dem Gebiet der Zivilgerichtsbarkeit durch konkrete Vorschläge vorzubereiten und zu fördern, setzte der BMJ *Bucher* im Jahre 1964, entsprechend einer auf der 30. Konferenz der Justizminister gefaßten Entschließung, drei Reformkommissionen für die zu behandelnden Arbeitsgebiete ein. Es handelte sich hierbei um die Kommission für das Gerichtsverfassungsrecht und Rechtspflegerrecht, die Kommission für das Recht der freiwilligen Gerichtsbarkeit und die Kommission für das Zivilprozeßrecht. Aufgabe dieser Reformkommissionen sei es, Einzelverbesserungen überall dort vorzunehmen, wo das geltende Recht sich als unzureichend erwiesen habe oder aber Lücken aufweise, die die Rechtsprechung nicht oder nicht befriedigend habe füllen können.[1109]

[1105] *Kern, Eduard,* „Vorbereitung einer Reform der Zivilgerichtsbarkeit“, ZZP 1962, 75. Band, S. 145 ff.
[1106] DRiZ, 1961, S. 191
[1107] *Schoen,* „Reform der Zivilgerichtsbarkeit“, Die öffentliche Verwaltung, 1962, S. 179
[1108] *Weinkauff,* DRiZ 1961, S. 273
[1109] Bericht der Kommission für das Zivilprozeßrecht, Einführung, S. 21 ff

Die Kommission für das Zivilprozeßrecht beendete ihre sachlichen Beratungen im Herbst 1975 und schloß mit ihrem Bericht an den Bericht der Kommission zur Vorbereitung einer Reform der Zivilgerichtsbarkeit an.[1110] Im Jahre 1975 gab das Bundesministerium der Justiz den Bericht der Kommission für Gerichtsverfassungsrecht und Rechtspflegerrecht[1111] heraus und im Frühjahr 1978 legte die Kommission für das Recht der freiwilligen Gerichtsbarkeit ihren Bericht mit dem Entwurf einer Verfahrensordnung für die freiwillige Gerichtsbarkeit vor.[1112]

B Gründe für das Scheitern der Vertreter der Großen Justizreform

Wie bereits dargestellt, rückte die Kommission im Verlaufe der Jahre immer mehr von der Idee einer Großen Justizreform ab, um schließlich unter dem Begriff einer Beschränkten Justizreform die Durchführung einzelner, spezifischer Gesetzesänderungen vorzuschlagen. Es fragt sich, wie es zu dieser Wendung kommen konnte und welche internen oder externen Faktoren diese Entwicklung maßgeblich beeinflußten.

I. Zweckgerichtete Auswahl der Kommissionsmitglieder?

Sicher ist, daß die Tätigkeit der Kommission zur Vorbereitung einer Reform der Zivilgerichtsbarkeit von einer Vielzahl unterschiedlicher Faktoren beeinflußt wurde.

Ob die jeweilige Einstellung der Kommissionsmitglieder zu der Frage der Großen Justizreform ein Auswahlkriterium bei ihrer Berufung in die Kommission darstellte oder nicht, ist bis heute unklar. Fest steht, daß deren Arbeiten nach der Vorgabe Neumayers ausdrücklich nicht durch die Ansichten des BJM beeinflußt werden sollten.[1113]

Wie bereits dargestellt hielt jedoch *Weinkauff* bereits 1956 eine derart zweckgerichtete Auswahl der Kommissionsmitglieder zumindest für vorstellbar. So fragte er in seinem Schreiben vom 02.07.1956, gerichtet an das Bundesministerium der Justiz[1114], ob die Auswahl der Mitglieder der Kommission zweckgerichtet auf die Erreichung eines bestimmten Ergebnisses (Befürwortung oder

---

[1110] Bericht der Kommission für das Zivilprozeßrecht, Einführung, Vorwort, S. 3

[1111] Bericht der Kommission für Gerichtsverfassungsrecht und Rechtspflegerrecht

[1112] DNotZ 1979, S. 257, Bericht über die Tätigkeit der Bundesnotarkammer im Jahre 1978

[1113] *Merkatz, von, Hans-Joachim*, „Festschrift aus Anlaß des Inkrafttretens des Rechtspflegegesetzes", S. 130; siehe auch, *Neumayer, Fritz*, „Ansprache des BJM *Fritz Neumayer* auf dem 41. Juristentag", DRiZ 1955, S. 230 ff.

[1114] *Weinkauff*, BA, B 141, BZ 40a

Ablehnung der Großen Justizreform) getroffen worden sei. Ähnlich lautete auch eine Anfrage der Zeitschrift „Der Spiegel", der anläßlich der Veröffentlichung des Berichts der Kommission eine Reihe von Fragen an das Bundesjustizministerium gerichtet hatte: *„Verschiedentlich wird geäußert, die Kommission sei absichtlich mit einer Mehrheit von nicht reformfreudigen Herren besetzt worden, könnte das Ministerium sich hierzu öffentlich äußern? Welche Kriterien lagen bei der Auswahl der Kommissionsmitglieder zugrunde?"*[1115]

In der Antwort des Bundesjustizministeriums vom 20.12.1961 wies *Marquordt* darauf hin, daß die Mitglieder der Kommission nicht nach dem Gesichtspunkt ausgewählt worden seien, ob sie voraussichtlich einen besonders reformfreudigen oder –ablehnenden Standpunkt einnehmen würden, sondern ausschließlich nach deren besonderer fachlicher Qualifikation.[1116] Seiner Meinung nach hätten die Mitglieder der Kommission im Jahre 1955 größtenteils selbst noch keine endgültigen Vorstellungen hinsichtlich der Beantwortung dieser Frage gehabt.

Anders könnten die Aussagen des Staatssekretärs *Strauß*, die er anläßlich seiner Rede vom 15.01.60[1117] vor der Kommission getätigt hatte, interpretiert werden:

Er hob hervor, daß die Kommission in ihren Entschließungen *natürlich* völlig frei sei. Der erste Vorsitzende der Kommission, *Ernst Wolff*, habe die ZPO reformieren wollen. Wenn das Bundesjustizministerium das auch gewollt hätte, wäre die Kommission nicht in diesem Umfange und mit dieser Aufgabenstellung gebildet worden; das wäre zu wenig gewesen. Auf der anderen Seite komme die Kommission aber nicht umhin zu prüfen, ob und inwieweit sich Vorschriften der ZPO in der Praxis nicht bewährt hätten und ob nicht einzelne Verbesserungsvorschläge gemacht werden sollten.

Diese Aussagen könnten einerseits darauf hindeuten, daß die Befürchtungen *Weinkauffs* berechtigt waren, das Justizministerium habe tatsächlich schon bei Einsetzung der Kommission nur die Vorbereitung einer „beschränkten Justizreform" beabsichtigt. Es ist jedoch auch vorstellbar, daß sich *Strauß* angesichts der bereits mehrere Jahre andauernden Arbeiten und der jetzt „nur noch" zu erwartenden „kleinen Lösung" veranlaßt sah, die Vorgehensweise des Bundesjustizministeriums zu rechtfertigen, indem er das Ergebnis als das von Anfang angestrebte darstellte.

Schließlich könnten die Ausführungen des Staatssekretärs auch lediglich einen Hinweis darauf darstellen, daß die Kommission eine (große oder beschränkte) Reform lediglich vorbereiten und nicht durch Aufstellung von Gesetzesentwürfen praktisch durchführen sollte.

[1115] *Wild, Dieter*, „Der Spiegel", Schreiben an *Marquordt* (Bundesjustizministerium) vom 7.11.1961, BA 141, BZ 18,19

[1116] Marquordt, BA 141, BZ 23, 24

[1117] *Strauß*, Protokoll Nr. 24, S. 55

Gegen eine zweckgerichtete Auswahl der Kommissionsmitglieder spricht jedenfalls, daß sich zu Beginn der Kommissionsarbeiten tatsächlich namhafte Vertreter einer Großen Justizreform unter den Mitgliedern befanden, was zu der bereits dargestellten „Lagerbildung" geführt hatte.

II. Beeinflussung durch persönliche, materielle oder ressortmäßige Interessen?

Auch wenn bereits 1956 darauf hingewiesen worden war, daß es bei der Arbeit an den Reformplänen nicht um die Wahrnehmung persönlicher, materieller oder gar ressortmäßiger Interessen gehen dürfte[1118], haben derartige Interessen im Rahmen der Kommissionsarbeiten zweifelsohne eine Rolle gespielt.

So belegt z.B. das Schreiben *Wieczoreks* an *Ruscheweyh* vom 21.09.1957[1119], daß sich die Kommission bei ihren Erörterungen nicht von den Einflüssen bestimmter Interessengruppen freimachen konnte. Hier heißt es nämlich:

„Einer Großen Justizreform werden selbstverständlich viele Widerstände entgegengesetzt, Widerstände, die im besonderen aus den Kreisen der Juristen kommen. Vielleicht sollte man deshalb darauf hinweisen, daß die derzeitige Generation praktisch von der Reform nicht betroffen werden wird, mit anderen Worten, daß für alle schon hinreichend gesorgt werden wird. Das wird bezüglich der Richterschaft nicht so schwer sein; dagegen fürchte ich doch, daß ernste Existenzsorgen in der Anwaltschaft auftreten können. Denen könnte man in der Übergangszeit begegnen."

Einige Aussagekraft beinhaltet auch das Schreiben von Oberlandesgerichtsrat *Dr. Heinz Dubro* vom 12.02.1959[1120]. *Dubro* war zuvor von *Marquordt* gebeten worden, die Erlaubnis zur Verwendung seines Aufsatzes „Kollegium und Einzelrichter"[1121] in der Frankfurter Allgemeinen Zeitung vom 03.12.1958 im Rahmen der Kommissionsarbeiten zu erteilen. In seinem Antwortschreiben erklärte *Dubro*, daß er zur Frage der Justizreform noch einiges zu sagen wüßte und

---

[1118] *Seidel*, „Grundsätzliche Gedanken über eine Große Justizreform", S. 145

[1119] *Wieczorek*, BA Koblenz, B 141, BZ 2.

[1120] *Dubro, Heinz*, BA, B 141, BZ 169

[1121] *Dubro* kam in seinem Aufsatz zu dem Ergebnis, daß man alle mit weniger als drei Richtern besetzten Amtsgerichte auflösen sollte. Die verbleibenden Amtsgerichte sollten seiner Ansicht nach als „Gerichte erster Instanz" sämtliche Sachen der ordentlichen Gerichtsbarkeit, unabhängig von deren Materie und Höhe des Streitwertes bearbeiten. Im Ergebnis schlug er die Einführung des Einzelrichtertums schlechthin vor. Dazu sollten alle Zivil- und Strafsachen einschließlich der freiwilligen Gerichtsbarkeit (Nachlaß-, Vormundschafts-, Grundbuchsachen usw.) beim Amtsgericht beginnen, das mit so vielen Richtern zu besetzen wäre, wie nötig seien, um die auf seinen vergrößerten Bezirk entfallenden, derzeitigen Amts- und Landgerichtssachen zu erledigen. Die Landgerichte wären demzufolge aufzulösen.

auch vorgehabt hätte, seinem Zeitungsaufsatz noch einen oder zwei weitere folgen zu lassen. Da sein Beitrag vom 03.12.1958 jedoch gerade in Kollegenkreisen nicht wenig negative Kritik gefunden habe - *„Motto: Der Vogel, der sein eigenes Nest beschmutzt ... oder: Wer sich selbst um seine Arbeit bringt ...“* - habe er beschlossen, doch lieber nichts mehr zu schreiben.

Leidenschaftliche Meinungsäußerungen lösten schließlich die Vorschläge *Weinkauffs* zur Großen Justizreform aus, die er im Rahmen seiner Vorträge nach dem Ausscheiden aus der Kommission unterbreitete. Im Ergebnis lastete er dabei der Ministerialbürokratie des Bundes, dem Standesinteresse der Richter und der Opposition der Verwaltungsbeamten an, daß es mit den Arbeiten und den Ergebnissen der Kommission nicht vorwärts gehe.[1122] In den anschließenden Diskussionen begegneten seine Reformideen heftigem Widerstand in juristischen Standesorganisationen, Ministerialbehörden und sozialpolitischen Berufsverbänden.[1123]

Eine Große Justizreform *könnte* also auch deshalb „gescheitert“ sein, weil sie den Interessen bestimmter Kreise und Stände widersprach und aus diesem Grunde unerwünscht war.

III. Verfestigung neuer Strukturen?

Augenscheinlich wurde es mit fortschreitender Zeit immer schwerer, die nach der Beendigung des Zweiten Weltkrieges neu entstandenen Strukturen „aufzubrechen“. Diese hatten sich mit den Jahren immer weiter verfestigt, was dazu führte, daß der Zeit des Um- und Aufbruchs eine Periode der Stabilität und „Sicherheit“ folgte. Im gleichen Moment nahmen auch die Widerstände zu, die mittlerweile neu geschaffenen Positionen, Stellungen und Ämter im Rahmen einer umfassenden Reform zu „gefährden“. Der erste Schwung des „Neuanfangs nach dem Kriege“ schien tatsächlich mit fortschreitender Zeit nachgelassen zu haben. Gerade auf diese „Gefahr“ war bereits in einer Veröffentlichung aus dem Jahre 1954[1124] hingewiesen worden. Dort wurde betont, daß die ersten Jahre der Nachkriegszeit aus verschiedenen Gründen einen idealen Zeitpunkt für tiefgreifende Reformen darstellen würden:

„Niemals waren die Aussichten, eine solche, seit Jahrzehnten als notwendig erfühlte, grundsätzliche Reform durchzuführen, günstiger als in der Gegenwart. In

---

[1122] *Weinkauff*, „Warum und wie Große Justizreform“, Juristenjahrbuch 1960, S. 25, 26; siehe auch *Kern*, ZZP 75. Bd., 1962, S. 161 mit Verweis auf „Der Spiegel“ 1962, Nr.2 vom 24.01.1962, S. 24

[1123] DRiZ 1961, Umschau, Große Justizreform, S. 273

[1124] *Seidel*, „Richtergesetz und Große Justizreform“, DRiZ 1954, S. 261 ff.

der durch Neuaufbau des Staates bedingten Auflockerung aller staatspolitischen Probleme sind auch auf dem Gebiet der Justizpolitik Ergebnisse gereift und haben sich politische Möglichkeiten eröffnet, die früher entscheidend gefehlt haben. Diese Situation muß genutzt werden, ehe der großartige Schwung des Aufbaues ausgelaufen ist und die Fronten wieder im Herkömmlichen erstarrt sind." [1125]

Bereits drei Jahre später erschien in der Deutschen Richterzeitung eine Abhandlung, in der kritisch festgestellt wurde, daß auch 7 Jahre nach dem Rechtsvereinheitlichungsgesetz von 1950, welches laut Aussage der damaligen Bundesregierung nur einen Übergangscharakter tragen sollte, immer noch keine Ergebnisse bezüglich der notwendigen Reformarbeiten vorgewiesen werden könnten.[1126] Sofortmaßnahmen seien vor allem in der Ziviljustiz geboten. Diese sei gegenüber den anderen Gerichtsbarkeiten in mancher Beziehung rückständig. So hätten z.B. die Arbeits- und Sozialgerichtsbarkeiten bereits 1953 moderne kurze Gesetze erhalten, die das Verfahren schneller, sachgemäßer und weniger formalistisch gestalten würden als die ZPO.

Richtig ist, daß sich während der langen Dauer der Kommissionstätigkeit, die sich über sechs Jahre hinzog, die Rahmenbedingungen geändert haben, die Einfluß auf die Art und Weise der Reformdiskussionen hatten. So spielte in den ersten Jahren der Kommissionsarbeit augenscheinlich das Argument eine bedeutende Rolle, daß die Reformarbeiten auch unter dem Eindruck einer in absehbarer Zeit zu erwartenden Wiedervereinigung vorangetrieben werden müßten. Mit zunehmender Dauer erschien die deutsche Teilung sich jedoch weiter zu verfestigen, so daß das „Wiedervereinigungsargument" immer mehr in den Hintergrund trat.

Veränderungen gab es auch hinsichtlich der Rechtspflege, deren Ordnung bei Beendigung der Kommissionstätigkeit bereits im Wesentlichen wiederhergestellt war. In der Kommission könnte somit auch der Eindruck entstanden sein, daß es angesichts der bisherigen - positiven - Entwicklungen, nicht zuletzt vor dem Hintergrund des seinerzeit einsetzenden „Wirtschaftswunders", zur Herstellung einer geordneten Rechtspflege einer Großen Justizreform gar nicht mehr zwingend bedürfe.

Der erste Schwung des Aufbruchs in der unmittelbaren Nachkriegszeit und die mit diesem verbundene Reformfreudigkeit breitester gesellschaftlicher Schichten war also bereits deutlich erlahmt, als die Arbeiten der Kommission in die entscheidende Phase eintraten. Auch aus diesem Grunde könnten die Vertreter einer Großen Justizreform zunehmend auf „verlorenem Posten" gestanden haben.

[1125] *Seidel,* aaO., S. 261

[1126] *Wagner, Albrecht,* „Dringende Fragen einer Justizreform", DRiZ 1957, S. 93 ff.

C Mögliche Auswirkungen einer Großen Justizreform?

Angesichts der Reformen von 2002 und der heutigen Reformdiskussionen[1127] stellt sich die Frage, ob eine Umgestaltung der Rechtspflege von Grund auf tatsächlich die von ihren Verfechtern erhoffte Wirkung gezeitigt hätte, sie sich also positiver auf die Zivilgerichtsbarkeit und deren Weiterentwicklung ausgewirkt hätte, als die auf Basis der Kommissionsarbeit beruhenden, im Jahre 1976 durchgeführten Reformen.

Eine eindeutige Antwort auf diese Frage, verbunden mit dem Anspruch auf Richtigkeit, wird sich kaum finden lassen.

Die Ergebnisse der Kommissionsberatungen sowie diejenigen der daraufhin für Teilbereiche der Zivilgerichtsbarkeit eingesetzten Folgekommissionen hatten zu einer Novellengesetzgebung geführt, die zwar die Regelungen der bürgerlichen Rechtspflege den damaligen Anforderungen entsprechend reformierten, deren Praktikabilität bzw. Anpassungsfähigkeit jedoch bis heute bewahrte - angesichts der politischen, wirtschaftlichen und sozialen Veränderungen, die in der Bundesrepublik Deutschland auch in der Zeit von 1961 bis heute stattfanden und finden, ein nicht unerheblicher Gesichtspunkt -.

Fraglich ist, ob die grundlegende Umgestaltung des Rechtswesens zu vergleichbaren bzw. besseren Ergebnissen geführt hätte. Angesichts der „Historie" der Idee einer Großen Justizreform in der Zeit vom Inkrafttreten der Reichsjustizgesetze im Jahre 1879 bis in die sechziger Jahre des zwanzigsten Jahrhunderts könnte man durchaus zu dem Schluß gelangen, daß dies nicht (unbedingt) der Fall gewesen wäre.

Mit der Einführung der Reichsjustizgesetze war die deutsche Zivilgerichtsbarkeit auf eine neue rechtliche Basis gestellt worden. Das Gerichtsverfassungsgesetz, die Zivilprozeßordnung und das Gesetz über die Angelegenheiten der freiwilligen Gerichtsbarkeit bildeten deren Grundlage und stellten das Ergebnis

---

[1127] Siehe hierzu die Aufsätze in der Süddeutschen Zeitung vom 3.9.2004 (Justizreform: „Aus fünf mach zwei"); 8.9.2004 (Recht: „Reform der Justiz „an Haupt und Gliedern" und Kommentar: „Neue Expeditionen in den Irrgarten der Justiz"); 24.11.2004 (Justizministerkonferenz: „Größte Justizreform seit 1877 und Kommentar: „Die Justiz und der Papagei) sowie in den Spiegel online Veröffentlichungen vom 22.11.2004 („Blitz-Scheidung beim Notar"); 24.11.2004 (Justizwesen: „Umfassendste Reform seit mehr als 100 Jahren"); 25.11.2004 (Justizreform: „Schneller und billiger") und in der Zeitschrift Die Welt vom 11.9.2004 („Justizreform"). Kernpunkte dieser Reformdiskussionen sind: Die Einführung eines generell dreistufigen Gerichtsaufbaus in der Zivil- und Strafjustiz und die Schaffung eines einheitlichen Eingangsgerichts, die Zusammenlegung der Finanz-, Sozial- und Verwaltungsgerichte, die Einführung einer einheitlichen Verfahrensordnung für sämtliche Gerichtsbarkeiten, eine Verkürzung des Instanzenweges und die Übertragung richterlicher Aufgaben auf Dritte (z.B. die Bearbeitung von Familien- und Erbrechtsangelegenheiten durch Notare).

einer umfassenden und wohldurchdachten Justizreform im Geiste des positivistisch geprägten ausgehenden 19. Jahrhunderts dar.

In der Folgezeit haben herausragende Juristen der Wilhelminischen Zeit (*Adickes*, 1906), der Weimarer Republik (*Schiffer*, 1928), der NS-Zeit (*Jonas*, 1941) und auch der frühen Bundesrepublik (*Weinkauff*, 1955) immer wieder eine Große Justizreform gefordert. Das Studium der zeitgenössischen Literatur[1128] vermittelt den Eindruck, daß deren Forderungen Ausfluß einer „Euphorie des Aufbruchs" waren und ein Vergleich der Inhalte dieser Werke zeigt, daß die darin vorgetragenen wesentlichen Argumente und Forderungen vielfach übereinstimmen. So nahmen sowohl *Schiffer* als auch *Weinkauff* Bezug auf die Ausführungen von *Adickes* und schlossen sich dessen Ansichten zur Großen Justizreform weitgehend an. Auch *Jonas* befürwortete die Durchführung einer Großen Justizreform, distanzierte sich jedoch ausdrücklich von den Reformbestrebungen von *Adickes* und *Schiffer*, die er als nur „recht bescheidende" Ansätze (*Adickes*) und „kaum von tieferen Ideen getragene, an der Oberfläche haftende" Vorschläge (*Schiffer*) bewertete.[1129] *Jonas* begründete seine Reformvorschläge damit, daß – abgesehen von dem Neubau der Strafrechtspflege – ein neues „Volksgesetzbuch" geschaffen werden müsse und das Verfahren dem neuen materiellen Recht und den Bedürfnissen der neuen „Wirtschaftsordnung" anzupassen sei. Im Hintergrund dieser Ideen stand also die Umsetzung des nationalsozialistischen Gedankenguts, so z.B. die Einführung des Führerprinzips innerhalb der Rechtspflege. Bemerkenswert ist dabei, daß die teilweise gleichlautenden Forderungen nach einer Großen Justizreform vor dem Hintergrund ganz unterschiedlicher „Rechtssysteme" bzw. Herrschaftsformen geäußert wurden, daß heißt sowohl zu Zeiten eines totalitären Herrschaftssystems als auch unter freiheitlich-demokratischen Verhältnissen. Es unterliegt jedoch keinem Zweifel, daß die genannten Verfechter einer Großen Justizreform, den unterschiedlichen politischen Anschauungen „ihrer" Zeit entsprechend, auch ganz unterschiedliche Vorstellungen von einer geordneten, zeitgemäßen Rechtspflege besaßen. Auch das Zivilprozeßrecht wäre daher – wenn auch nicht in gleichem Ausmaße wie etwa das Strafrecht – Ausdruck der jeweils herrschenden Welt- und Rechtsanschauung geworden.

Ein solches ideologisch geprägtes Recht wäre jedoch derart starr an die aktuelle Staats- bzw. Herrschaftsform gebunden gewesen, daß jede Änderung des Systems zwangsläufig eine erneute Große Justizreform erfordert hätte.

Die Anpassungsfähigkeit der Reichsjustizgesetze von 1879, die auch heute noch im Grundsatz unverändert gelten, wäre zwangsläufig verloren gegangen.

[1128] Siehe *Adickes*: „Grundlinien durchgreifender Justizreform"; *Schiffer:* „Die deutsche Justiz"; *Jonas*: „Gedanken über die Neugestaltung der Gerichtsorganisation", DR 1941, S. 1329 ff.; *Weinkauff:* „Die große Justizreform", DRiZ 1958, S. 93 ff.

[1129] *Jonas*: „Gedanken über die Neugestaltung der Gerichtsorganisation", DR 1941, S. 1329

Sie haben immerhin aufgrund ihres weltanschaulich eher neutralen und gesetzestechnisch ausgefeilten Charakters drei vergangene Regierungsformen überdauert, ohne daß das durch sie verkörperte Recht aufhörte zu „funktionieren". Das weitgehend „konservierte" alte Recht hatte sich also in verschiedenen Staatsformen, sowohl in Kriegs- als auch in Friedenszeiten, durchgesetzt.

In der Sturm- und Drangzeit eines jeden neuen Systems neigen oftmals auch Juristen dazu, über das Ziel hinaus zu schießen und alles Alte zu verdammen und das Neue über zu bewerten. Die guten und wohl nur schwer verbesserungsfähigen Grundlagen der Reichsjustizgesetze werden dabei häufig übersehen. Im Laufe der Zeit beruhigen sich dann jedoch die Gemüter und die Reformarbeit endet vielfach in einer bloßen Novellengesetzgebung. Man hat nämlich erkannt, daß „zeitgemäße" Ergebnisse auch bei Durchführung einer nur „eingeschränkten Justizreform" erreichbar sind.

Es bleibt festzuhalten, daß es zumindest zweifelhaft erscheint, ob sich die Große Justizreform, wie sie maßgeblich von *Weinkauff* gefordert wurde, positiver auf die Zivilgerichtsbarkeit ausgewirkt hätte als die Novellengesetzgebung der folgenden Jahrzehnte.

Quellen- und Literaturverzeichnis

Bibliothek des Bundesgerichtshofes, Karlsruhe:

Die Protokolle der Kommission zur Vorbereitung einer Reform der Zivilgerichtsbarkeit

Protokoll 1:	Konstituierende Sitzung am 18.11.1955 in Bonn, BJM
Protokoll 2:	Sitzung des Ausschusses für den Arbeitsplan am 10.12.1955 in Frankfurt / Main, Universität
Protokoll 3:	1. Arbeitssitzung am 21. und 22.2.1956 in Bonn, BJM
Protokoll 4:	2. Arbeitssitzung am 11. und 12.5.1956 in Frankfurt / Main, Universität
Protokoll 5:	3. Arbeitssitzung am 29.6.1956 in Bonn, BJM
Protokoll 6:	4. Arbeitssitzung am 13.10.1956 in Hamburg, OLG
Protokoll 7:	5. Arbeitssitzung am 24. und 25.1.1957 in Bonn, BJM
Protokoll 8:	6. Arbeitssitzung am 30.3.1957 in Karlsruhe, BGH
Protokoll 9:	Sitzung des Ausschusses „Vorbereitung der Beratung zu Abschnitt III des Arbeitsplans" am 18.5.1957 in Hamburg, OLG
Protokoll 10:	7. Arbeitssitzung am 27.5.1957 in München, Haus der Notarkasse
Protokoll 11:	8. Arbeitssitzung am 19. und 20.7.1957 in Stuttgart, Justizministerium
Protokoll 12:	9. Arbeitssitzung am 14. bis 18.10.1957 in Bonn, BJM
Protokoll 13:	10. Arbeitssitzung am 16. und 17.1.1958 in München, Haus der Notarkasse
Protokoll 14:	11. Arbeitssitzung am 6. bis 8.3.1958 in Karlsruhe, BGH
Protokoll 15:	12. Arbeitssitzung am 8. und 9.5.1958 in Tübingen, Universität
Protokoll 16:	13. Arbeitssitzung am 10. und 11.7.1958 in Hamburg, OLG
Protokoll 17:	14. Arbeitssitzung am 23. bis 25.10.1958 in Bonn, BJM
Protokoll 18:	15. Arbeitssitzung am 11. und 12.12.1958 in Baden-Baden, Kurhaus
Protokoll 19:	16. Arbeitssitzung am 4. und 5.6.1959 in Frankfurt / Main, Universität
Protokoll 20:	17. Arbeitssitzung am 9. bis 11.7.1959 in Bonn, BJM
Protokoll 21:	18. Arbeitssitzung am 3.10.1959 in Baden-Baden, Rathaus
Protokoll 22:	19. Arbeitssitzung am 9. und 10.11.1959 in Celle, OLG
Protokoll 23:	20.Arbeitssitzung am 3. bis 5.12.1959 in Wiesbaden, Justizministerium

Protokoll 24:	21. Arbeitssitzung am 14. und 15.1.1960 in Bonn, Auswärtiges Amt
Protokoll 25:	22. Arbeitssitzung am 18. und 19.2.1960 in Bremen, Rathaus
Protokoll 26:	23. Arbeitssitzung am 27. bis 29.4.1960 in Freiburg, Verwaltungsgericht
Protokoll 27:	24. Arbeitssitzung am 9. und 10.6.1960 in Goslar, Rathaus
Protokoll 28:	25. Arbeitssitzung am 22. und 23.7.1960 in Karlsruhe, BGH
Protokoll 29:	26. Arbeitssitzung am 29. und 30.9.1960 in Baden-Baden, Rathaus
Protokoll 30:	27. Arbeitssitzung am 27. und 28.10.1960 in Bonn, BJM
Protokoll 31:	28. Arbeitssitzung am 8. und 9.12.1960 in Würzburg, Hotel Excelsior
Protokoll 32:	29. Arbeitssitzung am 19. und 20.1.1961 in München, Haus der Notarkasse
Protokoll 33:	30. Arbeitssitzung am 23. und 24.2.1961 in Nürnberg, Bundesanstalt für Arbeitsvermittlung und Arbeitslosenversicherung
Protokoll 34:	31. Arbeitssitzung am 20. und 22.4.1961 in Bonn, BJM
Protokoll 35:	32. Schlußsitzung am 28.4.1961 in Bonn, BJM

Akten des Bundesarchivs Koblenz:

Bestandssignatur: 141

Aktenband Nr. 24894

BZ 141 bis 153	Ansprache *Neumayers* anläßlich der konstituierenden Sitzung der Kommission zur Vorbereitung einer Reform der Zivilgerichtsbarkeit vom 18.11.1955

Aktenband Nr. 24898

BZ 40a:	*Weinkauff* teilte *Strauß* mit Schreiben vom 2.7.1956 mit, daß nach seinem Eindruck die Mehrheit der Kommission gegen die Durchführung einer Großen Justizreform sei.
BZ 54:	*Marquordt* wies *Heusinger* mit Schreiben vom 20.7.1956 darauf hin, daß er Strauß über die erheblichen Gegensätze zwischen der Gruppe *Weinkauff* und der Gruppe *Heusinger* informiert habe.

Aktenband Nr. 24908

BZ 2: Schreiben *Wieczoreks* an *Ruscheweyh* vom 21.9.1957, mit dem er Widerstände gegen eine Große Justizreform seitens der Juristen prognostizierte und vorschlug, diesen entgegenzuwirken, indem man darauf hinweise, daß die derzeitige Generation praktisch von der Reform nicht betroffen werde.

Aktenband Nr. 24918

BZ 137: Schreiben *Weinkauffs* vom 12.5.1958 mit dem er dem BMJ *Schäffer* mitteilte, daß er beabsichtige aus der Kommission auszuscheiden, da er für sein persönliches Anliegen der Großen Justizreform keine Möglichkeit einer weiteren sinnvollen Mitarbeit mehr sehe.

BZ 139: Vermerk von *Strauß* vom 21.7.1958, daß sich *Weinkauff* unter der Voraussetzung, daß bei der zweiten Lesung eine echte „itio in partes" erfolge, zur weiteren Mitarbeit in der Kommission bereit erklärt habe.

BZ 157: Schreiben vom 24.7.1958 gerichtet an *Coing* mit dem *Weinkauff* über seine „Aussprache" mit *Schäffer* berichtete.

Aktenband Nr. 24922

BZ 171: Vermerk *Marquordts* vom 8.12.1958, daß sich die Kommission zur Zeit in einer gewissen Krise befinde.

Aktenband Nr. 24923

BZ 62: Schreiben *Weinkauffs* vom 29.12.1958 mit dem er Coing mitteilte, daß er an eine Abgabe getrennter Voten ohne gegenseitige Polemik nicht glauben könne.

BZ 169: Antwort des Oberlandesgerichtsrats *Dubro* vom 12.2.1959 auf die Anfrage *Marquordts* wegen der Verwendung seines Aufsatzes „Kollegium und Einzelrichter" in der FAZ vom 3.12.1958. Dieser Aufsatz war nach Aussage *Dubros* auf die Kritik seiner Richterkollegen gestoßen. „(Motto: *Der Vogel, der sein eigenes Nest beschmutzt ... oder: Wer sich selbst um seine Arbeit bringt ...)"*.

Aktenband Nr. 24930

BZ 82, 83 Schreiben *Weinkauffs* vom 1.10.1959 mit dem er *Ruscheweyh* darüber in Kenntnis setzte, daß er den endgültigen Entschluß gefaßt habe, aus der Kommission auszutreten.

Aktenband Nr. 24942

BZ 213:	Schreiben *Ruscheweyhs* vom 3.11.1960 mit dem er *Coing* im Namen der Kommission bat, weiter an der Arbeit der Kommission teilzunehmen.
BZ 223:	Schreiben vom 21.11.1960 mit dem *Strauß Coing* im Namen des BMJ und der Kommission bat, insbesondere vor dem Hintergrund des Todes von *Bleibtreu* und dem Austritt *Weinkauffs*, den angekündigten „Rücktritt“ noch einmal zu überdenken.

Aktenband Nr. 24956

BZ 18, 19:	Schreiben der Zeitschrift „Der Spiegel“ an das BJM vom 7.11.1961 anläßlich der Veröffentlichung des Berichts der Kommission mit der Bitte um Beantwortung des beigefügten Fragenkataloges.
BZ 22 bis 24	Antwortschreiben des BJM (*Marquordt*) vom 20.12.1961, in dem darauf hingewiesen wurde, daß die Mitglieder der Kommission keineswegs nach dem Gesichtspunkt ausgewählt worden seien, ob sie voraussichtlich einen besonders reformfreudigen oder -ablehnenden Standpunkt einnehmen würden.

Literaturverzeichnis

Abraham, Hans, „Zwang zur Justizreform“, DJZ 1930, Sp. 1302 ff.

Adickes, Franz, Deutsche Juristen-Zeitung, 1.5.1906, „Grundlinien durchgreifenden Justizreform“, Spalte 501 ff (504).

Adickes, Franz, „Grundlinien durchgreifender Justizreform“, Berlin 1906

Adickes, Franz, „Zur Verständigung über die Justizreform“, Berlin 1907

Altstötter, Joseph, „Die volksgenössische Rechtspflege im totalen Kriege. Zur zweiten Kriegsmaßnahmenverordnung vom 27. September 1944“, DJ 1944, S. 253 ff.

Arbeitskreis für Fragen der Juristenausbildung, „Die Ausbildung der deutschen Juristen“, Veröffentlichungen des Arbeitskreises für Fragen der Juristenausbildung, Nr.2, Tübingen, 1960

Bar, von, Carl, Ludwig, Gutachten über den Entwurf einer Prozeßordnung in bürgerlichen Rechtsstreitigkeiten für den Norddeutschen Bund, Verhandlungen des neunten deutschen Juristentages, Band 2, S. 3 – 50, Berlin 1870

Baumbach, Adolf, Zivilprozeßordnung, Liebmann's Taschenkommentare Bd.1, 5. Auflage, Berlin

Baur, Fritz, „Sozialer Ausgleich durch Richterspruch", - Ein Beitrag zum Wandel des Richteramts -, JZ 1957, S. 193

Bericht der Kommission für das Zivilprozeßrecht, Bonn 1977

Bericht der Kommission für Gerichtsverfassungsrecht und Rechtspflegerrecht, Bonn 1975

Bericht der Kommission zur Vorbereitung einer Reform der Zivilgerichtsbarkeit, Berlin 1961

Bettermann, Karl, August und *Zeuner, Albrecht,* „Festschrift für *Eduard Bötticher* zum 70. Geburtstag am 29.12.1969", Berlin 1969

Bettermann, Karl, August, „Eduard Bötticher 70 Jahre", NJW 1970, S. 27

Bettermann, Karl, August, „Eduard Bötticher 1899 – 1989", ZfA 1990, S. 1 ff.

Biographisches Handbuch der deutschsprachigen Emigration nach 1933, Bd. 1, München 1980

Creifelds, Carl, Rechtswörterbuch, München, 1988

Curtius, Friedrich, „Parlamentarisches zur Zivilprozeßreform, JW 1924, S. 354 ff.

de Boor, Hans, Otto, Eine rechtsvergleichende Studie, Einzelrichter und Kollegium im italienischen und deutschen Zivilprozeß, Göttingen 1953

de Boor, Hans, Otto, „Zur Reform des Zivilprozeßrechts", Leipzig, 1938

Dannreuther, Dieter, Der Zivilprozeß als Gegenstand der Rechtspolitik im Deutschen Reich 1871 – 1945, Rechtshistorische Reihe, Bd. 53, Frankfurt am Main 1987

Dehler, Thomas, „Dr. jur. h.c. *Hermann Weinkauff* zum 70. Geburtstag“, NJW 1964, S. 488

Deutscher Anwaltstag, JW 1907, S. 768 ff, Verhandlungen des XIX. außerordentlichen Deutschen Anwaltstages am 23.11.1907 in Leipzig, Stenographischer Bericht

Duden, Konrad, „Otto Bleibtreu“, NJW 1959, S. 1360

Düringer, Adelbert, „Vereinfachung des Rechtswesens“, DJZ 1924, Sp. 7 ff

Ebermayer, Ludwig, „Entwurf eines Gesetzes zur Vereinfachung des Rechtswesens, JW 1924, S. 249 ff

Ebel, Friedrich, „Rechtsgeschichte: Ein Lehrbuch“. Band II: Neuzeit“, Heidelberg 1993

Ebert, Ina, „Die Normierung der juristischen Staatsexamina und des juristischen Vorbereitungsdienstes in Preußen (1849 – 1934)“, Berlin 1995

Emge, Carl August, „Die rechtspolitische Arbeit der Akademie für Deutsches Recht im Kriege“, ZAkDR 1939, S. 661 ff.

Endemann, Wilhelm, „Der Deutsche Civilprozess“, Zweiter Band, Berlin, 1879

Eisenhardt, Ulrich, Deutsche Rechtsgeschichte, 4. Auflage, München 2004

Erdmann, Karl, Dietrich, „Deutschland unter der Herrschaft des Nationalsozialismus 1933 – 1939“, 4. Auflg. München 1984

Fechner, Fritz, „Kriegsverwaltung, 1.Gerichtsverfassung und Verfahren in bürgerlichen Rechtssachen nach den Verordnungen vom 01. 09 1939“, DR 1939, S. 1732 ff.

Ferge, Hans, „Zu Schiffers „Sofortprogramm für die deutsche Justiz““, JZ 1953 S. 539, (541)

Festschrift für *Fritz Baur*, hrsg. von *Grunsky, Wolfgang / Stürner, Rolf / Walter Gerhard / Wolf, Manfred*, Tübingen 1981

Festschrift zum 225jährigen Jubiläum des Verlages C.H. Beck, „Juristen im Portrait, Verlag und Autoren in 4 Jahrzehnten“, München 1988

Firsching, Karl, „Zum 70. Geburtstag von Oberlandesgerichtsrat *Keidel*“, NJW 1972, S. 229

Fischer, Otto, „Der Rechtsunterricht und das bürgerliche Gesetzbuch. Auf Grundlage der Beschlüsse der Eisenacher Konferenz der Deutschen Rechtslehrer vom 23. März 1896“, Jena 1896

Frank, Hans, „Das Volksgesetzbuch“, Ansprache *Franks* auf der Jahrestagung der Akademie für Deutsches Recht, DR 1940, S. 2131

Frank, Hans, „Im Angesicht des Galgens“, 2. Auflage, Neuhaus bei Schliersee, 1955

Frank, Hans, „Herabsetzung der Revisionssumme oder was sonst?“ DR 1940, S.2224 ff.

Freisler, Roland, „Zum Geleit“, in: *O. Palandt / H. Richter* (Hg.), Justizausbildungsordnung des Reiches, 1. Auflage, Berlin 1939

Gedächtnisschrift für *Herbert Ruscheweyh,* herausgegeben von der Landesjustizverwaltung der Freien und Hansestadt Hamburg, Hamburg 1966

Glanzmann, Roderich, „Ehrengabe für *Bruno Heusinger*“, gewidmet von Mitgliedern des Bundesgerichtshofes, der Bundesanwaltschaft und der Rechtsanwaltschaft beim Bundesgerichtshof, München 1968

Goldschmidt, Levin, „Rechtsstudium und Prüfungsordnung. Ein Beitrag zur Preussischen und Deutschen Rechtsgeschichte“, Stuttgart 1887

Gottwald, Peter, „Die Revision als Tatsacheninstanz“, Schriften zum Prozeßrecht, Bd. 38, Berlin 1975

Gruchmann, Lothar, „Justiz im Dritten Reich 1933 – 1940. Anpassung und Unterwerfung in der Ära Gürtner“, Quellen und Darstellungen zur Zeitgeschichte, Bd. 28, 2. Auflage, München 1990

Hachenburg, Max, „Juristische Rundschau“, DJZ 1923, Sp. 341 ff.

Hahn, Carl, „Die gesamten Materialien zu den Reichs-Justizgesetzen“, Bd. 6, „2. Auflage, Neudruck der Ausgabe Berlin 1887, Aalen, 1983

Hahn, Carl, „Die gesamten Materialien zur Civilprozeßordnung und dem Einführungsgesetz zu demselben vom 30. Januar 1877, Abt. 1-2, Bd. 1, Berlin, 1880

Hahn, Carl, „GVG Materialien", Band 1, Berlin, 1879

Hattenhauer, Hans, „Die Akademie für Deutsches Recht (1933-1944)", JuS 1986, S. 680 ff.

Hattenhauer, Hans, Festschrift Rudolf Gmür, „Das NS – Volksgesetzbuch", S. 255 ff, 1983

Hattenhauer, Hans,„Vom Reichsjustizamt zum Bundesministerium der Justiz", Festschrift zum 100jährigen Gründungstag des Reichsjustizamts am 01.01.1877, S. 9 ff., Köln, 1977

Hedemann, Justus, Wilhelm, „Arbeit am Volksgesetzbuch", DR 1941, S. 1913 ff.

Heilberg, Adolf, „Die Gesetzgebung der Revolutionszeit", JW 1919, S. 3 ff.

Heilberg, Adolf, „Die Verordnung über das Verfahren in bürgerlichen Rechtsstreitigkeiten" vom 13. Februar 1924", JW 1924, S. 362 ff.

Heilbronn, Der Aufbau der nordrhein-westfälischen Justiz in der Zeit von 1945 bis 1948/49, Juristische Zeitgeschichte Bd. 5, Hrsg. V. Justizministerium des Landes NRW, 1996

Heinrichs, Helmut, „*Theodor Keidel* zum 80. Geburtstag", NJW 1982, S. 2810

Henzler, Christoph, „*Fritz Schäffer* 1945 – 1967", München 1994

Holthöfer, Ernst, „Ein deutscher Weg zu moderner und rechtsstaatlicher Gerichtsverfassung", S. 68, Stuttgart, 1997

Horn, Norbert, „Europäisches Rechtsdenken in Geschichte und Gegenwart", Festschrift für *Helmut Coing* zum 70. Geburtstag, Bd.1, München 1982

Jagusch, Heinrich, „Revision oder Grundsatzentscheidung", NJW 1953, S. 161 ff.

Jacobsohn, Max, „Justizreform", JW 1907, S. 321 ff

Jescheck, Hans-Heinrich, „Die juristische Ausbildung in Preußen und im Reich. Vergangenheit und Gegenwart“, Berlin, 1939

Jonas, Martin, „Gedanken über die Neugestaltung der Gerichtsorganisation“, DR 1941, S. 1329 ff.

Jonas, Martin, „Gedanken zur Prozeßreform – Verhandlungs- und Offizialmaxime“, DR 1941, S. 1697 ff.

Kempf, Udo und *Merz, Hans-Georg* (Hrsg.), Kanzler und Minister 1949 – 1998, Biographisches Lexikon der deutschen Bundesregierungen, Wiesbaden 2001

Kern, Eduard, Geschichte des Gerichtsverfassungsrechts, München und Berlin 1954

Kern, Eduard, „ Einheitliche Gerichtsbarkeit“, DRiZ 1956, S. 214 ff.

Kern, Eduard, „Vorbereitung einer Reform der Zivilgerichtsbarkeit“, ZZP 1962, 75. Band, S. 145 ff.

Kerrl, Hanns, „Die Bedeutung des Gemeinschaftslagers der Referendare in Preußen“, Eine Unterredung des Preußischen Justizministers Staatsrats *Hanns*

Kerrl mit der Presse, DJ 1934, S. 237 ff.

Killy, Walther / Vierhaus, Rudolf, Deutsche Biographische Enzyklopädie, 2001

Kisch, Wilhelm, „Bericht des Ausschusses für bürgerliche Rechtspflege“, ZAkDR 1935, S. 17ff., 59 ff.

Kisch, Wilhelm, „Die Arbeiten der Akademie für Deutsches Recht“, Preuß. Justiz 1933, S. 476 ff.

Klemm, Abschlußbericht, Ausschuß „Rechtsprechung durch das Volk“, abgedruckt bei *Schubert,* ADR, Bd. VI, S. 535 ff.

Klein, Franz, „ Der Zivilprozeß Österreichs“, mit Ergänzungen von *Engel,* Mannheim, Berlin, Leipzig 1927

Köbler, Gerhard - Pohl, Heidrun, Deutsch-Deutsches Rechtswörterbuch, München 1991

Kohnle, Edgar, „Reform für das juristische Studium, JZ 1959, S. 696 ff.
Kommission des Deutschen Richterbundes für die Große Justizreform, Deutsche Richterzeitung, 1960, S. 33 ff.

Kraemer, Wilhelm, „Das Revisionsverfahren in Zivilsachen nach dem Rechtsvereinheitlichungsverfahren“, ZZP Bd. 64, S. 131 ff.

Krille, Hans, „Nachruf für *Bernhard Wieczorek*“, NJW 1977, S. 372

Krücke, Hermann, „Ersparnismaßnahmen bei der Justizverwaltung“, JW 1930, S. 25 ff.

Krüger-Nieland, Gerda, Nachruf für *Hermann Weinkauff*, NJW 1981, S. 2235, 2236

Krumme, Elisabeth, „Die Grenzen der Revisionsprüfung im Zivilprozeßrecht“, NJW 1950, S. 321 ff.

Kuerschners Deutscher Gelehrten Kalender ,1987, Berlin, New York

Kuerschners Deutscher Gelehrten Kalender ,1980, Berlin, New York

Kuntze, Joachim, „*Theodor Keidel* zum 75. Geburtstag“, NJW 1977, S. 2304

Lange, Heinrich, „Mittel und Ziel der Rechtsfindung im Zivilrecht“, ZAkDR 1936, S. 922 ff.

Lange, Heinrich, „Wesen und Gestalt des Volksgesetzbuchs“, *ZStaatsW*, Bd. 103 (1943), S. 208 ff.

Lengler, Karl, G., „Die Einheit der rechtsprechenden Gewalt als prozeßrechtliches Problem, JZ 1957, S. 80 ff.

Lent, Friedrich, „Die Entwicklung des Zivilprozeßrechts seit der Reform von 1924“, NJW 1958, S. 649 ff.

Lent, Friedrich, „Die Verteilung der Verantwortlichkeit unter Gericht und Parteien im Zivilprozeß“, ZZP 63, S. 3 ff.

Lent, Friedrich, Zivilprozeßrecht, 7. Aufl., München, Berlin 1957

Lutzeyer, August, Neuaufbau in Deutschland. Wirtschaft und Verwaltung in den einzelnen Besatzungszonen, 3 II 3, 1947

May, Artur, „Die Revision in zivil- und verwaltungsgerichtlichen Verfahren", 2. Auflg., S. 5, Köln, Berlin, Bonn, München 1997

Merkatz, von, Hans-Joachim, BMJ, „Festschrift aus Anlaß des Inkrafttretens des Rechtspflegegesetzes", Rpfleger, Mai / Juni 1957, S. 129 ff.

Merten, Max, „Zwangsvollstreckungsnotrecht auf Grund der Verordnung vom 01. September 1939", DJ 1939, S. 1484 ff.

Mügel, Oskar, Werdendes Recht, Beihefte der Deutschen Juristenzeitung, „Justizreform", Berlin 1930

Mügel, Oskar, „Zur Reform unserer Gerichtsorganisation", Deutsche Juristen – Zeitung, 1906, Spalte 1110 ff.

Mügel, Oskar, „Grundzüge einer landesrechtlichen Justizreform", Denkschrift, Berlin 1919

Neumayer, Fritz, „Ansprache des BJM Fritz Neumayer auf dem 41. Juristentag", DRiZ 1955, S. 230 ff.

Nirk, Rudolf, Nachruf für Dr. phil. Dr. jur. h.c. *Bruno Heusinger*, NJW 1987, S. 2657

Nörr, Knut, Wolfgang, „Über das Geistige im Recht: ein Nachruf auf Helmut Coing", JZ 2001, S. 449 ff.

Palandt, Otto, „Drei Monate Prüflinge aus dem Gemeinschaftslager der preußischen Referendare", DJ 1933, S. 640 - 641

Personalverzeichnis des höheren Justizdienstes, Reichsjustizministerium, Berlin 1938

Philippi, Friedrich, „ Zur Reform des Zivilprozesses", Judicium I, Vierteljahresschrift für die gesamte Zivilrechtspflege, 1. Jahrgang, Heft 2., S. 103 ff., Hamburg 1929

Pohle, Rudolf, „Das neue einheitliche Zivilprozeßrecht", MDR 1950, S. 642 ff.

Pollak, Rudolf, „Rechtsangleichung im Rechtsmittelverfahren", ZZP Bd. 54, S.176 ff.

Reichert, Max, „Die deutschen Gerichte der Zukunft", DRiZ 1912, Spalte 613 ff.

Rosenberg, Alfred, Schriften und Reden, 2. Band, München 1943

Rosenberg, Leo, Lehrbuch des deutschen Zivilprozeßrechts, 7. Aufl., München, Berlin 1956

Rothenberger, Curt, „Die ersten fachlichen Maßnahmen zum Aufbau einer nationalsozialistischen Rechtspflege", DJ 1943, S. 66

Rothenberger, Curt, „Der Richter im nationalsozialistischen Staat", DJ 1943, S. 257

Ruscheweyh, Herbert, August, „Ernst Wolff zum Gedächtnis, NJW 1959, S. 376

Ruscheweyh, Herbert, August, Diskussion zu Hans Merkels Referat: „Überwindung der Zersplitterung der rechtsprechenden Gewalt", S. 189, Anwaltsblatt 1955

Schardey, Günter, „Nachruf für Hans Merkel", NJW 1993, S. 1993 ff.

Schiffer, Eugen, Die Deutsche Justiz, „Grundzüge einer durchgreifenden Reform", Berlin 1928

Schiffer, Eugen, Die Deutsche Justiz, „Grundzüge einer durchgreifenden Reform", 2. Auflg., München und Berlin, 1949

Schiffer, Eugen, „Ein Sofortprogramm für die deutsche Justiz", JZ 1953, S. 1 ff.

Schlegelberger, Franz, „Kriegs – Zivilrecht, einst und jetzt", Eine Übersicht, DJ 1939, S. 1881 ff.

Schlegelberger, Franz, Abschied vom BGB, Vortrag, gehalten in der Universität zu Heidelberg am 25. Januar 1937, Berlin 1937

Schoen, Wolfgang „Reform der Zivilgerichtsbarkeit", Die öffentliche Verwaltung, 1962, S. 179 ff.

Schönke, Adolf, „Rechtsvergleichende und rechtspolitische Bemerkungen zum zivilprozessualen Beweisrecht, ZZP Bd. 61, S. 1 ff.

Schönke, Adolf / Schröder Horst / Niese, Werner, Lehrbuch des Zivilprozessrechts, 8. Aufl., Karlsruhe 1956

Schubert, Werner, Akademie für Deutsches Recht 1933 – 1945, Bd. VI, Protokolle der Ausschüsse, Zivilprozeß und Gerichtsverfassung, Frankfurt am Main 1997

Schubert, Werner, Akademie für Deutsches Recht 1933 – 1945, Bd. IV, Protokolle der Ausschüsse, Ausschuß für Genossenschaftsrecht, Berlin, New York 1989

Schubert, Werner, Beratung des BGB. Einführungsgesetz zum BGB und Nebengesetze, 2. Halbband,

Schubert, Werner, Die deutsche Gerichtsverfassung (1869 – 1877), Frankfurt am Main, 1981

Seidel, Hans „Grundsätzliche Gedanken über eine Große Justizreform", DRiZ 1956, S. 145 ff.

Seidel, Hans, „Richtergesetz und Große Justizreform", DRiZ 1954, S. 261 ff.

Seybold, Karl und *Hornig, Erich,* Reichsnotarordnung, Kommentar, 1. Aufl., Berlin 1937

Seuffert, von, Lothar, „Die neue Civilprozeßordnung", DJZ 1899, S. 1 ff.

Seuffert, von, Lothar, Kommentar zur Zivilprozeßordnung, 2. Bd., 12. Aufl., München 1933

Sonnenschmidt, Friedrich, Hermann, „Über das Rechtsmittel der Revision nach der Civilprozessordnung für das deutsche Reich vom 30. Januar 1877", Zeitschrift für deutschen Civilprozess Bd. 2, S. 421 ff.

Staud, Eberhard, „Zahlen beweisen", Ergebnisse der preußischen Zivilrechtspflege im Jahre 1934, DJ 1935, S. 371 ff.

Staud, Eberhard, „Die Zweite Vereinfachungsverordnung", DJ 1940, S. 1069 ff.

Staud, Eberhard, „Kriegsmaßnahmenverordnung und Zivilprozeß“, DJ 1943, S. 273 ff.

Stein, Friedrich und Jonas, Martin, Kommentar zur Zivilprozeßordnung, 19. Auflage, Tübingen 1972

Stein, Friedrich, Kleine Zivilprozeßrechtliche Schriften, „Zur Justizreform“, Tübingen 1907

Stüben, Detlef, „Vorschläge zur Neuregelung der Beschwerde“, Zeitschrift für Zivilprozeß (ZZP), 83. Band, 1970, S.6 ff

Strauß, Walter, „Dr. Georg Petersen zum 70. Geburtstag“, NJW 1959, S. 664, 665

Thierack, Otto, „Die Kriegsaufgaben der Akademie für Deutsches Recht für die Gesetzgebung“, ZAkDR 1943, S. 1 ff.

Tigges, Hans, „ Die Stellung des Richters im modernen Staat“, Berlin 1935

Trendelenburg, Ernst, „ Die Bundesratsverordnung zur Entlastung der Gerichte vom 09.09.1915“, JW 1915, S. 1064 ff.

Triepel, Heinrich, „Die Ermächtigungsgesetze“, DJZ 1924, Sp. 2 ff.

Verhandlungen des XIX. außerordentlichen Deutschen Anwaltstages am 23.11.1907 in Leipzig, JW 1907, S. 768 ff, Stenographischer Bericht

Verhandlungen des Deutschen Bundestages, 1. Wahlperiode 1949, Drucksache Nr. 530, Vorbemerkung zu der Begründung zu dem Entwurf des Rechtseinheitsgesetzes

Verhandlungen des Reichstags, „Entwurf eines Gesetzes zur Vereinfachung der Rechtspflege“, Bd. 320, Nr. 658, 13. Legislatur-Periode, II. Session 1914/17, 10.03.1917, Berlin

Verhandlungen des Reichstags, „Mündlicher Bericht des 29. Ausschusses über den Entwurf eines Gesetzes zur Vereinfachung der Rechtspflege“, Bd. 322, Nr. 1110, 06.10.1917, Berlin

Verhandlungen des Reichstags, 56. Sitzung, Bd. 347, S. 2087 ff., 25.01.1921, Berlin

Verhandlungen des Reichstags, 164. Sitzung, Bd. 427, S. 5083 ff., 25.05.1930, Berlin

Vierhaus, Rudolph, Festgabe der Juristischen Gesellschaft zu Berlin zum 50. Dienstjubiläum von Koch, S. 37 ff., Berlin 1903

Volkmar, Erich, „Die Verordnung zur Beschleunigung des Verfahrens in bürgerlichen Rechtsstreitigkeiten“, JW 1924, S. 17 ff.

Volkmar, Erich, „Das neue Zivilprozeßrecht vom 27. Oktober 1933“, Grundgedanken und wichtigste Einzelbestimmungen, JW 1933, S. 2427 ff.

Volksgesetzbuch, vorl. Fassung, Grundregeln und Buch I, vorgelegt von Justus Wilhelm Hedemann, Heinrich Lehmann und Wolfgang Siebert, Berlin 1942

Wagner, Albrecht, „Dringende Fragen einer Justizreform“, DRiZ 1957, S. 93 ff.

Waldow, Jörg, Ernst, August, „Der strafrechtliche Ehrenschutz in der NS-Zeit“, Dissertation, S. 462

Weber, Konrad, „Die Entwicklung des juristischen Prüfungs- und Ausbildungswesens in Preußen“, Zeitschrift für Deutschen Zivilprozeß, Bd. 59 (1935), S. 1-53, 96-168, 253-290

Weidlich, Karl, „*Franz Adickes*. Sein Leben und Werk“, S. 377 ff., Frankfurt am Main, 1929

Weinkauff, Hermann, „Die deutsche Justiz und der Nationalsozialismus“, Stuttgart 1968

Weinkauff, Hermann, „Die große Justizreform“, DRiZ 1958, Heft 4, S. 93

Weinkauff, Hermann, „Warum und wie Große Justizreform“, Juristen-Jahrbuch, 1. Band, S. 3 ff., Köln-Marienburg, 1960

Wieczorek, Bernhard, Zivilprozeßordnung und Gerichtsverfassungsrecht, Kommentar, Berlin 1960

Wieczorek, Bernhard, Zivilprozeßordnung und Nebengesetze, Kommentar, Bd. III, §§ 511 – 703 ZPO, Berlin 1957

Wieczorek, Bernhard, „Zu der Denkschrift der Kommission zur Vorbereitung einer Reform der Zivilgerichtsbarkeit", MDR 1962, S.1

Wolf, Manfred, „Fritz Baur zum 70. Geburtstag", NJW 1981, S. 1495 ff.

Zinn, *Georg, August*, „Justizreform in den Ländern", Institut zur Förderung öffentlicher Angelegenheiten e. V. , Bericht über eine Arbeitstagung, S. 23, Frankfurt am Main 1951

Zöllner, Wolfgang, „*Eduard Bötti*cher zum 80. Geburtstag", JZ 1979, S. 820

Anhang 1

Der Arbeitsplan der Kommission

Der Ausschuß für die Ausarbeitung eines Arbeitsplanes, zu dem *Weinkauff, Coing, Heusinger, Hornig* und *Merkel* zählten, beschloß in seiner Sitzung vom 10.12.1955 den folgenden Arbeitsplan für die Kommission zur Vorbereitung einer Reform der Zivilgerichtsbarkeit.

I. Überblick über die Große Justizreform:
Beweggründe und Ziele der Großen Justizreform.
1. Geschichtliche Entwicklung.
2. Heutige Aufgaben einer großen Reform.

II. Erörterungen der Reform der Zivilgerichtsbarkeit.

II. 1 Umgestaltung des Richterstandes.
- a) Ausbildung.
- b) Auswahl.
- c) Besoldung.

II. 2 Maßnahmen auf dem Gebiet der Gerichtsorganisation.
- a) Dreigliederung der Gerichte.
- b) Umfang der Gerichte.

II. 3 Ausgliederung von Aufgaben?
- a) Ausgliederung der fürsorgenden und verwaltenden Tätigkeit.
- b) Ausgliederung einer Friedensgerichtsbarkeit.
- c) Ausgliederung richterl. Hilfsfunktionen (Zwangsvollstreckung und dgl.).
- d) Stellung des Rechtspflegers.

II. 4 Umgestaltung des Rechtsganges?
- a) Beschränkung der Rechtszüge und Rechtsmittel?
- b) Beschränkung der Rechtsrügegerichte auf Grundsatzfragen, insbesondere künftige Stellung des Obersten Gerichts für Zivilsachen (Revisionsgerichts)?
- c) Verhältnis von Friedensgerichtsbarkeit und streitiger Gerichtsbarkeit.

II. 5 Besetzung der Gerichte?
- a) Einzelrichter im ersten Rechtszug?
- b) Beteiligung von Laien.
- c) Richtergehilfen.
- d) Besetzung der Rechtsmittelgerichte (2. und 3. Instanz)?

III. Verfahrensrechtliche Fragestellungen[1130]**:**
Welche grundsätzlichen Folgerungen sind aus den zu II gewonnenen Ergebnissen für die ZPO und das FGG zu ziehen?
In der Gestaltung des Verfahrens?
In der Gestaltung der Urteile und der Beschlüsse?

1. Zweck des Zivilprozesses und leitende Gesichtspunkte einer Reform.
2. a) Beteiligung der Anwaltschaft und anderer Prozeßbevollmächtigter am Verfahren.
   b) Beteiligung der Staatsanwaltschaft am Verfahren.
3. Vorbeugende Maßnahmen zur Einschränkung der Prozesse.
4. Armenrechtsverfahren.
5. Grundsätze des Verfahrens in der 1. Instanz.
6. Beweisverfahren.
7. Verfahren vor dem Friedensrichter.
8. Richterliches Prüfungsrecht und Bindung an Präjudizien
   (Beispiele.: Grundgesetz Art. 100; GVG §§ 136 und 137)
   (Thema wurde aus Zeitgründen –vorläufig- zurückgestellt.)[1131]
9. Änderungen der Fristen. (Abkürzungen, Vereinheitlichung)
10. a) Verfahren in der Rechtsmittelinstanz.
    b) Wiederaufnahme
     aa) Gründe,
     bb) Verfahren.
11. Besondere Verfahrensarten
12. Zwangsvollstreckung
13. Grundsätzliche Kostenfragen
14. FGG – Verfahren

IV. Auswirkungen einer Reform der Zivilgerichtsbarkeit auf die anderen Zweige der Gerichtsbarkeit in allgemeinen Umrissen.

1. Einpassung der Strafgerichtsbarkeit in das neue System.
2. Einpassung der übrigen Zweige der Gerichtsbarkeit.
3. Die Neuordnung und das Grundgesetz.
4. Der Übergang vom alten zum neuen Rechtszustand.

1130 Protokoll Nr. 10, S. 32, Ergebnis der Sitzung des Ausschusses „Vorbereitung der Beratung zu Abschnitt III des Arbeitsplanes"; abgestimmte Vorschläge für die Aufteilung des Abschnitts III.

1131 Mit Hinweis auf das Bundesjustizministerium, dem an einer Beschleunigung der Kommissionsarbeit gelegen war, wurden die Unterabschnitte III 8, 9, 11 und 12 –vorläufig- zurückgestellt. Siehe Protokoll Nr. 9, S. 5 sowie Protokoll Nr. 10, S. 33.

Anhang 2

Kurzbiographien der Vorsitzenden und der Mitglieder der Kommission sowie der Justizminister in der Zeit von 1955 bis 1961

1) Vorsitzende der Kommission

Ruscheweyh, *Herbert, August*, Dr. jur. (geb. 13.11.1892 Hamburg, gest. 11.3.1965 Hamburg). Sohn eines Hausmaklers. Studium der Rechtswissenschaften von 1911 bis 1914 an den Universitäten Neuenburg (Schweiz), München und Kiel. Erste juristische Staatsprüfung im Jahre 1914 (Notprüfung) vor der Prüfungskommission des Kgl. Preußischen Oberlandesgerichts Kiel, danach Kriegsdienst. 1918 Promotion durch die rechts- und staatswissenschaftliche Fakultät der Christian-Albrechts-Universität zu Kiel. Zweite juristische Staatsprüfung vor der Justizprüfungskommission Hamburg. Rechtsanwalt in Hamburg von 1921 bis 1946. 1927 Mitglied des Vorstandes der Hanseatischen Rechtsanwaltskammer. Für die Sozialdemokraten 1928 in die Bürgerschaft und zu deren Präsident gewählt, gab er 1933 sein Präsidentenamt zurück. *Ruscheweyh*, mehrfach Verteidiger von Juden und politisch Verfolgten, wurde nach den Ereignissen des 20. Juli 1944 für kurze Zeit in Haft genommen (KZ Fuhlsbüttel). 1945 war er Präsident der Hanseatischen Rechtsanwaltskammer und in der Zeit von 1946 bis 1960 Präsident des Hanseatischen Oberlandesgerichts. Weiterhin war er von 1948 bis 1951 Präsident des Deutschen Obergerichts für das vereinigte Wirtschaftsgebiet der Bizone und 1950 bis 1960 Präsident des Gemeinsamen Prüfungsamtes der Länder Freie Hansestadt Bremen, Freie und Hansestadt Hamburg und Schleswig–Holstein für die Große Juristische Staatsprüfung Hamburg.

Seit 1951 war *Ruscheweyh* Honorarprofessor der Rechtswissenschaftlichen Fakultät der Universität Hamburg und Vorsitzender des Tarifschiedsgerichts für die deutsche Seeschiffahrt bis 1964. 1952 bis 1960 war er Vorsitzender der Ständigen Deputation des Deutschen Juristentages und *1956 bis 1961 Vorsitzender der Kommission zur Vorbereitung einer Reform der Zivilgerichtsbarkeit.* 1961 wurde ihm das Große Verdienstkreuz mit Stern und Schulterband des Verdienstordens der Bundesrepublik Deutschland verliehen.

Veröffentlichungen: „Die Entwicklung des deutschen Jugendgerichts“ (1918) und „Der Konflikt zwischen Staatstreue und Rechtstreue im Militärstrafrecht“ (1948).

Quellen: Gedächtnisschrift für *Herbert Ruscheweyh*, 1966; Deutsche Biographische Enzyklopädie, Band 10, S. 475, 2001.

Wolff, *Ernst,* Dr. jur. (geb. 20.11.1877 Berlin, gest.11.1.1959 Tübingen). Sohn des Dr. med. *Ernst Wolff*, Generalarzt. Studium von 1895 bis 1898 an den Universitäten in Lausanne und Berlin. Erste Staatsprüfung 1898, Promotion 1899. 1904 Niederlassung als Rechtsanwalt und Notar in Berlin. Bis 1933 Vorsitzender der Anwaltskammer Berlin. Er führte die Vorstände der deutschen Anwaltskammern zu einer Vereinigung zusammen. *Wolff* wurde als Verteidiger der Krupp-Direktoren vor einem französischen Militärgericht während der Ruhrbesetzung bekannt. Nach der Machtübernahme durch die Nationalsozialisten 1935 Entzug des Notariats, 1938 Berufsverbot als Rechtsanwalt. 1939 Emigration nach England. In London war er als konsultierender Anwalt tätig und gehörte der „International Law Association" an. 1947 Rückkehr nach Deutschland. 1948 wurde er zum Vizepräsidenten und 1949 zum Präsidenten des Obersten Gerichtshofes der Britischen Zone in Köln ernannt. Dieses Amt bekleidete *Wolff*, bis 1950 die Aufgaben seines Gerichts auf den Bundesgerichtshof übergingen. In der Zeit von 1950 bis 1958 war er Honorarprofessor an der Juristischen Fakultät der Universität Köln. 1950 Leiter des Juristenausschusses für die Verhandlungen über den Schumann-Plan. 1952 wurde ihm das Große Verdienstkreuz mit Stern und Schulterband des Verdienstordens der Bundesrepublik Deutschland verliehen. *Wolff* war *bis 1956 Vorsitzender der Kommission zur Vorbereitung einer Reform der Zivilgerichtsbarkeit.*

Veröffentlichungen: Kommentar zum Versailler Vertrag (1921); Biographie seines Großvaters (1929), des Juristen *Eduard von Simson* (1879 -1891 Präsident des Reichsgerichts in Leipzig); Vorkriegsverträge in Friedensverhandlungen (1929); Bürgerliches Recht und Prozeßrecht in Wechselwirkung (1952).

Quellen: Deutsche Biographische Enzyklopädie, Band 10, S. 572, 2001; *Ruscheweyh*, NJW 1959, S. 376; Biographisches Handbuch der deutschsprachigen Emigration nach 1933, S. 832

2) Mitglieder der Kommission

Baur, *Fritz,* Prof., Dr. Dr. h. c. mult. (geb. 1911 Dillingen / Bayern, gest. 2.5.1992 Tübingen). Studium der Rechtswissenschaft von 1930 bis 1933 an den Universitäten in München und Tübingen. Erste Staatsprüfung 1933, Promotion an der Universität Tübingen im Jahre 1934. 1937 zweite juristische Staatsprüfung und Ernennung zum Richter am Landgericht Tübingen. *Baur* habilitierte im Jahre 1940 an der Universität Tübingen und nahm 1942 eine Professorenstelle an der Universität Gießen an. 1945 ging er in den Justizdienst in Tübingen, wechselte 1948 in das Justizministerium Württemberg–Hohenzollern und 1952 nach Stuttgart. Professur an der Universität Mainz 1954 und an der Universität Tübingen 1956. 1964 Wahl zum Rektor. Obwohl gewählt, trat er das Amt nicht an. 1964 bis 1970 Mitglied der Ständigen Deputation des Deutschen

Juristentags. Von 1961 bis 1972 Mitglied des Ausschusses des juristischen Fakultätentages für die Studienreform, von 1967 bis 1970 als dessen Vorsitzender. 1967 bis 1974 war er geschäftsführender Vorsitzender der Vereinigung der Deutschen Zivilprozeßrechtslehrer. 1977 emeritiert.

Veröffentlichungen: „Entwicklung und Reform des Schadensersatzrechts" (Dissertation 1934); Lehrbuch zur „Freiwilligen Gerichtsbarkeit" (1955); „Lehrbuch des Sachenrechts" (*Baur, Fritz* und *Stürner, Rolf*, 1. Aufl.1960); Lehrbuch „Zwangsvollstreckungs-, Konkurs- und Vergleichsrecht" (begr. von *Schönke Adolf* und fortgeführt von *Baur, Fritz* und *Stürner, Rolf*, 6. Aufl. 1956); Wege zu einer Konzentration der mündlichen Verhandlung im Prozess (1966); Grundbegriffe der freiwilligen Gerichtsbarkeit (*Baur, Fritz* und *Wolf, Manfred*, 1973, 2. Aufl. 1980)und Einführung in das Recht der Bundesrepublik Deutschland (*Baur, Fritz* und *Walter Gerhard*, 1982, 6. Aufl. 1992). Sein Werk „Wege zu einer Konzentration der mündlichen Verhandlung im Prozess" (1966) war der Anlaß und der Grundstein für das Verfahren nach dem sog. „Stuttgarter Modell", das mit der Konzentration des Zivilprozesses auf einen Haupttermin die Grundgedanken *Baurs* aufgegriffen hat, die dann 1977 durch die Vereinfachungsnovelle auch Eingang in die ZPO gefunden haben.[1132]

Baur war Mitherausgeber der Juristenzeitung (seit 1958) und der Zeitschrift für Zivilprozeß (seit 1967). Ihm wurden die Ehrendoktorwürden der Universität Innsbruck (1970) und der Universität Athen (1975) verliehen. Verleihung des Großen Bundesverdienstkreuzes im Jahre 1985.

Quellen: *Wolf, Manfred*, *„Fritz Baur* zum 70. Geburtstag", NJW 1981, S. 1495 ff.; Juristen im Portrait, Festschrift zum 225 jährigen Jubiläum des Verlages C.H. Beck, S. 139; Festschrift für *Fritz Baur*, Geleitwort, 1981

***Boetticher**, Eduard, Wilhelm, Leonhard,* Prof. Dr. jur. Dr. rer. pol. h.c (geb. am 29.12.1899 Lauterbach in Oberhessen, gest. am 31.3.1989)

Boetticher entstammte einer alten hessischen Juristenfamilie. Promotion 1924, zweites Staatsexamen 1925 und Habilitation 1929 bei *Leo Rosenberg*. Er übernahm 1932 an der Landesuniversität Gießen das planmäßige Extraordinariat für Zivilprozeßrecht, Bürgerliches Recht und Arbeitsrecht, das er bereits seit 1927 vertretungsweise wahrgenommen hatte. 1934 für die vorgenannten Fächer Ordinarius in Heidelberg und seit 1940 an der Hamburger Universität. *Boetticher* war im Nebenamt von 1942 bis 1956 Oberlandesgerichtsrat und von 1953 bis 1956 Richter am Landesverfassungsgericht. Im Amtsjahr 1953/ 1954 bekleidete er das Rektoramt der Hamburger Universität. *Boetticher schied bereits am 11.5.1956 aus gesundheitlichen Gründen aus der Kommission zur Vorbereitung einer Reform der Zivilgerichtsbarkeit aus.* 1964 verlieh ihm die wirtschaftswis-

[1132] *Wolf*, NJW 1981, S. 1496

senschaftliche Fakultät Hamburg den Ehrendoktor. *Boetticher* war Mitglied der Kommission zur Reform des Gerichtsverfassungsgesetzes.

Veröffentlichungen: „Kritische Beiträge zur Lehre von der Materiellen Rechtskraft im Zivilprozeß" (1930); „Die Wandlung als Gestaltungsakt" (1938); „Die Gleichheit vor dem Richter" (1954, 2. Aufl. 1961); Waffengleichheit und Gleichbehandlung der Arbeitnehmer im kollektiven Arbeitsrecht (1956); Gestaltungsrecht und Unterwerfung im Privatrecht (1964); „Die Gemeinsamen Einrichtungen der Tarifparteien" (1966). *Boetticher* verfaßte eine Vielzahl von Beiträgen zu Festschriften und wissenschaftlichen Sammelwerken sowie von Zeitschriftenaufsätzen und Rezensionsabhandlungen.

Quellen: *Bettermann, Karl, August* und *Zeuner, Albrecht*, Festschrift für *Eduard Bötticher* zum 70. Geburtstag am 29.12.1969; *Bettermann, Karl, August*, „*Eduard Bötticher* 70 Jahre", NJW 1970, S. 27*; Zöllner, Wolfgang, „Eduard Bötti*cher zum 80. Geburtstag", JZ 1979, S. 820; *Zöllner, Wolfgang, „Eduard Bötti*cher zum 85. Geburtstag", ZfA 1985, S. 1 ff.; *Bettermann, Karl, August, „Eduard Bötticher* 1899 – 1989", ZfA 1990, S. 1 ff.

***Bleibtreu**, Otto*, Staatssekretär (geb. 1904 in Greifswald, gest. 6.6.1959 in Düsseldorf). Sohn eines Professors der Physiologie der Universität Greifswald. Studium der Rechtswissenschaft an den Universitäten in München, Heidelberg und Bonn. In Bonn war er als Referendar, Fakultätsassistent, Hilfsrichter und nach der Ausschließung aus der Richterlaufbahn im Herbst 1933 wegen seiner Zugehörigkeit zur SPD, der er als Student beigetreten war, als Rechtsanwalt tätig. 1940 bis 1945 leistete er seinen Wehrdienst und stand als Nachrichtenoffizier im Osten den Widerstandsmännern des 20. Juli nahe. Nach dem Krieg wurde er Richter in Bonn, bis man ihn an die Spitze der Justizverwaltung des Landes berief. Vom Mai 1948 bis zum Februar 1956 hat er als Ministerialdirektor und später als Staatssekretär dem Justizministerium in Düsseldorf angehört. In der Zeit vom Februar 1956 bis zum Juni 1958 leitete er unter der Regierung *Steinhoff* als Staatssekretär die Staatskanzlei in Düsseldorf. Anfang 1959 ging er als Chef der Senatskanzlei nach Berlin. Er war Mitglied der Ständigen Deputation des Deutschen Juristentags, des Arbeitskreises für Fragen der Juristenausbildung und mehrerer Vereinigungen, die sich für die Verständigung mit dem Ausland einsetzten, wie der deutsch-niederländischen Juristenvereinigung und der Deutsch-Englischen Gesellschaft.

Quelle: *Duden, Konrad,* NJW 1959, S. 1360

***Coing**, Helmut*, Prof. Dr. Dr. h. c. mult. (geb. 1912 Celle, gest. 15.08.2000 Kronberg im Taunus). Enkel eines OLG Senatspräsidenten und Offizierssohn. Studium der Rechtswissenschaft an den Universitäten in Kiel, München, Göttingen und Lille. Promotion 1935 an der Universität Göttingen und 1938 Habilitation an der Universität Frankfurt am Main. 1940 ordentlicher Professor an der Universität Frankfurt am Main. Kriegsdienst und Kriegsgefangenschaft. 1948 nahm er eine Professur an der Universität Frankfurt am Main an und wurde 1955 Rektor. 1964 bis 1980 Direktor des Max–Planck–Instituts für europäische Rechtsgeschichte Frankfurt am Main, Vorsitz der Westdeutschen Rektorenkonferenz (1956 / 1957), Vizepräsident der Max – Planck – Gesellschaft zur Förderung der Wissenschaft (1978 – 1984), Kanzler des Ordens Pour le mérite. Mitglied der Académie Internationale de Droit Comparé Paris, des Institut International de Phil. Politique Paris, der Accademia delle Scienze dell' Instituto di Bologna, der British Academy London, der Accademia Nazionale di Scienze Lettere e Arti Modena, der Sociedad Mexicana de Filosofia Mexico, korrespondierendes Mitglied der Akademie der Wissenschaften Göttingen, des Instituto Brasileiro de Filosofia Rio de Janeiro, der Academy of Arts and Science of Uppsala, der bayerischen Akademie der Wissenschaften München und der Accademia Nazionale dei Lincei Rom. Ehrendoktor der Universitäten Lyon, Montpellier, Uppsala, Wien, Aberdeen, Brüssel, und Mailand.

Veröffentlichungen: Bearbeitete seit 1953 das von *Theodor Kipp* begründete „Lehrbuch des Erbrechts" (1959/1965/1976/1990). Er kommentierte den von *Erwin Riezler* verfaßten Allgemeinen Teil für die 11. Auflage des „Staudinger" neu (1957, 1978-1980) und verfaßte die Einleitung zum Gesamtkommentar für die 12. Auflage. Veröffentlichung der Werke „Die obersten Grundsätze des Rechts" (1947); „Grundzüge der Rechtsphilosophie" (1950/ 5. A. 1993); „Römisches Recht in Deutschland" (1964); „Treuhand kraft privaten Rechtsgeschäfts" (1973); „Handbuch der Quellen und Literatur der neueren europäischen Privatrechtsgeschichte", (Hg.) Bd. 1 (1973), Bd. 2 (1977), Bd. 3 (1982), Bd. 4 (1987); „Wissenschaft und Kodifikation des Privatrechts im 19. Jahrhundert", Bd. 1 (Hg.) 1974, Bd. 2 (1977), Bd. 3 (1976), Bd.5 (1980); „Europäisches Privatrecht", Bd. 1 (1985), Bd. 2 (1989).

Quellen: *Horn*, *Norbert,* Festschrift für *Helmut Coing* zum 70. Geburtstag; *Nörr*, *Knut,* „Über das Geistige im Recht: ein Nachruf auf *Helmut Coing*", JZ 2001, S. 449 ff.; Juristen im Portrait, S. 215

***Feyock,** Georg,* Dr. (geb. 17.04.1902, gest. 25.11.1971) Beginn des Probe und Anwärterdienstes für das Amt eines Notars am 1.12.1928. *Feyock* wurde am 1.5.1931 in Kötzing zum Notar bestellt und 1933 seines Amtes durch die Nationalsozialisten enthoben. Ab dem 1.11.1933 wieder Notar in Feuchtwangen, danach übte er sein Amt von 1946 bis 1971 in München aus. 1946 berief man ihn zum stellvertretenden Präsidenten und Geschäftsführer der Bayerischen Notarkasse. 1949 war *Feyock* Mitbegründer und 1. Vorsitzender der „Gemeinschaft des Deutschen Notariats" bis zu deren Auflösung im Rahmen der Gründung der

Bundesnotarkammer im Jahre 1961. Mitglied der Ständigen Deputation des Deutschen Juristentages ab 1949. Präsident der Bayerischen Notarkasse ab 24.2.1950 (bis 1962). *Im Mai 1956 schied Feyock aus gesundheitlichen Gründen aus der Kommission zur Vorbereitung einer Reform der Zivilgerichtsbarkeit aus.* Ausgezeichnet mit dem Bayerischen Verdienstorden im Jahre 1959. Präsident der Landesnotarkammer Bayern von 1961 bis 1969. Wahl zum Präsidenten der Bundesnotarkammer durch die erste Vertreterversammlung der Bundesnotarkammer am 16.10.1961; Wiederwahl durch die 9. Vertreterversammlung am 05.11.1965 (Amtsperiode bis 05.12.1969). Wahl zum 1. Stellvertreter des Präsidenten der Internationalen Union des Lateinischen Notariats im Oktober 1965. Verleihung des Großen Bundesverdienstkreuz mit Stern am 20.03.1967. Niederlegung aller Ehrenämter aus gesundheitlichen Gründen im Jahre 1969. Ernennung zum Ehrenpräsidenten der Bundesnotarkammer am 05.12.1969 und im selben Jahr Ernennung zum Ehrenpräsidenten der Landesnotarkammer Bayern.

Quellen: DNotZ, 1972, S. 1; Auskunft der Bundesnotarkammer in Berlin.

***Gerner**, Erich*, Prof. Dr. (geb. 22.10.1906 Untermerzbach/Ufr., gest. 23.2.1992). Promotion 1932, Habilitation 1949. 1962 übernahm er eine Professur an der Universität München für römisches, antikes und bürgerliches Recht. Emeritierung 1972.

Veröffentlichungen: Herausgeber des Werkes „Die Verfassung des Freistaates Bayern" (begründet von *Hans Nawiasky*) und seit 1964 Mitherausgeber der „Münchener Beiträge zur Papyrusforschung und antiken Rechtsgeschichte". Er veröffentlichte Beiträge betreffend das „Bayerische Kommunalwahlbeamtengesetz nebst Dienststrafordnung und den versorgungsrechtlichen Bestimmungen des bayer. Beamtengesetzes" (mit *Bußler, Peter* und *Gerner, Erich,* 1952); das „Wirtschaftsstrafgesetz" (mit *Winckhler, Hugo* und *Gerner, Erich,* 1954); die Handausgabe „Deutsches Richtergesetz" mit ausführlichen Erläuterungen (mit *Gerner, Erich und Decker, Fritz sowie Kauffmann, Hans,* 1963) und das „Bayerische Beamtengesetz", eine Handausgabe mit Erläuterungen (mit *Gerner, Erich und Leusser, Claus,* 1961-1964).

Quelle: Kürschners Deutscher Gelehrten Kalender, S. 1281, 1987; Auskunft der Verwaltung der Ludwig-Maximilians-Universität München.

***Heusinger**, Bruno*, Dr. phil. Dr. jur. h. c. (geb. 2.3.1900 Holzminden / Weser, gest. 3.8.1987 Celle). Unter seinen Vorfahren waren Altphilologen, Hofmaler, Pfarrer, Forstmeister und auch Richter. Als 17-jähriger Teilnahme am 1. Weltkrieg und 1918 zweimalige Verwundung. Studium der Geschichte und Germanistik an der Universität Göttingen. Promotion im Jahre 1922 mit einer im Grenzbereich zur Rechtsgeschichte angesiedelten Preisschrift, „Servitium regis

– Untersuchungen über die wirtschaftlichen Verhältnisse des deutschen Königtums 900-1250“ zum Dr. phil. Im Anschluß Studium der Rechtswissenschaft und als 27-jähriger Gerichtsassessor in Braunschweig. 1929 Land-, 1930 Oberlandesgerichtsrat; bereits mit 33 Jahren wurde *Heusinger* am 1.6.1933 zum Oberlandesgerichtspräsidenten in Braunschweig berufen, 1934 jedoch wegen seines Widerstandes gegen die neue Regierung aus diesem Amt entfernt und im selben Jahr von den Nationalsozialisten zum Senatspräsidenten herabgestuft. *Heusinger* führte bis zum Kriegsausbruch 1939 als Senatspräsident den Vorsitz in einem Zivilsenat am OLG Braunschweig. Als Zivilrechtler lehnte *Heusinger* eine Kriegsrichtertätigkeit ab und diente während des gesamten 2. Weltkrieges als Soldat, zuletzt als Major der Reserve. Nach Rückkehr aus kurzer Kriegsgefangenschaft Wiedereinsetzung in sein Amt als Senatspräsident am OLG Braunschweig durch die britische Militärregierung. 1948 Ernennung zum OLG-Präsidenten von Braunschweig; von 1955 bis 1960 war er OLG-Präsident in Celle. Daneben von 1957 bis1960 Präsident des Niedersächsischen Staatsgerichtshofes und mehrere Jahre Vorsitzender des niedersächsischen Prüfungsamtes. Nachfolger von *Hermann Weinkauff* als zweiter Präsident des Bundesgerichtshofs (1.4.1960 bis 31.3.1968) in Karlsruhe. Verleihung der juristischen Doktorwürde ehrenhalber durch die Universität Göttingen. 1966 Ernennung zum Ehrensenator durch die Technische Universität Karlsruhe. Träger des Großen Bundesverdienstkreuzes mit Stern und Schulterband sowie des Großen Verdienstkreuzes des niedersächsischen Verdienstordens.

Veröffentlichungen: „Gesetzlichkeit, Gerechtigkeit und Menschlichkeit als Leitsterne richterlichen Handelns“; „Rechtsfindung und Rechtsfortbildung im Spiegel richterlicher Erfahrung“ (1975); „Grundriß des privaten und öffentlichen Rechts“ (mit *Wiefels, Josef*, 1. Bd. 1949) und „Vom Reichskammergericht, seinen Nachwirkungen und seinem Verhältnis zu den heutigen Zentralgerichten“(1972).

Quellen: *Glanzmann, Roderich*, „Ehrengabe für *Bruno Heusinger*“; Deutsche Biographische Enzyklopädie, Band 5, S. 11; *Nirk, Rudolf*, Nachruf für Dr. phil. Dr. jur. h.c. *Bruno Heusinger*, NJW 1987, S. 2657

***Hornig**, Erich*, Ministerialdirigent (geboren 20.12.1901, gest. 1995) Nach Ablegung der juristischen Staatsprüfungen war *Hornig* ab 1932 als Gerichtsassessor im Justizdienst tätig. Am 10.3.1934 wurde er als „Hilfsarbeiter“ in das Reichsjustizministerium einberufen und während dieser Zeit mit Wirkung vom 1.10.1934 zum Amtsgerichtsrat in Leipzig ernannt.

Am 1.10.1940 wurde er zum Oberlandesgerichtsrat in Dresden ernannt und am 1.1.1941 als Kammergerichtsrat an das Kammergericht in Berlin versetzt. Zum 1.4.1944 wurde er unter Aufrechterhaltung seiner Abordnung an das Reichsjustizministerium Senatspräsident beim Oberlandesgericht Dresden. Als

Mitarbeiter und später als Referent für Notarrecht im Reichsjustizministerium hatte er entscheidenden Anteil an der Fassung der Reichsnotarordnung. Er gab zusammen mit *Seybold* und *Lemmens* nach der Verkündung der Reichsnotarordnung einen Kommentar zur Reichsnotarordnung[1133] heraus, der heute noch als Kommentar zur Bundesnotarordnung fortgeführt wird. Nach dem Kriege setzte er seine Richtertätigkeit am Oberlandesgericht Celle fort und wurde am 18.3.1946 zum Oberlandesgerichtsrat ernannt. Am 11.3.1947 wurde er zur Dienstleistung an das Niedersächsische Justizministerium abgeordnet und am 14.6.1948 mit der Leitung der Abteilung II (Bürgerliches Recht und Verfahren, Handels und Wirtschaftsrecht, öffentliches Recht) beauftragt. Nach Abschluß der Arbeiten der Kommission zur Vorbereitung einer Reform der Zivilgerichtsbarkeit war *Hornig* Mitte 1960 Mitglied der Kommission für die Reform des Gerichtsverfassungsrechts. *Hornig* wurde 1967 das große Verdienstkreuz des Verdienstordens der Bundesrepublik Deutschland in Würdigung der Verdienste auf dem Gebiete der Rechtspflege verliehen.

Veröffentlichungen: Kommentar zur „Reichsnotarordnung" (mit *Seybold, Karl*, 1937), fortgeführt als Kommentar zur „Bundesnotarordnung" (mit *Kanzleiter, Rainer* und *Keidel, Helmut*) und Mitwirkung bei „Das Gerichtskostengesetz nebst ergänzenden Vorschriften", erläutert von *Jonas, Martin,* (1937).

Quelle: Deutsche Notar-Zeitschrift, S. 135, 1967; Angaben aus der Vorschlagsbegründung (Nr. 579) für die Verleihung des Verdienstordens der Bundesrepublik Deutschland, 14.12.1966, Bundesarchiv Koblenz.

***Keidel**, Theodor,* Dr. h.c. (geb. 9.12.1902 München, gest. 29.10.1988 München). Sohn des späteren Oberstlandesgerichtsrats *Fritz Keidel*. Studium der Rechtswissenschaft von 1921 bis 1925 an den Universitäten Leipzig und München. Erste juristische Staatsprüfung am 7.3.1925, zweite juristische Staatsprüfung im Juni 1928. Am 1.12.1928 Gerichtsassessor bei der Staatsanwaltschaft München I und vom 1.4.1929 bis zum 30.9.1931 Staatsanwalt bei der gleichen Staatsanwaltschaft. Vom 1.10.1931 bis zum 31.08.1934 Amtsgerichtsrat am Arbeitsgericht in München. Vom 1.10.1934 bis Kriegsende 1. Staatsanwalt und Oberstaatsanwalt bei der Staatsanwaltschaft München II und bei der Staatsanwaltschaft beim Oberlandesgericht München. Als Erster Staatsanwalt und später als Vertreter des Generalstaatsanwalts in München gehörten auch politische Straftaten und sogenannte Kriegswirtschaftsverbrechen zu seinem Arbeitsgebiet. Nach dem Kriegsende verlor er sein Amt, so daß er zunächst als Rechtsanwalt in München tätig war.

Vom 1.1.1950 bis zum 31.12.1967 war er erneut im bayerischen Justizdienst tätig (LG-Richter, OLG-Richter und seit dem 1.8.1953 Richter am Bayer.ObLG.

[1133] *Seybold / Hornig*, Kommentar zur Reichsnotarordnung

Von 1956 bis zu seiner Pensionierung am 1.1.1968 Mitglied der Kommission des Deutschen Richterbundes für die Große Justizreform. Seit Januar 1968 Mitglied der Kommission des BMJ für das Recht der freiwilligen Gerichtsbarkeit. In seinem Ruhestand war er zeitweise richterliches Mitglied des Beschwerdeausschusses und des Schiedsgerichts der Versorgungsanstalt des Bundes und der Länder in Karlsruhe.

Veröffentlichungen: *Theodor Keidel* bearbeitete den zuletzt 1926 von *Fritz Keidel* herausgegebenen Handkommentar zum „Gesetz über die Angelegenheiten der freiwilligen Gerichtsbarkeit" (1951); das „Handbuch der Rechtspraxis, Registerrecht" (zusammen mit *Schmatz, Hans* 1. Aufl. 1955, 2. Aufl. 1960, 4. Aufl. 1985), den Abschnitt zum EGBGB in dem Kommentar „Staudinger" (seit 1952) und die Kommentierung zum Erbrecht mit Nebenbestimmungen im Palandt als Nachfolger von *Rechenmacher* (seit 1961). 1972 wurde *Keidel* die Ehrendoktorwürde von der Universität München verliehen. *Keidel* veröffentlichte seit 1951 zahlreiche Aufsätze, Gesetzgebungs- und Rechtsprechungsberichte sowie Anmerkungen zu gerichtlichen Entscheidungen und Buchbesprechungen vor allem auf dem Gebiet der freiwilligen Gerichtsbarkeit in der NJW, JZ, im Deutscher Rechtspfleger, in der DNotZ, in den Wertpapiermitteilungen und in der FamRZ.

Quellen: *Firsching, Karl* „Zum 70. Geburtstag von Oberlandesgerichtsrat *Keidel*", NJW 1972, S. 229; *Kuntze, Joachim*, „*Theodor Keidel* zum 75. Geburtstag", NJW 1977, S. 2304; *Heinrichs, Helmut*, „*Theodor Keidel* zum 80. Geburtstag", NJW 1982, S. 2810: Auskunft seines Sohnes, Dr. *Helmut Keidel*, Notar a.D. vom 23.09.2004.

***Merkel**, Hans*, Dr. jur. (geb. 3.11.1902 Fürth, gest. 14.7.1993 Augsburg). Sohn eines OLG-Richters (OLG Augsburg). Studium ab 1921 an der Universität Würzburg, danach an der Universität Marburg. Erste juristische Staatsprüfung 1925. Nach der zweiten juristischen Staatsprüfung 1928 bis 1933 Rechtsanwalt in Augsburg, daneben schriftstellerisch tätig (Aufsätze zum Wirtschaftsrecht und zur landwirtschaftlichen Marktregelung. 1930 Promotion über das gemeinschaftliche Testament an der Universität Würzburg. 1934 vom Stabsamtsführer *Reichle* in das Stabsamt des Reichsbauernführers berufen (1935 Leitung der Hauptabteilung Recht und der Hauptabteilung Wirtschaft). Seit Ende April 1936 zugleich Leiter der Hauptabteilung Wirtschaft und Recht beim Stab des Rasse- und Siedlungshauptamtes - SS. -. Als Dozent für Bauern-, Boden und Wirtschaftsrecht gehörte er seit 1942 der damaligen Berliner Juristenfakultät an. Nach Kriegsende war *Merkel* 1947 zunächst in Nürnberg tätig, wo er den früheren (1942 bei *Hitler* in Ungnade gefallenen und aus allen Ämtern entfernten) Reichsminister für Ernährung- und Landwirtschaft *R. Walther Darreé* verteidigte. 1949 ging er in seine „alte Kanzlei" nach Augsburg zurück. *Merkel* war einer der Wiederbegründer des Augsburger Anwaltvereins und dessen erster Vorsitzender bis 1963. Wahl in den Vorstand des Deutschen Anwaltvereins 1950. 1960 Berufung zum anwaltlichen Beisitzer im Anwaltssenat des BGH. Von 1963 bis zu seinem Rücktritt im Jahre 1970 Präsident des Deutschen Anwaltvereins.

Veröffentlichungen: „Nationalsozialistische Wirtschaftsgestaltung" (1. u. 2.Aufl. 1936); „Der Reichsnährstand und die Marktordnung" (1936); „Allgemeine Volkswirtschaftspolitik (zusammen mit *Buwert, Hans,* 1937); „Neues Wirtschaftsrecht" (1938); „Deutsches Bauernrecht" (1. Aufl. 1936, 3. Aufl. 1940, 6. Aufl. 1944); „Agrarpolitik" (1. Aufl. 1942, 2. Aufl. 1944); „Kartei des Reichsnährstandes" (1940); „Die Marktordnung und ihr Recht" (1942); Verfasser zahlreicher Aufsätze, u.a. ZADR 1937, S. 493; Recht des Reichsnährstandes 1937, S. 437; Soziale Praxis 1938, Sp 135. *Merkel* hielt 1955 auf dem 28. Deutschen Anwaltstag das damals vielbeachtete Referat „Überwindung der Zersplitterung der rechtsprechenden Gewalt"[1134] mit dem erstmals öffentlich die Forderung nach Rechtspflegeministerien erhoben wurde.

Quelle: *Schubert*, *Werner*, „Ausschuß für Genossenschaftsrecht", ADR Bd. IV, S. 60; *Schardey*, *Günter,* NJW 1993, S. 1993

***Mohnen**, Heinz*, Prof. Dr. (geb. 11.3.1914 Köln) 1933 – 1936 Studium der Rechtswissenschaft an der Universität Köln. 1937 erste juristische Staatsprüfung, 1940 zweite juristische Staatsprüfung. 1.1.1942 Ernennung zum Amtsgerichtsrat in Köln; danach bis 1952 Landgerichtsrat beim Landgericht Köln, anschließend Oberregierungsrat im Justizministerium des Landes NRW; ab 1.9.1954 Präsident des Landesarbeitsgerichts Hamm; 1.8.1957 Ernennung zum Amtsgerichtspräsidenten in Köln. Seit 1951 Lehrbeauftragter für Miet- und Wohnungsrecht an der Universität Köln und Oktober 1964 Ernennung zum Honorarprofessor an der Universität Köln für bürgerliches Recht, Arbeitsrecht und Zivilprozeßrecht.

Mohnen war vom 17.12.1964 bis zum 30.9.1965 Stadtdirektor und vom 1.10.1965-30.9.1977 Oberstadtdirektor der Stadt Köln. 12 Jahre stand *Mohnen* an der Verwaltungsspitze der Stadt Köln. Danach ließ er sich als Rechtsanwalt nieder und war unter anderem Direktor des Instituts für Wohnungsrecht und Wohnungswirtschaft an der Universität Köln.

Veröffentlichungen: „Gedanken zur Reform des Zivilprozesses", anläßlich der 75-Jahr-Feier d. Kölner Anwaltvereins am 31. Jan. 1962; Erläuterungen zum „Dienstvertrag" in J.V. Staudingers Kommentar zum BGB, 11. Aufl. Bd. 2, Recht der Schuldverhältnisse, Teil 3, (zusammen mit *Nipperdey, Hans* und *Neumann, Dirk*, 1958); Das soziale Mietrecht, Programm und Wirklichkeit,

---

[1134] *Merkel, Hans*, AnwBl. 1955, S. 173

Vorträge und Jahresberichte des Verbandes rheinischer Wohnungsunternehmen e.V., (1960).

Quelle: Auskunft des Historischen Archivs der Stadt Köln; Kürschners Deutscher Gelehrten Kalender, 1980, S. 2603.

Petersen, *Georg*, Dr., Ministerialdirektor i.R., Hamburg (geb. 3.4.1889 Hamburg, gest. 27.3.1971 Trittau) *Petersen* war seit 1919 Rechtsanwalt beim Amtsgericht, Landgericht und Oberlandesgericht Hamburg. Bereits nach 10 Jahren wurde er auf Vorschlag der Anwaltschaft vom Präsidium des Reichsgerichts als Rechtsanwalt beim Reichsgericht zugelassen. Nach 16jähriger Tätigkeit als Rechtsanwalt beim Reichsgericht kehrte er mit Beendigung des zweiten Weltkrieges nach Hamburg zurück. Dort arbeitet er zunächst als Oberlandesgerichtsrat in der Justizverwaltung. Bei Errichtung des Zentral-Justizamtes für die Britische Zone in Hamburg wurde er zum vortragenden Rat und 1947 als Leiter der zivilrechtlichen Abteilung zum Justizdirigenten ernannt. 1948 wurde *Petersen* nebenamtlich zum Leiter des Zentralprüfungsamtes für die Britische Zone berufen und trug wesentlich zum Wiederaufbau des juristischen Prüfungswesens bei. 1950 ging er als Ministerialdirigent in das Bundesjustizministerium und wurde wenig später zum Ministerialdirektor ernannt. Bis Ende 1956 war er Leiter der Abteilung I (Bürgerliches Recht und Verfahren) des Bundesjustizministeriums. *Petersen* hat maßgeblich an den Gesetzesvorlagen des Grundgesetzes mitgearbeitet. Seine hohen Verdienste wurden mit der Verleihung des Großen Bundesverdienstkreuzes mit Stern belohnt, das er 1956 bei der Versetzung in den Ruhestand erhielt.

Quelle: *Strauß, Walter*, NJW 1959, S. 665 ; Die Welt, „Dr. *Petersen* wird siebzig", 26.03.1959; Angaben aus der Vorschlagsbegründung (Nr. 22) für die Verleihung des Verdienstordens der Bundesrepublik Deutschland, 12.11.1956, Bundesarchiv Koblenz.

Weber, *Oskar*, Dr., Notar (geb. 23.5.1901, gest. 9.9.1975 München). *Weber* wurde am 1.7.1930 zum Notar ernannt und war seit 1953 bis zu seinem Eintritt in den Ruhestand Notar in München. Seit 1962 Mitglied der Kommission zur Reform des Rechts der freiwilligen Gerichtsbarkeit einschließlich des Beurkundungsrechts, die den Entwurf des Beurkundungsgesetzes erarbeitete. Ebenfalls seit 1962 gehörte er als Beisitzer aus den Reihen der Notare dem Senat für Notarsachen beim Bundesgerichtshof an. *Weber* arbeitete als ständiger Delegierter der Landesnotarkammer Bayern bei der Bundesnotarkammer in Köln an der Bundesnotarordnung mit. *Weber* wurde 1967 der Bayerische Verdienstorden und 1970 das Bundesverdienstkreuz verliehen.

Veröffentlichungen: Bearbeitung des Kommentars zur Bundesnotarordnung (*Seybold / Hornig*). Vom 28.11.1968 bis zu seinem Tode war er Mitherausgeber der Deutschen Notar-Zeitschrift. Er veröffentlichte seit 1930 zahlreiche Aufsätze so z.B. in der DNotZ, in der NJW und in der JZ.

Quelle: Nachruf für *Dr. Oskar Weber*, Deutsche Notar-Zeitschrift, S. 577, Heft 10, 1975; Angaben aus der Vorschlagsbegründung (Nr. 602) für die Verleihung des Verdienstordens der Bundesrepublik Deutschland, 7.10.1970, Bundesarchiv Koblenz; Auskunft seines Sohnes, *Dr. Helmut Weber*, Notar a.D. vom 5.08.2004.

***Weinkauff**, Hermann (Karl August)*, Dr. (geb. 10.2.1894 Trippstadt (Pfalz), gest. 9.7.1981 Heidelberg). Sohn eines Forstmeisters. Studium der Rechtswissenschaft in München, Heidelberg, Würzburg und Paris trat er in den bayerischen Justizdienst ein. 1922 Assessor, 1.11.1923 als II. Staatsanwalt abgeordnet an das bayerische Justizministerium; 1924 München I; 1926 Amtsgerichtsrat in München I; 1928 I. Staatsanwalt in München I; 1930 Oberamtsrichter in Berchtesgaden; Juni 1932 Landgerichtsrat im bayerischen Justizministerium; Oktober 1932 Landgerichtsdirektor München I; 1937 Reichsgerichtsrat am Reichsgericht Leipzig. Nach dem Zweiten Weltkrieg wurde *Weinkauff* Landgerichtspräsident in Bamberg und Mitglied des bayerischen Verfassungsgerichtshofs. Vom 1.10.1950 bis zum 31.3.1960 war er Präsident des Bundesgerichtshofs in Karlsruhe.

Veröffentlichungen: „Die deutsche Justiz und der Nationalsozialismus" (1968); „Die Umgestaltung der Gerichtsverfassung und des Verfahrens- und Richterrechts im nationalsozialistischen Staat" (1968); „Die Militäropposition gegen Hitler und das Widerstandsrecht (1954); „Richtertum und Rechtsfindung in Deutschland" (1952); „Die Vollmacht des Gewissens" (1956).

Quellen: *Krüger-Nieland, Gerda,* Nachruf für *Hermann Weinkauff*, NJW 1981, S. 2235, 2236; Deutsche Biographische Enzyklopädie, Band 10, S. 397, 398

***Wieczorek**, Bernhard,* Dr. (geb. 4.2.1907, gest. 22.12.1976). 1933 Rechtsanwalt beim Amtsgericht und Landgericht Breslau. Ab 1945 Rechtsanwalt bei allen Gerichten in Hamburg, anschließend bei dem OGHBrZ in Köln und ab 1950 Rechtsanwalt beim BGH. Er war Mitglied bzw. Vorsitzender der Ausschüsse des Deutschen Anwaltvereins für Zivilprozeß und Gerichtsverfassung sowie für Verfassungsrecht.

Veröffentlichungen: Großkommentar „Zivilprozeßordnung und Nebengesetze" (fortgeführt von *Rolf A. Schütze*, 3. Aufl. 1994); Handausgabe „Zivilprozeßordnung und Gerichtsverfassungsgesetz" (1. Aufl. 1960, 2. Aufl. 1966). *Wiec-*

zorek verfaßte im Auftrag der Bundesrechtsanwaltskammer im Jahre 1964 eine zustimmend aufgenommene Stellungnahme zu dem Thema „Das Abkommen der Mitgliedstaaten der Europäischen Wirtschaftsgemeinschaft auf dem Gebiet des internationalen Konkursrechts".

Quelle: *Krille*, *Hans*, Nachruf für *Bernhard Wieczorek*, NJW 1977, S. 372; Auskunft der Hanseatischen Rechtsanwaltskammer, Hamburg vom 4.10.2004

3) Justizminister in der Zeit von 1955 bis 1961

Von Merkatz, *Hans-Joachim*, Dr. jur. (geb. 7.7.1905 in Stargard (Pommern), gest. 25.2.1982 in Bonn). Nach einer landwirtschaftlichen Lehre Studium der Rechts- und Wirtschaftswissenschaften 1928 bis 1931. 1931 erste juristische Staatsprüfung und 1934 Promotion. 1935 bis 1938 war er Referent am Kaiser-Wilhelm-Institut für ausländisches öffentliches Recht und Völkerrecht in Berlin. Anschließend war von Merkatz bis zum Kriegsende Generalsekretär am Ibero-Amerikanischen Institut in Berlin. Nach dem Krieg trat er in die Deutsche Partei (DP) ein, wurde dort 1952 Mitglied im Direktorium und 1955 Stellvertretender Vorsitzender der DP. 1946 Sachbearbeiter an der Akademie für Raumforschung und Landesplanung in Hannover. 1949 bis 1969 war er Mitglied des Deutschen Bundestages. Von 1949 bis 1952 Staatssekretär; ab dem 8.6.1955 Bundesminister im Ministerium für Angelegenheiten des Bundesrates (ab 1957 das „Bundesministerium für Angelegenheiten des Bundesrates und der Länder); von 1953 bis 1955 Vorsitzender der DP-Bundestagsfraktion; vom 16.7.1952 bis zum 19.3.1958 Mitglied des Europaparlaments. *Im Zuge der Kabinettsumbildung wurde von Merkatz am 16.10.1956 zugleich Bundesminister der Justiz und schied nach der Bundestagswahl am 29.10.1957 wieder aus diesem Amt aus.* 1957 bis zum 11.12.1962 vertrat er die Bundesregierung im Ältestenrat des Bundestages.

Am 1.7.1960 verließ er mit acht weiteren Bundestagsabgeordneten die DP-Fraktion, die daraufhin ihren Fraktionsstatus einbüßte, und trat am 10.9.1960 der CDU/CSU Fraktion bei. Am 27.10.1960 wurde er zum Bundesminister für Vertriebene, Flüchtlinge und Kriegsgeschädigte ernannt. Nach der Bundestagswahl im Jahre 1961 gab er dieses Amt an die FDP ab (14.11.1961). Seit 1966 Honorarprofessor an der Universität Bonn und seit 1967 Präsident der Paneuropa-Union. Am 13.12.1968 schied *von Merkatz* aus der Bundesregierung aus. 1964 bis 1968 war er deutscher Vertreter im Exekutivrat der UNESCO.

Veröffentlichungen: „Politische Entwicklung und rechtliche Gestaltung der Ministerverantwortlichkeit" (Dissertation 1935); Politische Entwicklung und rechtliche Gestaltung der Ministerverantwortlichkeit (1935); „Die konservative Funktion“ (1957).

Quellen: *Kempf, Udo* und *Merz, Hans-Georg*, Kanzler und Minister 1949 – 1998, S. 477 – 480.

***Neumayer**, Fritz,* (geb. 29.7.1884 in Kaiserslautern, gest. 12.4.1973 in München). Sohn einer alteingesessenen pfälzischen Juristenfamilie (sein Großvater war königlicher Advokat, sein Vater ebenfalls Jurist). Zunächst Studium der Medizin, dann der Rechtswissenschaften in Würzburg, Berlin, Leipzig und Straßburg. Erstes Staatsexamen 1910. Von 1911 bis 1945 Rechtsanwalt in Kaiserslautern. 1945 wurde *Neumayer* Präsident des Landgerichts Kaiserslautern. Nach 1945 Eintritt *Neumayers* in die FDP. Er war 1946 Mitglied der Verfassunggebenden Landesversammlung von Rheinland-Pfalz. Von 1947 bis 1951 Mitglied des Landtages sowie in der Zeit vom 9.7.1947 bis zum 9.4.1948 Minister für Wirtschaft und Verkehr des Landes Rheinland-Pfalz. 1949 bis 1957 war *Neumayer* Mitglied des Deutschen Bundestages und wurde am 19.7.1952 als Bundesminister für Wohnungsbau in die von *Konrad Adenauer* geleitete Bundesregierung berufen. *Vom 20.10.1953 bis zum 16.10.1956 war Neumayer Bundesminister der Justiz.* Anfang 1956 verließ er im Zuge einer koalitionspolitischen Neuorientierung der nordrhein-westfälischen FDP mit 15 weiteren Bundestagsabgeordneten, darunter vier Minister, die FDP und wurde Mitglied der neugegründeten Freien Volkspartei FVP, mit der er sich ein Jahr später der Deutschen Partei (DP) anschloß. Unter *Neumayers* ständigem Vorsitz erarbeitete die „Große Kommission für die Strafrechtsreform“ in den Jahren 1954 bis 1959 einen Gesetzesentwurf, der nach erheblichen Veränderungen zu den beiden ersten Gesetzen der Strafrechtsreform (1969) führte.

Quellen: *Kempf, Udo* und *Merz, Hans-Georg*, Kanzler und Minister 1949 – 1998, S. 498 – 502.

***Schäffer**, Fritz*, Dr. (geb. 12.5.1888 in München, gest. 29.3.1967 Berchtesgaden). Studium der Rechts- und Staatswissenschaften von 1907 bis 1911 in München. Erstes Staatsexamen und Promotion 1911, Referendar von 1911 bis 1914. 1915/1916 nahm er als Soldat am 1. Weltkrieg teil und wurde nach einer Verwundung aus der Armee entlassen. Zweites Staatsexamen 1916. *Schäffer* wurde 1917 Regierungsrat im bayerischen Innenministerium, 1918 Bezirksamtsassessor in Kehlheim und 1920 Regierungsrat im Bayerischen Kultusministerium. 1920 bis 1933 Mitglied des Bayerischen Landtages für die Bayerische Volkspartei, seit 1929 deren Vorsitzender. 1931 bis 1933 Staatsrat und Leitung des Bayerischen Finanzministeriums. Nach der Machtübernahme der Nationalsozialisten wurde *Schäffer* am 10.3.1933 seines Amtes enthoben und in den vorzeitigen Ruhestand versetzt. 1933 bis 1945 war er als Rechtsanwalt in München tätig. In der Zeit von August bis Oktober 1944 war im KZ Dachau inhaftiert.

Schäffer war 1945 / 1946 Gründungsmitglied der CSU. Am 28.5.1945 von den Amerikanern zum ersten bayerischen (und deutschen) Nachkriegs-Ministerpräsidenten ernannt, wurde er bereits am 28.9.1945 durch die Besatzungsmacht *(willkürlich)* wieder abgesetzt. In dem gleichen Zeitraum leitete er das Bayerische Finanzministerium. In der vom 24.4.1946 bis 18.11.1947 erhielt er ein politisches Betätigungsverbot durch die amerikanische Militärregierung, da ihm vorgeworfen wurde, als *„Kollaborateur und Steigbügelhalter der nationalsozialistischen Machtergreifung Vorschub geleistet zu haben"*. Von 1949 bis 1961 war *Schäffer* für die CSU Mitglied des Deutschen Bundestages. Im Kabinett von *Konrad Adenauer* war er von 1949 bis 1957 Bundesminister der Finanzen, *danach von 1957 bis 1961 Bundesminister der Justiz*. Am 14.11.1961 zog sich *Schäffer* aus Altersgründen aus der Politik zurück und schied zum Ende der Legislaturperiode aus der Bundesregierung aus .

Ouellen: *Henzler, Christoph*, *„Fritz Schäffer* 1945 – 1967"; *Kempf, Udo* und *Merz, Hans-Georg*, Kanzler und Minister 1949 – 1998, S. 568 – 574.

Anhang 3*

Die unveröffentlichten Leitsätze zu den einzelnen Arbeitsabschnitten

Die folgenden Leitsätze wurden im direkten Anschluß an die Erörterungen zu den einzelnen Fachreferaten aufgestellt und mit den beschlossenen Änderungen gebilligt, wobei die Leitsätze das einzelne Kommissionsmitglied nicht bindend festlegen und verpflichten sollten.[1136] In der nachfolgenden Aufstellung sind die vollständigen Leitsätze, in ihrer beschlossenen Fassung, den ursprünglichen Gliederungspunkten des Arbeitsplanes der Kommission und der Protokolle zugeordnet. In der jeweiligen Überschrift zu den einzelnen Abschnitten findet sich *kursiv* gedruckt die Zuordnung zu den jeweiligen Gliederungspunkten dieser Arbeit.

„Die Beratungen der Kommission (1955 bis 1961)" (Zu Teil 3, S. 79 ff.)

1) „Heutige Aufgaben einer Großen Justizreform" (Zu Teil 3, A, S. 79 ff.)

(Nr.: II. 1 des Arbeitsplanes der Kommission)

Leitsätze basierend auf den Vorschlägen ***Weinkauffs:***

I.1. Heutige Aufgaben einer großen Reform.

Überschrift: „Die organisatorische Verwirklichung der allgemeinen Großen Justizreform."

Einleitender Leitsatz: „Die Schwerpunkte der Großen Justizreform sind die Einheit der Justiz und die Gewinnung starker Richterpersönlichkeiten."

A „Die Einheit der Justiz ist notwendig,
um dem Volke die Einheit und Bedeutung des Rechts und der Rechtsprechung sinnfällig zu machen,
um ein einheitliches Ethos und einheitliche rechtliche Grundanschauungen im Richtertum zu entwickeln,
um Richter verschiedener beruflicher Erfahrungen mitwirken zu lassen,

* In dem abschließenden Bericht der Kommission finden sich ausschließlich die endgültigen Empfehlungen der Kommission aus dem Jahre 1961.

[1136] Protokoll Nr. 3, S. 78

um den Gerichtsaufbau einfach und durchsichtig zu machen und Zuständigkeitsstreitigkeiten auszuschalten.
Die Einheit der Justiz wird zweckmäßig in zwei Stufen verwirklicht:

1. Stufe: Verwaltungsmäßige Zusammenfassung aller Gerichtsbarkeiten bei einer Verwaltung, am besten einem Minister für Rechtspflege.
2. Stufe: Das allzuständige Gericht sollte nach Möglichkeit eine einheitliche Verfahrensordnung erhalten und einen einheitlichen Gerichtsaufbau erhalten.“
3. „Ebenso soll auch schon vor der Einrichtung des allzuständigen Gerichts für alle Zweige der Gerichtsbarkeit eine übereinstimmende, einfache und billige Verweisungsmöglichkeit geschaffen werden.[1137]“

Unter Vorbehalt der Auffassungen Heusingers und Ruscheweyhs, insbesondere hinsichtlich des vierstufigen Aufbaus der ordentlichen Gerichtsbarkeit, der nicht ohne weiteres abzulehnen sei, wurde weiterhin die folgende Formulierung angenommen:

„Weitere Voraussetzung wird sein, daß
die bisherige ordentliche Gerichtsbarkeit grundsätzlich einen dreigliedrigen Aufbau anstrebt,
die grundsätzlich dreigliedrig aufgebauten Gerichte streng auf die Rechtsprechung (Streitentscheidung) beschränkt werden und
daß dem Gericht erster Instanz eine Friedensgerichtsbarkeit angegliedert wird,
der obliegt die sogenannte niedere oder Bagatellgerichtsbarkeit, die freiwillige Gerichtsbarkeit und die richterlichen Hilfsfunktionen (Zwangsvollstreckung, Mahnverfahren, Strafbefehlsverfahren u. dgl.)

B „Die Gewinnung eindrucksvoller Richterpersönlichkeiten setzt voraus,

a) daß man die juristische Ausbildung stärker auf die ethischen und philosophischen Grundlagen des Rechts ausrichtet und daß man die Masse des technischen Lehrstoffes stark einschränkt,
b) daß man streitentscheidender Richter erst im vorgerückten Alter (frühestens mit 35 oder 40 Jahren) wird und nachdem man vorher im Rechtsleben Erfahrungen gesammelt hat,
c) daß man den streitentscheidenden Richter grundsätzlich entbeamtet, das Richteramt vielmehr allen Angehörigen des Rechtsstandes in gleicher Weise zugänglich macht,

---

[1137] Protokoll Nr. 12, S. 77

d) daß man die Zahl der streitentscheidenden Richter wesentlich herabsetzt, für diese aber höhere Gehälter festsetzt, und zwar Einzelgehälter außerhalb der Besoldungsordnung der Exekutive.

Weitere Voraussetzung wird sein,
daß man die neuen Auslesegrundsätze auf die streitentscheidenden Richter oberhalb der sogenannten Friedensgerichtsbarkeit beschränkt, während man die Angehörigen der Friedensgerichtsbarkeit nach den bisherigen Grundsätzen auswählt und besoldet, wobei u.U. für Vorrückungsmöglichkeiten innerhalb der Friedensgerichtsbarkeit gesorgt werden soll."

Der letzte Gesichtspunkt wurde von einem Teil der Kommission bejaht, während sich ein anderer Teil insoweit die nähere Prüfung vorbehielt.[1138]

C *Bei den folgenden von Weinkauff vorgeschlagenen Leitsätzen sollte es sich zunächst nur um Merkpunkte handeln. Diese wurden vorbehaltlich der Auffassung Wolffs hinsichtlich der Frage der Besetzung der Gerichte erster Instanz mit Einzelrichtern und der Besetzung mit Laienrichtern von der Kommission gebilligt:*

„Weitere Elemente der Verwirklichung der Großen Justizreform können sein
die Besetzung der Gerichte erster Instanz mit Einzelrichtern,
die Beschränkung des (einen) Rechtsrügegerichts auf Grundsatzentscheidungen,
die Zuteilung von Richtergehilfen (Volljuristen) an die streitentscheidenden Richter,
die starke Beschränkung der Rechtsmittel und Rechtszüge der streitentscheidenden Gerichte,
die Vereinfachung des Verfahrens und die freiere Stellung des Richters im Verfahren,
die weitgehende Versagung von Rechtsmitteln gegen die (rechtsprechenden) Entscheidungen der Friedensgerichte,
die weitgehende Verwendung von Rechtspflegern in der Friedensgerichtsbarkeit."

[1138] Protokoll Nr. 3, S. 77

2) „Der künftige Richter (Ausbildungsfragen)" (Zu Teil 3, B, S. 88 ff.)

(Nr.: II. 1 des Arbeitsplanes der Kommission)

Umgestaltung des Richterstandes:

*Auf Antrag von **Weinkauff** stellte die Kommission fest:*
„Hier sollen die unter I dargestellten Grundsätze der Richterauslese verwirklicht werden.
Wie weit das im einzelnen möglich sein wird, kann erst endgültig geprüft werden, wenn zu den Punkten II, 2 bis 5 und III des Arbeitsplanes eine Entscheidung getroffen ist.)

*Leitsätze basierend auf Vorschlägen **Coings**[1139]:*

I.1 „Der junge Jurist sollte auf der Universität im Rahmen des rechtswissenschaftlichen Studiums mit den philosophischen Grundlagen des Rechts und den rechtspolitischen Zielsetzungen der positiven Rechtsordnung vertraut gemacht werden und während des Universitätsstudiums Gelegenheit haben, eine Vorstellung von den politischen, sozialen und ökonomischen Bedingungen seiner Zeit zu erhalten. Demgegenüber scheint hinsichtlich des zu beherrschenden Stoffes eine Beschränkung zugunsten einer Vertiefung des Studiums in den Grundfächern notwendig."

Der Vorschlag wurde einstimmig, bei Stimmenthaltung von Petersen, angenommen:

I.2 „Ein gründlicher praktischer Vorbereitungsdienst ist unerläßlich. Dabei sollten mehr als bisher der Vorbereitungsdienst sowohl wie auch die Richterfortbildung (siehe unten zu Ziff. I.4) für eine systematische Ausbildung in der Vortrags-, Vernehmungs- und Verhandlungstechnik benutzt werden. Dem jungen Juristen sollten besonders auch die Grundsätze einer fairen Verhandlungsweise deutlich gemacht werden. Auch im übrigen sollte jede Gelegenheit benutzt werden, um dem jungen Juristen in der Praxis des Alltags die Bedeutung richterlicher Ethik deutlich zu machen."
Zusatz von Baur: „Die eigenverantwortliche Tätigkeit der Referendare ist nach Möglichkeit zu fördern."

Dem Leitsatzentwurf wurde einschließlich des Zusatzes von Baur einstimmig zugestimmt.

[1139] Protokoll Nr. 24, S. 64 ff

I.3 „Die Verwendung junger Juristen als Richtergehilfen sollte auch für ihre charakterliche Bildung als Richter fruchtbar gemacht werden."

Der Vorschlag wurde einstimmig angenommen.

I.4 „Es sollten Institute zur Weiterbildung von Richtern und Richtergehilfen eingerichtet werden. Sie sollen mit neuen Entwicklungen der Wissenschaft und der Praxis vertraut machen, neue juristische Entwicklungen im Zusammenhang darstellen und Gelegenheit geben, die gewonnenen Erfahrungen zu vertiefen. (s.o. Ziff. I.2).

Für noch nicht auf Lebenszeit angestellte Richter und für Richtergehilfen sollte eine Pflicht zum Besuch dieser Institute vorgeschlagen werden."

Der Absatz 1. des Vorschlags wurde einstimmig angenommen.
Der Formulierung des Absatzes 2. haben zugestimmt, Baur, Gerner, Heusinger, Keidel, Mohnen und Ruscheweyh.
Abgelehnt wurde Absatz 2. von Hornig, Merkel, Petersen und Wieczorek

3) „Dreigliederung der Gerichte" (Zu Teil 3, C, S. 104 ff.)

(Nr.: II. 2 des Arbeitsplanes der Kommission)

II.2 „Wenn man das allzuständige Gericht will und von der Voraussetzung ausgeht, daß eine Friedensgerichtsbarkeit auszugliedern sei, dann ist ein dreigliedriger Gerichtsaufbau geboten und sollten die Gerichtsbezirke der Gerichte erster Instanz möglichst groß sein."[1140]

Der Leitsatz zu Punkt II, 2 des Arbeitsplanes wurde einstimmig angenommen

[1140] Protokoll Nr. 5, S. 81

4) „Ausgliederung von richterlichen Aufgaben? Ihre künftige Organisation?" (Zu Teil 3, D, S. 111 ff.)
(Nr.: II. 3 des Arbeitsplanes der Kommission)

a) „Einführung einer Friedensgerichtsbarkeit" (Zu Teil 3,D,I, S. 111 ff.)

*Vorschläge von **Hornig und Baur**[1141]:*

I. Die Kommission ist sich darüber einig, daß die Hebung des Richteramtes zu einer Verringerung der Zahl der Richter zwingt. Dies erfordert eine Veränderung in der Besetzung der Gerichte, eine Beschränkung der Instanzenzüge, die Zuweisung zusammengehöriger Aufgaben jeweils an **einen** Richter, die Übertragung von bisher dem Richter anvertrauten Geschäften auf den Rechtspfleger, die Begründung der ausschließlichen Urkundszuständigkeit der Notare.

Der Vorschlag wurde einstimmig, bei Stimmenthaltung von Wieczorek (unter Vorbehalt einer schriftlichen Stellungnahme von Ruscheweyh), angenommen:

*Vorschlag von **Hornig**[1142]:*

II. " Darüber hinaus läßt sich eine entscheidende Senkung der Richterzahl nur durch die Ausgliederung einer Friedensgerichtsbarkeit erreichen. Auch die zu Abschnitt I des Leitsatzes genannten Maßnahmen sind ohne solche Ausgliederung nicht oder nur unzulänglich durchführbar. Richter und Friedensrichter sind echte Richter und unterliegen einer einheitlichen Ausbildung, die Laufbahn der beiden Richter ist aber verschieden; nur der Richter übt wesentliche streitentscheidende Tätigkeit aus und ist in seiner Rechtsstellung zu heben. Der Übergang von der Laufbahn der Friedensrichter in die der Richter ist besonders bewährten Kräften möglich."

Vorbehaltlos angenommen von Wolff, Bleibtreu, Hornig und Weinkauff und unter Vorbehalt einer schriftlichen Stellungnahme von Heusinger und Wieczorek. Abgelehnt von Baur, Gerner, Keidel und Weber:

*Gegenvorschlag von **Baur** für II:*

II. „Das Richteramt ist seiner Idee und Aufgabe nach einheitlich, die Begründung von zwei Richterlaufbahnen ist daher abzulehnen."

Vorbehaltlos angenommen von Baur, Gerner, Keidel und Weber und Vorbehalt einer schriftlichen Stellungnahme von Heusinger. Abgelehnt von Wolff, Bleibtreu, Hornig und Weinkauff:

[1141] *Hornig* und *Baur*, Protokoll Nr. 4, S. 80, 86

[1142] *Hornig*, Protokoll Nr. 4, S. 87

III.1 „Für den Fall der Ausgliederung einer Friedensgerichtsbarkeit sind insbesondere zu übertragen:
„Die Aufgaben der freiwilligen Gerichtsbarkeit einschließlich der Verfahren nach JWG, Personensorgerechtssachen und Landwirtschaftssachen. Ob auch Verfahren nach Art. 104 GG zu übertragen sind, bedarf noch der Prüfung."

Der Fassung des Unterabschnitts III,1 stimmte die Kommission mit 7 : 3 Stimmen zu[1143]*:*

III. 2 „Streitsachen: Zu a) bis g) Rechtsmittel sollen hier möglichst eingeschränkt sein:

a) Vermögensrechtliche Ansprüche bis 500 DM (jedoch Zuständigkeit des Richters bei öffentlich-rechtlichen Ansprüchen, Enteignung, Amtspflichtverletzung, Reichshaftpflichtgesetz und gewerblicher Rechtsschutz),
b) Unterhaltsansprüche und Altenteilsstreitigkeiten,
c) Mietstreitigkeiten,
d) Folgen aus Verkehrsunfällen, in einem noch zu bestimmenden Rahmen,
e) Mahnverfahren, Zwangsvollstreckung, Konkurs und Vergleich
f) Arrest- und einstweilige Verfügungssachen in dem bisher dem Amtsgericht übertragenen Umfang,
g) Aufgebots und Entmündigungssachen.

Der Fassung der Unterabschnitte III, 2 a – g wurde gegen die Stimme Wieczoreks, im übrigen einstimmig zugestimmt.

III. 3 „Die Bildung eines einheitlichen Familiengerichts bedarf noch näherer Erörte rung; seine Leitung ist einem Richter anzuvertrauen.

III.4a) Strafsache, soweit sie bisher dem Amtsrichter als Einzelrichter übertragen sind, jedoch nicht Vergehen gegen U.W.G. und Urheberrecht."

Die Fassungen der Unterabschnitte III., 3 und III., 4a wurden einstimmig gebilligt.

III.4b) „Haftsachen, außerhalb eines anhängigen Verfahren."

Der Leitsatz wurde bei Enthaltung der Stimmen von Weinkauff und Gerner angenommen.

[1143] *Hornig*, Protokoll Nr. 4, S. 88

b) „Einführung von Rechtspflegeämtern oder Rechtsämtern als Vorstufe zu den Gerichten?" (Zu Teil 3, D, II, S. 122)

Übertragung von Aufgaben auf den Rechtspfleger (S. 122)

IV.1 „Dem Rechtspfleger sollen übertragen werden:
Sämtliche Aufgaben, wie sie etwa in der Bundesratsfassung des Rechtspflegergesetzes aufgeführt sind, mit Ausnahme der Urkundsgeschäfte, die grundsätzlich dem Notar allein übertragen werden sollen."

Der Leitsatz wurde mit 7 : 2 Stimmen (Weber und Merkel) in der folgenden Fassung angenommen.[1144]

IV.2 „Vorbehaltlich näherer Nachprüfung im einzelnen – Aufgaben der freiwilligen Gerichtsbarkeit im gleichen Umfang wie jetzt den württembergischen Bezirksnotaren."

Leitsatz IV, 2 wurde mit 6 : 3 Stimmen (Merkel, Keidel, Weber) in dieser Fassung angenommen.

IV.3 „Aufgebotsverfahren"

IV.4 „einfachere Privatklagesachen"

Leitsatz IV, 3 wurde einstimmig und IV, 4 gegen die Stimme Ruscheweyhs angenommen.

IV.5 „Rechtshilfe-Ersuchen nach Abgabe durch den Richter."

Leitsatz wurde gegen die Stimmen von Bleibtreu und Hornig abgelehnt.

IV.6 „Unterhaltsregelung für uneheliche Kinder im außerstreitigen Verfahren"
Einstimmig wurde ein letzter Absatz zu Abschnitt IV festgelegt:
„Voraussetzung dafür, daß den Rechtspflegern entsprechend den vorstehenden Vorschlägen Aufgaben übertragen werden, ist eine gediegene Ausbildung und eine genügende Altersreife."[1145]

Leitsatz wurde bis zur Erörterung über das Verhältnis streitige–freiwillige Gerichtsbarkeit zurückgestellt.

[1144] Protokoll Nr. 5, S. 34
[1145] *Ruscheweyh*, Protokoll Nr. 5, S. 46

„Ersetzen der Amtsgerichte durch Rechtsämter als Vorstufe für den dann dreigliedrigen Gerichtsaufbau" (S. 125)

V.1 „Organisation der Friedensgerichte
Bezirkseinteilung:

a.) Da ein Teil der bisherigen Aufgaben der Amtsgerichte auf den Richter (Anm. des Verfassers: Damit ist der „gehobene Richter" gemeint) übergeht und andererseits der Aufgabenkreis des Rechtspflegers erweitert wird, wird die Zahl der Friedensrichter wesentlich kleiner sein als die der Amtsrichter (weniger als ½). Daher **große** Friedensgerichtsbezirke.

b.) Zu erwägen ist, ob den örtlichen Verhältnissen entsprechend innerhalb der Friedensgerichtsbezirke Außenstellen, die unter der dienstlichen und fachlichen Aufsicht der Friedensrichter stehen, zu bilden sind. Sie wären mit einem oder mehreren Rechtspflegern zu besetzen und erledigen die Aufgaben der freiwilligen Gerichtsbarkeit, der Immobiliar-Zwangsvollstrekkung (und der Rechtshilfe); sie nehmen Anträge und Erklärungen auf.

c.) Der Friedensrichter sorgt für Fortbildung der Rechtspfleger und übt seine eigene Tätigkeit weitgehend am Sitz der Außenstellen aus."

Leitsätze V 1 a - c wurden einstimmig in dieser Fassung angenommen.

V.2 „Rechtsmittel:

a.) Entscheidungen des Rechtspflegers: Gegen sie in jedem Fall Anrufung des Friedensrichters.

b.) Die Frage der Rechtsmittel gegen Entscheidungen des Friedensrichters wird unter II, 4 c des Arbeitsplanes erörtert werden."

Unterabschnitt V., 2 wurde in dieser Fassung einstimmig angenommen:

V.3 „Bei den Friedensgerichten sind Beförderungsstellen in ausreichender Zahl einzurichten."

5) *„Beschränkung der Rechtszüge und Rechtsmittel im Allgemeinen?“ (Zu Teil 3, E, S. 128 ff.)*

(Nr.: II. 4 des Arbeitsplanes der Kommission)

Allgemeines

Vorschläge von ***Hornig*** *und* ***Bleitreu****:*[1146]

1. „Eine erhebliche Einschränkung der Rechtsmittel ist schon um des Ansehens der Gerichte willen und zur Beschleunigung des Verfahrens unerläßlich“

   Zustimmung: Baur, Bleibtreu, Hornig und Keidel
   Ablehnung: Heusinger, Merkel, Petersen, Ruscheweyh und Weber.

2. „Bei Durchführung der Großen Justizreform ist eine solche Einschränkung zwecks Verminderung der Richterzahl erst recht notwendig und angesichts der in diesem Falle zu erwartenden Hebung der Qualität der unteren Instanzen auch ohne Beeinträchtigung des Rechtsschutzes.“

   Zustimmung: Baur, Bleibtreu, Hornig
   Ablehnung: Heusinger, Keidel, Merkel, Petersen, Ruscheweyh und Weber.

Vorschlag von Hornig:

3. „Als Richtlinie für die Rechtsmittelbeschränkung sollte gelten, daß es grundsätzlich nur **ein** Rechtsmittel gibt, daß im Zivilprozeß nur eine volle Tatsacheninstanz zu gewähren ist und die zweite Instanz auf Rechtsfragen beschränkt ist und daß das bisherige Revisionsgericht nur bei Grundsatzfragen angerufen werden kann.“

   Zustimmung: Baur, Bleibtreu und Hornig
   Ablehnung: Heusinger, Keidel, Merkel, Petersen, Ruscheweyh und Weber

[1146] Protokoll Nr. 10, S. 2 ff

Bürgerliche Rechtsstreitigkeiten

a) Für den Fall der „Großen Justizreform"

(1) Anfechtung von Entscheidungen des Friedensgerichts[1147]

(a) ***Bleibtreu*** *zog seine Vorschläge zurück.*

(b) Vorschlag von ***Hornig****:*

aa) „Urteile des Friedensrichters sind in der Regel unanfechtbar (wobei davon ausgegangen wird, daß seine allgemeine Zuständigkeit Streitwerte von 500 DM nicht überschreitet).

Zustimmung: Baur, Bleibtreu, Heusinger, Hornig, Keidel, Petersen, Weber
Ablehnung: Merkel und Ruscheweyh

bb) „Er kann die Anfechtung wegen grundsätzlicher rechtlicher Bedeutung zulassen. Mit diesem Rechtsmittel können aber nur materielle und prozessuale Rechtsverstöße gerügt und die tatsächlichen Feststellungen nur insoweit angefochten werden, als die Wiederaufnahme (mit gewissen Erweiterungen) zulässig wäre. Über das Rechtsmittel entscheidet das Gericht der Mittelstufe. Es kann die Sache ggf. an das Gericht der Oberstufe bringen."

Zustimmung: Baur, Bleibtreu und Hornig
Ablehnung: Heusinger, Keidel, Petersen, Weber und Ruscheweyh

Vorschlag von ***Weinkauff****:*

(c) Friedensgericht:
(Zuständigkeit wie nach Leitsatz III 2 a – d zu Ziffer II 3 b des Arbeitsplanes, also u.a. Zuständigkeit für vermögensrechtliche Ansprüche bis 500,00 DM)

„In der Regel kein ordentliches Rechtsmittel, aber
aa) ausnahmsweise Zulassung der Berufung zum Einzelrichter des Gerichts des 1. Rechtszuges durch den Friedensrichter in Sachen von rechtsgrundsätzlicher Bedeutung.

Zustimmung: Heusinger, Keidel, Petersen und Weber
Ablehnung: Baur, Bleibtreu, Hornig, Merkel und Ruscheweyh

[1147] Protokoll Nr. 10, S. 4 ff

bb) Möglichkeit der Einlegung der Kassation im Interesse des Gesetzes durch den Generalstaatsanwalt oder einen Generalanwalt zum Bundesgericht in Bezug auf Rechtsfragen von grundsätzlicher Bedeutung, die die Entscheidungen des Friedensrichters etwa aufwerfen, jedoch bei fortbestehender Rechtskraft dieser Entscheidungen."

Zustimmung: Bleibtreu und Hornig
Ablehnung: Baur, Heusinger, Keidel, Merkel, Petersen, Weber und Ruscheweyh

(2) Anfechtung von Entscheidungen des Gerichts der Unterstufe (Landgericht)[1148]

(a) ***Bleibtreu*** *zog seine Vorschläge zurück.*

*Vorschlag von **Hornig**:*
(b) „Urteile der Gerichte der Unterstufe sind nur mit folgenden Beschränkungen bei dem Gericht der Mittelstufe anfechtbar:

aa) „Es können nur materielle und prozessuale Rechtsverstöße gerügt und tatsächliche Feststellungen nur insoweit angefochten werden, als die Wiederaufnahme (mit gewissen Erweiterungen) zulässig wäre. Das Rechtsmittelgericht soll jedoch von einer Zurückverweisung an die Vorinstanz in der Regel absehen und die auf Grund seiner rechtlichen Überprüfung für erforderlich gehaltene ergänzende Sachaufklärung selbst betreiben."

Zustimmung: Baur, Bleibtreu, Ruscheweyh und Hornig
Ablehnung: Heusinger, Keidel, Merkel, Petersen und Weber

bb) „In vermögensrechtlichen Streitigkeiten ist die Anfechtung von einer Beschwerdesumme in Höhe von 500 DM abhängig. Das Privileg des § 547 ZPO fällt weg."

Zustimmung:Ausgenommen Merkel stimmten die Kommissionsmitglieder zu
Ablehnung: Merkel, (eine Beschwerdesumme von 300 DM sei angemessen)

1148 Protokoll Nr. 10, S. 8 ff

cc) „Das Rechtsmittelgericht kann offensichtlich unbegründete Rechtsmittel ohne mündliche Verhandlung durch einstimmigen, einer näheren Begründung nicht bedürfenden Beschluß zurückweisen.“

Zustimmung: Baur, Bleibtreu, Ruscheweyh, Keidel, Merkel und Hornig
Ablehnung: Heusinger und Petersen

dd) „Auch über cc) hinaus kann das Rechtsmittelgericht, wenn es der Vorinstanz beitritt, von einer Einzelbegründung absehen.“

Zustimmung: Baur, Bleibtreu, Heusinger, Ruscheweyh, Keidel, Petersen und Hornig
Ablehnung: Merkel und Weber

(c) Vorschlag von **Weinkauff**:
„Gericht der 1. Stufe“

aa) „In vermögensrechtlichen Sachen
ordentliches Rechtsmittel der Berufung zum Gericht des zweiten Rechtszuges,
aber nur in Sachen, deren Streitwert und Beschwerdewert 3.000,00 DM (bei sinkendem Geldwert etwa auch 4.000,00 DM übersteigen.
Bei Sachen mit einem Streitwert und Beschwerdewert bis zu 3.000,00 DM (bzw. 4.000,00 DM) grundsätzlich kein ordentliches Rechtsmittel, ausgenommen nur
die oben unter 5) a) (1) (c) aa und bb eröffneten beiden Möglichkeiten, die hier in gleicher Weise zu geben wären.“

bb) „In nicht vermögensrechtlichen Sachen grundsätzlich kein ordentliches Rechtsmittel, aber
mögliche Zulassung der Berufung durch den Einzelrichter zum Gericht der zweiten Stufe in Sachen von rechtsgrundsätzlicher Bedeutung und in Sachen von besonderer tatsächlicher Bedeutung.“
„Kassation im Interesse des Gesetzes wie oben unter Ziffer 5) a) (1)(c) bb“

Weinkauffs Vorschläge unter aa) und bb) wurden einstimmig von den anwesenden Mitgliedern abgelehnt

cc) „Im Berufungsrechtszuge dürfen neue Tatsachen und neue Beweismittel nur vorgebracht werden, wenn die Partei beweist, daß sie ohne Verschulden im ersten Rechtszug nicht vorbringen konnte (streng auszulegendes und zu handhabenes Novenverbot)."

Zustimmung: Weber, Keidel, Bleibtreu und Hornig
Ablehnung: Heusinger, Baur, Merkel, Ruscheweyh und Petersen

(3) Anfechtung von Entscheidungen des Gerichts der Mittelstufe [1149]

*(a) **Bleibtreu** zog seine Vorschläge zurück*

*(b) Vorschlag von **Hornig**:*
„Urteile der Gerichte der Mittelstufe sind grundsätzlich endgültig. Das Gericht kann jedoch die Anrufung der Oberstufe zulassen, wenn Rechtsfragen zu entscheiden sind, die für die einheitliche Auslegung und Fortbildung des Rechts von wesentlicher Bedeutung sind."

Zustimmung: Baur, Heusinger, Hornig und Ruscheweyh
Ablehnung: Bleibtreu, Keidel, Merkel, Petersen und Weber

(c) Vorschlag von ***Weinkauff***:
„Gericht der Mittelstufe" (Obergericht)
Nur die Revision zum Bundesgericht in Sachen, die Rechtsfragen aufwerfen, die für die einheitliche Auslegung oder die Fortbildung des Rechts von wesentlicher Bedeutung sind.
Über die Zulässigkeit aller dieser Revisionen entscheidet nur das Bundesgericht durch unbegründeten Beschluß.
Wird die Revision zugelassen, dann wird sie im (bisherigen) vollen Umfange durchgeführt, also nicht nur über die Rechtsfragen von grundsätzlicher Bedeutung entschieden."

Zustimmung: Keidel und Bleibtreu.
Ablehnung: Heusinger, Baur, Hornig, Merkel, Ruscheweyh, Weber und Petersen

[1149] Protokoll Nr. 10, S. 12 ff

b) Für den Fall der „Beschränkten Justizreform“[1150]

(1) Berufung

(a) Vorschlag von ***Merkel:***

aa) „Das Rechtsmittel der Berufung und die zweite Tatsacheninstanz sind beizubehalten. Die wünschenswerte Beschränkung der Berufung kann durch eine den jeweiligen Verhältnissen angepaßte Festsetzung der Berufungssumme erreicht werden. Das Privileg des § 511 a Abs. IV ZPO fällt weg.

Zustimmung: Heusinger, Weber, Keidel, Merkel, Petersen und Ruscheweyh
Ablehnung: Baur, Bleibtreu und Hornig.

bb) Die Zulässigkeit der Berufung darf insbesondere nicht von solchen Voraussetzungen abhängig gemacht werden, deren Abgrenzung zu Zweifeln Anlaß gibt (z.B. Rechtsfragen von grundsätzlicher Bedeutung) oder deren inhaltliche Ausfüllung politischen Einflüssen Raum geben kann (z.B. Rechtsfragen von öffentlichem Interesse).“

Zustimmung: Baur, Bleibtreu, Merkel, Ruscheweyh und Weber.
Ablehnung: Heusinger, Hornig, Keidel und Petersen.

(b) *Vorschlag von **Weinkauff**: Die Kommission sah davon ab, über diesen Vorschlag abzustimmen.*

(c) *Vorschlag **Baur:***
„Auch bei einer beschränkten Justizreform ist eine Beschränkung der Berufung im Sinne des Vorschlags Hornig unter B I 2 wünschenswert.“

Zustimmung: Baur, Bleibtreu und Hornig.
Ablehnung: Heusinger, Merkel, Keidel, Ruscheweyh, Petersen und Weber.

[1150] Protokoll Nr. 10, S. 14 ff

(2) Revision

(a) Vorschlag von ***Merkel*:**

aa) „Die Revision ist beizubehalten. Die wünschenswerte Begrenzung der Revision kann durch eine den jeweiligen Verhältnissen angepaßte Festsetzung der Revisionssumme erreicht werden."

Zustimmung: Keidel, Merkel, Ruscheweyh und Weber.
Ablehnung: Baur, Bleibtreu, Heusinger, Hornig und Petersen.

bb) Die Zulässigkeit der Revision darf nicht von Voraussetzungen abhängig gemacht werden, deren Abgrenzung zu Zweifeln Anlaß gibt (z.B. Rechtsfragen von grundsätzlicher Bedeutung).

Zustimmung: Merkel, Weber und Petersen.
Ablehnung: Baur, Bleibtreu, Heusinger, Hornig, Keidel und Ruscheweyh.

cc) Die Einführung der Revision gegen Berufungsurteile der Landgerichte ist vom Standpunkt der Praxis aus nicht erforderlich.

Zustimmung: Einstimmige Zustimmung.

dd) Die Kassation ist abzulehnen. Sie entspricht nicht der deutschen Rechtsentwicklung."

Zustimmung: Merkel.
Ablehnung: Baur, Bleibtreu, Heusinger, Hornig, Keidel, Petersen, Ruscheweyh und Weber

(b) Vorschlag von ***Weinkauff*:**
„Beschränkung des Bundesgerichts auf Sachen rechtsgrundsätzlicher Bedeutung."

Zustimmung: Baur, Bleibtreu, Heusinger, Hornig und Merkel.
Ablehnung: Keidel, Petersen, Ruscheweyh und Weber

(3) Beschwerden im streitigen Verfahren

*Auf gemeinschaftlichen Vorschlag von **Hornig** und **Weinkauff**:*[1151]

(a) „Starke Siebung der Beschwerdemöglichkeiten. Aufstellung eines Katalogs nicht beschwerdefähiger Entscheidungen.

(b) In der Regel keine Beschwerde gegen der Entscheidung vorausgehende Beschlüsse im Laufe eines Rechtsmittelverfahrens oder im Laufe eines Verfahrens, dessen Endentscheidung keiner Anfechtung unterliegt.

(c) Überall dort, wo es dem Wesen der Sache nach möglich ist, die Einführung einer nicht zu nieder zu bemessenden Beschwerdegrenze.

(d) Grundsätzlich keine weitere Beschwerde. Das Gericht der Unterstufe als Beschwerdegericht kann sie jedoch wegen grundsätzlicher rechtlicher Bedeutung zulassen.

(e) Das Gericht der Mittelstufe, das über eine Erstbeschwerde oder eine weitere Beschwerde entscheidet, ist bei beabsichtigter Abweichung von Entscheidungen anderer Gerichte der Mittelstufe oder des Gerichts der Oberstufe entsprechend § 28 RFGG zur Vorlegung an das Gericht der Oberstufe verpflichtet."

Zustimmung: Baur, Bleibtreu, Heusinger, Hornig, Keidel, Petersen, Ruscheweyh und Weber.

Ablehnung: Merkel

*Vorbehalt und Vorschlag von **Weinkauff***

Überall dort, wo es dem Wesen der Sache nach möglich ist ein Novenverbot im Sinne von oben 5) a) (2) (c) cc

6) **„Besetzung der Zivilgerichte"** ***(Teil 3, F, S. 178 ff.)***[1152]
(Nr. II. 5 des Arbeitsplanes der Kommission)

a) Kollegium oder Einzelrichter (S. 180 ff.)

*Präambel: Vorschlag **Gerner**:*

„Der Kommission erscheint es erforderliche, das Kollegialsystem so weit wie möglich durch das Einzelrichtertum zu ersetzen. Hierzu wird vorgeschlagen:"

Präambel wurde einstimmig von der Kommission gestrichen.

I. 1. „Die Friedensgerichte (oder Amtsgerichte) werden mit Einzelrichtern besetzt."

Leitsatz wurde einstimmig angenommen.

[1151] Protokoll Nr. 10, Anlage 5, siehe auch Protokoll Nr. 10, S. 17 ff

[1152] Protokoll Nr. 7, S. 93 ff

2. „Die Gerichte der Unterstufe (Landgericht) werden in erstinstanzlichen Sache mit Einzelrichtern besetzt."

Zustimmung: Baur, Bleibtreu, Heusinger, Hornig, Keidel, Petersen, Ruscheweyh und Weber
Ablehnung: Merkel

II. „Das Gericht der Unterstufe (Landgericht) sollte in zweiter Instanz

2. in der Besetzung mit Einzelrichtern entscheiden, vorausgesetzt, daß die Zuständigkeit des Friedensgerichts (Amtsgerichts) auf Objekte von geringerer Bedeutung (etwa auf Streitwerte bis zu 500 DM) beschränkt wird;

3. in kollegialer Besetzung entscheiden.
Die Frage, wieweit das Gericht der Unterstufe (Landgericht) als zweitinstanzliches Gericht tätig wird, bleibt offen.

Zustimmung zu 3. ***a)*** *und Ablehnung von 3.* ***b)****: Baur, Hornig und Weinkauff.*
Zustimmung zu 3. ***b)*** *und Ablehnung von 3.* ***a)****: Coing, Gerner, Heusinger, Keidel, Petersen, Ruscheweyh, Weber, Merkel und Wieczorek*

4. „Die Gerichte der Mittelstufe sind wie bisher mit drei Berufsrichtern zu besetzen. Eine Besetzung mit zwei Richtern wird als praktisch nicht durchführbar abgelehnt."

Leitsatz wurde einstimmig angenommen.

5. „Beim Revisionsgericht ist an der bisherigen Besetzung mit 5 Mitgliedern festzuhalten."

Leitsatz wurde einstimmig angenommen.

b) Richtergehilfen (S. 186 ff.)

Vorschlag von ***Hornig****:*

(a) „Um die Richter von der außergewöhnlich angewachsenen Vorbereitung und schriftlichen Ausarbeitung ihrer Entscheidungen zu entlasten und gleichzeitig junge begabte Kräfte zweckmäßig zu verwenden, sollten den Gerichten der Unter-, Mittel- und Oberstufe Richtergehilfen als wissen-

schaftliche Vorsachbearbeiter beigegeben werden. Die Richtergehilfen sollen Volljuristen sein und auf bestimmte Zeit angestellt werden. Sie sollen dem Richter bei der Vorbereitung und bei der Absetzung der Entscheidungen behilflich sein.
Die Entscheidung darüber, ob auch dem Amtsrichter (Friedensrichter) ein Gehilfe beigegeben werden kann, behält sich ein Teil der Kommission vor."

Zustimmung: Baur, Coing, Gerner, Hornig, Keidel, Petersen, Weber und Weinkauff.
Ablehnung: Merkel, Ruscheweyh und Wieczorek
Schriftlicher Vorbehalt: Heusinger

(b) „Es ist erwünscht, dem Richtergehilfen auch einfache richterliche Aufgaben, z.B. die Erledigung außerstreitiger Verhandlungen, Streitwertfestsetzungen, Einstellungsbeschlüsse, Vergleichsverhandlungen und dergleichen mehr anzuvertrauen."

Zustimmung: Weinkauff und Hornig
Ablehnung: Alle übrigen anwesenden Kommissionsmitglieder

c) **Beteiligung von Laien (S. 188 ff.)**

Vorschlag von ***Hornig***[1153]

(a) „Um das Vertrauen in die Rechtspflege zu festigen und dem Richter in ständiger Verbindung mit den Anschauungen und dem Rechtsbewußtsein des Volkes zu halten, ist die Laienbeteiligung im bisherigen Umfang aufrechtzuerhalten. Zu prüfen bleibt, ob und in welchem Maße eine Beteiligung von Laien in familienrechtlichen Angelegenheiten möglich und erwünscht ist. Diese Frage wird zurückgestellt bis zur Erörterung über die Einrichtung eines Familiengerichts."

Der Vorschlag wurde mit 11 Stimmen und einer Enthaltung (Wieczorek) angenommen.

(b) „Es empfiehlt sich, für eine bessere Auswahl der Beisitzer Sorge zu tragen."

Vorschlag wurde einstimmig angenommen.

[1153] *Hornig*, abgestimmte Leitsätze, Protokoll Nr. 7, S. 93

7) „Umgestaltung des Zivilprozesses" (Teil 3, G, S. 193)

a) *„Zweck des Zivilprozesses und leitende Gesichtspunkte einer Reform[1154]" (Teil 3, G, I, S. 193 ff.)*

(Abschnitt III. 1 des Arbeitsplanes der Kommission)

*Basierend auf den Vorschlägen von **Baur**:*

1. „Der konkrete Zivilprozeß dient dem Rechtsschutz des Einzelnen bei der Durchsetzung subjektiver Privatrechte; der Rechtsschutz wird gewährt durch unabhängige staatliche Gerichte, die die Berechtigung des Rechtsschutzbegehrens auf der Grundlage des Materiellen Rechts zu prüfen haben."

2. „Das Zivilprozeßrecht hat die festen Formen und Verfahrensregeln zu enthalten, in denen jeder Rechtsschutz des Einzelnen auf dem Gebiet des Privatrechts durch unabhängige staatliche Gerichte gewährt wird. Es hat sich jedoch vor einer zu weitgehenden Bindung des Richters und vor einem Übermaß gesetzlicher Reglementierung zu hüten.".[1155]

3. „Bei der Gestaltung des Zivilprozeßrechts ist zwar von dem Rechtsschutzzweck auszugehen. Gleichrangig sind aber die Notwendigkeiten zu berücksichtigen, die sich aus der dem Staat übertragenen Rechtspflegeaufgabe insgesamt ergeben."

4. „Eine Prozeßrechtsreform setzt eine Entscheidung für bestimmte Prozeßrechtsgrundsätze oder eine eindeutige Verbindung mehrerer selbständiger Grundsätze voraus. Das Verfahren muß gerecht und zweckmäßig sein und der Eigenart des Verfahrensgegenstandes entsprechen. Die Prozeßrechtsgrundsätze, für die sich der Gesetzgeber entschieden hat, sind möglichst rein durchzuführen."[1156]

   Vorschlag wurde einstimmig angenommen.

5. „Die Probleme des gegenwärtigen Zivilprozesses sind insbesondere :
   Die Verteilung der Verantwortung zwischen Gericht und Parteien für den Prozeßablauf und die Tatsachenermittlung – die Verwirklichung der

---

[1154] Protokoll Nr. 11, S. 59 ff

[1155] Protokoll Nr. 11, S. 72; Leitsatz Nr. 2, letzter Satz wurde auf Anregung von *Weinkauff* auf Beschluß der Kommission den Leitsätzen *Baurs* hinzugefügt.

[1156] Protokoll Nr. 12, S. 3

Grundsätze der Unmittelbarkeit und Mündlichkeit – eine Beschleunigung und stärkere Konzentration des Verfahrens."[1157]

6. „Die Reform wird sich mit folgenden Gedanken zu befassen haben:
(a) Beibehaltung des Dispositionsgrundsatzes.
(b) Der Grundsatz des Amtsbetriebes ist rein durchzuführen."[1158]
aa „Bei der Verteilung der „Verantwortlichkeit zwischen Gericht und Parteien" ist es Sache der Parteien, den Prozeßgegenstand zu bestimmen und die Tatsachengrundlage des Prozesses beizubringen."[1159]
bb „Es ist ausschließlich Sache des Gerichts, sich Gewißheit von der Wahrheit oder Unwahrheit einer streitig gebliebenen Tatsache zu verschaffen. Bei der Beweiserhebung ist das Gericht nicht auf die von den Parteien genannten Beweismittel beschränkt."[1160]

Die Abstimmung über diesen Vorschlag wurde zurückgestellt

(c) *Basierend auf Anträgen bzw. Vorschlägen von* ***Baur und Weinkauff***[1161]

Satz 1: „Es ist anzustreben, daß sich der Zivilprozeß in der Tatsacheninstanz grundsätzlich in zwei Terminen abwickelt, dem Vortermin und dem Hauptverhandlungstermin."

Zustimmung: Baur, Bleibtreu, Coing, Heusinger, Hornig, Keidel, Ruscheweyh, Weber und Weinkauff
Ablehnung: Merkel, Petersen und Wieczorek

Satz 2: „Dem Vortermin geht ein Schriftwechsel voraus, der die Tatsachenbehauptungen, die Beweisanträge und die Rechtsausführungen der Parteien erschöpfend enthalten muß."

Zustimmung: Baur, Bleibtreu, Coing, Ruscheweyh und Weinkauff
Ablehnung: Heusinger, Hornig, Keidel, Merkel, Petersen und Weber
Enthaltung: Wieczorek

Satz 3: „Die Parteien legen vor dem Vortermin dem Gericht sämtliche in ihrem Besitz befindliche, auf den Rechtsstreit bezügliche Urkunden, insbesondere den gesamten einschlägigen Schriftwechsel, vor und

---

[1157] Protokoll Nr. 11, S. 74; Leitsatz Nr. 5 wurde von der Kommission umformuliert.
[1158] Protokoll Nr. 11, S. 74; Leitsätze Nr. 6 a, b wurden von der Kommission umformuliert.
[1159] Protokoll Nr. 11, S. 74; Leitsatz Nr. 6, c, aa wurde von der Kommission umformuliert.
[1160] Protokoll Nr. 12, S.4
[1161] Protokoll Nr. 12. S. 20 ff (Abstimmungsergebnisse zu 6., d)

versichern an Eides statt, daß sie dieser Pflicht nachgekommen sind."

Bis: ... „insbesondere den gesamten Schriftwechsel, vor"
Zustimmung: Baur, Bleibtreu, Coing, Hornig, Keidel, Petersen, Ruscheweyh und Weinkauff
Ablehnung: Merkel und Weber
Enthaltung: Heusinger und Wieczorek

Rest des Satzes 3
Zustimmung: Baur, Bleibtreu, Coing, Hornig und Weinkauff
Ablehnung: Heusinger, Keidel, Merkel, Petersen, Ruscheweyh, Weber
Enthaltung: Wieczorek

Satz 4: „Die Parteien werden zum Vortermin geladen."
Zustimmung: Baur, Bleibtreu, Coing, Hornig und Weinkauff
Ablehnung: Heusinger, Keidel, Merkel, Petersen, Ruscheweyh, Wieczorek und Weber

Satz 5: „Der Vortermin dient der Entscheidung über die Formalien (Prozeßvoraussetzungen u. dgl.), der Vernehmung der Parteien zur Sache, der etwaigen Erörterung der Vergleichsfrage und der Erörterung der Beweisanträge."
Zustimmung:Baur, Bleibtreu, Coing, Hornig, Keidel, Ruscheweyh und Weinkauff
Ablehnung: Heusinger, Merkel, Petersen und Weber
Enthaltung: Wieczorek

Satz 6: „Auf Grund des Vortermins ist ein einheitlicher Beweisbeschluß zu erlassen."
Zustimmung: Baur, Bleibtreu, Coing, Hornig und Weinkauff
Ablehnung: Heusinger, Keidel, Merkel, Petersen, Ruscheweyh und Weber
Enthaltung: Wieczorek

Satz 7: „Die gesamte Beweisaufnahme ist grundsätzlich in einem Hauptverhandlungstermin abzuwickeln, der mit den mündlichen Parteivorträgen schließt."
Zustimmung:Baur, Bleibtreu, Coing, Heusinger, Hornig, Keidel, Ru scheweyh und Weinkauff
Ablehnung: Merkel, Petersen und Weber
Enthaltung: Wieczorek

b) *„Vorbeugende Maßnahmen zur Einschränkung der Prozesse[1162]“* *(Teil 3, G, II, S. 209 ff.)*

(Abschnitt III. 3 des Arbeitsplanes der Kommission)

Basierend auf den Leitsatzvorschläge ***Baurs****:*

„1. Von einem allgemeinen obligatorischen Güteverfahren vor dem Richter ist abzusehen. Seine Einführung – sei es obligatorisch, sei es fakultativ – „für Streitigkeiten mit sozialrechtlichem Einschlag“ z.B. vor dem Arbeitsrichter oder einer nicht richterlichen Stelle, etwa vor dem Rechtspfleger, ist zu erwägen.
Die vergleichsweise Erledigung von Streitigkeiten vor Prozeßbeginn durch die Rechtsanwälte ist durch entsprechende Gestaltung des Gebührenrechts zu fördern.“

Absatz 1 dieses Vorschlages wurde mit Ausnahme von Hornig einstimmig gebilligt.
Absatz 2 wurde einstimmig gebilligt.

„2. Das Mahnverfahren ist zu intensivieren: Es wird Teil des Vollstreckungsverfahrens und hat lediglich den Zweck, einen Vollstreckungstitel zu schaffen; der Vollstreckungsbefehl entfällt. Unbegründete Widersprüche des Schuldners führen zu Prozeßnachteilen für den Schuldner. Das gleiche gilt für den Gläubiger, wenn er Klage erhebt, wo der Erlaß eines Zahlungsbefehls genügt hätte.“

Zustimmung: Baur, Bleibtreu, Coing und Weinkauff
Ablehnung: Heusinger, Hornig, Keidel, Merkel, Petersen, Ruscheweyh, Wieczorek und Weber[1163]

„3.a) Bei geringwertigen Streitigkeiten kann der Richter auf Grund des Parteivorbringens einen Schiedsspruch erlassen. Die Partei, die sich durch den Schiedsspruch beschwert glaubt, kann Fortsetzungsantrag stellen. Das Verfahren geht dann in das Schiedsurteilsverfahren über.“

Für Teil 3.a) stimmten: Baur, Gerner, Keidel, Petersen, Ruscheweyh und Weber.
Dagegen stimmten: Bleibtreu, Coing, Hornig, Merkel, Weinkauff und Wieczorek.

[1162] Protokoll Nr. 11, S. 75 ff
[1163] Protokoll Nr. 12, S. 29

„3.b) Es ist zu prüfen, ob unbegründete Fortsetzungsanträge wie unbegründete Widersprüche gegen Zahlungsbefehle mit prozessualen Nachteilen zu ahnden sind."

Für Teil 3.b) stimmten: Baur, Bleibtreu, Coing, Gerner, Keidel, Petersen, Ruscheweyh, Weber und Weinkauff
Dagegen stimmten: Hornig, Merkel und Wieczorek.

„4. Die „summa gravaminis" ist im Berufungs- und Beschwerdeverfahren absolut (etwa 100 DM) und relativ (Prozentsatz des Streitwerts) zu erhöhen."

Die Beschlußfassung über Leitsatz 4. wurde zunächst zurückgestellt.

c) *„Grundsätze des Verfahrens in erster Instanz[1164]"* *(Teil 3, G, III, S. 215 ff.)*

(Abschnitt III, 5 des Arbeitsplanes der Kommission)

1) Erster Teilabschnitt des Referates von *Wieczorek*

Einführung des allzuständigen Gerichtes

Vorschlag von ***Weinkauff****:*[1165]
Leitsatz zu I, 2 des Arbeitsplanes soll unter A hinter dem Satz,

„Das allzuständige Gericht sollte nach Möglichkeit eine einheitliche Verfahrensordnung und einen einheitlichen Gerichtsaufbau erhalten", wie folgt ergänzt werden:

„Ebenso soll auch schon vor der Einrichtung des allzuständigen Gerichts für alle Zweige der Gerichtsbarkeit eine übereinstimmende, einfache und billige Verweisungsmöglichkeit geschaffen werden."

Der Vorschlag zur Ergänzung des Leitsatzes wurde von der Kommission einstimmig angenommen.

[1164] Protokoll Nr. 12, S. 66 ff.
[1165] *Weinkauff*, Protokoll Nr. 12, S. 77

2) Zweiter Teilabschnitt des Referates von *Wieczorek*

Verweisung; relative Parteifähigkeit; Vertretungszwang; Zustellung; Terminsvorbereitung, Einführung eines Vor- und Haupttermins

*Kombinierter Vorschlag von **Baur / Petersen**[1166]:*
„ Die §§ 516, 552 ZPO sollten dahin geändert werden, daß die Rechtsmittelfristen nur mit der Zustellung des Urteils beginnen. Die Zustellungen sollten nur von Amts wegen erfolgen. Die 5-Monatsfrist der §§ 516, 552 ZPO sollte entfallen."

Dieser Leitsatz wurde einstimmig angenommen.

*Vorschlag von **Wieczorek**:*
„Das Urteil darf erst dann verkündet werden, wenn es vollständig in schriftlicher Form vorliegt."

Dafür: Merkel und Wieczorek
Dagegen: Baur, Coing, Heusinger, Hornig, Keidel, Petersen, Ruscheweyh, Weber, Weinkauff

*Vorschlag von **Wieczorek**:*
„a) Jeder Tatbestand soll den Parteien, bevor ein Urteil gefällt wird, zur Stellungnahme vorgelegt werden."
„b) Dies sollte jedenfalls in zweiter Instanz geschehen."

zu a)
Dafür: Wieczorek
Dagegen: Heusinger, Hornig, Keidel, Petersen, Ruscheweyh, Weber, Weinkauff
Enthaltung: Baur, Coing, Merkel

zu b)
Dafür: Coing, Merkel, Wieczorek
Dagegen: Heusinger, Hornig, Keidel, Petersen, Ruscheweyh, Weber, Weinkauff
Enthaltung: Baur

[1166] *Baur / Petersen*, Protokoll Nr. 12, S. 99

*Vorschlag von **Baur**:*
„Es ist zu prüfen, ob das schriftliche Verfahren (§ 128 Abs. 2 ZPO) abzuschaffen oder auf das amtsgerichtliche Verfahren zu beschränken ist. Im Falle der Beibehaltung sind Maßnahmen vorzusehen, die einen Mißbrauch verhüten.“

Dieser Leitsatz wurde einstimmig angenommen.

Formulierungsvorschläge der Kommission[1167]**:**

Satz 1: „ Der Tatbestand soll auf das Wesentliche beschränkt werden.“
Satz 2: „ Er kann bei unanfechtbaren Urteilen entfallen.“
Satz 3: „ Das Gericht kann einen von den Parteien gefertigten Tatbestand seiner Entscheidung zu Grunde legen.“
Satz 4: „Es ist zu prüfen, ob und wieweit dieser Fall gebührenrechtlich begünstigt werden soll.“

Zu Satz 1:
Dafür: Heusinger, Hornig, Keidel, Petersen, Ruscheweyh, Weber, Weinkauff, Baur, Coing
Enthaltung: Wieczorek
Zu Satz 2:
Dafür: Heusinger, Hornig, Petersen, Weinkauff, Baur, Coing
Dagegen: Wieczorek, Keidel, Merkel, Ruscheweyh, Weber
Zu Satz 3:
Dafür: Heusinger, Hornig, Petersen, Weinkauff, Baur, Coing, Keidel, Merkel, Ruscheweyh, Weber
Dagegen: Wieczorek
Zu Satz 4:
Dafür: Heusinger, Hornig, Petersen, Weinkauff, Baur, Coing, Keidel, Merkel, Ruscheweyh, Weber, Wieczorek
Dagegen: Weinkauff

3.) Dritter Teilabschnitt des Referates von *Wieczorek*

Versäumnisverfahren

*Vorschlag von **Weinkauff**:*[1168]
„Für das Versäumnisverfahren bei Nichterscheinen einer Partei bleibt es bei der bisherigen Rechtslage. Der Einspruch fällt jedoch weg. Die Partei erhält gegen das Versäumnisurteil

[1167] Protokoll Nr.12, S. 100
[1168] *Weinkauff*, Protokoll Nr. 12, S. 128

a) den Rechtsbehelf der Wiedereinsetzung in den vorherigen Stand,
b) das ordentliche Rechtsmittel in die nächste Instanz.

Dieselben Rechtsmittel sind gegeben gegen ein Versäumnisurteil, das wegen Nichtbeantwortung der Klage innerhalb der gesetzlichen Frist ergangen ist. Die Entscheidung nach Aktenlage entfällt."

Dafür: Coing, Weinkauff
Dagegen: Baur, Heusinger, Hornig, Keidel, Merkel, Petersen, Ruscheweyh, Weber
Enthaltung: Wieczorek

Vorschlag von ***Wieczorek****:*[1169]
„Äußert sich der Beklagte nicht, so ist die Klage auf Schlüssigkeit und Begründetheit insoweit zu prüfen, wie Beweismaterial vorzulegen bzw. vorgelegt ist. Erscheint der Beklagte nicht, so ist die Klage auf Schlüssigkeit und Begründetheit insoweit zu prüfen wie Beweise schon vorliegen bzw. Urkunden hätten vorgelegt werden sollen. Die Entscheidung ergeht nach Lage der Akten ohne weitere Erhebung von Beweisen, und zwar entsprechend dem Verfahren nach § 542 ZPO."

Dafür: Hornig, Ruscheweyh, Weber
Dagegen: Baur, Coing, Heusinger, Keidel, Merkel, Petersen, Weinkauff
Enthaltung: Wieczorek

Vorschlag von ***Hornig****:*[1170]
„1. Es besteht kein Anlaß, das Versäumnisverfahren im Falle des Nichterscheinens einer Partei zu ändern.
2. Gegen Versäumnisurteile, die im schriftlichen Verfahren wegen Nichtbeantwortung der Klagschrift ergehen, ist neben einer Wiedereinsetzung in den vorigen Stand nur die Berufung zulässig."

Vorschlag von ***Petersen****:*[1171]
„Das jetzige Verfahren bleibt unverändert aufrechterhalten, und zwar auch für Versäumnisurteile im schriftlichen Verfahren wegen Versäumung der Klagebeantwortung."

Dafür: Baur, Heusinger, Keidel, Merkel, Petersen, Ruscheweyh
Dagegen: Coing, Hornig, Weber, Weinkauff, Wieczorek

[1169] *Wieczorek*, Protokoll Nr. 12, S. 129
[1170] *Hornig*, Protokoll Nr. 12, S. 130
[1171] *Petersen*, Protokoll Nr. 12, S. 132

d) *„Beweisverfahren"* *(Teil 3, G, IV, S. 235 ff.)*

(Abschnitt III, 6 des Arbeitsplanes der Kommission)

Vorschlag von ***Wieczorek**:*[1172]

„1. Es sollten wieder Beweisregeln eingeführt werden; in welchem Umfang, wird zu prüfen sein."

Dafür: Wieczorek

Dagegen: Coing, Hornig, Weber, Weinkauff, Baur, Heusinger, Keidel, Petersen, Ruscheweyh

„2. Die Bestimmung des § 448 ZPO ist abzuschaffen."[1173]

Dafür: Wieczorek

Dagegen: Hornig, Weber, Weinkauff, Baur, Heusinger, Keidel, Petersen, Ruscheweyh

Enthaltung: Coing

„3. a) Es sollte erwogen werden, den Voreid bei allen Vernehmungen der Zeugen, Sachverständigen und Parteien einzuführen.

b) Jede falsche Aussage vor Gericht, auch wenn sie nur fahrlässig abgegeben wird, sollte unter Strafe gestellt werden.

c) Es sollte die Wiederaufnahme des Verfahrens möglich sein, wenn eine fahrlässig falsche Aussage gemacht worden ist."

„Die Anträge zu b) und c) sind hilfsweise gestellt. Der Kern des Antrags zu b) liegt darin, daß auch die fahrlässige Falschaussage der **Partei** bestraft werden soll.

Zu 3. a)

Dafür: Wieczorek

Dagegen: Coing, Hornig, Weber, Weinkauff, Baur, Heusinger, Keidel, Petersen, Ruscheweyh

Zu 3. b)

Dafür: Keidel, Ruscheweyh, Weinkauff, Wieczorek

Dagegen: Baur, Coing, Heusinger, Hornig, Petersen, Weber

Zu 3. c) Wieczorek zog seinen Vorschlag zurück

Vorschlag von ***Hornig**:*[1174]

„1. Es empfiehlt sich eine Anlehnung an das französische Prozeßrecht, wonach

---

[1172] *Wieczorek*, Protokoll Nr.12, S. 147

[1173] *Wieczorek*, Protokoll Nr.12, S. 148

[1174] *Hornig*, Protokoll Nr.12, S. 147

bei Rechtsgeschäften, die einen bestimmten Wert übersteigen, grundsätzlich nur der Urkundenbeweis zugelassen ist."

Dafür: Coing, Keidel; mit Einschränkungen: Wieczorek
Dagegen: Hornig, Weber, Weinkauff, Baur, Heusinger, Petersen, Ruscheweyh

Vorbehalt ***Wieczoreks***: „Bei Rechtsgeschäften mit bestimmtem Geld- oder Geldgegenwert stimme ich dem Antrag in vollem Umfang zu. Im übrigen müßte wohl noch geklärt werden, wann Urkundenzwang für bestimmte Rechtsgeschäfte besteht, welche einen Geldwert oder Geldgegenwert nennen oder wo dieser vorbestimmt ist."

„2. Zu Beginn des Prozesses sollten bei streitigem Sachverhalt die Parteien in allen geeigneten Fällen zur Sache gehört werden."[1175]

Dafür: Coing, Hornig, Weber, Weinkauff, Baur, Heusinger, Keidel, Ruscheweyh
Dagegen: Petersen
Enthaltung: Wieczorek

Vorschlag von ***Weinkauff***:[1176]
„1. Zu Beginn des Prozesses sollten bei streitigem Sachverhalt die Parteien in der Regel informell zur Sache gehört werden."

Dafür: Coing, Weinkauff, Baur,
Dagegen: Petersen, Heusinger, Keidel, Ruscheweyh, Hornig, Weber,
Enthaltung: Wieczorek

„2. Die Parteien sollten gehalten sein, vor Beginn des Prozesses sämtliche auf den Prozeß bezüglichen Urkunden vorzulegen."

Dafür: Baur, Coing, Hornig, Weinkauff, Heusinger, Keidel, Ruscheweyh
Dagegen: Weber, Wieczorek
Enthaltung: Petersen

[1175] *Hornig*, Protokoll Nr.12, S. 148
[1176] *Weinkauff*, Protokoll Nr. 12, S. 148

*Vorschlag von **Baur**:*[1177]
„Es ist ausschließlich Sache des Gerichts, sich Gewißheit von der Wahrheit oder Unwahrheit einer streitig gebliebenen Tatsache zu verschaffen. Bei der Beweiserhebung ist das Gericht nicht auf die von den Parteien benannten Beweismittel beschränkt."

Dafür: Keidel, Weinkauff, Baur,
Dagegen: Petersen, Heusinger, Keidel, Ruscheweyh, Hornig, Weber, Wieczorek
Enthaltung: Coing

*Vorschlag von **Petersen**:*[1178]
„Die Bestimmung des § 161 ZPO ist zu streichen."

Dafür: Baur, Keidel, Petersen, Ruscheweyh, Weinkauff, Wieczorek
Dagegen: Heusinger, Weber
Enthaltung: Baur, Hornig

e) „Verfahren vor dem Friedensrichter" (Teil 3, G, V, S. 240 ff.)

(Abschnitt III, 7 des Arbeitsplanes der Kommission)

*Vorschlag von **Wieczorek**:*[1179]
„ Beim Friedens- oder Amtsgericht soll das Verfahren grundsätzlich dem Verfahren des Gerichts der Unterstufe (Landgericht) entsprechen. "

Dafür: Coing, Heusinger, Hornig, Keidel, Ruscheweyh, Weinkauff, Wieczorek
Enthaltung: Petersen, Weber

*Ergänzender Vorschlag von **Weinkauff:***[1180]
„a) Das Schiedsurteilsverfahren das § 510c ZPO soll aufrechterhalten bleiben.
b) „Justizverwaltungsmäßig soll auf eine besonders gute Besetzung der Rechtsantragstellen hingewirkt werden."

1177 *Baur*, Protokoll Nr.12, S. 149
1178 *Petersen*, Protokoll Nr. 12, S. 150
1179 *Wieczorek*, Protokoll Nr. 12, S. 160
1180 *Weinkauff*, Protokoll Nr. 12, S. 160

Zu a)

Dafür: Coing, Heusinger, Hornig, Keidel, Petersen, Weber, Weinkauff, Ruscheweyh
Dagegen: Wieczorek

Zu b)

Dafür: Coing, Hornig, Keidel, Petersen, Ruscheweyh, Weinkauff, Wieczorek
Enthaltung: Heusinger, Weber

Ergänzender Vorschlag von ***Hornig*** *zu a):*[1181]

„a) Das Schiedsurteilsverfahren das § 510c ZPO soll aufrechterhalten bleiben; in diesem Verfahren soll der Richter von einer schriftlichen Begründung absehen können."

Hornig zog seinen Vorschlag zurück, nachdem sich die Kommission einhellig gegen den Antrag ausgesprochen hatte.

f) „Änderung, Abkürzung und Vereinheitlichung der Fristen, insbesondere der Rechtsmittelfristen" *(Teil 3, G, VI, S. 243 ff.)*

(Abschnitt III, 9 des Arbeitsplanes der Kommission)

Vorschläge von ***Wagner:***[1182]

„(Allgemeines)

1. Die Fristen der ZPO sind so zu gestalten,
 a) daß das Verfahren ohne Verkürzung des Rechtsschutzes beschleunigt wird,

 b) daß die Fristen möglichst auch von anderen Prozeßgesetzen übernommen werden können (ArbGG, SGG, VwGO, FGO).

(Berufung)

2.a) Die Berufungsfrist beträgt 1 Monat. Sie ist eine Notfrist.
 b) Innerhalb dieser Frist muß die Berufungsbegründung erfolgen. Eine besondere Berufungsbegründung und die Möglichkeit zur Verlängerung der Frist fallen weg.

1181 *Hornig*, Protokoll Nr. 12, S. 160

1182 *Wagner*, LGR Dr. *Wagner* nahm als Gast an der 12. Arbeitssitzung der Kommission teil, Protokoll Nr. 15, S. 15

(Revision)

3.a) Die Frist zur Einlegung der Revision beträgt 1 Monat. Sie ist eine Notfrist.

b) Die Frist zur Begründung der Revision beträgt 1 Monat.

c) Die Revisionsbegründungsfrist kann einmal bis zur Dauer eines Monats verlängert werden, wenn hierfür wichtige Gründe glaubhaft gemacht sind. Eine weitere Verlängerung ist unzulässig.

(Zustellung der Urteile)

4. Die Zustellung der Urteile erfolgt von Amts wegen. Die 5-Monatsfrist in §§ 516, 552 ZPO fällt weg.

(Beschwerde)

5. Die Beschwerde ist binnen einer Notfrist von 2 Wochen einzulegen. Der Unterschied zwischen der einfachen und der sofortigen Beschwerde fällt weg.

6. Die Beschwerde muß innerhalb der Einlegungsfrist begründet werden.

(Wiedereinsetzung in den vorigen Stand)

7. Die zweiwöchige Frist zur Wiedereinsetzung in den vorigen Stand ist als Notfrist auszugestalten.

(Einspruch gegen Versäumnisurteil)

8. Die Einspruchsfrist gegen Versäumnisurteile von Amtsgerichten und Landgerichten beträgt einheitlich eine Woche.

(Gesetzliche Fristen zur Klagebeantwortung usw.)

9. Für die Beantwortung der Klage, Berufung und Revision sind Fristen vorzusehen.

(Sonstige Fristen)

10. Eine Änderung der Einlassungs- und Ladungsfristen ist nicht geboten.

11. Die Fristen der einzelnen Verfahrensgesetze (ZPO, ArbGG, SGG, VwGO, FGO) sollten aneinander angeglichen und, soweit möglich, vereinheitlicht werden."

Zu 1.

Der Vorschlag wurde von den anwesenden Kommissionsmitgliedern einstimmig angenommen.

Zu 2.

Dafür, unter der Voraussetzung, daß dieser Vorschlag ausschließlich für den Fall einer Simultanzulassung gilt: Hornig, Gerner
Dagegen: Baur, Heusinger, Keidel, Merkel, Petersen, Ruscheweyh, Weber, Weinkauff

Zu 3. und 4.

Die Vorschläge wurden von den anwesenden Kommissionsmitgliedern einstimmig angenommen.

Zu 5.

Der Vorschlag wurde von den anwesenden Kommissionsmitgliedern einstimmig gebilligt. Nach übereinstimmender Meinung sollte eine abweichende Regelung im Einzelfall jedoch nicht schlechthin ausgeschlossen sein.

Zu 6.

Der Vorschlag wurde von den anwesenden Kommissionsmitgliedern einstimmig angenommen.

Zu 7.

Dafür: Gerner, Hornig, Ruscheweyh, Weinkauff
Dagegen: Baur, Heusinger, Keidel, Merkel, Petersen, Weber

Zu 8.

Dafür: Baur, Gerner, Heusinger, Hornig, Keidel, Petersen, Ruscheweyh, Weinkauff
Dagegen: Merkel, Weber

Zu 9.

Der Vorschlag wurde in der geänderten Fassung von Weinkauff (s.u.) angenommen.

Zu 10.

Die Kommission hat hinsichtlich des Leitsatzvorschlages Nr. 10 von einer Beschlußfassung abgesehen.

Zu 11.

Der Vorschlag wurde von den anwesenden Kommissionsmitgliedern bei Enthaltung Wieczoreks angenommen.

Vorschläge von ***Weinkauff:***[1183]
Zu 2.
Unabhängig von Frage, ob man sich für oder gegen die Simultanzulassung entscheidet, schlug Weinkauff vor:

„2. Die Frist zur Einlegung der Berufung beträgt einen Monat. Die Frist zur Begründung der Berufung beträgt einen Monat. Eine Verlängerung der

---

[1183] *Weinkauff*, Protokoll Nr. 15, S. 22

Berufungsbegründungsfrist ist einmal um einen Monat und nur bei besonders schwerwiegenden Gründen möglich."

Dafür (unter dem Vorbehalt, daß dies nicht bei Simultanzulassung gelten soll): Baur, Gerner, Heusinger, Hornig
Dafür: Keidel, Merkel, Petersen, Ruscheweyh, Weber, Weinkauff

Zu 9.
„9. Für die Beantwortung der Klage, Berufung und Revision sind Fristen vorzusehen. Die Einzelheiten und etwaigen Sanktionen für die Fristversäumung hängen von dem noch abschließend zu erörternden Aufbau des Verfahrens in den Instanzen ab."
Der Vorschlag wurde von den anwesenden Kommissionsmitgliedern bei Enthaltung Wieczoreks angenommen.

g) „Das Rechtsmittelverfahren (Berufungsverfahren)" (Teil 3, G, VII, S. 254 ff.)

(Abschnitt III, 10a des Arbeitsplanes der Kommission)

Vorschlag von ***Petersen****:*[1184]
„a) Das Rechtsmittel der Berufung und die zweite Tatsacheninstanz sind beizubehalten; die wünschenswerte Beschränkung der Berufung kann durch eine den jeweiligen Verhältnissen angepaßte Festsetzung der Berufungssumme für vermögensrechtliche Streitigkeiten erreicht werden.
b) Das Privileg des § 511a Abs. 4 ZPO fällt weg."

Zu a)
Dafür: Petersen
Dagegen: Baur, Coing, Heusinger, Hornig, Weber, Weinkauff, Keidel, Ruscheweyh
Enthaltung: Wieczorek (Bejahte den Leitsatz bis zum Semikolon)
Zu b)
Dafür: Hornig, Petersen, Weinkauff, Wieczorek
Dagegen: Baur
Enthaltung: Coing, Heusinger, Keidel, Ruscheweht, Weber

[1184] *Petersen*, Protokoll Nr.12, S. 173

Vorschlag von ***Weinkauff*****:**[1185]

„a) Mit der Berufung kann der Prozeß grundsätzlich in der zweiten Instanz in vollem Umfange neu aufgerollte werden, doch soll eine (bestimmte und ggf. auch eine relative) Berufungssumme festgesetzt werden und sollen die Parteien neue Tatsachen und Beweismittel nur vorbringen können, wenn sie nachweisen, daß sie das in erster Instanz ohne Verschulden nicht tun konnten. Das Berufungsgericht entscheidet nach seinem Ermessen darüber, ob es die in erster Instanz erhobenen Beweise neu erheben oder sich auf die Wiedergabe der schriftlichen Fixierung der in erster Instanz erhobenen Beweise beschränken will.

b) Eine Klageänderung ist in der Berufungsinstanz nicht mehr möglich.

c) Die Frist für die Einlegung und Begründung der Berufung soll auf insgesamt 6 Wochen (mit begrenzter Verlängerungsmöglichkeit) verkürzt werden."

Zu a)

Dafür: Baur, Coing, Heusinger, Keidel, Ruscheweyh, Weber, Weinkauff
Dagegen: Petersen, Wieczorek
Enthaltung: Hornig

Zu b)

Dafür: Weinkauff
Dagegen: Baur, Coing, Heusinger, Keidel, Petersen, Ruscheweyh, Weber, Wieczorek
Enthaltung: Hornig

Zu c)

Dafür: Baur, Coing, Keidel, Petersen, Ruscheweyh, Weber, Weinkauff, Wieczorek
Dagegen: Heusinger
Enthaltung: Hornig

Vorschlag von ***Hornig*****:**[1186]

„Das Berufungsverfahren sollte, vorbehaltlich einer Nachprüfung von Einzelheiten, nach dem Vorbild der österreichischen Zivilprozeßordnung ausgestaltet werden. In vermögensrechtlichen Streitigkeiten ist eine bestimmte und daneben gegebenenfalls eine relative Berufungssumme einzuführen. Die Frist für die Einlegung der Berufung und Begründung der Berufung ist auf insgesamt einen Monat zu verkürzen. Gegen Entscheidungen der Friedensrichter soll, vorbehaltlich noch zu prüfender Ausnahmen, eine Berufung nicht zulässig sein."

Dafür: Hornig
Dagegen: Heusinger, Keidel, Petersen, Ruscheweyh, Weinkauff, Wieczorek
Enthaltung: Baur, Coing, Weber

[1185] *Weinkauff*, Protokoll Nr. 12, S. 176

[1186] *Hornig*, Protokoll Nr. 12, S. 175

Vorschlag von ***Wieczorek***:[1187]
„a) Die Berufung soll gegen jedes erstinstanzliche Urteil zulässig sein; sie sollte praktisch dadurch beschränkt werden, daß der Berufungskläger einen nicht erstattungsfähigen Betrag aufzuwenden hat.
b) Die Zurückverweisungsnorm wegen Verspätung soll gestrichen werden; dafür sollte zwingend angeordnet werden, der Partei, welche unentschuldigt Vorbringen in der Berufungsinstanz nachschiebt, besondere, nicht erstattungsfähige Kosten aufzuerlegen. Unter diesem Gesichtswinkel sollte eine Frist zur Beantwortung der Berufung eingeführt werden."

Zu a)

Dafür: Wieczorek
Dagegen: Baur, Coing, Heusinger, Hornig, Keidel, Petersen, Ruscheweyh, Weinkauff
Enthaltung: Weber

Zu b)

Dafür: Wieczorek
Dagegen: Baur, Heusinger, Hornig, Petersen, Ruscheweyh, Weinkauff
Enthaltung: Coing, Keidel, Weber

h) „Das Rechtsmittelverfahren (Revisionsverfahren)" (Teil 3, G, VIII, S. 262 ff.)

(Abschnitt III, 10a des Arbeitsplanes der Kommission)

Vorschlag von ***Petersen und Weinkauff***:[1188]
„Die Möglichkeit, die Revisionsbegründungsfrist zu verlängern, sollte gesetzlich stark beschränkt werden."

Der Vorschlag wurde von den anwesenden Kommissionsmitgliedern einstimmig angenommen.

Vorschlag von ***Weinkauff***[1189]:
„§ 547 ZPO soll entfallen."

Dafür: Coing, Heusinger, Hornig, Keidel, Petersen, Weinkauff
Dagegen: Baur, Weber
Enthaltung: Ruscheweyh, Wieczorek

1187 *Wieczorek*, Protokoll Nr. 12, S. 176
1188 *Petersen*, Protokoll Nr. 12, S. 188
1189 *Weinkauff*, Protokoll Nr. 12, S. 192

„Es ist zu prüfen, ob beim Revisionsgericht dem Vorsitzenden der Großen Senate das Recht eingeräumt werden sollte, von sich aus den Großen Senat anzurufen, wenn nach seiner Meinung die Rechtsprechung der Senate voneinander abweicht, vielleicht auch dann, wenn ein Senat eine besonders grundsätzliche Frage entschieden hat.“[1190]

Dafür: Baur, Coing, Heusinger, Hornig, Keidel, Ruscheweyh, Weber, Weinkauff
Dagegen: Wieczorek
Enthaltung: Petersen
Keidel und Weber: Stimme wurde unter dem Vorbehalt abgegeben, daß eine abweichende Entscheidung des Großen Senats einen Wiederaufnahmegrund darstellt.

Vorschlag von ***Wieczorek***[1191]*:*

„a) Die Bestimmung des § 549 ZPO sollte gestrichen werden.
b) Die absoluten Revisionsgründe (§ 551 ZPO) sollten beschränkt werden.
a) Das Privileg des Fiskus in § 547 ZPO sollte jedenfalls gestrichen werden.
b) Die Sprungrevision (§ 566a ZPO) sollte abgeschafft werden .“

Zu a)

Dafür: Baur, Coing, Heusinger, Hornig, Keidel, Ruscheweyh, Weinkauff, Wieczorek
Dagegen: Petersen, Weber

Kommentar der Kommission: „Die Kommission ist sich darüber einig, daß mit dem Antrag gesagt sein soll, die Revision könne auch auf die Verletzung ausländischen Rechts und solchen inländischen Rechts gestützt werden, das nur im Bezirk eines Berufungsgerichts gilt.

Zu b)

Dafür: Heusinger, Hornig, Keidel, Petersen, Ruscheweyh, Wieczorek
Dagegen: Baur, Coing, Weber, Weinkauff

Zu c)

Der Vorschlag wurde von den anwesenden Kommissionsmitgliedern einstimmig angenommen.

Zu d)

Dafür: Wieczorek
Dagegen: Baur, Coing, Heusinger, Hornig, Keidel, Petersen, Ruscheweyh, Weber, Weinkauff

---

1190 *Weinkauff*, Protokoll Nr.12, S. 200
1191 *Wieczorek*, Protokoll Nr. 12, S. 191

Vorschlag von ***Wieczorek***[1192]*:*

„a) Die Bindung an das Präjudiz sollte erwogen werden.

b) Es sollte erwogen werden, bei divergierenden Entscheidungen der Senate des Bundesgerichtshofs einen Rechtsbehelf an den Großen Senat zu geben."

Zu a)

Dafür: Wieczorek
Dagegen: Baur, Coing, Heusinger, Hornig, Keidel, Petersen, Ruscheweyh, Weber, Weinkauff

„Es sollte erwogen werden, bei divergierenden Entscheidungen der Senate des Bundesgerichtshofs den Parteien einen Rechtsbehelf in der Sache selbst an den Großen Senat zu geben."[1193]

Dafür: Ruscheweyh, Wieczorek
Dagegen: Baur, Coing, Heusinger, Hornig, Keidel, Weinkauff
Enthaltung: Petersen, Weber

Vorschlag von ***Wieczorek****:*[1194]

„Es sollte geprüft werden, ob anstelle der weiteren Beschwerde die Revisionsbeschwerde treten soll."

Dafür: Keidel, Petersen, Ruscheweyh, Wieczorek
Dagegen: Baur, Heusinger, Hornig
Enthaltung: Coing, Weber, Weinkauff

i) „Das Wiederaufnahmeverfahren" (Teil 4, G, I, S. 273 ff.)

(Abschnitt III, 10b des Arbeitsplanes der Kommission)

Vorschlag von ***Weinkauff****:*[1195]

„Für den Fall einer erheblichen Einschränkung der ordentlichen Rechtsmittel sollten die Restitutionsgründe, unter Umständen nach österreichischem Vorbild, erweitert werden."

Der Vorschlag wurde von den anwesenden Kommissionsmitgliedern einstimmig angenommen.

1192 *Wieczorek*, Protokoll Nr. 12, S. 193
1193 *Wieczorek*, Protokoll Nr. 12, S. 200
1194 *Wieczorek*, Protokoll Nr. 12, S. 201
1195 *Weinkauff*, Protokoll Nr.12, S. 203

Vorschlag von ***Wieczorek***:[1196]

„Auch bei Beibehaltung des geltenden Rechtszustandes sollte
c) im Falle des § 356 ZPO und
d) wegen objektiv falscher uneidlicher Parteiaussage
die Wiederaufnahme zugelassen werden."

Zu a)

Dafür: Heusinger, Hornig, Keidel, Petersen, Ruscheweyh, Weber, Wieczorek
Dagegen: Weinkauff
Enthaltung: Baur, Coing

Zu b)

Dafür: Wieczorek
Dagegen: Baur, Coing, Heusinger, Hornig, Keidel, Petersen, Ruscheweyh, Weinkauff
Enthaltung: Weber

[1196] *Wieczorek*, Protokoll Nr. 12, S. 203

Anhang 4

Zusammenstellung der Referate

Beweggründe und Ziel der Großen Justizreform – Geschichtliche Entwicklung
(Abschnitt I, 1 des Arbeitsplanes)

1. Arbeitssitzung, 21. und 22. Februar 1956 im Bundesjustizministerium

Referat: *Coing* (Protokoll Nr. 3, S. 3 – 35)

A **Heutige Aufgaben einer großen Justizreform**
(Abschnitt I, 2 des Arbeitsplanes)

1. Arbeitssitzung, 21. und 22. Februar 1956 im Bundesjustizministerium

Referat: *Weinkauff* (Protokoll Nr. 3, S. 36 – 45)

B **Der künftige Richter (Ausbildungsfragen)**
(Abschnitt II, 1 des Arbeitsplanes)

21. Arbeitssitzung, 14. und 15. Januar 1960 im Auswärtigen Amt in Bonn

Referat: *Coing* (Protokoll Nr. 24, S. 38 – 50)

C **Maßnahmen auf dem Gebiet der Gerichtsorganisation:**

Dreigliederung der Gerichte
(Abschnitt II, 2 des Arbeitsplanes)

3. Arbeitssitzung, 29. Juni 1956 in Bonn, Bundesjustizministerium

Referat: *Gerner* (Protokoll Nr. 5, S. 57 – 72)
Korreferat: *Heusinger* (Protokoll Nr. 5, S. 72 – 75)

D Ausgliederung von richterlichen Aufgaben? Ihre künftige Organisation?
(Abschnitt II, 3 des Arbeitsplanes)

I. Aufteilung der Rechtspflege in eine höhere und eine einfache Gerichtsbarkeit (Einführung einer Friedensgerichtsbarkeit)

2. Arbeitssitzung, 11. und 12. Mai 1956 in der Johann-Wolfgang-Goethe-Universität, Frankfurt am Main

Referat:	*Hornig*	(Protokoll Nr. 4, S. 2 – 54)
Korreferat:	*Baur*	(Protokoll Nr. 4, S. 55 – 67)

II. Einführung von Rechtspflegeämtern oder Rechtsämtern als Vorstufe zu den Gerichten

3. Arbeitssitzung, 29. Juni 1956 in Bonn, Bundesjustizministerium

Bericht über den Entwurf des Rechtspflegergesetzes und die Stellungnahme des Bundesrats zu dem Entwurf

Bericht:	*Marquordt*	(Protokoll Nr. 5, S. 4 – 30)

(*Marquordt*, Reg.Dir. im Justizministerium und Sekretär der Kommission)

E Umgestaltung des Rechtsganges? Beschränkung der Rechtszüge und Rechtsmittel
(Abschnitt II, 4 des Arbeitsplanes)

I., II. Berufung und Revision

4. Arbeitssitzung, 12. und 13. Oktober 1956 in Hamburg, Oberlandesgericht

Referat:	*Merkel*	(Protokoll Nr. 6, S. 12 – 43)
Darstellung	*Weinkauffs*	(Protokoll Nr. 6, S. 44 – 59)
Korreferat:	*Bleibtreu*	(Protokoll Nr. 6, S. 60 – 88)

III. Die Möglichkeiten einer Beschränkung der Beschwerde innerhalb der streitigen Gerichtsbarkeit

6. Arbeitssitzung, 29. und 30. März 1957 in Karlsruhe, Bundesgerichtshof

Referat:	*Merkel*	(Protokoll Nr. 8, S. 2 – 28; 28 – 39)
Korreferat:	*Bleibtreu*	(Protokoll Nr. 6, S. 60 – 88)

F Besetzung der Gerichte
(Abschnitt II, 5 des Arbeitsplanes)

5. Arbeitssitzung, 24. und 25. Januar 1957 im Bundesjustizministerium

I., II. Kollegium oder Einzelrichter?; Richtergehilfen?

Referat:	*Hornig*	(Protokoll Nr. 7, S. 5 – 28; 28 – 39)
Korreferat:	*Heusinger*	(Protokoll Nr. 7, S. 40 – 56)

III. Beteiligung von Laien

Referat:	*Hornig*	(Protokoll Nr. 7, S. 72 – 85)
Korreferat:	*Heusinger*	(Protokoll Nr. 7, S. 86 – 89)

G Verfahrensrechtliche Fragestellungen
(Abschnitt III des Arbeitsplanes)

I. Zweck des Zivilprozesses und leitende Gesichtspunkte einer Reform.
(Abschnitt III, 1 des Arbeitsplanes)

8. Arbeitssitzung, 19. und 20. Juli 1957 in Stuttgart, Justizministerium

Referat:	*Baur*	(Protokoll Nr. 11, S. 35 – 61)

II. Vorbeugende Maßnahmen zur Einschränkung der Prozesse.
(Abschnitt III, 3 des Arbeitsplanes)

8. Arbeitssitzung, 19. und 20. Juli 1957 in Stuttgart, Justizministerium

Referat:	*Baur*	(Protokoll Nr. 11, S. 75 – 81)

III. Grundsätze des Verfahrens in der 1. Instanz
(Abschnitt III, 5 des Arbeitsplanes)

9. Arbeitssitzung, 14. – 18. Oktober 1957 in Bonn, Bundesjustizministerium

Referat: *Wieczorek* (Protokoll Nr. 12, S. 66 – 128)

IV. Beweisverfahren
(Abschnitt III, 6 des Arbeitsplanes)

9. Arbeitssitzung, 14. – 18. Oktober 1957 in Bonn, Bundesjustizministerium

Referat: *Wieczorek* (Protokoll Nr. 12, S. 136 – 153)

V. Verfahren vor dem Friedensrichter
(Abschnitt III, 7 des Arbeitsplanes)

9. Arbeitssitzung, 14. – 18. Oktober 1957 in Bonn, Bundesjustizministerium

Referat: *Wieczorek* (Protokoll Nr. 12, S. 154)

VI. Änderung, Abkürzung und Vereinheitlichung der Fristen, insbesondere der Rechtsmittelfristen
(Arbeitsplan, Abschnitt III, 9)

12. Arbeitssitzung, 08. – 09. Mai 1958 in Tübingen, Universität

Referat: *Wagner* (Protokoll Nr. 15, S. 2 – 16)
(LGR Dr. *Wagner* nahm als Gastreferent an der 12. Arbeitssitzung der Kommission teil.)

VII. Verfahren in der Rechtsmittelinstanz (Berufungsverfahren)
(Abschnitt III, 10 des Arbeitsplanes)

9. Arbeitssitzung, 14. – 18. Oktober 1957 in Bonn, Bundesjustizministerium

Referat: *Wieczorek* (Protokoll Nr. 12, S. 162 – 182)

VIII. Verfahren in der Rechtsmittelinstanz (Revisonsverfahren)
(Arbeitsplan, Abschnitt III, 10a)

9. Arbeitssitzung, 14. – 18. Oktober 1957 in Bonn, Bundesjustizministerium

Referat: *Wieczorek* (Protokoll Nr. 12, S. 183 – 205)

IX. Das Wiederaufnahmeverfahren
(Arbeitsplan, Abschnitt III, 10b)

9. Arbeitssitzung, 14. – 18. Oktober 1957 in Bonn, Bundesjustizministerium

Referat: *Wieczorek* (Protokoll Nr. 12, S. 201 – 204)

RECHTSHISTORISCHE REIHE

Band 23 Meent W. Francksen: Staatsrat und Gesetzgebung im Großherzogtum Berg (1806-1813). 1982.

Band 24 Gerd von Sonnleithner: Bearbeitung des Handelsrechts durch Ignaz von Sonnleithner in seinem "Leitfaden über das österreichische Handels- und Wechselrecht". 1982.

Band 25 Rudolf Palme: Rechts-, Wirtschafts- und Sozialgeschichte der inneralpinen Salzwerke bis zu deren Monopolisierung. 1983.

Band 26 Helen Bosshard: Pestalozzis Staats- und Rechtsverständnis und seine Stellung in der Aufklärung. 1983.

Band 27 Jens Jessen: Die Selbstzeugnisse der deutschen Juristen. Erinnerungen, Tagebücher und Briefe. Eine Bibliographie. 1983.

Band 28 Günter Martin Jensen: Das Domanium Waldeck. Die rechtliche Zuordnung eines Fürstenvermögens. 1984.

Band 29 Johann Heinrich Kumpf: Petitionsrecht und öffentliche Meinung im Entstehungsprozeß der Paulskirchenverfassung 1848/49. 1983.

Band 30 Sabine Frey: Rechtsschutz der Juden gegen Ausweisungen im 16. Jahrhundert. 1983.

Band 31 Dietrich Joswig: Die germanische Grundstücksübertragung. 1984.

Band 32 Andreas Baryli: Konzessionssystem contra Gewerbefreiheit. Zur Diskussion der österreichischen Gewerberechtsreform 1835 bis 1860. 1984.

Band 33 Gerhard Oberkofler: Studien zur Geschichte der österreichischen Rechtswissenschaft. 1984.

Band 34 Rudolf Lauda: Kaufmännische Gewohnheit und Burgrecht bei Notker dem Deutschen. Zum Verhältnis von literarischer Tradition und zeitgenössischer Realität in der frühmittelalterlichen Rhetorik. 1984.

Band 35 Jens Jensen: Die Ehescheidung des Bischofs Hans von Lübeck von Prinzessin Julia Felicitas von Württemberg-Weiltingen AD 1648-1653. Ein Beitrag zum protestantischen Ehescheidungsrecht im Zeitalter des beginnenden Absolutismus. 1984.

Band 36 Horst Schröder: Friedrich Karl von Savigny. Geschichte und Rechtsdenken beim Übergang vom Feudalismus zum Kapitalismus in Deutschland. 1984.

Band 37 Andreas Hatzung: Dogmengeschichtliche Grundlagen und Entstehung des zivilrechtlichen Notstands. 1984.

Band 38 Matthias Klasen: Das Billwerder Landrecht. Landrecht und Landgericht in den Hamburger Elbmarschen. 1985.

Band 39 Rainer Jamin: Aufbau, Tätigkeit und Verfahren der Auseinandersetzungsbehörden bei der Durchführung der preußischen Agrarreformen. 1985.

Band 40 Henry Winter: Teilschuld, Gesamtschuld und unechte Gesamtschuld. Zur Konzeption der §§ 420 ff. BGB - Ein Beitrag zur Entstehungsgeschichte des BGB. 1985.

Band 41 Hermann Eichler: Verfassungsbewegung in Amerika und Europa. 1985.

Band 42 Dagmar Bandemer: Heinrich Albert Zachariae. Rechtsdenken zwischen Restauration und Reformation. 1985.

Band 43 Eva-Christine Frentz: Das Hamburgische Admiralitätsgericht (1623-1811). Prozeß und Rechtsprechung. 1985.

Band 44 Karl Lillig: Rechtsetzung im Herzogtum Pfalz-Zweibrücken während des 18. Jahrhunderts. Ein Beitrag zur Geschichte der territorialen Rechtsbildung. 1985.

Band 45 Walter Weber: Die Entwicklung der Sparkassen zu selbständigen Anstalten des öffentlichen Rechts. Ein Beitrag zur Entwicklung des Anstaltsbegriffs im 19. Jahrhundert. 1985.

Band 68 Otmar Jung: Senatspräsident Freymuth. Richter, Sozialdemokrat und Pazifist in der Weimarer Republik. Eine politische Biographie. 1989.

Band 69 Joachim Lohner: Das landeshauptmannschaftliche Gericht in Oberösterreich zu Beginn der Neuzeit. Eine Darstellung des oberösterreichischen Prozeßrechts am obersten Territorialgericht des Landes anhand der oberösterreichischen Landtafel.1989.

Band 70 Bernd Klemann: Rudolf von Jhering und die Historische Rechtsschule. 1989.

Band 71 Adalbert Langer: Männer um die österreichische Zivilprozeßordnung 1895. Zusammenspiel / Soziales Ziel. 1990.

Band 72 Robert-Dieter Klee: Die Landessuperintendentur Lauenburg. Ursprung und Entwicklung sowie Ende der Sonderstellung des Kirchenkreises Herzogtum Lauenburg durch die nordelbische Kirchenvereinigung. 1989.

Band 73 Heinrich Herrmann: Die Gehöferschaften im Bezirk Trier. 1989.

Band 74 Wilhelm Brauneder, Franz Baltzarek (Hrsg.): Modell einer neuen Wirtschaftsordnung. Wirtschaftsverwaltung in Österreich 1914 - 1918. 1991.

Band 75 Thomas Dreyer: Die "Assecuranz- und Haverey-Ordnung" der Freien und Hansestadt Hamburg von 1731. 1990.

Band 76 Bernhard Sendler: Die Rechtssprache in den süddeutschen Stadtrechtsreformationen. 1990.

Band 77 Brigitte Lehmann: Ehevereinbarungen im 19. und 20. Jahrhundert. 1990.

Band 78 Michael Sunnus: Der NS-Rechtswahrerbund (1928-1945). Zur Geschichte der nationalsozialistischen Juristenorganisation. 1990.

Band 79 Stefan Schulz: Die historische Entwicklung des Rechts an Bienen. (§§ 961 - 964 BGB). 1990.

Band 80 Gerhard Lingelbach, Heiner Lück (Hrsg.): Deutsches Recht zwischen Sachsenspiegel und Aufklärung. Rolf Lieberwirth zum 70. Geburtstag dargebracht von Schülern, Freunden und Kollegen, herausgegeben von Gerhard Lingelbach und Heiner Lück. 1991.

Band 81 Manfred Krohn: Die deutsche Justiz im Urteil der Nationalsozialisten 1920 - 1933. 1991.

Band 82 Angelika Kühn: Privilegierung nationaler Minderheiten im Wahlrecht der Bundesrepublik Deutschland und Schleswig-Holsteins. 1991.

Band 83 Georg Brun: Leben und Werk des Rechtshistorikers Heinrich Mitteis unter besonderer Berücksichtigung seines Verhältnisses zum Nationalsozialismus. 1991.

Band 84 Wolfgang Simon: Claudius Freiherr von Schwerin. Rechtshistoriker während dreier Epochen deutscher Geschichte. 1991.

Band 85 Friedrich-Carl Wachs: Das Verordnungswerk des Reichsdemobilmachungsamtes. Stabilisierender Faktor zu Beginn der Weimarer Republik. 1991.

Band 86 Jens-Uwe Petersen: Die Vorgeschichte und die Entstehung des Mieterschutzgesetzes von 1923 nebst der Anordnung für das Verfahren vor dem Mieteinigungsamt und der Beschwerdestelle. 1991.

Band 87 Ulrike Haibach: Familienrecht in der Rechtssprache. Die historische Entwicklung zentraler Ausdrücke des geltenden Familienrechts. 1991.

Band 88 Joern Christian Nissen: Die Beratungen des Seeversicherungsausschusses der Akademie für Deutsches Recht zu einem neuen Seeversicherungsgesetz (1934-1939). Ein Beitrag zur Entwicklung der allgemeinen Lehren des Seeversicherungsrechts unter besonderer Berücksichtigung des Handelsgesetzbuchs und der Allgemeinen Deutschen Seeversicherungs-Bedingungen 1919. 1991.

Band 89 Diethard Bühler: Die Entstehung der allgemeinen Vertragsschluß-Vorschriften im Allgemeinen Deutschen Handelsgesetzbuch (ADHGB) von 1861. Ein Beitrag zur Kodifikationsgeschichte des Privatrechts im 19. Jahrhundert. 1991.

Band 90 Gerhard Oberkofler: Die Vertreter des Römischen Rechts mit deutscher Unterrichtssprache an der Karls-Universität in Prag. Vom Vormärz bis 1945. 1991.

Band 91 Ulrich Andermann: Ritterliche Gewalt und bürgerliche Selbstbehauptung. Untersuchungen zur Kriminalisierung und Bekämpfung des spätmittelalterlichen Raubrittertums am Beispiel norddeutscher Hansestädte. 1991.

Band 92 Heinz Marcus Hanke: Luftkrieg und Zivilbevölkerung. Der kriegsvölkerrechtliche Schutz der Zivilbevölkerung gegen Luftbombardements von den Anfängen bis zum Ausbruch des Zweiten Weltkrieges. 1991.

Band 93 Kirsten Kraglund: Familien- und Erbrecht. Materielles Recht und Methoden der Rechtsanwendung in der Rechtsprechung des Oberappellationsgerichts der vier Freien Städte Deutschlands zu Lübeck. 1991.

Band 94 Reinhard Lorenz: Die politische und rechtliche Stellung des Proletariats in Preußen in der Zeit zwischen den Reformen und der Revolution 1848/49. 1991.

Band 95 Eric Hilgendorf: Die Entwicklungsgeschichte der parlamentarischen Redefreiheit in Deutschland. 1991.

Band 96 Hans J. Reiter: Die Handelsgesellschaft Villeroy & Boch von der Gründung 1836 bis zum Jahr 1878. 1992.

Band 97 Martin Johannes Heller: Reform der deutschen Rechtssprache im 18. Jahrhundert. 1992.

Band 98 Michael Kotulla: Die Tragweite der Grundrechte der revidierten preußischen Verfassung vom 31.01.1850. 1992.

Band 99 Michael Siefener: Hexerei im Spiegel der Rechtstheorie. Das crimen magiae in der Literatur von 1574 bis 1608. 1992.

Band 100 Andreas Ebert-Weidenfeller: Hamburgisches Kaufmannsrecht im 17. und 18. Jahrhundert. Die Rechtsprechung des Rates und des Reichskammergerichtes. 1992.

Band 101 Enno Bommel: Die Entstehung der Verwirkungslehre in der Krise des Positivismus. 1992.

Band 102 Ralph Steppacher: Die Berücksichtigung der bäuerlichen Postulate bei der Entstehung des ZGB und der Revision des OR. Ein Beitrag zur schweizerischen Kodifikationsgeschichte (1893 - 1912). 1992.

Band 103 Martin Fleckenstein: Die Todesstrafe im Werk Carl Joseph Anton Mittermaiers (1787 - 1867). Zur Entwicklungsgeschichte eines Werkbereichs und seiner Bedeutung für Theorie- und Methodenbildung. 1992.

Band 104 Jörn Eckert: Der Kampf um die Familienfideikommisse in Deutschland. Studien zum Absterben eines Rechtsinstitutes. 1992.

Band 105 Jörg Grotkopp: Beamtentum und Staatsformwechsel. Die Auswirkungen der Staatsformwechsel von 1918, 1933 und 1945 auf das Beamtenrecht und die personelle Zusammensetzung der deutschen Beamtenschaft. 1992.

Band 106 Andreas Rohde: Die Garantiehaftung des Vermieters und ihr Verhältnis zum Unmöglichkeitsrecht in dogmengeschichtlicher und modernrechtlicher Sicht. 1992.

Band 107 Tjark Siefke Kunstreich: Gesamtvertretung. Eine historisch-systematische Darstellung. 1992.

Band 108 Jürgen Krüger: Blindheit und Königtum. Die Blindheit des Königs Georg V. von Hannover als verfassungsrechtliches Problem. 1992.

Band 109 Wolfgang Putschek: Ständische Verfassung und autoritäre Verfassungspraxis in Österreich 1933-1938 mit Dokumentenanhang. Verfassung und Verfassungswirklichkeit. Mit einem Anhang: Denkschriften von Rechtsanwalt Dr. Erich Führer 1936/37. 1993.

Band 110 Klaus Hofmann: Die Verdrängung der Juden aus öffentlichem Dienst und selbständigen Berufen in Regensburg 1933-1939. 1993.

Band 111 Franz Kilger: Die Entwicklung des Telegraphenrechts im 19. Jahrhundert mit besonderer Berücksichtigung der technischen Entwicklung. Telegraphenrecht im 19. Jahrhundert. 1993.

Band 112 Wilhelm Brauneder (Hrsg.): Heiliges Römisches Reich und moderne Staatlichkeit. 1993.

Band 113 Thomas Heinrich: Das preußische Nichtehelichenrecht: Von der Aufklärung zur Reaktion. 1993.

Band 114 Gerald Kohl: Jagd und Revolution. Das Jagdrecht in den Jahren 1848 und 1849. 1993.

Band 115 Christian Schudnagies: Der Kriegs- oder Belagerungszustand im Deutschen Reich während des Ersten Weltkrieges. Eine Studie zur Entwicklung und Handhabung des deutschen Ausnahmezustandsrechts bis 1918. 1994.

Band 116 Elisabeth Bellmann: Die Internationale Kriminalistische Vereinigung (1889-1933). 1994.

Band 117 Julia Pfannkuch: Volksrichterausbildung in Sachsen 1945-1950. 1993.

Band 118 Jörg Offen: Von der Verwaltungsgemeinschaft des BGB von 1896 zur Zugewinngemeinschaft des Gleichberechtigungsgesetzes von 1957. 1994.

Band 119 Dorothee Kohlhas-Müller: Untersuchungen zur Rechtsstellung Theoderichs des Großen. 1995.

Band 120 Monika Rose: Das Gerichtswesen des Herzogtums Pfalz-Zweibrücken im 18. Jahrhundert. Ein Beitrag zur territorialen Gerichtsbarkeit im Alten Reich. 1994.

Band 121 Jörn Eckert / Hans Hattenhauer (Hrsg.): Bibel und Recht. Rechtshistorisches Kolloquium 9. - 13. Juni 1992 an der Christian-Albrechts-Universität zu Kiel. 1994.

Band 122 Robert Martin Mizia: Der Rechtsbegriff der Autonomie und die Begründung des Privatfürstenrechts in der deutschen Rechtswissenschaft des 19. Jahrhunderts. 1995.

Band 123 Walther Graf von Plettenberg: Das Fortleben des Liber Iudiciorum in Asturien/León (8. - 13. Jh.). 1994.

Band 124 Wolfgang Schulz: Das deutsche Börsengesetz. Die Entstehungsgeschichte und wirtschaftlichen Auswirkungen des Börsengesetzes von 1896. 1994.

Band 125 Frank Hagemann: Der Untersuchungsausschuß Freiheitlicher Juristen. 1949 – 1969. 1994.

Band 126 Andreas Rethmeier: "Nürnberger Rassegesetze" und Entrechtung der Juden im Zivilrecht. 1995.

Band 127 Edith Grether: Die Poesie der Throne. Die Juristen in der Fruchtbringenden Gesellschaft. 1995.

Band 128 Anna Bartels-Ishikawa: Der Lippische Thronfolgestreit. Eine Studie zu verfassungsrechtlichen Problemen des Deutschen Kaiserreiches im Spiegel der zeitgenössischen Staats. 1995.

Band 129 Jörg Schmidt: Otto Koellreutter 1883-1972. Sein Leben, sein Werk, seine Zeit. 1995.

Band 130 Christian Hattenhauer: Wahl und Krönung Franz II. AD 1792. Das Heilige Reich krönt seinen letzten Kaiser - Das Tagebuch des Reichsquartiermeisters Hieronymus Gottfried von Müller und Anlagen. 1995.

Band 131 Jutta v. der Decken: Das Seearbeitsrecht im Hamburger Stadtrecht von 1301 bis 1603. 1995.

Band 132 Detlev Schmidt: Die Reform des Rechts der Handelsvertreter von 1953. 1995.

Band 133 Gabi Roßdeutscher: Privatautonomie im Scheidungsrecht. Scheidungsbezogene Vereinbarungen in den letzten 200 Jahren. 1995.

Band 134 Harald Kahlenberg: Leben und Werk des Rechtshistorikers Walther Merk. Ein Beispiel für das Verhältnis von Rechtsgeschichte und Nationalsozialismus. 1995.

Band 135 Michael Steitz: Adelbert Düringer am Reichsgericht (1902-1915). Seine aktienrechtlichen Entscheidungen und sein Einfluß auf das Aktienrecht in Deutschland. 1995.

Band 136 Christian Becker: Beata Justorum Translatio. Juristen in schleswig-holsteinischen Leichenpredigten. 1996.

Band 137 Christoph Seiler: Vom Allgemeinen Landrecht zum Bürgerlichen Gesetzbuch. Dargestellt am Beispiel der höchstrichterlichen Judikatur zum kaufrechtlichen Sachmängelgewährleistungsrecht. 1996.

Band 138 Bernd Mayer: Die Vertrauensmännerausschüsse auf den preußischen Steinkohlegruben an der Saar. Entstehung und Wirken. Eine rechtshistorische Untersuchung. 1996.

Band 139 Rochus Scholl: Juden und Judenrecht im Herzogtum Pfalz-Zweibrücken. Ein Beitrag zur Rechtsgeschichte eines deutschen Kleinstaates am Ende des alten Reiches. 1996.

Band 140 Meike Bursch: Judentaufe und frühneuzeitliches Strafrecht. Die Verfahren gegen Christian Treu aus Weener/Ostfriesland 1720-1728. 1996.

Band 141 Markus Hillenbrand: Fürstliche Eheverträge. Gottorfer Hausrecht 1544 - 1773. 1996.

Band 142 Ulf Häder: Das gemeinschaftliche Oberappellationsgericht thüringischer Staaten in Jena. Ein Beitrag zur Geschichte des Gerichtswesens im 19. Jahrhundert. 1996.

Band 143 Andreas Bauer: Das Gnadenbitten in der Strafrechtspflege des 15. und 16. Jahrhunderts. Dargestellt unter besonderer Berücksichtigung von Quellen der Vorarlberger Gerichtsbezirke Feldkirch und des Hinteren Bregenzerwaldes. 1996.

Band 144 Christian Wirth: Der Jurist Johann Andreas Georg Friedrich Rebmann zwischen Revolution und Restauration. 1996.

Band 145 Stefanie Müller: Die Rechtsprechung des Hanseatischen Oberlandesgerichts zum persönlichen Eherecht in Hamburgischen Gerichtsfällen von 1879 -1900. 1996.

Band 146 Jean-Nicolas Morisset: Der Frachtvertrag in der *Ordonnance de la marine* von 1681. 1996.

Band 147 Dirk Lentfer: Die Glogauer Landesprivilegien des Andreas Gryphius von 1653. 1996.

Band 148 Wencke Mull: Die Haftung für Einsturzschäden nach den §§ 836-838 BGB in der Rechtsprechung des Reichsgerichts. 1996.

Band 149 Renate Zelger: Teufelsverträge. Märchen, Sage, Schwank, Legende im Spiegel der Rechtsgeschichte. 1996.

Band 150 Guido Kraß: Das Arrestverfahren in Frankfurt am Main im Spätmittelalter. 1996.

Band 151 F. Benedict Heyn: Die Entwicklung des Eisenbahnfrachtrechts von den Anfängen bis zur Einführung des Allgemeinen Deutschen Handelsgesetzbuches (ADHGB). 1996.

Band 152 Thomas Lang: Die Staats- und Verfassungslehre Carl Salomo Zachariaes. 1996.

Band 153 Michael Hebeis: Karl Anton von Martini (1726-1800). Leben und Werk. 1996.

Band 154 Gerald Hubert: Die Diskussion um die rechtliche Natur der Bizone in den Jahren 1947-1949. 1996.

Band 155 Christof Horn: Die Rechtsprechung des Reichsgerichts in Ehescheidungssachen der Jahre 1900 bis 1905. 1996.

Band 156 Hermann Nehlsen / Georg Brun (Hrsg.): Münchener rechtshistorische Studien zum Nationalsozialismus. 1996.

Band 157 Jan Otto Clemens Kehrberg: Die Entwicklung des Elektrizitätsrechts in Deutschland. Der Weg zum Energiewirtschaftsgesetz von 1935. 1997.

Band 158 Johannes Tradt: Der Religionsprozeß gegen den Zopfschulzen (1791-1799). Ein Beitrag zur protestantischen Lehrpflicht und Lehrzucht in Brandenburg-Preußen gegen Ende des 18. Jahrhunderts. 1997.

Band 159 Dietmar Olsen: Das kaufrechtliche Sachmängelgewährleistungsrecht des Code civil in der Rechtsprechung deutscher Gerichte im 19. Jahrhundert. Ein Beitrag zur Ablösung der Partikularrechte durch das BGB. 1997.

Band 160 Ulrich Bernhardt: Die Deutsche Akademie für Staats- und Rechtswissenschaft „Walter Ulbricht" 1948-1971. 1997.

Band 161 Claudia Susan Hoppe: Die Bürgschaft im Rechtsleben Hamburgs von 1600 bis 1900. 1997.

Band 162 Franz-Rudolf Ecker: Die Entwicklung des Bergrechts im Saarbrücker Steinkohlenrevier bis zum Ende des 18. Jahrhunderts. Ein Vergleich mit dem älteren deutschen Bergrecht. 1997.

Band 163 Anne Katrin Rückert: Politik und Privatrecht in der „konservativen Revolution". 1997.

Band 164 Gisbert Laube: Der Reichskunstwart. Geschichte einer Kulturbehörde 1919-1933. 1997.

Band 165 Nicolas Lührig: Die Diskussion über die Reform der Juristenausbildung von 1945 bis 1995. 1997.

Band 166 Regula Gerber Jenni: Die Emanzipation der mehrjährigen Frauenzimmer. Frauen im bernischen Privatrecht des 19. Jahrhunderts. 1997.

Band 167 Mischa A. Färber: Das gemeinschaftliche Testament in der höchstrichterlichen Rechtsprechung zum Allgemeinen Preußischen Landrecht und zum BGB. Ein Beitrag zur Ablösung der Partikularrechte durch das BGB. 1997.

Band 168 Catherine Antoinette Gasser: Philipp Lotmar 1850-1922. Professor der Universität Bern. Sein Engagement für das Schweizerische Arbeitsrecht. 1997.

Band 169 Lars Immisch: Der sozialistische Richter in der DDR und seine Unabhängigkeit. Der Versuch eines Rechtsvergleiches zum Unabhängigkeitsbegriff in der bundesdeutschen Rechtsordnung. 1997.

Band 170 Jessica Jacobi: Besitzschutz vor dem Reichskammergericht. Die friedenssichernde Funktion der Besitzschutzklagen am Reichskammergericht im 16. Jahrhundert, dargestellt anhand von Kameralisten. 1998.

Band 171 Ewald Hügemann: Die Geschichte des öffentlichen und privaten Mietpreisrechts vom Ersten Weltkrieg bis zum Gesetz zur Regelung der Miethöhe von 1974. 1998.

Band 172 Lutz Rentzow: Die Entstehungs- und Wirkungsgeschichte der Vernewerten Landesordnung für das Königreich Böhmen von 1627. 1998.

Band 173 Sabine Stürmer: Mühlenrecht im Herzogtum Pfalz-Zweibrücken während des 18. Jahrhunderts. Ein Beitrag zum Wirtschaftsrecht eines deutschen Kleinstaates im Alten Reich. 1998.

Band 174 Mario Bogisch: *Nemo testis in re sua.* Das Problem der Zeugnisfähigkeit bei der Anwendung der deutschen Zivilprozeßordnung von 1877. 1998.

Band 175 Rainer Oßwald: Pactane sunt servanda? Freiwilligkeit, Zwang und Unverbindlichkeitserklärungen im islamischen Vertragsrecht malikitischer Schule. 1998.

Band 176 Bettina Kern: Der preußische BGB-Entwurf von 1842. 1998.

Band 177 Inken Fuhrmann: Die Diskussion über die Einführung der fakultativen Zivilehe in Deutschland und Österreich seit Mitte des 19. Jahrhunderts. 1998.

Band 178 Annette Rieck: Der Heilige Ivo von Hélory (1247-1303). Advocatus pauperum und Patron der Juristen. 1998.

Band 179 Frank Bottenberg: Die Hamburgische Strafprozeßordnung von 1869. 1998.

Band 180 Matthias Krauß: Das kursächsische Postrecht von seinen Anfängen bis zum Ende des Alten Reichs. 1998.

Band 181 Torsten Schmidt: Die Entmündigung von den Anfängen des BGB bis zu ihrer Ablösung durch das Institut der Betreuung. 1998.

Band 182 Christian Nunn: Rudolf Müller-Erzbach. 1874-1959. Von der realen Methode über die Interessenjurisprudenz zum kausalen Rechtsdenken (Leben und Werk). 1998.

Band 183 Christian Ortloff: Das staatskirchenrechtliche System Wilhelm Traugott Krugs. Glaubens- und Gewissensfreiheit – eine Forderung der Vernunft. 1998.

Band 184 Christian Hattenhauer: Schuldenregulierung nach dem Westfälischen Frieden. Der sog. § *de indaganda* und seine Umsetzung im Jüngsten Reichsabschied (AD 1648 und 1654). 1998.

Band 185 Werner Schubert: Preußen im Vormärz. Die Verhandlungen der Provinziallandtage von Brandenburg, Pommern, Posen, Sachsen und Schlesien sowie – im Anhang – von Ostpreußen, Westfalen und der Rheinprovinz (1841-1845). 1998.

Band 186 Silvia Schumacher: Das Rechtsverhältnis zwischen Eltern und Kindern in der Privatrechtsgeschichte. 1999.

Band 187 Kai Sommer: Die Strafbarkeit der Homosexualität von der Kaiserzeit bis zum Nationalsozialismus. Eine Analyse der Straftatbestände im Strafgesetzbuch und in den Reformentwürfen (1871-1945). 1998.

Band 188 Jan Erik Backhaus: Volksrichterkarrieren in der DDR. 1999.

Band 189 Ralf Ruhnau: Die Fürstlich Thurn und Taxissche Privatgerichtsbarkeit in Regensburg. Ein Kuriosum der deutschen Rechtsgeschichte. 1999.

Band 190 Antonio Grilli: Die französische Justizorganisation am linken Rheinufer 1797-1803. 1999.

Band 191 Stephanie Kammerloher-Lis: Die Entstehung des Gesetzes über die religiöse Kindererziehung vom 15. Juli 1921. 1999.

Band 192 Jan Telp: Ausmerzung und Verrat. Zur Diskussion um Strafzwecke und Verbrechensbegriffe im Dritten Reich. 1999.

Band 193 Kurt von Pannwitz: Die Entstehung der Allgemeinen Deutschen Wechselordnung. Ein Beitrag zur Geschichte der Vereinheitlichung des deutschen Zivilrechts im 19. Jahrhundert. 1999.

Band 194 Sylvia Busch: Die Entstehung der Allgemeinen Gerichtsordnung für die Preussischen Staaten von 1793/95. Ein Beitrag zur Geschichte der Kodifikationsbewegung und der Reform des Zivilprozesses in Preußen im 18. Jahrhundert. 1999.

Band 195 Dirk Bieresborn: Klage und Klageerwiderung im deutschen und englischen Zivilprozeß. Eine rechtshistorische und rechtsvergleichende Untersuchung unter besonderer Berücksichtigung der Beeinflussung durch das römisch-kanonische Verfahren. 1999.

Band 196 Andreas Thier / Guido Pfeifer / Philipp Grzimek (Hrsg.): Kontinuitäten und Zäsuren in der Europäischen Rechtsgeschichte. Europäisches Forum Junger Rechtshistorikerinnen und Rechtshistoriker München 22.-24. Juli 1998. 1999.

Band 197 Franz Smola: Die Fürstlich Liechtenstein'sche Kunstsammlung. Rechtsfragen zur Verbringung der Sammlung von Wien nach Vaduz in den Jahren 1944/45. 1999.

Band 198 Frank Martin Krauss: Das geteilte Eigentum im 19. und 20. Jahrhundert. Eine Untersuchung zum Fortbestand des Teilungsgedankens. 1999.

Band 199 Matthias Frey: Die spanische Aktiengesellschaft im 18. Jahrhundert und unter dem Código de Comercio von 1829. 1999.

Band 200 Alexandra Gilde: Die Stellung der Frau im Reichsstrafgesetzbuch von 1870/71 und in den Reformentwürfen bis 1919 im Urteil der bürgerlichen Frauenbewegung. Eine Analyse ausgewählter Straftatbestände. 1999.

Band 201 Malte Dießelhorst / Arne Duncker: Hans Kohlhase. Die Geschichte einer Fehde in Sachsen und Brandenburg zur Zeit der Reformation. 1999.

Band 202 Jörg Hillmann: Territorialrechtliche Auseinandersetzungen der Herzöge von Sachsen-Lauenburg vor dem Reichskammergericht im 16. Jahrhundert. 1999.

Band 203 Carsten Engler: Die Kommanditgesellschaft (KG) und die stille Gesellschaft im Allgemeinen Deutschen Handelsgesetzbuch (ADHGB) von 1861. 1999.

Band 204 Vesta Hoffmann-Steudner: Die Rechtsprechung des Reichsgerichts zu dem Scheidungsgrund des § 49 EheG (EheG 1938) in den Jahren 1938-1945. 1999.

Band 205 Michaela Thiele: Die Auflösung von Arbeitsverhältnissen aufgrund Anfechtung und außerordentlicher Kündigung nach der Rechtsprechung des Reichsarbeitsgerichts (1927-1945). 2000.

Band 206 Peter Landau / Hermann Nehlsen / Mathias Schmoeckel (Hrsg.): Karl von Amira zum Gedächtnis. 1999.

Band 207 Marcus Flinder: Die Entstehungsgeschichte des Zivilgesetzbuches der DDR. 1999.

Band 208 Boris Franz Leo Bromm: Die Entstehungsgeschichte des Berufs des Handelsvertreters. Unter besonderer Berücksichtigung der Sozialgesetzgebung in den Jahren von 1871-1933. 2000.

Band 209 Winfried C. J. Eberstein: Das Tierschutzrecht in Deutschland bis zum Erlaß des Reichs-Tierschutzgesetzes vom 24. November 1933. Unter Berücksichtigung der Entwicklung in England. 1999.

Band 210 Patrick Deller: Der „nach dem Vertrage" vorausgesetzte Gebrauch (§ 459 Absatz 1 Satz 1 BGB). Eine kaufrechtliche Untersuchung unter Berücksichtigung rechtshistorischer wie rechtsvergleichender Grundlagen. 2000.

Band 211 Eckard Freiherr von Bodenhausen: Haftung des Geschäftsherrn für Verrichtungsgehilfen im Straßen- und Schienenverkehr. Eine Analyse der Entscheidungen des Reichsgerichts zu § 831 BGB (1900-1945). 2000.

Band 212 Birte Gast: Der Allgemeine Teil und das Schuldrecht des Bürgerlichen Gesetzbuchs im Urteil von Raymond Saleilles (1855-1912). 2000.

Band 213 Hansjörg Michael Huber: Koloniale Selbstverwaltung in Deutsch-Südwestafrika. Entstehung, Kodifizierung und Umsetzung. 2000.

Band 214 Ulf Björner: Die Verfassungsgerichtsbarkeit im Norddeutschen Bund und Deutschen Reich (1867-1918). Eine rechtshistorische Untersuchung über Gerichtsbarkeit im Spannungsfeld von Politik und Recht innerhalb der von Bismarck geschaffenen deutschen Bundesstaaten. 2000.

Band 215 Mathias Freiherr von Rosenberg: Friedrich Carl von Savigny (1779-1861) im Urteil seiner Zeit. 2000.

Band 216 Reinhard Binder-Krieglstein: Österreichisches Adelsrecht 1868-1918/19. Von der Ausgestaltung des Adelsrechts der cisleithanischen Reichshälfte bis zum Adelsaufhebungsgesetz der Republik unter besonderer Berücksichtigung des adeligen Namensrechts. 2000.

Band 217 Claudia-Regine Nerius: Johannes Lehmann-Hohenberg (1851-1925). Eine Studie zur völkischen Rechts- und Justizkritik im Deutschen Kaiserreich. 2000.

Band 218 Ludger Meuten: Die Erbfolgeordnung des Sachsenspiegels und des Magdeburger Rechts. Ein Beitrag zur Geschichte des sächsisch-magdeburgischen Rechts. 2000.

Band 219 Christoph Alexander von Wilcken: Die Reformbestrebungen zum Genossenschaftsgesetz in der Frühzeit der Bundesrepublik. Die Beratungen der Sachverständigenkommission zur Überprüfung des Genossenschaftsrechts 1954 bis 1958 und der Referentenentwurf von 1962. 2000.

Band 220 Verein Junger RechtshistorikerInnen Zürich (Hrsg.): ¿Rechtsgeschichte(n)? ¿Histoire(s) du droit? ¿Storia/storie del diritto? ¿Legal Histori(es)? Europäisches Forum Junger Rechtshistorikerinnen und Rechtshistoriker Zürich 28.-30. Mai 1999. 2000.

Band 221 Hans Christian Schüler: Die Entstehungsgeschichte der Bundesnotarordnung vom 24. Februar 1961. 2000.

Band 222 Nils-Eberhard Schramm: Die Vereinigung demokratischer Juristen (1949-1999). 2000.

Band 223 Silke Anke Torp: Das Rechtsverhältnis zwischen den Eltern und ihren Kindern. Dienstleistungspflicht, Aussteuer und Ausstattung. Eine Analyse der Rechtsprechung des Reichsgerichts und des Reichsarbeitsgerichts zu den Vorschriften der §§ 1616 bis 1625 des Bürgerlichen Gesetzbuches in der Zeit von 1900 bis 1945. 2000.

Band 224 Martin Jürgen Maaß: Die Geschichte des Eigentumsvorbehalts, insbesondere im 18. und 19. Jahrhundert. 2000.

Band 225 Stefanie Langer: Rechtswissenschaftliche Itinerarien. Lebenswege namhafter europäischer Juristen vom 11. bis zum 18. Jahrhundert. 2000.

Band 226 Ulrich Schmitz: Der Unterhaltsanspruch des nichtehelichen Kindes gegen seinen Erzeuger. Die rechtsgeschichtliche und dogmatische Entwicklung im deutschen Recht. 2000.

Band 227 Sebastian Günther: Friedrich Carl von Savigny als Grundherr. 2000.

Band 228 Henning Ibs: Hermann J. Held (1890-1963). Ein Kieler Gelehrtenleben in den Fängen der Zeitläufe. 2000.

Band 229 Matthias Rücker: Wirtschaftswerbung unter dem Nationalsozialismus. Rechtliche Ausgestaltung der Werbung und Tätigkeit des Werberats der deutschen Wirtschaft. 2000.

Band 230 Hendrik Sandmann: Die Entwicklung von Begriff und Inhalt des Wirtschaftchsrechts durch die Rechtswissenschaft in der Weimarer Republik. 2000.

Band 231 Sibylle Müller: Gibt es Menschenrechte bei Samuel Pufendorf? 2000.

Band 232 Karin Olechowski-Hrdlicka: Die gemeinsamen Angelegenheiten der Österreichisch-Ungarischen Monarchie. Vorgeschichte – Ausgleich 1867 – Staatsrechtliche Kontroversen. 2001.

Band 233 Johannes Mierau: Die juristischen Abschluß- und Diplomprüfungen in der SBZ/DDR. Ein Einblick in die Juristenausbildung im Sozialismus. 2001.

Band 234 Jörg Wolff (Hrsg.): Stillstand, Erneuerung und Kontinuität. Einsprüche zur Preußenforschung. 2001.

Band 235 Friedo Schröder: Die anwaltliche Tätigkeit während der nationalsozialistischen Herrschaft. Eine Analyse der anwaltlichen Argumentation in Zivilprozessen anhand der vorhandenen Prozeßakten der Landgerichte Frankenthal, Wiesbaden, Limburg und Frankfurt und der Handakten der *jüdischen Konsulenten* des OLG-Bezirks Frankfurt. 2001.

Band 236 Der Code pénal des Königreichs Westphalen von 1813 mit dem Code pénal von 1810 im Original und in deutscher Übersetzung. Herausgegeben und mit einer Einleitung versehen von Werner Schubert. 2001.

Band 237 Klaus Richter: Deutsches Kolonialrecht in Ostafrika 1885-1891. 2001.

Band 238 Kai von Lewinski: Deutschrechtliche Systembildung im 19. Jahrhundert. 2001.

Band 239 Alexander Herzog: Sittenwidrige Rechtsgeschäfte in der höchstrichterlichen Rechtsprechung aus den Jahren 1948-1965. 2001.

Band 240 Claudia Rönnau: Die Beratungen des Wasserrechtsausschusses der Akademie für Deutsches Recht zu einem Reichswassergesetz (1934-1941). Ein Beitrag zur Dogmatik der Begriffe *Gemeingebrauch* und *Sondergebrauch* in der Zeit des Nationalsozialismus. 2001.

Band 241 Momme Rohlack: Kriegsgesellschaften (1914-1918). Arten, Rechtsformen und Funktionen in der Kriegswirtschaft des Ersten Weltkrieges. 2001.

Band 242 Rolf Geyer: Der Gedanke des Verbraucherschutzes im Reichsrecht des Kaiserreichs und der Weimarer Republik (1871-1933). Eine Studie zur Geschichte des Verbraucherrechts in Deutschland. 2001.

Band 243 Felix Lorenz Benjamin Lehmann: Der Rote Adlerorden. Entstehung und rechtliche Grundlagen (1705-1918). 2002.

Band 244 Marc Ludwig: Der Pfändungsschutz für Lohneinkommen. Die Entstehungs- und Entwicklungsgeschichte der Vorschriften zum Schutz vor Lohnpfändung in Deutschland. 2001.

Band 245 Alexander Wachter: Dorfschule zwischen Pastor und Schulmeister. Zur Säkularisierung des niederhessischen Schulwesens im 19. Jahrhundert. 2001.

Band 246 Richard Scholz: Analyse der Entstehungsbedingungen der reichsgerichtlichen Aufwertungsrechtsprechung. Untersuchung unter besonderer Berücksichtigung der konservativen Geldpolitik der Reichsbank und der Inflationspolitik der Reichsregierung. 2001.

Band 247 Judith Laeverenz: Märchen und Recht. Eine Darstellung verschiedener Ansätze zur Erfassung des rechtlichen Gehalts der Märchen. 2001.

Band 248 Christina Schenk: Bestrebungen zur einheitlichen Regelung des Strafvollzugs in Deutschland von 1870 bis 1923. 2001.

Band 249 Nils Werner: Die Prozesse gegen die Landvolkbewegung in Schleswig-Holstein 1929/32. Ein Beitrag zur Justizkritik in der späten Weimarer Republik. 2001.

Band 250 Wolfgang Walter: Das Duell in Bayern. Ein Beitrag zur bayerischen Strafrechtsgeschichte. 2002.

Band 251 Jörn Eckert / Kjell Å. Modéer (Hrsg.): Geschichte und Perspektiven des Rechts im Ostseeraum. Erster Rechtshistorikertag im Ostseeraum 8.–12. März 2000. 2001.

Band 252 Jan Könighaus: Die Inauguration der Christian-Albrechts-Universität zu Kiel 1665. Symbolgehalt und rechtliche Bedeutung des Universitätszeremoniells. 2002.

Band 253 Andreas Görgen: Rechtssprache in der Frühen Neuzeit. Eine vergleichende Untersuchung der Fremdwortverwendung in Gesetzen des 16. und 17. Jahrhunderts. 2002.

Band 254 Ralf Schäfer: Die Rechtsstellung der Haigerlocher Juden im Fürstentum Hohenzollern-Sigmaringen von 1634-1850. Eine rechtsgeschichtliche Untersuchung. 2002.

Band 255 Regine Schmalhorst: Die Tierhalterhaftung im BGB von 1896. Die Entstehung und Änderung des § 833 BGB sowie eine Analyse der Rechtsprechung des Reichsgerichts bis 1908. 2002.

Band 256 Thomas Hense: Konrad Beyerle. Sein Wirken für Wissenschaft und Politik in Kaiserreich und Weimarer Republik. 2002.

Band 257 Christian Mahlmann: Die Strafrechtswissenschaft der DDR. Klassenkampftheorie und Verbrechenslehre. 2002.

Band 258 Henning Kahmann: Die Bankiers von Jacquier & Securius 1933–1945. Eine rechtshistorische Fallstudie zur "Arisierung" eines Berliner Bankhauses. Mit einem Geleitwort von John Kornblum. 2002.

Band 259 Volker Friedrich Drecktrah: Die Gerichtsbarkeit in den Herzogtümern Bremen und Verden und in der preußischen Landdrostei Stade von 1715 bis 1879. 2002.

Band 260 Andreas Klass: Standes- oder Leistungselite? Eine Untersuchung der Karrieren der Wetzlarer Anwälte des Reichskammergerichts (1693-1806). 2002.

Band 261 Wolfgang Eder: Das italienische Tribunale Speciale per la Difesa dello Stato und der deutsche Volksgerichtshof. Ein Vergleich zwischen zwei politischen Gerichtshöfen. 2002.

Band 262 Albrecht Cordes / Bernd Kannowski (Hrsg.): Rechtsbegriffe im Mittelalter. 2002.

Band 263 Thomas Hildebrandt: Die Brandenburgischen Provinziallandtage von 1841, 1843, und 1845 anhand ausgewählter Verhandlungsgegenstände. 2002.

Band 264 Jan Finzel: Georg Adam Struve (1619–1692) als Zivilrechtler. 2003.

Band 265 Björn Carsten Frenzel: Das Selbstverständis der Justiz nach 1945. Analyse der Rolle der Justiz unter Berücksichtigung der Reden zur *Wiedereröffnung* der Bundes- und Oberlandesgerichte. 2003.

Band 266 Nils Reichhelm: Die marxistisch-leninistische Staats- und Rechtstheorie Karl Polaks. 2003.

Band 267 Raik Schneider: Altrechtliche Personenzusammenschlüsse. Ihre Entwicklung unter besonderer Berücksichtigung des Rechts des Großherzogtums Sachsen-Weimar-Eisenach sowie der Herzogtümer Sachsen-Meiningen und Sachsen-Gotha. 2003.

Band 268 Anke Meier: Die Geschichte des deutschen Konkursrechts, insbesondere die Entstehung der Reichskonkursordnung von 1877. 2003.

Band 269 Stefan Jens Jordan: Leben und Werk des Tübinger Rechtsprofessors Wilhelm Gottlieb Tafinger 1760–1813. 2003.

Band 270 Stefanie Hubig: Die historische Entwicklung des § 23 ZPO. Zum Ursprung und Fortleben des Vermögensgerichtsstandes im deutschen Prozeßrecht des 19. Jahrhunderts. 2003.

Band 271 Michael G. Perband: Der Grundsatz der freien Beweiswürdigung im Zivilprozeß (§ 286 ZPO) in der Rechtsprechung des Reichsgerichts. 2003.

Band 272 Mathias Bouveret: Die Stellung des Staatsoberhauptes in der parlamentarischen Diskussion und Staatsrechtslehre von 1848 bis 1918. 2003.

Band 273 Barbara Széchényi: Rechtliche Grundlagen bayerischer Zensur im 19. Jahrhundert. 2003.

Band 274 Sylvia Scharfenberg: Die Entstehungsgeschichte des Beurkundungsgesetzes vom 28. August 1969. 2003.

Band 275 Urte Nesemann: Die schwedische Familiengesetzgebung von 1734 bis zu den Reformgesetzen von 1915 bis 1920 und deren Einfluss auf die Gesetzgebungsprojekte der Weimarer Republik. Unter besonderer Berücksichtigung der Rechtsstellung der Frau und des unehelichen Kindes. 2003.

Band 276 Alexandra Brück: Die Polizeiordnung Herzog Christians von Braunschweig-Lüneburg vom 6. Oktober 1618. 2003.

Band 277 Torsten Landwehr: Das Kommissionsgeschäft in Rechtswissenschaft, Gesetzgebung und Rechtspraxis vom 16. bis zum Ende des 18. Jahrhunderts. 2003.

Band 278 Tassilo Wilhelm Maria Englert: Deutsche und italienische Zivilrechtsgesetzgebung von 1933–1945. Parallelen in der Rechtsetzung und gegenseitige Beeinflussung unter besonderer Berücksichtigung des Familien- und Erbrechts. 2003.

Band 279 Tobias Prang: Der Schutz der Versicherungsnehmer bei der Auslegung von Versicherungsbedingungen durch das Reichsgericht. 2003.

Band 280 Thorsten Lieb: Privileg und Verwaltungsakt. Handlungsformen der öffentlichen Gewalt im 18. und 19. Jahrhundert. 2004.

Band 281 Michael Rühling: Das Ladenschlussgesetz vom 28. November 1956. Vorgeschichte, Entstehung des Gesetzes und weitere Entwicklung. 2004.

Band 282 Kathrin Nawotki: Die schleswigsche Deichstavengerechtigkeit. Vom 17. Jahrundert bis in die Gegenwart. Eine gewohnheitsrechtliche Superfizies an nordfriesischen Deichgrundstücken und ihre Entwicklung. 2004.

Band 283 Erik Nils Voigt: Die Gesetzgebungsgeschichte der militärischen Ehrenstrafen und der Offiziererehrengerichtsbarkeit im preußischen und deutschen Heer von 1806 bis 1918. 2004.

Band 284 Dorothea Riedi Hunold: Die Einführung der allgemeinen Wechselfähigkeit in der Schweiz in der zweiten Hälfte des 19. Jahrhunderts. Unter besonderer Berücksichtigung der politischen, wirtschaftlichen und sozialen Verhältnisse. 2004.

Band 285 Thomas Gergen: Pratique juridique de la paix et trêve de Dieu à partir du concile de Charroux (989–1250). Juristische Praxis der Pax und Treuga Dei ausgehend vom Konzil von Charroux (989–1250). 2004.

Band 286 Kathrin Bethkenhagen: Die Entwicklung des Luftrechts bis zum Luftverkehrsgesetz von 1922. 2004.

Band 287 Heiko Lüpkes: Die Verbrechen der Diener des Staats im Allgemeinen Landrecht für die Preußischen Staaten von 1794 und ihre Entwicklung zu den Vergehen und Verbrechen im Amte im Strafgesetzbuch für die Preußischen Staaten von 1851. 2004.

Band 288 Mirco Peter Hirsch: Von der Erbbescheinigung des Preußischen Rechts zum Erbschein des Bürgerlichen Gesetzbuchs. 2004.

Band 289 Bettina Günther: Die Behandlung der Sittlichkeitsdelikte in den Policeyordnungen und der Spruchpraxis der Reichsstädte Frankfurt am Main und Nürnberg im 15. bis 17. Jahrhundert. 2004.

Band 290 Seunghyeon Seong: Der Begriff der *nicht gehörigen Erfüllung* aus dogmengeschichtlicher und rechtsvergleichender Sicht. 2004.

Band 291 Steffen-Werner Meyer: Bemühungen um ein Reichsgesetz gegen den Büchernachdruck. Anläßlich der Wahlkapitulation Leopolds II. aus dem Jahre 1790. 2004.

Band 292 Ulrich Löffler: Instrumentalisierte Vergangenheit? Die nationalsozialistische Vergangenheit als Argumentationsfigur in der Rechtsprechung des Bundesverfassungsgerichts. 2004.

Band 293 Norbert Koch: Die Entwicklung des deutschen privaten Immissionsschutzrechts seit Beginn der Industrialisierung. Unter besonderer Berücksichtigung des Einflusses der höchstrichterlichen Rechtsprechung. 2004.

Band 294 Julius Ludwig Pfeiffer: Das Tierschutzgesetz vom 24. Juli 1972. Die Geschichte des deutschen Tierschutzrechts von 1950 bis 1972. 2004.

Band 295 Bert-Hagen Strodthoff: Die richterliche Frage- und Erörterungspflicht im deutschen Zivilprozeß in historischer Perspektive. 2004.

Band 296 Tim Kannewurf: Die Höfeordnung vom 24. April 1947. Entstehungsgeschichte und Einordnung in die Entwicklung des Anerbenrechts. 2004.

Band 297 Steffi Heine: Die Methodendiskussion nach Inkrafttreten des Bürgerlichen Gesetzbuches und die Gründung des Vereins *Recht und Wirtschaft*. 2004.

Band 298 Anne Marlene Simon-Holtorf: Geschichte des Familienwahlrechts in Frankreich (1871 bis 1945). 2004.

Band 299 Jürgen Busch: Das Germanenbild der deutschen Rechtsgeschichte. Zwischen Wissenschaft und Ideologie. Mit einem Vorwort von Herwig Wolfram. 2004.

Band 300 Jan Kohlmann: Der Marsch zu den Gräbern von Karl und Rosa. Geschichte eines Gedenktages. 2004.

Band 301 Christian Rainer Schlicht: Die kumulative Schuldübernahme in der Rechtsprechung des Reichsgerichts und in der zeitgenössischen Literatur. 2004.

Band 302 Hans Peter Glöckner: Positive Vertragsverletzung. Die Geburt eines Rechtsinstituts. 2004.

Band 303 João Manuel Azevedo Alexandrino Fernandes: Die Theorie der Interpretation des Gesetzes bei Francisco Suárez. 2005.

Band 304 René Funk: Die Wahlprüfung der volksgewählten Abgeordneten der Volksvertretungen im Frühkonstitutionalismus. Eine Untersuchung der Wahlprüfung in den Kammern der Abgeordneten des Großherzogtums Baden, des Königreichs Württemberg und des Großherzogtums Hessen. 2005.

Band 305 Carolin O'Sullivan. Die Ahndung von Rechtsbrüchen der Seeleute im mittelalterlichen hamburgischen und hansischen Seerecht (1301–1482). 2005.

Band 306 Martin Jürgens: Staat und Reich bei Ernst Rudolf Huber. Sein Leben und Werk bis 1945 aus rechtsgeschichtlicher Sicht. 2005.

Band 307 Florian G. Dürselen: Franz Beyerle (1885–1977). Leben, Ära und Werk eines Rechtshistorikers. 2005.

Band 308 Kai Bandilla: Urheberrecht im Kaiserreich. Der Weg zum Gesetz betreffend das Urheberrecht an Werken der Literatur und Tonkunst vom 19. Juni 1901. 2005.

Band 309 Stefan Mieth: Die Entwicklung des Denkmalrechts in Preußen 1701–1947. 2005.

Band 310 Catharina Lodemann: Die Geschichte des französischen *acte de gouvernement*. 2005.

Band 311 Christina Wicke: Kodifikationsbestrebungen und Wissenschaft in Hessen-Darmstadt im vorkonstitutionellen Zeitalter. Zu der Beteiligung der Gießener Rechtsprofessoren an den Gesetzgebungsarbeiten in Hessen-Darmstadt in der Zeit zwischen 1769 und 1820. 2005.

Band 312 Christiane Chlosta: Nur dem Gesetz unterworfen? Eine rechtsgeschichtliche Untersuchung zu Idee und Wirklichkeit richterlicher Gesetzestreue unter besonderer Berücksichtigung der Aufwertungsrechtsprechung und des richterlichen Prüfungsrechts. 2005.

Band 313 Kathrin Dirr: Hoheitsrechtliche Streitigkeiten zwischen den Kölner Erzbischöfen und der Stadt Köln auf Grundlage reichskammergerichtlicher Verfahren des 16. und 17. Jahrhunderts. 2005.

Band 314 Michael Racky: Die Diskussion über Gewaltenteilung und Gewaltentraining im Vormärz. 2005.

Band 315 Petra Thiemrodt: Die Entstehung des Staatshaftungsgesetzes der DDR. Eine Untersuchung auf der Grundlage von Materialien der DDR-Gesetzgebungsorgane mit zeitgeschichtlichen Bezügen. 2005.

Band 316 Julius F. Reiter: Entstehung und staatsrechtliche Theorie der italienischen *Carta del Lavoro*. 2005.

Band 317 André Book: Die Justizreform in der Frühzeit der Bundesrepublik. Die Beratungen der Kommission zur Vorbereitung einer Reform der Zivilgerichtsbarkeit in den Jahren 1955 bis 1961. 2005.

Band 318 Frank Zentz: Das amerikanische Strafverfahren als Element der Besatzungspolitik in Deutschland. Erziehung zur Demokratie durch den *Court of Appeals* 1948–1955. 2005.

Kolibri 360 GmbH
Ferdinand-Jühlke-Straße 7
99095 Erfurt, Deutschland
produktsicherheit@kolibri360.de

Druck:
CPI Druckdienstleistungen GmbH
im Auftrag der
Kolibri 360 GmbH
Ferdinand-Jühlke-Str. 7
99095 Erfurt